MANUAL
DE
DIREITO INTERNACIONAL
PÚBLICO

ANDRÉ GONÇALVES PEREIRA
FAUSTO DE QUADROS

PROFESSORES CATEDRÁTICOS DA FACULDADE DE DIREITO DE LISBOA

MANUAL
DE
DIREITO INTERNACIONAL
PÚBLICO

3.ª EDIÇÃO,
REVISTA E AUMENTADA
(11.ª REIMPRESSÃO)

2015

Terceira edição – 5.000 exemplares, 1993
Primeira reimpressão – 2.500 exemplares, 1995
Segunda reimpressão – 5.000 exemplares, 1997
Terceira reimpressão – 1.500 exemplares, 2000
Quarta reimpressão – 1.500 exemplares, 2001
Quinta reimpressão – 2.000 exemplares, 2002
Sexta reimpressão – 1.000 exemplares, 2005
Sétima reimpressão – 1.000 exemplares, 2007
Oitava reimpressão – 1.000 exemplares, 2009
Nona reimpressão – 500 exemplares, 2011
Décima reimpressão – 500 exemplares, 2013
Décima primeira reimpressão – 500 exemplares, 2015

Esta reimpressão teve uma tiragem de quinhentos exemplares.
Todos os exemplares estão numerados e rubricados pelos autores.

Toda a reprodução desta obra, por fotocópia ou outro qualquer processo,
sem prévia autorização escrita do Editor, é ilícita e passível
de procedimento judicial contra o infractor.

NOTA PRELIMINAR À OITAVA REIMPRESSÃO

Esta terceira edição deste manual saiu à luz há já dezasseis anos. Ela foi muito bem recebida pelos meios jurídicos aos quais se destinava. A melhor prova disso reside nas sucessivas reimpressões a que a edição teve de ser sujeita para não estar esgotada no mercado. O livro tem servido de base para o ensino na maior parte das Escolas de Direito portuguesas, bem como em muitas Faculdades de Direito de outros países, sobretudo de língua latina, e, dentro destes, particularmente nos de língua oficial portuguesa, a começar pelo Brasil. Além disso, ele tem sido tomado como referência pela doutrina e pela jurisprudência não só nacionais como também de diversos outros países.

Por sua vez, posições doutrinárias que são defendidas no livro têm sido atendidas na condução das relações internacionais pelo poder político em Portugal.

Por todas estas razões procede-se agora à oitava reimpressão desta terceira edição esperando os autores que o livro continue a ter a mesma utilidade que tem tido até aqui.

Lisboa, Julho de 2009

Os autores

NOTA PRÉVIA

Foi há já vinte e três anos que saiu à luz a segunda edição deste manual. A utilidade de que se revestiu, sobretudo para fins didácticos, pode ser aferida pelo facto de em poucos anos ela se ter esgotado, tal como, aliás, já sucedera com a primeira edição. Isso não impediu, porém, que o livro continuasse a ser uma obra de citação obrigatória por parte de todos aqueles que no nosso País se têm vindo a interessar pelo estudo deste ramo de Direito.
 Entretanto o Direito Internacional sofreu uma profunda evolução – diremos mesmo que ele evoluiu durante estas duas décadas mais do que ao longo de todo este século. Essa evolução veio a exprimir-se em vários traços: uma grande absorção pela Comunidade Internacional de matérias que tradicionalmente constituíam monopólio da soberania dos Estados; uma progressiva internacionalização da problemática dos Direitos do Homem, numa amplitude tão grande que os Estados já não a consideram matéria do seu domínio reservado, nem se opõem à invocação pela Comunidade Internacional de um seu dever de ingerência nos assuntos internos dos Estados com vista a proteger os Direitos do Homem; uma aceleração na integração económica e política a nível regional, da qual o exemplo mais evoluído é a tentativa de criação da União Europeia, prevista no Tratado da União Europeia, de 1992; por fim, o alargamento do Direito Internacional a novos e fascinantes domínios, como o Direito do Ambiente, o Direito Aéreo e o

Direito Espacial, ao lado do aprofundamento do *Direito Internacional do Mar*.

Nesta terceira edição leva-se em conta toda essa profunda transformação no Direito Internacional mas sem se retirar ao livro a sua principal função, a função didáctica.

Nesse aspecto temos de reconhecer que a situação do ensino do Direito Internacional só aparentemente melhorou neste País desde a última edição. De facto e tomando como exemplo a Escola a que os autores pertencem, a Faculdade de Direito de Lisboa, se é certo que se deu um passo em frente com a criação de um curso semestral obrigatório dedicado ao Direito Comunitário I e de dois cursos semestrais facultativos (abertos a todos ou apenas a alguns Alunos) consagrados, um, ao Direito Internacional Público II e, outro, ao Direito Comunitário II, quanto à disciplina de base, obrigatória para todos os Alunos, a de Direito Internacional Público I, a situação é bem pior do que há vinte anos: ela continua a ocupar um único semestre lectivo, mas com a diferença de que o semestre lectivo tem hoje menos semanas e a disciplina é leccionada apenas em duas aulas teóricas por semana, em lugar das três aulas teóricas quando das duas edições anteriores deste livro, o que obriga a que aquela disciplina seja ministrada em não mais de dezasseis ou dezoito aulas teóricas! Convenhamos que é muito pouco para a importância que as matérias básicas de Direito Internacional têm hoje na formação do jurista. Por isso, não vemos razão para não reiterarmos o protesto que desde a primeira edição deste livro se vem exprimindo contra essa situação.

Do plano da edição anterior foi eliminado o estudo específico das Comunidades Europeias na Parte dedicada às Organizações Internacionais. Mais uma vez prevaleceram razões de índole didáctica: é que o Direito Comunitário, primeiro na Faculdade de Direito de Lisboa, e depois sucessivamente noutras Escolas de Direito do País, obteve já autonomia didáctica em relação ao Direito Internacional Público. Por isso, e tal como sucede na generalidade dos manuais estrangeiros de Direito Internacional, ele não será objecto de ensino neste manual. Isso não impediu, porém, os autores de, a propósito das várias matérias, levarem em conta as especificidades da Ordem Jurídica das Comunidades Europeias.

A revisão da edição anterior foi levada a cabo sobretudo pelo segundo dos dois autores. E para ela foram muito úteis as sugestões formuladas, sobre pontos concretos do plano deste livro, pela Mestre Maria Luísa Duarte e pelos Licenciados Ana Maria Martins e Fernando Loureiro Bastos, todos Assistentes da Faculdade de Direito de Lisboa, e pelo Licenciado Fernando Roboredo Seara, Docente da Universidade Internacional. Os autores deixam-lhes expresso aqui o seu reconhecimento.

Lisboa, 1 de Janeiro de 1993

A. G. P.
F. Q.

BIBLIOGRAFIA GERAL

I – OBRAS BÁSICAS

a) Portugal
– Afonso Queiró, *Lições de Direito Internacional Público,* polic., Coimbra, 1960.
– Armando Marques Guedes, *Direito Internacional Público,* polic., Lisboa, 1986.
– J. M. Silva Cunha, *Direito Internacional Público,* t. I, 4.ª ed., 1987, e t. II, 3.ª ed., 1991, Lisboa.
– Jorge Miranda, *Direito Internacional Público,* polic., Lisboa, 1991.
– Albino de Azevedo Soares, *Lições de Direito Internacional Público,* Coimbra, 1988.

b) Brasil
– Hildebrando Accioly, *Tratado de Direito Internacional Público,* 3 vols., 2.ª ed., Rio de Janeiro, 1956-1957 (existe tradução francesa da 1.ª ed., de 1933-1935, *Traité de Droit International Public,* 3 vols., Paris, 1942).
– Idem, *Manual de Direito Internacional Público,* 11.ª ed., São Paulo, 1976.
– Celso de Albuquerque Mello, *Curso de Direito Internacional Público,* 2 vols., 8.ª ed., Rio de Janeiro, 1986.

c) França
– Charles Rousseau, *Droit International Public,* 5 ts., 2.ª ed., Paris, 1970-1983.
– Louis Cavaré, *Le droit international public positif,* 2 vols., 3.ª ed., Paris, 1967-1969.
– Paul Reuter, *Droit International Public,* 5.ª ed., Paris, 1976.
– Nguyen Quoc Dinh, Patrick Daillier e Alain Pellet, *Droit International Public,* 4.ª ed., Paris, 1987.
– Dominique Carreau, *Droit International,* 2.ª ed., Paris, 1988.
– Hubert Thierry, Serge Sur, Jean Combacau e Charles Vallée, *Droit International Public,* 4.ª ed., Paris, 1986.
– Claude-Albert Colliard, *Institutions des relations internationales,* 9.ª ed., Paris, 1990.
– Pierre-Marie Dupuy, *Droit international public,* Paris, 1992.

d) **Alemanha**
— GEORG DAHM, *Völkerrecht*, 3 vols., Estugarda, 1958-1961 (existe 2.ª ed. do t. 1.º do vol. I, Berlim, 1989).
— WILHELM WENGLER, *Völkerrecht*, 2 vols., Berlim, 1964.
— FRIEDRICH BERBER, *Lehrbuch des Völkerrechts*, 3 vols., 2.ª ed., Munique, 1975-1977.
— KNUT IPSEN, *Völkerrecht*, 3.ª ed., Munique, 1990.
— OTTO KIMMINICH, *Einführung in das Völkerrecht*, 5.ª ed., Tubinga, 1992.

e) **Itália**
— MARIO GIULIANO, *Diritto internazionale*, Milão, 1971.
— RICCARDO MONACO, *Manuale di Diritto Internazionale Pubblico*, 2.ª ed., Turim, 1971.
— ROLANDO QUADRI, *Corso di diritto internazionale pubblico*, Nápoles, 1976.
— ANGELO SERENI, *Diritto internazionale*, 4 vols., Milão, 1956-1965.
— BENEDETTO CONFORTI, *Diritto internazionale*, 3.ª ed., Nápoles, 1987.

f) **Reino Unido**
— GEORG SCHWARZENBERGER e E. BROWN, *A Manual of International Law*, 6.ª ed., Londres, 1986.
— MICHAEL AKEHURST, *A modern introduction to International Law*, 4.ª ed., Londres, 1982.
— L. OPPENHEIM e H. LAUTERPACHT, *International Law*, vol. I, 8.ª ed., e vol. II, 2.ª ed., Londres, 1952-1955 (do vol. I, em 2 tomos, saiu em 1992 a 9.ª ed., da autoria só de OPPENHEIM).
— H. LAUTERPACHT, *International Law*, 4 vols., Cambridge, 1970-1978.
— IAN BROWNLIE, *Principles of Public International Law*, 4.ª ed., Oxford, 1990.
— MALCOLM SHAW, *International Law*, 3.ª ed., Londres, 1991.

g) **Áustria**
— ALFRED VERDROSS, *Völkerrecht*, 5.ª ed., Viena, 1964.
— HANS KELSEN, *Principles of International Law*, 2.ª ed., Nova Iorque, 1966.
— ALFRED VERDROSS e BRUNO SIMMA, *Universelles Völkerrecht*, 3.ª ed., Berlim, 1984.
— IGNAZ SEIDL-HOHENVELDERN, *Völkerrecht*, 6.ª ed., Colónia, 1987.

h) **Espanha**
— ANTÓNIO TRUYOL Y SERRA, *Fundamentos de Derecho Internacional Público*, Madrid, 1977.
— A. MIAJA DE LA MUELA, *Introducción al Derecho Internacional Público*, 7.ª ed., Madrid, 1979.
— MANUEL DIEZ DE VELASCO, *Instituciones de Derecho Internacional Público*, 2 vols., 7.ª ed., Madrid, 1985-1990.
— JOSÉ A. PASTOR RIDRUEJO, *Curso de Derecho Internacional Público*, 2.ª ed., Madrid, 1987.
— JUAN A. CARRILLO SALCEDO, *Curso de Derecho Internacional Público*, Madrid, 1992.

i) **Suíça**
— PAUL GUGGENHEIM, *Traité de Droit International Public*, 2 vols., Genebra, 1953-
-1967 (2.ª ed., vol. I, 1967).
— J. P. MÜLLER e L. WILDHABER, *Praxis des Völkerrechts*, Berna, 1977.

j) **Holanda**
— J. VERZIJL, *International Law in Historical Perspective*, 10 vols., Leyden, 1968-1979.

l) **Estados Unidos da América**
— G. VON GLAHN, *Law among Nations: An Introduction to Public International Law*, 4.ª ed., Nova Iorque, 1981.
— R. KIRKEMO, *An Introduction to International Law*, Chicago, 1974.

m) **Ex-União Soviética**
— G. I. TUNKIN, *Droit International Public: problèmes théoriques*, Paris, 1965.
— ID., *Theory of International Law*, trad. inglesa, Londres, 1974.

II – COLECTÂNEAS DE ESTUDOS

— Os cursos gerais publicados na colectânea *Recueil des Cours* da Academia de Direito Internacional de Haia
— Diversas compilações de estudos sob a designação de *Mélanges, Festschrift, Scritti in onore*, etc.

III – ENCICLOPÉDIAS

— K. STRUPP e H. J. SCHLOCHAUER, *Wörterbuch des Völkerrechts*, 3 vols., Berlim, 1960-1962.
— RUDOLF BERNHARDT (ed.), *Encyclopedia of Public International Law*, 12 vols., Amesterdão, Nova Iorque, Tóquio, 1981-1990.

ABREVIATURAS UTILIZADAS

Ac.	Acórdão (ex.: Ac. 18-11-92 = Acórdão de 18-11-92)
ADI	Annuario di diritto internazionale
ADP	Archivio di diritto pubblico
AESJ	Anuario de Estudios Sociales y Juridicos
AFDI	Annuaire Français de Droit International
AIDI	Annuaire de l'Institut de Droit International
AJCL	American Journal of Comparative Law
AJ-DA	L'actualité juridique – Droit administratif
AJIL	American Journal of International Law
AJNU	Anuário Jurídico das Nações Unidas
Annual Digest	Annual Digest and Reports of Public International Law Cases
ATM	Annuaire de Tiers Monde
AULR	American University Law Review
AV	Archiv des Völkerrechts
BFDC	Boletim da Faculdade de Direito de Coimbra
BFSP	British and Foreign State Papers
Bibl.	Bibliografia
BMJ	Boletim do Ministério da Justiça
BYIL	British Year Book of International Law
CDE	Cahiers de droit européen
CIS	Cahiers Internationaux de Sociologie
CLP	Current Legal Problems
CLR	Columbia Law Review
CMLR	Common Market Law Reports
CMLRev	Common Market Law Review
Col.	coluna
Cols.	colunas
CYIL	Canadian Yearbook of International Law
DAR	Diário da Assembleia da República
DDC	Documentação e Direito Comparado
DJAP	Dicionário Jurídico da Administração Pública
DR	Diário da República
Ed.	edição ou editor

Eds.	edições ou editores
EGRZ	Europäische Grundrechte Zeitschrift
EJIL	European Journal of International Law
ELR	European Law Review
Enc.dir.	Enciclopedia del diritto
Encyclopedia	Rudolf Bernhardt (ed.), Encyclopedia of Public International Law, 12 vols., Amesterdão, Nova Iorque, Tóquio, 1981-1990
EuR	Europa-Recht
FLR	Federal Law Review
Fontes	Fontes Iuris Gentium
GC	Giustizia civile
GYIL	German Yearbook of International Law
Harvard IJL	Harvard International Law Journal
HLR	Harvard Law Review
HRJ	Human Rights Journal
HRLJ	Human Rights Law Journal
ICJ Reports	International Court of Justice Reports
ICLQ	International and Comparative Law Quarterly
ILR	Israel Law Review
Int Lawyer	The International Lawyer
IYIL	Italian Yearbook of International Law
JDI	Journal de Droit International
JIR	Jahrbuch für Internationales Recht
JWTL	Journal of World Trade Law
Lexikon Seidl--Hohenveldern	Ignaz Seidl-Hohenveldern (ed.), Lexikon des Völkerrechts, Neuwied, 1985
LQR	Law Quarterly Review
LS	Law and State
N.	nota
Ns.	notas
NILR	Netherlands International Law Review
NZIR	Niemeyer Zeitschrift für internationales Recht
ÖZöR	Österreichische Zeitschrift für öffentliches Recht und Völkerrecht
Pólis	Pólis, Enciclopédia Verbo da Sociedade e do Estado, 5 tomos, Lisboa, 1983-1987
PYIL	Polish Yearbook of International Law
RBDI	Revue belge de Droit International
RCDIP	Revue critique de Droit International Privé
RdC	Recueil des cours de l'Académie de Droit International
RDES	Revista de Direito e Estudos Sociais
RDH	Revue des droits de l'homme
RDI	Revue de Droit International, de Sciences Diplomatiques et Politiques

Abreviaturas utilizadas

RDP	Revue du Droit Public et de la Science Politique
Rec.	Cour Internationale de Justice, Recueil, *ou* Recueil de la jurisprudence de la Cour de Justice des Communautés européennes
REDI	Revista española de Derecho Internacional
RevEgypt	Revue Egyptienne de Droit International
RevHellén	Revue Hellénique de Droit International
RFDSP	Revista da Faculdade de Direito de São Paulo
RFDUL	Revista da Faculdade de Direito da Universidade de Lisboa
RGDIP	Revue générale de droit international public
RICR	Revue internationale de la Croix-Rouge
RIDP	Revue internationale de droit pénale
RIDU	Rivista internazionale dei diritti dell'uomo
RIE	Revista de instituciones europeias
RivDE	Rivista di diritto europeo
RivDirI	Rivista di diritto internazionale
RMC	Revue du Marché Commun
ROA	Revista da Ordem dos Advogados
RTDE	Revue trimestrielle de droit européen
RUDH	Revue universelle des droits de l'homme
SAYIL	South African Yearbook of International Law
SJIR	Schweizerisches Jahrbuch für internationales Recht
TILJ	Texas International Law Journal
UPLR	University of Pennsylvania Law Review
UTLR	University of Toledo Law Review
Verbo	Verbo, Enciclopédia Luso-Brasileira de Cultura, 18 vols., Lisboa, 1963-1976
VJIL	Virginia Journal of International Law
VLR	Virginia Law Review
VN	Vereinte Nationen
YBWA	Year Book of World Affairs
ZaöRV	Zeitschrift für ausländisches öffentliches Recht und Völkerrecht

Parte I

Introdução

CAPÍTULO I

A NORMA INTERNACIONAL:
ORIGEM, NATUREZA E FUNDAMENTO

1. Génese do conceito de Direito Internacional

Já na Bíblia e nos filósofos, historiadores e poetas da Antiguidade clássica encontramos regras morais e políticas que se aplicavam a relações entre Estados (¹). Mas foi só com o Direito Romano que aquelas relações passaram a ser disciplinadas por normas *jurídicas*.

O estudo da História do conceito de Direito Internacional exige, pois, que se conheça o processo de evolução da definição romana do *ius gentium* até ao Direito Internacional tal como ele é hoje entendido.

O Direito Romano estabeleceu muito cedo a distinção entre o *ius civile* e o *ius gentium*. Um e outro eram, falando em termos hodiernos, Direito interno. Mas enquanto o *ius civile* só disciplinava relações entre sujeitos que gozavam da cidadania romana *(cives)*, o *ius gentium* consistia na parte do Direito interno Romano que regulava relações entre cidadãos romanos e estrangeiros *(peregrini)*, ou apenas entre estes últimos.

Não admira que depressa o *ius gentium* tenha ganho maior maleabilidade do que o *ius civile*, o que resultava sobretudo da

---

(¹) V. desenvolvimentos em DE LA PRADELLE, *Maîtres et doctrines du Droit des Gens*, 2.ª ed., Paris, 1950, pgs. 13 e segs.

grande liberdade que o *praetor peregrinus* detinha na sua criação e na sua interpretação, por forma a poder adaptá-lo permanentemente às exigências do comércio com o exterior. Mas será exactamente a necessidade de o ajustar às necessidades comuns aos vários povos que o comércio ia pondo crescentemente em contacto com Roma, acrescida do papel cada vez mais importante da "equidade natural" na sua interpretação pelo *praetor peregrinus*, que vai transformar lentamente o *ius gentium* em Direito humano comum que, como bem observa um autor contemporâneo, "em certas ocasiões se confunde com o *ius naturale* de raiz helénica" ([1]).

O *ius gentium* romano era, assim, um Direito universal, no sentido de que possuía aceitação generalizada, porque se destinava a satisfazer necessidades comuns a todos os homens. Foi isso que GAIO quis significar no célebre passo em que definiu o Direito das Gentes como "o que a razão natural estabeleceu entre todos os homens" (*"quod vero naturalis inter omnes homines constituit, id apud omnes peraeque custoditur, vocaturque ius gentium, qua quo iure omnes gentium utentur"* ([2])); e foi também isso que ULPIANO pretendeu exprimir quando o definiu como Direito "que as humanas gentes praticam" (*"Ius gentium est, quo gentes humanae utentur"* ([3])).

Mas, se era Direito universal, o *ius gentium* era também Direito Privado, porque regulava relações entre particulares. Todavia, ele já possuía algumas áreas sensíveis ao Direito Público, particularmente no que se referia à guerra.

2. Do *ius gentium* romano até ao moderno conceito de Direito Internacional

Embora o conceito de *ius gentium* cedo tenha ficado definido nos termos acima expostos, gerara-se à sua volta alguma impreci-

---

[1] ANTÓNIO TRUYOL Y SERRA, *Noções fundamentais de Direito Internacional Público*, 2.ª ed., Coimbra, 1962, trad. portuguesa, pg. 26.
[2] *Digesto*, I.I, tit. I, 9; igualmente *Inst.*, I, I, tit. II, § I.
[3] *Dig.*, I.I, tit. I, § 4.

são e, consequentemente, alguma confusão terminológica, devidas, em grande parte, ao rápido desenvolvimento e à flexibilidade do conceito, a que já atrás se aludiu, e que impediam um seu tratamento doutrinário mais apurado. Por um lado, ele era definido de modo diverso, identificando-se-o, nuns casos, com o *ius naturale* ([1]), ou situando-se-o, noutros casos, como um *tertium genus* entre o *ius naturale* e o *ius civile* ([2]). Mas, por outro lado, os próprios jurisconsultos romanos não utilizavam o mesmo método na definição do *ius gentium:* enquanto GAIO dava dele a noção que acima se transcreveu, e que levava em conta a fonte do Direito das Gentes (a "razão natural"), ULPIANO preferia o método da enumeração das matérias, para chegar a uma definição quase exaustiva do *ius gentium*, a primeira definição que historicamente se aproximava do moderno conceito de Direito Internacional – assim, "o Direito das Gentes é a ocupação do território, a construção de edifícios, a defesa, a guerra, a captura de escravos, a servidão, as fronteiras, os tratados, a paz e as tréguas, o respeito da religião pelos legados, a proibição do casamento entre estrangeiros; por isso, é Direito das Gentes o que é usado por todos os povos" (*"ius gentium est sedium occupatio, aedificatio, munitio, bella, captivitates, servitutes, postliminia, foedera, paces, indutiae, legatorum non violandorum religio, connubia inter alienigenas prohibita, et inde ius gentium, quod eo iure omnes fere gentes utentur"* ([3])).

([1]) GAIO, na definição acima transcrita.
([2]) ULPIANO, *Dig.*, I. I, tit. I, §§ 3 e 4.
([3]) Assim, DE LA PRADELLE, *op. cit.*, pg. 51, e FAUSTO DE QUADROS, *Direito Internacional Público I – Programa, conteúdo e métodos do ensino*, Relatório apresentado em 1988 ao concurso documental para Professor Associado do 3.º Grupo (Ciências Jurídico-Políticas) da Faculdade de Direito da Universidade de Lisboa, separata da *RFDUL*, vol. XXXII (1991), pg. 351 e segs. (371). Não têm, pois, razão ÁLVARO DOR'S (*Em torno a la definición isidoriana del ius gentium*, in *Derecho de Gentes y Organización internacional*, ed. da Universidade de Santiago de Compostela, 1946, pgs. 11-40) e TRUYOL Y SERRA (*op. cit.*, pgs. 27-28), quando sustentam que a primeira definição do Direito Internacional pelo método da enumeração das matérias só surgiu muito mais tarde, com Santo Isidoro de Sevilha. Este baseou-se na definição de Ulpiano.

Essa imprecisão e a confusão terminológica que dela resultou só seriam removidas pela escola clássica espanhola do Direito Internacional Público, através de FRANCISCO DE VITÓRIA (1480--1546) ([1]), FRANCISCO SUAREZ (1548-1617) ([2]) e DOMINGO SOTO (1494-1560) ([3]).

Em qualquer desses Autores o conceito de Direito Internacional parte de uma base objectiva: a existência de uma Comunidade Internacional, que transcende os limites da *Respublica Christiana*. O Direito Internacional surge-nos como a Ordem Jurídica da Comunidade Internacional porque regula as relações entre os povos que compõem aquela Comunidade.

Para se chegar a esta definição de Direito Internacional bastou que, na noção de *ius gentium* em cima atribuída a Gaio, VITÓRIA substituísse a palavra *homines* por *gentes:* "diz-se Direito das Gentes e prova-se, em primeiro lugar, como tal, o que ou é de Direito Natural ou é derivado do Direito Natural, e o que a razão natural determinou a todos os povos" (*"Probatur primo ex iure gentium, quod vel est ius naturale, vel derivatur ex jure naturali quod naturalis ratio inter omnes gentes constituit, vocatur ius gentium"*) ([4]).

A alteração, embora formalmente incida só sobre um vocábulo, abrange todo o sentido da frase, pois o *ius gentium* já não aparece em nenhum dos primitivos sentidos romanos, já não designa normas reguladoras das relações entre indivíduos, mas entre povos, e normas cuja validade deriva da própria existência da Comunidade Internacional, pois "o Direito das Gentes não extrai a sua força obrigatória de um pacto concluído entre os homens, mas tem força de lei. O mundo inteiro que é, de certa forma, uma só comunidade política, tem o poder de emitir leis justas, que se aplicam a todos, como é o caso do Direito das Gentes" ([5]).

([1]) *De Indis et de iure belli relectiones*, publicado postumamente, em 1557.
([2]) *De legibus ac Deo legislatore*.
([3]) *De iustitia et iure*.
([4]) *De Indis*, tomo III, 1.
([5]) VITÓRIA, *De Potestate civili*, n.º 21. Sobre o pensamento de VITÓRIA nesta matéria, v. BARBOSA DE MAGALHÃES, *A obra do espanhol Fray Francisco de Vitória – A fundação do direito das gentes e o actual direito internacional*, Famalicão, 1928.

E é também da existência da Comunidade Internacional que parte SUAREZ para afirmar a existência do Direito Internacional, neste seu célebre passo: "embora cada cidade independente, cada república, e cada reino constitua por si uma comunidade perfeita, formada pelos seus membros, cada uma destas comunidades é também, de certa forma, membro do conjunto que é o género humano. Pois estas comunidades nunca podem separadamente bastar-se a si próprias, sem necessitar de auxílio recíproco, de associação, de união, quer para o bem-estar e utilidade de todas, quer por necessidade ou carência moral. Necessitam, portanto, de Direito que as dirija e as ordene por forma adequada neste género de relação e de sociedade" (¹).

Se está, assim, delineado o conceito moderno do Direito Internacional, persiste, porém, a confusão terminológica com a definição de GAIO: no trecho que citámos do jurista romano, o termo *ius gentium* designa normas que, como então dissemos, formalmente são de Direito Romano, isto é, de Direito interno, embora o seu conteúdo material seja comum às leis internas de muitos Estados; no conceito de VITÓRIA e SUAREZ, ao contrário, são normas que formalmente são internacionais, transcendem o Estado e o vinculam do exterior, aplicando-se, não às relações internas entre indivíduos, mas às relações dos Estados entre si.

A clarificação que se impunha vai ser conseguida por SUAREZ, ao distinguir no *ius gentium* duas categorias, o *ius intra gentes* e o *ius inter gentes:* "existem, segundo ISIDORO e outros autores, duas formas de Direito das Gentes: em primeiro lugar, o Direito que todos os povos e todas as nações devem observar entre si; em segundo lugar, o Direito que cada cidade ou reino observa dentro de si própria, e que por razões de semelhança e conveniência é chamado também Direito das Gentes. É o primeiro que me parece conter propriamente o Direito das Gentes, distinto do Direito Civil" (²). Seria o *ius intra gentes* que se reconduziria ao velho *ius civile*.

(¹) *De Legibus*, II, 19, n.º 9.
(²) *De Legibus*, loc. cit., n.º 8.

Assim, o Direito das Gentes em sentido próprio é aquele que vincula os Estados nas relações entre si. É este o conceito moderno de Direito Internacional, embora numa versão simplificada. Já assim o definia, em 1927, o Tribunal Permanente de Justiça Internacional, no célebre caso *Lotus* ([1]).

O conceito moderno de Direito Internacional nasceu, pois, com a escola clássica espanhola. O próprio problema político específico deste ramo de Direito, o da submissão do Estado ao Direito Internacional, foi enunciado pela primeira vez por VITÓRIA, ao afirmar que, derivando a autoridade do Direito Internacional do universo inteiro, não podia prevalecer contra ela a vontade do Estado: *"non licet uni regno nolle teneri iure gentium; est enim latum totius orbis authoritate"* ([2]).

Mas não bastava fixar o conceito de Direito Internacional: era necessário também assentar no seu conteúdo.

Já dissemos que a primeira tentativa nesse sentido foi levada a cabo por ULPIANO, no trecho atrás citado. Aí, aquele jurisconsulto romano definia o Direito Internacional pelas matérias que ele disciplinava, e que eram matérias relativas à Paz e à Guerra.

Assim concebida, a definição de ULPIANO influenciaria a teoria de SANTO AGOSTINHO (354-430) sobre a legitimidade da guerra e a distinção entre guerra justa e guerra injusta ([3]); inspiraria, depois, S. ISIDORO DE SEVILHA (570-632, segundo uns, 560--636, segundo outros), que aprofundaria a teoria de S. AGOSTINHO, distinguindo várias "espécies" de guerras ([4]); e chegaria até a GRÓCIO que, na sua famosa obra *De iure belli ac pacis* ([5]), afirmaria, pela primeira vez, a divisão do Direito Internacional em Direito da Paz e da Guerra, recolhendo para o efeito os contributos de PLATÃO, ARISTÓTELES, CÍCERO e S. TOMÁS DE AQUINO ([6]).

([1]) Ac. de 7-9-29, in Série A, n.º 10, pgs. 1 e segs.
([2]) *De Potestate Civili*, n.º 21.
([3]) *A Cidade de Deus*, obra dividida em 22 volumes. V. livro XIX.
([4]) A. D'ORS, *op. e loc. cits.*
([5]) Obra composta por três livros e editada em Paris em 1625.
([6]) FAUSTO DE QUADROS, *op. cit.*, pgs. 370-371.

O Direito Internacional clássico manter-se-ia com este conteúdo, como Direito Internacional da Paz e da Guerra, até aos nossos dias, mais concretamente, até ao fim da 1.ª Guerra Mundial de 1914-18. Para a sua elaboração como Direito da Paz e da Guerra Portugal deu um contributo importante, através quer da Expansão, quer da doutrina, merecendo, dentro desta, destaque especial os nomes de ÁLVARO PAES ([1]) e SERAFIM DE FREITAS ([2])([3]).

A 1.ª Guerra Mundial poria em causa a ideia da soberania indivisível dos Estados, sobre a qual assentava toda a construção do Direito Internacional da Paz e da Guerra e, simultaneamente, faria desencadear um movimento que conduziria à progressiva absorção pela Comunidade Internacional de matérias de índole económica e social, que tradicionalmente constituíam monopólio dos Estados soberanos. Um e outro facto levariam à transformação do Direito Internacional Público, do clássico Direito Internacional da Paz e da Guerra, no novo e moderno Direito Internacional, em que as questões da cooperação, do desenvolvimento e da integração, inclusivamente como formas de melhor se preservar a paz e a segurança internacionais, preocupam a Comunidade Internacional tanto ou mais do que as matérias tradicionais da Paz e da Guerra ([4]).

([1]) *De Statu et Planctu Eclesiae e Speculum Regum.*
([2]) *De Iusto Imperio Lusitanorum Asiatico*, 1625.
([3]) Sobre esse contributo de Portugal, v. SILVA CUNHA, *Direito Internacional Público*, 4.ª ed., t. I, Lisboa, 1987, pgs. 134 e segs.; e FAUSTO DE QUADROS, *op. cit.*, pgs. 372 e segs., onde se indica bibliografia especializada sobre o assunto.
([4]) Sobre a história da formação do conceito de Direito Internacional, v., para além das obras citadas de DE LA PRADELLE, TRUYOL Y SERRA, SILVA CUNHA e FAUSTO DE QUADROS, e da bibliografia nelas indicada, a visão actual e enciclopédica que nos dão da matéria os artigos de W. PREISER, S. VEROSTA e H.-V. SCUPIN na *Encyclopedia of Public International Law*, dirigida e editada por RUDOLF BERNHARDT, Amesterdão (daqui por diante citada só por *Encyclopedia*), t. 7 (1984), pgs. 126-205.

3. A definição do Direito Internacional

Como acertadamente observa R. JENNINGS, na *Encyclopedia of Public International Law* (¹), não é vulgar os manuais de Direito Internacional Público começarem por dar uma definição, ainda que provisória, do ramo de Direito que se propõem estudar. Todavia, entendemos que, do ponto de vista metodológico, não é esse o melhor caminho, e por isso não o seguiremos: qualquer obra geral sobre um dado ramo de Direito deve começar por identificar e definir o objecto do seu estudo.

Se o conceito de Direito Internacional se pode considerar estabelecido desde o século XVII, a sua expressão em termos de definição tem, contudo, sido formulada por forma muito diversa nos vários sectores da doutrina. Não há, na verdade, acordo entre os autores sobre os critérios a utilizar, ou os elementos a englobar na definição do Direito Internacional. Supomos que se traduz com alguma fidelidade o panorama da doutrina se dissermos que têm sido utilizados, para a definição da norma de Direito Internacional, sobretudo os critérios que atendem aos *sujeitos* deste ramo de Direito, ao *objecto da norma*, e à sua *forma de produção*.

Analisemos cada um deles.

A) *O critério dos sujeitos do Direito Internacional*

O critério de mais larga tradição doutrinária é decerto o primeiro daqueles três, e pode dizer-se que a doutrina dominante até aos anos da década de 1930, que pode ser representada por FAUCHILLE (²), VON LISZT (³) e ANZILOTTI (⁴), definia correntemente o Direito Internacional como o conjunto de normas jurídicas reguladoras das relações entre os Estados soberanos.

(¹) Expressão *International Law*, t. 7, pgs. 278 e segs. (283).

(²) *Traité de Droit International Public*, 8.ª ed., Paris, 1922, t. I, 1.ª parte, pgs. 4 e segs.

(³) *Das Völkerrecht*, Berlim, 1925, pg. 1.

(⁴) *Corso di diritto internazionale*, 4.ª ed., reimpressão, Pádua, 1964, pgs. 37 e segs. A edição em causa era a 3.ª, de 1928. Quer da 3.ª quer da 4.ª edições há traduções em várias línguas.

Pela mesma altura o Tribunal Permanente de Justiça Internacional, no já citado caso *Lotus*, julgado em 1927, afirmava que o Direito Internacional Público era formado pelos princípios em vigor entre as nações independentes. Já nesse momento, porém, também se acrescentava que havia outros sujeitos do Direito Internacional Público, como a Santa Sé e certas Organizações Internacionais. Era, porém, ainda diminuto o impacto destas Organizações sobre a vida internacional, o que pode explicar a referência exclusiva aos Estados.

Mas, à medida que, sobretudo a seguir à 2.ª Guerra Mundial, cresce o número e a importância das Organizações Internacionais, e que além destas e do Estado surgem ainda outras entidades revestidas de personalidade jurídica internacional, incluindo o *indivíduo* (fórmula tradicional, ainda que não totalmente rigorosa, utilizada para significar pessoas singulares e colectivas), não pode manter-se a definição de FAUCHILLE. E então, ainda dentro do sector doutrinal que utiliza o critério dos sujeitos, o Direito Internacional passa a ser definido, ainda que, porventura, segundo um método nem sempre uniforme, como o conjunto de normas jurídicas que regulam as relações entre os sujeitos do Direito Internacional. Expoente máximo dessa corrente foi CHARLES ROUSSEAU ([1]).

Esta definição, porém, não pode ser aceite.

Para começar, em rigor ela não merece sequer o nome de definição porque não escapa à objecção do círculo vicioso: saber quais são os sujeitos do Direito Internacional é determinar quais são as entidades para as quais resulta da norma de Direito Internacional a titularidade de direitos e obrigações. O próprio conceito de sujeito do Direito Internacional supõe, assim, que tenha sido previamente fixada a noção de norma de Direito Internacional, pelo que não pode ser utilizado para a definição desta.

Mas não é só o argumento lógico que prejudica esta definição: ela surge-nos também como demasiadamente extensa, pois as relações entre os sujeitos do Direito Internacional podem ser reguladas também pelo Direito interno. Por exemplo, são frequentes as dispo-

---

([1]) *Droit International Public*, t. I, Paris, 1970, pg. 7.

sições das leis internas que disciplinam relações do respectivo Estado com outro Estado.

De entre as definições pelo critério dos sujeitos, mais coerente é, por evitar o círculo vicioso, a de SILVA CUNHA, para quem o Direito Internacional é o "conjunto de normas jurídicas que regem as relações entre todos os componentes da sociedade internacional" ([1]). Mas continua de pé a segunda objecção, que se refere à excessiva extensão da definição, para além de a expressão *componentes da sociedade internacional* nos parecer pouco jurídica.

Acresce que este tipo de definições de Direito Internacional pelo critério dos sujeitos ou destinatários enferma, consciente ou inconscientemente, de um preconceito dualista, que rejeitamos, e vê o Direito Internacional inteiramente separado da Ordem Jurídica interna([2]). Esta objecção só poderá ser explicada quando mais adiante tratarmos das relações entre as Ordens Jurídicas interna e internacional; mas contribui decisivamente para que não aceitemos a definição da norma de Direito Internacional pelo critério dos sujeitos, embora reconhecendo que é ainda hoje a predominante na doutrina, não obstante em muitos casos seja legítimo colocar-se a questão de saber se quando os autores lançam mão deste critério o fazem com o intuito de verdadeiramente definir o Direito Internacional ou, ao contrário, com o propósito de fugir às dificuldades colocadas pela necessidade de o definir, refugiando-se, então, numa informal descrição do seu objecto.

B) *O critério do objecto da norma internacional*

Outros Autores pretendem basear-se no critério das matérias reguladas, ou seja, no objecto da norma. Seria necessário e possível separar as matérias da competência interna do Estado daquelas que interessam à Comunidade Internacional. As questões por natureza internas aparecer-nos-iam regidas pela lei do Estado; o Direito Inter-

---

[1] *Op. cit.*, vol. I, pág. 14.
[2] Assim, ROBERT JENNINGS, *op. cit.*, pgs. 278 e segs. (280).

nacional seria o conjunto de normas jurídicas que regula as matérias internacionais por natureza.

Este critério, que foi desenvolvido por LE FUR ([1]), não teve, porém, nem aceitação doutrinária nem utilização pelos tribunais internacionais. O Tribunal Permanente de Justiça Internacional, ao pronunciar-se sobre a *questão dos decretos tunisinos e marroquinos*, no seu Parecer de 7 de Fevereiro de 1923 ([2]), reconheceu a impossibilidade de se encontrar uma fronteira nítida e definitiva entre as questões da competência nacional e aquelas que interessam à Comunidade Internacional. No mesmo sentido, o Tribunal Internacional de Justiça, no Acórdão proferido no caso *Nottebohm*, julgado em 6 de Abril de 1955 ([3]), concluiu pela dificuldade em separar as duas Ordens Jurídicas por um critério material.

É certo que a utilização do critério material pode ser indispensável para o estabelecimento do domínio irredutível da soberania do Estado, para a determinação das matérias que não podem em caso algum ser reguladas pela norma de Direito Internacional, ou seja, daquilo que se designa correntemente como o *domínio reservado* dos Estados, de que nos ocuparemos mais adiante. Mas a determinação do domínio reservado, quando seja possível, não implica, por exclusão de partes, a das matérias internacionais, pois, além das matérias reservadas, há um largo número de questões que, sem estarem essencialmente ligadas à soberania do Estado, são normalmente, no estado actual da Comunidade Internacional, reguladas pelo Direito interno. O domínio reservado não coincide, assim, com o domínio de aplicação do Direito interno; e, portanto, do seu estabelecimento não resulta a separação deste em relação ao Direito Internacional.

Por isso, tal como o primeiro, também o critério do objecto da norma nos parece ser de rejeitar, pois entendemos que a norma de Direito Internacional pode, em princípio, regular qualquer matéria

---

([1]) *Reconnaissance, détermination et signification en droit international du domaine laissé par ce dernier à la compétence exclusive des États*, no Anuário do Instituto de Direito Internacional, 1931.

([2]) In *Recueil*, Série B, n.º 4, pgs. 23-24.

([3]) In *Rec.* 1955, pgs. 4 e segs.

e ser dirigida a qualquer entidade susceptível de personalidade jurídica. Saber então quais são as questões reguladas pelo Direito Internacional, e as entidades a quem este confere personalidade, depende do estado de organização da Comunidade Internacional num ou noutro momento histórico, mas não deriva do próprio conceito deste ramo de Direito.

C) *O critério da forma de produção da norma internacional: posição adoptada*

O terceiro critério que mencionámos não atende nem aos sujeitos do Direito Internacional, nem ao objecto das suas normas, mas exclusivamente à sua forma de produção. O seu ponto de partida é precisamente o oposto ao do critério anteriormente referido. Não haveria então questões que por natureza fossem internas ou internacionais. Não é o facto de disciplinar uma questão internacional que atribui à norma jurídica carácter internacional; antes pelo contrário, é a questão em causa que se torna internacional quando uma norma internacional a ela se refere. Neste caso, o qualificativo "internacional" deriva exclusivamente da forma de produção da norma. A distinção entre as Ordens Jurídicas interna e internacional é uma distinção entre processos de criação jurídica.

É este o tipo de definição que tem sido adoptado pelos normativistas: ele foi proposto por KELSEN ([1]) e aperfeiçoado sobretudo por GUGGENHEIM ([2]).

É este o critério que adoptamos, mas com a prevenção expressa de que esse facto não significa, de modo algum, uma adesão aos postulados do normativismo kelseniano. Por isso, definiremos o

---

([1]) *Théorie du droit international public*, na colectânea dos cursos da Academia de Direito Internacional de Haia, conhecida vulgarmente apenas por *Recueil des cours* (e que citaremos daqui em diante apenas pela sigla *RdC*), 1953-II, pgs. 116 e segs.

([2]) *Traité de droit international public*, tomo I, 1.ª edição, Genebra, 1953, pgs. 30 e segs. Note-se que na 2.ª edição, Genebra, 1967, tomo I, pgs. 1 e 2, já se definia o Direito Internacional simplesmente como "o conjunto de normas jurídicas que regem as relações internacionais".

Direito Internacional como *o conjunto de normas jurídicas criadas pelos processos de produção jurídica próprios da Comunidade Internacional, e que transcendem o âmbito estadual.*

Talvez se trate mais de uma tentativa de definição do que de uma definição acabada. Mas não podemos ter neste momento uma pretensão de rigor, que seria prematura e até pedagogicamente inconveniente, por pressupor um conhecimento mais profundo do modo de criação das normas jurídicas internacionais. Mas que fique desde já claro que há normas jurídicas que se formam dentro do âmbito do Estado e outras normas cujo processo de produção transcende o âmbito interno do Estado.

É certo que também esta definição pode, em teoria, ser acusada de círculo vicioso, já que os próprios processos de produção normativa da Comunidade Internacional são regulados pelo Direito Internacional: assim, por exemplo, as condições de validade dos tratados na esfera internacional são fixadas por normas de Direito Internacional. Cairíamos então num vício de raciocínio semelhante ao que atrás apontámos à definição de ROUSSEAU.

Mas, em puro rigor, não há qualquer círculo vicioso. A definição por nós utilizada é, e intencionalmente, uma definição formal. E, como em todas as definições formais, não se pretende esgotar a realidade material do objecto a definir. O círculo vicioso quebra-se porque a definição, sendo formal, assenta num elemento extra-jurídico, que não pretende definir: neste caso é a Comunidade Internacional.

A característica essencial da norma internacional é, em nosso entender, a de o seu processo de criação e modificação transcender o âmbito do Estado, ou de um outro sujeito do Direito Internacional por si só.

Assim é Direito Internacional aquele que surge na Comunidade Internacional. Cabe examinar agora, o conceito de Comunidade Internacional ([1]).

([1]) Acerca do problema geral da definição do Direito Internacional pode ver-se ERIC SUY, *Sur la Définition du Droit des Gens,* in *RGDIP* 1960, pgs. 762 e segs.; ROUSSEAU, *op. cit.,* t. I, pgs. 13 e segs.; VERDROSS/SIMMA, *op. cit.,* pgs. 1 e segs. e 33 e segs.; e JENNINGS, *op. cit.,* pgs. 278 e segs.

4. A Comunidade Internacional

I. Uma primeira ideia, meramente empírica, de Comunidade Internacional, revela-nos a existência de relações intersubjectivas que transcendem o âmbito dos Estados, porque se estabelecem entre os próprios Estados e inclusive entre indivíduos nacionais de Estados diferentes.

Mas o jurista não se pode contentar com esta definição, repete-se, meramente empírica, porque tem a obrigação de descobrir um conteúdo jurídico para aquela noção ([1]).

O conceito de *comunidade* mergulha as suas raízes na Sociologia, mais concretamente, na doutrina de FERDINAND TÖNNIES, que a exprimiu na sua obra clássica *Gemeinschaft und Gesellschaft* ([2]), de que se conhecem traduções em várias línguas, inclusive em castelhano e em italiano ([3]).

Para aquele filósofo e sociólogo alemão, cujo pensamento nesta e noutras matérias seria mais tarde desenvolvido, entre outros, pelo economista e sociólogo MAX WEBER ([4]), todos os grupos sociais, na sua grande heterogeneidade, reconduzem-se a duas grandes categorias: a *comunidade (Gemeinschaft)* e a *sociedade (Gesellschaft)*.

Como é que se distinguem entre si estas duas categorias?

Em qualquer desses dois agrupamentos encontramos entre os seus membros interesses comuns e interesses divergentes, ou seja, factores de aproximação ou de agregação, por um lado, e de conflito ou de afastamento, por outro. Só que, enquanto na comunidade os

---

([1]) Hoje a doutrina não põe em dúvida que é possível chegar-se a um conceito *jurídico* de Comunidade Internacional – v., por último, J. A. FROWEIN, *Die Staatengemeinschaft als Rechtsbegriff im Völkerrecht*, in *Liechtensteinische Juristen-Zeitung* 1991, pgs. 3 e segs.

([2]) Obra publicada em Lípsia, em 1877.

([3]) Respectivamente, *Comunidad y Sociedad*, Buenos Aires, 1947, e *Comunità e Società*, Milão, 1963.

([4]) *Wirtschaft und Gesellschaft* (isto é, *Economia e Sociedade*) – *Grundrisse der verstehenden Soziologie*, 1.ª ed., Tubinga, 1922. Veja-se uma apreciação desta obra e, em geral, do pensamento de MAX WEBER, em RAYMOND ARON, *La Sociologie allemande contemporaine*, Paris, 2.ª ed., 1950, e no *Novíssimo Digesto Italiano*, expressão *Max Weber*, vol. XX, pgs. 1079 e segs., e bibl. aí citada.

factores de agregação são mais fortes do que os de desagregação, na sociedade passa-se exactamente o contrário. Na comunidade a força centrípeta dos interesses comuns ou convergentes – quer dizer, dos factores de coesão e de solidariedade entre os seus membros – é mais forte do que a força centrífuga dos seus interesses divergentes ou antagónicos. Na sociedade passa-se exactamente o contrário. Ou seja, no ensino claro de MARCELLO CAETANO, "na comunidade os membros estão unidos apesar de tudo quanto os separa; na associação permanecem separados apesar de tudo quanto fazem para se unir" ([1]). Tudo isto porque a comunidade é um produto espontâneo da vida social, que se forma e se organiza naturalmente, enquanto que a sociedade é um resultado artificial da vontade dos indivíduos, que se associam para a prossecução de um dado objectivo.

Exemplo paradigmático de comunidade é a comunidade estadual, o Estado, onde o sentimento comum da unidade nacional prevalece sobre tudo o que divide os seus cidadãos. Exemplos de sociedades são todas as associações e fundações que o Direito Privado prevê.

Esta construção foi, de forma mais ou menos assumida, transposta para o domínio do Direito Internacional pelo Professor GEORG SCHWARZENBERGER em vários dos seus estudos ([2]). Para este Autor, na chamada Comunidade Internacional existem, sem dúvida, interesses comuns e convergentes entre os Estados que a compõem; mas o individualismo internacional dos Estados, fundado na soberania de cada um deles, traduz-se num potencial factor de conflito, cujo efeito desagregador é mais forte do que o efeito agregador dos interesses convergentes que aproximam os Estados.

Ou seja, a chamada Comunidade Internacional integra-se na categoria de *sociedade* e não na de Comunidade, tomando-se por

---

([1]) *Manual de Ciência Política e Direito Constitucional*, 6.ª ed., t. I, Lisboa, 1972 (reimpressão), pgs. 2-3. Note-se todavia que aquele Professor traduz incorrectamente *Gesellschaft* por *associação* quando, como se disse, aquele vocábulo quer dizer em português *sociedade*.

([2]) Especialmente *Power Politics*, 3.ª ed., Londres, 1964, e *The dynamics of International Law*, Londres, 1976. Tentativa similar foi levada a cabo, ainda que com reservas, por TRUYOL Y SERRA, *op. cit.*, pgs. 110-112.

referência a classificação de TÖNNIES. Isso explica, aliás, que haja Autores que preferem falar em *Sociedade Internacional* em lugar de *Comunidade Internacional:* por exemplo, é o caso de CAVARÉ, em França ([1]), de MOSLER, na Alemanha ([2]), de LUARD, nos Estados Unidos ([3]), de SILVA CUNHA, entre nós ([4]), e de parte significativa da doutrina espanhola ([5]).

A concepção societária da chamada Comunidade Internacional explica a caracterização do Direito Internacional clássico: este consiste numa Ordem Jurídica de mera *coordenação* de soberanias e assenta, portanto, em relações *horizontais* de simples *cooperação* entre Estados. Caso a Comunidade Internacional clássica estivesse modelada pelo figurino da *comunidade,* na classificação de TÖNNIES, o tipo de relações que se estabeleceria entre os Estados exprimiria a supremacia da solidariedade sobre o egoísmo ditado pela soberania, e, portanto, daria corpo a relações *verticais* de *subordinação,* em que os Estados e os seus sujeitos de Direito interno (incluindo nestes, portanto, o indivíduo) se encontrariam subordinados directamente a um poder político agrupador e integrador, que lhes fosse superior. Ora, como veremos ao longo deste livro, mas já resultou embrionariamente das páginas anteriores, não é este, em regra, o enquadramento actual do Estado na Ordem Jurídica internacional: o Direito Internacional só vigora na ordem interna dos Estados nos

---

([1]) V. o subtítulo do vol. I da sua obra *Le droit international public positif,* 2.ª ed., 2 vols., Paris, 1967-1969.

([2]) *The International Society as a Legal Community,* Alphen aan den Rijn, 1980, pgs. 1 e segs.

([3]) *Types of International Society,* Nova Iorque, 1976.

([4]) V. sobretudo *Direito Internacional Público,* t. II, 3.ª ed., Lisboa, 1991, subtítulo do livro e pgs. 9 e segs.

([5]) Por exemplo, LEGAZ Y LACAMBRA, *La Sociedad Internacional como realidade sociológica,* in *Escuela de Funcionários Internacionales – Cursos y Conferencias,* 1955-56, Madrid, pgs. 455 e segs.; ANTÓNIO TRUYOL Y SERRA (quando era Professor simultaneamente em Madrid e na Faculdade de Direito de Lisboa), *Genèse et structure de la Société Internationale,* in *RdC,* 1959-I, pgs. 553 e segs.; JOSÉ PASTOR RIDRUEJO, *Curso de Derecho Internacional Público,* 2.ª ed., Madrid, 1987, pgs. 59 e segs.; e MANUEL MEDINA, *Teoria y formación de la Sociedad Internacional,* Madrid, 1982.

termos e na medida em que a Constituição de cada Estado (como expressão da sua soberania) o previr; as normas e os actos provindos de entidades superiores aos Estados (pensemos, por exemplo, nas resoluções da Assembleia Geral da Organização das Nações Unidas) não são, de um modo geral, obrigatórios para os Estados e não se aplicam directamente na sua ordem interna, concretamente ao indivíduo, porque entre aquelas entidades e este se interpõe o Estado; correlativamente, o indivíduo não tem acesso directo a tribunais internacionais.

O rigor abstracto da caracterização da Comunidade Internacional como *sociedade* na dicotomia de TÖNNIES tem, contudo, vindo a diluir-se com a evolução do Direito Internacional ao longo deste século, e de modo especial, após a 2.ª Grande Guerra. A um Direito Internacional *clássico* que, como se disse, repousa na soberania indivisível dos Estados, tem vindo a suceder-se um Direito Internacional *novo* ou *moderno,* que vai conhecendo um crescente número de áreas onde a solidariedade entre os Estados tem vindo a predominar sobre o seu individualismo, e onde, por conseguinte, a soberania dos Estados aparece limitada pelo conjunto de regras internacionais que dão corpo àquela ideia de solidariedade: pense-se, sobretudo, nas normas internacionais sobre Direitos do Homem (que, na sua generalidade, fazem hoje parte do *ius cogens,* isto é, são Direito imperativo para os Estados, e, portanto, se impõem à própria soberania dos Estados) e nos sistemas jurídicos dos vários espaços de integração que existem pelo Mundo fora ([1]).

De entre estes últimos espaços o mais evoluído é, sem dúvida, o das Comunidades Europeias.

O aparecimento das três Comunidades Europeias só confirma a actualidade das ideias de TÖNNIES no plano da ordem internacional.

([1]) Veja-se esta questão desenvolvida em FAUSTO DE QUADROS, *Direito das Comunidades Europeias e Direito Internacional Público — Contributo para o estudo da natureza jurídica do Direito Comunitário Europeu,* dissertação de doutoramento, Lisboa, 1984 (reimpressão, 1991), sobretudo Parte II, Cap. I, II, e Cap. II (pgs. 336 e segs. e 377 e segs.), e bibliografia aí citada.

De facto, como nos revelam os Professores CARL FRIEDRICH OPHÜLS ([1]) e HERMAN MOSLER ([2]), dois dos nomes que maior influência tiveram na caracterização dos pilares sobre os quais iria assentar o sistema jurídico das Comunidades, a atribuição àquelas Organizações da designação de *Comunidades* não ocorreu por acaso, mas, sim, significou uma consciente adesão aos postulados sociológicos e filosóficos que haviam presidido à construção por TÖNNIES do conceito de *comunidade,* e à sua transposição, por SCHWARZENBERGER, para o Direito Internacional ([3]). De facto, nas Comunidades Europeias temos vindo a assistir, desde a sua criação nos anos 50, e de forma gradualmente progressiva, à afirmação da superioridade da *solidariedade* e da *coesão* (por isso, palavras muito caras ao léxico jurídico dos Tratados Comunitários e do Direito Comunitário em geral) sobre a soberania dos Estados, que se vai consubstanciando nos seguintes traços: criação de um poder integrado, superior aos Estados, com competência para elaborar normas e actos obrigatórios para os Estados e directamente aplicáveis aos seus sujeitos internos, ficando, portanto, aqueles e estes *subordinados* àquele poder; comunitarização progressiva de certas políticas (até aqui exclusivamente económicas) que, desse modo e nessa medida, vão sendo subtraídas aos Estados; primado do Direito Comunitário sobre as Ordens Jurídicas dos Estados membros, inclusive sobre as respectivas Constituições; acesso directo do indivíduo aos tribunais comunitários; etc.

([1]) *Zur ideengeschichtlichen Herkunft der Gemeinschaftsverfassung,* in *Festschrift Walter Hallstein,* pgs. 387 e segs. (392).

([2]) *Die Entstehung des Modells supranationaler und gewaltenteilender Staatenverbindungen in der Verhandlungen über den Schuman-Plan,* in *Festschrift Hallstein,* pgs. 355 e segs. (382).

([3]) No mesmo sentido, e desenvolvidamente, H.-P. IPSEN, *Europäisches Gemeinschaftsrecht,* Tubinga, 1972, pgs. 196-197; FAUSTO DE QUADROS, dissertação cit., pgs. 16-17, e *Direito das Comunidades Europeias,* Sumários de lições, Associação Académica da Faculdade de Direito de Lisboa, 1983, ponto 39; e T. OPPERMANN, *Europarecht,* Munique, 1991, pgs. 294-295.

Resumindo, temos, pois, que a chamada Comunidade Internacional reveste, em globo, a natureza de *sociedade* e não de *comunidade* – sem embargo, como se disse, da progressiva comunitarização de muitas das suas áreas. Por isso, falar-se-ia com mais rigor em *Sociedade Internacional* e não em Comunidade Internacional, como mostrámos ser feito por alguns Autores. Da nossa parte não enveredaremos por esse caminho apenas por duas razões: primeiro, porque, apesar de tudo, é largamente dominante na doutrina a expressão *Comunidade Internacional;* depois, porque, como dissemos, se assiste a uma progressiva comunitarização de vários domínios da velha e clássica Sociedade Internacional, em termos tais que, atendendo designadamente à evolução mais recente do Direito Internacional, nos permitem admitir a hipótese de um dia, mesmo vista a Comunidade Internacional em globo, os seus traços comunitários virem a sobrepor-se às suas características societárias.

II. Na Comunidade Internacional assim caracterizada são de diversa índole as relações jurídicas que se estabelecem entre os Estados. Elas podem ser classificadas em três grandes categorias: *relações de coordenação* ou *de cooperação, relações de subordinação* e *relações de reciprocidade.*

As *relações de coordenação* ou de *mera cooperação* são ainda hoje as relações dominantes na Comunidade Internacional. Resultam do simples relacionamento entre os Estados e da necessidade sentida por eles de satisfazerem em conjunto interesses comuns nos mais diversos domínios: preservação da paz e da segurança internacionais; desarmamento; cooperação nos campos económico, social, cultural e humanitário; combate ao terrorismo, à pirataria aérea e ao tráfego de estupefacientes, etc. O principal traço característico destas relações reside no facto de elas serem, como acima se disse, relações meramente *horizontais* entre os Estados, isto é, não implicarem limitações à sua soberania.

O contrário se passa, como atrás explicámos, nas *relações de subordinação.* Desconhecidas para o Direito Internacional clássico, estas relações caracterizam hoje algumas áreas da Comunidade Internacional, aquelas que se encontram modeladas pelo figurino comunitário, mais uma vez na acepção fornecida por TÖNNIES. Já vimos isso atrás. Na sua essência são iguais às relações que se estabelecem no interior do Estado entre governantes e governados, pelo que provocam limitação na soberania dos Estados.

Quanto às *relações de reciprocidade,* há que notar que elas formam o tipo mais antigo das relações que se desenvolvem na Comunidade Internacional. Durante largo período da sua História o Direito Internacional viveu sobretudo, depois do costume internacional, de tratados bilaterais celebrados entre Estados, cujo objectivo nuclear consistia em consagrar um sinalagma *(do ut des),* isto é, em disciplinar uma dada matéria comum aos Estados em termos de reciprocidade. Ou seja, um dos dois Estados adoptava uma dada conduta, com a consciência da sua obrigatoriedade, em virtude de reconhecer que com essa conduta satisfazia o interesse do outro Estado, e sentia-se, por esse facto, com o direito de exigir deste a conduta a que este, por sua vez, se obrigara para a satisfação de um interesse do primeiro.

Mais tarde, as relações de reciprocidade generalizaram-se através de tratados multilaterais.

Exemplos de relações de reciprocidade são as que se estabelecem entre os Estados em matéria de imunidades dos agentes diplomáticos, de dupla nacionalidade, de extradição, de reconhecimento de graus académicos ou títulos profissionais, etc.

Ao longo deste livro teremos oportunidade de apreender a importância e o papel específico de cada um destes três tipos de relações na Comunidade Internacional [1].

---

[1] Sobre as questões estudadas neste número, v., para além das obras já citadas, SANTI ROMANO, *L'ordinamento giuridico,* Pisa, 1917; MARIO GIULIANO, *La Comunità internazionale e il diritto,* Pádua, 1950; GURVITCH, *Sociology of Law,* Nova Iorque, 1942; TREVES, *Sociologia del diritto,* in *Enc. dir.,* t. XLII (1990), pgs. 1175 e segs.; DIEZ DE VELASCO, *Instituciones de Derecho Internacional Público,* t. I, pgs. 47 e segs.; R.-J. DUPUY, *La Communauté internationale entre le mythe et l'histoire,* Paris, 1986, especialmente pgs. 9-32; LUÍS CABRAL DE MONCADA, *O Direito Internacional Público e a Filosofia do Direito,* in *BFDC* 1955, pgs. 36 e segs.; e a boa e actual bibl. arrolada nas obras de DIEZ DE VELASCO e TREVES.

5. O Direito Internacional e figuras afins

Para uma caracterização rigorosa do Direito Internacional torna-se necessário demarcar a fronteira que o separa de figuras afins.

A doutrina tem afirmado a afinidade do Direito Internacional com ordens normativas jurídicas e não jurídicas. Dentro das primeiras destacam-se o Direito Comparado e o Direito Internacional Privado. Entre as segundas salientam-se a Moral Internacional, a Cortesia Internacional e a Política Internacional.

Começando pelas primeiras, diremos que não oferece qualquer dúvida a distinção entre o Direito Internacional e o *Direito Comparado*. Desde logo, porque não há nenhum ramo de Direito que se possa designar de Direito Comparado: o que existe é um *método comparativo* no estudo do Direito, método esse que é aplicado ou a diversas Ordens Jurídicas estaduais, vista cada uma delas no seu conjunto, ou a ramos específicos do Direito, ou a concretos institutos jurídicos. Neste ponto, a terminologia românica e inglesa (*Direito Comparado, Derecho Comparado, Droit Comparé, Diritto Comparato, Comparative Law*) é imprópria e incorrecta, enquanto que a terminologia alemã, ao falar em "comparação de Direito" (*Rechtsvergleichung*), oferece maior exactidão e rigor.

Não menos fácil é a separação entre o Direito Internacional Público e o *Direito Internacional Privado*. Pensamos, porém, que a sua demonstração deverá ser guardada para o número seguinte.

No que diz respeito às ordens normativas não jurídicas que também vigoram na Comunidade Internacional, um traço de fundo distingue-as, desde logo, do Direito Internacional, desde que se admita, como nós fazemos, a juridicidade deste ramo de Direito: a ausência de coercibilidade nas normas pertencentes àquelas ordens normativas por oposição à coercibilidade do Direito Internacional.

No que toca à *Moral Internacional*, a sua distinção em relação ao Direito Internacional coloca-se, pois, nos mesmos termos que a distinção geral entre a norma jurídica e a norma moral, qualquer que seja a posição filosófica que se adopte quanto à Moral ou à Moral

Social. Isso não significa que princípios morais não possam ser chamados a enriquecer a Ordem Jurídica internacional, como é o caso dos princípios da lealdade, da boa fé, da justiça, da moderação, da proporcionalidade, da proibição de excesso, do respeito mútuo, do dever de assistência, da solidariedade, da humanidade nos conflitos armados, etc. (¹).

O problema coloca-se nos mesmos moldes quanto às *regras de cortesia* vigentes na esfera internacional, tradicionalmente designadas por *Comitas Gentium*. O problema da distinção entre a regra jurídica e a da cortesia também não apresenta aqui especificidade. O que sucede é que no plano prático e político a observância destas regras é ainda mais essencial à vida social internacional do que à interna, pois terão de, em larga medida, suprir os inconvenientes da escassa estruturação jurídica da Comunidade Internacional.

A coercibilidade do Direito Internacional é suficiente para também o distinguir desde logo, e claramente, da *Política Internacional*. Mas a distinção não acaba aí e pode e deve ser aprofundada. É certo que as duas ordens mantêm estreitas relações entre si. Todavia, há que definir com nitidez a fronteira que as separa até porque muitos autores reduzem à Política toda a normatividade internacional.

A Política fornece a medida do possível em dado momento e em determinadas circunstâncias, ou seja, faculta regras para a acção num dado contexto temporal e espacial. Apresenta-se-nos, por isso, simultaneamente como *ciência política do poder* e *arte do governo (science of government,* na terminologia anglo-saxónica) e, nessa qualidade, propicia aos governantes de uma comunidade política a adopção dos meios necessários em cada momento para a definição e a prossecução do Bem Comum. Isto quer dizer que a Política, por definição, se encontra em mutação constante, por forma a adequar-se, em cada instante, às exigências da comunidade que

---

(¹) TRUYOL Y SERRA, *Noções fundamentais* cit., pg. 38. Note-se que muitos desses princípios vigoram no Direito Internacional também como princípios gerais *de Direito*.

serve. De modo diferente, o Direito oferece estabilidade, certeza e segurança, e formula regras que, com respeito pela justiça, disciplinem a vida no grupo social a que se destina, regras essas que respondem às opções feitas pela Política. Onde a Política é improvisação o Direito é previsão.

Devido à ainda fraca estruturação interna e pouco densa elaboração dogmática do Direito Internacional, e ao facto de ele continuar predominantemente a assentar na soberania individual dos Estados, o Direito Internacional encontra-se fortemente condicionado pela Política, ainda mais do que o Direito interno ([1]). E, na medida em que a Política Internacional não pode deixar de reflectir as relações de poder na Comunidade Internacional, não admira que os grandes Estados cultivem muito mais, até do ponto de vista didáctico, a Política Internacional, enquanto que os pequenos Estados só têm vantagem em pautar permanentemente a sua conduta pelo Direito Internacional para poderem beneficiar da certeza e da segurança que só ele (e não a Política Internacional) lhes pode proporcionar ([2])([3]).

6. A questão terminológica

Nem sequer quanto à designação da nossa disciplina há acordo entre os autores. Já vimos como, devido a enganadora analogia com o Direito Romano, a sua designação inicial foi a de *ius gentium*. A partir, porém, dos finais do século XVIII a introdução por BENTHAM da designação *International Law* vai generalizar esta expressão, que é hoje a mais usada nas línguas românicas e inglesa (*Direito Inter-*

([1]) Isso leva o Professor FRIEDRICH BERBER a ver uma característica essencial do Direito Internacional no seu "carácter político" – *Lehrbuch des Völkerrechts*, 2.ª ed., vol. I, Munique 1975, pg. 24.

([2]) Assim, FAUSTO DE QUADROS, com referência específica a Portugal – Relatório cit., pgs. 382-383.

([3]) Sobre as ordens normativas afins do Direito Internacional, v. TRUYOL Y SERRA, *Noções fundamentais* cit., pgs. 39-49; ALBINO SOARES, *Lições de Direito Internacional Público*, 4.ª ed., Coimbra, 1988, pgs. 18 e segs.; e VERDROSS/SIMMA, *Universelles Völkerrecht*, 3.ª ed., Berlim, 1984, pgs. 6 e segs.

nacional, Derecho Internacional, Droit International, Diritto Internazionale, International Law).

Aquela designação não apresenta, todavia, suficiente rigor, e por duas razões.

Em primeiro lugar, mesmo na concepção clássica, o Direito chamado Internacional não regulava relações entre *Nações* mas sim entre *Estados*. E é sabido que, na Ciência Política e na Teoria Geral do Estado, Estado e Nação são conceitos que não se confundem ([1]). É certo que na língua inglesa, e sobretudo ao tempo em que BENTHAM escrevia, o termo *Nation* não designava a comunidade histórica e cultural que hoje entendemos por Nação, mas sim o fenómeno jurídico do Estado, pelo que não era justo dirigir essa crítica àquele autor britânico ([2]). Todavia, com o tempo, e particularmente no Direito continental, foi-se aprofundando a distinção entre os conceitos de Estado e de Nação.

Em segundo lugar, com o alargamento da personalidade jurídica internacional a novas entidades para além do Estado, e inclusive ao indivíduo, a designação Direito Internacional passou a estar ainda mais distante do verdadeiro domínio material da nossa disciplina, já que hoje nem a denominação de *Direito Interestadual* exprimiria o estado actual da evolução da teoria da personalidade jurídica internacional.

É precisamente com vista a adaptarem a designação do nosso ramo de Direito às realidades do nosso tempo, particularmente na matéria do novo elenco dos sujeitos do Direito Internacional, que autores como KELSEN, GEORGES SCELLE e JESSUP, entre outros, vão tentar generalizar novamente a expressão *Direito das Gentes*, que,

---

([1]) MARCELLO CAETANO, *Manual de Ciência Política e Direito Constitucional*, 6.ª ed., t. I, reimpr., Coimbra, 1983, pg. 123. Nem mesmo no conceito de Estado-Nação as noções de Estado e de Nação se confundem – TRAN VAN MINH, *Théorie générale de l'État – Recherches sur la notion juridique d'État-Nation*, Paris, 1980, pgs. 233--234; e DIOGO FREITAS DO AMARAL, *Estado*, in *Pólis*, t. 2 (1984), cols. 1126 e segs (1138).

([2]) Assim, BERBER, *op. cit.*, pg. 3.

embora nunca tivesse desaparecido completamente na doutrina (¹)(²), vai agora ressurgir com um significado mais ambicioso e uma intenção mais marcada.

Também aqui a terminologia alemã foi sempre a mais correcta: *Völkerrecht*, que deve ser traduzido por *Direito dos Povos* ou *Direito das Gentes*.

Como bem nota TRUYOL (³), a expressão Direito das Gentes, para além de ser a mais fiel ao momento actual do desenvolvimento do Direito Internacional, tem a vantagem de o prospectivar como "Direito comum da Humanidade" ou como "Direito Mundial", o que agrada especialmente a certos sectores da doutrina anglo-saxónica. É já dentro deste espírito que os Professores ALFRED VERDROSS e BRUNO SIMMA vão, enfaticamente, intitular o seu Manual de *Universelles Völkerrecht (Direito das Gentes Universal)* (⁴) e que a doutrina mais recente aponta a "universalidade" como um traço essencial do moderno Direito das Gentes (⁵).

Em Portugal, onde tradicionalmente se tem falado em *Direito Internacional*, houve recentemente quem propusesse que, para se

---

(¹) KELSEN, *Principles of International Law*, 2.ª ed., Nova Iorque, 1966, pg. 201; de SCELLE e JESSUP v. os títulos das obras, respectivamente, *Précis de Droit des Gens*, 1932, e *A Modern Law of Nations*, Nova Iorque, 1948 (da obra existe uma 7.ª ed., de 1959). JESSUP criou, mais tarde, o conceito de *Direito Transnacional* (*"Transnational Law"*), não para significar o Direito Internacional, mas para abranger "todo o Direito que regula condutas ou eventos que ultrapassam as fronteiras nacionais", isto é, que têm um elemento de extraneidade, o que engloba o Direito Internacional ao lado de díspares ramos do Direito interno, como o Direito Civil, o Direito Administrativo, o Direito Criminal e o Direito Processual – *Transnational Law*, Nova Iorque, 1956, pg. 2. Não se vê vantagem num conceito tão amplo e heterogéneo e que, por isso, perde rigor na sua compreensão – no mesmo sentido, VERDROSS/SIMMA, *op. cit.*, pg. 7.

(²) Recorde-se que já em 1758 EMÉRIC DE VATTEL publicara o seu *Le droit des gens ou Principes de la loi naturelle appliqués à la conduite et aux affaires des Nations et des Souverains*.

(³) *Noções fundamentais*, cit., pg. 24.

(⁴) *Op. cit.* V., a pgs. 18 e segs., a atribuição de conteúdo dogmático a essa designação. Note-se que, embora com terminologia diferente, JENKS publicara, já em 1958, dentro da mesma orientação, o seu Manual intitulado *The Common Law of Mankind (O Direito Comum da Humanidade)*.

(⁵) ROBERT JENNINGS, *op. cit.*, pgs. 282-283.

acompanhar a evolução actual do Direito Internacional, especialmente em função da integração europeia (e, poderíamos aqui acrescentar, em função também dos movimentos de integração económica noutros espaços do globo), se generalizasse entre nós o uso da expressão *Direito das Gentes* ([1]).

Prende-se ainda com a fixação da terminologia a adoptar para designar o Direito Internacional o saber-se se se deverá ou não acrescentar a *Direito Internacional* o adjectivo *Público*. Resposta afirmativa tem sido dada por aqueles que contrapõem ao Direito Internacional Público o Direito Internacional Privado, indo alguns ao ponto de distinguirem os dois alegando que o primeiro disciplina relações entre sujeitos de Direito Público e o segundo relações entre sujeitos de Direito Privado ([2]).

Começando pelo fim, diremos que é tão errado afirmar-se que o Direito Internacional Público regula relações que se estabelecem só entre sujeitos de Direito Público (pense-se nas relações entre um Estado e uma pessoa jurídica privada estrangeira, singular ou colectiva, relações essas que, segundo a doutrina contemporânea, são regidas pelo Direito Internacional Público, e pense-se também que, como já se advertia na 1.ª edição desta nossa obra, e mais tarde seria acentuado por alguns outros autores, podem ser de Direito Internacional *Público* algumas relações entre pessoas singulares ou colectivas *de Direito Privado* de nacionalidade diferente ([3])) como o é defender-se que o Direito Internacional Privado tem por objecto imediato, pelo menos predominantemente, disciplinar relações jurídicas substantivas.

([1]) FAUSTO DE QUADROS, dissertação cit., pg. 405, n. 1015, e bibliografia aí citada, e Relatório cit., pgs. 363-365 e 444.

([2]) Parece ser a posição, ainda que com "limites", do Professor ARMANDO MARQUES GUEDES, *Direito Internacional Público*, lições polic., 1986, pgs. 48 e segs.

([3]) Por último, JUTTA STOLL, *Vereinbarungen zwischen Staat und ausländischen Investor*, 1982; VERDROSS/SIMMA, *op. cit.*, pg. 4 e bibl. cit. na n. 22; GEORGES VAN ECKE, *Contracts between States and Foreign Private Law Persons*, in *Encyclopedia*, t. 7 (1984), pgs. 54 e segs., e óptima bibl. aí cit. Menos recentemente no tempo merecem destaque as obras de RENGELING, *Privatvölkerrechtliche Verträge*, 1971, e de IJALAYE, *The extension of corporate personality in International Law*, 1978, pgs. 147 e segs.

A Professora ISABEL DE MAGALHÃES COLLAÇO define o Direito Internacional Privado como "o sistema de normas que em dada ordem jurídica regulam as questões privadas internacionais, *através da remissão* para uma das Ordens Jurídicas locais com que as questões estão conexas, Ordem Jurídica que desse modo é declarada competente para as resolver"(¹). Trata-se, assim, de um Direito interno, de remissão. Portanto, Direito Internacional Público e Direito Internacional Privado não são espécies do mesmo género, mas termos de duas classificações diferentes: no Direito Internacional Público o que é *internacional* é o processo de produção jurídica, o que nada nos diz sobre o objecto da norma; no Direito Internacional Privado o que é *internacional* é o objecto da norma (a regulamentação da questão privada internacional), o que nada nos diz sobre o seu processo de produção.

Daqui resulta claramente que o Direito Internacional Privado, do ponto de vista das fontes formais, não é internacional mas *interno*. E também não é Direito *substantivo,* porque, pelo menos predominantemente, não disciplina directamente relações jurídicas substantivas, já que consiste num conjunto de regras de conflitos que decidem qual a Ordem Jurídica que deverá ser aplicada à relação substantiva controvertida. É, pois, essencialmente um Direito *adjectivo* ou *formal,* como se disse, um Direito *de remissão.*

Portanto, não sendo o Direito Internacional Privado espécie do mesmo género do Direito Internacional Público, torna-se desnecessária a qualificação de *público* atribuída nas línguas latinas à nossa disciplina (²).

Por tudo isso, nós falaremos normalmente apenas em *Direito Internacional,* designação que entendemos ser suficiente para expri-

---

(¹) *Lições de Direito Internacional Privado,* polic., 1958-59, vol. I, pg. 32. O itálico é nosso. Do mesmo modo, JOÃO BAPTISTA MACHADO, *Lições de Direito Internacional Privado,* 4.ª ed., Coimbra, 1990, pgs. 9 e segs.

(²) No mesmo sentido, quanto à distinção entre o Direito Internacional Público e o Direito Internacional Privado, v. TRUYOL Y SERRA, *Noções fundamentais,* cit., pg. 31; MAREK KOROWICZ, *Introduction to International Law,* 1959, pg. 390; EDUARD HAMBRO, *The Relations Between International Law and Conflict Law,* in RdC, 1962-I, pgs. 8-11; VERDROSS/SIMMA, *op. cit.,* pg. 7.

mir o objecto da nossa disciplina. E entre essa expressão e a de *Direito das Gentes,* não obstante termos demonstrado que esta última apresenta hoje maior rigor científico, só por razões de comodidade formal continuaremos a falar em Direito Internacional, dado que nos planos de estudos das Escolas de Direito é essa a designação que continua a ser dada à nossa disciplina. Todavia, como se mostrou, não é essa a orientação mais acertada. Ficamos à espera que as Escolas de Direito e o legislador tenham a coragem de imitar, volvido mais de século e meio, os autores do plano de estudos jurídicos adoptado em 1836 na Faculdade de Direito de Coimbra (em que se haviam convertido, em 5 de Dezembro desse ano, as Faculdades de Cânones e de Leis), que criou no 2.º ano uma "3.ª cadeira" de "Direito público universal e *das gentes*" ao lado de uma outra, no 3.º ano, a "6.ª cadeira", de "Direito público português pela Constituição, direito administrativo pátrio, princípios de política e direito dos tratados de Portugal com outros povos" ([1]).

7. A juridicidade do Direito Internacional

I. São cada vez em menor número as correntes filosóficas e os autores que negam a existência do Direito Internacional como ramo *de Direito,* de tal modo que as modernas obras gerais sobre o Direito Internacional já não se preocupam com a demonstração da sua juridicidade. Todavia, não era assim ainda há pouco tempo. Pensamos, por isso, que continua a ser oportuno discutir-se a seguinte questão: serão as normas de Direito Internacional verdadeiras normas jurídicas?

Há ainda quem sustente resposta negativa. Entende-se, então, que as normas internacionais não reúnem o conjunto de características que integram o conceito de norma jurídica. Muitas vezes não causa estranheza que se chegue a essa conclusão, quando para o es-

---

([1]) PAULO MEREA, *Esboço de uma História da Faculdade de Direito,* in BFDC 1952, pgs. 99 e segs. (103), e *Como nasceu a Faculdade de Direito, ibidem,* 1961, suplemento XV, pgs. 151 e segs. (155). O itálico é nosso.

tudo desta questão se associa necessariamente a noção de norma jurídica à ideia de Estado e às características próprias do Direito interno estadual. De facto, a formação dos conceitos jurídicos, a reflexão filosófica sobre a natureza e o fundamento do Direito e os próprios estudos doutrinários sobre essas matérias estiveram, classicamente, dominados quase exclusivamente pelo fenómeno do Estado e da sua Ordem Jurídica.

Mas não se pode esquecer que a vida jurídica da Comunidade Internacional é profundamente diversa da da comunidade estadual. Desde logo, não existe na Comunidade Internacional, à escala internacional, um sistema de órgãos especificamente destinados à produção do Direito, nem se encontra um aparelho coercivo para a sua imposição. Não há um Parlamento Mundial, não há um Governo Mundial, não há uma Polícia Mundial. Daqui foi fácil extrair-se a conclusão de que o chamado Direito Internacional não é um verdadeiro ramo de Direito, mas um simples conjunto de regras políticas, ou um sistema de moral internacional, ou, quando muito, um caso *sui generis* de normatividade imperfeita ([1]).

Não nos vamos debruçar sobre esta questão mais do que ela hoje o merece, e por quatro razões.

Em primeiro lugar, precisamente porque o problema é clássico ele está abundantemente tratado na doutrina que se escreveu pelo menos até há duas ou três décadas (ainda que, não raro, confundindo-se erradamente a problemática da juridicidade da norma internacional com a questão do fundamento da sua obrigatoriedade). Por isso, não é difícil obter-se elementos para se formar um juízo sobre a questão.

Em segundo lugar, em rigor não se pode discutir o problema sem a prévia definição do conceito de norma jurídica, o que nos obrigaria a debater aqui questões essenciais da Filosofia do Direito, cujo tratamento seria descabido neste livro.

([1]) Cada uma dessas posições encontra-se desenvolvida e criticada por G. WALZ, na sua extensa obra *Wesen des Völkerrechts und Kritik der Völkerrechtsleugner*, Estugarda, 1930. Resumo das ideias daquele autor alemão pode ver-se em TRUYOL Y SERRA, *op. cit.*, pgs. 52 e segs. Mais modernamente, v. FRIEDRICH BERBER, *op. cit.*, t. I, pgs. 9-22.

Mas, sobretudo, sucede que o problema da natureza jurídica do Direito Internacional representou uma contribuição do positivismo jurídico, podendo afirmar-se que antes da introdução do pensamento positivista a questão não tinha merecido as atenções da doutrina. Não quer isto dizer que o positivismo jurídico se resolva sempre pela negação da juridicidade da norma internacional; mas foi a sua forma de análise e de definição do fenómeno do Direito que fez surgir o problema. E sucede, portanto, que, com a superação do positivismo jurídico, que é certamente uma das constantes da Filosofia do Direito dos nossos dias, a acuidade da questão diminuiu. É, aliás, por isso, que a maioria da doutrina contemporânea aceita convictamente, e sem reservas, o carácter jurídico do Direito Internacional. Como escrevemos atrás, os manuais hodiernos dedicados a esta disciplina cada vez mais dão por encerrada esta discussão. Por isso, escrevia pertinentemente MIAJA DE LA MUELA, há alguns anos, que já só tem interesse histórico conhecer as opiniões dos negadores do Direito Internacional ([1]).

Finalmente, e em quarto lugar, o Direito Internacional, tal como existe hoje, e tal como será estudado neste livro, é diverso, e em certos casos mesmo radicalmente, daquele conjunto de normas com base no qual se tinham pronunciado os negadores do Direito Internacional. A evolução da Comunidade Internacional, traduzida, desde logo, numa sua mais densa elaboração jurídica, veio, assim, desactualizar a questão e relegá-la, ao que supomos definitivamente, para o campo da História.

Limitar-nos-emos, portanto, a notar que os argumentos negativistas provêm fundamentalmente de dois campos diversos, formando dois grupos distintos de objecções à natureza jurídica da norma de Direito Internacional ([2]).

O primeiro grupo é o dos argumentos de natureza filosófica, quase exclusivamente de raiz hegeliana, já que derivam da concepção hegeliana da História. Se o Estado é a encarnação absoluta do

---

([1]) MIAJA DE LA MUELA, *Introducción al Derecho Internacional Publico,* 7.ª ed., Madrid, 1979, pg. 48.

([2]) WALZ, *op. cit.,* pgs. 33 e segs.

ideal na História não pode por definição, sem se negar, submeter-se a uma autoridade superior, a uma disciplina jurídica. Nas relações entre dois Estados soberanos não podem existir vinculações jurídicas para nenhum deles. O Estado pode, pelo processo dialéctico, desaparecer, dando então lugar a uma síntese que resulte da sua combinação com o seu contrário; mas enquanto existir como tese – e é esta a situação no presente momento histórico –, a sua submissão a uma disciplina transcendente é impensável.

Partindo destes pressupostos, ou se desemboca na negação radical da existência do Direito Internacional, como fez há mais de um século ADOLFO LASSON (¹), e se aceita que a única solução para os conflitos entre Estados é a guerra; ou se procura construir o Direito Internacional unicamente sobre a base da vontade do Estado, surgindo daí a *teoria da autolimitação,* de JELLINEK. Quando adiante examinarmos em pormenor a construção deste Autor verificaremos que ela equivale à negação do Direito Internacional.

Ainda dentro do mesmo grupo das derivações do hegelianismo, outros autores baseiam a negação do Direito Internacional num outro argumento, desta vez de natureza sociológica: a inexistência da Comunidade Internacional. Um dos expoentes desta corrente foi o neo-hegeliano JULIUS BINDER, em dada fase do seu pensamento filosófico-jurídico (²). Para este Autor, o Direito está sempre vinculado a uma comunidade, que consiste no seu substrato sociológico: o Direito é a "forma existencial duma comunidade". Como pode então sê-lo o chamado Direito Internacional, pergunta ele, se não existe verdadeiramente nenhuma comunidade superior aos Estados? Por conseguinte, as normas do chamado Direito Internacional mais não são do que "moral internacional ou costume internacional".

O segundo grupo de argumentos contrários à natureza jurídica do Direito Internacional já não resulta duma prévia tomada de posição filosófica, mas da análise à luz da técnica jurídica da realidade da Comunidade Internacional. Não se nega então que possa em abstracto existir o Direito Internacional; mas constata-se que as normas

---

(¹) *Prinzip und Zukunft des Völkerrechts,* 1871, *passim.*
(²) *Philosophie des Rechts,* 1925.

a que se atribui essa qualificação não a merecem, por lhes faltarem as características técnicas específicas da norma jurídica. Segundo uma frase célebre, *na Comunidade Internacional não há nem legislador, nem juiz, nem polícia*. Não existindo na Comunidade Internacional entidade competente para a definição formal da norma, para a sua interpretação no caso concreto e para a sua aplicação por via coerciva, não haverá Direito Internacional.

II. Assim muito rapidamente sintetizados os principais argumentos que se têm oposto à natureza jurídica da norma de Direito Internacional vejamos o que pensamos acerca deles.

Quanto ao primeiro, diremos desde já que ele se nos afigura valer aquilo que valer o seu ponto de partida filosófico: se se aceita a noção de *soberania absoluta e indivisível do Estado* é óbvio que não se pode admitir a existência do Direito Internacional. A longa história das tentativas de conciliação entre os dois conceitos, sempre frustradas e sempre recomeçadas, aí está para o demonstrar. Tudo vai depender então da posição que se tomar quanto à própria essência do Estado e da sua soberania. Só se pode construir o conceito de Direito Internacional com base numa concepção filosófica que admita a existência da Comunidade Internacional, superando a ideia da soberania absoluta e indivisível do Estado.

Há, portanto, certas construções doutrinárias que, em consequência da sua posição perante o conceito de Estado e de soberania estadual, não podem aceitar a existência do Direito Internacional ([1]).

Todavia, hoje essa orientação quase não tem seguidores. Actualmente a Teoria Geral do Estado já abandonou a ideia da soberania absoluta e indivisível como elemento essencial do conceito de Estado. A própria doutrina soviética do Direito Internacional, que, por força das concepções filosófico-políticas de que parte, foi o último bastião da resistência contra a aceitação da limitação da soberania estadual, acabou por ceder, desde logo quando, para legitimar *a posteriori* a intervenção das Forças Armadas do Pacto de Varsó-

---

([1]) Sobre este ponto pode ver-se GEORGES BURDEAU, *Traité de Science Politique*, vol. I, 3.ª edição, Paris, 1980, págs. 413 e segs.

via na Checoslováquia, em Agosto de 1968, sentiu a necessidade de construir a chamada *doutrina Brejhnev da soberania limitada* (¹).

Este desenvolvimento no campo dos princípios foi acompanhado pela própria evolução do Direito Internacional, que em certas áreas, sobretudo no Direito da Integração (de que é manifestação mais evoluída a Ordem Jurídica das Comunidades Europeias e, agora, da União Europeia, criada pelo Tratado de Maastricht, de 1992), renegou expressamente a ideia da soberania absoluta e indivisível do Estado.

Portanto, se se admitir que o Estado pode, em princípio, ser vinculado por normas que o transcendem – é a nossa posição, confirmada pelo estado actual da Comunidade Internacional –, nesse caso as alegadas dificuldades da construção do Direito Internacional como verdadeiro Direito são superáveis.

Quanto à pretendida inexistência da Comunidade Internacional, já atrás vimos que, se com isso se pretende significar que não existem relações jurídicas na Comunidade Internacional, isso não corresponde à verdade, sem prejuízo de se reconhecer que essas relações são, do ponto de vista jurídico, menos densas e menos elaboradas do que as relações que se estabelecem no interior da comunidade estadual.

No que toca à segunda ordem de argumentos, aqueles que contestam a juridicidade da norma internacional por motivos de índole técnico-jurídica, entendemos que também eles não são, ao menos inteiramente, procedentes.

Diz-se que na Comunidade Internacional não há legislador. É certo que o não há à escala internacional, exactamente porque o Di-

---

(²) Sobre o abandono do conceito de soberania absoluta e indivisível como fundamento do Direito Internacional Público, v. FAUSTO DE QUADROS, dissertação citada, pgs. 336 e segs., especialmente 346-375 e 394-403, e a bibliografia aí seleccionada, sobretudo as obras de CARRILLO SALCEDO, JENKS e FRIEDMANN. Mais recentemente, v. BLECKMANN, *Das Souveränitätsprinzip im Völkerrecht*, in *AV* 1985, pgs. 450-474; e STEINBERGER, *Sovereignty*, in *Enciclopedia*, t. 10 (1987), pgs. 397 e segs., e boa e actual bibliografia aí arrolada. Sobre a concepção soviética da soberania estadual antes da *Perestroika*, v. STEINER, *International Law, Doctrine and Schools of Thought in the Twentieth Century*, in *Encyclopedia*, t. 7, e SCHWEISFURTH, *Socialist Conceptions of International Law*, ibidem, pgs. 417 e segs.

reito Internacional não se transformou ainda num Direito Mundial ([1]). Mas se, mais razoavelmente, reconhecermos que o Direito Internacional ainda é um Direito "fragmentário", como lhe chama o Professor ARMANDO MARQUES GUEDES ([2]), correspondendo dessa forma ao actual estado de desenvolvimento da Comunidade Internacional, e se partirmos dessa constatação para a análise do problema que aqui nos preocupa, decerto que admitiremos que na Comunidade Internacional há zonas onde já existe, efectivamente, legislador. É o caso, pelo menos, porque o mais evidente, de certas Organizações Internacionais, mas particularmente das Organizações supranacionais, dentro das quais se destacam as Comunidades Europeias. Veremos isto adiante mais em pormenor.

Mas mesmo que, de facto, não houvesse, de todo, legislador na Comunidade Internacional, nem por isso daí se poderia concluir necessariamente que não houvesse Direito. Mesmo no Direito interno a lei não é a única fonte de Direito; e em Direito Internacional a principal fonte de Direito ainda é o costume. Com excepção das tais zonas da Comunidade Internacional onde o processo legiferante se encontra mais evoluído, as normas jurídicas internacionais derivam predominantemente ou do costume ou do tratado. Ora, se estas fontes de Direito forem susceptíveis de produzir verdadeiras normas jurídicas obrigatórias, desde logo resulta daí que a inexistência de um órgão legislativo central não impede o fenómeno da produção jurídica.

Mas serão obrigatórias as normas derivadas do costume e do tratado?

Em nosso entender sim, e sem que essa obrigatoriedade decorra de postulados ditados pelo positivismo jurídico.

Mais do que isso: algumas normas geradas pelo costume e pelos tratados internacionais, para além de outras fontes, integram o conceito de *ius cogens,* ou seja, de Direito Internacional impera-

---

([1]) Não vamos discutir neste lugar se essa transformação se dará ou não e quando, nem se esse Direito Mundial continuará a caber no conceito de Direito Internacional.

([2]) *Op. cit.,* pgs. 148 e segs.

tivo, conceito esse cujo aperfeiçoamento e alargamento tem sido um dos traços característicos da moderna evolução do Direito Internacional, como oportunamente estudaremos.

De tudo isto resulta podermos afirmar que, por não haver legislador na Comunidade Internacional (tanto quanto isso é hoje exacto), não se segue que não haja Direito.

Isso significa, em suma, que não procede a objecção derivada da pretensa ausência de legislador na Comunidade Internacional. E o mesmo se diga daquela que se fundava na inexistência de órgãos jurisdicionais. É verdade que quanto ao Direito Internacional consuetudinário a jurisdição dos tribunais internacionais é facultativa, dependendo do acordo das partes. Mesmo no Direito Internacional de fonte convencional a submissão dum litígio a um tribunal internacional, inclusive a um tribunal arbitral, continua a depender, em princípio, da prévia aceitação das partes. Mas já são muitas as convenções internacionais que atribuem jurisdição obrigatória ao Tribunal Internacional de Justiça. E já há Organizações Internacionais cujos tribunais têm sempre jurisdição obrigatória: é o caso das Comunidades Europeias. A simples adesão de um Estado às Comunidades Europeias fá-lo sujeitar-se necessariamente (o Estado e os seus cidadãos, pessoas singulares ou colectivas) à jurisdição dos tribunais comunitários.

Portanto, também este argumento não procede.

Mais complexa, porém, é a dificuldade que resulta da alegada inexistência de sanções. A ser fundada, forçar-nos-ia a excluir a juridicidade do Direito Internacional, porque, como dissemos, entendemos que a coercibilidade é uma característica essencial da norma jurídica.

Mas também não nos parece que se possa concluir que a norma de Direito Internacional esteja desprovida de sanção. No domínio do Direito Internacional convencional, no das Organizações Internacionais, e, de forma genérica, em todas as relações de subordinação a regra é, pelo contrário, a existência da sanção. Nas relações de reciprocidade a função da sanção é desempenhada pela reciprocidade do não cumprimento, espécie da lei de Talião, e que, embora não se identifique rigorosamente com a sanção, preenche a sua função preventiva e repressiva da violação da norma jurídica.

Mesmo nas relações de coordenação a viabilidade de sanções não é de excluir, embora a sua aplicação prática dependa do grau de coordenação efectivamente atingido.

Portanto, a dificuldade não reside na existência ou inexistência de sanções: podemos dizer que o Direito Internacional realiza, com maior ou menor perfeição, a imputação da sanção ao acto ilícito, que é característica da norma jurídica. O verdadeiro problema reside na aplicação prática das sanções, desmentida pela realidade da vida internacional, que assiste geralmente, não ao cumprimento da norma de Direito, mas ao triunfo da vontade do mais forte. Em última análise, a execução das sanções depende da distribuição das forças na Comunidade Internacional, e a História demonstra que a aplicação de sanções pode ser levada a cabo contra Estados pequenos ou fracos, mas não contra as grandes potências. Neste ponto é forçoso reconhecer alguma razão aos negadores do Direito Internacional.

Atente-se, porém, nesta dupla realidade. Por um lado, este não é um problema de Direito, um problema jurídico, mas, sim, um problema *político,* um problema de *relações de força* na Comunidade Internacional: a norma jurídica internacional *está dotada de coercibilidade* e, portanto, *possui sanção;* o que falha é a eficácia da sanção, a aplicabilidade prática da sanção. Por outro lado, esta questão não é específica do Direito Internacional, mas consiste, antes, numa dificuldade na aplicação da norma jurídica em geral: estamos perante a complexa questão, de índole política, da *aplicação de sanções contra o Poder.*

No Direito interno não se tem visto pôr em causa a natureza jurídica do Direito Constitucional ou do Direito Administrativo pelo simples facto de, cabendo ao Poder, no fim de contas, fiscalizar-se a si próprio, essa fiscalização nem sempre ser eficaz. Como aplicar sanções contra o Poder, quando ele a isso se opõe? Como utilizar a força contra o Poder, que detém o monopólio da força? É preciso reconhecer que as formas mais subtis da teoria da separação de poderes não conseguem responder plenamente a estas perguntas, nem resolver satisfatoriamente estes problemas. E, no entanto, essas interrogações são constantes sobretudo nas comunidades políticas não democráticas, nas quais, portanto, não é respeitado um corolário essencial do princípio do Estado de Direito, isto é, o princípio da subordinação do Poder à lei.

Simplesmente, sucede que normalmente o Poder cumpre o Direito, até porque a observância do Direito é uma condição essencial da vida social. Sem observância do Direito não há segurança na vida em sociedade, e, no caso limite, deixa de haver o próprio Estado. Na maioria dos casos o Poder pauta a sua actividade pelas regras do Direito, aceita mesmo submeter-se às sanções; só o não fará se estiverem em causa interesses políticos primaciais, e, eventualmente, em jogo a própria segurança, defesa ou existência do Estado.

O mesmo se passa na ordem internacional, apesar de ela se encontrar, à partida, nesta matéria em situação de inferioridade em relação à ordem interna, devido à menos densa estruturação jurídica da Comunidade Internacional. A observação diária da vida da Comunidade Internacional demonstra que normalmente os sujeitos do Direito Internacional pautam a sua actividade pelas regras jurídicas da comunidade, e se submetem às sanções que resultam do seu não cumprimento. Em princípio, só o não fazem quando forem atingidos os seus interesses fundamentais e, por isso, prefiram pôr em causa o próprio princípio da segurança na vida internacional, que aproveita a todos. Aceitamos que os casos de não cumprimento, ou de não submissão às sanções, sejam mais frequentes na Comunidade Internacional do que na ordem interna do Estado; mas afigura-se-nos que *a diferença não é de natureza mas apenas de grau* ([1]), em consequência, exactamente, da aludida menor elaboração interna da Ordem Jurídica internacional, ou seja, do Direito Internacional. Além do mais nem todos os sujeitos de Direito Internacional são poderes, no sentido sociológico do termo, e, assim, alguns não terão sequer a susceptibilidade de se eximirem às sanções.

Não nos esqueçamos também de que na sanção há dois momentos fundamentais: o momento psicológico e o momento físico. O momento psicológico é o que força o destinatário da norma a conformar-se com ela, e com receio de aparecer perante a sociedade

---

([1]) BERBER, *op. cit.*, pg. 19.

como infractor. O facto de a observação da vida política nos mostrar que nunca um Estado reconhece que está a agir contra o Direito Internacional basta para daí inferirmos que ele possui a convicção da obrigatoriedade desse Direito. O momento psicológico, por isso, funciona sempre. Isto significa que dos dois momentos da sanção, o psicológico e o físico, o primeiro actua sempre, e só o segundo às vezes é ineficaz, como de resto também pode acontecer no Direito interno. Podemos, pois, concluir com a afirmação de que *há sanções em Direito Internacional,* embora as dificuldades (de grau, que não, em princípio, de natureza) da sua aplicação sejam maiores do que no Direito interno, e resumir o que fica dito com a célebre frase irónica de CARNELUTTI: as sanções em Direito Internacional são como uma espingarda apontada ao infractor, ainda que descarregada; mesmo assim ela inspira sempre um certo temor, e evita-se ser por ela alvejado.

Aliás, a menor eficácia das sanções no Direito Internacional é também uma consequência da menor organização da Comunidade Internacional, que constitui uma característica essencial do ordenamento jurídico internacional e decorre da já referida menor elaboração interna do Direito Internacional. E, por mais que este venha a prosseguir no seu constante e visível curso evolutivo, é duvidoso que algum dia ele atinja, à escala universal, um grau de organização tão perfeito que se possa afirmar que possui legislador, juiz e polícia como os encontramos no Direito interno dos Estados. Desde logo, é a própria natureza das coisas que no-lo diz: todos os dias o polícia prende cidadãos em qualquer Estado; mas não se está a ver o polícia da Comunidade Internacional prender um Estado ou todos os seus cidadãos ...

Por isso, e em face dos argumentos que aduzimos atrás, parece-nos mais rigoroso e mais realista reconhecer que, não obstante a menor estruturação jurídica da Comunidade Internacional, a norma de Direito Internacional não deixa, efectivamente, de estar dotada de coercibilidade, o que basta para se afirmar que ela consiste numa norma jurídica e que, portanto, o Direito Internacional é, efectivamente, Direito.

8. O fundamento do Direito Internacional: o enunciado da questão

Como já dissemos, as questões da juridicidade e do fundamento da norma de Direito Internacional aparecem por vezes confundidas na doutrina. Mas, em nosso entender, sem razão, porque se trata de duas questões diferentes.

Como acertadamente observa CHARLES ROUSSEAU ([1]), a juridicidade do Direito Internacional é, vimo-lo já, um problema da Ciência do Direito: diz-nos que a norma jurídica internacional é norma de Direito e explica porquê. Diversamente, o problema do fundamento do Direito Internacional é um problema da Filosofia do Direito: esclarece-nos por que é que o Direito Internacional existe (uma vez assente, *num momento lógico anterior,* que ele é um ramo de Direito) ou, o que é o mesmo, qual a razão última por que ele obriga – é por isso que alguns autores preferem falar em *fundamento da obrigatoriedade* do Direito Internacional ([2]). Todavia, a matéria do fundamento do Direito Internacional é complementar, como se vê, da da sua juridicidade, pelo que se justifica que seja estudada logo a seguir a esta.

Como questão filosófico-jurídica, a questão do fundamento do Direito Internacional traduz-se, na sua essência, numa manifestação do problema geral do fundamento do Direito. Talvez por isso ela apareça subestimada na doutrina ([3]). Todavia, nós analisaremos aqui esta questão com alguma profundidade, não apenas porque ela se situa no cerne da nossa disciplina e, portanto, se repercute em vários domínios concretos do seu conteúdo, como também porque nas Escolas de Direito portuguesas continua a não ser grande a atenção que se dedica às matérias da Filosofia do Direito.

([1]) *Op. cit.,* t. I, pg. 9.

([2]) Parece ter sido precursor dessa metodologia o Professor ROLANDO QUADRI, *Le fondement du caractère obligatoire du Droit International Public,* in *RdC,* 1952-I, pgs. 579 e segs.

([3]) Veja-se, só a título de exemplo, a vasta obra clássica de ANTÓNIO BUSTAMANTE, *Droit International Public,* em três volumes, onde são dedicadas a este problema apenas quinze páginas – trad. francesa, t. I, Paris, 1934, pgs. 41-56.

O problema do fundamento do Direito Internacional não tem apresentado uma visão estática: como se verá, ele tem evoluído com o desenvolvimento da doutrina e das escolas filosóficas do Direito Internacional e, também, com o impacto que sobre este têm exercido os factores que neste século, e particularmente após a 1.ª Guerra Mundial, têm condicionado o seu progresso ([1]).

São diversas as posições doutrinais que se têm proposto encontrar resposta para este problema. Numa primeira classificação, diremos que elas podem ser reconduzidas a dois grandes grupos, conforme buscam ou não na vontade do Estado, ou dos Estados, o fundamento do Direito Internacional. E assim teremos, por um lado, as doutrinas *voluntaristas* e, por outro, as doutrinas *anti-voluntaristas*. Estas últimas, por sua vez, dividem-se principalmente em três subgrupos, conforme atribuem ao Direito Internacional um fundamento *lógico, sociológico* ou *jusnaturalista* ([2]).

9. Idem: A) A tese voluntarista

O voluntarismo consiste, sem dúvida, numa das mais importantes explicações filosóficas para o fundamento de qualquer norma jurídica e, portanto, também do Direito Internacional. No seu âmago mora a ideia de que a existência e a obrigatoriedade do Direito resultam sempre da qualidade da vontade que o cria. É essa vontade que confere valor jurídico à norma. *O Direito obriga porque foi querido.*

No campo do Direito Internacional, o voluntarismo levou a fundar a obrigatoriedade deste na vontade do Estado singular ou, mais

---

([1]) STEINER, *op. cit.*, pgs. 297 e segs.

([2]) Um apanhado geral de todas as correntes doutrinárias que foram sendo, ao longo dos tempos, defendidas na matéria pode ver-se em A. VERDROSS, *Le fondement du droit international*, in *RdC*, 1927-I, pgs. 251 e segs.; QUADRI, *op. cit.;* GEORG DAHM, *Völkerrecht*, t. I, Estugarda, 1961, pgs. 7 e segs.; HILDEBRANDO ACCIOLY, *Traité de Droit International Public*, trad. francesa, t. I, 1940, pgs. 5 e segs.; TRUYOL Y SERRA, *op. cit.*, pgs. 67 e segs.; e STEINER, *op. cit.*

tarde, na "vontade comum" dos Estados. É esta a posição dos autores de inspiração hegeliana e neo-hegeliana.

Como nota TRUYOL ([1]), a concepção hegeliana do Direito Internacional é uma consequência directa da concepção hegeliana do Estado e da soberania estadual, o que se torna facilmente visível na obra básica de HEGEL, *Grundlinien der Philosophie des Rechts,* editada em 1820.

Partindo da ideia de que o Estado constitui a mais alta encarnação do espírito objectivo, aquele célebre filósofo alemão entendia que "O povo enquanto Estado é o espírito na sua racionalidade substancial e na sua realidade imediata; portanto, o poder absoluto na terra ([2]). Daí, a impossibilidade da existência de uma Ordem Jurídica superior ao Estado. Por conseguinte, o Direito Internacional só se pode fundar na vontade do Estado, enquanto esta gera acordos com outros Estados ([3]).

Deste núcleo essencial derivam todas as correntes que invocam o pensamento hegeliano para explicar o fundamento do Direito Internacional, baseando-o, como dissemos, na vontade de um só Estado ou no acordo entre dois ou mais Estados. Vejamo-las brevemente.

I) *A teoria do "Direito Estadual externo"*

A posição mais próxima do pensamento hegeliano vê no Direito Internacional um *"Direito Estadual externo" (äusseres Staatsrecht").* Foi enunciada em primeiro lugar pelo próprio HEGEL ([4]) e, mais tarde, desenvolvida, sobretudo na Alemanha, pela "escola de Bona", nomeadamente pelos irmãos PHILIP e ALBERT ZORN ([5]), e, depois, por MAX WENZEL ([6]).

([1]) *Op. e loc. cits.*
([2]) *Op. cit.,* § 336.
([3]) *Op. cit.,* §§ 330-336.
([4]) *Op. cit.,* § 336.
([5]) PH. ZORN, *Staatsrecht der deutschen Rechts,* 2.ª ed., t. I, 1895; e A. ZORN, *Grundzüge des Völkerrechts,* 2.ª ed., 1903.
([6]) *Juristische Grundprobleme,* t. I, Berlim, 1920.

Esta doutrina consiste na primeira e na mais radical das teses voluntaristas que fundamentam o Direito Internacional na vontade exclusiva de *um só Estado*. Ela parte da tese hegeliana da impossibilidade de hetero-limitação do Estado, que assenta no princípio da soberania absoluta e intangível do Estado, só reconhecendo, portanto, força obrigatória ao Direito Internacional que, e na medida em que, for recebido pelo Direito interno. O chamado Direito Internacional mais não é do que a projecção externa do ordenamento jurídico estadual.

Esta construção não vingou, porque conduz à negação do Direito Internacional. De facto, através dela o Estado poderia desvincular-se unilateralmente das suas normas sem que se pudesse suscitar quer o problema da sua responsabilidade, quer o da violação do Direito Internacional. Ora, uma e outra coisa, desde logo, contradizem a prática internacional.

Por outro lado, ela ignora a existência de regras que transcendem a vontade do Estado e que, por isso, se lhe impõem.

II) *A teoria da "auto-limitação" do Estado*

A segunda manifestação das correntes que justificam a obrigatoriedade da norma jurídica internacional na vontade isolada de *um Estado,* expressa na sua soberania absoluta, consiste na *teoria da "auto-limitação"* ou *"auto-obrigação" do Estado.*

Persiste nesta teoria a influência hegeliana, na medida em que se nega a hetero-limitação do Estado soberano para se admitir só a sua auto-limitação. É o Estado que fixa as limitações do seu próprio poder absoluto quer perante os seus súbditos, quer em relação aos demais Estados com que estabelece relações. É nessa auto-limitação ou auto-obrigação que reside o fundamento da obrigatoriedade da norma internacional. Essa ideia resume-se da seguinte forma: "O Estado, que vive na Comunidade jurídica Internacional, não se reconhece vinculado só internamente; reconhece-se também vinculado externamente pelo Direito Internacional, sem que por isso se submeta a uma autoridade externa (...). Também no que toca ao Direito

Internacional o Estado só fica juridicamente submetido à sua própria vontade" ([1]).

Esta teoria parece ter nascido ainda no Direito Romano, como o demonstrou VERDROSS ([2]), ainda que, modernamente, o primeiro autor que a enunciou tenha sido PÜTTER ([3]). Mas quem a desenvolveu e a difundiu foi, sem dúvida, um dos mais célebres juspublicistas deste século, o austríaco GEORG JELLINEK, Professor da Universidade alemã de Heidelberga ([4]). Pela sua mão esta teoria exerceu forte influência, durante um largo período, na doutrina de língua alemã, e chegou a ter seguidores entre alguns dos mais renomados nomes da Ciência Jurídica em França, como foi o caso de CARRÉ DE MALBERG ([5]).

Que dizer desta construção?

Tal como a teoria anterior, também a teoria da auto-limitação leva à negação do Direito Internacional e, portanto, não fornece resposta para o problema do fundamento deste ramo de Direito. De facto, se o Estado se vinculou livremente ao Direito Internacional também se poderá desvincular livremente dele. Na realidade, se ele se limitou voluntariamente nada o impede de se libertar, a qualquer momento, da obrigação assumida.

A isso acresce uma outra objecção: não é exacto que, quando na cena internacional surge um novo Estado, a sua submissão ao Direito Internacional vigente com carácter imperativo esteja dependente da sua aceitação, já que ele se lhe impõe *mesmo contra a sua vontade*. O comportamento espontaneamente adoptado pelos novos Estados que foram nascendo para a Comunidade Internacional com a descolonização, sobretudo desde o termo da 2.ª Guerra Mundial,

---

([1]) JELLINEK, *Allgemeine Staatslehre*, 3.ª ed., reimpressão, Berlim, 1929, pg. 479.

([2]) *Le fondement*, cit., pg. 262.

([3]) *Begriff und Wesen des praktischen europäischen Völkerrechts*, 1843.

([4]) *Op. cit.*, pgs. 263 e segs.

([5]) *Contribution à la théorie générale de l'État*, Paris, 1920, t. I, particularmente pgs. 234 e 241.

em relação ao Direito Internacional anterior, confirma essa asserção (¹).

Todavia, embora rejeitemos a teoria da auto-limitação, entendemos que é necessário sublinhar a grande importância de que ela se revestiu na primeira fase da doutrina soviética do Direito Internacional, a fase da *teoria do Direito Internacional do período de transição*. Para essa teoria, sendo o Direito uma das formas de expressão da luta de classes, ele não pode nascer de um acordo entre um Estado capitalista e um Estado socialista, pois as suas vontades são totalmente opostas. Nesse caso, o fundamento do Direito Internacional terá de ser encontrado apenas na consideração dos interesses do proletariado, que nesse momento a ele aderiu (²).

III) *A teoria da* Vereinbarung

As duas teorias anteriores pretendiam reconduzir o fundamento do Direito Internacional à vontade singular de um único Estado. Falhado esse objectivo, os voluntaristas vão tentar extrair a força obrigatória do Direito Internacional da *vontade comum ou colectiva de vários Estados*. Expoente máximo desta corrente foi a *teoria da Vereinbarung*, exposta nos fins do século XIX por HEINRICH TRIEPEL (³), embora com confessada inspiração numa obra escrita dez anos antes por K. BINDING (⁴). Segundo TRIEPEL, há em Direito duas categorias de acordos de vontade: o contrato, ou *Vertrag*, e o acordo colectivo, ou *Vereinbarung*. No contrato, as várias vontades participantes representam interesses divergentes, ainda que

---

(¹) M. SCHWEITZER, *New States and International Law*, in *Encyclopedia*, t. 7, pgs. 349 e segs.

(²) LAPENNA, *Conceptions soviétiques du Droit International*, 1954; DUTOIT, *Coexistence et droit international à la lumière de la doctrine soviétique*, 1966; GLOS, *The Theory and Practice of Soviet International Law*, in *International Lawyer* 1982, pgs. 279 e segs.; SCHWEISFURTH, *op. cit.*, pgs. 417 e segs.; e STEINER, *op. cit.*, pgs. 306-307.

(³) *Völkerrecht und Landesrecht*, 1899.

(⁴) *Die Gründung des Norddeutschen Bundes*, Lípsia, 1889.

correlativos, pelo que o conteúdo das respectivas obrigações é forçosamente distinto. Ao contrário, no acordo colectivo, isto é, na *Vereinbarung,* as partes prosseguem interesses iguais e comuns, isto é, *as várias vontades intervenientes têm o mesmo conteúdo,* gerando, por isso, para todas as partes obrigações idênticas. Nas palavras de BINDING, citado por TRIEPEL (¹), na *Vereinbarung* encontramos uma "fusão de várias vontades mas com o mesmo conteúdo".

Ora, segundo esta construção, o tratado consistiria numa manifestação de *Vereinbarung* no Direito Internacional. E seria nessa reunião, numa só, de várias vontades com conteúdo idêntico que se fundamentaria a obrigatoriedade da norma internacional, ao contrário do Direito interno, que repousaria na vontade de cada Estado isolado.

Aparece reconduzida a esta teoria, no essencial, a posição que nesta matéria adoptou a moderna doutrina soviética do Direito Internacional (antes ainda da era da *Perestroika*), que apresentou, como seu expoente máximo, o nome do Professor GRIGORY TUNKIN.

Como atrás dissemos, a doutrina soviética, na sua primeira fase, defendia a ideia de que as vontades de um Estado capitalista e de um Estado socialista tinham conteúdos divergentes, se não antagónicos, por representarem, na luta de classes, interesses de classes opostas. A doutrina soviética posterior, até à fase da *Perestroika,* iria retomar essa ideia, não para negar fundamento jurídico ao Direito Internacional, como acabava por fazer a sua antecessora, mas justamente para ultrapassar essa dificuldade. Ao continuar a aceitar que as vontades de um Estado capitalista e um Estado socialista eram divergentes parecia que TUNKIN e a sua escola se estavam a afastar da teoria da *Vereinbarung.* Só que, segundo eles, essas vontades divergentes podiam ser dirigidas a um *fim comum.* Compreende-se a importância que os autores soviéticos davam a esta construção se levarmos em conta que ela pretendia conceder base jurídica à cooperação entre o Ocidente e o Leste com vista a assegurar a "coexistência pacífica" entre os dois blocos – uma ideia muito cara aos autores da era pós-Stalin. Quer dizer, havia objectivos comuns que

---

(¹) *Op. cit.,* pg. 49.

eram indispensáveis à coexistência pacífica, embora não deixasse de existir uma divergência fundamental entre as vontades em presença.

Para essa fase da doutrina soviética, havia, portanto, objectivos limitados e concretos sobre os quais podia surgir um acordo. As vontades, embora divergentes, tendiam para um fim comum e estavam condicionadas uma à outra. O núcleo essencial da doutrina enunciava-se, pois, do seguinte modo: a força obrigatória do Direito Internacional deriva de *vontades divergentes* mas que prosseguem um *fim comum* e *se condicionam reciprocamente*.

Como se disse, uma doutrina característica da fase pós--estaliniana, ou seja, da coexistência pacífica entre capitalismo e socialismo ([1]), e que depois se consolidou na era da *Perestroika* ([2]).

Mas nem a teoria da *Vereinbarung* nem a doutrina soviética, partindo dos postulados voluntaristas em que assentam, conseguem dar um fundamento ao Direito Internacional.

Desde logo, uma e outra não escapam à crítica que acima dirigimos a outras correntes dentro do voluntarismo e segundo a qual este conduz à negação do Direito Internacional. De facto, os Estados são tão livres de chegar a acordo, seja qual for o seu conteúdo, como de se desligarem dele.

Além disso, e esta é a segunda objecção, se a obrigatoriedade da norma deriva da existência de um concurso de vontades, quer idênticas, quer divergentes, mas tendendo ao mesmo fim, não se consegue explicar por que motivo é que quando uma das vontades se retira a norma não desaparece. É que *o acordo de vontades, por si, não cria Direito*. A vontade, porque não é, por si, autoridade, não gera efeitos jurídicos, mas apenas os determina, pois estes são deri-

---

([1]) TUNKIN, *Co-existence and International Law,* in *RdC,* 1958-III, pgs. 1 e segs.; ID., *Droit International Public,* Paris, 1965, pgs. 132-134; ID., *Theory of International Law,* trad. inglesa, Londres, 1974, *passim;* e DUTOIT, *op. cit.,* pgs. 149 e segs.

([2]) Embora a filosofia jurídico-política das relações entre os Estados do leste e da Europa Ocidental tenha mudado para a doutrina dos Estados que se sucederam à ex-União Soviética, não se conhecem ainda obras nesses Estados que exprimam essa mudança na matéria em apreço no texto.

vação exclusiva da norma. O acordo de vontades só vincula quando há, como no Direito interno, uma norma que lhe confere poder vinculatório.

A terceira crítica é uma crítica geral a todo o voluntarismo: ao fundarem a obrigatoriedade da norma internacional num acordo de vontades tanto a teoria da *Vereinbarung* como a doutrina soviética só tentam explicar a força obrigatória do Direito Internacional de fonte convencional. E o costume, que, como se disse, ainda é a mais importante fonte do Direito Internacional? É certo que alguns autores tentam reduzi-lo a um "pacto tácito". Mas é manifesto o artificialismo desta construção: como já dissemos, quando um novo Estado entra na Comunidade Internacional fica vinculado a todo o Direito consuetudinário comum, para o qual, na realidade, a sua vontade em nada contribuiu.

Aliás, não é só o Direito de fonte consuetudinária que não é reconduzível à vontade dos Estados: o mesmo se passa com os princípios gerais de Direito Internacional e, de um modo geral, com todo o já referido *ius cogens*, que se impõe imperativamente aos Estados. E isso pode acontecer também com o próprio Direito de fonte convencional. Assim, hoje não restam dúvidas de que da Carta das Nações Unidas resultam deveres mesmo para os Estados não membros daquela Organização e que, portanto, não subscreveram aquele tratado – já assim entendia, aliás, em 1949, o Tribunal Internacional de Justiça no seu Parecer no caso da *reparação dos prejuízos sofridos ao serviço das Nações Unidas* ([1]). Do mesmo modo, no âmbito da Organização Internacional do Trabalho há convenções internacionais que obrigam os Estados membros mesmo se não ratificadas por estes.

Em resumo, recapitulando em termos gerais a apreciação da tese voluntarista diremos que o voluntarismo jurídico nao consegue, de modo algum, explicar o fundamento do Direito Internacional e, agora, por duas razões de fundo.

([1]) *Rec.* 1949, pgs. 174 e segs. V. o comentário de E. KLEIN, in *Encyclopedia*, t. 2 (1981), pgs. 242 e segs.

A primeira reside no facto de toda a fundamentação da norma internacional na vontade estadual se traduzir, de facto, na negação do Direito Internacional. Já desenvolvemos suficientemente esta crítica. Só acrescentaremos agora que, como sensatamente observava há muitas décadas SPIROPOULOS ([1]), dizer que o Direito Internacional se baseia na vontade estadual sem se encontrar a norma superior que faz com que essa vontade de facto obrigue o Estado equivale a não conseguir dar força obrigatória ao Direito Internacional.

A segunda razão traduz-se em que o voluntarismo, ao basear a força obrigatória do Direito Internacional na vontade dos Estados, partiu sempre do pressuposto de que essa vontade se exprimiria na soberania absoluta e indivisível dos Estados, tida, dessa forma, ela própria, como o verdadeiro fundamento do Direito Internacional. Mais uma vez os voluntaristas estavam a ser fiéis, duma forma ou doutra, à recusa hegeliana da hetero-limitação do Estado. Mas porventura o traço mais marcante da profunda transformação que o Direito Internacional vem paulatinamente sofrendo neste século, como mostraremos ao longo deste livro, consiste no abandono pela Ordem Jurídica internacional do princípio da soberania absoluta e indivisível dos Estados como seu fundamento. Aliás, o Direito Internacional limita-se aí a acompanhar a própria evolução da Ciência Política e do Direito Constitucional.

Ora isso, só por si, condena a tese voluntarista ao insucesso e explica que ela tenha vindo a perder progressivamente adeptos. Por conseguinte, cada vez mais a doutrina internacionalista sente a necessidade de encontrar a razão última da obrigatoriedade do Direito Internacional em regras que transcendam o Estado. Já era esse, como nos mostra VERDROSS, o caminho proposto pela perspicácia dos jurisconsultos romanos ([2]).

([1]) *Le fondement du Droit International,* in *RDI* 1929, pg. 119.
([2]) *Le fondement,* cit., pg. 263.

10. Idem: B) A tese normativista

A superação do voluntarismo pode dar-se ainda dentro do quadro geral do positivismo jurídico. Foi o que tentaram a Escola de Viena de Direito Público e, sob a sua influência, a Escola italiana de Direito Internacional.

Da primeira, o nome mais sonante foi HANS KELSEN ([1]), e, da segunda, DIONISIO ANZILOTTI ([2]) e, mais tarde, TOMASO PERASSI ([3])([4]). Todos os três eram positivistas. KELSEN e ANZILOTTI procuraram na década de 20 rever o positivismo jurídico e, por isso, a orientação de um e de outro foi designada por "positivismo crítico", embora se tenha celebrizado pelo rótulo de "normativismo". Aqui só nos vamos debruçar sobre o pensamento de KELSEN, porque foi ele que marcou o normativismo.

O positivismo do Professor de Viena era um positivismo *lógico* e, portanto, claramente antivoluntarista. Por isso, ele começa por afirmar que a obrigatoriedade da norma jurídica não depende da vontade mas da sua conformidade com uma norma superior, que regula as suas condições de produção. Para tanto, concebe a Ordem Jurídica como uma pirâmide escalonada, de harmonia com a sua *"Stufentheorie des Rechtes" ("teoria da pirâmide do Direito"),* em que cada norma recebe força obrigatória na norma superior. No vértice da pirâmide de KELSEN (ou do "dogmatismo jurídico" de PERASSI) situa-se a chamada *"norma fundamental" ("Grundnorm"),* que confere unidade ao sistema e garante carácter jurídico às nor-

---

([1]) *Reine Rechtslehre,* 2.ª ed., Viena, 1960 (desta edição ou da primeira há traduções em várias línguas, inclusive em português, *Teoria Pura do Direito,* Coimbra, 1984); *Hauptprobleme der Staatsrechtslehre,* Tubinga, 1911; *Das Probleme der Souveränität und die Theorie des Völkerrechts,* Tubinga, 1920.

([2]) *Op. cit.,* pgs. 39 e segs. Uma muito recente apreciação do pensamento de Anzilotti pode ver-se em G. GASA, *Positivism and Dualism in Dionisio Anzilotti,* in *EJIL* 1992, pgs. 123 e segs.

([3]) *Lezioni di diritto internazionale,* vol. I, 1939.

([4]) Uma apreciação profunda e global do pensamento de KELSEN e de PERASSI, no quadro geral da explicação da situação hodierna do positivismo jurídico, pode ver-se em ROBERTO AGO, *Positivism,* in *Encyclopedia,* t. 7, pgs. 385 e segs., com excelente bibliografia seleccionada.

mas de grau inferior. Contudo, KELSEN insistia em que essa norma fundamental não fazia parte do sistema das regras positivas mas, porque constituía o seu pressuposto, tinha carácter *hipotético*, consistia numa mera hipótese científica, insusceptível de demonstração (na construção de PERASSI traduzia-se numa verdade indemonstrável, num postulado).

Portanto, para se encontrar o fundamento da norma de Direito Internacional é necessário percorrer em sentido ascendente a pirâmide das fontes de Direito até se encontrar, no seu topo, a tal norma fundamental suprema.

Todavia, chegado a este ponto, a KELSEN deparou-se a seguinte dificuldade: essa norma fundamental há-de situar-se no Direito interno ou no Direito Internacional? A questão não era simples, porque equivalia a discutir-se se o monismo jurídico, ao qual conduzia a teoria da pirâmide, se tinha de construir concedendo primado ao Direito interno ou ao Direito Internacional. Numa primeira fase, KELSEN fugiu ao problema, com a alegação de que nenhuma razão estritamente jurídica impunha que se desse preferência a qualquer dessas duas hipóteses, pelo que a escolha seria encontrada apenas no quadro político ou ideológico. Todavia, mais tarde viria a mudar de opinião, no sentido de que razões jurídicas impunham que se considerasse o Direito Internacional superior ao Direito interno, isto é, que se desse ao Direito Internacional primado sobre o Direito estadual.

Havia, pois, de seguida, que escolher a norma de Direito Internacional que ocupasse o lugar de norma fundamental na pirâmide das normas e que, por conseguinte, fundamentasse a obrigatoriedade daquele ramo de Direito. KELSEN propôs para o efeito a regra *pacta sunt servanda*. VERDROSS, que na primeira fase do seu pensamento aderiu à concepção de KELSEN, justificaria assim a escolha: ao contrário do que pretende o voluntarismo, "não é a vontade como tal, seja a de um Estado isolado, seja a vontade comum de todos ou de muitos Estados, que gera o Direito Internacional; a força obrigatória deste decorre da regra objectiva *pacta sunt servanda*, que impõe aos Estados o respeito pela palavra dada" ([1]).

([1]) VERDROSS, *Le fondement*, cit., pg. 288.

Todavia, esta construção de KELSEN era demasiado frágil. Para começar, a regra *pacta sunt servanda* não conseguia fornecer fundamento para a mais importante fonte do Direito Internacional, o costume. KELSEN tentou ultrapassar esta crítica substituindo no topo da pirâmide aquela regra por uma outra, *consuetudo est servanda*. Com esta mudança é certo que a Escola de Viena conseguia superar definitivamente o positivismo voluntarista; mas nem por isso removia a vulnerabilidade da sua construção, que, de facto, não lograva encontrar o fundamento da norma internacional. E por duas razões.

Por um lado, a teoria da pirâmide baseia a obrigatoriedade da norma de cada degrau na norma que lhe é imediatamente superior e a obrigatoriedade de todas na norma fundamental suprema. Deixa, porém, sem resposta esta pergunta: donde resulta a força obrigatória dessa norma fundamental, seja ela *pacta sunt servanda* ou *consuetudo est servanda?* Vai ser exactamente a impossibilidade de KELSEN responder a esta questão que vai levar VERDROSS a abandonar o normativismo e a procurar o fundamento do Direito Internacional numa "norma superior", revelada pelo Direito Natural.

Por outro lado – e esta é a segunda razão –, acompanhamos TRUYOL ([1]) quando recorda que no pensamento de KELSEN a norma fundamental não era mais, como mostrámos, do que uma mera hipótese, uma ficção. Ora, a força obrigatória do Direito, no nosso caso particular, do Direito Internacional, não pode derivar de uma simples hipótese lógica, porque é função de princípios superiores de valor objectivo, como a Justiça, a Equidade, a Moral. E acrescenta TRUYOL: "Esta discussão axiológico-material é totalmente ignorada pelo positivismo jurídico, mas é-o em grau superlativo na sua versão kelseniana: a norma fundamental, de facto, manda sempre obedecer à ordem estabelecida, seja qual for, convertendo-se deste modo, tanto na esfera estadual interna como na esfera internacional, num mero reflexo das relações fácticas do poder, e, portanto, num simples reflexo da força" ([2]).

([1]) *Op. cit.*, pg. 83.
([2]) *Op. cit.*, pgs. 83-84.

11. Idem: C) A tese sociológica

Outra forma de superação do voluntarismo ultrapassa já o âmbito do positivismo jurídico: é a do grupo de autores para os quais a norma jurídica tem como fundamento o simples facto da convivência social. As fontes formais já não são, como para o positivismo, a base da validade do Direito, mas simplesmente a sua *forma de expressão*.

Portanto, *o fundamento do Direito Internacional é a sociabilidade internacional*, assim como a sociabilidade interna é o fundamento do Direito Interno ([1]).

Esta corrente nunca encontrou grande expressão na doutrina e se a ela nos referimos aqui é apenas porque teve a defendê-la ilustres nomes da Ciência do Direito.

O grande paladino desta tese foi o Professor francês GEORGES SCELLE, com base na primeira fase do pensamento de LÉON DUGUIT – dizemos primeira fase porque, como veremos daqui a pouco, há quem entenda que, na fase final do seu pensamento, DUGUIT se aproximou do jusnaturalismo.

Para SCELLE ([2]), o facto social é condição necessária e suficiente do fenómeno jurídico, e, por isso, não há que buscar outro fundamento para o Direito Internacional senão a existência da sociabilidade internacional.

Na doutrina italiana a corrente sociológica é representada por SANTI ROMANO, GIULIANO e AGO.

SANTI ROMANO é institucionalista, embora com um sentido diferente do de HAURIOU e RENARD, pois inclina-se para a *pluralidade dos ordenamentos jurídicos:* ou seja, a cada instituição corresponde um ordenamento jurídico. Assim, o simples facto da existência, como instituição, da Comunidade Internacional justifica a

---

([1]) Por razões de brevidade, referir-nos-emos a este grupo de doutrinas como "sociológicas", sem excessivas preocupações de rigor terminológico.

([2]) *Cours de Droit International Public,* Paris, 1948, pgs. 5 e segs.

existência do Direito Internacional (¹). Esta orientação teve como grande seguidor RICARDO MONACO.

Embora com particularidades de relevo, também é sociológica a fundamentação que para o Direito Internacional encontra GIULIANO, na sua obra fundamental sobre a Comunidade Internacional (²). A validade do Direito Internacional resulta do facto de ele exprimir os juízos de valor em dado momento vigentes na Comunidade Internacional, e não pode ser procurada fora desta.

Também é de base sociológica a tentativa de superação do voluntarismo e do positivismo que se deve a ROBERTO AGO, e que é das mais interessantes que a doutrina moderna oferece.

Distingue AGO na Ordem Jurídica internacional dois tipos de Direito: o *Direito positivo*, que nasce de actos jurídicos, e o *Direito consuetudinário*, que é o mais importante, e que é Direito *espontâneo*, porque nasce do simples facto da convivência social (³).

Ora, em relação a este último, falham todas as tentativas para o determinar com base no método dedutivo, a partir de uma noção *a priori* da norma jurídica; só a observação indutiva permite verificar se a norma existe e se se comporta na vida social como norma jurídica. Por sua vez, *é do Direito espontâneo que deriva a validade do Direito positivo* – mas em relação àquele não pode a Ciência Jurídica determinar o seu fundamento, mas só constatar a sua existência.

Por isso AGO nega a legitimidade do problema do fundamento do Direito Internacional: é que sendo este heterogéneo, composto do Direito positivo e do Direito espontâneo, a investigação do fundamento do Direito positivo consiste em reconduzir este a uma

---

(¹) SANTI ROMANO, *Corso di Diritto Internazionale*, 4ª ed., Roma, 1939, pgs. 21 e segs. É de notar que a doutrina institucionalista francesa, bastante diversa da italiana, se orienta no Direito Internacional não no sentido sociológico mas no sentido jusnaturalista: é o que já demonstrava DELOS, *La Société Internationale et les principes du droit public*, Paris, 1929, pgs. 332 e segs.

(²) *Op. cit.*, particularmente pgs. 221 e segs.

(³) A obra de que nos servimos de AGO é *Science Juridique et Droit International*, in *RdC*, 1956-II, pgs. 849 e segs.

regra de formação espontânea, que confere aos Estados o poder de criar, por actos voluntários, normas jurídicas. Mas o problema do fundamento não pode pôr-se em relação ao Direito Internacional como um todo, já que o Direito espontâneo não pode reconduzir-se a uma norma jurídica superior. "Uma Ordem Jurídica é uma *realidade objectiva cuja existência se constata na História*, e que cabe conhecer, e não *fundar* sobre factos ou princípios ideais" ([1]).

Assim, temos um aparente paradoxo: é que enquanto AGO recusa legitimidade ao problema, resolve-o no sentido sociológico. O paradoxo explica-se por AGO entender, em puro rigor metodológico, que tal resposta não compete à Ciência Jurídica como tal – e aqui nada teremos a objectar.

Mas, quanto ao fundo, temos a opor a AGO a mesma objecção que fazemos a todas as teorias sociológicas: é que, não aceitando nós um entendimento lato da regra *ubi societas ibi ius,* o simples facto de uma regra vigorar no grupo social *não a identifica como regra jurídica, e não nos diz por que motivo ela obriga.*

Aliás, quando AGO escreve em relação ao Direito espontâneo, ou consuetudinário: "Não há outra possibilidade senão a de verificar se essa regra se manifesta viva e activa na vida social, e se produz os efeitos que a Ciência do Direito reconhece e caracteriza como efeitos jurídicos" ([2]), não indica já a parte final da frase que se tem de partir de uma noção *a priori* do fenómeno jurídico, quer essa noção deva ser elaborada pela Ciência do Direito, quer pela Filosofia do Direito?

É que, na verdade, a construção de AGO representa a cúpula das teorias sociológicas que, reconduzindo o Direito Internacional à Sociedade Internacional, lhe dão um simples pseudofundamento. Elas podem explicar se a norma vigora ou não – mas não se ela é uma verdadeira norma jurídica.

([1]) AGO, *op. cit.,* pg. 954. Os itálicos são nossos.
([2]) *Op. cit.,* pg. 932.

12. Idem: D) A tese jusnaturalista

O primeiro autor a defender que o Direito Internacional tinha fundamento no Direito Natural foi HUGO GRÓCIO ([1]). Mas o pensamento de GRÓCIO nesta matéria não era muito claro já que o seu jusnaturalismo aparecia casado com o voluntarismo: a força obrigatória do Direito Internacional resultava tanto do Direito Natural, com valor próprio, como do consentimento dos Estados. Esta corrente ficou conhecida por *jusnaturalismo racionalista* e, nesta matéria, GRÓCIO teve como principais discípulos THOMASIUS, CHRISTIAN WOLLF e VATTEL, todos nos séculos XVII e XVIII ([2]).

Embora a influência da construção de GRÓCIO tenha perdurado até ao século XIX, ela sofreu a primeira brecha nos fins do século XVII, com PUFENDORF, que foi o fundador da Escola do Direito Natural.

Para PUFENDORF, que, para o efeito, se baseava em HOBBES, a lei natural aplica-se *tanto aos indivíduos como aos Estados*. Nesta última medida chama-se Direito Internacional. Este tem, pois, *como único fundamento*, o Direito Natural. Nessa altura PUFENDORF não teve muitos seguidores, e a escola de GRÓCIO, tendo à sua testa VATTEL, depressa repôs a supremacia do pensamento do autor holandês.

Mas seria com a crise do positivismo filosófico a partir dos fins do século XIX que surgiria a *"nova doutrina do Direito Natural"*([3]). Para ela, a juridicidade da norma jurídica e, portanto, também da norma de Direito Internacional Público, resulta da sua conformidade com princípios suprapositivos que decorrem de uma ordem

---

([1]) F. DE MICHELIS, *Le origini storiche e culturali del pensiero di Ugo Grozio*, Florença, 1968, *passim*.

([2]) Para um maior desenvolvimento desta corrente, v. WHILHELM WENGLER, *Völkerrecht*, t. I, Berlim, 1964, pgs. 122-123.

([3]) Veja-se ACCIOLY, *op. cit.*, t. I, pgs. 13 e segs.; TRUYOL, *op. cit.*, pgs. 92 e segs., e boa bibliografia aí citada. Um estudo exaustivo da doutrina do Direito Natural no quadro geral da Filosofia do Direito até ao início da segunda metade do século XIX pode ver-se em H. AHRENS, *Cours de Droit Naturel ou de Philosophie du Droit*, 2 vols., 6.ª ed., Lípsia, 1868.

normativa superior, cuja existência se admite. Portanto, também para o jusnaturalismo existe uma norma fundamental, como no normativismo (como KELSEN reconhecia ([1])); mas ela, para o jusnaturalismo, *consiste num princípio suprapositivo, cuja validade resulta de uma opção no campo filosófico.*

Todavia, esta escola moderna de Direito Natural apresenta muitas variantes. E é preciso ter o cuidado de distinguir entre as doutrinas que verdadeiramente reconduzem a força obrigatória do Direito Internacional ao Direito Natural, e são essas que neste lugar nos interessam, e as que erradamente com elas aparecem confundidas, ao se limitarem a contrariar o positivismo jurídico atribuindo ao Direito Internacional um fundamento "pré-jurídico" mas não necessariamente situado no Direito Natural ([2]).

Das variantes da escola hodierna do Direito Natural as mais importantes para a questão que estamos aqui a estudar ([3]) são a do *jusnaturalismo católico* e a do *jusnaturalismo dos valores.*

O *jusnaturalismo católico* constitui a forma *clássica* de jusnaturalismo. Entronca em ARISTÓTELES e em S. TOMÁS DE AQUINO, foi doutrinariamente reforçado pelos clássicos espanhóis VITÓRIA e SUAREZ ([4]), e desemboca, já no nosso século, e no que especificamente respeita à fundamentação do Direito Internacional, em LOUIS LE FUR e nos seus seguidores ([5]).

([1]) A *Justiça e o Direito Natural,* tradução portuguesa, Coimbra, 1963, pg. 169.

([2]) Vejam-se essas correntes em TRUYOL, *op. cit.,* pgs. 86 e segs. e 91 e segs.

([3]) Um rol mais vasto pode ver-se em TRUYOL, *op. cit.,* pgs. 91 e segs.; SEIDL--HOHENVELDERN, *Völkerrecht,* 6.ª ed., Colónia, 1987, pgs. 43 e segs.; e, entre nós, SILVA CUNHA, *op. cit.,* t. I, pgs. 49 e segs.

([4]) Havia, contudo, pontos concretos em que o pensamento de VITÓRIA e SUAREZ neste domínio não coincidia – v. WENGLER, *op. cit.,* t. I, pg. 123. Atrás, ao explicarmos o contributo de VITÓRIA e SUAREZ para a formação do conceito de Direito Internacional, deixámos já clara a influência que o Direito Natural tinha para aqueles autores na explicação do fundamento do Direito Internacional. V. sobre isso também TRUYOL Y SERRA, *Les principes du Droit Public chez Francisco de Vitória,* Madrid, 1946, sobretudo pgs. 47 e segs.

([5]) LE FUR, *La théorie du droit naturel depuis le XVIIIème siècle et la doctrine moderne,* in *RdC,* 1927-III, pgs. 263-441; ID., *Règles générales du droit de la paix,* in *RdC,* 1935-IV, pgs. 5-307. Veja-se o resumo do pensamento do autor francês em

Os jusnaturalistas católicos colocam o problema do Direito Natural *no plano ontológico.* Por isso, o Direito Natural só pode ser apreendido pela *revelação.* Surge então o problema de saber quais são os princípios suprapositivos em que se fundamenta o Direito Internacional. Segundo LE FUR, são três: o princípio *pacta sunt servanda,* de harmonia com o qual os compromissos livremente assumidos, quando celebrados em conformidade com a Moral, têm de ser cumpridos; a obrigação de reparar todo o prejuízo injustamente causado; e o respeito pela autoridade, dado que nenhuma sociedade subsiste sem autoridade. Posteriormente, esta lista seria alargada a outros princípios.

Mais complexo é o *jusnaturalismo dos valores.* Ele coloca o problema do Direito Natural no plano *axiológico* e descobre-o através de uma *progressiva participação da consciência moral nos valores.*

Esta corrente, quando aplicada ao fundamento do Direito Internacional, teve como expoente máximo um grande nome da Filosofia do Estado e do Direito Internacional neste século: o Professor de Viena ALFRED VERDROSS.

Como atrás dissemos, VERDROSS começou por abraçar o positivismo kelseniano. Num artigo escrito em 1914 sobre a "construção do Direito Internacional" ([1]), a força obrigatória deste aparecia fundada numa *"norma fundamental" ("Grundnorm"),* que era a regra *pacta sunt servanda.*

Mas, nos anos 20, VERDROSS passa a conceber essa norma fundamental não apenas como uma norma de fonte positiva mas também como uma regra *ética,* um valor absoluto e evidente. Sendo assim, todo o Direito positivo passa a fundar-se no valor absoluto da Justiça, não obstante a relatividade da sua apreensão pelo Homem. Neste último ponto, o Professor de Viena aproximava-se de HELMUT COING, para quem o conhecimento dos valores pelo Homem, ainda

---

TRUYOL Y SERRA, *Noções fundamentais, cit.,* pgs. 95 e segs., e SILVA CUNHA, *op. cit.,* t. I, pgs. 49 e segs.

([1]) *Konstruktion des Völkerrechts,* in *Zeitschrift für Völkerrecht* 1914, pgs. 329 e segs.

que progressivo e irreversível, é imperfeito. VERDROSS tenta ultrapassar este obstáculo no seu Manual ([1]), indo descobrir as regras de Direito Natural nos *princípios gerais de Direito*, que resultam necessariamente da natureza do Homem ou dos grupos humanos, e cuja compreensão, portanto, não apresenta a relatividade a que conduzia a pureza do jusnaturalismo dos valores. Só não se pode ver nesta posição a adesão à doutrina dos clássicos espanhóis porque VERDROSS não afirma que o Direito Natural seja conhecido pela revelação.

A tese jusnaturalista tem sido a corrente tradicional na explicação do fundamento do Direito Internacional, sendo ainda hoje a dominante na doutrina, e, dentro dela, é sem dúvida a fórmula clássica aquela que obtém a adesão da maior parte dos autores, embora alguns deles não optem entre as duas modalidades do jusnaturalismo que indicámos. Ao longo deste século adoptaram de modo expresso o jusnaturalismo como explicação para o fundamento da obrigatoriedade do Direito Internacional, para além dos nomes já citados, outros como LA PRADELLE, CHARLES DE VISSCHER, WEHBERG, KRABBE, FENWICK, BRIERLY, LAUTERPACHT, DEL VECCHIO, CAVARÉ, VON DER HEYDTE, e, mais modernamente, BERBER, SEIDL-HOHENVELDERN, TRUYOL Y SERRA, PASTOR RIDRUEJO, etc. ([2]). Por vezes, aparece também identificado com o

---

([1]) *Völkerrecht*, 5.ª ed., Viena, 1964, pgs. 17 e segs., desenvolvendo ideias que o Autor já enunciara em *Zum Problem der völkerrechtlichen Grundnorm*, in *Festschrift Wehberg*, 1956, pgs. 384 e segs. Para além das obras citadas de TRUYOL Y SERRA e SILVA CUNHA, uma descrição recente do pensamento de VERDROSS encontramo-la num dos seus mais ilustres discípulos, o Professor BRUNO SIMMA, *Grundnorm*, in SEIDL--HOHENVELDERN (ed.), *Lexikon des Rechts – Völkerrecht* (que doravante citaremos simplesmente por *Lexikon Seidl-Hohenveldern)*, Neuwied, 1985, pg. 111.

([2]) Sobre os aspectos gerais do Direito Natural, v. também TRUYOL Y SERRA, *Fundamentos de Direito Natural*, in *BMJ*, nº 28, pgs. 5 e segs., nº 29, pgs. 5 e segs. e nº 30, pgs. 5 e segs.; L. CABRAL DE MONCADA, *A caminho de um novo Direito Natural*, in, do mesmo Autor, *Estudos Filosóficos e Históricos*, t. I, Coimbra, 1958; ID., *Filosofia do Direito e do Estado*, t. II, Coimbra, 1966; MESSNER, *Das Naturrecht*, 4ª ed., Innsbruck, 1960; COTTA, *Diritto naturale*, in *Enciclopedia del diritto*, t. XII (1964), Milão, pgs. 647 e segs.; G. DEL VECCHIO, *Lições de Filosofia do Direito*, trad. portuguesa, Coimbra, 1979, pgs. 588 e segs.; J. GARCÍA LOPEZ, *Los derechos huma-*

jusnaturalismo outro grande nome clássico, o de DUGUIT, na fase final do seu pensamento. Mas, como bem notam LE FUR ([1]) e ACCIOLY ([2]), se é certo que DUGUIT, nos últimos anos do seu ensino, fundava todo o Direito no sentimento da Justiça, que considerava anterior e superior à vontade do Homem, que a apreendia através da sua razão, por outro lado, e paradoxalmente, concebia a Justiça como um valor *subjectivo* e, portanto, arbitrário.

13. Idem: E) Posição adoptada

Também nós pensamos que é a tese jusnaturalista a que melhor consegue explicar o fundamento da obrigatoriedade do Direito Internacional – aliás, em sintonia com a doutrina dominante em Portugal ([3]). E esta nossa posição decorre, não só da incapacidade das outras teses para fornecer essa explicação – o que atrás demonstrámos –, como também, e sobretudo, dos méritos próprios da corrente jusnaturalista.

Dentro das modalidades do jusnaturalismo, aquela que pretende construí-lo com apelo aos valores parece-nos frágil. De facto, ela não consegue escapar a duas críticas decisivas: por um lado, en-

---

nos en Santo Tomás de Aquino, Pamplona, 1979; FINNIS, *Natural Law and Natural Rights*, Oxford, 1980; VERDROSS/KÖCK, *Natural Law: The Tradition of Universal Reason and Authority*, in R. Macdonald/D. Johnston, *The Structure and Process of International Law: Essays in Legal Philosophy, Doctrine and Theory*, Haia, 1983, pgs. 17 e segs.; ANTÓNIO JOSÉ DE BRITO, *Algumas reflexões a propósito do Direito Natural*, in *Nomos* 1989, pgs. 11 e segs.; ANTÓNIO BRAZ TEIXEIRA, *Sobre algumas aporias actuais do pensamento jusnaturalista, ibidem*, pgs. 62 e segs.; BIGOTTE CHORÃO, *Direito Natural*, in *Pólis*, t. 2 (1984), cols. 494 e segs.; P. SOARES MARTINEZ, *Filosofia do Direito*, Coimbra, 1991, pgs. 296 e segs.; e PAUL DUBOUCHET, *Le renouveau du droit naturel ou les deux sources de la pensée juridique européenne*, Paris, 1992, sobretudo pgs. 127 e segs.

([1]) *Règles générales, cit.*, pg. 73.
([2]) *Op. cit.*, t. I, pgs. 11-12.
([3]) Cfr. SILVA CUNHA, *op. cit.*, t. I, pg. 55; e também, ainda que com um conteúdo peculiar, AFONSO QUEIRÓ, *O fundamento do Direito Internacional*, in *BFDC* 1948, especialmente pgs. 317 e segs.

quanto a adesão aos valores da parte dos Estados depende exclusivamente da vontade destes, ela está eivada de preconceitos voluntaristas e, nessa medida, não escapa às críticas que aduzimos contra o voluntarismo; por outro lado, enquanto com o aparecimento na Comunidade Internacional de um grande número de novos Estados (primeiro, na África e na Ásia, com a descolonização, e, mais recentemente, na Europa do Leste, com a fragmentação do império soviético e de alguns outros Estados) se diversificou profundamente a escala de valores éticos que regem hoje o comportamento dos Estados na cena internacional, *tornou-se muito difícil afirmar a existência de uma hierarquia de valores aceites uniformemente por todos os Estados da Comunidade Internacional.*

Por isso, julgamos que a *forma clássica de jusnaturalismo*, isto é, o jusnaturalismo católico, de inspiração aristotélico-tomista, mesmo sem conseguir por vezes ultrapassar algumas dificuldades a si inerentes, é o que de forma mais convincente explica o fundamento do Direito Internacional. E isso não acontece por acaso, porque está ligado *à própria génese da Comunidade Internacional e à evolução do Direito Internacional.*

Em primeiro lugar, e como temos mostrado ao longo deste livro, os fundamentos doutrinários do Direito Internacional ficaram decisivamente marcados, mesmo antes de GRÓCIO, pelo contributo dos Doutores da Igreja. Por exemplo, o problema da legitimidade da guerra e a fundamentação no Direito Natural, com invocação expressa das Escrituras, da distinção entre guerra justa e injusta foram pela primeira vez tratados na obra *A Cidade de Deus,* no 19.º dos seus 22 volumes, de SANTO AGOSTINHO (354-430)([1]). Mais tarde, aproveitando o forte impacto que obteve na formação do conceito e na teorização do Direito Internacional (questão que já estudámos), a escola clássica espanhola deixaria fortemente gravada a concepção do jusnaturalismo católico na elaboração dogmática daquele ramo de Direito, particularmente na explicação do fundamento da sua obrigatoriedade.

([1]) V. esta questão desenvolvida em FAUSTO DE QUADROS, Relatório cit., pgs. 369 e segs.

Depois, recordamos que a primeira manifestação histórica da Comunidade Internacional consistiu, como atrás se viu, na *Respublica Christiana*. Não admira que a fundamentação que ela concedia à sua Ordem Jurídica fosse procurada no Direito Natural e que, para ela, este fosse revelado pela vontade divina.

De seguida temos de atender aos princípios gerais de Direito.

Como se viu há pouco, para o Professor VERDROSS os princípios gerais de Direito, enquanto fonte do Direito Internacional, eram um meio de descoberta de regras de Direito Natural. Ora, para a doutrina dominante ([1]), foi *com esse exacto conteúdo* que o artigo 38.º do Estatuto do Tribunal Permanente de Justiça Internacional da Sociedade das Nações e, depois, o artigo 38.º do Estatuto do Tribunal Internacional de Justiça das Nações Unidas viriam a enunciar como fonte formal do Direito Internacional *"os princípios gerais de Direito reconhecidos pelas Nações civilizadas"*. Esses princípios são, pois, na sua essência, princípios de *Direito Natural* – era o que ensinava VERDROSS no seu *Manual*, como mostrámos atrás, e foi isso que a jurisprudência daqueles dois Tribunais internacionais veio a reconhecer ([2]). Mas, com a especificidade, adiantada pela doutrina dominante, de que eles são descobertos, não pela consciência nos valores, mas pela *revelação*. E, como adiante mostraremos, os princípios gerais de Direito são importante fonte do Direito Internacional hodierno, tendo muitos deles a natureza de Direito imperativo para os Estados *(ius cogens)*.

Mas a grande expressão moderna do jusnaturalismo clássico, e que tem feito essa corrente obter nos nossos dias a adesão de um grande número de autores quando eles pretendem explicar o fundamento da obrigatoriedade do Direito Internacional, reside na matéria da protecção internacional dos Direitos do Homem. Esse tem sido, porventura, o domínio onde nas últimas duas décadas o Direito Internacional mais tem progredido, ao ponto de o Direito Internacional dos Direitos do Homem cada vez mais ir ganhando a natureza de

---

([1]) Ver a demonstração disso em JOSÉ PASTOR RIDRUEJO, *op. cit.*, pgs. 43 e segs.

([2]) JOSÉ PASTOR, *op. e loc. cits.* Quanto ao artigo 38.º do Estatuto do TPJI, já assim entendia ACCIOLY, *op. cit.*, t. I, pg. 15.

ius cogens, como oportunamente estudaremos. Mas esse progresso tem sido obtido à custa da ideia de que o respeito pelos direitos fundamentais ao nível da Comunidade Internacional é imposto por princípios suprapositivos, afirmados pela revelação. O próprio *princípio da intervenção,* que nos últimos anos tem sido invocado para, em nome da protecção dos Direitos do Homem, legitimar, segundo uns, um *direito,* segundo outros, um *dever de ingerência* na ordem interna dos Estados, aparece fundado, como veremos na altura própria, no pensamento de FRANCISCO DE VITÓRIA ([1]).

Resta acrescentar, para concluir, que as regras de Direito Natural que são invocadas como fundamento da obrigatoriedade do Direito Internacional não são estáticas e adaptam-se à evolução daquele ramo de Direito ([2])([3]).

([1]) Sobre o contributo do jusnaturalismo católico para a Teoria dos Direitos Fundamentais, v. o importante estudo, que citámos há pouco, de GARCÍA LÓPEZ; BIGOTTE CHORÃO, *Direitos Humanos, Direito Natural e Justiça,* in *O Direito* 1989, pgs. 861 e segs.; e G. HAARSCHER, *Philosophie des droits de l'homme,* 3.ª ed., Bruxelas, 1991, pgs. 67 e segs.

([2]) Assim, VERDROSS, *Statisches und dynamisches Naturrecht,* Viena, 1971; e BODENHEIMER, *Static and Dynamic Natural Law,* in *ÖZöR* 1973, pgs. 131 e segs.

([3]) Sobre a matéria deste número, além das obras já citadas e da moderna bibliografia elencada no manual do Professor PASTOR RIDRUEJO, v. GARCÍA ARIAS, *Las concepciones jusnaturalistas sobre el fundamento del Derecho Internacional Publico,* nos *Estudios Sancho Izquierdo,* Saragoça, 1960, pgs. 115 e segs.; MOSLER, *International Society, cit.,* pgs. 1 e segs.; e FAUSTO DE QUADROS, Relatório cit., *loc. cit.*

CAPÍTULO II

DIREITO INTERNACIONAL E DIREITO INTERNO

SECÇÃO I

AS CONCEPÇÕES GERAIS E O SEU SIGNIFICADO

1. Colocação do problema

Quando tentámos atrás definir a norma de Direito Internacional dissemos que ela pode em princípio regular qualquer matéria. *Quid juris,* então, se uma determinada questão for regulada por uma forma pela norma interna e por outra pela norma internacional?

Note-se que o problema só se põe quando se rejeita, na definição da norma de Direito Internacional, o critério do objecto da norma. Porque, se é este o critério adoptado, não há campo comum de aplicação de uma e de outra Ordem Jurídica. Mas, como não foi esse o critério que adoptámos, não podemos chegar a essa conclusão. Por outro lado, a simples circunstância de diariamente nos defrontarmos com o problema mostra-nos como é improcedente o critério do objecto da norma para se definir o Direito Internacional.

A doutrina tem vindo a consagrar a esta questão cada vez menor atenção.

Os manuais contemporâneos estão longe de lhe dedicar tantas páginas como as que ela ocupava nas obras clássicas. A tendência que hoje predomina é no sentido de se procurar respostas concretas que resultam do exame dos textos e para se descurar a controvérsia clássica, que muitos consideram ultrapassada. Esta metodologia tem uma explicação, que será fornecida adiante. Mas isto não quer dizer que o problema haja perdido interesse doutrinário, muito menos que já não possua relevância prática ([1]).

Em Portugal, ele não obtém hoje os favores da doutrina como outrora ([2]); mas pelo menos a nova questão das relações entre o Direito português e o Direito Comunitário veio impedir que a questão clássica caísse no esquecimento.

2. A querela monismo-dualismo

Perante a existência de duas Ordens Jurídicas, a estadual e a internacional, ou se entende que as duas são independentes uma da outra e que cada uma delas precisa de ter normas específicas sobre a sua relação recíproca, ou se pensa, ao contrário, que o Direito constitui uma unidade ([3]), de que ambas são meras manifestações, ficando

---

([1]) Sobre a matéria deste capítulo, iremos indicando, ao longo dele, a bibliografia mais importante. Veja-se, porém, o estado actual do problema nas seguintes obras mais recentes: OPPENHEIM/ /LAUTERPACHT, *International Law*, vol. I - t. 1.ª, 9.ª ed., Londres, 1992, pgs. 52 e segs.; SEIDL-HOHENVELDERN, *Völkerrecht, cit.*, pgs. 132 e segs.; K. IPSEN, *Völkerrecht*, 3.ª ed., Munique, 1990, pgs. 1071 e segs.; MANUEL DIEZ DE VELASCO, *Instituciones de Derecho Internacional Publico*, t. I, 7.ª ed., Madrid, 1985, pgs. 164 e segs.; BROWNLIE, *Principles of Public International Law*, 4.ª ed., Oxford, 1990, pgs. 32 e segs.

([2]) Ver na nossa edição anterior, pgs. 64 e segs., a riquíssima querela doutrinária desenvolvida à sombra da Constituição de 1933, e ANDRÉ GONÇALVES PEREIRA, *Novas considerações sobre a relevância do Direito Internacional na ordem interna portuguesa*, Lisboa, 1969.

([3]) É a tese da "unidade do mundo jurídico", defendida por VERDROSS nos anos 20 – *Die Einheit des rechtlichen Weltbildes auf Grundlage der Völkerrechtsverfassung*, Viena, 1923; *Le fondement, cit.*, pgs. 247 e segs. – e desenvolvida por ele mais tarde numa série de escritos, que se encontram sintetizados, mais recentemente, em *Die doppelte Bedeutung des Ausdruckes "Primat des Völkerrechts"*, in *Festschrift Rudolf Bindschedler* (1980), pgs. 261 e segs. Uma apreciação global do pensamento do Professor de Viena pode ver-se em B. SIMMA, *Der Beitrag von Alfred Verdross zur Entwicklung der Völkerrechtswissenschaft*, in *Festschrift Alfred Verdross* (1980), pgs. 24 e segs.

a validade das normas interna e internacional a resultar da mesma fonte a elas comum. No primeiro caso estamos perante o *dualismo* ou *pluralismo;* no segundo caso temos o *monismo.*

Por sua vez, a construção monista difere conforme, em caso de conflito entre as Ordens interna e internacional, der prevalência à norma interna ou à norma internacional: na primeira hipótese, temos o *monismo com primado do Direito interno;* na segunda, o *monismo com primado do Direito Internacional.*

São estas, no fundo, as três grandes concepções que classicamente foram propostas para explicar as relações jurídicas entre o Direito interno e o Direito internacional, não sem que por vezes a defesa de qualquer delas tenha sido influenciada por factores ideológicos ou políticos. Nas últimas quatro décadas, porém, os dados da questão alteraram-se profundamente com o aparecimento das Organizações supranacionais.

A atitude a adoptar perante este problema depende em larga medida da posição que se tiver previamente escolhido quanto a uma outra questão, a do fundamento do Direito Internacional, e é também, como esta, um problema de Filosofia do Direito ([1]).

Assim, os voluntaristas que assentam o Direito Internacional na vontade de vários Estados são normalmente dualistas. Os voluntaristas que o erguem sobre a vontade de um Estado são monistas com primado do Direito interno. E os antivoluntaristas (normativistas, sociologistas, jusnaturalistas), são usualmente monistas com primado do Direito Internacional. Aliás, não foi por acaso que, como demonstra WALTER RUDOLF ([2]), foram os jusnaturalistas os principais artífices da construção monista com primado do Direito Internacional.

([1]) Neste sentido, K. J. PARTSCH, *International Law and Municipal Law,* in *Encyclopedia,* t. 10 (1987), pgs. 238 e segs.

([2]) *Recht, innerstaatliches und Völkerrecht,* in *Lexikon Seidl-Hohenveldern, cit.,* pgs. 209 e segs.

A) A tese dualista

A concepção dualista deriva, como dissemos, do voluntarismo pluriestadual, devendo-se sobretudo a TRIEPEL ([1]) e ANZILOTTI ([2]).

Segundo TRIEPEL, o Direito Internacional e o Direito interno são profundamente diferentes tanto no que respeita às fontes — no Direito interno é a vontade do Estado, no Direito Internacional a vontade de vários Estados — como aos sujeitos — os sujeitos do Direito Internacional são os Estados, os de Direito interno as pessoas singulares e colectivas. Para além destas diferenças resta ainda referir que as duas ordens têm características jurídicas distintas.

Assim, para os dualistas a norma interna vale independentemente da regra internacional, podendo, quando muito, levar à responsabilidade do Estado; mas a norma internacional só vale quando for *recebida*, isto é, transformada em lei interna. A simples ratificação não opera essa transformação.

Esta doutrina foi adoptada, por influência de ANZILOTTI, pelo Tribunal Permanente de Justiça Internacional, que a exprimiu no célebre caso dos *interesses alemães na Alta Silésia* ou caso *Chorzow* ([3]). Encontra-se, porém, em clara decadência (paralelamente ao abandono crescente das doutrinas voluntaristas, como acima explicámos), e hoje quase só é sustentada por uma parte da doutrina italiana, com base na interpretação que dá ao artigo 10.º da Constituição da Itália quanto às relações entre o Direito Internacional e o Direito interno. O sucessivo abandono a que esta posição tem sido votada deve-se a várias razões, que passamos a enunciar.

Por um lado, ela tem todos os inconvenientes do voluntarismo, que atrás ficaram desenvolvidamente enunciados, nomeadamente o

---

([1]) *Op. cit.*, especialmente pgs. 271 e segs.

([2]) *Op. cit.*, e *Il diritto internazionale nei giudizi interni*, 1905. Ver a crítica do pensamento de Anzilotti em GAJA, *op.* e *loc. cits.*

([3]) Foram vários e sucessivos os Acórdãos proferidos neste caso: o de 25-5-25 in Série A, n.º 6; o de 26-7-27, in Série A, n.º 9; o de 16-12-27, in Série A, n.º 13 e o de 13-9-28, in Série A, n.º 17. Ver o comentário a esses Acórdãos de SEIDL-HOHENVELDERN, in *Encyclopedia*, t. 2 (1981), pgs. 111 e segs.

de só se referir aos tratados e não ao costume, o que esquece que também o costume internacional é aplicado pelos tribunais internos.

Depois, o simples facto de uma norma interna, contrária a um tratado, vigorar, não justifica o dualismo, já que o mesmo pode suceder na ordem interna com os regulamentos administrativos ilegais e as leis inconstitucionais.

Por fim, a diversidade de sujeitos não é também verdadeira, pois que hoje em dia o indivíduo é sujeito tanto de Direito interno como do Direito Internacional.

É esta a crítica principal que se faz ao dualismo, tese que, além do mais, é desmentida pela própria evolução do Direito Internacional. Com efeito, o Tribunal Permanente de Justiça Internacional, que chegou a adoptá-la oficialmente, ele mesmo proferiu muitas decisões que só são na verdade explicáveis pelo monismo. E o Tribunal Internacional de Justiça aprofundou esse caminho.

B) *A tese monista com primado do Direito interno*

O *monismo de Direito interno,* por sua vez, resulta do voluntarismo uni-estadual (ZORN, WENZEL, JELLINEK) não sendo mais do que a negação do Direito Internacional. Foi também sustentado expressamente pela doutrina soviética, num passo célebre de VYCHINSKI, em crítica a KELSEN ([1]). Além das já conhecidas objecções de carácter doutrinal outras há, de ordem puramente técnica, que se opõem a esta tese: em caso de mudança interna da Constituição o Estado continua vinculado no plano internacional pelos tratados que ratificou; e, segundo dispõe a Convenção de Viena sobre o Direito dos Tratados, de 1969 (que daqui em diante citaremos apenas pela sua sigla CV), nenhum Estado pode invocar as suas normas internas para se eximir ao cumprimento das suas obrigações internacionais (art. 27.º). Isto significa claramente que, no estado ac-

---

([1]) Cfr. IVO LAPENNA, *op. cit.,* pgs. 139 e segs.

tual do ordenamento jurídico internacional, a validade do Direito Internacional não depende da validade do Direito interno.

C) *A tese monista com primado do Direito Internacional*

O *monismo de Direito Internacional,* concepção hoje preponderante, resulta da rejeição do voluntarismo, sendo a corrente mais satisfatória do ponto de vista intelectual e a mais consentânea com o estado actual das relações jurídicas na Comunidade Internacional.

A Ordem Jurídica interna cede, em caso de conflito, perante a internacional. Esta traça os limites da competência daquela. O legislador não pode criar regras internas contrárias ao Direito Internacional.

O monismo com primado do Direito Internacional pode, porém, ser *radical* (KELSEN) ou *moderado* (VERDROSS). O primeiro diz que em todo e qualquer caso a regra interna contrária à internacional é *nula,* levando a um paralelo prematuro com o federalismo. A concepção kelseniana seria, assim, correcta num Estado federal, mas a verdade é que a Comunidade Internacional não o é ainda.

Pelo contrário, o monismo moderado reconhece ao legislador nacional um campo bastante amplo de liberdade de acção. Esta tese chega, aliás, na prática, a conclusões bem próximas das do dualismo moderado ([1]).

3. O esbatimento actual da querela

Esta aproximação, para não lhe chamar convergência, nas soluções práticas fornecidas pelas formas mitigadas de monismo e dualismo, e que já há mais de quarenta anos era expressamente admi-

---

([1]) Para um apanhado mais profundo dos postulados de que partem as construções dualistas e monistas, v. W. WENGLER, *Völkerrecht,* t. I, Berlim, 1964, pgs. 95 e segs.; VERDROSS/SIMMA, *op. cit.,* pgs. 71 e segs.; ZICCARDI, *Diritto internazionale pubblico,* in *Enc. dir.,* t. XII (1964, pgs. 1003 e segs.); SPERDUTI, *Dualism and Monism: A Confrontation to Be Overcome,* in *Estudios Miaja de la Muela* (1979), vol. I, pgs. 459 e segs.; e, mais actualmente, e com óptimo levantamento da evolução doutrinária na matéria, PARTSCH, *op. e loc. cits.*

tida pelo Professor AFONSO QUEIRÓ (¹), louvando-se em LAUTERPACHT, tem vindo modernamente a desvalorizar a importância da querela filosófica monismo-dualismo. De facto, chegou-se à conclusão de que da opção entre monismo e dualismo nenhuma consequência prática adviria para o problema da vigência interna da norma internacional, já que um e outro, nas suas formulações moderadas, convergiam na solução de que:

a) o Estado tem o dever de conformar a sua ordem interna às suas obrigações internacionais;

b) cabe-lhe, porém, a escolha da forma técnica do cumprimento de tal dever;

c) o não cumprimento de tal dever não tem, porém, como sanção a vigência forçada do Direito Internacional na ordem interna, e, por conseguinte, a obrigação para os tribunais internos de aplicar a norma internacional, nem a consequente invalidade ou ineficácia da norma interna contrária à norma internacional;

d) a sanção consiste exclusivamente na responsabilidade internacional do Estado.

Já era esse o entendimento clássico acerca das relações entre as duas Ordens Jurídicas, que foi aceite pela jurisprudência do Tribunal Permanente de Justiça Internacional, que se preocupou em obter uma conciliação entre as exigências monistas e dualistas. É o que se extrai dos Acórdãos proferidos no já referido caso *Chorzow* e do Parecer emitido no caso do *tratamento dos nacionais polacos em Dantzig* (²), embora posição divergente tenha sido adoptada no caso da *Gronelândia Oriental* (³)(⁴).

(¹) *Relações entre a Ordem Jurídica interna e a Ordem Jurídica internacional*, in *RDES* 1948, pg. 8.

(²) Parecer de 4-2-32, in Séries A/B, n.º 44. V. o comentário de SCHWEISFURTH in *Encyclopedia*, t. 2, pgs. 231-232.

(³) Acórdão de 5-4-33, Séries A/B, n.º 53, pgs. 22 e segs., com comentário de I. VON MÜNCH, in *Encyclopedia*, t. 2, pgs. 81 e segs.

(⁴) V., sobre essa jurisprudência, KRYSTINA MAREK, *Les rapports entre le droit international et le droit interne à la lumière de la jurisprudence de la Cour Permanente de Justice Internationale*, in *RGDIP* 1962, pgs. 168 e segs.; e a 1.ª ed. desta nossa obra, pgs. 72-74.

Esta aproximação das soluções propostas pelo monismo e pelo dualismo para a questão da vigência do Direito Internacional na ordem interna dos Estados explica o acentuado declínio do interesse doutrinal, nas últimas quatro décadas, pela querela monismo-dualismo, ao qual já nos referimos atrás (¹). De facto, e sobretudo na doutrina anglo-saxónica, sem dúvida aquela que maior projecção e influência obteve no Direito Internacional e na Ciência das Relações Internacionais, é sensível, por razões de índole pragmática, o progressivo esquecimento a que se vai votando a discussão em torno do monismo ou do dualismo nas relações entre a norma internacional e a regra interna. E mesmo o problema da responsabilidade internacional, nos termos em que atrás o desenhámos – e que, como sanção, é aleatório na sua aplicação –, vai sendo, em certos casos, substituído pela previsão, pelo próprio Direito Internacional, da sua aplicação directa na ordem interna dos Estados.

Pelo menos no campo teórico, este passo na evolução do Direito Internacional ainda mais veio afastar a doutrina da querela monismo-dualismo, porque nesses casos a vigência do Direito Internacional na ordem estadual escapa de todo, ao menos na perspectiva do Direito Internacional, às exigências da lei interna do Estado. Note--se, contudo, que, do ponto de vista teórico, a explicação para essa evolução tanto pode ser encontrada na desvalorização da querela monismo-dualismo como no reforço do monismo com primado do Direito Internacional.

4. A evolução do Direito Internacional na matéria

Já em 1957, o Professor HERMANN MOSLER, que durante muitos anos foi Juiz do Tribunal Internacional de Haia, escrevia que

---

(¹) P. LARDY chega a falar em "inutilidade de uma discussão que se prolonga sem ter influência sobre a realidade" – *La force obligatoire du Droit International en Droit Interne,* Paris, 1966, pg. 32. No mesmo sentido, B. CONFORTI, *Diritto internazionale,* Nápoles, 3.ª ed., 1987, pg. 283.

"existem certas normas de Direito Internacional que são, independentemente da vontade dos Estados, válidas no interior da Ordem Jurídica nacional"([1]). O Professor de Heidelberga estava então a pensar na Ordem Jurídica das Comunidades Europeias – os tratados institutivos da segunda e da terceira Comunidades, a Comunidade Económica Europeia (CEE) e a Comunidade Europeia da Energia Atómica (CEEA ou Eurátomo) haviam sido assinados a 25 de Março de 1957, exactamente o ano em que MOSLER escreveu aquelas linhas, ele que fora um dos mais ilustres membros da Comissão que redigiu aqueles tratados.

De facto, segundo os artigos 189.º CEE, 14.º CECA (Comunidade Europeia do Carvão e do Aço, criada em 1951) e 161.º CEEA, algumas normas e alguns actos emanados dos órgãos comunitários gozam de "aplicabilidade directa" (no sentido de aplicabilidade *imediata*) na Ordem interna dos Estados. Essa aplicabilidade directa constitui um corolário do primado do Direito Comunitário sobre as Ordens Jurídicas dos Estados membros, que consiste numa característica essencial do sistema jurídico comunitário. O primado do Direito Comunitário sobre os Direitos estaduais é um atributo próprio do Direito Comunitário e, por conseguinte, não nasce de uma concessão do Direito interno dos Estados membros. Por outras palavras, o próprio Direito Comunitário impõe a sua prevalência sobre o Direito estadual e, quanto às normas e aos actos que gozam de aplicabilidade directa, a sua consequente aplicação directa e imediata na ordem interna dos Estados, independentemente do que sobre a matéria dispuser (se dispuser) a norma interna estadual, mesmo de grau constitucional ([2]). Esta construção é fruto da juris-

---

([1]) *L'application du droit international public par les tribunaux nationaux,* in *RdC,* 1957-I, pgs. 630-631. No mesmo sentido, posteriormente, WENGLER, *Réflexions sur l'application du Droit International Public par les tribunaux internes,* in *RGDIP* 1968, pgs. 921 e segs.

([2]) P. PESCATORE, *L'ordre juridique des Communautés européennes,* polic., Liège, 1973, pg. 257; E. CEREXHE, *Le Droit Européen,* t. I, 2.ª ed., Bruxelas, 1989, pgs. 335 e segs. (343); A. BLECKMANN, *Self-executing Treaty Provisions, in Encyclopedia,* t. 7 (1984), pgs. 414 e segs. Contudo, hoje o primado do Direito Comu-

prudência do Tribunal das Comunidades (¹), mas tem vindo a obter progressivamente aceitação de parte da doutrina. O primado do Direito Comunitário, entendido como o acabámos de expor, é um produto avançado do monismo com primado do Direito Internacional mas, caso curioso, é defendido mesmo por autores que, quanto ao problema geral das relações entre o Direito Internacional e o Direito interno, abraçam postulados dualistas (²). Adiante teremos que nos debruçar mais demoradamente sobre esse primado.

Ao lado do Direito Comunitário há outras áreas onde o Direito Internacional impõe a sua própria vigência na ordem interna estadual.

Segundo largo sector da doutrina, é o caso das normas internacionais, comuns ou convencionais, relativas aos crimes internacionais – pirataria, genocídio, tráfico de escravos, crimes contra a paz e a humanidade, etc. –, não se admitindo como causa de justificação a obediência do agente à lei ou à ordem do superior hierárquico.

É o caso, ainda, do Direito Internacional dos Direitos do Homem. Enquanto ele é composto por princípios gerais de Direito e por normas do costume internacional geral ou comum apresenta-se-nos, sem dúvida, como Direito imperativo *(ius cogens)* que, como tal, reveste carácter obrigatório para todos os Estados, nalguns casos com expressa invocação da raiz dos Direitos do Homem no Direito Natural. Mas o *ius cogens,* como oportunamente mostraremos, vai paulatinamente abraçando também tratados internacionais sobre Direitos do Homem, pelo menos quando esses tratados tenham obtido já uma generalizada aceitação da parte dos Estados, como é o caso, por exemplo, da Declaração Universal dos Direitos do Homem,

---

nitário encontra-se acolhido no Tratado da União Europeia, como daqui a pouco mostraremos.

(¹) V. a evolução da jurisprudência, por último, em CEREXHE, *op. cit.,* pgs. 343--344.

(²) É o caso de BLECKMANN, *op. e loc. cits.* Cfr., do mesmo Autor, *Europarecht,* 5.ª ed., Colónia, 1990, pgs. 288 e segs.

aprovada pela Assembleia Geral das Nações Unidas em 10 de Dezembro de 1948, e do Pacto Internacional de Direitos Civis e Políticos e do Pacto Internacional de Direitos Económicos, Sociais e Culturais, aprovados pela Assembleia Geral das Nações Unidas em 16 de Dezembro de 1966, mas que só entraram em vigor em 22 de Março de 1976.

A tendência que se vai acentuando na Comunidade Internacional, e que pode beneficiar muito do movimento, em curso, da democratização dos Estados do leste europeu, vai no sentido de ampliar e consolidar o núcleo de normas internacionais sobre Direitos do Homem que sejam imperativas para os Estados, dentro da ideia de que só se for o próprio Direito Internacional a dar vigência na Ordem interna dos Estados às suas regras que concedam e garantam direitos e liberdades aos cidadãos dos Estados é que será possível atingir-se os fins visados por aquelas regras ([1]).

Mais discutível é o caso do artigo 19.º da Constituição da Organização Internacional do Trabalho, que prevê a vigência necessária das convenções internacionais do trabalho nas Ordens internas dos Estados que as tenham ratificado. É duvidoso, para a doutrina, que a vigência daquelas convenções se imponha aos critérios definidos na lei interna para dar relevância ao Direito Internacional na ordem interna dos Estados partes nas convenções ([2]).

([1]) MÖSSNER, *Rechtsquellen*, in *Lexikon Seidl-Hohenveldern*, cit., pgs. 221 e segs. (225); K. VASAK, *Le droit international des droits de l'homme*, in *RdC*, 1974--IV, pgs. 333 e segs.; mais recentemente, J. A. FROWEIN, *Jus cogens*, in *Encyclopedia*, t. 7, pgs. 327 e segs. (328) e J. CARRILLO SALCEDO, *Human Rights, Universal Declaration (1948)*, in *Encyclopedia*, t. 8 (1985), pgs. 303 e segs. (306-307), e boa bibliografia citada nos dois artigos.

([2]) Em sentido afirmativo, N. VALTICOS, *Conventions internationales du travail et Droit interne*, in *Revue critique de Droit International Privé* 1955, pgs. 251 e segs.

5. Posição adoptada

Entendemos que, não obstante o declínio da importância da questão, a querela monismo-dualismo impõe que tomemos, neste lugar, posição sobre ela.

A este respeito bastar-nos-á reafirmar a nossa adesão à concepção monista com primado do Direito Internacional, entendida esta como inseparável da própria natureza do Direito Internacional. Não se pretende com esta afirmação ignorar que a supremacia do Direito Internacional está longe de estar inteiramente realizada na vida da Comunidade Internacional. Mas também não se quer esquecer que *o primado do Direito Internacional sobre o Direito interno traduz uma condição essencial da própria existência do Direito Internacional.*

Da adesão à concepção monista outra conclusão derivará ainda: a da vigência interna do Direito Internacional na ausência de disposições estaduais que a ela se refiram. Tal era expressamente o pensamento de VERDROSS, como derivação do princípio de que não pode presumir-se a intenção do legislador interno de violar a norma internacional [1].

Pois se o Estado tem o dever – reconhecido por monistas e dualistas – de conformar a sua ordem interna com o Direito Internacional, bem pode entender-se que, se não regulou expressa ou implicitamente a questão, não excluiu a vigência automática do Direito Internacional, que será a única forma susceptível de, na ausência de outras disposições, assegurar o cumprimento pelo Estado do referido dever de conformidade. Já em 21 de Fevereiro de 1925 o Tribunal Permanente de Justiça Internacional fazia sua essa doutrina, ao defender, no Parecer emitido no caso da *troca entre as populações grega e turca,* que "um Estado que contraiu validamente obrigações internacionais é obrigado a introduzir no seu Direito posi-

---

[1] *Völkerrecht,* 5.ª ed., Viena, 1964, pgs. 62 e segs.

tivo as modificações necessárias para assegurar o cumprimento dos compromissos assumidos" ([1]).

Partindo de um pressuposto monista, só, portanto, perante a exclusão, expressa ou, ao menos, implícita, pelo legislador nacional, será de pôr de parte a vigência interna do Direito Internacional.

Quanto ao Direito Internacional convencional que, pela sua própria natureza, gozar de eficácia interna – é o caso, por exemplo, dos *self-executing treaties* –, ele vigorará na ordem interna dos Estados quando o respectivo Direito interno não excluir tal vigência. Mas em relação ao Direito Internacional que, por força da própria norma internacional, se destina a vigorar directa e automaticamente na ordem interna, a sua vigência interna encontra-se assegurada *mesmo perante disposições contrárias* do Direito estadual, disposições essas que ficam feridas de ineficácia. A sanção da invalidade (em lugar da ineficácia), que defendemos na edição anterior deste livro, parece-nos hoje que apenas se aceitará numa Comunidade Internacional de tipo federal, ou composta por espaços federais, o que ainda não acontece. De facto, o princípio *Bundesrecht bricht Landesrecht,* que fulmina a norma do Estado federado de inexistência jurídica ou de nulidade quando ela viole a norma federal, só se poderá aplicar na ordem internacional quando a Comunidade Internacional se transformar, caso isso venha a acontecer, num Estado Federal Mundial (como parece admitir ARMANDO MARQUES GUEDES ([2])) ou nos espaços jurídicos nela incluídos que atingirem um estádio de integração de tipo federal.

([1]) Série B, n.º 10, pg. 20. VERDROSS e SIMMA, no seu Manual, enfatizam o contributo desta tese do TPJI para a consagração do monismo com primado do Direito Internacional nas relações deste com o Direito estadual – *op. cit.,* pg. 55 e n. 20.

([2]) *Op. cit.,* pgs. 32 e segs.

SECÇÃO II

OS SISTEMAS DE VIGÊNCIA DO DIREITO INTERNACIONAL NA ORDEM INTERNA

1. Os sistemas propostos

Vamos agora ver como é que o Direito estadual aceita que o Direito Internacional vigore na ordem interna dos Estados.

Um confronto das várias experiências estaduais mostra-nos que os sistemas possíveis são fundamentalmente três:

a) O Estado recusa em absoluto a vigência do Direito Internacional na ordem interna. Por isso, para que o conteúdo de uma norma internacional vigore na ordem interna tem de ser reproduzido por uma fonte interna. Consequentemente, a norma internacional nunca vigorará *como tal* na ordem interna mas apenas como norma *interna*. É o chamado sistema da *transformação,* que às vezes se exprime pela simples *ordem de execução.*

Este sistema é característico dos Estados que, num momento lógico anterior, adoptaram uma solução dualista nas relações entre o Direito Internacional e o Direito interno, porque parte do princípio de que o Direito Internacional e o Direito estadual são duas Ordens Jurídicas essencialmente diferentes, pelo que aquele só vigorará na ordem interna se e na medida em que cada norma internacional for *transformada* em Direito interno.

b) O Estado reconhece a plena vigência de todo o Direito Internacional na ordem interna, mediante uma *cláusula geral de recepção automática plena*. A regra internacional vigora na ordem interna mantendo a sua qualidade de norma de Direito *Internacional.*

Ao contrário do anterior, este sistema constitui um corolário da construção monista das relações entre o Direito Internacional e o Direito interno, particularmente do monismo com primado do Direito Internacional, já que o monismo com primado do Direito interno, como atrás se disse, conduz à negação do Direito Internacional. Levado às suas últimas consequências, o monismo com primado do Direito Internacional pode vir mesmo a dispensar qualquer formalidade para a recepção do Direito Internacional na ordem interna (¹).

c) *Sistema misto*: o Estado não reconhece a vigência automática de todo o Direito Internacional, mas reconhece-o só sobre certas matérias. As normas internacionais respeitantes a essas matérias vigoram, portanto, na ordem interna independentemente de transformação; ao contrário, todas as outras vigoram apenas mediante transformação. Este sistema é conhecido por sistema da *cláusula geral da recepção semiplena*.

Este sistema resulta da adopção cumulativa de concepções monistas e dualistas quanto às relações entre o Direito Internacional e o Direito interno (²).

Iremos utilizar a técnica corrente da distinção entre as fórmulas da *transformação, da cláusula geral de recepção plena,* e da *cláusula geral de recepção semiplena;* mas tentaremos definir com mais precisão o entendimento dado a tais fórmulas, tanto mais que a terminologia está longe de ser uniforme.

A noção de *cláusula geral de recepção plena,* se não comporta restrições quanto ao objecto das normas recebidas, bem pode conter limitações quanto à fonte de que provenham — como o demonstra a observação do Direito dos diversos Estados.

Haveremos assim de caracterizar a cláusula geral de recepção plena como a fórmula pela qual o Estado prevê a vigência interna da norma de Direito Internacional independentemente do seu objecto. A extensão da cláusula poderá variar conforme abarque todas as fontes de Direito internacional ou só alguma ou algumas: poderá, assim, haver cláusulas gerais de recepção plena só dos tratados, ou só do costume, ou mesmo só do costume geral.

(¹) E. CEREXHE, *Le droit européen,* t. I, 2.ª ed., *cit.,* pg. 337.

(²) Sobre estes três sistemas pode ver-se PAUL DE VISSCHER, *Les tendances internationales des Constitutions modernes,* in *RdC,* 1952-I, pgs. 511 e segs.; WENGLER, *Réflexions, cit.;* as obras citadas logo no início deste capítulo, de IPSEN, OPPENHEIM/ LAUTERPACHT, BROWNLIE, SEIDL-HOHENVELDERN e DIEZ DE VELASCO, *loc. cit.,* bem como a bibl. nelas arrolada.

Pelo contrário a *cláusula geral de recepção semiplena,* podendo também conter restrições quanto à fonte, tê-las-á necessariamente quanto ao objecto, e provocará a vigência interna de um grupo de normas internacionais identificadas pelo objecto comum.

Uma e outra são cláusulas gerais, ou seja de recepção automática ou formal, em que a norma é recebida independentemente do seu conteúdo concreto, e através das quais a alteração da norma internacional se repercute necessariamente na ordem interna para provocar a sua vigência na ordem estadual – salva a susceptibilidade de ficar a norma internacional dependente, na sua eficácia interna, de uma *condição,* que será normalmente a publicação.

Diferente é o sistema da *transformação,* ou recepção individual, que implica para cada norma internacional a prática de um acto interno com a virtualidade de a incluir na Ordem Jurídica interna. Trata-se de recepção *material,* do conteúdo da norma, e não da fonte normativa. A transformação pode ser *explícita,* se a norma internacional é objecto de um acto normativo interno, ou *implícita,* se se entender que no processo de produção internacional da norma se insere um acto de um ou mais órgãos do Estado susceptível de, por si próprio, conferir eficácia interna à norma a que se refere.

Sem embargo de toda a terminologia ser convencional, a falta de uniformidade reinante quer na doutrina portuguesa quer na estrangeira tem contribuído não pouco para obscurecer e confundir o problema. Por nós, pretendemos apenas definir os instrumentos de análise a utilizar, sem negarmos, naturalmente, a legitimidade de designações diferentes.

Não conhecemos nenhuma Constituição moderna que expressamente recuse a vigência na ordem interna ao Direito Internacional. Tal negação poderia encontrar justificação política, se a ratificação de um tratado fosse independente de aprovação do órgão legislativo, pois poderia então dizer-se que havia uma forma indirecta de legislar pelo órgão competente para ratificar. Mas a tendência no moderno Direito Constitucional é para condicionar a ratificação à aprovação pelo órgão legislativo, e, portanto, o sistema puro e simples da transformação já não é praticado.

A necessária ligação entre as funções estaduais de produção jurídica interna e a contratação internacional, que resulta do que deixámos dito, tem levado o Direito dos Estados a associar cada vez mais intimamente o exercício do *treaty-making power* com a função legislativa. Um rápido exame das soluções de alguns Estados permitirá reconhecer que, embora através de uma diversidade de fórmulas, é geral a aplicação do Direito Internacional nas Ordens Jurídicas internas.

2. O contributo do Direito Comparado: o Direito britânico

Antes de nos debruçarmos sobre o sistema consagrado em Portugal vamos ver como é que a nossa questão foi resolvida em alguns outros Estados.
Comecemos pelo *Direito britânico*.
O sistema do Direito britânico — até ao ponto em que seja apreensível para o jurista continental — caracteriza-se pela conjugação de uma *cláusula geral de recepção plena* com o sistema da *transformação*.

O passo célebre de BLACKSTONE, segundo o qual *"the law of nations (...) is here adopted in its full extent by the Common Law and is held to be part of the law of the land"* ([1]), reflecte ainda hoje o entendimento do Direito britânico, operando a *recepção automática* do Direito Internacional consuetudinário ([2]).

No que se refere ao Direito convencional, porém, a concepção de que o *treaty-making power* faz parte da prerrogativa real obsta à vigência interna do tratado; a divisão de poderes entre o Parlamento e a Coroa, impedindo esta de legislar internamente por si só, força, assim, à utilização, por via de regra, do sistema da transformação: os *self-executing treaties* terão, por isso, de ser objecto de um *Act*

([1]) Citado por O'CONNELL, *International Law*, vol. I, Londres, 1965, pg. 58.

([2]) A recepção automática pode, porém, admitir excepções, como as enunciadas por D. LASOK, *Les traités internationaux dans le système juridique anglais*, in *RGDIP* 1966, pg. 964.

of Parliament (¹). Embora esta regra também sofra excepções, em geral não se admite a recepção automática.

3. Idem: o Direito francês

No *sistema jurídico francês* é também necessário distinguir entre o Direito Internacional consuetudinário geral e o Direito Internacional convencional, quanto à sua vigência interna.

Quanto ao primeiro, a Constituição de 1958 é omissa, entendendo a jurisprudência e a doutrina que ele vale na ordem interna, e não hesitando aquela em o aplicar em inúmeras espécies.

No que diz respeito aos tratados, declara o artigo 55.º da Constituição vigente que "os tratados ou acordos regularmente ratificados ou aprovados têm, desde a sua publicação, autoridade superior à das leis, sob reserva para cada tratado ou acordo da sua aplicação pela outra parte" (²), e o artigo 53.º precisa que "os tratados de paz, os tratados de comércio, os tratados ou acordos relativos à organização internacional, os que vinculam as finanças do Estado, os que modificam disposições de natureza legislativa, os que são relativos ao estado das pessoas, os que comportam cessão, troca ou acrescentamento de território, não podem ser ratificados ou aprovados senão através de uma lei. Eles não produzem efeitos senão depois de ratificados ou aprovados. Nenhuma cessão, troca ou acrescentamento de território é válido sem o consentimento das populações interessadas".

(¹) A doutrina britânica é pacífica quanto a este entendimento em geral, embora possa divergir quanto às excepções admissíveis: cfr., por todos, O'CONNELL, *op. cit.,* pgs. 57-62, IAN BROWNLIE, *op. cit.,* pgs. 43 e segs.; D. LASOK, *op. cit.,* pgs. 965--980; P. REUTER, *Direito Internacional Público,* trad. portuguesa, Lisboa, 1981, pgs. 45-46; MICHAEL AKEHURST, *Introdução ao Direito Internacional,* trad. portuguesa, Coimbra, 1985, pgs. 54-55; G. SPERDUTI, *Le principe de souveraineté et le rapport entre le Droit International et le Droit interne,* in *RdC,* 1976, pgs. 356-359.

(²) Este preceito inspirou várias outras Constituições: é o caso do artigo 28.º, n.º 1, da Constituição grega, de 1975, e do artigo 101.º da Constituição do Peru, de 1979.

Assim, em relação aos tratados existe o sistema da *cláusula geral de recepção plena* (¹), salvaguardando-se simultaneamente a reciprocidade na aplicação.

Qual a repercussão desta condição de reciprocidade, que exige a aplicação do tratado pelo outro Estado contraente?

Ela pode ser invocada, a título de aplicação pelo particular da *exceptio non adimpleti contractus,* ou por via de excepção em tribunal, devendo este requerer do Ministério dos Negócios Estrangeiros prova dessa eventual não execução do tratado pela outra parte. O aviso governamental que der a não aplicação como comprovada vinculará o juiz, como decisão prejudicial (²)(³).

4. Idem: o Direito alemão

No *Direito alemão,* há, como no francês, a distinguir a vigência do Direito Internacional geral e a dos tratados internacionais. Contudo, enquanto a ordem legislativa francesa é omissa quanto ao Direito Internacional geral e segue o sistema da cláusula geral de recepção plena quanto à vigência interna dos tratados, a lei alemã admite a *cláusula geral de recepção plena para o Direito Internacional geral,* nada dizendo quanto à validade interna dos tratados.

Efectivamente, a Lei Fundamental de 1949 dispõe no seu artigo 25.º: "As regras gerais do Direito Internacional fazem parte integrante do Direito Federal. Prevalecem sobre as leis e fazem nascer directamente direitos e obrigações para os habitantes do território federal."

(¹) P. RAMBAUD, *La reconnaissance par le Conseil d'État de la supériorité des traités sur les lois,* in AFDI 1990, pgs. 91 e scgs.

(²) REUTER, *op. cit.,* pgs. 41-44. Sobre o problema na perspectiva das convenções internacionais do trabalho, v. LARY, *International Labour Conventions and National Law,* Amesterdão, 1982, pgs. 29-30 e 47-48.

(³) Sobre o estado geral do problema no Direito francês, v. a obra recente de R. ABRAHAM, *Droit international, droit communautaire et droit français,* Paris, 1989.

O artigo 100.º, n.ᵒˢ 1 e 2, assegura o respectivo controlo jurisdicional.

E a doutrina, na sua maioria, tem entendido que *nas regras gerais mencionadas na cláusula de recepção plena se englobam os preceitos consuetudinários e os princípios gerais de Direito.*

Os tratados são referidos pela Lei Fundamental no artigo 59.º, que reza:

"1. O Presidente Federal representa a Federação nas relações externas. Compete-lhe celebrar, em nome da Federação, tratados com os Estados estrangeiros e acreditar e receber os representantes diplomáticos.

2. Os tratados que regulem as relações políticas da Federação ou que respeitem a matérias sujeitas à legislação federal exigem a aprovação ou o concurso das assembleias legislativas federais competentes, conforme o caso, sob a forma de leis federais. Para as convenções de ordem administrativa aplicam-se, por analogia, as disposições relativas à administração federal."

Neste passo é mencionado o processo de celebração dos tratados mas não a sua validade interna. A jurisprudência alemã tem aceite a vigência do Direito Internacional convencional no plano interno, divergindo, todavia, quanto ao fundamento a dar-lhe. Na doutrina, alguns autores defendem a existência de uma *cláusula geral;* outros, a de uma *transformação implícita,* porque o artigo 59.º exige para a conclusão dos tratados internacionais o mesmo processo de elaboração da lei interna.

Afigura-se-nos que a melhor solução é a primeira, porque a prática tem mostrado que o tratado só entra em vigor internamente no momento do início da sua vigência internacional e não no da ratificação, o que parece indicar que ele vigora, primariamente, como fonte internacional e não como fonte interna ([1]).

([1]) MAUNZ-DÜRIG, *Grundgesetz-Kommentar,* t. I, Munique, ed. de 1991, anotações aos artigos 25.º e 59.º da Lei Fundamental de Bona; I. VON MÜNCH, *Grundgesetz-Kommentar,* t. II, Francoforte, 1974, anotação ao artigo 25.º da mesma lei; BLECKMANN, *Grundgesetz und Völkerrecht,* Berlim, 1975, *passim;* F. MÜNCH, *Droit*

5. Idem: o Direito suíço

O *sistema jurídico suíço* não contém qualquer norma expressa sobre as relações entre o Direito Internacional e o Direito interno.
Mas a jurisprudência e a doutrina admitem a *recepção plena* quer do Direito Internacional geral quer dos tratados ([1]).

6. Idem: o Direito espanhol

No *Direito espanhol*, a recepção plena e automática tem sido reconhecida mesmo na ausência de qualquer norma constitucional que acolha, de modo expresso, essa solução.
A Constituição de 1978 atribui às Cortes, no seu artigo 94.º, n.º 1, alínea e), competência para autorizar a celebração de tratados que envolvam, nomeadamente, a modificação ou revogação de alguma lei ou exijam medidas legislativas para a sua execução. O artigo 96.º, n.º 1, prevê que "Os tratados internacionais, logo que publicados oficialmente em Espanha, farão parte da ordem interna espanhola". Ora, esta disposição consagra de forma inequívoca uma solução de *recepção plena e automática do Direito Internacional convencional*. No que respeita ao Direito Internacional *geral*, a jurisprudência e a doutrina entendem que as suas normas são, implicitamente, *parte integrante* do ordenamento espanhol ([2]).

International et Droit Interne d'après la Constitution de Bonn, na *Revue Internationale Française du Droit des Gens* 1950, pgs. 14 e segs.; REUTER, *op. cit.*, pg. 46; e J. MOTA DE CAMPOS, *Direito Comunitário*, 2.ª ed., Lisboa, 1988, vol. II, pgs. 190-191.

([1]) LARY, *op. cit.*, pg. 49; W. J. RICE, *The position of International Treaties in Swiss Law*, in *AJIL* 1952, pgs. 641 e segs.; GUGGENHEIM, *Traité de Droit International Public*, 2.ª ed., Genebra, 1967, vol. I, pgs. 73-74.

([2]) JOSÉ A. PASTOR RIDRUEJO, *Curso de Derecho Internacional Público*, Madrid, 1987, pgs. 176-181; A. MANGAS MARTIN, *Cuestiones de Derecho Internacional Público en la Constitución española de 1978*, in *Revista de la Facultad de Derecho de la Universidad Complutense* 1980, pgs. 172 e segs.; CH. VALLÉE, *Notes sur les dispositions relatives au Droit international dans quelques constitutions récentes*, in *AFDI* 1979, pgs. 266-267.

7. Idem: o Direito italiano

A Constituição italiana de 1948 prevê no artigo 10.º que "a ordem jurídica italiana submete-se às normas do Direito Internacional geralmente reconhecidas", o que é quase sempre interpretado como uma *recepção automática* do Direito Internacional, fazendo com que a doutrina italiana, em boa parte dualista, não deixe, contudo, de reconhecer a existência de uma *cláusula geral de recepção plena* no seu Direito interno ([1]).

8. Idem: o Direito belga

A Constituição belga, cujo artigo 68.º, n.º 2, exige o assentimento parlamentar para a válida conclusão de certos tratados, não define com clareza o regime da sua vigência na ordem interna; mas esta foi assegurada pela jurisprudência que, a propósito da interpretação do artigo 107.º da Constituição, estabeleceu sem deixar dúvidas, a equiparação no plano interno entre a lei e o tratado ([2]), admitindo também a vigência interna do Direito Internacional geral.

9. Idem: o Direito norte-americano

Se observarmos a Constituição dos Estados Unidos da América, nela encontraremos o artigo 6.º, n.º 2, que diz: "Esta Constituição e as leis dos Estados Unidos que se façam em seu cumprimento e todos os tratados celebrados ou que se celebrem sob a autoridade dos Estados Unidos serão a lei suprema do país e os juí-

---

([1]) CONFORTI, *op. cit.*, pgs. 281 e segs.; R. MONACO, *Manuale di Diritto Internazionale Pubblico*, 2.ª ed., Turim, 1971, pgs. 222 e segs.

([2]) Cfr. PAUL SMITS, *Les traités internationaux devant la section de législation du Conseil d'État*, Bruxelas, 1960, págs. 67-71; PAUL DE VISSCHER, *Les positions actuelles de la doctrine et de la jurisprudence belges à l'égard du conflit entre le traité et la loi*, nos *Estudos em honra de Guggenheim*, Genebra, 1968; e SPERDUTI, *op. cit.*, pg. 365.

zes em cada um dos Estados estarão sujeitos a ela, sendo nulas as leis de cada um dos Estados ou a sua Constituição que em qualquer caso sejam contrários a eles."

Embora o texto constitucional se refira tão-somente aos tratados, a jurisprudência e a doutrina norte-americana são unânimes em abranger também, nessa *cláusula geral de recepção plena,* o Direito Internacional geral ([1]).

10. Idem: o Direito brasileiro

No *Brasil,* a Constituição de 1988 não regula a vigência do Direito Internacional na ordem interna, salvo quanto aos tratados internacionais sobre Direitos do Homem, quanto aos quais o artigo 5.º, § 2.º, contém uma disposição muito próxima da do artigo 16.º, n.º 1, da Constituição da República Portuguesa de 1976, que, como demonstraremos adiante, deve ser interpretada como conferindo grau supraconstitucional àqueles tratados.

Quanto aos tratados em geral, a doutrina e a jurisprudência têm entendido, não sem hesitações, que o tratado e a lei estão no mesmo nível hierárquico, ou seja, que entre aquela e este se verifica uma "paridade" – paridade essa que, todavia, funciona a favor da lei. De facto, a lei não pode ser afastada por tratado com ela incompatível; mas se ao tratado se suceder uma lei que bula com ele, essa lei não revoga, em sentido técnico, o tratado, mas "afasta a sua aplicação", o que quer dizer que o tratado só se aplicará se e quando aquela lei for revogada ([2]).

([1]) CASSONI, *L'adeguamento del diritto interno al diritto internazionalle nell ordinamento americano,* Milão, 1961, pgs. 518-521; LARDY, *La force obligatoire du droit international en droit interne,* Paris, 1966, pgs. 44-47; e IWASAWA, *The Doctrine of Self-Executing Treaties in the United States: A Critical Analysis,* in *VJIL* 1986, pgs. 627 e segs.

([2]) JOSÉ FRANCISCO REZEK, *Direito dos Tratados,* Rio de Janeiro, 1984, pgs. 464 e segs. (na falta de qualquer obra publicada sobre a matéria após a entrada em vigor da actual Constituição).

11. Idem: o Direito da ex-União Soviética

A Constituição soviética de 1977 não continha indicações gerais e exaustivas sobre o processo de vinculação internacional da antiga União Soviética. A regulamentação essencial neste domínio foi trazida por uma Lei de 8 de Julho de 1978, abrangendo os aspectos relativos à conclusão, execução e denúncia dos tratados internacionais ([1]).

A disposição constitucional relevante sobre esta matéria era o artigo 121.º, n.º 6, que reconhecia ao *Praesidium* do Soviete Supremo da URSS competência para "ratificar e denunciar os tratados internacionais da URSS". O artigo 80.º consagrava o direito das repúblicas federadas de assinar tratados com Estados estrangeiros. A revisão de 1988 da Constituição soviética ([2]) introduziu uma pequena alteração no que respeita ao órgão federal competente para ratificar e denunciar os tratados da URSS: o artigo 113.º, n.º 12, conferiu esse poder ao Soviete Supremo, o qual na nova estrutura orgânica é caracterizado pelo artigo 111.º, como sendo o órgão permanente com competência legislativa, administrativa e de fis-calização do poder estadual da URSS.

A *Constituição da Rússia,* que ainda é anterior à extinção da ex-URSS, confere competência para ratificar e denunciar tratados ao Soviete Supremo (art. 109.º, n.º 1), salvo os tratados que impliquem alterações à Constituição, para os quais é competente o Congresso dos Deputados (art. 104.º, n.º 2).

12. Carácter generalizado do sistema de recepção plena

Portanto a observação da prática demonstra que, por formas diversas, todos estes Estados asseguram a vigência interna do Di-

---

([1]) A tradução francesa desta lei está publicada em *La vie internationale,* Set. 1978, pgs. 172 e segs.

([2]) A tradução inglesa foi publicada na *Daily Review* de 4 de Novembro de 1988.

reito Internacional, sendo de notar que, nos casos em que a lei é omissa, a jurisprudência tem construído a existência implícita da recepção automática plena, o que, como atrás dissemos, só pode explicar-se pela prévia adopção do ponto de vista monista ([1]).

13. O caso especial das disposições programáticas

Não devem, porém, ser assimiladas a cláusulas gerais de recepção plena as disposições de certas Constituições através das quais o Estado anuncia a sua intenção de pautar a sua conduta pelo Direito Internacional, e que são frequentes nas Constituições de tipo programático. É o caso da antiga Constituição espanhola de 1931, cujo artigo 7.º rezava que "o Estado espanhol acatará as normas universais do Direito Internacional, incorporando-as no seu direito positivo", ou do artigo 4.º da Constituição da República Portuguesa de 1933, que dispunha:

"A Nação Portuguesa constitui um Estado independente, cuja soberania só reconhece como limites, na ordem interna, a moral e o direito; e, na internacional, os que derivem das convenções ou tratados livremente celebrados ou do direito consuetudinário livremente aceite, cumprindo-lhe cooperar com outros Estados na preparação e adopção de soluções que interessem à paz entre os povos e ao progresso da humanidade.

§ único. – Portugal preconiza a arbitragem como meio de dirimir os litígios internacionais".

Trata-se geralmente de simples disposições programáticas que definem um programa de política legislativa ou de conduta do Estado na vida internacional, sem ter efeitos imediatos no Direito positivo, designadamente sem vincularem o Estado na ordem internacional.

([1]) Para um apanhado geral das soluções adoptadas na matéria pelo Direito Comparado, em especial pelo Direito Constitucional Comparado, v. a *op. cit.* de VALLÉE e. mais exaustivamente, A. CASSESE, *Modern constitutions and International Law*, in *RdC*, 1985-III, pgs. 331 e segs.

SECÇÃO III

A RELEVÂNCIA DO DIREITO INTERNACIONAL NA ORDEM INTERNA PORTUGUESA

1. Enunciado da questão

Vamos agora examinar se e por que forma é aplicável o Direito Internacional na ordem interna portuguesa.

O problema que ora abordamos consiste em saber qual das atitudes possíveis perante o Direito Internacional foi a adoptada pelo Direito positivo português. Quer dizer: na ordem interna portuguesa o Direito Internacional só vigorará mediante transformação em norma jurídica interna? Ou haverá cláusulas gerais de recepção semiplena para certas matérias, valendo fora delas o sistema da transformação? Ou, ainda, estaremos perante a recepção automática plena?

Eis, nos termos em que atrás pusemos a questão, e em alternativa, as hipóteses possíveis. Desde já, porém, podemos excluir a primeira hipótese, dada a existência no Direito Português de várias remissões para as "normas aplicáveis do Direito Internacional". Aliás, como dissemos, faltava o pressuposto político do sistema exclusivo da transformação, dado que entre nós a ratificação de tratados internacionais depende de aprovação dos órgãos competentes para legislar (Assembleia da República – art. 164.º, al. *j*) da Constituição – e Governo – art. 200.º, al. *c*) da Constituição). Ainda que fique em aberto o problema dos acordos em forma simplificada, pode dizer-se que a alternativa que se nos depara é a seguinte: existirá no Direito português uma cláusula geral de recepção plena ou existirão unicamente certas cláusulas gerais de recepção semiplena?

2. O estado do problema antes da Constituição de 1976

Até à entrada em vigor da Constituição de 1933 era pacífico o entendimento de que, designadamente com base no artigo 26.º do

Código Civil de 1867 e no artigo 6.º do Código Comercial de 1888, o Direito português aceitava a recepção plena do Direito Internacional.

Contudo, à sombra da Constituição de 1933 aquela conclusão foi posta em causa por alguns autores, o que fez com que esta questão tivesse sido objecto de um profundo e rico debate da parte da doutrina internacionalista portuguesa, como desenvolvidamente demonstrámos na edição anterior deste nosso livro (¹). Entendemos que hoje essa querela apenas conserva interesse histórico, pelo que nos dispensamos de aqui a reproduzir ou comentar (²).

3. A relevância do Direito Internacional na ordem interna à sombra da Constituição de 1976

I. Sendo assim, debruçar-nos-emos neste lugar apenas sobre o modo como a Constituição vigente, a de 1976, confere vigência ao Direito Internacional na ordem interna portuguesa.

Depois de no artigo 7.º definir os princípios que devem presidir às relações internacionais de Portugal (³), reza a Constituição no seu artigo 8.º:

(¹) Pags. 87-114. V. também JORGE MIRANDA, *Direito Internacional Público I*, polic., Lisboa, 1991, pgs. 222 e segs.

(²) Vejam-se, porém, ainda com actual interesse doutrinário, os estudos aí citados da autoria de AFONSO QUEIRÓ, ISABEL DE MAGALHÃES COLLAÇO, DIOGO FREITAS DO AMARAL e MIGUEL GALVÃO TELES.

(³) É evidente que o artigo 7.º não nos interessa neste lugar, porque nada tem a ver com a relevância do Direito Internacional na ordem interna portuguesa. Mas nem por isso deixaremos de observar, ainda que de passagem, que a redacção desse preceito deixa muito a desejar. Se não, reparemos apenas nas suas deficiências mais graves: parece-nos ultrapassada a referência, no n.º 2, ao "imperialismo", aliás palavra que nunca teve conteúdo jurídico, mas apenas político; e pensamos ser muito infeliz o reconhecimento, no n.º 3, do direito dos povos "à insurreição", porque ele nos surge como uma manifestação de um quase ridículo excesso de voluntarismo da parte de Portugal nas relações internacionais e, sobretudo, colide fortemente com outros princípios que Portugal aceita nos n.ºˢ 1 e 2 desse mesmo artigo: a *não ingerência* nos assuntos internos doutros Estados, a solução *pacífica* dos conflitos internacionais e o empenhamento na criação de uma ordem internacional baseada na *paz* e na *justiça*. Se

"Artigo 8.º
(Direito Internacional)

1. As normas e os princípios de Direito Internacional geral ou comum fazem parte integrante do Direito português.
2. As normas constantes de convenções internacionais regularmente ratificadas ou aprovadas vigoram na ordem interna após a sua publicação oficial e enquanto vincularem internacionalmente o Estado português.
3. As normas emanadas dos órgãos competentes das organizações internacionais de que Portugal seja parte vigoram directamente na ordem interna, desde que tal se encontre estabelecido nos respectivos tratados constitutivos."

Da leitura deste preceito ressalta imediatamente que cada um destes três números em que ele se divide adopta um sistema diferente para a vigência das respectivas regras de Direito Internacional.

II. Assim, no seu n.º 1 (igual à 1.ª parte do art. 25.º da Lei Fundamental de Bona e à 1.ª parte do art. 28.º, n.º 1, da Constituição grega) esse artigo 8.º recebe "as normas e os princípios de Direito Internacional geral ou comum" através de uma *cláusula geral de recepção plena*. É esse o entendimento unânime da doutrina ([1]).

Surge aqui, porém, o problema de saber o que é que se encontra abrangido por esta expressão "as normas e os princípios do Di-

---

a intenção foi a de, com isso, se reconhecer aos povos o direito à autodeterminação, ele já se encontrava consagrado no n.º 1, para além de a autodeterminação e a insurreição serem, em Direito Internacional, conceitos totalmente distintos. Esperamos que o legislador constituinte depressa reveja e corrija a redacção deste artigo.

([1]) ANDRÉ GONÇALVES PEREIRA, *O Direito Internacional na Constituição de 1976*, in *Estudos sobre a Constituição*, vol. I, Lisboa, 1977, pgs. 37 e segs. (39); JORGE MIRANDA, *As actuais normas constitucionais e o Direito Internacional*, in *Nação e Defesa*, n.º 36, pgs. 3 e segs.; MARCELO REBELO DE SOUSA, *A integração de Portugal na CEE e o Direito Constitucional vigente*, in *Democracia e Liberdade*, n.º 9 (Fevereiro de 1979), pgs. 25 e segs. (33); e GOMES CANOTILHO/VITAL MOREIRA. *Constituição da República Portuguesa anotada*, vol. I, 2.ª ed., Lisboa, 1984, pg. 90

reito Internacional geral ou comum". Da nossa parte, pensamos que cabe aí tudo o que se engloba no conceito hodierno de "Direito Constitucional Internacional", como acervo de normas e princípios básicos do Direito Internacional, de aceitação generalizada pela Comunidade Internacional ([1]). Assim, caberá hoje naquela expressão o costume internacional do âmbito geral; os princípios gerais de Direito; os princípios gerais do Direito Internacional; a Declaração Universal dos Direitos do Homem; e os tratados internacionais universais ou para-universais, aceites pela Comunidade Internacional como Direito Internacional geral, como é o caso da Carta das Nações Unidas e dos já citados Pactos Internacionais sobre Direitos do Homem, aprovados pelas Nações Unidas, em 1966 ([2]). Note-se que, para a doutrina dominante, todas essas normas e todos esses princípios fazem hoje parte do *ius cogens* internacional (ao qual já nos referimos atrás mas cujo conceito estudaremos adiante), que constitui Direito imperativo para os Estados, pelo que nem se compreenderia que eles não fossem recebidos na ordem interna portuguesa através de uma cláusula geral de recepção plena nem se aceitaria

---

([1]) A primeira tentativa, bem fundamentada e quase exaustiva, no sentido de se construir o conceito de "Direito Constitucional Internacional" ou de "Constituição da Comunidade Internacional" foi a de VERDROSS, na sua obra clássica *Die Verfassung der Völkerrechtsgemeinschaft*, Viena, 1926. Seguiram-se-lhe, em termos não coincidentes, a monografia de ZICCARDI, *La costituzione dell'ordinamento internazionale*, Milão, 1943, e as obras de MARIANO AGUILAR NAVARRO, *Algunas consideraciones sobre el Derecho Constitucional Internacional*, separata de *Anales de la Universidad Hispalense* 1957-58, Sevilha, pgs. 13 e segs., SCHWARZENBERGER, *International Law as applied by International Courts and Tribunals*, vol. III, Londres, 1976, epígrafe do volume, e H. MOSLER, *The International Society, cit.*, sobretudo pgs. 15-16.

([2]) Não nos parece relevante neste lugar a questão, que alguma doutrina discute, e que consiste em saber se aqueles tratados e a antes referida Declaração Universal dos Direitos do Homem se integram no Direito Internacional geral ou comum como tratados ou enquanto as suas regras se converteram já em Direito consuetudinário comum ou, ainda, como expressões de "princípios gerais de Direito reconhecidos pelas Nações civilizadas", aos quais se refere o artigo 38.º, n.º 1, al. *c*), do Estatuto do TIJ – v. BERBER, *op. cit.*, pg. 56; BERNHARDT, in *International Enforcement of Human Rights*, Actas de Colóquio, ed. por Bernhardt/Jolowicz, Berlim, 1985, Relatório Geral, pgs. 143 e segs. (144); MAUNZ-DÜRIG, *op. cit.*, anotações 14-18 ao artigo 25.º da Lei Fundamental de Bona; e J. CARRILLO SALCEDO, *Human Rights, Universal Declaration (1948)*, in *Encyclopedia*, t. 8 (1985), pgs. 303 e segs. (307).

que eles não vigorassem nela como "parte integrante do Direito português".

Perante este artigo 8.º, n.º 1, tem-se discutido se ele engloba também os costumes bilaterais e particulares e, em geral, os costumes regionais ou locais. A interpretação *formal* daquele preceito poderia conduzir-nos à conclusão negativa, na medida em que aí se exige que o Direito Internacional aí contemplado seja *"geral ou comum"*. Todavia, somos da opinião de que o artigo 8.º, n.º 1, ao afirmar a prevalência do Direito consuetudinário sobre o Direito interno, não quis excluir, se não na sua letra pelo menos no seu espírito, o Direito consuetudinário particular. Aliás, é essa a conclusão a que nos conduz o monismo com primado do Direito Internacional, que, sem dúvida, preside àquele preceito: de harmonia com aquela construção, como atrás explicámos, na ausência de norma interna expressa sobre a vigência do Direito Internacional tem de se entender que o legislador nacional quis dar-lhe recepção automática plena na ordem interna. A não ser assim, teria que se concluir que o Direito consuetudinário particular não cabia em qualquer dos números daquele artigo 8.º e que, portanto, não vigorava em Portugal, mesmo quando vinculasse internacionalmente o Estado Português, o que seria um absurdo ([1]).

III. O artigo 8.º, n.º 2, por sua vez, confere vigência ao Direito Internacional convencional que não ficou abrangido pelo n.º 1 desse artigo. Também aqui a Constituição se serve de uma *cláusula geral de recepção plena,* ainda que, neste caso, sujeita à *conditio iuris* da "publicação oficial" das convenções ([2]).

Na previsão deste n.º 2 cabem tanto os tratados solenes ("convenções internacionais regularmente *ratificadas*") como os acordos

---

([1]) Neste sentido, também RUI DE MOURA RAMOS, *A Convenção Europeia dos Direitos do Homem – sua posição face ao ordenamento jurídico português,* in *DDC* 1981, pgs. 93 e segs. (127). Contra, SILVA CUNHA, *op. cit.,* t. I, pg. 93.

([2]) Assim, ANDRÉ GONÇALVES PEREIRA, *op. cit.,* pg. 40; JORGE MIRANDA, *op. e loc. cits.;* MARCELO REBELO DE SOUSA, *op. e loc. cits.;* e GOMES CANOTILHO/VITAL MOREIRA, *op. cit.,* pg. 91.

em forma simplificada ("convenções internacionais regularmente (...) *aprovadas*") (¹).

Isto quer dizer que, na prática, a *eficácia* de convenção (isto é, a sua recepção na ordem interna), que não a sua *validade,* está dependente da verificação de duas condições: a sua publicação no jornal oficial (o que também decorre do artigo 122.º, n.º 1, al. *b*) e n.º 2, da Constituição) e a regularidade do processo da sua conclusão por Portugal, isto é, do processo da sua vinculação pelo nosso País (*"regularmente* ratificadas ou aprovadas").

Acrescenta, porém, esse n.º 2 que essas convenções só vigoram na ordem interna "enquanto vincularem internacionalmente o Estado Português". Esta expressão limita-se a retratar a evidência.

De facto, e para começar, as convenções internacionais só vigorarão na ordem interna portuguesa *a partir do momento em que obrigarem Portugal.* Assim, com certeza que nunca vigorarão na ordem interna antes da data da sua própria entrada em vigor na ordem internacional, mesmo que Portugal aprove ou ratifique a convenção antes dessa data (²). Mas, mesmo depois da sua entrada em vigor na ordem internacional, só vigorarão no Direito português a partir do momento em que Portugal esteja vinculado por elas. Antes desse momento não se poderá, inclusivamente, colocar qualquer problema de responsabilidade internacional do Estado português pelo não acatamento dessas convenções: nenhum sujeito de Direito é responsável pelo não cumprimento de regras que ainda o não obrigam.

Mas com aquela expressão do artigo 8.º, n.º 2, quer-se também dizer que as convenções internacionais deixarão de vigorar na

---

(¹) Note-se que a Constituição, nos artigos 8.º e 277.º e seguintes, não adopta quanto aos tratados uma terminologia uniforme. Da nossa parte, e como adiante melhor explicaremos, manteremos a orientação da doutrina e da prática diplomática em Portugal, de falar em sinonímia em *tratados* e *convenções*, e de os distinguir (entre outras classificações, que mais tarde estudaremos) em tratados solenes e acordos em forma simplificada.

(²) Assim, MOSLER, *op. cit.,* pg. 661, embora escrevendo em abstracto. Será o caso de uma convenção que Portugal ratifica mas que só mais tarde reúne o número de ratificações que ela própria exige para a sua entrada em vigor na ordem internacional.

ordem interna *a partir do momento em que deixarem de obrigar Portugal*. Desde logo, isso acontecerá quando as convenções internacionais cessarem a sua vigência na ordem internacional – por exemplo, por caducidade. Mas acontecerá também quando Portugal se desvincular delas, mesmo que elas continuem a vigorar na ordem internacional – por exemplo, quando Portugal denunciar qualquer convenção de harmonia com a CV, se a própria convenção em questão não fixar um regime especial para a sua denúncia.

IV. Por sua vez, o n.º 3 do artigo 8.º, acrescentado à redacção inicial do artigo pela revisão constitucional de 1982, teve em vista (examinaremos adiante em que medida é que o conseguiu) conceder vigência na ordem interna ao Direito Comunitário *derivado,* isto é, às normas e aos actos emanados dos órgãos das Comunidades Europeias, na perspectiva da adesão de Portugal às Comunidades, que veio a ocorrer com efeitos a partir de 1 de Janeiro de 1986 ([1]).

O sistema aqui adoptado foi o da aplicabilidade directa ("vigoram directamente na ordem interna"), com o sentido de aplicabilidade imediata e automática na ordem interna, sem necessidade de interposição de qualquer acto legislativo, regulamentar ou administrativo da parte do Estado português. Falamos de *aplicabilidade directa* porque, logo em face dos tratados institutivos das Comunidades, ela consiste num conceito fundamental do Direito Comunitário, e falamos de *aplicabilidade* automática e não de *recepção* automática porque, como mostraremos, quanto ao Direito Comunitário (e, também aqui, por estrita fidelidade aos postulados monistas) não se coloca o problema da sua recepção pelo Direito interno.

Este n.º 3 apresenta, porém, uma redacção muito deficiente do ponto de vista técnico-jurídico. Através dela o legislador constituinte

---

([1]) Dos trabalhos da Assembleia Constituinte de 1982 extrai-se, sem dúvida, que com a introdução deste n.º 3 no artigo 8.º se teve em vista, como se diz no texto, a adesão de Portugal às Comunidades Europeias, embora a redacção dada àquele preceito no texto constitucional consinta a afirmação de JORGE MIRANDA, *op. cit.,* pg. 4. segundo a qual ele não esgota na adesão às Comunidades o seu "âmbito virtual" mostra ignorar princípios e conceitos fundamentais do Direito Comunitário e, pior ainda, mostra desconhecer que *a natureza específica do Direito Comunitário não permite reconduzir a relevância interna deste à relevância do Direito Internacional em geral,* como, pelo menos em parte, faz aquele artigo 8.º, n.º 3. Quando, logo a seguir, nos ocuparmos da hierarquia do Direito Comunitário na ordem interna portuguesa desenvolveremos esta matéria, mas, pelo que neste lugar nos interessa, diremos que são três os grandes vícios que afectam aquele preceito constitucional enquanto ele pretende conceder relevância ao Direito Comunitário *derivado* (só a este) na Ordem Jurídica portuguesa:

1.º – o artigo 8.º, n.º 3, confere ao Direito Comunitário derivado um regime de vigência na ordem interna portuguesa claramente mais favorável do que o artigo 8.º, n.º 2, concede ao Direito Comunitário originário, composto pelos tratados que instituíram as Comunidades e pelos que os modificaram. De facto, enquanto que ao primeiro é concedido aplicabilidade directa, os tratados comunitários aparecem diluídos na categoria genérica dos tratados internacionais e sujeitos, como todos estes, à cláusula geral de recepção plena, ainda por cima condicionada, ignorando a Constituição que aos preceitos dos tratados comunitários a jurisprudência do Tribunal das Comunidades Europeias, com o apoio da doutrina, reconhece *efeito directo* na ordem interna dos Estados, ou seja, a possibilidade de qualquer sujeito de Direito interno invocar em tribunal nacional ou perante a Administração um desses preceitos para afastar a aplicação de uma norma nacional contrária (¹). Não há nenhuma razão para que o Direito Comunitário não tenha *um único e mesmo regime de vigência* na ordem interna portuguesa, independentemente de ser originário ou derivado, isto é, independentemente da sua fonte, e muito menos se compreende que o Direito Comunitário de fonte

---

(¹) Sobre a importante distinção entre aplicabilidade directa e efeito directo, FAUSTO DE QUADROS, dissertação citada, pgs. 413 e segs., e bibliografia aí citada, especialmente as obras de HARTLEY, WINTER, LAUWAARS e SCHERMERS; ID., *Direito Europeu das Sociedades,* in *Estrutura jurídica da empresa,* ed. da Associação Académica da Faculdade de Direito de Lisboa, 1989, pgs. 151 e segs. (161).

superior – o originário – tenha um regime de vigência menos favorável do que o de fonte inferior – o derivado;

2.º – atribui-se aplicabilidade directa na ordem interna apenas às "normas" emanadas dos órgãos das Comunidades Europeias, esquecendo-se de que, das normas e dos actos de Direito derivado, a que se refere o preceito geral sobre a matéria, que, no Tratado CEE, é o artigo 189.º (que, pelo que aqui nos interessa, conserva a sua redacção no Tratado da União Europeia), também gozam de aplicabilidade directa as "decisões" quando têm como destinatários sujeitos de Direito interno dos Estados. Ora, essas decisões são autênticos actos administrativos definitivos e executórios, portanto, actos individuais e não normas ([1]). E, mesmo das normas de Direito derivado, o artigo 8.º, n.º 3, na sua redacção original, só conferia aplicabilidade directa aos regulamentos, quando dispunha que a aplicabilidade directa só era reconhecida "desde que tal se encontre *expressamente* estabelecido nos respectivos tratados constitutivos". Ora, com isso estava-se, e bem, a negar aplicabilidade directa às directivas, com fidelidade àquele artigo 189.º CEE, mas sem, em contrapartida, se lhes reconhecer *efeito directo,* como está adquirido pela jurisprudência do Tribunal de Justiça das Comunidades Europeias, com o assentimento da doutrina.

É certo que na revisão de 1989 o legislador constituinte eliminou do texto do artigo 8.º, n.º 3, o advérbio "expressamente". Mas essa alteração em nada salvou o preceito. De facto, expressamente ou não, os tratados comunitários, e concretamente o citado artigo 189.º CEE, reconhecem aplicabilidade directa aos regulamentos e às decisões que se dirigem às pessoas singulares e colectivas do respectivo Estado; ora, o artigo 8.º, n.º 3, ao falar em "normas" continua a abranger apenas os regulamentos e a excluir as decisões.

([1]) Assim, e por último, CEREXHE, *op. cit.,* pgs. 298-303 (apesar de o Autor estudar a decisão entre as "normas indirectas" vê-se que a caracteriza como um acto, com uma "medida individual", como lhe chama); J.-V. LOUIS, *L'ordre juridique communautaire,* 5.ª ed., Bruxelas, 1989, pgs. 85-86; M.-F. LABOUZ, *Le système communautaire européen,* 2.ª ed., Paris, 1988, pgs. 363 e segs. No mesmo sentido, FAUSTO DE QUADROS, *Sumários, cit.,* pgs. 83-84, e *Direito Europeu das Sociedades, cit.,* pg. 160.

Por outro lado, a modificação introduzida não resolveu a omissão da referência às directivas e às decisões que se dirigem aos Estados e não aos seus sujeitos internos, que gozam de efeito directo e não de aplicabilidade directa;

3.º – toda a filosofia que preside à letra e ao espírito deste artigo 8.º, n.º 3, enferma de um grave erro de base, porque aquilo sobre que a Constituição tinha que dispor, a dispor (veremos daqui a pouco qual a razão desta ressalva), não era a *vigência* do Direito Comunitário na ordem interna mas o problema, muito mais geral e muito mais profundo, da *legitimação constitucional* da limitação dos poderes soberanos do Estado Português resultante da sua adesão às Comunidades Europeias. Estudaremos isto no número seguinte, e tanto quanto essa matéria interessa a este livro, dedicado – recordamo-lo uma vez mais – ao Direito Internacional e não ao Direito Comunitário.

Também no número seguinte proporemos para este n.º 3 do artigo 8.º uma redacção que seja mais compatível com a natureza própria e original do Direito Comunitário e que preencha a função que o legislador constituinte lhe destinou, embora actuando de modo errado.

SECÇÃO IV

A HIERARQUIA DO DIREITO INTERNACIONAL
NA ORDEM INTERNA PORTUGUESA

1. Razão de ordem

A vigência do Direito Internacional na Ordem Jurídica portuguesa não fica convenientemente estudada se não completarmos o que acima acabámos de dizer com o esclarecimento do lugar que o Direito Internacional deve ocupar na hierarquia das fontes do Direito português. Deveria ser a própria Constituição a dispor nesta matéria, e no mesmo artigo 8.º, a exemplo do que acontece, por exemplo, com as Constituições francesa e grega e com a Lei Fundamental alemã. Mas não o faz, deixando assim a decisão da questão à opinião, necessariamente falível, da doutrina e da jurisprudência, e legando a estas uma dificuldade que competia ao legislador constituinte evitar. E a omissão é tanto mais indesculpável quanto é certo que foi sentida e desejada. Doutra forma não se explica que a Constituição tenha reproduzido no artigo 8.º, n.º 1, como se disse, o artigo 25.º da Lei Fundamental de Bona e o artigo 28.º, n.º 1, da Constituição grega salvo exactamente na parte em que um e outro dispõem sobre a hierarquia do Direito Internacional aí previsto, o geral ou comum, no respectivo Direito interno.

E esta crítica estende-se ao nosso Código Civil que, ao definir, nos seus artigos 1.º a 4.º o elenco das fontes do Direito português, não faz qualquer referência ao Direito nascido de fonte internacional.

Vamos, pois, ver como é que o problema deve ser equacionado e qual a solução que lhe deve ser dada. Conduziremos a nossa pesquisa pela mesma ordem das matérias reguladas no artigo 8.º da Constituição.

2. O Direito internacional geral ou comum

A doutrina encontra-se dividida sobre o lugar que o *Direito Internacional geral ou comum* deve ocupar na hierarquia das fontes do Direito português, concretamente, em relação à Constituição. Para alguns, ele cede perante a Constituição embora prevaleça sobre a lei ([1]); para outros, ele ocupa um grau supraconstitucional ([2]).

([1]) ANDRÉ GONÇALVES PEREIRA, no artigo publicado em 1977 em *Estudos sobre a Constituição, cit.*, pg. 41; e, embora de forma muito reticente, ALBINO SOARES, *op. cit.*, pgs. 94-97, e GOMES CANOTILHO/VITAL MOREIRA, *op. cit.*, t. I, pgs. 92-93.

([2]) MOTA CAMPOS, *As relações da Ordem Jurídica portuguesa com o Direito Internacional e o Direito Comunitário à luz da revisão constitucional de 1982*, dissertação, Lisboa, 1985, pgs. 365 e segs.; e, ainda que apenas parcialmente, JORGE MIRANDA, *op. cit.*, pg. 5.

Nós estamos com estes últimos, embora sem que os nossos argumentos coincidam com os seus.

São três as razões pelas quais entendemos que o Direito Internacional geral ou comum prevalece sobre a Constituição.

Em primeiro lugar, a sua própria natureza e a sua composição. Como vimos, ele é composto por regras consuetudinárias ou pactícias que se impõem a todos os Estados. Ora, dizer-se que o Direito Internacional geral ou comum cede perante as Constituições dos Estados é negar que ele obrigue todos os Estados, é ignorar que ele é *geral* ou *comum* (¹).

Note-se que não é difícil ver este nosso raciocínio acolhido na Constituição. De facto, ao estabelecer que "os direitos fundamentais consagrados na Constituição *não excluem quaisquer outros constantes (...) das regras aplicáveis do Direito Internacional"*, o seu artigo 16.º, n.º 1, ainda que implicitamente, está a conceder grau supraconstitucional a *todo* o Direito Internacional dos Direitos do Homem, tanto de fonte consuetudinária como convencional. De facto, à expressão "não excluem" não pode ser concedido um alcance meramente quantitativo: ela tem de ser interpretada como querendo significar também que, em caso de conflito entre as normas constitucionais e o Direito Internacional em matéria de direitos fundamentais, será este que prevalecerá.

Mas, mais especificamente ainda, ao dispor que "os preceitos constitucionais (...) relativos aos direitos fundamentais devem ser interpretados e integrados *de harmonia* com a Declaração Universal dos Direitos do Homem" (²), o mesmo artigo, no seu n.º 2, está igualmente a conferir àquela Declaração Universal um nível hierárquico superior ao da Constituição na ordem interna portuguesa – o que, aliás, já resultava do artigo 8.º, n.º 1, se se entender, como atrás sustentámos, que aquela Declaração Universal já pertence ao Direito Internacional geral ou comum. Estamos, pois, com JORGE

(¹) Assim, ALBINO SOARES, *op. cit.*, pg. 96.
(²) Num e noutro caso os itálicos são nossos.

MIRANDA quando, em face apenas deste artigo 16.º, n.º 2, não hesita em atribuir àquela Declaração Universal prevalência sobre a Constituição (¹).

A segunda razão, ainda mais sólida do que a anterior, mas que decorre, em parte, dela, reside no facto de o Direito Internacional geral ou comum ser, essencialmente, Direito Internacional imperativo, ou seja, *ius cogens*. Ora, não se vê como é que uma norma internacional pode ser imperativa para um Estado se não prevalecer sobre *todas* as suas fontes de Direito interno, inclusive sobre a sua Constituição.

Em terceiro lugar, a nossa Constituição, no referido artigo 8.º, n.º 1, estabelece que "as normas e os princípios de Direito Internacional geral ou comum *fazem parte integrante* do Direito português" (²). Ora esse resultado só será atingido dando-se prevalência ao Direito Internacional geral ou comum sobre todo o Direito português, inclusive, portanto, o de grau constitucional.

Especificamente quanto aos tratados internacionais que se integram no Direito Internacional geral ou comum (ou como tais ou enquanto os seus preceitos já foram absorvidos pelo Direito consuetudinário geral – já explicámos isto atrás), em face da interpretação que damos a este artigo 8.º, n.º 1, o juiz português deve conceder-lhes prevalência sobre a Constituição não obstante os artigos 207.º, 277.º, 278.º, n.º 1, e 279.º admitirem a fiscalização da constitucionalidade dos tratados internacionais sem os distinguir. Aliás, estes preceitos já boliam com o artigo 16.º, n.ᵒˢ 1 e 2, quando o n.º 1, como vimos, atribui a todo o Direito Internacional dos Direitos do Homem, inclusive de fonte convencional, e o n.º 2, especificamente à Declaração Universal dos Direitos do Homem, valor supraconstitucional.

Conviria, porém, que em sede de revisão constitucional o sistema de fiscalização da constitucionalidade fosse harmonizado com a interpretação que resulta dos artigos 8.º, n.º 1, e 16.º, n.ᵒˢ 1 e 2.

(¹) *Op. cit.*, pgs. 5-6. É idêntica a posição de PAULO OTERO, *Declaração Universal dos Direitos do Homem e Constituição: a inconstitucionalidade de normas constitucionais?*, in *O Direito* 1990-III/IV, pgs. 603 e segs.

(²) O itálico é nosso.

Estamos conscientes de que a afirmação da superioridade do Direito Internacional geral ou comum sobre a Constituição representa a adesão a uma fórmula menos tímida do monismo com primado do Direito Internacional. Mas aí, a nossa posição acabada de sustentar e que, como vimos, tem amparo em preceitos constitucionais, limita-se a ser coerente com a opção que atrás fizemos pela tese monista moderada com primado do Direito Internacional para explicar as relações do Direito Internacional com o Direito estadual e que, aliás, e como então dissemos, é largamente dominante na moderna doutrina do Direito Internacional.

3. O Direito Internacional convencional

Vejamos agora o problema no que respeita ao *Direito Internacional convencional*, entenda-se, só quanto aos tratados que não pertencem ao Direito Internacional geral ou comum.

Já referimos que no Parecer emitido em 1925 no caso da *troca das populações grega e turca* o TPJI deixou escrito que "um Estado que contraiu validamente obrigações internacionais *é obrigado a introduzir no seu Direito positivo as modificações necessárias para assegurar o cumprimento dos compromissos assumidos*". Poucos anos volvidos, em 1932, no não menos célebre caso do *tratamento dos cidadãos polacos em Dantzig*, o mesmo Tribunal deliberou que "um Estado não poderá invocar em face de outro Estado *a sua própria Constituição* para se subtrair às obrigações que lhe impõe *o Direito Internacional ou os tratados em vigor*" ([1]).

Qualquer dos trechos transcritos comporta, a nosso ver, uma única interpretação: a de que todo o Direito Internacional, incluindo todo o Direito Internacional convencional que obriga o Estado, deve prevalecer sobre a respectiva Constituição.

Parece poder dizer-se, com segurança, que este entendimento foi acolhido pela Convenção de Viena sobre o Direito dos Tratados.

([1]) In Série A/B, n.º 44, pgs. 4 e segs. (24). Os itálicos são nossos. V. o comentário ao Acórdão, de SCHWEISFURTH, in *Encyclopedia*, t. 2, pgs. 231-232.

De facto, ela começa por, no seu artigo 26.º, ao consagrar o princípio da boa fé, como princípio geral de Direito, através de um dos seus mais importantes corolários, o princípio *pacta sunt servanda* (ambos, aliás, já antes incorporados no 3.º considerando do preâmbulo da Convenção), estabelecer que "todo o tratado em vigor vincula as partes e *deve ser por elas executado de boa fé*" ([1]). Enunciado desta forma absoluta, parece que a CV quis excluir a subordinação dos tratados aos textos constitucionais dos Estados que neles fossem partes. E essa conclusão mais se reforça se levarmos em conta o artigo 27.º da mesma Convenção, que enfatiza essa ideia ao estabelecer que "uma parte não pode invocar as disposições do seu *Direito interno* para justificar a não execução de um tratado (...)" ([2]).

A história deste artigo 27.º mostra-nos que a sua redacção foi proposta à Conferência das Nações Unidas sobre o Direito dos Tratados, que preparou o texto daquela Convenção, pelo Paquistão, *com a intenção declarada de impedir que os Estados invocassem a respectiva Constituição a fim de se subtraírem ao cumprimento dos tratados por eles livremente concluídos,* e que foi com tal entendimento que outras delegações presentes na Conferência subscreveram aquele preceito, incluindo Portugal ([3]). Portanto, parece poder afirmar-se que a CV quis, de facto, dar a todo o Direito Internacional convencional grau supraconstitucional na ordem interna dos Estados onde ela viesse a vigorar ou por ratificação ou como costume internacional ([4]).

E, bem vistas as coisas, não deixa de haver alguma contradição em, por um lado, se admitir que os princípios gerais de Direito,

---

([1]) O itálico é nosso.

([2]) Os itálicos são nossos.

([3]) *Official Records, First Session,* 29th meeting (Sir Humphrey Waldock) e documento A/Conf. 39/C.1/L. 181. Cfr. *Yearbook of the United Nations,* 1968, pgs. 843 e segs.

([4]) Apesar de a CV ter reunido em 1980 o número de ratificações que ela própria previa para a sua entrada em vigor, a doutrina entende que ela, pelo menos na maior parte das suas disposições, vigorava já então, e continua a vigorar, como costume internacional geral – assim, por último, BERNHARDT, *Customary International Law,* in *Encyclopedia,* t. 7, pgs. 61 e segs. (65).

interno e internacional, prevalecem sobre a Constituição e, por outro lado, não se aceitar a plena vigência de um deles, o princípio *pacta sunt servanda,* que impõe a superioridade de todos os tratados sobre a Constituição. E que a regra *pacta sunt servanda,* como corolário do princípio da boa fé, consiste "no princípio fundamental do Direito dos Tratados", parece que não pode ser posto em dúvida, quer porque a Comissão de Direito Internacional expressamente o afirmou na preparação da CV (¹), quer porque, como se disse, ela como tal se encontra acolhida por esta no seu preâmbulo e no citado artigo 26.º (²).

O sistema definido na nossa Constituição aceita esta construção, ainda que por fundamentos diferentes, com certeza no que toca ao Direito Internacional convencional geral ou comum, e isso por força logo do artigo 8.º, n.º 1, mas também quanto ao Direito Internacional convencional particular que versa sobre Direitos do Homem, e neste caso em consequência do artigo 16.º, n.º 1, tal como atrás o interpretámos. A idêntica conclusão se chega no que respeita à Declaração Universal dos Direitos do Homem, por imposição do artigo 16.º, n.º 2, se não se entender, como entendemos, que ela cabe no artigo 8.º, n.º 1.

Quanto ao demais Direito Internacional convencional particular, aí sim, pensamos que ele cede perante a Constituição mas tem valor supralegal, isto é, prevalece sobre a lei interna, anterior ou posterior. Ou seja, adoptamos a posição que se encontra expressamente consagrada nas Constituições francesa, holandesa e grega.

Inclinamo-nos para essa orientação por força da redacção actual dos já citados preceitos da Constituição que sujeitam os tratados internacionais à fiscalização da sua constitucionalidade.

Daqueles preceitos não se pode extrair o grau infraconstitucional nem do Direito Internacional geral ou comum, nem do Direito Internacional convencional particular sobre Direitos do Homem, como já vimos, nem dos tratados comunitários, pelas razões

---

(¹) *Yearbook of the International Law Commission,* 1966-II, pg. 211.

(²) Posição idêntica à nossa quanto ao que se diz no texto sobre a CV é adoptada por I. SINCLAIR, *The Vienna Convention on the Law of Treaties,* 2.ª ed., Manchester, 1984, pgs. 83-84.

que adiante enunciaremos, mas parece dever-se fazê-lo quanto ao demais Direito Internacional convencional. Só na ausência daqueles comandos constitucionais é que o princípio *pacta sunt servanda* e o já referido artigo 27.º CV imporiam a prevalência de *todos* os tratados internacionais sobre a Constituição, sem embargo de se reconhecer que o sistema de fiscalização da constitucionalidade dos tratados internacionais criado pela nossa Constituição não respeita os artigos 26.º e 27.º CV. De harmonia com a tese monista com primado do Direito Internacional, que se encontra adoptada pelo artigo 8.º, n.º 2, da Constituição e que também foi a concepção que perfilhámos para explicar em teoria a vigência do Direito Internacional na ordem estadual, o legislador constituinte português está obrigado, como já explicámos atrás, a conformar o sistema de fiscalização da constitucionalidade com aquelas disposições da CV, *estando o Estado português constituído em responsabilidade internacional enquanto a actual situação se mantiver*. Todavia, enquanto os artigos 207.º, 277.º, 278.º, n.º 1, e 279.º sujeitarem à fiscalização da constitucionalidade os tratados internacionais, e dado que o artigo 8.º, n.º 2, por não dispor, ao menos implicitamente, sobre a hierarquia dos tratados na ordem interna, não pode prevalecer sobre aqueles preceitos (ao contrário do que, como demonstrámos, se passa com o Direito Internacional convencional englobado no artigo 8.º, n.º 1, tanto pela redacção deste preceito como pela sua conjugação com o artigo 16.º, n.ºs 1 e 2), parece não restar ao intérprete outra solução que não seja a de atribuir valor infraconstitucional, ainda que supralegal, àqueles tratados, sem embargo, repetimos, de reconhecermos que o Estado português se encontra constituído, nesse caso, em responsabilidade internacional, susceptível de ser efectivada pelos meios próprios por quem se sinta lesado com essa situação.

Em face do disposto nos artigos 26.º e 27.º CV, reconhecemos, contudo, a fragilidade da posição que, por ora, defendemos, e que aumentará se se aceitar o entendimento de que a CV, incluindo os seus artigos 26.º e 27.º, constitui já Direito Internacional geral ou comum ([1]). É que nesse caso a CV vigoraria em Portugal pela via

---

([1]) Assim, de forma categórica, MOSLER, *The International Society, cit.*, pg. 101.

do artigo 8.º, n.º 1, isto é, ocuparia na ordem interna portuguesa um grau supraconstitucional, pelo que as disposições constitucionais que submetem os tratados, mesmo só os abrangidos pelo artigo 8.º, n.º 2, à fiscalização da constitucionalidade, cederiam perante os citados preceitos da CV.

De acordo com a posição que, embora com estas reticências, adoptámos quanto à hierarquia dos tratados recebidos pelo Direito português à sombra do artigo 8.º, n.º 2, a lei interna, anterior ou posterior, que contrarie uma convenção internacional, para além de, como se disse, constituir o Estado português em responsabilidade internacional, é *ineficaz* ([1]).

Há, por fim, que referir que, uma vez recebido na nossa ordem interna, o Direito Internacional, todo ele, costumeiro ou convencional, geral ou particular, seja qual for o lugar que ele venha a ocupar na hierarquia das fontes de Direito interno, não perde a sua natureza originária. Por isso, será interpretado de harmonia com os critérios de interpretação próprios do Direito Internacional e não com os que pertencem ao Direito interno. Esta conclusão decorre, naturalmente, da consagração no artigo 8.º, n.os 1 e 2, do monismo com primado do Direito Internacional. Outra seria a solução se ele ti-

---

([1]) Hesitámos muito entre a adopção aqui da sanção da *ineficácia* ou, como admite JORGE MIRANDA, da *invalidade* – *op. cit.*, pg. 7. Esta última teria a vantagem de poder ser assimilada, por analogia, à *inconstitucionalidade*, sob a forma de *inconstitucionalidade atípica* ou *indirecta,* até para que fosse possível a sindicabilidade da lei que violasse um tratado internacional: nesse caso, aquela invalidade poderia ser conhecida pelo Tribunal Constitucional, em termos análogos aos dos artigos 277.º e seguintes da Constituição. Todavia, como já se disse, a sanção da invalidade para o Direito estadual que infrinja Direito Internacional parece-nos que só se poderia admitir se a relação entre aquelas duas Ordens Jurídicas fosse de tipo federal, o que pressupunha que a Comunidade Internacional se pudesse reconduzir a um Estado Federal ou a um modelo afim. Ora, não é este o caso. No estado actual da Comunidade Internacional, o monismo com primado do Direito Internacional tem, a nosso ver, que assumir forçosamente a fórmula *moderada,* de VERDROSS, e nunca a *radical,* de KELSEN. E, nesses termos, a sanção para a lei interna que viole uma convenção internacional só pode ser a da *ineficácia* ou da *inaplicabilidade.* Quer dizer que os tribunais deverão recusar-se a aplicar aquela lei enquanto o tratado em causa vincular Portugal.

vesse acolhido o dualismo, que imporia a *transformação* do Direito Internacional em Direito interno ([1]).

4. O Direito Comunitário

I. Estudar o lugar que o Direito Comunitário deve ocupar na hierarquia das fontes de Direito na Ordem Jurídica Portuguesa equivale a definir o âmbito do primado do Direito Comunitário sobre o Direito português. Isso exige, por sua vez, que previamente se esclareça a questão doutrinária do conteúdo e do alcance do princípio do primado da Ordem Jurídica comunitária sobre os Direitos nacionais dos Estados membros. Como facilmente se compreende, estas questões devem ser tratadas com profundidade num manual de Direito Comunitário mas não neste: um manual de Direito Internacional só se deve preocupar com qualquer delas tanto quanto isso interesse à problemática geral da hierarquia do Direito Internacional na ordem interna dos Estados. Todavia, a novidade do tema em Portugal e a dificuldade que, desde logo, o próprio legislador constituinte tem revelado na compreensão da matéria impõem que nos alonguemos um pouco mais sobre este ponto.

O primado do Direito Comunitário sobre o Direito estadual traduz-se, na feliz expressão do Professor PIERRE PESCATORE ([2]),

---

([1]) Com fundamentos idênticos ou diferentes dos nossos, defendem o grau supralegal do Direito Internacional convencional JORGE MIRANDA, *op. cit.*, pg. 6, ainda que socorrendo-se de razões que, pelo menos algumas delas, igualmente poderiam justificar o grau supraconstitucional dos tratados internacionais, como o que faz apelo ao princípio *pacta sunt servanda* (a posição assumida pelo Autor nesse estudo foi reproduzida, no essencial, em *DIP-I*, lições cit., pgs. 241 e segs.); ALBINO SOARES, *op. cit.*, pgs. 97-101; e MOURA RAMOS, *op. cit.*, pgs. 193 e segs. GOMES CANOTILHO//VITAL MOREIRA, *op. cit.*, t. I, pgs. 92-93, oscilam entre uma posição e outra. Já MOTA CAMPOS concede a todo o Direito Internacional grau supraconstitucional – *op. e loc. cits.* Por sua vez, PAULO OTERO confere "paridade hierárquica" aos tratados e à lei – *A Autoridade Internacional dos Fundos Marinhos*, Lisboa, 1988, pg. 178, n. 18 – e RUI MEDEIROS reconhece grau supralegal aos tratados solenes mas recusa-o aos acordos em forma simplificada – *Relações entre normas constantes de convenções internacionais e normas legislativas na Constituição de 1976*, in *O Direito*, 1990, pgs. 355 e segs.

([2]) *L'ordre juridique*, cit., pg. 257.

numa *"exigência existencial"* do Direito Comunitário, ou, nas palavras não menos expressivas doutro grande nome da doutrina do Direito Comunitário, o Professor HANS-PETER IPSEN ([1]), numa emanação do *"princípio da garantia da capacidade para o cumprimento da função das Comunidades"* (*"Prinzip der Sicherung ihrer Funktionsfähigkeit"*), isto é, do princípio que assegura a capacidade das Comunidades para prosseguirem os seus objectivos e, portanto, que garante a própria subsistência das Comunidades. Ou seja, se, num caso de conflito entre uma norma (entenda-se: norma ou acto) de Direito Comunitário e uma norma (entenda-se: norma ou acto) de Direito estadual, a primeira pudesse ser afastada pela segunda, seria a própria subsistência do Direito Comunitário, como Ordem Jurídica *comum* aos Estados membros, que viria a ser posta em causa, porque é da sua natureza intrínseca, da sua essência, a sua *uniformidade,* que tem como principal corolário a sua interpretação e aplicação uniformes em todo o território das Comunidades, isto é, em todos os seus Estados membros. Sem essa uniformidade não há integração, não há Comunidade no sentido exacto do vocábulo (que, como vimos atrás, entronca na sua origem sociológica, que lhe deu TÖNNIES) e, portanto, também não há Direito Comunitário ([2]).

Ora, a uniformidade do Direito Comunitário impõe o primado de *todo* o Direito Comunitário (*originário,* isto é, os tratados comunitários, e *derivado,* quer dizer, as normas e os actos emanados dos órgãos comunitários) sobre *todo* o Direito estadual (inclusive a Constituição), seja este anterior ou posterior aos tratados comunitários ou à norma comunitária concretamente em causa. Por outras palavras: impõe *necessariamente* que o Direito Comunitário, na hierarquia das fontes de Direito de cada Estado membro, ocupe um grau

---

([1]) *Europäisches Gemeinschaftsrecht,* Tubinga, 1972, pg. 277.
([2]) PESCATORE, *Droit communautaire et droit national selon la jurisprudence de la Cour de Justice des Communautés européennes,* in *Recueil Dalloz Sirey,* chr., 1969, pg. 183; e W. GANSHOF VAN DER MEERSCH, *Droit des Communautés Européennes,* in *Droit des Communautés Européennes — Les Novelles,* Bruxelas, 1969, n.os 167 a 189.

supraconstitucional. O primado do Direito Comunitário tem, pois, de ser *absoluto* e *incondicional* – sob pena de não haver primado. Por isso, conceder primado à Ordem Jurídica comunitária sobre os Direitos estaduais mas recusá-lo sobre a Constituição equivale a recusar *em absoluto* o primado, porque o Direito Comunitário, filtrado por doze Constituições estaduais diferentes, vê perdida a sua característica essencial, que é a da sua uniformidade. E, dessa forma, fica inclusivamente afectada uma das consequências jurídicas do princípio da uniformidade, que é o da igualdade entre os Estados membros e entre os seus cidadãos na aplicação do Direito Comunitário.

O primado do Direito Comunitário, assim concebido, decorre implicitamente dos artigos 5.º e 189.º CEE (que não foram modificados pelo Tratado de Maastricht)([1]): o primeiro consagra o *dever de lealdade ou solidariedade comunitárias* (a *"Gemeinschaftstreue"*), que mais não é do que uma manifestação da boa fé, e impõe aos Estados membros o dever de se absterem "de tomar quaisquer medidas susceptíveis de pôr em perigo a realização dos objectivos" daquele Tratado; o artigo 189.º, por sua vez, confere, de forma expressa, ao regulamento "aplicabilidade directa", que tem como pressuposto lógico o primado.

Mas toda a construção dogmática do princípio, designadamente o seu conteúdo e o seu alcance, foi obra da jurisprudência do Tribunal de Justiça das Comunidades Europeias.

As linhas mestras dessa construção pretoriana do primado ficaram definidas logo em 1964, no Acórdão proferido por aquele Tribunal no caso *Costa/ENEL* ([2]). Aí, o Tribunal partiu da ideia de que

"Diferentemente dos vulgares tratados internacionais, o Tratado CEE instituiu *uma ordem jurídica própria, integrada*

([1]) O Tratado da União Europeia (TUE), conhecido também por Tratado de Maastricht, ainda não entrara em vigor quando da conclusão deste manual. Por isso, manter-se-á a referência ao Tratado CEE para se falar nos preceitos desse Tratado que não foram modificados ou eliminados pelo TUE na parte em que ele se refere à Comunidade Europeia (CE), que é a designação que o TUE dá à antiga CEE.

([2]) Acórdão de 15-7-64, Proc. 6/64, in *Rec.* 1964, pgs. 1141 e segs. Os itálicos são nossos.

no sistema jurídico dos Estados membros quando da entrada em vigor do Tratado e *que se impõe aos respectivos órgãos jurisdicionais".*

Depois, na base desta ideia, enunciou desta forma, e no mesmo Acórdão, os fundamentos da sua concepção acerca do primado:

"Nascido de uma fonte autónoma, o Direito criado pelo Tratado *em razão da sua natureza específica original,* não poderá, portanto, ver-se afastado em tribunal por uma norma interna, *qualquer que ela seja,* sem perder desse modo *a sua natureza comunitária* e sem que seja posto em causa *o próprio fundamento jurídico da Comunidade.*

"A transferência levada a cabo pelos Estados, da sua Ordem Jurídica interna para a Ordem Jurídica comunitária, de direitos e obrigações correspondentes às disposições do Tratado, implica, portanto, uma limitação definitiva dos seus poderes soberanos *contra a qual não se poderá fazer prevalecer um acto unilateral posterior incompatível com a noção de Comunidade".*

Esta construção, formulada desta forma muito clara, seria depois retomada em Acórdãos subsequentes, nomeadamente nos casos *San Michele, Walt Wilhelm, Internationale Handelsgesellschaft, Leonesio, Comissão c. Itália* (Proc. 48/71), *Politi,* para desembocar no Acórdão proferido em 1978 no caso *Simmenthal,* sem dúvida o grande marco na construção do primado pela jurisprudência do Tribunal, que contou sempre com o apoio da doutrina dominante ([1]).

([1]) Caso *Simmenthal,* Ac. 9-3-78, Proc. 106/77, in *Rec.* 1978, pgs. 629 e segs. V. o estudo pormenorizado da jurisprudência comunitária nesta matéria, por último, em CEREXHE, *op. cit.,* pgs. 338 e segs.; J.-V. LOUIS, *op. cit.,* pgs. 134 e segs.; LABOUZ, *op. cit.,* pgs. 378 e segs.; G. ISAAC, *Droit communautaire général,* 2.ª ed., Paris, 1989, pgs. 167 e segs.; T. HARTLEY, *The Foundations of European Community Law,* 2.ª ed., Oxford, 1988, pgs. 215 e segs.; MATHIJSEN, *A Guide to European Community Law,* 5.ª ed., Londres, 1990, pg. 310; e BEUTLER/BIEBER/PIPKORN/STREIL, *Die Europäische Gemeinschaft – Rechtsordnung und Politik,* 3.ª ed., Baden-Baden, 1987, pgs. 87 e segs. Todos esses Autores concordam integralmente com a orientação da jurisprudência

Por aqui se vê que o primado é um *atributo próprio do Direito Comunitário*, um reflexo necessário da sua natureza específica e original, e não uma concessão do Direito estadual, nomeadamente do seu Direito Constitucional ([1]). Ele decorre logicamente da *delegação de poderes soberanos* dos Estados membros nas Comunidades, na qual reside o primeiro fundamento jurídico-político das Comunidades e da sua Ordem Jurídica ([2]). Por conseguinte, a questão do primado tem de ser encarada forçosamente do ponto de vista do Direito Comunitário e não do do Direito Constitucional dos Estados membros.

Se a isso acrescentarmos que, como acima dissemos, o primado, para o ser, tem de se apresentar como absoluto − isto é, *todo* o Direito Comunitário deve primar sobre *todo* o Direito estadual −, sob pena de se negar a si próprio, concluiremos que o primado do Direito Comunitário sobre o Direito interno, ao contrário do que se passa com a relevância do demais Direito Internacional na ordem interna, não depende de qualquer cláusula constitucional de recepção e, além disso, que, como já se afirmou atrás, ele confere ao Direito Comunitário, originário e derivado, um grau supraconstitucional na ordem interna dos Estados. Por outras palavras: o Direito Comunitário não é *recebido* pelo Direito interno, ele *impõe--se* ao Direito estadual, mesmo à respectiva Constituição.

O Tribunal de Justiça das Comunidades deixou-o claro nos casos *Stork, Internationale Handelsgesellschaft, Nold e Simmenthal*.

---

exposta. Especificamente sobre o caso *Simmenthal*, v. as anotações a esse Acórdão de H.-P. IPSEN, in *EuR* 1979, pgs. 223 e segs.; MONACO, in *RivDE* 1978, pgs. 287 e segs.; BARAV, in *CDE* 1978, pgs. 265 e segs., e in *RTDE* 1985, pgs. 313 e segs.; e BOULOIS, in *AJ-DA* 1978, pgs. 324 e segs.

([1]) Assim, expressamente, por todos, F. CAPOTORTI, *European Communities: Community Law and Municipal Law*, in *Enciclopedia*, t. 6 (1983), pgs. 129 e segs. (131 e 132), e bibliografia aí seleccionada; LOUIS, *op. e loc. cits.;* e FAUSTO DE QUADROS, dissertação cit., pg. 412. Já em 1957 era essa a opinião de um dos mais renomados redactores dos tratados comunitários: o Professor MOSLER, *L'application du droit international public*, cit., *loc. cit.*

([2]) Trata-se, a nosso ver, de facto, de uma delegação e ainda não, no estado actual de evolução do Direito Comunitário, de uma "transferência definitiva de direitos soberanos", como logo no caso *ENEL* defendeu o Tribunal − *loc. cit.*, pg. 1145. Mais desenvolvidamente, FAUSTO DE QUADROS, cit. dissertação de doutoramento, pgs. 212 e segs.

No último desses Acórdãos, o Tribunal foi mais explícito do que nunca, ao decidir que *"todos* os juízes nacionais (...) têm a *obrigação* de aplicar *integralmente* o Direito Comunitário e de proteger os direitos que ele confere aos particulares, *declarando inaplicável qualquer norma nacional eventualmente contrária,* seja ela *anterior ou posterior* à regra comunitária" (¹). Também esta orientação jurisprudencial tem contado com o apoio da doutrina (²). O Tribunal só aceita afastar-se desta tese quando a norma comunitária em questão restrinja direitos fundamentais reconhecidos aos cidadãos do respectivo Estado membro pela sua Constituição – foi o que ele parece ter querido admitir, em termos, aliás, ainda ambíguos e reservados, nos citados casos *Internationale Handelsgesellschaft* e *Nold* (³). Esta posição do Tribunal, que parece aceitar que o primado do Direito Comunitário ceda o passo a disposições internas de grau constitucional que sejam mais favoráveis aos direitos fundamentais dos cidadãos do que a norma comunitária em questão, aproxima-se da que foi adoptada pelo Tribunal Constitucional alemão na *Resolução Solange* (também conhecida por caso *Solange I*) de 29 de Maio de 1974, que, todavia, seria mais tarde corrigida pela *Resolução Solange II,* de 22 de Outubro de 1986, onde o mesmo Tribunal retomou o carácter absoluto, sem reservas, do primado, bem como pelo Tribunal Constitucional italiano, no caso *Granital,* julgado em 8 de Junho de 1984 (⁴)(⁵).

(¹) *Loc. cit.,* pg. 644. Os itálicos são nossos.

(²) Por último, e por todos, CEREXHE, *op. cit.,* pgs. 343-344; LOUIS, *op. e loc. cits.;* ISAAC, *op. cit.,* pgs. 169-170; SANTIAGO MUÑOZ MACHADO, *El Estado, el Derecho interno y la Comunidad Europea,* Madrid, 1986, sobretudo pgs. 143 e segs.; e bibl. citada nessas obras.

(³) V. CEREXHE, *op. e loc. cits.,* e CAPOTORTI, *op. cit.,* pg. 132.

(⁴) Para mais pormenores, v. CEREXHE, *op. cit.,* pgs. 366 e 373-375; LOUIS, *op. cit.,* pgs. 139-144 e 151-152; HARTLEY, *op. cit.,* pgs. 223 e segs.; MOTA CAMPOS, diss. cit., pgs. 332 e segs.; HILF, *Wie lange noch Solange?,* in *EGRZ* 1987, pgs. 1 e segs.; BEUTLER, BIEBER/PIPKORN/STREIL, *op. cit.,* pgs. 97 e segs.; SPERDUTI, *L'ordinamento italiano e il diritto comunitario,* Pádua, 1981, *passim;* e L. DANIELE, *Après l'arrêt Granital: Droit communautaire et droit national dans la jurisprudence récente de la Cour constitutionnelle italienne,* in *CDE* 1992, pgs. 3 e segs.

(⁵) Sobre o problema geral do primado do Direito Comunitário, v., para além das obras já aqui citadas, os artigos, no t. 6 da *Encyclopedia,* de T. OPPERMANN,

II. Como é que toda esta teoria do primado se relaciona com a nossa Constituição?

Pelo que já demos acima a entender, pensamos que, no puro plano dos princípios, para que o Direito Comunitário vigore na ordem interna dum Estado membro e prime sobre todo o Direito estadual não é necessário que a Constituição o diga: quando um Estado adere às Comunidades aceita implicitamente a sua Ordem Jurídica com todas as suas características essenciais, com todos os seus atributos próprios – e, como mostrámos, o primado é o primeiro deles. À mesma conclusão se chega pelo reconhecimento da obrigação de os Estados respeitarem o adquirido comunitário, entendido como corolário dos referidos princípios da lealdade comunitária e da boa fé, e que impõe aos Estados que, quando aderem às Comunidades, aceitem o Direito Comunitário na sua íntegra, no actual estado da sua evolução, e independentemente das suas fontes (portanto, incluindo os princípios elaborados por via jurisprudencial, como é o caso do primado) (¹).

Esta visão "comunitarista" ou "comunitária" do primado *cabe perfeitamente dentro dos parâmetros do monismo com primado do Direito Internacional,* e mesmo sem a necessidade de alcançar o monismo radical, de KELSEN, dado que aquela concepção do primado, como ficou claro no caso *Simmenthal,* não defende a sanção, de tipo federal, da *nulidade* para a norma estadual que contrarie a norma comunitária, mas apenas a da sua *ineficácia* ou *inaplicabilidade.* Se, porém, os Estados não adoptarem essa orientação "comunitarista" ou "comunitária" do primado e insistirem numa sua visão "constitucional" ou "constitucionalista" (também chamada "internacionalista", porque se reconduz à necessidade de expressa

---

European Economic Community, pgs. 150 e segs., e de BLECKMANN, *European Law,* pgs. 176 e segs.; e GAVALDA/PARLÉANI, *Droit Communautaire des Affaires,* Paris, 1988, pgs. 123 e segs.

(¹) Sobre o princípio do adquirido comunitário, v. CEREXHE, *op. cit.,* pg. 60; PESCATORE, *Aspects judiciaires de l'"acquis communautaire",* in *RTDE* 1981, pgs. 617 e segs. (ou a tradução castelhana in *RIE* 1981, pgs. 333 e segs.); e FAUSTO DE QUADROS, diss. cit., pgs. 235 e segs.

previsão constitucional da vigência do Direito Comunitário, tal como é exigido para o demais Direito Internacional), ou seja, numa perspectiva do primado partindo do Direito Constitucional dos Estados membros (o que, no estado actual da integração, tem sido a posição de quase todos esses Estados), entendemos que a melhor forma de uma Constituição estadual legitimar a limitação da soberania resultante para o respectivo Estado da sua adesão às Comunidades Europeias, e, portanto, todos os seus corolários, entre os quais o primado do Direito Comunitário, consiste em ela incluir uma *cláusula geral de limitação da soberania estadual,* ou, diferentemente, uma *autorização geral ao Estado para a delegação de poderes soberanos* mediante acto do Parlamento. Escolheram um ou outro destes dois sistemas a Bélgica, a Dinamarca, a Grécia, a Itália, o Luxemburgo, os Países Baixos e a Alemanha, embora o exemplo mais elaborado do primeiro sistema seja a Grécia ([1]) e, do segundo, a Alemanha ([2]). Se, porém, em vez disso a Constituição optar por especificamente prever a hierarquia do Direito Comunitário na Ordem Jurídica interna, nessa hipótese consideramos modelar o sistema adoptado pelo artigo 29.º da Constituição irlandesa, embora vazado numa redacção demasiado complexa: "Nenhuma disposição da presente Constituição se pode opor a leis, actos ou medidas aprovados pelo Estado, necessários ao cumprimento das obrigações resultantes da adesão às Comunidades, ou pode impedir a vigência na ordem interna de leis, actos ou medidas aprovados pelas Comunidades ou pelos seus órgãos". Uma disposição deste género resolve, de uma vez por todas, o problema da hierarquia do Direito Comunitário, tanto originário como derivado, na ordem interna, dando-lhe grau supraconstitucional. É verdade que não é evidente que, pelo

---

([1]) Artigo 28.º, n.º 3: "A Grécia procede livremente, através de uma lei votada pela maioria do número total dos deputados, a limitações ao exercício da soberania nacional, desde que tal seja imposto por um interesse nacional importante, sem atentar contra os Direitos do Homem e os fundamentos do regime democrático, e desde que tal seja feito na base do princípio da igualdade e sob a condição de reciprocidade".

([2]) Artigo 24.º, n.º 1: "A Federação pode transferir por lei poderes soberanos para Organizações Internacionais".

menos na sua redacção formal, o artigo abranja os tratados comunitários. E a prová-lo está a dificuldade surgida com a adesão da Irlanda ao Acto Único Europeu, que exigiu uma especial revisão constitucional que a permitisse ([1]). Todavia, a doutrina tem entendido que, dada a sua fórmula ampla, e considerando que, como dissemos, o primado do Direito derivado é incindível do primado do Direito originário, ele engloba também o primado dos tratados comunitários ([2]).

O legislador constituinte português, quando na revisão de 1982 introduziu o n.º 3 no artigo 8.º (como atrás se disse, a revisão de 1989 apenas lhe retiraria o advérbio "expressamente"), afastou-se de qualquer desses caminhos, aliás sem qualquer vantagem para aquele preceito, cuja interpretação, de facto, suscita imensas dificuldades, como a seguir abreviadamente vamos demonstrar:

1.ª – Partindo do princípio de que é de facto o primado que se encontra contemplado no artigo 8.º, n.º 3 (veremos isso logo a seguir), como já dissemos atrás ele não engloba o Direito Comunitário originário, que está previsto no artigo 8.º, n.º 2. Resulta daí que, no sistema da Constituição, os tratados comunitários não primam pelo menos sobre o Direito interno de grau constitucional. Este entendimento é reforçado pelo facto de os artigos 207.º, 277.º, 278.º, n.º 1, e 279.º submeterem todos os tratados internacionais, sem excepção, à fiscalização da constitucionalidade.

Ora este sistema é passível de duas importantes críticas. A primeira é a de que o primado infraconstitucional, ainda que supralegal, dos tratados comunitários equivale à negação do primado. De facto, só se o primado for supraconstitucional, isto é, só se *todo* o Direito Comunitário prevalecer sobre *todo* o Direito interno é que se respeita a natureza própria do Direito Comunitário. Já explicámos isso atrás e, por isso, não nos repetiremos. A outra crítica consiste em que não há qualquer razão de cariz jurídico que justifique

---

([1]) Veja-se com pormenor em LOUIS, *op. cit.*, pg. 145.

([2]) J. TEMPLE LANG, *Legal and Constitutional Implications for Ireland of Adhesion to the EEC Treaty,* in *CMLRev* 1972, pgs. 167 e segs.

a atribuição de regime diferente de primado ao Direito Comunitário originário e ao Direito Comunitário derivado, concretamente, a atribuição de primado infraconstitucional aos tratados comunitários e de primado supraconstitucional ao Direito derivado. Ao proceder-se assim está-se a quebrar a necessária unidade do sistema jurídico comunitário e, porque o primado supraconstitucional do Direito Comunitário derivado tem como pressuposto o primado de igual grau do Direito Comunitário originário, acaba-se, também por esta via, por se negar o primado.

2.ª – Mas ao que fica dito acresce que o artigo 8.º, n.º 3, nem sequer atribui primado a todo o Direito derivado. De facto, ele só se refere às *"normas"* emanadas dos órgãos comunitários dotadas de *aplicabilidade directa* (*"... vigoram directamente na ordem interna ..."*) e *"desde que tal se encontre estabelecido nos respectivos tratados constitutivos"*. Ora, mesmo que nos concentremos apenas no Tratado CEE e que deixemos de lado os Tratados CECA e Eurátomo, vemos que (como parcialmente já ficou demonstrado neste livro), das manifestações de Direito derivado constantes do artigo 189.º CEE, e excluindo da nossa atenção a recomendação e o parecer, que não obrigam, só o regulamento, nos termos daquele artigo, reúne simultaneamente os dois requisitos do artigo 8.º, n.º 3, isto é, é norma e goza de aplicabilidade directa na ordem interna estadual. A directiva, sem se discutir aqui se é norma ou não, não é directamente aplicável, e a decisão, mesmo quando beneficia de aplicabilidade directa (o que só acontece quando ela tem como destinatários sujeitos internos dos Estados), é sempre um *acto individual e concreto* e nunca uma norma, como já acima se provou.

Portanto, neste ponto, o artigo 8.º, n.º 3, é duplamente imperfeito: por um lado, enquanto prevê directamente a aplicabilidade directa, nega-a indevidamente às decisões que se dirijam aos sujeitos internos dos Estados membros; por outro lado, na medida em que está a pensar no primado, recusa-o indevidamente às directivas e às decisões, que, como actos de Direito derivado, não faz dúvida que prevalecem sobre todo o Direito interno dos Estados membros, por força da teoria geral do primado do Direito Comunitário, e da mesma forma como os regulamentos. Ou seja, ao fim e ao cabo, o artigo 8.º, n.º 3, em rigor, *só atribui primado na ordem interna portuguesa ao regulamento,* e não a todo o Direito Comunitário, mesmo derivado – o que ainda mais amputa e subverte o princípio do primado da Ordem Jurídica Comunitária sobre o Direito português.

3.ª – A terceira grande dificuldade que o artigo 8.º, n.º 3, cria é a de que, independentemente das duas críticas acabadas de formular, o lugar do Direito Comunitário na hierarquia das fontes do Direito português e, por conseguinte, o seu primado sobre o Direito português só se encontra consagrado naquele preceito de modo indirecto, em termos pouco claros e, sobretudo, em condições de não fácil interpretação no contexto geral do texto constitucional.

De facto, como já se disse, o artigo 8.º, n.º 3, disciplina directamente a aplicabilidade directa e não o primado ("... *vigoram directamente* na ordem interna ..."). Só de forma indirecta se extrai daí o primado porque é óbvio, e ninguém o discute, que para que as normas a que esse preceito se refere vigorem directamente na ordem interna portuguesa é necessário que elas primem sobre o Direito português. Por outras palavras, *o primado consiste no pressuposto lógico da aplicabilidade directa.*

Todavia, mesmo assim o âmbito daquele preceito fica sensivelmente diminuído, se não esvaziado. Atrás mostrámos que, enquanto ele prevê directamente a aplicabilidade directa, acaba por a conceder apenas ao regulamento, porque exige para a aplicabilidade directa do Direito derivado na ordem interna portuguesa que se trate de uma "norma" de Direito Comunitário e que a sua aplicabilidade directa *se encontre consagrada nos tratados comunitários.* Acrescentaremos agora que, aplicando esse raciocínio ao primado, e continuando a supor que indirectamente aquela disposição constitucional quis consagrar o primado, não é sem dificuldade que podemos concluir que ela acolhe o primado do Direito Comunitário derivado, dado que, conforme entende unanimemente a doutrina (e nós próprios já defendemos atrás este ponto de vista), a construção do primado é de raiz pretoriana e só implicitamente decorre de disposições do Tratado de Roma – concretamente, os artigos 5.º, par. 2.º, e 189.º. Quando, antes da revisão constitucional de 1989, a redacção do artigo 8.º, n.º 3, impunha que a aplicabilidade directa das "normas" de Direito derivado se encontrasse *"expressamente"* estabelecida nos tratados comunitários era evidente que, quanto ao primado, aquele preceito adoptava uma posição de total recusa, dado que o primado não se encontra acolhido *de modo expresso* em qualquer preceito dos tratados; mas, com a eliminação desse advérbio, passou-se de uma solução de recusa para outra de duvidosa admissão do primado, que em nada ajuda o intérprete – não obstante a entrada em vigor do TUE venha, como mostraremos daqui a pouco, remover este obstáculo.

Tudo se complica ainda mais com a interpretação do artigo 8.º, n.º 3, no contexto global da Constituição.

Como dissemos, ainda que com as reservas e as deficiências apontadas é, pelo menos, intenção do artigo 8.º, n.º 3, conferir primado ao Direito Comunitário derivado sobre o Direito português. E o grau que desse preceito se extrai para o Direito Comunitário na hierarquia das fontes do Direito português é um grau supraconstitucional: se ele vigora "directamente na ordem interna" isto quer dizer que ele prima sobre a própria Constituição.

Mas acontece que, quanto mais não seja, a redacção dos artigos 207.º e 277.º, n.º 1, da Constituição parece não excluir da fiscalização da constitucionalidade pelo menos as "normas" de Direito Comunitário derivado. Como se deve então compatibilizar com esses preceitos o artigo 8.º, n.º 3? Em nosso entender, o disposto neste preceito deve prevalecer sobre os artigos 207.º e 277.º, n.º 1, já que o artigo 8.º, n.º 3, está colocado na parte da Constituição dedicada aos "Princípios fundamentais" que, como tais, prevalecem sobre todas as demais divisões da Constituição. Portanto, o reconhecimento expresso do primado do Direito Comunitário, efectuado pelo artigo 8.º, n.º 3, não fica prejudicado pela sujeição das normas de Direito Comunitário derivado à fiscalização da sua constitucionalidade, nos termos dos artigos 207.º e 277.º, n.º 1.

Mas, dizer-se que o primado do Direito derivado, com as limitações já conhecidas, fica em abstracto assegurado pelo artigo 8.º, n.º 3, da Constituição, não significa, como mostrámos, que aquele preceito constitua a via ideal para se garantir, em concreto, o primado do Direito Comunitário sobre a Ordem Jurídica portuguesa – e é isto que Portugal tem a obrigação de assegurar. Como deve, então, proceder o juiz português para alcançar aquele objectivo?

Em nosso entender, a solução ideal, porque é a única que respeita os princípios, já demonstrámos que consiste em se adoptar, logo como ponto de partida, uma perspectiva comunitária do primado, quer dizer, em se extrair todos os efeitos do princípio básico, que atrás explicámos, segundo o qual o primado do Direito Comunitário sobre o Direito interno português consiste numa "exigência existencial" da Ordem Jurídica das Comunidades, pelo que ele se traduz num *atributo próprio* da natureza intrínseca do Direito Comunitário e, por conseguinte, não nasce de uma concessão do Direito Constitucional dos Estados membros, pelo contrário, impõe-se a este. Esta construção decorre do princípio da boa fé, que se espelha no princípio da lealdade comunitária, enunciado no artigo 5.º CEE: Portugal, quando aderiu, de livre vontade, às Comunidades, aderiu também ao Direito Comunitário com todas as características específicas que ele apresentava à data da adesão, e que Portugal conhecia ou tinha a obrigação de conhecer; por outro lado, a regra do adquirido comunitário, outro corolário do princípio da lealdade comunitária, engloba também o Direito criado por via da jurisprudência comunitária, que foi quem construiu, como mostrámos, a teoria do primado supraconstitucional. Sendo assim, o juiz português é obrigado a conceder a todo o Direito Comunitário prevalência sobre todo o Direito interno português, inclusive o contido na Constituição, *independentemente das deficiências na redacção do artigo 8.º, n.ºs 2 e 3, e apesar do disposto nos artigos 207.º, 277.º, 278.º, n.º 1, e 279.º da Constituição.*

Aliás, o próprio Tribunal de Justiça das Comunidades, no já referido caso *Simmenthal,* e no desenvolvimento dos excertos que transcrevemos do Acórdão *Costa/ENEL,* deixou dito que o juiz nacional está constituído na *"obrigação"* de assegurar o primado, nos moldes em que o definimos, *encontre-se ou não ele consagrado pela respectiva Constituição ou pelo respectivo Direito ordinário*. Quase dez anos volvidos, no caso *Kolpinghuis Nijmegen,* aquele Tribunal insistiria nessa sua posição ([1]).

Todavia, reconhecemos que não é essa a solução mais cómoda para o juiz português, que preferiria encontrar no texto constitucional a legitimação para o primado, tal como o Direito Comunitário o impõe, inclusive para o primado supraconstitucional. E, como vimos, é essa a orientação que, nesta fase da integração, adopta a generalidade das Constituições doutros Estados membros ([2]). Nessa hipótese, há que reconhecer que, não obstante a própria natureza do Direito Comunitário impor uma construção comunitária do primado, tal como atrás a descrevemos, o texto constitucional deverá adoptar uma visão constitucional do primado. Por outras palavras: a Constituição deve expressamente consagrar os mecanismos que assegurem o primado supraconstitucional de todo o Direito Comunitário. Nesse sentido, o legislador constituinte deverá dar os seguintes passos:

a) eliminar o artigo 8.º, n.º 3;

b) excepcionar do sistema de fiscalização da constitucionalidade tanto os tratados comunitários como o Direito Comunitário derivado, salvo na hipótese de da aplicação da norma comunitária resultar qualquer limitação para os princípios essenciais da nossa ordem constitucional, devendo entender-se como tais os princípios gerais de Direito, o rol de direitos fundamentais reconhecidos aos cidadãos portugueses, bem como as demais manifestações dos princípios da Democracia e do Estado de Direito ([3]);

([1]) Ac. 8-10-87, Proc. n.º 80/86, *Rec.* 1987, pgs. 3969 e segs. A doutrina, também desta vez, aplaudiria a posição do Tribunal: v., por todos, GAVALDA/PARLÉANI, *op. cit.,* pg. 128; e as anotações de V. CONSTANTINESCO/S. DENYS, in *JDI* 1988, pgs. 494-495; ARNULL, in *ELR* 1988, pgs. 42 e segs.; RICHTER, in *EuR* 1988, pgs. 394 e segs.; e BARATTA, in *GC* 1989-I, pgs. 5 e segs.

([2]) KARL CARSTENS, *A posição do Direito Comunitário Europeu perante o Direito interno,* in *BFDC* 1980-LVI, pgs. 45 e segs. (49).

([3]) Cfr. MOTA CAMPOS, diss. cit., sobretudo pgs. 347 e segs. Em obras recentes, defende opinião, no essencial, idêntica, quanto ao Direito Comunitário derivado, JORGE MIRANDA: *DIP-I, cit.,* pgs. 233-234 e 254-255, e *Manual de Direito Constitucional,* t. II, 3.ª ed., Coimbra, 1991, pgs. 423-424.

c) consagrar, como mostrámos acontecer na maioria dos actuais Estados membros das Comunidades, ou uma *cláusula geral de limitação da soberania estadual* ou uma *autorização geral ao Estado Português para a delegação, por lei do Parlamento, de poderes soberanos em Organizações Internacionais.*

Se se optar pelo sistema daquela *cláusula geral*, terá que se eliminar a referência à soberania "indivisível" no artigo 3.º, n.º 1, e que se acrescentar a esse artigo um novo número, que deverá passar a ser o n.º 2, com a seguinte redacção:

"O Estado Português consente, em condições de reciprocidade com outros Estados, nas limitações da soberania decorrentes da sua livre adesão a Organizações Internacionais."

Nesta hipótese estaríamos perante uma solução próxima da adoptada pela Constituição grega.

Se, diferentemente, se preferir o sistema da *autorização geral*, nesse caso deverá seguir-se o mesmo caminho, mas o novo artigo 3.º, n.º 2, terá de ter então a seguinte redacção:

"O Estado Português pode, por acto do Parlamento, delegar em Organizações Internacionais o exercício dos seus poderes soberanos, em condições de reciprocidade com outros Estados."

Este sistema obrigará, contudo, a um ajustamento no artigo 167.º (reserva absoluta de competência legislativa da Assembleia da República).

Esta solução aproximar-se-ia, para melhor, da que foi adoptada na Alemanha pela Lei Fundamental de Bona;

d) em alternativa ao que propomos na alínea anterior, poder-se-ia incluir na Constituição um preceito que especificamente atribuísse grau supraconstitucional ao Direito Comunitário, como o faz, por exemplo, já o mostrámos, a Constituição da Irlanda, no seu artigo 29.º, acolhendo o contributo da Constituição grega no sentido de o primado não levar à ofensa de direitos fundamentais assegurados pela Constituição (como entenderam, já o vimos, o Tribunal de Justiça e os Tribunais Constitucionais alemão e italiano) ou dos fundamentos do regime democrático. Este sistema teria, em relação ao que se sugere na alínea anterior, o inconveniente de não atender ao problema de base que está em causa, que é o da limitação da soberania estadual; mas apresentaria a vantagem de directamente dispor sobre a hierarquia do Direito Comunitário na ordem interna portuguesa.

Assim, quanto ao que defendemos na alínea anterior, o aditamento de um novo n.º 2 ao artigo 3.º seria substituído pela seguinte nova redacção para o n.º 3 do artigo 8.º:

"Os tratados institutivos das Comunidades Europeias e os que os modifiquem, bem como as normas e os actos emanados dos seus órgãos competentes, prevalecem sobre o Direito interno e vigoram na ordem interna nos termos definidos na respectiva Ordem Jurídica, desde que daí não resulte ofensa aos direitos fundamentais ou aos fundamentos do regime democrático".

Note-se que, a partir do momento em que se entenda, como nós entendemos, que o sistema adoptado pela nossa Constituição para conceder primado ao Direito Comunitário na ordem interna portuguesa é imperfeito e incorrecto – escrevendo sobre o assunto, o Professor belga JEAN-VICTOR LOUIS fala nas "incertezas do preceito constitucional", a propósito do artigo 8.º, n.º 3 ([1]) –, impende sobre o legislador constituinte a *obrigação* de conformar a Constituição com as exigências do primado. De facto, o Tribunal das Comunidades, numa jurisprudência também sobre esta matéria constante, tem entendido que não basta ao Direito nacional aceitar o primado do Direito Comunitário: é também uma obrigação dos Estados eles revogarem as normas contrárias ao Direito Comunitário posterior e não produzirem normas incompatíveis com o Direito Comunitário anterior ([2]). Essa obrigação consiste apenas numa exigência do princípio da boa fé.

([1]) *Op. cit.*, pg. 156. Posição análoga já era adoptada por HANS RAU, *Gemeinschaftsrecht vor nationalen Gerichten –Verfassungsrechtliche Evolution in Portugal und Spanien*, in *Festschrift Zweigert* (1981), pgs. 399 e segs.

([2]) Por todos, caso *Simmenthal, cit.*, pg. 629, e Ac. 4-4-74, caso *Comissão v. França*, Proc. n.º 167/73, *Rec.* 1974, pg. 359.

Atente-se, todavia, em que, independentemente da posição do nosso texto constitucional sobre o assunto, o juiz português pode, sempre que tenha dúvidas sobre a interpretação a dar a um preceito dos tratados comunitários ou a uma norma ou a um acto de Direito Comunitário derivado em relação com uma norma ou um acto de Direito português, suscitar uma questão prejudicial de interpretação da norma ou do acto de Direito Comunitário junto do Tribunal de Justiça das Comunidades, ao abrigo do artigo 177.º CEE ([1]). O Tribunal, a avaliar pela sua jurisprudência constante, pronunciar-se-á no Acórdão prejudicial no sentido do primado supraconstitucional do Direito Comunitário, e será nesse sentido que o juiz português se verá *obrigado* a aplicar a norma ou o acto comunitário em questão ao caso concreto que tem de decidir ([2]).

No estado actual da imperfeição da nossa Constituição sobre o acolhimento do primado do Direito Comunitário, que ficou atrás demonstrado, e sobretudo se o juiz português entender não dever tomar a iniciativa de adoptar quanto ao primado a perspectiva comunitária, que atrás defendemos, o recurso ao mecanismo das questões prejudiciais poderá apresentar-se-lhe como uma cómoda saída para as dificuldades que a Constituição lhe coloca.

([1]) Para se referir ao mecanismo das questões processuais do artigo 177.º CEE tem-se falado, por vezes, em *"recurso* prejudicial" ou *"reenvio* prejudicial". Mas trata-se de galicismos que não têm essa correspondência no Direito português – v., a este propósito, FAUSTO DE QUADROS, *O princípio da exaustão dos meios internos na Convenção Europeia dos Direitos do Homem e a Ordem Jurídica portuguesa,* separata da *ROA,* Lisboa, ano 50-I (Abril de 1990), pgs. 119 e segs. Veja-se o que é o reenvio na terminologia jurídica portuguesa no estudo do Professor FERRER CORREIA, *O problema do reenvio (devolução) em Direito Internacional Privado,* Coimbra, 1963, separata do *BFDC,* vol. XXXVIII.

([2]) De facto, a interpretação dada pelo Tribunal de Justiça das Comunidades no Acórdão prejudicial vincula o juiz que suscitou a questão prejudicial bem como todos os demais, sempre que se defrontem com a mesma questão de direito – trata-se de jurisprudência constante do Tribunal, que tem como expoente máximo o caso *Bosch* (Proc. n.º 135/77, Ac. 16-3-78, *Rec.* 1978, pgs. 855 e segs.) e que tem obtido os favores da doutrina: v., por último, a anotação ao artigo 177.º no *Kommentar zum EWG--Vertrag* de GROEBEN/THIESING/EHLERMANN, t. III, 4.ª ed., Baden-Baden, 1991 (que daqui em diante será citado apenas por *Comentário Groeben*), e abundante bibl. aí citada.

Note-se, todavia, que, em qualquer caso, com este ou outro texto constitucional, o juiz português, como já atrás dissemos, está *obrigado* a dar primado supraconstitucional ao Direito Comunitário. E o facto de essa obrigação resultar fundamentalmente da jurisprudência do Tribunal de Justiça das Comunidades, ao dar conteúdo e dimensão ao princípio do primado, não exclui que ela consista numa obrigação imposta pelo Direito Comunitário. A violação dessa obrigação poderá fazer incorrer o Estado português num *processo por incumprimento,* disciplinado nos artigos 169.º a 171.º CEE, e que tem duas fases: a fase graciosa ou pré-contenciosa (que será iniciada pela Comissão das Comunidades, por sua iniciativa ou a requerimento de qualquer interessado) e, se esta não resultar, a fase contenciosa, que leva à propositura contra o Estado infractor de uma *acção de declaração do incumprimento.* Se considerar procedente a acção, o Tribunal, ao abrigo do artigo 171.º, declarará o incumprimento, ficando, a partir daí, o Estado obrigado a adoptar as medidas necessárias à reposição da legalidade comunitária. Saber-se quais são, em cada caso, as medidas adequadas para se alcançar esse objectivo é algo que, segundo a orientação dominante, fica à livre decisão do Estado infractor. Todavia, e no caso concreto de o Tribunal entender que o incumprimento consiste na existência na Ordem Jurídica do Estado de uma norma ou de um acto contrário ao Direito Comunitário, constitui, sem dúvida, obrigação do Estado (entenda-se: do Legislador, da Administração Pública e dos tribunais nacionais), no quadro da execução da sentença proferida pelo Tribunal de harmonia com o artigo 171.º, revogar "o mais depressa possível" aquela norma ou aquele acto e "tudo fazer" para o extirpar da Ordem Jurídica, não devendo ela, de imediato, voltar a ser aplicada, mesmo enquanto não foi revogada. Se o Estado não executar nestes termos o acórdão do Tribunal, incorre em novo processo por incumprimento, desta vez agravado por desrespeito pelo próprio acórdão anterior do Tribunal. Assim têm entendido o Tribunal ([1]) e

---

([1]) Paradigmáticos são os Acórdãos proferidos nos casos *Gebrueder Lueck,* Proc. 34/67, Ac. 4-4-68, *Rec.* 1968, pgs. 359 e segs. (373); *Comissão v. Itália,* Proc. 48/71, Ac. 13-7-72, *Rec.* 1972, pgs. 529 e segs. (534); e *Comissão v. França,*

a doutrina (¹). Mas, com a entrada em vigor do TUE, a não execução do acórdão que declare o incumprimento poderá determinar a aplicação pelo Tribunal, ao Estado em causa, de sanções pecuniárias – é o que resulta da nova redacção dada ao n.º 2 do artigo 171.º

Em qualquer caso, a sentença que declare o incumprimento pode servir de fundamento para a instauração, pelos interessados, de uma acção de responsabilidade civil contra o Estado infractor pelos danos causados com o incumprimento (²).

Resta apenas definir o vício que afecta a norma ou o acto de Direito interno (inclusive de grau constitucional) que contrariar o Direito Comunitário anterior ou posterior. E a solução que a jurisprudência do Tribunal de Justiça das Comunidades encontrou para esta interrogação, também aqui com o apoio da doutrina, tem o condão de demonstrar que a construção comunitária para o primado, a que atrás aderimos, não assenta em postulados federais. Se o Direito Comunitário fosse já um Direito federal a sanção para a violação do primado consistiria, como o Direito Comparado nos revela, na nulidade, se não na inexistência, da norma ou do acto estadual. É, por exemplo, o que se passa na Alemanha por aplicação da regra *Bundesrecht bricht Landesrecht*, definida no artigo 31.º da Lei Fundamental de Bona (³).

Mas, exactamente porque o Direito Comunitário ainda não é um Direito federal, a sanção para a violação do primado situa-se no mero plano da *eficácia* e não no da *validade* da norma estadual. Ou seja, gera a mera *inaplicabilidade* desta. Expoentes máximos da jurisprudência do Tribunal de Justiça das Comunidades nesse sentido

---

Procs. 24 e 97/80, Ordenança ("Ordonnance") de 28-3-80, *Rec.* 1980, pgs. 1319 e segs. (1333).

(¹) Por todos, KRÜCK, no *Comentário Groeben*, cit., t. III, pgs. 4526 e segs.; VANDERSANDEN/BARAV, *Contentieux communautaire*, Bruxelas, 1977, pgs. 124-125; e JOLIET, *Le droit institutionnel des Communautés européennes – Le contentieux*, Liège, 1981, pg. 44.

(²) V., por último, FAUSTO DE QUADROS, *Incumprimento (em Direito Comunitário)*, in *DJAP*, vol. V (1993), pgs. 204 e segs. (209-210).

(³) MAUNZ/DÜRIG, *op. cit.*, t. II, anotação ao artigo 31.º

são os Acórdãos proferidos nos casos *Nold* ([1]) e *Simmenthal* ([2]). No fundo, estamos perante mais uma manifestação do monismo *moderado* (e não radical), que atrás caracterizámos.

Isto não exclui que, como já dissemos, o Estado se encontra constituído na *obrigação* de conformar o seu Direito interno com o Direito Comunitário anterior ou posterior ([3]).

III. O novo Tratado da União Europeia apenas vem confirmar a posição da doutrina e da jurisprudência quanto ao primado, que acabámos de expor.

Para começar, aquele Tratado acolhe, *de forma expressa,* o primado supraconstitucional da Ordem Jurídica Comunitária, tal como atrás o construímos.

([1]) Ordenança de 11-1-77, Proc. 4/73, *Rec.* 1977, pgs. 1 e segs., com anotação favorável de EMILIA CORTESE PINTO, in *RDE* 1977, pgs. 405 e segs.

([2]) *Loc. cit.,* com anotações favoráveis de BARAV, *cit.,* e H.-P. IPSEN, *cit.,* e, no mesmo sentido, KOVAR, *As relações entre o Direito Comunitário e os Direitos nacionais,* in *Trinta anos de Direito Comunitário,* ed. da Comissão das Comunidades Europeias, Bruxelas, 1984, pgs. 115 e segs. (125). Por último, também concordante, HARTLEY, *op. cit.,* pgs. 216-217.

([3]) Acerca do primado do Direito Comunitário sobre o Direito estadual, inclusive do estado actual da jurisprudência comunitária, do Direito Constitucional, da doutrina, e da jurisprudência e da prática dos Estados membros das Comunidades, v., por todos, as obras actuais de CEREXHE, *op. cit.,* t. I, pgs. 335 e segs.; ISAAC, *op. cit.,* pgs. 167 e segs.; LOUIS, *op. cit.,* pgs. 134 e segs.; HARTLEY, *op. e loc. cits.;* MATHIJSEN, *op. e loc. cits.,* e LABOUZ, *op. e loc. cits.* Sobre a situação da doutrina em Portugal, v., para além das *ops. cits.* de SILVA CUNHA, pgs. 96-97, JORGE MIRANDA, *locs. cits.,* GOMES CANOTILHO/VITAL MOREIRA, t. I, pgs. 93-96, MOTA CAMPOS, *locs. cits.,* e ALDINO SOARES, pgs. 101-104, mais as seguintes: PAULO DE PITTA E CUNHA, *A lógica integracionista e a supremacia do ordenamento comunitário,* in *ROA* 1984, pgs. 249 e segs.; MARCELO REBELO DE SOUSA, *A adesão de Portugal à C.E.E. e a Constituição de 1976,* in *Estudos sobre a Constituição,* vol. III, Lisboa, 1979, pgs. 457 e segs. (467- -468); ISABEL JALLES, *Implicações jurídico-constitucionais da adesão de Portugal às Comunidades Europeias,* Lisboa, 1980; ANTÓNIO VITORINO, *A adesão de Portugal às Comunidades Europeias,* Lisboa, 1984, onde se contém a história da revisão constitucional de 1982 na matéria – pgs. 49 e segs.; e CASEIRO ALVES, *Sobre o possível "efeito directo" das directivas comunitárias,* in *Revista de Direito e Economia* 1983, pgs. 211 e segs.

De facto, o Protocolo n.º 17, anexo ao Tratado, estabelece que

"Nenhuma disposição do Tratado da União Europeia, ou dos Tratados que instituem as Comunidades Europeias, ou ainda dos Tratados ou actos que alteraram ou complementaram estes Tratados *pode afectar a aplicação, na Irlanda, do artigo 40.3.3 da Constituição da Irlanda.*"([1]).

O artigo 40.3.3 da Constituição da Irlanda reconhece o direito do nascituro (*"unborn"*) à vida, donde se tem extraído a proibição do aborto. Se os Estados membros, ao negociarem o TUE, não tivessem aceite, à partida, o primado supraconstitucional do Direito Comunitário, não teriam acordado naquele Protocolo n.º 17. De facto, ao estabelecerem nesse Protocolo que o Direito Comunitário não porá em causa o direito fundamental consagrado naquela disposição da Constituição irlandesa, os Estados membros partiram da ideia de que, *sem esse Protocolo, e em princípio,* o Direito Comunitário prevaleceria sobre aquele preceito constitucional. Mas, ao dispor como dispõe, o Protocolo em causa paralisa o primado supraconstitucional do Direito Comunitário em benefício de um direito fundamental consagrado na Constituição de um Estado membro, acolhendo, desse modo, a jurisprudência do TJCE e dos Tribunais Constitucionais alemão e italiano, que acima analisámos.

Essa interpretação conforma-se com o compromisso assumido, logo no início do Tratado, de a União Europeia respeitar os direitos fundamentais, tais como eles constam da Convenção Europeia dos Direitos do Homem e do Direito Constitucional dos Estados membros. Dispõe, nesse sentido, o artigo F do Tratado, no seu n.º 2: "A União *respeitará os direitos fundamentais* tal como os garante a *Convenção Europeia de Salvaguarda dos Direitos do Homem e das Liberdades Fundamentais,* assinada em Roma em 4 de Novembro de 1950, e tal como resultam das *tradições constitucionais comuns aos Estados membros, enquanto princípios gerais do Direito Comunitário"* ([2]).

([1]) O itálico é nosso.
([2]) Os itálicos são nossos.

A favor do primado supraconstitucional do Direito Comunitário é possível extrair-se do novo TUE ainda um outro argumento em reforço do que resulta, como vimos, do Protocolo n.º 17. De facto, a Declaração anexa àquele Tratado com o n.º 19, relativa à aplicação do Direito Comunitário, estabelece, no 2.º parágrafo do n.º 1, que os Estados devem aplicar o Direito Comunitário na ordem interna

"com eficácia e rigor equivalentes aos empregues na aplicação do seu Direito nacional" (¹).

Ora, o Direito Comunitário só pode ser aplicado na ordem interna com a eficácia e o rigor com que o é o Direito nacional se ele não for travado ou filtrado pela Constituição estadual.

Mas, para além disso, o modo de vinculação dos doze Estados membros ao TUE em nada contrariou a teoria do primado, tal como ela se encontra estabelecida.

É certo que houve Estados, incluindo Portugal, que sentiram a necessidade de rever previamente as respectivas Constituições para poderem ratificar o TUE (sem que queiramos julgar aqui da oportunidade ou do conteúdo dessa revisão). Esta atitude significou, só por si, a recusa do primado supraconstitucional daquele Tratado? De modo algum. Significou apenas que, caso essa revisão não tivesse tido lugar, os Estados em causa entendiam que as *leis* dos respectivos Parlamentos, que aprovassem o Tratado para ratificação, estariam feridas de inconstitucionalidade. A revisão constitucional foi necessária, portanto, para evitar a inconstitucionalidade das *leis internas* de aprovação do Tratado e, para tanto, para conformar o Direito Constitucional interno com o Tratado; não equivaleu à fiscalização da constitucionalidade do *Tratado*.

A questão não é despicienda. De facto, se o Tratado não fosse um tratado *internacional* clássico, isto é, não exigisse a ratificação de cada um dos Estados membros para estes a ele se vincularem (como aconteceu com o primeiro *Tratado da União Europeia*, apro-

---

(¹) O itálico é nosso.

vado por Resolução do Parlamento Europeu de 14 de Fevereiro de 1984, que se contentava com a sua ratificação por uma maioria de Estados membros cuja população representasse 2/3 da população global das Comunidades para *todos* os Estados ficarem a ele vinculados, como se dispunha no seu artigo 82.º ([1]), isto é, era um tratado *constitucional* ([2])), não haveria lei de aprovação do Tratado pelo Parlamento nos Estados que o não ratificassem, portanto, não seria necessária prévia adaptação da Constituição ao Tratado (a não ser no cumprimento do referido *dever de conformidade*) e nem por isso o Tratado deixaria de se impor ao Direito Constitucional contrário, por força do primado supraconstitucional do Direito Comunitário.

No caso da revisão extraordinária da Constituição Portuguesa, aprovada pela Lei Constitucional n.º 1/92, de 25 de Novembro, foi pena que o legislador constituinte não tivesse aproveitado a oportunidade para resolver o problema da relevância do Direito Comunitário na ordem interna portuguesa e, mais concretamente ainda, o problema da sua hierarquia entre as fontes do Direito português. Pior ainda do que o não ter feito foi, porém, haver inscrito no texto constitucional uma concepção errada da relação entre o Estado Português, por um lado, e a União Europeia e as Comunidades, por outro. De facto, dispõe o n.º 6 do artigo 7.º, aditado a este artigo na revisão extraordinária:

"Portugal pode, em condições de reciprocidade, com respeito pelo princípio da subsidiariedade e tendo em vista a realização da coesão económica e social, convencionar *o exercício em comum dos poderes necessários à construção da união europeia*"([3]).

Ora, a relação entre os Estados membros, por um lado, e a União e as Comunidades, por outro, traduz-se numa *delegação* (segundo a doutrina dominante, como demonstrámos) ou numa *trans-*

([1]) V. o comentário a esse Tratado em CAPOTORTI/HILF/JACOBS/JACQUÉ, *Le Traité d'Union européenne,* Bruxelas, 1985, pgs. 281 e segs.

([2]) Estudaremos a distinção entre tratados internacionais e constitucionais na Parte IV, Cap. I, n.º 4, II.

([3]) O itálico é nosso.

ferência de poderes soberanos dos Estados na União e nas Comunidades, não no mero "exercício em comum" (que aliás não se diz com quem: com outros Estados? com a União?) desses poderes. O poder político comunitário nasce daquela delegação, não do "exercício em comum". Para o demonstrar basta, por exemplo, recordar que nas políticas que já se tornaram comunitárias (a política comercial, a política agrícola, a política de pescas e, com a entrada em vigor do Mercado Interno Comunitário, em 1 de Janeiro de 1993, as políticas regional, de investigação científica, de desenvolvimento tecnológico e de ambiente), o que se verifica é a *exclusão* do poder dos Estados membros, não o "exercício em comum", no sentido de partilha ou compartilha ([1]). Mais uma vez, o legislador constituinte português foge a encarar de frente a relação entre o Estado português e as Comunidades e a relação entre o Direito nacional e o Direito Comunitário ([2]).

5. Conclusão

Em jeito de breve conclusão, diremos que o sistema constitucional português vigente acolhe o Direito Internacional na ordem interna segundo a tese monista com primado do Direito Internacional. Fá-lo, porém, através de um preceito, o artigo 8.º da Constituição, que se encontra formalmente mal redigido e que, no plano dos princípios, não vai de encontro, nos seus n.ºs 2 e 3, ao estado actual do Direito Internacional e, muito menos, às exigências da especial natureza do Direito Comunitário.

([1]) É essa a razão, aliás, pela qual o TUE recusa a subsidiariedade quanto às matérias já comunitarizadas, isto é, já objecto de políticas comunitárias – artigo 3.º B, 2.º par.. Além disso, não foi por acaso que o atrás transcrito artigo 24.º, n.º 1, da Lei Fundamental de Bona veio permitir "transferir" poderes soberanos: entendeu-se que era essa a fórmula adequada (sem se discutir aqui se há transferência ou delegação) e não a do "exercício em comum" – MAUNZ/DÜRIG, *op. cit.*, t. II, anotação ao artigo 24.º, n.º 1.

([2]) No sentido do texto, o depoimento de FAUSTO DE QUADROS perante a Comissão Eventual de Revisão Constitucional, a convite desta – ver DAR, II Série – n.º 9-RC, de 17-10-92, pgs. 147 e segs.

As soluções que da nossa parte deixámos propostas são mais coerentes com os postulados do *monismo com primado do Direito Internacional,* de que partimos. E mesmo a construção do primado do Direito Comunitário que adoptámos – na esteira da jurisprudência do Tribunal de Justiça das Comunidades e da doutrina largamente dominante – mais não representa, repetimo-lo novamente, do que a adesão, ponto por ponto, a todas as consequências da tese monista moderada com primado do Direito Internacional. De facto, recusar o primado absoluto do Direito Comunitário sobre o Direito estadual equivale a negar a existência do Direito Comunitário e, portanto, significa, de facto, a adopção na matéria de uma *construção monista com primado do Direito interno.*

Parte II

As fontes do Direito Internacional

CAPÍTULO I

INTRODUÇÃO

1. **Noção e enumeração das fontes formais**

Vamos agora ocupar-nos dos processos de produção jurídica através dos quais surgem as normas de Direito Internacional, isto é, das suas *fontes formais.*
Excluímos, portanto, deste capítulo as *fontes materiais.*
É conhecida a distinção entre fontes materiais e fontes formais de Direito, bastando dizer, em grandes linhas, que as fontes materiais são as razões pelas quais aparece a norma, e as fontes formais o seu processo de revelação.
Daqui resulta, portanto, que o problema das fontes materiais não é substancialmente diverso do do fundamento do Direito Internacional, de que já tratámos.
Vejamos então quais são as fontes formais.
Porque a Comunidade Internacional não é um Estado, e porque não tem uma Constituição, nao existe um texto com valor universal que determine quais são as fontes do Direito Internacional. Mas existe e vigora um texto com valor para-universal, pela sua importância política e pelo número de Estados que a ele aderiram: é o Estatuto do Tribunal Internacional de Justiça (daqui em diante designado só por Estatuto ou pela sigla ETIJ).

O artigo 38.º, que aliás constava já do Estatuto do Tribunal Permanente de Justiça Internacional, dispõe:

"1.º – O Tribunal, cuja função é resolver, de acordo com o Direito Internacional, os litígios que lhe sejam submetidos, aplicará:

a) as convenções internacionais, gerais ou especiais, que estabeleçam regras expressamente reconhecidas pelos Estados em litígio;

b) o costume internacional, como prova duma prática geral aceite como sendo de Direito;

c) os princípios gerais de Direito reconhecidos pelas nações civilizadas;

d) sob reserva das disposições do artigo 59.º, as decisões judiciais e os ensinamentos dos mais altamente qualificados publicistas das várias nações, como meios auxiliares para a determinação das regras de Direito.

2.º – Esta disposição não prejudicará a faculdade de o Tribunal, se as partes estiverem de acordo, decidir *ex aequo et bono.*"

Este texto tem sido muito criticado pela doutrina, pela ordem e pela forma como enumera as fontes e pelo facto de não dar delas qualquer definição. Quanto à enumeração das fontes aí contida interessa notar que ela é meramente exemplificativa, e que o próprio Tribunal tem encontrado normas de Direito Internacional surgidas através de processos de criação dificilmente reconduzíveis a qualquer das alíneas do artigo 38.º: a seguir examinaremos as normas derivadas da acção unilateral dos sujeitos do Direito Internacional, abrangendo os actos jurídicos unilaterais dos Estados e das Organizações Internacionais.

Em todo o caso, o artigo 38.º enumera as fontes classicamente admitidas, e entre elas as duas que de longe são as mais importantes: o costume e o tratado.

Introdução

Vamos estudar de seguida com maior pormenor essas duas fontes, e imediatamente depois outras fontes do Direito Internacional, previstas ou não no artigo 38.º ETIJ ([1]).

([1]) Sobre a teoria das fontes do Direito Internacional em geral v. WENGLER, *Völkerrecht, cit.*, t. I, pgs. 169 e seg.: SORENSEN, *Les sources du Droit International*, Copenhaga, 1946; PARRY, *The Sources and Evidences of International Law*, Oxford, 1965; GUGGENHEIM, *Contribution à l'histoire des sources du Droit des Gens*, in *RdC*, 1958-II, pgs. 5 e segs.; VERDROSS, *Die Quellen des universellen Völkerrechts*, Friburgo, 1973; CHENG, *On the Nature and Sources of International Law*, in *International Law: Teaching and Practice*, 1982; ONUF, *Law-Making in the Global Communities*, 1982; MONACO, *Sources of International Law*, in *Encyclopedia*, t. 7, pgs. 424 e segs., e demais bibliografia aí seleccionada; e BROWNLIE, *Principles of Public International Law*, 4.ª ed., Oxford, 1990, pgs. 1 e segs.

CAPÍTULO II

O COSTUME INTERNACIONAL

1. Importância do costume no Direito Internacional contemporâneo

Não obstante o dinamismo da vida internacional tenha dado maior relevância prática aos tratados, o costume continua a ser a mais importante fonte do Direito Internacional. Ele conseguiu adaptar-se muito bem às exigências da Comunidade Internacional dos nossos dias, designadamente à aceleração histórica da época em que vivemos, confirmando a natureza eminentemente evolutiva desta fonte de Direito. Concretamente, suavizou-se bastante o requisito da antiguidade da prática, o que tem permitido a formação de novos e diversos costumes em pouco tempo.

Por outro lado, se no Direito Internacional anterior a este século a norma consuetudinária era gerada por poucos Estados, hoje ela, sobretudo se criada pelo costume geral, é o produto da adesão de muitos Estados de diferente civilização, cultura e nível de desenvolvimento económico, o que a torna mais rica de conteúdo.

Para a manutenção do carácter vivo do costume como fonte de Direito muito tem contribuído a jurisprudência internacional. Como acertadamente observa JIMÉNEZ DE ARECHAGA ([1]), se o TIJ na década de 50 e na primeira metade da década de 60 se debruçou

---

([1]) *International Law in the Past Third of a Century*, in RdC, 1978-I, pgs. 14 e segs.

primordialmente sobre casos relacionados com a interpretação e a aplicação de tratados, ele, posteriormente, tem tido que julgar litígios ou emitir pareceres em que sobretudo tem estado em causa a aplicação do costume internacional. Assim aconteceu, de modo particular, no importante caso relativo às *actividades militares e para- -militares na Nicarágua e contra ela (Nicarágua v. Estados Unidos da América),* julgado em 27 de Junho de 1986, onde o Tribunal aplicou regras consuetudinárias, não obstante elas já estivessem acolhidas na Carta das Nações Unidas ([1]).

Por outro lado, apesar do labor da codificação, de que se falará oportunamente, o Direito costumeiro continua a reger um conjunto importante de matérias que constituem, por assim dizer, o *núcleo fundamental do Direito Internacional.* Ou seja, ele ocupa um lugar de destaque no conteúdo daquilo que atrás chamámos Direito Constitucional Internacional. Daí, aliás, a tendência legítima para que os tratados codificadores se apliquem a *todos* os sujeitos do Direito Internacional independentemente da sua adesão ao tratado.

2. Noção. Fundamento da obrigatoriedade do costume

O artigo 38.º do Estatuto menciona na alínea *b)* do n.º 1, entre as fontes do Direito Internacional, *"O Costume Internacional como prova de uma prática geral aceite como sendo de Direito".*

Desde logo vemos, portanto, que os elementos do costume em Direito Internacional são os mesmos que já encontrámos ao estudar as fontes do Direito interno: o elemento material, ou seja o *uso,* e o elemento psicológico, que consiste na convicção da obrigatoriedade desse uso, e que é designado tradicionalmente pelas expressões *opinio iuris* ou *opinio iuris vel necessitatis.*

Tal como no Direito interno, também a doutrina do Direito Internacional tem discutido o problema de saber qual *o fundamento da obrigatoriedade do costume.* E as concepções que a este respeito

---

([1]) *ICJ Reports* 1986, pgs. 14 e segs. (39).

têm sido sustentadas ligam-se às duas grandes posições doutrinárias, ou seja, o voluntarismo e o antivoluntarismo.

Assim, a doutrina tradicional, que remonta a Grócio, vê no costume um *pacto tácito*. Esta concepção foi no século passado retomada e ampliada pela doutrina voluntarista, e é, aliás, consequência necessária dos pressupostos voluntaristas.

Embora hoje se encontre em decadência, esta solução, que pretende encontrar no costume os mesmos elementos que caracterizam o tratado internacional, e particularmente fazê-lo assentar na soberania do Estado, teve grande acolhimento na doutrina internacionalista soviética anterior à era da *Perestroika,* como se pode ver pelo pensamento do Professor TUNKIN ([1]).

A esta doutrina opõe-se a concepção objectivista, e antivoluntarista, segundo a qual o costume é uma forma espontânea de criação do Direito pela prática, em relação à qual falham todas as tentativas para a reconduzir à vontade do Estado.

É esta segunda doutrina a única que nos parece satisfatória, como aliás resulta das críticas que atrás fizemos às concepções voluntaristas ([2]).

A concepção voluntarista, desenhada para explicar o Direito Internacional Convencional, tentou abranger também o costume internacional. Mas este é, sem dúvida, o seu ponto mais fraco.

Na verdade, a concepção voluntarista do costume é desmentida pela realidade e pela prática internacional, já que *se não exige a intervenção de todos os Estados na formação do costume*. O costume internacional impõe-se como Direito Comum, quando a convicção da sua obrigatoriedade existir na grande maioria dos Estados; mas, embora não seja naturalmente possível dizer-se qual a maioria numérica necessária, sempre se reconhece que o Direito Internacional Comum, de base consuetudinária, se impõe a todos os Estados, quer tenham ou não participado na sua elaboração.

([1]) TUNKIN, *Droit International Public,* Paris, 1965, pgs. 81-89.
([2]) Para maior desenvolvimento, ROUSSEAU, *Droit International Public,* t. I, Paris, 1970, pgs. 311 e segs.

E isto é particularmente nítido quanto aos novos Estados, que vão entrando sucessivamente para a Comunidade Internacional, e que ficam vinculados, independentemente de aceitação, ao Direito Internacional Comum, sem prejuízo de se ter de reconhecer que muitos deles têm desempenhado um papel activo na alteração de muitas das regras já constantes do costume internacional ([1]).

Aliás, o costume internacional não impõe apenas deveres a estes novos Estados: também lhes reconhece direitos. E os autores que sustentam a teoria voluntarista do costume aceitariam a sua consequência necessária, de que os novos Estados não beneficiam dos direitos que o Direito Internacional reconhece a todos os Estados e não poderiam, por exemplo, navegar livremente no alto mar?

Na verdade, o princípio da liberdade dos mares, que é decerto um dos mais antigos princípios consuetudinários do Direito Internacional Comum, pode servir de bom exemplo para a demonstração do infundado da tese voluntarista: pois esse costume não se baseia na prática de todos os Estados, já que historicamente derivou de um entendimento entre apenas os Estados com larga capacidade de navegação marítima. Mas, impõe-se, sem dúvida, aos novos Estados, independentemente da sua aceitação.

Vemos, assim, que a concepção que reduz o costume a um pacto tácito é uma mera consequência dos pressupostos voluntaristas, e deve ser rejeitada como explicação dos costumes gerais. Quando muito, poderá valer em relação a costumes locais, entre poucos, ou mesmo entre dois Estados, mas então o seu valor explicativo é quase nenhum ([2]).

([1]) DUPUY, *Droit déclaratoire et droit programmatoire: de la coutume sauvage à la "soft law"*, in *L'élaboration du Droit International Public*, Paris, 1975, pg. 28; AKEHURST, *Custom as a Source of International Law*, in *BYBIL* 1974-75, pg. 28; e SCHWEITZER, *New States and International Law*, in *Encyclopedia*, t. 7, pgs. 349 e segs.

([2]) Note-se, todavia, que, como bem nota AKEHURST, a diferente concepção do costume em função da diversidade de posições filosóficas em relação ao fundamento da sua obrigatoriedade tem-se revelado nociva para a própria definição do costume internacional e para a sua eficácia como Direito Internacional – *op. cit.,* pg. 31.

Em resumo, ao rejeitar a explicação voluntarista do costume só cabe reafirmar que o fundamento da obrigatoriedade do costume é o mesmo fundamento da obrigatoriedade do Direito Internacional em geral. E, se tivermos conseguido uma solução satisfatória para este problema, de que tratámos atrás, dela resultará também a explicação do fundamento da obrigatoriedade do costume.

Notemos finalmente que a fórmula do artigo 38.º do ETIJ é particularmente infeliz, já que parece distinguir entre o costume, por um lado, e a norma jurídica, por outro, sendo aquele uma mera prova da existência desta. Ora hoje a Teoria Geral do Direito não põe já em dúvida que o costume, interno ou internacional, não é a prova de uma norma jurídica, mas é *o próprio modo de formação da norma,* que não existe independentemente do uso e da *opinio iuris.* Teria sido mais uma razão a indicar aos autores daquele Estatuto a conveniência em definirem o costume como fonte do Direito Internacional.

3. Elemento material do costume

A base da validade do costume é o *uso* ou a *prática,* quer dizer, a repetição de uma forma de conduta que vai pouco a pouco sendo considerada como juridicamente obrigatória.

A procura, a investigação da existência desse uso, é problema extremamente complexo, e não há acordo preciso na doutrina ou na jurisprudência quanto aos elementos que devem ser utilizados, ou quanto àqueles que devem ser excluídos. Desde logo, é impossível prever ou tipificar as condutas que, pela sua repetição, podem dar lugar a um uso ou a uma prática ([1]).

([1]) Por isso, revela uma grande paciência, mas não pode ser considerada exaustiva, a tentativa nesse sentido levada a cabo por FERRARI BRAVO, *Méthodes de recherche de la coutume internationale dans la pratique des États,* in RdC, 1985-III, pgs. 233 e segs.

O uso pode evidenciar-se quer através do exame da actividade dos órgãos externos do Estado (Chefe do Estado, Ministro dos Negócios Estrangeiros, Agentes Diplomáticos), quer dos órgãos internos (Governo, Parlamento, Tribunais). E, mais modernamente, admite-se também que o costume pode nascer da prática das Organizações Internacionais e até da actividade do indivíduo (entenda-se: pessoa singular ou colectiva, de Direito Público ou de Direito privado, como, por exemplo, uma empresa multinacional), mas, neste caso, apenas se essa actividade é assimilada ou, pelo menos, tolerada pelos Estados ([1]).

Como exemplo de prática de Organizações Internacionais que gera costume pensemos na prática que tem sido seguida nas votações do Conselho de Segurança das Nações Unidas. Embora seja certo que o artigo 27.º da Carta assimilava a abstenção de uma grande potência ao voto negativo, constituindo, portanto, *veto,* a prática seguida tem sido a de considerar que a abstenção não equivale ao veto. E como parece generalizada a convicção da obrigatoriedade desta prática, estamos perante um uso de uma Organização Internacional que dá lugar a um costume – aliás, costume *contra legem.*

Entende-se geralmente que o uso, para que possa servir de base à formação do costume, deve ser *geral* e *constante.* Mas reconhecemos que ambos esses adjectivos são vagos e que, por isso, não tem sido possível obter uma definição precisa. Qual será o período de tempo necessário para que se gere validamente o costume? Qual o número de actos idênticos que devem ser praticados para que estejamos perante o uso? Qual o número de Estados cuja intervenção é necessária?

Não há resposta totalmente satisfatória a estas interrogações, pois tudo depende das circunstâncias de cada caso. Por esse motivo é na jurisprudência internacional que encontramos a definição, ou, ao menos, a tentativa de definição, dos critérios aplicáveis para a identificação do elemento material do costume.

---

[1] Expressamente neste sentido, BERNHARDT, *Customary International Law,* in *Encyclopedia,* t. 7, pgs. 61 e segs.

Assim, no primeiro Acórdão proferido no célebre caso *Haya de la Torre,* que opôs o Peru à Colômbia em que se discutia uma questão relativa ao asilo diplomático, o Tribunal Internacional de Justiça afirmou que "a prática revelava tantas incertezas e contradições, tantas flutuações e discordâncias", que não se podia tirar dela um uso constante, susceptível de servir de base ao costume ([1]).

Noutros casos, porém, o Tribunal, após exame dos precedentes, foi capaz de concluir que uma determinada prática era geralmente admitida, e assim susceptível de gerar o costume. Foi o que ele fez no caso do *Estreito de Corfu* ([2]).

E quanto ao tempo de duração do uso? Também aqui se nota a mesma incerteza. A regra da soberania do Estado sobre o espaço aéreo sobrejacente ao seu território só surgiu com os primórdios da aviação, ou seja, no começo deste século. Mas alguns anos depois já era considerada como sendo de Direito consuetudinário.

Mais concludente ainda é o caso da plataforma continental. Até 1945, e até porque as técnicas de exploração não permitiam dar-lhe conteúdo útil, os Estados ribeirinhos não reivindicavam qualquer direito sobre a parte da plataforma continental subjacente ao alto mar, para além do limite das águas territoriais, pelo que se entendia que o seu regime era o do alto mar, com liberdade de utilização para todos os membros da Comunidade Internacional.

Em 28 de Setembro de 1945, porém, uma declaração do presidente Truman reivindicava para os Estados Unidos o direito exclusivo de exploração e pesquisa de toda a plataforma continental para além das águas territoriais americanas. Logo um grande número de Estados produziram idênticas declarações sem que se registassem protestos. E em cerca de uma década encontrava-se assente esse costume, que veio a ser incorporado na Convenção de Genebra de 1958

([1]) Ac. 20-11-50, in *ICJ Reports* 1950, pgs. 266 e segs. O caso *Haya de la Torre* pode ver-se analisado em CARLOS FERNANDES, *Do asilo diplomático,* Coimbra, 1961, pgs. 103-130; mais recentemente, v. o exaustivo comentário de HAILBRONNER, in *Encyclopedia,* t. 2, pgs. 128 e segs.

([2]) Ac. 15-12-49, in *ICJ Reports* 1949, pgs. 244 e segs. V. o comentário de BERNHARDT, in *Encyclopedia,* t. 2, pgs. 61 e segs.

sobre a Plataforma Continental. Pode hoje considerar-se que a regra faz parte do Direito Internacional Comum, obrigando até os Estados que não tenham concorrido na prática nem sejam partes naquela Convenção (¹).

Mas a este exemplo de celeridade contrapõem-se outros de lentíssima formação, frequentemente abrangendo mais de um século, pelo que apenas se pode concluir pela relatividade do carácter "constante" da prática. O que prova que para que o uso preencha o requisito da constância não interessa tanto o número de actos ou de omissões em que se traduz, nem a sua espécie, mas a *uniformidade* da repetição da prática. Esta é que é indispensável (²).

De qualquer modo, a tendência da jurisprudência internacional é hoje no sentido de promover o encurtamento do tempo que se julga necessário para o nascimento do uso e, por via dele, do costume. Assim decidiu o Tribunal Internacional de Haia em 1969, no já citado caso da *plataforma continental do Mar do Norte* (³).

Quanto ao número de Estados pelos quais o uso tenha sido praticado, também não se exige que sejam todos os Estados. Mas aqui a questão é ainda mais complexa. Designadamente, não se pode deixar de atender à alteração quer quantitativa, quer qualitativa, que se produziu na Comunidade Internacional desde 1945, sobretudo em consequência da descolonização iniciada logo a seguir ao termo da 2.ª Grande Guerra. A Comunidade Internacional deixou de ter uma estrutura homogénea, com a ascensão à independência de tantos e tão diversos Estados na África e na Ásia. Há, inclusivamente, quem defenda que, para a formação do costume, a prática de alguns Estados deverá ser considerada mais importante do que a doutros (⁴).

(¹) V. o acórdão do TIJ no caso da *plataforma continental do Mar do Norte*, de 20-2-69, in *ICJ Reports* 1969, pgs. 3 e segs., e o comentário de G. JAENICKE, in *Encyclopedia*, t. 2, pgs. 205 e segs.

(²) Assim, BERNHARDT, *Costumary International Law*, cit., pg. 63.

(³) Na mesma orientação, AKEHURST, *op. cit.*, pgs. 14-16; DUPUY, *op. cit.*, pg. 135; e PASTOR RIDRUEJO, *Curso de Derecho Internacional Público*, 2.ª ed., Madrid, 1987, pgs. 89-90.

(⁴) AKEHURST, *op. cit.*, pgs. 18-23.

Portanto, nesta matéria apenas uma coisa parece ser certa: o costume geral pode formar-se *independentemente da vontade de alguns Estados*. Mas o próprio carácter *geral* da prática tem sido sucessivamente posto em causa, desde logo pela admissão do costume local, como veremos. Este só obriga os Estados que participaram expressa ou tacitamente na prática que deu lugar ao costume.

Em resumo, podemos dizer que para servir de base ao costume *o uso deve ter sido seguido pelos Estados cada vez que tiveram oportunidade disso, e de uma maneira uniforme*.

Assim, por exemplo, não é obviamente necessário procurar a prática suíça para determinar o costume internacional em matéria de navegação marítima, pois no momento da formação deste costume a Suíça não teve ocasião de tomar a seu respeito qualquer atitude.

Notemos agora que a prática dos Estados tanto pode traduzir-se numa acção como numa abstenção ou omissão: se um determinado Estado adopta repetidas vezes uma conduta na esfera internacional, sem que surjam protestos por parte dos Estados afectados por essa conduta, aí pode surgir o costume, embora a prática activa seja apenas de um Estado. Caso, porém, os outros Estados protestem contra a conduta do primeiro não se formará um costume internacional ao menos com obrigatoriedade para os Estados protestantes ([1]).

A própria prática, o uso, pode, todavia, também evoluir. E às vezes a desobediência de certos Estados ao costume pode gerar o costume em sentido contrário. O próprio Tribunal Internacional de Justiça o reconheceu no Parecer de 28 de Maio de 1951, sobre as *reservas à Convenção do Genocídio* ([2]), quando afirmou que a regra da unanimidade (adiante veremos em que consiste), embora ainda

---

([1]) Não é fácil saber-se que requisitos deve esse protesto ou essa oposição revestir para o Estado não ficar vinculado ao costume. Sabe-se apenas que o protesto deve ser "forte" – BERNHARDT, *op. e loc. cits.* Sobre as formas de oposição ou de protesto, v. ROUSSEAU, *op. cit.*, vol. I, pg. 326.

([2]) *ICJ Reports* 1951, pgs. 15 e segs.

fundamentalmente válida em Direito Internacional, estava no entanto a desactualizar-se.

O uso pode ser universal ou quase universal, como é o caso da liberdade dos mares, ou simplesmente local. O TIJ, no citado caso *Haya de la Torre,* admitiu, em princípio, que o asilo diplomático fosse um instituto de Direito Internacional consuetudinário Latino--Americano, restrito portanto a esta área.

Até mesmo o uso apenas entre dois Estados pode gerar um costume, como foi reconhecido pelo mesmo Tribunal, dando razão a Portugal, no Acórdão de 12 de Abril de 1960, sobre a questão do *direito de passagem por território indiano* ([1]). A Índia tinha negado que o costume pudesse brotar de um uso estabelecido apenas entre dois Estados; mas o Tribunal não lhe deu razão, e afirmou expressamente o contrário, interpretando, assim, liberalmente a exigência do carácter "geral" da prática, formulada pelo artigo 38.º, n.º 1, al. *b*), do Estatuto ([2]). Em puro rigor, o Tribunal estava neste caso a dispensar o carácter geral da prática, adaptando o artigo 38.º à evolução da Comunidade Internacional. É por isso que a generalidade da doutrina moderna se contenta com que a prática, para gerar o costume, seja *constante e uniforme,* já não exigindo que ela seja geral. Reconhecemos que, perante o que dissemos neste número, se trata de uma posição que se aproxima mais do estado actual do Direito Internacional consuetudinário ([3]).

Mas o costume pode mesmo nascer sem que seja necessário, como atrás dissemos, mais do que uma acção de um Estado e a abstenção de outro. No caso das *pescarias,* que opôs a Inglaterra à Noruega, o Tribunal Internacional de Justiça, por Acórdão de 18 de Dezembro de 1951 ([4]), afirmou que a acção positiva da Noruega, ao estabelecer o limite do seu mar territorial, e a abstenção prolon-

---

([1]) *ICJ Reports* 1960, pgs. 6-114. V. o comentário de WEBER, in *Encyclopedia,* t. 2, pgs. 244 e segs., e bibl. aí citada.

([2]) Mantém a sua oposição à relevância do costume bilateral GUGGENHEIM, *Traité de Droit International Public,* vol. I, 2.ª ed., Genebra, 1967, pgs. 108-109.

([3]) Neste sentido, por último, BERNHARDT, *op. e loc. cits.*

([4]) *ICJ Reports* 1951, pgs. 116 e segs.

gada da Inglaterra, que se não podia fundar em ignorância desta situação, tinham dado lugar a um costume que vigorava pelo menos entre os dois Estados.

Assim, vemos que o costume não é, em princípio, oponível ao Estado que desde o início tenha protestado contra essa prática – o que também resulta do caso *Haya de la Torre*. Mas deve atentar-se em que este protesto tem de se dar *no momento da formação do costume,* pois passado este momento surge a norma, não podendo depois o Estado subtrair-se aos seus imperativos.

Ou seja, se não aceitamos o voluntarismo, segundo o qual o consentimento do Estado seria sempre necessário para que ele ficasse obrigado pelo costume, reconhecemos que o que acontece é exactamente o inverso: no momento da constituição do costume o Estado pode, pela sua oposição expressa, subtrair-se ao costume. Todavia, a prática actual é no sentido de restringir esta possibilidade aos costumes locais, sendo duvidoso que o mesmo se pudesse dar quanto a um costume geral.

Mas estas considerações, em rigor, referem-se já ao elemento psicológico do costume.

4. Elemento psicológico do costume

Tal como no Direito interno, também no Direito Internacional o uso só se converte em costume se for acompanhado pela convicção no agente da obrigatoriedade dessa prática, a *opinio iuris*. Só quando os Estados actuam na esfera internacional na convicção de exercer um direito ou de cumprir um dever é que se pode pôr o problema da existência do costume.

Note-se, contudo, que só com o Tribunal Permanente de Justiça Internacional nos surge a exigência deste elemento para o nascimento de um costume internacional. Antes disso, a arbitragem internacional contentava-se com o elemento material [1].

---

[1] Demonstra-o ROUSSEAU, *op. cit.,* vol. I, pg. 324.

As dificuldades na averiguação da *opinio iuris* são ainda maiores no Direito Internacional do que no Direito interno, devido à maior influência que na actuação internacional têm os motivos políticos. Como averiguar a exacta motivação psicológica dos titulares dos órgãos externos do Estado? Pois, como dissemos atrás, na Introdução, nunca se vê na esfera internacional um Estado agir reconhecendo que está a violar o Direito. Pelo contrário, a actuação internacional dos Estados é normalmente acompanhada de fundamentação mais ou menos convincente em normas de Direito Internacional. Mas não se poderá pensar então que, ainda quando se alega o Direito, são sobretudo considerações políticas que estão na base da acção? E como distinguir as acções efectivamente baseadas na *opinio iuris* daquelas que são fruto de considerações de conveniência ou oportunidade, quando todos afirmam serem conformes ao Direito?

Devido a estas dificuldades, e arrastados pelas exigências implacáveis da pureza metodológica, certos autores normativistas negam que seja de exigir o elemento psicológico ([1]).

Bastaria então o elemento material para fundar o costume, como era vulgar pensar-se no século passado, como se disse acima. E o principal argumento que aduzem é de ordem puramente lógica. De facto, se remontarmos ao momento inicial, em que começa a ser posto em prática o uso, caso o agente tenha a convicção de actuar em conformidade com o Direito, então de duas uma: ou é porque, nesse momento inicial, uma outra norma já ditava o carácter jurídico da prática, e então não é o costume que é fonte de Direito, mas essa norma anterior; ou, então, se não havia tal norma, isso significa que o agente, quando supunha actuar em conformidade com uma norma jurídica, o não fazia realmente, e, portanto, agia errada ou dolosamente. A questão é, portanto, posta por GUGGENHEIM de uma forma dilemática: na base da *opinio iuris* ou há uma norma anterior

---

([1]) Esta negação é menos nítida em KELSEN, mas foi sobretudo posta em relevo por GUGGENHEIM, *op. cit.*, vol. I, pgs. 101-103, ainda que de forma menos veemente do que na 1.ª ed. da obra, pg. 46. Entre nós, SILVA CUNHA expõe e critica de forma desenvolvida a tese de GUGGENHEIM, *op. cit.*, t. I, pgs. 242 e segs.

(o que inutiliza o costume), ou há um erro de Direito, ou uma violação do Direito.

O argumento é tipicamente normativista, e demasiadamente formal para convencer, pois não só desconhece o fenómeno da lenta elaboração de que resulta o costume mas sobretudo resulta do postulado normativista para o qual o costume *contra legem* é uma contradição nos termos. Nos primeiros tempos a prática é seguida por razões de conveniência, mas pouco a pouco vai-se gerando a convicção de que ela é juridicamente obrigatória, e assim surge a *opinio iuris*. Aliás, o mesmo fenómeno se dá no costume interno e nem por isso encontramos hoje autores que sustentem que no costume interno é dispensável o elemento psicológico. O que nos permite reafirmar que a formação do costume é um fenómeno sociológico, lento e progressivo, que não pode ser apreendido pelos quadros formais do normativismo.

E é por isso que o elemento psicológico é formalmente exigido pelo artigo 38.º do Estatuto do Tribunal Internacional de Justiça, e a sua necessidade resulta expressamente de vários acórdãos do Tribunal, bem como do seu antecessor, o Tribunal Permanente de Justiça Internacional.

Assim, na já citada questão do *Lotus,* o TPJI afirmou que "só se a abstenção for motivada pela consciência do dever de se abster é que se pode falar de costume internacional".

E no caso *Haya de la Torre* a Colômbia tinha alegado que o elemento psicológico não era necessário, e que portanto o costume deveria vincular o Peru, que nunca participara na *opinio iuris*. Mas o TIJ não a seguiu nesse ponto, reafirmando, antes, a doutrina contrária.

Aliás, só pelo elemento psicológico se pode diferenciar o costume das práticas gerais e constantes, mas não obrigatórias. As notas diplomáticas são sempre escritas em papel branco; mas não se segue daí que haja violação do Direito Internacional se se utilizar papel de outra cor.

Em resumo, é imprescindível a *opinio iuris* para que surja o costume, mas, como a sua averiguação é particularmente difícil, o TIJ tem seguido o critério de em princípio supor que a prática constante é acompanhada da *opinio iuris;* e assim, quando se defronta com um uso geral, constante e uniforme, presume estar perante um costume, a menos que lhe seja demonstrado que não existe convicção da obrigatoriedade mas que a prática resulta apenas de motivos de conveniência ou de oportunidade ([1]).

Há assim uma espécie de presunção *iuris tantum* a favor da obrigatoriedade de uma prática geral, constante e uniforme. Notemos que não é uma presunção em sentido técnico, nem tem de ser sempre seguida, mas é apenas a forma prática pela qual o Tribunal normalmente se determina ([2]).

([1]) Uma visão moderna da *opinio iuris* no costume encontramo-la em LUCIA MILLAN MORO, *La* opinio iuris *en el Derecho Internacional contemporaneo,* Madrid, 1990.

([2]) Especificamente sobre o costume como fonte do Direito Internacional, além das *ops. cits.* ao longo deste capítulo, v. WALDEN, *Customary International Law – A Jurisprudential Analysis,* in *ILR* 1978, pgs. 86 e segs.; STERN, *La coutume et le droit des gens,* in *Mélanges Reuter,* pgs. 479 e segs.; BOS, *The Identification of Custom in International Law,* in *GYIL* 1982, pgs. 9 e segs.; BLECKMANN, *Die Praxis des Völkergewohnheitsrechts als konsekutive Rechtsetzung,* in *Festschrift Hermann Mosler,* pgs. 89 e segs.; J. A. CARRILLO SALCEDO, *Curso de Derecho Internacional Público,* Madrid, 1992, pgs. 93 e segs.; BARBERIS, *Réflexions sur la coutume internationale,* in *AFDI* 1990, pgs. 9 e segs.; e bibl. cit. em BERNHARDT, *op. e loc. cits.*

CAPÍTULO III

OS TRATADOS INTERNACIONAIS

1. Importância do tratado como fonte do Direito Internacional

Se o costume continua a ser a mais importante fonte do Direito Internacional pelo simples facto de, desde logo devido à sua antiguidade, se ter transformado no repositório das regras básicas da Ordem Jurídica Internacional, o tratado internacional, como já dissemos, tem vindo a tornar-se, na prática e de modo crescente, na fonte de maior significado e relevância. Basta notar que desde 1500 A.C. até 1860 haviam sido concluídos cerca de 8000 Tratados de Paz (¹) enquanto que só desde 1947 até 1984 foram celebrados entre 30 000 a 40 000 tratados (²) e, se prolongarmos essa pesquisa até 1992, embora ainda estejam por apurar os números entre 1984 e 1992, esse montante deverá ter subido para perto dos 50 000 tratados! Esses números não surpreendem se nos recordarmos de que, após a 2.ª Guerra Mundial, toda a produção de regras internacionais nos domínios do Direito da Paz, da integração económica, do reforço e da especialização da cooperação internacional (englobando progressivamente matérias até então reservadas à soberania dos Estados), a criação de um grande número de Organizações Internacionais e a própria codificação do Direito Internacional têm tido

---

(¹) Fonte: LACHS, *Le développement et les fonctions des traités multilatéraux*, in *RdC*, 1957-II, pág. 233.

(²) Fonte: VERDROSS/SIMMA, *op. cit.*, pgs. 335-336.

como instrumento o tratado internacional ([1]). Note-se que nos números indicados não se incluem os chamados "quase-tratados", que estudaremos adiante, e aos quais parte importante da doutrina entende dever aplicar-se o Direito Comum dos Tratados.
Neste livro não vamos estudar, infelizmente, todo o Direito dos Tratados. Visando ele, como logo no início se disse, fundamentalmente objectivos de índole didáctica, e na medida em que, como também já se sublinhou, para o ensino do Direito Internacional as nossas Escolas de Direito não reservam mais do que um semestre lectivo, temos consciência de que não devemos ir para além dos princípios gerais e da teoria da validade *formal* dos tratados. Ficará, portanto, de lado o estudo das condições substanciais da validade do tratado (designadamente, o seu objecto e a vontade).

([1]) As mais importantes colectâneas de tratados internacionais são: a *League of Nations Treaty Series (L.N.T.S.)*, organizada pela Sociedade das Nações e que engloba 4834 tratados, dispersos por 205 volumes (dos quais 9 de índices); e a *United Nations Treaty Series (U.N.T.S.)*, que vem sendo publicada pela Organização das Nações Unidas ao abrigo do artigo 102.º da sua Carta, e na qual já foram publicados mais de 15 000 tratados registados no Secretariado das Nações Unidas, em cerca de 1000 volumes (dos quais cerca de uma dúzia só com índices). Complementarmente, a ONU edita anualmente um documento intitulado *Multilateral Treaties Deposited with the Secretary-General (ST/LEG/SER.E)*. Existe uma compilação particular análoga, mas mais vasta: BOWMAN/HARRIS, *Multilateral Treaties, Index and Current Status*. Além desta são particularmente úteis as seguintes compilações particulares: MARTENS, *Nouveau Recueil Géneral*, com várias séries, onde se juntam tratados que cobrem o período de 1761 a 1944; PARRY, *Consolidated Treaty Series*, que, em 231 volumes, engloba todos os tratados concluídos entre 1648 e 1918; e, já com uma crítica histórico-política dos tratados, RÖNNEFARTH/EULER, *Konferenzen und Verträge* (conhecida abreviadamente por *"Vertrags-Ploetz"*), da qual tinham sido publicados até 1984 cinco volumes, que cobrem o período de 1492-1970. Note-se que estas colectâneas se revestem da maior importância inclusive para o estudo da História Diplomática de Portugal. Além destas colectâneas universais existem também, nalguns Estados, colectâneas nacionais dos tratados concluídos pelos respectivos Estados – v. VERDROSS/SIMMA, *op. cit.*, pág. 335, n. 3.

2. Noção e terminologia

I. O tratado internacional é a fonte formal de Direito Internacional mencionada em primeiro lugar no artigo 38.º do Estatuto do TIJ, embora, como já se disse, daí nenhuma conclusão se possa tirar acerca do lugar do tratado na hierarquia das fontes do Direito Internacional ([1]).

O Direito Comum ou Geral dos Tratados, ou seja, as normas de Direito Internacional relativas à conclusão dos tratados, à sua interpretação, à sua aplicação, à sua validade e à sua eficácia encontram-se codificadas na Convenção de Viena sobre o Direito dos Tratados, assinada em 23 de Maio de 1969, após vinte anos de difíceis negociações (e que temos vindo a citar apenas pela sigla CV) ([2]).

([1]) Sobre os tratados, v., dentro das obras gerais, ROUSSEAU, *op. cit.,* t. I, pgs. 61 e segs.; WENGLER, *op. cit.,* t. I, pgs. 184 e segs.; DIEZ DE VELASCO, *Instituciones de Derecho Internacional Publico,* t. I, 7.ª ed., Madrid, 1985, pgs. 103 e segs.; DOMINIQUE CARREAU, *Droit International,* 2.ª ed., Paris, 1986, pgs. 95 e segs.; NGUYEN QUOC DINH/PATRICK DAILLER/ALAIN PELLET, *Droit International Public,* 3.ª ed., Paris, 1987, pgs. 109 e segs. (esta obra será citada doravante apenas pelo primeiro dos seus autores); IAN BROWNLIE, *op. cit.,* pgs. 603 e segs.; SILVA CUNHA, *op. cit.,* t. I, pgs. 131 e segs.; e ALBINO SOARES, *op. cit.,* pgs. 123 e segs. Em bibliografia especializada: Harvard University Law School, *Research in International Law, III – Law of Treaties,* in *A.J.I.L.,* Aug.-Oct. de 1935; McNAIR, *The Law of Treaties,* 2.ª ed., Oxford, 1961; GUARDIE/DÉLPECH, *El derecho de los tratados y la Convención de Viena de 1969,* Buenos Aires, 1970; VERDROSS, *Die Quellen, cit.,* pgs. 38 e segs.; REUTER, *La Convention de Vienne sur le droit des traités,* Paris, 1970, e *Introduction au Droit des Traités,* 2.ª ed., 1985; ROSENNE, *A Guide to the Legislative History of the Vienne Convention,* Leyden, 1970; MARESCA, *Il diritto dei trattati,* Milano, 1971; NASCIMENTO E SILVA, *Conferência de Viena sobre o Direito dos Tratados,* Rio de Janeiro, 1971; ELIAS, *The Modern Law of Treaties,* Leyden, 1974; AFONSO QUEIRÓ, *Tratado,* in *Enciclopédia Verbo,* t. 17 (1975), cols. 1897-1903; SINCLAIR, *The Vienna Convention of the Law of Treaties,* 2.ª ed., Manchester, 1984; S. BASTID, *Les traités dans la vie internationale,* Paris, 1985; MONACO, *op. cit.,* pgs. 428 e segs.; MOURA RAMOS, *Tratado,* in *Pólis,* t. 5 (1987), cols. 1301 e segs.; BERNHARDT, *Treaties,* in *Encyclopedia,* t. 7 (1984), pgs. 459 e segs., e excelente bibliografia aí seleccionada.

([2]) V. a história da elaboração da CV em SINCLAIR, *op. cit.;* ROSENNE, *op. cit.* e *Vienna Convention on the Law of Treaties,* in *Encyclopedia,* t. 7, pgs. 525 e segs.; e FERNANDO SEARA/FERNANDO BASTOS/JOSÉ MATOS CORREIA, *Direito Internacional Público – Documentos fundamentais,* Lisboa, 1991, pgs. 97 e segs.

Em apêndice à edição anterior deste livro publicou-se a sua tradução não oficial, que, lamentavelmente, muitas colectâneas surgidas posteriormente no mercado transcreveram sem indicação da autoria.

Aquela Convenção de Viena só entrou em vigor em 27 de Janeiro de 1980, data em que perfez as 35 ratificações exigidas pelo seu artigo 84.º. Em 31 de Janeiro de 1990 eram partes naquela Convenção 58 Estados. Portugal ainda não aderiu à CV, para o que não encontramos explicação, até porque a doutrina e a jurisprudência internacionais entendem que ela, mesmo antes de se terem perfeito as 35 ratificações, já vigorava como codificação de regras consuetudinárias ([1]).

Depois de restringir no artigo 1.º o seu próprio âmbito de aplicação aos tratados entre Estados, a CV define no artigo 2.º, n.º 1, al. *a*), o tratado como "um acordo internacional concluído por escrito entre Estados e regido pelo Direito Internacional, quer esteja consignado num instrumento único quer em dois ou mais instrumentos conexos, e qualquer que seja a sua denominação particular".

Não cabe a uma convenção internacional dar definições, assim como, no Direito interno, não o cabe também à lei, e, portanto, o preceito transcrito não fornece, nem pretende fornecer, um conceito jurídico de tratado. Precisamente por isso ele tem o cuidado de afirmar que a noção de tratado de que parte se destina apenas "para os fins da presente Convenção", isto é, da CV. Isto quer dizer que não fica excluído que possa haver tratados que não caibam naquela definição: apenas não se lhes aplicará aquela Convenção e eles

---

([1]) Existem outras convenções sobre a matéria do Direito dos Tratados: a *Convenção de Viena sobre a sucessão de Estados em matéria de tratados*, assinada em 23 de Agosto de 1978; e a *Convenção de Viena sobre o Direito dos Tratados entre Estados e Organizações Internacionais ou entre Organizações Internacionais*, assinada em 20 de Março de 1986. Os textos destas convenções podem ser vistos em: *La Commission du Droit International et son oeuvre*, 4.ª ed., ed. das Nações Unidas, Nova Iorque, 1989, pgs. 288-305, a primeira, e pgs. 318-347, a segunda; e em SEARA/BASTOS/CORREIA, *op.cit.*, respectivamente pgs. 205 e segs e 149 e segs.

ficarão sujeitos ao Direito Internacional independentemente da CV, quer dizer, às regras costumeiras que lhes forem aplicáveis ([1]).

É certo que se contêm naquela definição todos os elementos que a doutrina tem assinalado como integrando o conceito de tratado, mas não pode considerar-se a forma adoptada pela Convenção como modelar, além do que nos parece equívoca a expressão "regido pelo Direito Internacional", pela qual se pretende indicar a produção de efeitos jurídicos na esfera internacional, e redundante a primeira inclusão do vocábulo "internacional".

II. Há, pois, que conseguir uma definição mais rigorosa. Com um âmbito de aplicação mais vasto, poderemos definir o tratado como *um acordo de vontades, em forma escrita, entre sujeitos de Direito Internacional, agindo nesta qualidade, de que resulta a produção de efeitos jurídicos.*

Procuremos analisar os elementos desta definição.

Em primeiro lugar, o tratado é um acordo de vontades, um acto voluntário – *ex consensu advenit vinculum*. São-lhe, portanto, aplicáveis, com a devida adaptação, as regras da teoria geral do negócio jurídico.

Mas é um acordo de vontades em forma escrita. Não que o Direito Internacional não conheça, ou negue, a validade dos acordos verbais; mas não se lhes aplica a teoria geral dos tratados, que a sequência da exposição demonstrará postular a forma escrita do tratado. Do artigo 3.º CV resulta que a exclusão da aplicação da CV aos acordos que não revestem a forma escrita não afecta quer a validade destes, quer a aplicação a eles dos princípios nela contidos, quando tal aplicação resultar do costume internacional ou dos princípios gerais de Direito. A própria dinâmica processual imposta à conclusão dos tratados pelo Direito Constitucional dos vários Estados e o facto de os tratados concluídos entre os Estados membros da Organização das Nações Unidas estarem sujeitos a registo acabarão por impor na prática que os tratados revistam a forma escrita.

([1]) Assim, SUZANNE BASTID, *op. cit.*, pg. 19.

Mas, em princípio, nenhuma razão parece haver para que o Direito Internacional não aceite a validade dos tratados verbais e até dos tratados tácitos e implícitos. Assim decidiu também o TPJI nos casos da *zona franca da Alta Sabóia e dos Distritos de Gex* ([1]) e *do Estatuto do Território de Dantzig* ([2]), julgados, respectivamente, em 1924 e 1932 ([3]).

A Convenção só se aplica aos tratados celebrados entre Estados. Mas isso não significa, também aqui por força do citado artigo 3.º CV, que não haja tratados, ainda que não regidos por aquela Convenção, em que são partes sujeitos do Direito Internacional que não os Estados, como as Organizações Internacionais e a Santa Sé. Pelo contrário, a referência aos "Estados" no artigo 2.º, n.º 1, al. *a*), pode mesmo induzir em dúvida, porque não é pacífico que se incluam no conceito de tratado os acordos celebrados entre os Estados federados, isto é, entre os Estados membros de uma Federação. Como bem nota SUZANNE BASTID, esses acordos, ainda que se lhes possa aplicar, por analogia, algumas regras de Direito Internacional, não são regidos por este mas sim pelo Direito Constitucional interno do respectivo Estado Federal ([4]).

Por outro lado, a exigência pela CV de que o tratado seja celebrado entre Estados também não significa que o Direito Internacional, ainda que não o contido naquela convenção, ignore hoje todos os acordos celebrados entre o Estado e pessoas privadas estrangeiras. Veremos isso logo de seguida, em número autónomo.

Mas, para haver tratado terão, além disso, os sujeitos do Direito Internacional que agir nessa qualidade. A CV não o exige expressamente, mas parece que não pode ser de outra forma. Não estão, por conseguinte, incluídos na noção de tratado os acordos

---

([1]) Série A/B, n.º 46, pg. 145.
([2]) Série A/B, n.º 49, pg. 300.
([3]) Veja-se esta matéria em SILVA CUNHA, *op. cit.*, t. I, pgs. 183 e 188-189 e bibl. aí citada; e também em ANDRÉ GONÇALVES PEREIRA, *Da sucessão de Estados quanto aos tratados,* Lisboa, 1968, pgs. 212-215.
([4]) *Op. cit.*, pg. 20.

celebrados entre Estados agindo como pessoas colectivas de direito interno. Suponhamos que morre intestado em França e sem parentes sucessíveis um cidadão português, proprietário ali de um terreno, cuja propriedade é devolvida ao Estado, nos termos da lei civil portuguesa. Esse terreno é vizinho de um estabelecimento de ensino pertencente ao Estado francês. Este compra ao Estado português o terreno, para aumentar o logradouro do estabelecimento. Ora, a venda desse terreno é um acordo em forma escrita entre sujeitos do Direito Internacional. Mas, apesar disso, não é um tratado porque nem um nem outro se apresentam revestidos do *ius imperii.*

E, finalmente, atentemos na última parte da definição: "que produz efeitos jurídicos". Em virtude deste elemento são de excluir da noção de tratado as declarações puramente políticas (como a Carta do Atlântico) e os *gentlemen's agreements* – acordos baseados na honra –, produtores unicamente de efeitos morais, e não jurídicos.

III. A referência na parte final do artigo 2.º, n.º 1, al. *a*), CV à possibilidade de denominações diversas deriva do estado actual da terminologia jurídica sobre a matéria. Na verdade, nada há de assente quanto à nomenclatura a utilizar para referir a realidade que designamos por tratado. Além deste nome, e do de *convenção,* são utilizadas as designações de *pacto,* no caso da Sociedade das Nações, *carta,* para a Organização das Nações Unidas, *estatuto,* para o Tribunal Internacional de Justiça, *constituição,* para a Organização Internacional do Trabalho, *acordo,* etc.

Nenhum destes termos tem um significado técnico preciso, embora se possam assinalar tendências para em determinados casos se usar uma designação de preferência a outra. Assim, os termos *carta* e *constituição* são utilizados para designar tratados que instituem Organizações Internacionais; e o termo *convenção* é preferido para referir um acordo em que uma das partes seja uma Organização Internacional ou um tratado celebrado sob a sua égide: este último é, por exemplo, o caso da CV.

As designações mais utilizadas são as de *tratado* e *convenção,* praticamente tomadas como sinónimas, e que serão como tal por nós utilizadas. É, aliás, pela sinonímia que se decide o Estatuto do Tribunal Internacional de Justiça, já que o artigo 38.º dispõe:

"I. O Tribunal, cuja função é resolver, de acordo com o Direito Internacional, os litígios que lhe sejam submetidos, aplicará:

a) as *convenções internacionais,* gerais ou especiais, que estabeleçam regras expressamente reconhecidas pelos Estados em litígio, (...)".

Ao passo que o artigo 36.º do mesmo Estatuto, ao definir a competência do Tribunal, dispõe no n.º 2, al. *a*), que ela compreende os diferendos de ordem jurídica que versam sobre "a interpretação de um *tratado*" ([1]).

3. O caso especial dos acordos entre Estados e pessoas privadas estrangeiras

I. Como dissemos, a circunstância de a CV exigir que as partes num tratado sejam Estados significa só que aquela Convenção apenas rege os tratados entre Estados: designadamente, *não quer dizer que ao Direito Internacional sejam hoje indiferentes os acordos concluídos entre Estados e pessoas privadas estrangeiras,* os chamados *"contrats d'État".* O grande incremento das relações económicas internacionais tornou muito vulgares estes acordos, que assumem a natureza jurídica de verdadeiros contratos.

Eles têm vindo a versar sobre as mais diversas matérias: fornecimento de bens (para fins civis ou militares), prestação de serviços (estudos, assistência técnica, assistência financeira, etc.), obras públicas (construção e reparação de pontes, portos, aeroportos, auto-estradas, etc.), exploração de recursos naturais (p. ex., exploração de recursos petrolíferos), gestão de serviços públicos (por contratos de concessão ou exploração), etc. Por seu lado, o objecto desses con-

---

([1]) Para um estudo mais desenvolvido da questão terminológica, SILVA CUNHA, *op. cit.*, t. I, pgs. 186-188.

tratos pode variar muito: pode consistir num objecto de índole meramente financeira (p. ex., empréstimos); pode visar a criação de empresas comuns (as chamadas *joint ventures*) entre o Estado e a empresa privada estrangeira em causa; pode até apresentar como objecto o que DOMINIQUE CARREAU chama "um objecto de soberania" ([1]): é o caso dos acordos de indemnização entre um Estado e cidadãos estrangeiros na sequência da nacionalização de bens destes últimos (ver, p. ex., o acordo entre a Mauritânia e cidadãos estrangeiros no célebre caso da *Miferma* ([2])); enfim, pode prosseguir o objecto vago do "desenvolvimento económico", assumindo então a designação de "acordos de desenvolvimento económico", que a jurisprudência arbitral consagrou, em 1977, no caso *Texaco/Calasiatic c. Governo Líbio,* também conhecido por *sentença Dupuy* ([3]).

Dentro desta variada panóplia de acordos aqueles que se têm revestido de maior importância são, sem dúvida, os chamados *contratos de investimento.*

Quando se diz que uma das partes nos acordos em questão é um Estado quer-se com isso dizer que tanto pode ser a Administração central do Estado como Estados federados, regiões autónomas, autarquias locais, empresas públicas ou quaisquer outras pessoas de Direito Público, conforme a repartição de atribuições e de competência em vigor dentro do respectivo Estado.

Por sua vez, pelo seu conteúdo, os contratos em questão podem apresentar-se ou como contratos de Direito *Privado* (civis ou comerciais) ou como de Direito *Público* (designadamente, contratos administrativos). Nos sistemas administrativos de tipo francês eles consistem, em regra, em contratos administrativos. É o que, em princípio, acontecerá também com os contratos concluídos pelo Estado português com pessoas privadas estrangeiras ([4]).

([1]) *Op. cit.,* pg. 160.
([2]) In *AFDI* 1976, pg. 619.
([3]) In *International Legal Materials* 1978, pgs. 1-37. Para mais pormenores, CARREAU, *op. cit.,* pgs. 159 e 161, e o estudo do caso por R. DOLZER, in *Encyclopedia,* t. 2, pgs. 168 e segs.
([4]) Em Portugal, v. a definição de contrato administrativo no artigo 9.º, n.º 2, do Estatuto dos Tribunais Administrativos e Fiscais.

II. Qual o Direito que rege esses acordos?

A solução clássica nesta matéria encontra-se retratada, de forma feliz, no *Dicionário Basdevant* (¹), onde se definia o tratado como "termo genérico que pode servir para designar um acordo entre dois ou mais Estados para regular uma questão, determinar os seus direitos e as suas obrigações, definir regras de conduta que (os signatários) se obrigam a observar, seja qual for o seu objecto, forma e a denominação adoptada pelas partes, mas que *não é aplicável a um acordo entre um Estado e uma pessoa privada*" (²).

Portanto, classicamente esses acordos não eram considerados tratados e, portanto, não se encontravam sujeitos ao Direito Internacional. Esta posição fundamentava-se na "imunidade do Estado" (*"State immunity"*) ou "imunidade da soberania" do Estado (*"sovereign immunity"*), segundo a qual um Estado só está sujeito ao seu Direito e só pode ser julgado pelos seus tribunais nacionais (³).

Esta tese foi aceite pela jurisprudência internacional no caso dos *empréstimos sérvios e brasileiros,* julgado pelo TPJI em 1929 (⁴), e, ainda que de modo mais subtil, no caso *Anglo-Iranian,* decidido pelo TIJ em 1952 (⁵). Também os tribunais franceses e alemães aderiram por essa altura à mesma orientação. E ainda hoje ela é seguida por muitos Estados em vias de desenvolvimento, sobretudo da África e da Ásia (⁶).

(¹) *Dictionnaire de la Terminologie du Droit International Public,* editado por J. BASDEVANT, Paris, 1960, pg. 608.

(²) O itálico é nosso.

(³) VAN HECKE, *Contracts between States and foreign Private Law persons,* in *Encyclopedia,* t. 7, pgs. 54 e segs. (54). Especificamente sobre a *State immunity* v. o artigo de H. STEINBERGER sob essa epígrafe na mesma obra, t. 10, pgs. 428 e segs., e bibl. aí citada.

(⁴) Série A, n.º 20, pg. 41. V. a crítica de GÖTZ, in *Encyclopedia,* t. 2, pgs. 256 e segs.

(⁵) *Rec.* 1952, pg. 112. V. as observações de DOLZER, in *Encyclopedia,* t. 2. pgs. 15 e segs.

(⁶) CARREAU, *op. cit.,* pgs. 163-164.

III. Mas cedo a tese em apreço, da *nacionalização* dos acordos, entraria em crise. Primeiro foi a própria concepção da *imunidade do Estado* que começou a ser posta em causa; depois, foram muitas empresas europeias e americanas que passaram a não ter confiança quer nas garantias reconhecidas pelos sistemas jurídicos de muitos novos Estados saídos da descolonização posterior à 2.ª Grande Guerra, quer na independência dos seus tribunais. Nasceu dessa forma um movimento de *internacionalização* daqueles contratos, ou seja, uma orientação visando a sua sujeição a um "Direito Internacional dos Contratos Internacionais".

Tudo começou com várias sentenças arbitrais que aceitaram que certos contratos entre Estados e pessoas privadas estrangeiras se tinham "internacionalizado" em função do seu conteúdo e das suas características próprias, o que os colocava sob o império do Direito Internacional e já não do Direito nacional do Estado contratante. Entre essas sentenças arbitrais destacam-se as proferidas na sequência das nacionalizações líbias no sector petrolífero ([1]).

A seguir, foram as Nações Unidas a acolher a mesma orientação. A Resolução n.º 1.803, aprovada por unanimidade pela Assembleia Geral, em 14 de Dezembro de 1962, sobre a "soberania permanente sobre os recursos naturais" coloca em pé de igualdade os tratados entre Estados e os acordos celebrados entre Estados e pessoas privadas estrangeiras. No mesmo sentido se orientaram as várias Resoluções de 1974 relativas à "Nova Ordem Económica Internacional" ([2]).

Depois, ainda, a própria CV, se no artigo 2.º, n.º 1, al. *a*), não considerava tratados, para os efeitos daquela Convenção, aqueles acordos, expressamente ressalvava logo a seguir, no seu artigo 3.º, que os acordos entre Estados e outros sujeitos de Direito Internacional (dentro dos quais se tinham de incluir os contratos em apreço sempre que se pudesse afirmar a personalidade jurídica internacional dos contraentes privados) não viam, por esse facto, afectado

---

([1]) V. o estudo citado de DOLZER, in *Encyclopedia*, t. 2, pgs. 168 e segs.
([2]) CARREAU, *op. cit.*, pg. 164. Sobre a Nova Ordem Económica Internacional (NOEI), FAUSTO DE QUADROS, dissertação cit., pgs. 354 e segs., e bibl. aí indicada.

o seu "valor jurídico" nem ficava prejudicada a aplicação àqueles acordos das regras contidas na mesma CV.

Mas sem dúvida que o maior contributo para a internacionalização dos contratos em questão foi dado em 18 de Março de 1965 pela *Convenção do Banco Mundial sobre a resolução dos diferendos relativos aos investimentos entre Estados e nacionais doutros Estados,* que entrou em vigor em 14 de Outubro de 1966. Em 30 de Junho de 1988 aquela Convenção já fora ratificada por 91 Estados.

Essa Convenção criou, para decidir aqueles diferendos, o *Centro Internacional para a resolução dos diferendos sobre os investimentos (C.I.R.D.I.).* Este Centro resolverá esses diferendos *à luz do Direito Internacional* e não do Direito do Estado em causa ([1]). Foi já neste quadro que foi decidido em 1979 o caso *Agip v. Congo* ([2]). Além disso, a Convenção em causa confere aos investidores privados direito de queixa directa contra os Estados de que não sejam nacionais.

IV. Poder-se-á dizer, em face do que fica exposto, que os contratos entre Estados e pessoas privadas estrangeiras são tratados internacionais e revestem a mesma natureza jurídica que os tratados clássicos, entre Estados?

Pensamos que ainda é cedo para se poder responder afirmativamente.

Desde logo, há que notar que, no estado actual da evolução da matéria, a doutrina e a prática internacionais convergem hoje na necessidade de *desnacionalizar* e *internacionalizar* aqueles contratos, mas que essa convergência de opiniões pára aqui. De facto, enquanto que, como vimos, as próprias Nações Unidas e o Banco Mundial, já nos anos 60, se inclinavam para a assimilação desses contratos aos tratados internacionais, e, por conseguinte, para a sua sujeição ao Direito Internacional Público, o Instituto de Direito Internacio-

---

([1]) Sobre essa convenção e o C.I.R.D.I., CARREAU, *op. cit.,* pgs. 164 e 562-564; BROWNLIE, *op. cit.,* pgs. 545 e segs.; e, mais extensamente, AMERASINGHE, in *Encyclopedia,* t. 5, pgs. 188 e segs.

([2]) *RCDIP* 1982, pgs. 92 e segs.

nal, na sua sessão de Atenas, de 1979, ainda os submetia ao Direito Internacional Privado. De facto, uma resolução então aprovada por aquele Instituto rezava: "Os contratos entre um Estado e uma pessoa privada estrangeira serão sujeitos ao Direito escolhido pelas partes ou, na ausência de tal escolha, ao Direito com o qual o contrato tenha uma conexão mais estreita". Ou seja, serão as partes a escolher a Ordem Jurídica nacional que vai reger o contrato; se o não fizerem, será o Direito Internacional Privado a descobri-la. Nesta orientação, aqueles contratos nunca serão regidos pelo Direito Internacional Público.

Parece, pois, acertado dizer-se que ainda não se atingiu a fase da assimilação dos contratos em questão aos tratados internacionais, pelo que aqueles e estes continuam a mostrar-se como actos jurídicos de natureza diferente. Todavia, a aplicação progressiva àqueles contratos, e particularmente aos "contratos de investimento", de um regime de Direito Internacional Público, autoriza-nos a qualificar aqueles contratos de *"quase-tratados"* ([1])([2]).

([1]) Esta expressão deve-se ao Professor VERDROSS – v., por último, VERDROSS/ /SIMMA, *op. cit.*, especialmente pg. 440. Uma apreciação desta posição daquele Professor de Viena encontramo-la em FISCHER, *Bemerkungen zur Lehre von Alfred Verdross über den "quasi-völkerrechtlichen" Vertrag in Lichte der neuesten Entwicklung*, in *Festschrift Verdross* (1980), pgs. 379 e segs. Em Portugal o pensamento de Verdross nesta matéria é seguido por FAUSTO DE QUADROS, Relatório cit., pg. 174.

([2]) Sobre os contratos entre Estados e pessoas privadas estrangeiras, além das obras citadas e da bibl. nelas indicada, veja-se, especialmente, VERDROSS/SIMMA, *op. cit.*, pgs. 4-6, 7, 259, 269-270, 390-392, 440 e 809-811; P. WEIL, *Droit International et contrats d'État*, in *Mélanges Reuter*, Paris, 1981, pgs. 549 e segs.; D. BERLIN, *Le régime juridique international des accords entre État et ressortissants d'autres États*, diss., Paris, 1981; J. STOLL, *Vereinbarungen zwischen Staat und ausländischen Investor*, Berlim, 1982; VAN HECKE, *Contracts between States and Foreign Private Law Persons*, in *Encyclopedia*, t. 7, pgs. 54 e segs. e bibl. aí seleccionada; J. F. LALIVE, *Contrats entre États ou entreprises étatiques et personnes privées*, in RdC 1983-III, pgs. 9-284; DAVID IJALAYE, *The Extension of Corporate Personality in Internationa Law*, Leiden, 1978, pgs. 147 e segs.; e NGUYEN QUOC, *op. cit.*, pgs. 624 e segs. Acerca da matéria deste número veja-se também, *infra*, Parte III, Cap. V, Secção II, n.º 7-IV. Sobre os acordos entre pessoas privadas e Organizações Internacionais, veja-se P. GLAVINIS, *Les litiges relatifs aux contrats passés entre organisations internationales et personnes privées*, Paris, 1992.

4. Classificação dos tratados

Os tratados têm sido objecto de múltiplas classificações, algumas das quais já ultrapassadas pela doutrina mais moderna. Falaremos, por conseguinte, apenas das mais importantes ou mais úteis ([1]).

a) Tratados-leis e tratados-contratos

Esta classificação, consagrada pela tradição, não tem presentemente o valor que outrora lhe foi atribuído.

No tratado-lei dá-se a criação de uma regra de Direito pela vontade conforme das partes. No tratado-contrato as vontades são divergentes, não surgindo assim a criação de uma regra geral de Direito, mas a estipulação recíproca das respectivas prestações e contraprestações. Esta classificação tem uma certa analogia com os termos correspondentes no Direito interno.

Modernamente reconhece-se, porém, que esta classificação apresenta apenas um valor tendencial. Não é absolutamente rigorosa, pois há tratados híbridos, difíceis de enquadrar, com elementos de uma e de outra classificação. Assim, mais do que uma classificação de tratados é uma classificação de estipulações contidas nos tratados.

Contudo, o carácter normativo do tratado é um dos elementos da definição de um conceito de grande importância no estudo da teoria dos tratados – o conceito que adiante examinaremos de *tratado multilateral geral*. À contribuição para o estabelecimento deste

---

([1]) Para uma visão actual da classificação dos tratados, v. BERNHARDT, *Treaties*, in *Encyclopedia*, t. 7, pgs. 459 e segs. (461); VERDROSS, *Die Quellen*, cit., pgs. 40 e segs.; NGUYEN QUOC, *op. cit.*, pgs. 112 e segs.; BASTID, *op. cit.*, pgs. 23 e segs.; DEHOUSSY, *Le problème de la classification des traités et le projet de convention établi par la Commission du Droit International des Nations Unies*, in *Mélanges Guggenheim*, Genebra, 1968, pgs. 305 e segs.; M. VIRALLY, *Sur la classification des traités*, in *Comunicazioni e studi* 1969, pgs. 17 e segs.; e JORGE MIRANDA, *DIP-I*, cit., pgs. 112 e segs..

conceito parece reduzir-se hoje a utilidade da distinção entre tratados-leis e tratados-contratos (¹).

Para certo sector da doutrina, à dicotomia tratado-lei/tratado--contrato juntar-se-ia uma terceira categoria, o *tratado-constituição*. Esta qualificação seria reservada ao tratado que institui uma Organização Internacional e, por isso, contém as regras fundamentais que regem aquela Organização. No caso da Organização das Nações Unidas, como no local próprio estudaremos, fala-se na Carta da Organização como "Constituição da Comunidade Internacional", porque ela, mais do que enunciar as regras básicas da ONU, define os princípios jurídicos fundamentais da Comunidade Internacional (²).

b) *Tratados bilaterais e tratados multilaterais; tratados restritos e tratados gerais*

Esta classificação é muito simples, mas de grande importância prática, pois que os problemas técnicos suscitados e as soluções para eles adoptadas são diversos consoante se trate de tratados bilaterais ou multilaterais.

Tratados *bilaterais* são naturalmente os celebrados entre apenas duas partes, sendo multilaterais todos os demais. Mas há a notar que falamos em *partes* e não em Estados ou em sujeitos de Direito Internacional: é que, tal como no negócio jurídico em geral, também aqui a coincidência de interesses pode fazer com que cada uma, ou apenas uma, das partes, seja constituída por mais de um sujeito jurídico. É o que sucede normalmente com os tratados de paz, que separam vencedores e vencidos: os tratados que puseram fim às duas guerras mundiais foram bilaterais, embora englobando por uma das partes todos os Estados vencedores (vejam-se os tratados de paz com a Itália em 1947 e com o Japão em 1952).

(¹) Sobre a natureza necessariamente normativa do tratado multilateral geral, K. HOLLOWAY, *Modern Trends in Treaty Law,* Oxford, 1967, pg. 7.

(²) Sobre o tratado-constituição, FAUSTO DE QUADROS, diss. cit., sobretudo pgs. 187-190.

O tratado não perde naturalmente o carácter bilateral se uma das partes for uma Organização Internacional, pois aí é a Organização que intervém como sujeito de Direito, e não os Estados membros: são bilaterais, por exemplo, os acordos comerciais concluídos pela Comunidade Económica Europeia com Israel em 1970, com os diversos Estados membros da EFTA, um a um, em 22 de Julho de 1972 (inclusive com Portugal), e, mais tarde, com a Noruega, a Jugoslávia e a Finlândia.

Tratados bilaterais são, pois, os celebrados entre apenas duas partes. Todos os outros são *multilaterais*. Quando as partes intervenientes em tratados multilaterais são em grande número dá-se-lhes o nome de *tratados colectivos*.

Esta a classificação clássica, no que se refere ao número de partes intervenientes num tratado. A prática mais recente tem, porém, demonstrado que os problemas técnicos suscitados pelos tratados multilaterais entre poucas partes são essencialmente assimiláveis aos do tratado bilateral, e que, portanto, a diferenciação se deveria fazer, já não nos moldes clássicos, mas entre os tratados celebrados entre poucas partes, por um lado, e entre um grande número de partes, por outro. Mau grado a imprecisão deste critério, pois é impossível fixar um número preciso que delimite as duas categorias, a tendência doutrinal é para o acolher, sobretudo devido ao reconhecimento da natureza especial dos chamados "tratados *multilaterais gerais*" ou "tratados *normativos*", cujo elemento distintivo parece ser, não tanto o número efectivo das partes, mas a sua tendência para a universalidade: tratado multilateral geral é aquele que pretende conter uma disciplina potencialmente aplicável a todos os membros da Comunidade Internacional ([1]).

A classificação de maior interesse, por os seus termos se reflectirem em múltiplos aspectos do regime jurídico aplicável, nomeadamente quanto à conclusão, adesão, reservas, etc., parece ser

---

([1]) A noção de tratado multilateral geral ou normativo é ainda muito controvertida na doutrina: v. ANDRÉ GONÇALVES PEREIRA, *Da Sucessão de Estados quanto aos tratados, cit.,* pgs. 122 e segs.; HOLLOWAY, *op. cit.,* pgs. 578-591; e DEHOUSSY, *op. cit.,* pgs. 305 e segs.

a que distingue entre os tratados *gerais* e os tratados *restritos*. Recordemos que tal distinção coincide com a que fizemos na Introdução entre Direito Convencional geral e Direito Convencional particular ou especial. Portanto, teremos:

Tratados (quanto às partes)
— Gerais (necessariamente multilaterais)
— Restritos:
 — multilaterais
 — bilaterais.

c) Tratados solenes e acordos em forma simplificada

Os tratados solenes são os celebrados segundo a forma tradicional, necessitando sempre de ratificação.

Os acordos em forma simplificada são, fundamentalmente, tratados que não carecem de ratificação. Assim, a presença ou ausência de ratificação parece ser, ao cabo de muitas hesitações da doutrina, a única característica capaz de em qualquer caso destrinçar estas duas espécies.

Esta distinção é muito clara na terminologia constitucional norte-americana, onde os tratados solenes têm a designação de *treaties*, e os acordos em forma simplificada a de *executive agreements*.

Nas línguas latinas há uma tendência para falar simplesmente de *tratados*, quando se pensa nos tratados em forma solene, reservando-se para os restantes a expressão *acordos em forma simplificada*.

Os acordos em forma simplificada desenvolveram-se extraordinariamente, pois a ratificação de que careciam os tratados em forma solene era sempre um processo complicado e moroso, muitas vezes politicamente difícil de obter, uma vez que dependia quase sempre da aprovação do órgão legislativo, que podia não ter a mesma orientação do Executivo. Surge então a prática dos acordos em forma simplificada, celebrados apenas pelo Executivo, evitando a intervenção do Poder Legislativo. Correspondem eles à necessidade de que a política externa dos diversos Estados seja plenamente eficaz e activa, e a um imperativo de dinamização da vida diplomática. Mas, como é evidente, este processo tem os seus inconvenientes, entre os quais sobressai com particular relevância o da possibilidade de conclusão de tratados secretos. Mas recordemos que estes tratados em forma simplificada estão em todo o caso sujeitos a registo.

Assentemos em que, quando falarmos apenas em *tratados,* quereremos designar o género tratados internacionais, salvo quando resultar do contexto que estamos a pensar nos tratados solenes; quando quisermos designar esta última espécie falaremos em regra, expressamente, em *tratados solenes;* por *acordos,* simplesmente, quereremos indicar os acordos em forma simplificada, se o contrário não resultar do contexto ([1]).

5. Conclusão dos tratados

Qual é o processo de celebração dos tratados (tradicionalmente designada de *conclusão* dos tratados)? Quais são as fases de conclusão dos tratados? Quais são os órgãos estaduais competentes para vincular o Estado na esfera internacional, ou seja, quais são os órgãos estaduais que são titulares do *treaty-making power?*

Sem embargo de o Direito Internacional actual manifestar a tendência para ser ele a disciplinar alguns aspectos desse processo (o que é visível, como vamos mostrar, na própria CV), continua a ser o Direito Constitucional de cada Estado a indicar os órgãos que podem vincular o Estado na ordem internacional e a fixar-lhes a competência para o efeito.

A análise clássica distingue três fases no processo de conclusão dos tratados: a negociação, a assinatura e a ratificação. Alguma

---

([1]) Especificamente sobre os acordos em forma simplificada, P. SMETS, *La conclusion des accords en forme simplifiée: étude de Droit International et de Droit Constitutionnel belge et comparé,* Bruxelas, 1969; C. CHAYET, *Les accords en forme simplifiée,* in *AFDI* 1957, pgs. 1 e segs.; G. HORVATH, *The Validity of Executive Agreements,* in *ÖZöR* 1979, pgs. 105 e segs.; e G. BURDEAU, *Les accords conclus entre autorités administratives ou organismes publics de pays différents,* in *Mélanges offerts à Paul Reuter,* 1981, pgs. 103 e segs.

doutrina moderna tem posto em relevo que em rigor estas três fases só se encontram na conclusão dos tratados bilaterais, e daí uma tendência recente para o abandono da classificação tripartida. Entendemos, porém, que a classificação clássica continua a ser útil e a mais adequada para explicar a matéria, embora tenhamos de partir dela para a análise dos problemas específicos das convenções multilaterais ([1]).

6. Idem: A) A negociação

I. A primeira fase da conclusão dos tratados é a *negociação*. É nesta fase que o texto do tratado vai ser concebido, elaborado e redigido.

A negociação é normalmente levada a cabo através de *plenipotenciários,* munidos de plenos poderes, os quais constam de documento emanado geralmente do Chefe do Estado. O artigo 2.º, n.º 1, alínea *c*), CV, que qualifica a expressão "plenos poderes" como designando o documento que era denominado por "cartas patentes", parece-nos, a este respeito, infeliz: os plenos poderes serão o *conteúdo* do documento e não este.

Os plenos poderes constituem uma fórmula sem valor real, porque abrangem um conjunto de faculdades bastante limitadas, destinando-se praticamente a designar o indivíduo encarregado da negociação do tratado. O significado actual das cartas de plenos poderes pouco difere, assim, do das cartas credenciais.

O artigo 8.º CV, ao dispor que "um acto relativo à conclusão dum tratado praticado por uma pessoa que, segundo o artigo 7.º, não pode ser considerada como autorizada a representar um Estado para esse fim, não produz efeitos jurídicos, a menos que seja confirmado ulteriormente por esse Estado", admite a figura da "gestão de negó-

---

([1]) Sobre os problemas gerais da conclusão dos tratados, T. O. ELIAS, *The Modern Law of Treaties,* Londres, 1974, pgs. 13 e segs.; GÉAMANU, *Théorie et pratique des négotiations en Droit International,* in *RdC,* 1980, pgs. 365 e segs.; ROSENNE, *Treaties, Conclusion and Entry in Force,* in *Enciclopedia,* t. 7, pgs. 464 e segs.; BASTID, *op. cit.,* pgs. 33 e segs.; CARREAU, *op. cit.* pgs. 112 e segs.; NGUYEN QUOC, *op. cit.,* pgs. 116 e segs.; e BROWNLIE, *op. cit.,* pgs. 606 e segs.

cios" no plano da negociação internacional, o que nos surge como prematuro no presente estado de desenvolvimento do Direito Internacional.

A formulação clássica dos plenos poderes continha geralmente a promessa de o Estado se obrigar definitivamente às estipulações negociadas, a *promessa de ratificação*. Esta cláusula, porém, não tem hoje conteúdo prático, já que a vinculação definitiva do Estado só se dá através da ratificação, e esta permanece, como veremos, um acto livre. Por isso, em vez da promessa insere-se por vezes nos plenos poderes a *reserva de ratificação*.

A negociação pode ser efectuada ou pela *via diplomática ordinária* (o que não obsta à necessidade de os agentes diplomáticos serem munidos de poderes especiais para a negociação de cada tratado de per si) ou através de uma *conferência diplomática*, isto é, reunião de plenipotenciários designados expressamente para esse fim.

A fim de simplificar este sistema e evitar a emissão constante de plenos poderes, partiu a Comissão de Direito Internacional da ideia de que há certas entidades em relação às quais, pela natureza da função que desempenham, se presume estarem sempre autorizadas a negociar tratados. Assim, dispõe o artigo 7.º CV:

"1. Uma pessoa é considerada como representando um Estado para a adopção ou a autenticação do texto de um tratado ou para exprimir o consentimento do Estado a ficar vinculado por um tratado:

    a) quando apresente plenos poderes apropriados; ou

    b) quando resulta da prática dos Estados interessados, ou de outras circunstâncias, que tinham a intenção de considerar essa pessoa como representando o Estado para o efeito e de não exigir a apresentação de plenos poderes.

2. Em virtude das suas funções e sem terem que apresentar instrumentos de plenos poderes são considerados representantes do seu Estado:

    a) Os Chefes de Estado, os Chefes de Governo e os Ministros dos Negócios Estrangeiros, para todos os actos relativos à conclusão dum tratado;

b) Os Chefes de missão diplomática, para a adopção do texto dum tratado entre o Estado acreditante e o Estado acreditador;

c) Os representantes acreditados dos Estados a uma conferência internacional ou junto duma organização internacional ou de um dos seus órgãos, para a adopção do texto dum tratado celebrado nessa conferência, por essa organização ou por esse órgão."

O objectivo essencial desta fase da celebração dos tratados é conseguir o acordo dos plenipotenciários quanto ao texto do tratado. A aprovação do texto do tratado exige voto unânime de todos os Estados que o negoceiam, salvo quanto aos tratados aprovados numa conferência internacional, quanto aos quais basta a maioria de 2/3 dos Estados presentes e votantes, salvo se estes, também por 2/3, decidirem fixar uma regra de votação diferente. É o que dispõe o artigo 9.º CV e, mais tarde, seria reafirmado pela Convenção das Nações Unidas sobre o Direito do Mar, de 1982. A exigência da maioria de 2/3 para a aprovação dos tratados numa conferência internacional consagrou a prática internacional vigente desde o termo da 2.ª Grande Guerra e visa proteger os interesses dos Estados colocados em minoria ([1]).

Uma vez fixado o texto do tratado segue-se a *redacção do texto* do tratado.

Este consta de um articulado, precedido normalmente de um preâmbulo onde se designam as partes contratantes, os motivos do tratado, o seu objecto, o local da celebração, etc., e por vezes seguido de anexos ou definições, frequentes sobretudo nas convenções de carácter técnico.

II. *Quem tem competência em Portugal para negociar tratados?*

O artigo 200.º, n.º 1, al. *b)*, da Constituição diz-nos que é ao *Governo* que compete "negociar e ajustar convenções internacio-

---

([1]) SINCLAIR, *op. cit.*, pgs. 34-37; e S. BASTID, *op. cit.*, pgs. 36-37.

nais". Para o efeito, cabe ao Ministério dos Negócios Estrangeiros a "condução das negociações", por força do artigo 2.º, al. *d*), do Decreto-Lei n.º 529/85, de 31 de Dezembro.

Mas a rubrica ou a assinatura de qualquer tratado internacional carece de prévia autorização expressa da parte do Conselho de Ministros. Todavia, a competência para essa aprovação encontra-se tacitamente delegada no Primeiro-Ministro: é o que dispõem os n.ºs 3 e 4 da Resolução do Conselho de Ministros n.º 17/88, de 7 de Abril.

Isto significa que é difícil verificar-se hoje uma descoordenação ou uma duplicação de tarefas em matéria de negociação de tratados em Portugal: só o Ministério dos Negócios Estrangeiros pode negociá-los; e antes de eles serem rubricados ou assinados os plenipotenciários terão de obter para o efeito autorização expressa da parte do Primeiro-Ministro.

Mas a Constituição de 1976, no seu artigo 229.º, n.º 1, al. *s*), veio conferir às *regiões autónomas* o poder de "participar nas negociações de tratados e acordos internacionais que directamente lhes digam respeito (...)". Depois, os Estatutos Político-Administrativos das Regiões Autónomas dos Açores e da Madeira (aprovados, respectivamente, pela Lei n.º 9/87, de 26 de Março, e pela Lei n.º 13//91, de 5 de Junho) vieram estabelecer que, a nível regional, aquela competência cabe ao respectivo Governo Regional (arts. 56.º, al. *g*) do Estatuto dos Açores e 49.º, al. *r*), do Estatuto da Madeira).

Mas o que se deve entender por "tratados e acordos internacionais que directamente lhes (às regiões autónomas) digam respeito", conforme rezam os citados artigos 229.º, n.º 1, al. *s*), da Constituição, 56.º, al. *g*), do Estatuto dos Açores e 49.º, al. *r*), do Estatuto da Madeira? A Comissão Constitucional, no seu Parecer n.º 20/77, de 18 de Agosto de 1977, definiu-os como sendo os tratados que "respeitem a interesses predominantemente regionais ou que, pelo menos, mereçam, no plano nacional, um tratamento específico no que toca à sua incidência nas regiões, em função das particularidades destas e tendo em vista a relevância de que se revestem para esses territórios" ([1]).

([1]) *Pareceres*, t. II, pg. 166.

Convenhamos que esta definição, pela sua vacuidade, pouco ajuda o intérprete a encontrar uma resposta à pergunta colocada. Da nossa parte, entendemos que o transcrito artigo 229.º, n.º 1, al. s), da Constituição e os preceitos similares dos Estatutos Político-Administrativos das Regiões Autónomas englobam, sem dúvida, as convenções internacionais que tenham por objecto:

a) as matérias a que se referem os artigos 75.º do Estatuto dos Açores e 57.º do Estatuto da Madeira;

b) as matérias a que se referem os artigos 74.º do Estatuto dos Açores e 56.º do Estatuto da Madeira (aliás, de redacção não coincidente entre si) quando dos protocolos de colaboração permanente entre o Estado e a respectiva Região, aí previstos, se extraia que elas, em cada caso, dizem directamente respeito à Região em causa;

c) de entre as matérias arroladas nas outras alíneas do citado artigo 229.º, n.º 1, da Constituição aquelas que, pela sua natureza, digam directamente respeito a cada Região, se não às duas simultaneamente: estarão nesse caso os tratados sobre diálogo e cooperação inter-regional, a que se refere a alínea t) desse preceito ([1]).

Questão duvidosa é a de saber se naquele artigo 229.º, n.º 1, al. s), da Constituição e nos preceitos similares dos Estatutos não cabem também as matérias de "*interesse específico*" para cada Região, elencadas, a título exemplificativo, nos artigos 33.º do Estatuto dos Açores e 30.º do Estatuto da Madeira (também eles de redacção não coincidente entre si). A favor de uma resposta afirmativa militam dois argumentos: o transcrito trecho da Comissão Constitucional; e o facto de as matérias de "interesse específico" serem, por maioria de razão, matérias que dizem "*directamente respeito*" às Regiões Autónomas. Só que, se assim fosse, estar-se-ia a conceder às Regiões Autónomas um quase ilimitado poder de participação na negociação internacional, que não parece ter estado pelo menos no espírito do legislador constituinte. Todavia, é de pedir a este que, numa próxima revisão constitucional, defina com maior rigor os contornos do poder conferido às Regiões Autónomas na referida alínea s) do

---

([1]) Estamos a pensar, por exemplo, num tratado entre Portugal e a Espanha sobre cooperação entre as Canárias e a Madeira.

artigo 229.º, n.º 1, do texto constitucional. Depois, igual exigência deverá ser feita na revisão dos preceitos em causa dos Estatutos das Regiões Autónomas.

A participação das Regiões Autónomas nas negociações de tratados internacionais, quando deva ter lugar, revestirá a forma de representação efectiva na delegação portuguesa que negociar o tratado respectivo, assim como nas respectivas comissões de execução e fiscalização – é o que estabelecem os artigos 76.º do Estatuto dos Açores e 58.º do Estatuto da Madeira ([1]).

III. A escolha da *língua* na qual o tratado é redigido e passa a fazer fé depende, obviamente, da língua dos Estados signatários. Até aos fins do século XVIII era vulgar os tratados serem redigidos em latim. No século XIX passou a ser uso os tratados multilaterais serem escritos em francês.

A prática actual consiste em os tratados bilaterais, celebrados entre Estados de línguas diferentes, terem geralmente duas versões, uma em cada língua dos Estados signatários, sendo as duas versões autênticas, o que significa que, em caso de divergência, ambas as versões têm de ser consideradas como obrigatórias. Pode, todavia, nesse caso optar-se por se verter o tratado adicionalmente numa terceira língua, que não a de nenhum dos Estados signatários, mas sendo essa versão também autêntica e valendo ela em caso de divergência entre as versões nas línguas dos Estados signatários – foi o que avisadamente se fez, quanto ao Tratado de Pequim de 1 de Dezembro de 1887, celebrado entre a China e Portugal acerca do território de Macau, que possui três versões autênticas, em português, em mandarim e em inglês ([2]). Uma outra fórmula possível para

---

([1]) Sobre a negociação dos tratados em Portugal, v. JORGE MIRANDA, *As actuais normas, cit.*, pgs. 12 e segs.; e *DIP-I, cit.*, pgs. 163 e segs.

([2]) Não se seguiu o mesmo sistema na *Declaração conjunta do Governo da República Portuguesa e do Governo da República Popular da China sobre a Questão de Macau*, assinado em Pequim em 26 de Março de 1987, que só tem duas versões autênticas: em português e em mandarim. Sendo a terminologia jurídica nessas duas línguas profundamente diferente, pelo simples facto de os ordenamentos jurídicos dos dois Estados pertencerem a famílias jurídicas totalmente distintas entre si, e acrescendo

os tratados bilaterais consiste em eles serem redigidos numa só língua, escolhida pelos Estados signatários entre línguas diferentes das suas.

Nos tratados multilaterais a escolha da língua em que o tratado será redigido e fará fé apresenta-se mais complicada pelo simples facto de estarem em causa várias línguas diferentes.

No século XIX era frequente esses tratados serem redigidos apenas em francês. Depois da conclusão dos Tratados de Paz de 1919 começou a admitir-se a redacção em mais que uma língua: primeiro, apenas em francês e inglês. A razão da escolha destas duas línguas residia no facto de elas serem então as línguas mais divulgadas à escala mundial.

Após a 2.ª Guerra Mundial passou a ser corrente a utilização doutras línguas, ou por serem os idiomas dos mais importantes Estados signatários ou por serem as línguas oficiais da maior parte dos Estados signatários. Veja-se o caso da Carta das Nações Unidas que, segundo o seu artigo 111.º, faz fé em chinês, francês, russo, inglês e espanhol. Também as versões autênticas da CV estão redigidas nesses cinco idiomas. Nos nossos dias vai-se tornando vulgar a essas línguas juntar-se o árabe como língua oficial das convenções multilaterais.

Nas Comunidades Europeias foi-se mais longe porque todas as línguas dos Estados membros são línguas oficiais das Comunidades. O que quer dizer que os tratados comunitários têm hoje nove versões autênticas, tantas quantos os idiomas oficiais dos seus actuais doze membros.

O facto de uma convenção multilateral fazer fé em várias línguas pode gerar especiais problemas de interpretação porque, em vir-

---

a isso o carácter muito vago dos preceitos daquela Declaração conjunta, são de prever discrepâncias na sua interpretação naquelas duas línguas, o que teria recomendado que a Declaração tivesse uma terceira versão autêntica, por exemplo, em inglês. Assim, corre-se o risco de essas divergências virem a ser sistematicamente resolvidas a favor do entendimento fornecido pelo Estado signatário mais poderoso, neste caso, a República Popular da China. A defesa dos interesses de Portugal e dos macaenses de nacionalidade portuguesa impõe que na redacção da futura Lei Básica de Macau (embora ela não venha a ser um tratado internacional) não se repita esse erro.

tude de os sistemas jurídicos dos Estados desses idiomas provirem de famílias distintas (basta pensar na grande divisão entre os sistemas jurídicos de raiz românica e do tipo do *common law,* sem falar nos sistemas de raiz chinesa ou árabe), nem sempre se encontra uma concordância total entre os termos utilizados e, designadamente, entre os conceitos e os institutos jurídicos que eles encobrem ([1]). Essas dificuldades vão aumentando à medida que os tratados em questão versam sobre matérias jurídicas mais especializadas.

Portugal não tem defendido do modo mais conveniente os seus interesses neste domínio: primeiro, a diplomacia portuguesa não tem lutado por convencer a Comunidade Internacional de que os tratados multilaterais, pelo menos os mais importantes e os de vocação universal, devem ser redigidos também em português, que hoje é língua oficial de Estados soberanos situados na Europa, na África e na América (referimo-nos a Portugal, aos cinco Estados africanos de língua oficial portuguesa e ao Brasil), que, no seu conjunto, têm uma população de quase 200 milhões de pessoas, o que, só por si, faz da língua portuguesa uma das mais importantes do globo; depois, tem havido pouco cuidado ao verter-se para português os tratados institutivos de Organizações Internacionais ou convenções básicas concluídas sob a sua égide ([2]); por fim, e no que especificamente respeita às Comunidades Europeias, as versões autênticas em português dos tratados que compõem o Direito Comunitário originário (e o mesmo se poderá dizer do Direito Comunitário derivado) têm, muitas vezes, adulterado e subvertido a pureza e o rigor dos conceitos e dos institutos jurídicos que o Direito Português elaborou e sedimentou, nalguns casos ao longo de muitos séculos, o que se tem ficado a dever unicamente a deficiente trabalho de tratamento linguístico dos textos jurídicos em língua portuguesa da parte dos

---

([1]) Esta questão encontra-se modelarmente tratada por MEINHARD HILF, *Die Auslegung mehrsprachiger Verträge,* Berlim, 1973. V. também BASTID, *op. cit.,* pg. 60, e VERDROSS/SIMMA, *op. cit.,* pgs. 500-501.

([2]) Veja-se, quanto à Convenção Europeia dos Direitos do Homem, os exemplos dados por FAUSTO DE QUADROS, *O princípio da exaustão dos meios internos na Convenção Europeia dos Direitos do Homem e a Ordem Jurídica portuguesa,* separata da *ROA* 1990-I, pgs. 119 e segs. (121, n. 3).

serviços competentes quer do Estado Português quer das Comunidades Europeias.

Num e noutro caso tem sido esquecido que a tradução jurídica não consiste numa mera tradução de *palavras* mas sim numa tradução de *conceitos jurídicos* e de *institutos jurídicos*. Por isso quem traduz um texto jurídico deve dominar, com perfeição, os conceitos e os institutos jurídicos *tanto da língua que traduz como da língua para a qual traduz.*

A má versão portuguesa do recente Tratado da União Europeia é um bom exemplo de como se *não deve fazer* tradução jurídica ([1]).

7. Idem: B) A assinatura

Redigido o texto, chega-se ao momento em que este é assinado pelos plenipotenciários.

A assinatura do tratado produz efeitos jurídicos diferentes conforme se trate de um tratado solene ou de um acordo em forma simplificada.

No tratado solene a assinatura não significa ainda a vinculação do Estado ao tratado, mas nem por isso deixa de gerar uma multiplicidade de efeitos jurídicos, dos quais cabe assinalar os seguintes:

a) exprime o acordo formal dos plenipotenciários quanto ao texto do tratado;

b) produz para o Estado signatário o direito de ratificar o tratado;

([1]) Damos um exemplo que ilustra o que afirmamos, exemplo esse que, sem ser dos mais graves, é dos mais expressivos. O artigo 151.º daquele Tratado dispõe no seu n.º 3, na versão francesa, o seguinte: «Le Conseil *arrête* son *règlement intérieur*». Como é que este preceito foi vertido para o texto oficial português? Assim: «O Conselho *estabelece* o seu *regulamento interno*». Como é que ele devia dispor, se se atendesse à muito velha terminologia jurídica portuguesa, que, aliás, é respeitada no Direito interno? Do seguinte modo: «O Conselho *aprova* o seu *regimento*» (os itálicos são nossos).

c) faz surgir o dever para os Estados signatários de se absterem de acções ou omissões que privem o tratado do seu objecto ou do seu fim. Trata-se, no fundo, de um imperativo do princípio da boa fé e encontra-se consagrado no artigo 18.º CV;

d) autentica o texto, que fica definitivamente fixado, conforme dispõe o artigo 10.º, al. *b*), CV;

e) marca a data e o local da celebração do tratado, uma vez que a ratificação vai ser feita posteriormente e em datas diferentes por cada um dos Estados.

Ao contrário do que se passa nos tratados solenes, nos acordos em forma simplificada a assinatura pode vincular imediatamente os Estados cujos plenipotenciários assinarem. Veja-se o que adiante diremos sobre o artigo 24.º, n.º 4, CV, que pretende estender a outros casos a vinculação imediata.

Os plenos poderes podem, contudo, não conferir ao plenipotenciário a faculdade de assinar. Se assim suceder, este, ou se limita a apor no texto as suas iniciais, ou assina *ad referendum*, ficando as assinaturas definitivas para mais tarde. É o caso da assinatura sob reserva de aceitação, que tem de ser confirmada pelo Estado respectivo. Esta confirmação é normalmente dada pelo Ministro dos Negócios Estrangeiros e não se confunde com a ratificação – veja--se, nesse sentido, o artigo 12.º, n.º 2, al. *b*), CV.

Porque, em função do respectivo Direito Constitucional, um mesmo tratado pode revestir a forma de tratado solene para um Estado signatário e de acordo em forma simplificada para outro, a assinatura pode assumir efeitos diferentes conforme os Estados que o negociaram.

8. Idem: C) A ratificação

I. Como acima se disse, nos tratados solenes não é a assinatura que vincula o Estado mas tão-somente a ratificação e a subsequente troca de ratificações.

A ratificação é o acto jurídico individual e solene pelo qual o órgão competente do Estado afirma a vontade deste de se vincular ao tratado cujo texto foi por ele assinado. É assim que a CV, no seu artigo 14.º, concebe a ratificação. Fala-se aí também na *aceitação* e na *aprovação,* como também se poderia falar na *adesão,* para referir figuras que, no diverso vocabulário do Direito Constitucional Comparado, não diferem substancialmente da ratificação e às quais se aplica o que vamos dizer aqui acerca desta, com as especificidades que adiante examinaremos, quando nos debruçarmos sobre aquelas noções.

II. A ratificação é um *acto político* ou *de governo,* portanto, insindicável pelos tribunais administrativos.

É, também, um *acto livre,* salvo a hipótese, aliás rara, de o dever de ratificar derivar de um tratado anteriormente concluído. O que quer dizer que não viola o Direito Internacional o Estado que não ratifica um tratado solene que previamente assinou – assim decidiram o TPJI, no caso da *competência territorial da Comissão Internacional do Oder,* em 10 de Setembro de 1929 ([1]), e o TIJ, no caso da *plataforma continental do Mar do Norte,* em 20 de Fevereiro de 1969 ([2]). Os esforços de alguma doutrina no sentido de extraírem do princípio da *boa fé* ([3]) o dever para o Estado, que livremente assinou o tratado, de o ratificar, ou, o que é praticamente o mesmo, de o responsabilizarem em tal situação por *abuso de direito,* não foram até agora coroados de êxito ([4]).

Os motivos para a recusa de ratificação podem ser vários, e alguns deles podem resultar das normas constitucionais do Estado em questão: recusa pelo Parlamento da aprovação do tratado, necessária para a ratificação; declaração de inconstitucionalidade do tratado (ou do acto legislativo que o aprovou); veto político do Chefe do Estado; simples inoportunidade ou inconveniência política do tratado.

([1]) Série A, n.º 23, pgs. 17-21. V. o comentário de K. LAMERS ao Acórdão in *Encyclopedia,* t. 2, pgs. 163 e segs.

([2]) *Loc. cit.*

([3]) Sobre o princípio da boa fé na conclusão dos tratados, T. HASSAN, *Good Faith in Treaty Formation,* in *VJIL* 1981, pgs. 443 e segs.

([4]) NGUYEN QUOC, *op. cit.,* pg. 131.

O carácter livre da ratificação, se não impõe ao Estado o dever de ratificar o tratado, por maioria de razão também lhe faculta a escolha do momento em que o há-de ratificar.

Desta discricionaridade da ratificação resultam duas consequências principais. A primeira é a possibilidade de *ratificações tardias,* passados muitos anos sobre a assinatura do tratado. Assim, por exemplo, as Convenções da Organização Internacional do Trabalho, n.º 29, de 1930, sobre o trabalho forçado, n.º 11, de 1921, sobre os direitos de associação e coligação de trabalhadores agrícolas, n.º 87, de 1948, sobre liberdade sindical, e n.º 98, de 1949, sobre o direito de organização e de negociação colectiva, só foram ratificadas por Portugal, respectivamente, em 1956, 1977, 1977 e 1964.

A segunda consequência é, naturalmente, a *possibilidade da recusa de ratificação.* Esta recusa pode criar situações políticas embaraçosas, como a do Presidente Wilson perante a recusa do Senado americano de ratificar o Pacto da Sociedade das Nações, mas não é contrária ao Direito.

A prática da recusa de ratificação tem sido mais frequente nos Estados Unidos, devido ao complexo sistema de ratificação previsto pela sua Constituição, do que na Europa, e está expressamente prevista no artigo 4.º da Convenção Pan-Americana de 20 de Fevereiro de 1928, que dispõe: "A recusa de ratificar um tratado é um direito dos Estados contratantes e não deve ser considerada pelas outras potências contratantes como um acto inamistoso".

O caso mais célebre de recusa de ratificação nos Estados Unidos foi sem dúvida o há pouco referido, ou seja, aquele em que o Senado norte-americano recusou a aprovação do Pacto da Sociedade das Nações, acto que teve graves consequências políticas e que representou na História Diplomática a última grande manifestação do isolacionismo norte-americano.

Mas também na Europa houve casos destes, e alguns muito importantes. O primeiro foi a recusa de aprovação pelo Parlamento francês, em 1954, do Tratado que instituía a Comunidade Europeia de Defesa. Esse acto teve duas consequências imediatas: primeiro, impediu a criação de uma política comum de defesa da parte dos Seis, situação que se mantém até hoje; depois, inviabilizou a assinatura, já então prevista, do Tratado que instituiria a Comunidade Política Europeia, e que teria permitido atingir-se, ainda nos anos 50, uma União Europeia de tipo federal.

O outro caso foi a recusa de ratificação, em 1992, pela Dinamarca, do Tratado da União Europeia, também conhecido por *Tratado de Maastricht,* por ter sido esse o resultado do referendo levado a cabo nesse país. Essa recusa pôs a Europa Comunitária quase em estado de choque e provocou na altura um grande pessimismo quanto ao futuro da integração europeia.

Não há muito tempo, houve um outro caso de recusa de ratificação, este fundado em pura inoportunidade política, que produziu também consequências particularmente nefastas: referimo-nos à recusa de ratificação pelo Líbano do Tratado assinado em 17 de Maio de 1983 com Israel na sequência da Conferência de reconciliação libanesa.

Como se disse, os esforços de parte da doutrina no sentido de se fazer nascer para os Estados um dever jurídico de ratificar os tratados não têm, portanto, tido sucesso. Quando muito pode dizer-se que o princípio geral da boa fé exigiria que os Estados não assinassem tratados que não estão preparados para ratificar. Mas, por um lado, nem sempre a recusa de ratificação significa que o Estado não estivesse de boa fé quando assinou o tratado (veja-se o citado caso da Dinamarca); e, por outro, a violação do dever de boa fé é desprovida de sanção, apesar de tal dever constar hoje do já citado artigo 18.º CV ([1]).

Estes embaraços trazidos aos Estados e à ordem internacional com as recusas de ratificação são largamente responsáveis, como veremos, pela proliferação dos acordos em forma simplificada (que, já dissemos, obrigam pela sua simples assinatura) e, consequentemente, pelo declínio da importância da ratificação.

III. Normalmente é o Chefe do Estado quem emite a chamada *carta de ratificação,* incorporada no *instrumento de ratificação,* a que é junto o texto do tratado. Seguidamente, procede-se à *troca de*

([1]) Sobre o carácter livre da ratificação, CARREAU, *op. cit.,* pgs. 115-117.

ratificações, modo habitual de os Estados se darem mutuamente a conhecer que ratificaram os tratados entre si já negociados.

IV. Qual o significado político da ratificação?
Esta tem mudado de sentido ao longo do tempo.

a) Quando da monarquia absoluta, se o próprio príncipe tivesse negociado o tratado, a ratificação não era necessária, pois, sendo o Chefe do Estado detentor de todos os poderes, a sua assinatura era suficiente para o tratado obrigar o Estado. Porém, quando a negociação fosse feita por plenipotenciários, estes agiam como mandatários do príncipe, que intervinha *a posteriori* para verificar se a sua vontade fora bem expressa pelos mandatários. A consequência deste sistema era que o tratado ficava concluído com a assinatura, a ratificação retroagia ao momento desta, e havia um dever jurídico de ratificação dos tratados assinados, salvo excesso de poder da parte dos plenipotenciários, dever esse que se traduzia na promessa de ratificação atrás aludida. Constituía excepção a este regime a limitação dos poderes do rei pelas Leis Fundamentais, demarcando certos domínios em que ele não era verdadeiramente monarca absoluto ([1]).

b) A partir do estabelecimento nos Estados do princípio da divisão de poderes, e do aparecimento das constituições, surge, por um lado, o poder executivo, que negoceia o tratado, e por outro, o poder legislativo (Parlamento), cuja aprovação é necessária para que se dê a ratificação, e, portanto, para que o tratado vincule o Estado na ordem internacional e, consequentemente, vigore na ordem interna.

A ratificação passa a ser a forma de expressão da vontade do Estado no plano internacional nos termos previstos nas diversas constituições.

Consequentemente, a ratificação deixa de produzir efeitos retroactivos, e é a ratificação, e não a assinatura, que vincula o Es-

---

([1]) É o célebre caso do Tratado de Madrid de 1526, cuja validade foi contestada por Francisco I, rei de França, na base da sua própria incompetência para por si alienar território francês.

tado ao tratado. Por outro lado, a ratificação é, como dissemos, um acto livre, isto é, não há para o Estado dever jurídico de ratificar um tratado assinado pelos seus plenipotenciários nem para o fazer dentro de prazo certo.

9. Idem: os sistemas de ratificação. O sistema português

I. Vejamos agora quais são os sistemas de ratificação possíveis. Isto equivale a estudar os órgãos que têm competência para o processo de ratificação dos tratados.

Antes de o fazer, deixemos aqui duas observações prévias.

O problema do sistema de ratificação está, embora não totalmente, ligado ao do sistema de vigência do Direito Internacional na ordem interna. Ora, como vimos, o Direito Internacional devolve quase inteiramente para o Direito Constitucional interno a regulamentação de tal vigência interna.

Como se disse, é o Chefe do Estado quem tem competência para ratificar os tratados internacionais. Contudo, a lei interna pode exigir a intervenção de outros órgãos, fazendo dessa intervenção uma *conditio iuris* da vigência interna dos tratados.

Dito isto, podemos então, em síntese, encontrar dois sistemas fundamentais de ratificação, que reflectem a estrutura do Estado, conforme neste se verifica uma *concentração absoluta de poderes ou uma separação relativa de poderes* ([1]).

O primeiro sistema, admitindo a *fusão dos poderes executivo e legislativo num mesmo órgão,* engloba duas variedades distintas.

A primeira é a do sistema do *executivo monocrático,* em que há usualmente um órgão singular exclusivamente competente para a ratificação dos tratados. Paradoxalmente, é este o sistema britânico, pois a ratificação faz parte das prerrogativas da Coroa. Mas, na prática, além de ser ouvido o Governo, o Parlamento é sempre

---

([1]) Falamos em "concentração absoluta" e "separação relativa" para evidenciar que se trata sobretudo de uma diferença de grau: em todos os sistemas haverá tendências para a concentração e para a separação.

consultado antes da ratificação, e esta dá-se automaticamente, passado um prazo de três semanas, se nenhum parlamentar suscitar a sua discussão, salvo quanto aos tratados que afectem direitos dos cidadãos britânicos, que operem cessão do território ou que modifiquem a lei britânica, pois, esses, são objecto de aprovação expressa da parte do Parlamento.

A segunda variante do sistema de concentração de poderes é a do sistema de *Assembleia,* que, como o seu nome indica, faz avultar a posição de um órgão colegial. Pela Constituição da ex-União Soviética de 1977 (arts. 121.º e 131.º), como já acontecia sob a vigência da Constituição de 1936 (art. 49.º), a ratificação incumbia ao Presidium do Soviete Supremo. Foi também este, até há pouco, o sistema tradicional nos Estados do leste europeu ([1]).

Mas o sistema de longe mais praticado é o da *separação relativa de poderes,* abrangendo quer o sistema de governo presidencialista, quer o parlamentar, quer sistemas atípicos.

Em qualquer deles, o acto de ratificação é formalmente realizado pelo Chefe do Estado, mas depende, ou pode depender, da aprovação do órgão legislativo.

Por vezes, geralmente no caso do presidencialismo, esta aprovação é exigida para todos os tratados: é o sistema do artigo 2.º, secção II, da Constituição dos Estados Unidos, que exige a aprovação pelo Senado por uma maioria de dois terços. É, aliás, este sistema dos dois terços que está na base da frequente recusa de ratificação dos tratados internacionais pelos Estados Unidos, a que já nos referimos, o que tem feito desenvolver aí a prática dos acordos em forma simplificada (*executive agreements*).

Noutros sistemas, geralmente no caso do parlamentarismo, a aprovação só é exigida para certos tratados, mais importantes: é o sistema da Constituição francesa de 1958, que depois de estabelecer, no artigo 52.º, que o Presidente da República negoceia e rati-

---

([1]) G. TUNKIN, *The New U.S.S.R. Constitution and International Law,* in *Estudios Miaja de la Muela,* Madrid, 1979, pgs. 505 e segs.; e VIRET, *Le droit international à travers les constitutions des États socialistes,* in *Annuaire de l'URSS* 1978, pgs. 23 e segs.

fica os tratados, dispõe no artigo 53.º que "Os tratados de paz, os tratados de comércio, os tratados ou acordos relativos à organização internacional, aqueles que obrigam as finanças do Estado, aqueles que modificam disposições de natureza legislativa, aqueles que são relativos ao estado das pessoas, aqueles que comportam cessão, troca ou acrescentamento de território, só podem ser ratificados em virtude de uma lei". Ou seja, os tratados que regulam matéria legislativa e os de grande importância política devem ser aprovados pelas Câmaras; todos os outros são ratificados simplesmente pelo Presidente, sem dependência de aprovação parlamentar ([1]).

Sistema semelhante é o da Constituição italiana (arts. 80.º e 87.º) ([2]) e o da Lei Fundamental da Alemanha (art. 59.º) ([3]).

Como casos atípicos, nos Estados que praticam a democracia semidirecta pode um tratado ser submetido a referendo popular: é o que acontece em face do artigo 85.º, n.º 5, da Constituição suíça de 1874 ([4]). E a Constituição francesa de 1958 também permite que o Chefe do Estado submeta a *referendum* um tratado que "sem ser contrário à Constituição teria incidências sobre o funcionamento das instituições" (art. 11.º)

Em resumo, é o Direito Constitucional de cada Estado que define o *treaty-making power*, com os poderes para a negociação, a assinatura e a ratificação. E o regime da ratificação reflecte necessariamente o sistema político próprio de cada Estado.

II. O sistema de ratificação adoptado pela Constituição da República Portuguesa é, como não podia deixar de ser, um sistema de repartição de poderes. Por outro lado, ele não pode deixar de reflectir as características gerais do sistema político definido na Constitui-

---

([1]) C. ROUSSEAU, *La Constitution de 1958 et les traités internationaux*, in *Mélanges Basdevant*, Paris, 1960, pgs. 463 e segs.; MANIN, PELLET e LUCHAIRE, anotações aos artigos 52.º, 53.º e 54.º em CONAC/LUCHAIRE (eds.), *La Constitution de la République française*, Paris, 1979, pgs. 665 e segs.; e NGUYEN QUOC, *op. cit.*, pgs. 140 e segs.

([2]) CONFORTI, *op. cit.*, pgs. 65-66 e 73 e segs.

([3]) MAUNZ/DÜRIG, *op. cit.*, anotação ao artigo 59.º.

([4]) MALINVERNI, *Democracy and Foreign Policy – The Referendum on Treaties in Switzerland*, in *BYIL* 1978, pgs. 207 e segs.

ção de 1976. Assim, quem dirige a política externa do País é, em face da Constituição, o Governo. Isso decorre do princípio geral segundo o qual a "condução da política geral do País" compete ao Governo, e não a qualquer outro órgão de soberania, nomeadamente ao Presidente da República (art. 185.º). Como projecção desse princípio no plano externo, o texto constitucional atribui só ao Governo o poder de "negociar e ajustar convenções internacionais" (art. 200.º, n.º 1, al. *b*)).

Nas relações externas, fica para o Presidente da República competência apenas para a representação do Estado português (art. 123.º) (¹). E é dentro desta função de representação externa que deve ser interpretado o poder que lhe cabe de ratificar os tratados, por força de preceito expresso, o artigo 138.º, al. *b*). Portanto, é o Presidente da República quem vincula o Estado português na ordem internacional através de tratados internacionais solenes e, portanto, quem atribui vigência a esses tratados na ordem interna portuguesa.

Qual é a forma que deve assumir o acto de ratificação?

A Constituição não fornece resposta a esta interrogação, nem mesmo quando submete a ratificação a *referenda* ministerial (art. 143.º, n.º 1, por remissão para o art. 138.º, al. *b*)) ou quando obriga à publicação dos avisos de ratificação (art. 122.º, n.º 1, al. *b*)).

Também a Lei n.º 6/83, de 29 de Julho, quando veio disciplinar a publicação, a identificação e o formulário dos diplomas, ignorou a questão, particularmente no artigo 10.º, n.ºˢ 3 e 5.

Todavia, ainda na década de 80 iniciou-se a prática de o acto de ratificação ser objecto de um *decreto autónomo* do Presidente da República (decreto presidencial de ratificação).

A primeira expressão dessa prática parece ter sido o Decreto do Presidente da República n.º 38-A/87, de 14 de Setembro, relativo à já referida Declaração Conjunta sobre a Questão de Macau. E o Decreto-Lei n.º 1/91, de 2 de Janeiro, que alterou a citada Lei n.º 6/83, veio acolher essa prática, ao dispor, no artigo 3.º, n.º 2,

---

(¹) Uma única excepção a esta regra encontramo-la no artigo 293.º, n.º 2, quanto a Timor, matéria em que a Constituição parece atribuir poderes e responsabilidades iguais ao Presidente da República e ao Governo.

al. *b*), que são publicados na parte A da 1.ª Série do *Diário da República* "as convenções internacionais, os respectivos *decretos presidenciais* e avisos de ratificação (...)".

A obrigação de publicação do decreto de ratificação no *Diário da República* resulta também do artigo 122.º, n.º 1, al. *d*).

Mas o Presidente da República só pode ratificar um tratado precedendo aprovação deste pela *Assembleia da República* (mediante resolução) ou pelo *Governo* (através de decreto): é o que resulta dos artigos 164.º, al. *j*), e 200.º, n.º 1, al. *c*).

Também em Portugal a ratificação do tratado é um acto livre, o que significa que o Presidente da República, após a Assembleia da República ou o Governo (conforme o caso) terem aprovado o tratado, pode optar por uma de três hipóteses: ratificá-lo; não o ratificar; pedir a fiscalização preventiva da sua constitucionalidade, de harmonia com os artigos 137.º, al. *g*), *in fine*, e 278.º, n.º 1. Se optar por esta última hipótese, e se o Tribunal Constitucional se pronunciar pela inconstitucionalidade do tratado, o acto de ratificação deixa de ser um acto totalmente livre: nesse caso, o Presidente da República só poderá ratificar o tratado se a Assembleia da República o aprovar por maioria de 2/3 dos deputados presentes, que terá de ser sempre superior à maioria absoluta dos deputados em efectividade de funções (art. 279.º, n.º 4).

Os acordos em forma simplificada, que na terminologia da Constituição são designados de "acordos internacionais", não carecem, nos termos gerais, de ratificação pelo Presidente da República. Mas nem por isso este deixa de intervir na sua conclusão, porque terá que assinar as *resoluções* da Assembleia da República ou os *decretos* do Governo que os aprovem (arts. 137.º, al. *b*), 2.ª parte, e 200.º, n.º 2). E não poderá assinar nem aquelas nem estes se o Tribunal Constitucional, em sede de fiscalização preventiva de constitucionalidade, se pronunciar pela inconstitucionalidade do acordo (art. 279.º, n.º 1) ([1]).

([1]) Sobre o sistema de ratificação no Direito Constitucional português, v. CANOTILHO/MOREIRA, *op. cit.*, vol. II, anotações I e III ao artigo 138.º; e JORGE MIRANDA, *DIP-I, cit.*, pgs. 160-163.

O Presidente da República pode exercer o veto político quanto aos tratados?

Cremos que não, nem quanto aos tratados solenes nem quanto aos acordos, porque o veto político só se pode exercer quanto a *actos susceptíveis de promulgação* (art. 139.º), o que não é o caso. Todavia, e recapitulando o que se disse, o Presidente da República pode recusar a vinculação de Portugal a um tratado solene porque pode não o ratificar; não assim quanto a um acordo, porque, como também já mostrámos, tem sempre de assinar a resolução da Assembleia da República ou o decreto do Governo que o aprovou, salvo se o Tribunal Constitucional se tiver pronunciado preventivamente pela sua inconstitucionalidade.

Sublinhe-se que, nos termos da Constituição, o decreto presidencial de ratificação carece da *referenda* do Governo, sob pena da sua *inexistência jurídica* (art. 143.º). Isto mostra bem que em matéria de ratificação existe, no nosso sistema constitucional, uma intervenção conjugada do Presidente da República e do Governo, sem prejuízo de só o primeiro ter competência para ratificar os tratados.

Ratificado o tratado, cabe ao Presidente da República emitir a *carta de ratificação.*

A fórmula utilizada pela carta de ratificação tem variado ao longo dos tempos, mas não anda longe do modelo proposto pelo Embaixador J. CALVET DE MAGALHÃES ([1]), e que é o seguinte:

([1]) *Manual Diplomático*, 2.ª ed., Lisboa, 1991, pg. 217.

CARTA DE RATIFICAÇÃO

....

Presidente da República Portuguesa pelo voto da Nação

Faço saber aos que a presente Carta de Confirmação e Ratificação virem que aos .... foi assinada em .... a Convenção ...., cujo texto em .... e respectiva tradução portuguesa são do teor seguinte:

(Texto da Convenção)

....

Visto, examinado e considerado tudo quanto se contém na referida Convenção, aprovada, para ratificação, pelo Decreto-Lei número ...., publicado no "Diário da República" número ...., primeira série, de ...., é pela presente Carta a mesma Convenção confirmada e ratificada, assim no todo como em cada um dos seus artigos, e dada por firme e válida para produzir os seus efeitos e ser inviolavelmente cumprida e observada.

Em testemunho do que a presente Carta vai por mim assinada e selada com o selo da República Portuguesa.

Dada nos Paços do Governo da República, aos .... do mês de .... de mil novecentos e ....

(a) ....
Presidente da República

(a) ....
Ministro dos Negócios Estrangeiros

Como nota final acrescente-se que é hoje pacífico o entendimento de que a ratificação não tem efeito retroactivo. Esse efeito era admitido quando a ratificação era concebida como mera confirmação da assinatura, mas o seu sentido presente faz com que se não aceite a produção de efeitos a partir do momento da assinatura, mas só da ratificação, se o tratado já estiver em vigor, ou então da entrada em vigor do tratado. É o que decorre do artigo 24.º CV, segundo o qual

"1. Um tratado entra em vigor segundo as modalidades e na data fixadas pelas suas disposições ou convencionadas pelo acordo dos Estados que tenham participado na negociação.
2. Na falta de tais disposições ou de um tal acordo, um tratado entra em vigor logo que o consentimento a ficar vinculado pelo tratado seja manifestado por todos os Estados que tenham participado na negociação.
3. Quando o consentimento de um Estado a ficar vinculado por um tratado seja manifestado em data posterior à da sua entrada em vigor, o tratado, a menos que disponha diversamente, entra em vigor em relação a esse Estado nessa data.
(...)".

Notemos, porém, que o n.º 4 desse mesmo artigo 24.º, que não constava de nenhum dos projectos da Comissão de Direito Internacional, estabelece a regra da entrada em vigor imediata, desde a data da adopção do texto, das disposições de um tratado que digam respeito à sua validade *formal*. Mas esta disposição, embora compreensível, não se compatibiliza com o respeito pela definição, por cada Estado, do seu próprio *treaty-making power* ([1]).

10. As ratificações imperfeitas

I. Pode acontecer que no processo de conclusão do tratado um Estado não respeite os requisitos formais constantes do seu Direito interno e, particularmente, do seu Direito Constitucional: por

---

([1]) Sobre a génese e a razão de ser desse n.º 4, SINCLAIR, *op. cit.*, pgs. 44-46.

exemplo, não se observam as formalidades definidas para a aprovação parlamentar do tratado; ou não se cumprem as exigências em matéria de designação dos plenipotenciários. Pergunta-se então: em que medida é que essa irregularidade formal na conclusão do tratado afecta a validade da vinculação do Estado no plano internacional?

É este o problema das chamadas *ratificações imperfeitas*.

Não se nos afigura que a questão possa ser resolvida com base na escolha entre soluções monistas e dualistas quanto às relações entre a ordem interna e a ordem internacional, como pretenderam ANZILOTTI (dualista) e SCELLE (monista). De facto, o dualismo inclinar-se-ia para a validade do tratado no plano internacional, dada a separação entre este e o plano interno. Mas à mesma resposta chegaria o monismo com primado do Direito Internacional. A solução negativa só resultaria do monismo com primado do Direito interno – que não é, como vimos, construção admissível.

Por isso, há muito tempo que a doutrina prefere encontrar para o problema uma solução pragmática ou empírica.

O Direito Internacional consuetudinário admitia para o Chefe do Estado o *ius representationis omnimodae,* e assim a ratificação de um tratado vincularia sempre o Estado no plano internacional, quer a ratificação fosse ou não regular no plano interno. Em rigor, até na monarquia absoluta só muito raras vezes se podia pôr o problema da regularidade da ratificação, pois o monarca, senhor absoluto, não estava vinculado normalmente a qualquer requisito prévio, nomeadamente a aprovação parlamentar. Daí que se admitisse, em regra, a validade dos tratados ratificados.

Dada, porém, a mudança de significado que se operou na ratificação, compreende-se que o problema tenha voltado a ganhar importância.

Até à assinatura da CV, em 1969, debatiam-se na doutrina duas grandes correntes.

Uma, era contrária à validade internacional da ratificação pelo Estado. O grande argumento em que esta tese se fundava consistia no facto de o Direito Internacional remeter para o Direito interno a regulamentação do processo de conclusão dos tratados, inclusive a definição da competência dos órgãos que nele deviam intervir, e, por isso, dever ser o Direito interno o padrão da validade da ratificação no plano internacional.

Esta opinião chegou a ser sufragada pela Comissão de Direito Internacional, em 1951, quando, num dos seus documentos internos, escreveu que "um tratado torna-se obrigatório em relação a um Estado mediante a assinatura, ratificação, adesão ou qualquer outra forma de exprimir a vontade do Estado, através de um órgão competente para este fim *segundo a lei e a prática constitucionais desse Estado*" ([1]).

Alguns sequazes dessa orientação restringiam-na de modo a que a invalidade internacional do consentimento dado por um Estado ao tratado só se constituísse no caso de ela ser notória e evidente, de tal modo que o outro Estado, ou os outros Estados, não pudessem afirmar que a desconheciam.

Uma segunda corrente sustentava, ao contrário, a validade internacional do tratado apesar da ratificação imperfeita. Entendia ela que a manifestação externa da vontade de um órgão do Estado competente para o representar no plano internacional bastava para efectuar a vinculação internacional do Estado. O Direito Internacional contentar-se-ia com esta manifestação, sem curar da legalidade interna da ratificação. A ratificação imperfeita podia acarretar a invalidade interna do tratado mas não desobrigava o Estado no plano internacional.

Para certos adeptos desta corrente, era de introduzir nela uma restrição análoga à que vimos ter sido feita à primeira corrente: ou seja, partindo-se da base da validade internacional do Estado, admitia-se, no entanto, que o tratado não vinculasse o Estado em causa quando a ilegalidade interna fosse tão manifesta que o outro Estado ou os outros Estados não a pudessem ter ignorado.

([1]) O itálico é nosso.

Que a escolha entre uma e outra posição não era fácil provava-o o facto de o TPJI se ter abstido de se pronunciar sobre a querela, no caso da *Gronelândia oriental* (¹).

II. A CV sentiu a necessidade de disciplinar tão importante questão. E decidiu fazê-lo, também ela, na base de considerações meramente pragmáticas, fugindo a qualquer discussão filosófica. Sendo assim, após uma reflexão muito demorada da matéria (²), ficou disposto no seu artigo 46.º o seguinte:

"ARTIGO 46.º

Disposições do Direito interno relativas à competência para a conclusão de tratados

1 – A circunstância de o consentimento de um Estado a obrigar-se por um tratado ter sido expresso com violação de um preceito do seu Direito interno respeitante à competência para a conclusão dos tratados não pode ser alegada por esse Estado como tendo viciado o seu consentimento, a não ser que essa violação tenha sido manifesta, e diga respeito a uma regra do seu Direito interno de importância fundamental.

2 – Uma violação é manifesta se é objectivamente evidente para qualquer Estado que proceda, nesse domínio, de acordo com a prática habitual e de boa fé."

Este preceito dá guarida à forma mais mitigada da primeira das duas correntes que analisámos, e que defende a *validade internacional* do tratado salvo quando a violação do Direito interno é *manifesta* e (e aqui tratou-se de uma inovação da CV) diga respeito a uma *norma interna de importância fundamental*. No fundo, esta orientação vai de encontro à prática diplomática, que prevê tradicio-

---

(¹) Acórdão de 5-4-33, Série A/B, pgs. 56-71 e 91. Cfr. VON MÜNCH, in *Encyclopedia*, t. 2, pgs. 81 e segs.

(²) SINCLAIR, *op. cit.*, especialmente pgs. 169-171.

nalmente a ratificação dos tratados pelos Estados "conforme às suas respectivas regras constitucionais".

Mas, além disso, a solução encontrada pela CV também garante uma maior segurança no relacionamento internacional e protege a boa fé dos Estados contratantes. De facto, a solução da invalidade da ratificação no plano internacional obrigaria os outros Estados contratantes a averiguar previamente em pormenor as disposições internas, constitucionais ou não, de cada Estado com o qual quisessem concluir tratados, o que seria praticamente irrealizável, particularmente nos tratados multilaterais. Por outro lado, essa averiguação nem sequer daria sempre a mesma resposta, pois são inúmeras as constituições em que as disposições acerca da ratificação são vagas e imprecisas. Suponhamos que a Constituição de um determinado Estado prevê que só os "tratados muito importantes" sejam submetidos à aprovação parlamentar: como poderá o outro Estado ou os outros Estados contratantes averiguar se foi ou não cumprida esta disposição? Esta "importância" é aqui essencialmente função de considerações políticas internas e da estrutura interna do Estado; a sua averiguação por outros Estados representaria inadmissível intromissão nos assuntos internos.

Ao contrário, quando a ilegalidade interna na conclusão do tratado for manifesta compreende-se que o outro Estado não possa prevalecer-se dela.

O mesmo se terá de dizer quando estiver em causa uma disposição de importância fundamental do Direito do Estado em questão, em nome da protecção da essência do seu sistema político – embora reconheçamos que será difícil, em cada caso, chegar-se a acordo sobre o que é uma "regra (...) de importância fundamental" do Direito interno.

A solução encontrada pelo artigo 46.º CV é hoje pacificamente aceite como boa pela doutrina e encontra-se adoptada sem reservas na prática internacional ([1]).

([1]) Sobre as ratificações imperfeitas, P. CAHIER, *La violation du droit interne relatif à la compétence pour conclure des traités*, in *RivDirI* 1971, pgs. 226 e segs.; ID., *Les caractéristiques de la nullité en droit international et tout particulièrement*

11. A ratificação pelas Organizações Internacionais

Como acima dissemos, o problema da ratificação também se coloca no Direito das Organizações Internacionais.

Nas Organizações intergovernamentais, onde há um órgão plenário, isto é, composto por todos os Estados membros da Organização, e um órgão executivo, composto só por alguns, a competência para a ratificação será atribuída, em regra, ao primeiro, mas também pode ser atribuída aos dois.

Nas Organizações supranacionais, o problema coloca-se em termos algo diferentes. Assim, na CEE, o artigo 114.º confere competência para ratificar os tratados comerciais concluídos pelas Comunidades com terceiros ao Conselho, que é o órgão legislativo daquela Comunidade e que é composto por "representantes" de todos os Estados membros, um por cada Estado.

Note-se que as Organizações Internacionais não praticam, em regra, a troca dos instrumentos de ratificação.

12. Os acordos em forma simplificada

I. Durante muito tempo foi a ratificação a formalidade pela qual os Estados se vinculavam aos tratados. Ou seja, todos os tratados revestiam a natureza de tratados solenes, como atrás os definimos.

Mas, como também já ficou acima explicado, com o desenvolvimento das relações internacionais, particularmente com o incremento do comércio internacional, passou a ser urgente para os Estados sentirem se obrigados pelos tratados que livremente negociavam, o que nem sempre se compadecia com a demora da aprovação parlamentar, necessária à ratificação pelo Chefe do Estado.

---

dans la Convention de Vienne de 1969 sur le droit des traités, in *RGDIP* 1972, pgs. 645 e segs.; M. SCHRÖDER, *Treaties, Validity*, in *Encyclopedia*, t. 7, pgs. 511 e segs. (512) e bibl. aí cit.; D. CARREAU, *op. cit.*, pgs. 123 e segs.; e NGUYEN QUOC, *op. cit.*, pgs. 176 e segs.

Por outro lado, os governos passaram a forçar a vinculação dos respectivos Estados aos tratados por força da sua simples assinatura, como forma de evitar que uma recusa posterior de aprovação do tratado pelo Parlamento, ao impedir a ratificação, obstasse à vinculação do Estado ao tratado. Dessa forma nasceu e generalizou-se a categoria dos chamados *acordos em forma simplificada,* que, como já explicámos, são assim designados exactamente por dispensarem a ratificação e os Estados a eles ficarem ligados pela sua mera assinatura, ou, na terminologia inglesa, *executive agreements,* expressão que pretende justamente significar que eles obrigam os Estados pela simples assinatura do Executivo. Note-se, porém, que na prática diplomática eles têm surgido com designações muito díspares e apresentando características formais nem sempre coincidentes (como, aliás, daqui a pouco mostraremos acontecer hoje em Portugal). Mas isto não impede que se diga que na política externa de todos os Estados, pelo menos da Europa ocidental e dos Estados Unidos, os acordos em forma simplificada já suplantaram em importância os tratados solenes. Assim, como nos revelam NGUYEN QUOC, DAILLIER e PELLET, mais de 60% das convenções actualmente concluídas por ano pela França revestem a forma de acordos em forma simplificada ([1]). E, como veremos, nos Estados Unidos essa percentagem é ainda mais elevada.

II. Por conseguinte, a distinção entre os tratados solenes e os acordos em forma simplificada é dada pela *presença ou ausência de ratificação.* É este o critério utilizado, por exemplo, pelo artigo 53.º da Constituição Francesa de 1958, que se refere a eles como "acordos internacionais não sujeitos a ratificação".

Saber-se se uma convenção exige ou não ratificação (por outras palavras, se ela reveste forma de tratado solene ou de acordo em forma simplificada) é uma questão que, no plano do Direito Internacional, deverá, em princípio, ser esclarecida pela própria convenção. IAN SINCLAIR ([2]), louvando-se em MARIA

---

[1] *Op. cit.,* pg. 133.
[2] *Op. cit.,* pg. 40.

FRANKOWSKA ([1]), mostra-nos que dos 1597 tratados publicados na *United Nations Treaty Series* entre 1963 e 1965 só 151 não continham aquela indicação. E da prática adoptada nesse domínio extrai-se, desde logo, a conclusão de que, ao contrário do que possa parecer, não é a importância da matéria versada na convenção que faz com que ela imponha a sua ratificação e lhe dá a forma de tratado solene. Só assim se compreende que, por força do seu próprio texto, tenham revestido a forma de acordos em forma simplificada e não de tratados solenes, entre outros, o Acordo Geral sobre Pautas Aduaneiras e Comércio, vulgarmente conhecido pela sua sigla GATT (*General Agreement on Tariffs and Trade*), e que entrou em vigor para as Partes Contratantes em 1 de Janeiro de 1948, isto é, apenas três meses após a sua assinatura; a Declaração franco-marroquina de 2 de Março de 1956 sobre o reconhecimento da independência de Marrocos; o Acordo entre o Reino Unido e o Egipto sobre a autodeterminação para o Sudão, de 12 de Fevereiro de 1953; os Acordos de Genebra de 1954 sobre a cessação de hostilidades na Indochina; a Acta Final da Conferência de Paris, de 27 de Fevereiro de 1973, sobre o termo da guerra no Vietnam; o Acordo entre os Estados Unidos e o Irão, de 1981, após a crise dos reféns norte-americanos em Teerão; etc. E até já aconteceu, embora a título excepcional, que um tratado sobre matéria particularmente importante previa de forma expressa a sua ratificação para a sua entrada em vigor mas os Estados nele partes, sobrepondo razões políticas a argumentos jurídicos, decidiram considerar-se vinculados a ele pela sua simples assinatura: foi o caso do Tratado *SALT II* (*Strategic Arms Limitation Talks II*), assinado em 1979 pelos Presidentes dos Estados Unidos e da União Soviética. Como o Senado norte-americano recusou a aprovação do Tratado para ratificação, e dado que, não obstante isso, o seu conteúdo era considerado obrigatório pelas duas partes, ambas resolveram dar-se por vinculadas a ele e começar a cumpri-lo ([2]).

([1]) *De la prétendue présomption en faveur de la ratification*, in *RGDIP* 1969, pg. 62 e segs. (78).

([2]) D. CARREAU, *op. cit.*, pgs. 113-114.

III. Mas vamos imaginar agora que o tratado não contém indicação expressa quanto à necessidade de ratificação, ou seja, não diz se é um tratado solene ou um mero acordo em forma simplificada. *Quid iuris?*

A Comissão de Direito Internacional, na fase da preparação da CV, revelou grandes alterações de opinião nas diferentes versões do seu Projecto, já referido ([1]).

O Professor BRIERLY, encarregado do primeiro relatório para o Projecto, propôs a seguinte disposição: "um tratado vincula pela assinatura, salvo estipulação em contrário" (art. 8.º). Desta forma consignava-se o carácter supletivo ou residual do acordo em forma simplificada, contra a doutrina tradicional de então.

A Comissão reformulou essa proposta, nos seguintes termos: "se a forma do tratado ou as circunstâncias que o rodearam indicam a intenção de se dispensar a ratificação, o tratado vincula pela assinatura, salvo estipulação em contrário" (art. 6.º).

No segundo relatório, LAUTERPACHT propôs duas formulações alternativas da regra. Uma, surgia na sequência da anteriormente adoptada. Outra, dizia que "a ratificação só se exige se o tratado dispuser nesse sentido" (art. 6.º), e acrescentava: "na ausência de disposição expressa em contrário" a ratificação será necessária se, "atendendo às matérias que contêm", os tratados exigem aprovação parlamentar ou autorização de ratificação, pelo Direito Constitucional dos Estados.

Após a versão proposta por FITZMAURICE ter voltado à presunção da não exigência de ratificação (art. 32.º) coube a WALDOCK elaborar um derradeiro relatório, que afirmava no seu artigo 10.º:

§ 1.º – A ratificação é necessária se o tratado assim o dispuser;

§ 2.º – Na ausência de qualquer disposição não há dever de ratificar: *a)* se o tratado for assinado pelos Chefes de Estado; *b)* se a sua entrada em vigor pela assinatura se encontra expressamente prevista, ou pode ser tida como implícita ou *c)* se se inferir a inten-

---

([1]) SINCLAIR, *op. cit.*, pgs. 39 e segs.

ção de dispensar a ratificação de factos ou outras circunstâncias que mostrem essa intenção; *d*) se o acordo é em forma de troca de notas, troca de cartas, ou outros tratados menos formais.

§ 3.º – Em todos os restantes casos, a ratificação é necessária para que o tratado vincule, excepto se plenos poderes, credenciais ou outros instrumentos autorizam os plenipotenciários a vincular o Estado pela assinatura."

Com todas as restrições que revela, esta disposição parece-nos conter a regra da *presunção de necessidade de ratificação.*

A CV porém, não veio a adoptar sobre este ponto qualquer regra supletiva, limitando-se a enunciar, nos artigos 11.º a 15.º, as várias formas de expressão do consentimento do Estado. E, não obstante no artigo 11.º a primeira dessas formas seja exactamente a mera assinatura, é de lamentar a omissão da regra residual ou supletiva, pela indefinição em que deixou um ponto sujeito a tanta controvérsia, embora reconheçamos que, com o evoluir dos tempos e a crescente importância, digamos mesmo indispensabilidade, dos acordos em forma simplicada para as relações externas dos Estados, a presunção geral a favor da ratificação fique progressivamente enfraquecida ([1]).

IV. Note-se, todavia, que, na prática, o que o Direito Internacional possa dispor sobre a matéria tem pouca relevância porque acabará por ser o Direito Constitucional dos Estados a definir quais são as matérias que podem ou não ser objecto de acordos em forma simplificada. E aí o legislador constituinte de cada Estado conserva uma total liberdade – donde resulta, frequentemente, que um mesmo tratado é solene para uma Parte Contratante e de forma simplificada para outra. E não se vê que esse facto ofenda qualquer razão de lógica jurídica ([2]).

([1]) SINCLAIR, *op. e loc. cits.;* FRANKOWSKA, *op. e loc. cits.;* e NGUYEN QUOC, *op. cit.,* pg. 132. As duas últimas obras sustentam que não existe hoje presunção de forma solene.

([2]) Assim, S. BASTID, *op. cit.,* pg. 47.

A crescente generalização dos acordos em forma simplificada tem levado a que as Constituições estaduais lhes dediquem cada vez maior atenção. A posição que as Constituições dos vários Estados venham a adoptar na matéria dependerá sobretudo do sistema político consagrado por cada uma delas.

Não vamos proceder aqui a um estudo de Direito Constitucional Comparado (¹). Vamo-nos limitar a estudar o tratamento que à matéria é dado pelo actual Direito Constitucional português e os seus antecedentes imediatos.

Mas antes disso queremos frisar aqui dois pontos.

O primeiro é o de que várias Constituições modernas prevêem expressamente os acordos em forma simplificada e estabelecem de modo expresso quais as matérias sobre os quais eles podem versar – o que, não há dúvida, transmite comodidade ao jurista e segurança ao diplomata. É o caso da Constituição dos Países Baixos, que os admite em termos muito restritos, e também da Constituição Francesa de 1958, nos seus artigos 52.º, n.º 2, e 53.º, n.ºˢ 1 e 2, embora esta de forma menos clara.

O segundo é o de que tem sido no Direito Constitucional norte--americano que os acordos em forma simplificada têm feito surgir problemas mais difíceis. A Constituição norte-americana só prevê os tratados solenes. Mas, como dissemos, a prática veio tornar indispensável à condução da política externa a conclusão dos *executive agreements,* dada a dificuldade de reunir a maioria de dois terços no Senado, necessária à ratificação de um tratado solene.

Assim, por exemplo, no ano de 1947 os Estados Unidos celebraram 183 *agreements* e apenas 15 *treaties.* E essa proporção tem vindo a manter-se até aos nossos dias, embora se assista a um aumento progressivo do número absoluto dos *executive agreements.*

Não há, porém, acordo entre os constitucionalistas norte-americanos sobre a esfera de matérias a que se podem validamente estender os *agreements.* Segundo uma opinião, tais acordos só pode-

---

(¹) Veja-se sobre a matéria NGUYEN QUOC, *op. cit.*, pgs. 136 e bibl. aí cit.; e BASTID, *op. cit.*, pgs. 47-50.

riam abranger matéria contida dentro dos poderes administrativos do Executivo. Outra corrente entende que eles poderão versar sobre qualquer questão, mas, se abrangerem matéria legislativa, ou outra da competência do Congresso, exigem a aprovação deste, embora por maioria simples, evitando-se, assim, a aplicação da regra dos dois terços, e associando-se à deliberação a Câmara dos Representantes.

V. A Constituição Portuguesa de 1933, na sua versão original, era omissa nesta matéria. Todavia, na edição anterior deste livro, entendíamos que o seu artigo 151.º, § 1.º, ao referir-se a acordos não incluídos nos artigos 81.º, n.º 7, e 91.º, n.º 7, parecia querer abranger os acordos em forma simplificada ([1]). E a prática já admitia como válidos os acordos internacionais celebrados pelo Governo, e aos quais o Professor AFONSO QUEIRÓ chamava *acordos intergovernamenais* ([2]).

Quanto ao objecto desses acordos, muito cedo o Ministério dos Negócios Estrangeiros começou a entender que os acordos que abrangiam matéria legislativa necessitavam de ratificação, podendo esta ser dispensada para aqueles que só dissessem respeito a questões compreendidas na competência administrativa ou política do Governo. Nem sempre, porém, foi seguido esse critério, e, assim, não foram sujeitos a ratificação nem o Acto Constitutivo da FAO (*Food and Agriculture Organisation*) nem o citado GATT, dos quais pelo menos o último envolvia certamente alteração de matéria legislativa.

Mas após a revisão de 1971 aquela Constituição passou a admitir de modo expresso os acordos em forma simplificada, nos artigos 4.º, § 1.º, e 109.º, n.º 2. A essa alteração não terá sido estranha a publicação da CV dois anos antes (já vimos que ela veio dar consagração expressa àqueles acordos) e o facto de, na prática

---

[1] Pgs. 170-171. No mesmo sentido opinava JORGE MIRANDA, *Chefe do Estado*, Coimbra, 1970, pgs. 40-41.
[2] *Lições de Direito Internacional Público*, policopiadas, Coimbra, 1960, pág. 76.

diplomática portuguesa, há muito se vir a assistir, ano após ano, ao aumento do número de acordos em forma simplificada, sem que a sua admissibilidade suscitasse especiais dificuldades nos meios jurídicos ou diplomáticos.

VI. A Constituição de 1976 acolheu mais generosamente aqueles acordos, prevendo-os em vários preceitos: tomando por referência o texto constitucional após a revisão de 1989, nos artigos 8.º, n.º 2, 164.º, al. *j*), 200.º, n.º 1, als. *b*) e *c*), e n.º 2, 203.º, n.º 1, al. *d*), 229.º, n.º 1, al. *s*), 273.º, n.º 2, 277.º, n.º 2, 278.º, n.º 1, e 279.º, n.ºs 1 e 4.

Esta Constituição conserva a terminologia que já era adoptada pela Constituição de 1933, segundo a qual se distinguem as *convenções* (que são, num sentido mais lato, todos os tratados, e, num entendimento mais restrito, todos os tratados abrangidos pela CV), os *tratados* (isto é, os tratados solenes, sujeitos a ratificação) e os *acordos internacionais* (ou seja, os acordos em forma simplificada, que dispensam a ratificação).

Quais as matérias que a Constituição permite que sejam objecto de acordos em forma simplificada?

Ela não o diz de forma expressa, o que é pena, porque isso dificulta o trabalho do intérprete. Antes da revisão de 1989, dos preceitos citados podia-se concluir que estavam excluídas daquelas matérias as abrangidas pelas 1.ª e 2.ª partes da al. *j*) do artigo 164.º (as matérias de competência reservada da Assembleia da República e a participação de Portugal em Organizações Internacionais, a amizade, a paz, a defesa, a rectificação de fronteiras e os assuntos militares), bem como, por coerência com o Estado de Direito democrático, consagrado no preâmbulo e nos artigos 2.º e 9.º, al. *b*), quaisquer outras matérias a que corresponda, a nível interno, acto legislativo ou de governo ([1]).

Mas a revisão de 1989 substituiu, na 1.ª parte daquela alínea, a expressão "*tratados* internacionais" por "*convenções* internacionais". Ora, como na terminologia da nossa Constituição o termo *con-*

([1]) ANDRÉ GONÇALVES PEREIRA, *Aspectos especiais da feitura dos tratados*, in *A feitura das leis*, ed. do I.N.A., 1986, pg. 414.

venções engloba, como dissemos, tanto os tratados solenes como os acordos em forma simplificada, resulta dessa 1.ª parte da al. *j)* do artigo 164.º que hoje os acordos em forma simplificada também podem incidir sobre matérias da competência reservada da Assembleia da República (¹).

Note-se que tudo o que se diz aqui dos acordos em forma simplificada vale para os *acordos por troca de notas*, que, hoje, são, sem dúvida, no nosso Direito Constitucional reconduzíveis àqueles (²).

VII. Uma especificidade do sistema constitucional português vigente reside no facto de os acordos (isto é, os acordos em forma simplificada) não vincularem o Estado Português com a sua mera assinatura mas apenas com a sua aprovação, logicamente, posterior à assinatura. É o que resulta, desde logo, dos artigos 8.º, n.º 2, e 200.º, n.º 1, al. *c*), 1.ª parte. Trata-se, sem dúvida, de um desvio à pureza dos princípios, que, como vimos, estabelecem que os acordos em forma simplificada obrigam com a sua mera assinatura. É certo que nada impede que a Constituição portuguesa imponha, após a assinatura, a aprovação do acordo, dado que, como acima sublinhámos, o Direito Constitucional de cada Estado é livre de prescrever o regime que entender para a conclusão dos tratados internacionais. Mas, em face do artigo 12.º, n.º 1, CV, caso Portugal não ressalve expressamente no acordo que só se vinculará a ele depois da sua aprovação pelo órgão nacional competente, de harmonia com a sua Constituição, ficará vinculado ao acordo *no plano internacional* pela sua mera assinatura, não obstante o acordo só passe a vigorar *na ordem interna* após a sua aprovação ou, porventura, até nunca venha a vigorar na ordem interna por a aprovação não se ter dado ou por o acordo ter sido declarado inconstitucional. E isto é assim porque o artigo 27.º CV, que já estudámos, dispõe que ne-

---

(¹) Assim, JORGE MIRANDA, *DIP-I*, cit., pgs. 158-159, e bibl. aí cit., embora o pensamento daquele Professor nesta matéria pareça não ser unívoco: cfr. as pgs. citadas com as pgs. 160-161, 174, 175 e 179.

(²) No mesmo sentido, SILVA CUNHA, *op. cit.*, t. I, pg. 186; contra, JORGE MIRANDA, *DIP-I*, cit., pg. 186.

nhum Estado pode invocar as disposições do seu Direito interno para se eximir ao cumprimento do tratado ao qual livremente se vinculou na cena internacional.

Se a assinatura compete sempre ao Governo, a aprovação cabe, em princípio, ao Governo, mas este, se assim o entender, pode submeter os acordos à aprovação da Assembleia da República (art. 200.º n.º 1, al. c), 1.ª parte e *in fine*). Exceptuam-se os acordos concluídos sobre matéria da competência reservada da Assembleia da República, que têm de ser necessariamente aprovados por este órgão (o há pouco citado art. 164.º, al. j), 1.ª parte).

VIII. Vejamos, a concluir, alguns outros traços do regime constitucional dos acordos em forma simplificada:
— o Presidente da República intervém neles através da assinatura dos *decretos* de aprovação do Governo ou das *resoluções* de aprovação da AR (arts. 137.º, al. b), 2.ª parte, e 200.º, n.º 2), enquanto que intervém nos tratados mediante ratificação;
— o Presidente da República nunca pode opor-se à vinculação do Estado português a um acordo, porque tem sempre de assinar o decreto do Governo (arts. 137.º, al. b), *in fine*, e 200.º, n.º 2), ou a resolução da Assembleia da República (art. 137.º, al. b), 2.ª parte) que o aprova (mas pode opor-se à vinculação a um tratado não o ratificando);
— os acordos estão sujeitos, tais como os tratados, à fiscalização preventiva da constitucionalidade, mas, em caso de pronúncia pela inconstitucionalidade pelo Tribunal Constitucional, o Presidente da República nunca pode assinar o decreto ou a resolução que aprova o acordo (art. 279.º, n.ºˢ 1 e 2) e, por conseguinte, ele não vigorará na ordem interna, mesmo se vincular Portugal na esfera internacional, o que, nos termos acima expostos, acontecerá em princípio (ao contrário do que sucede com o tratado, que ainda pode vir a ser ratificado no caso de a Assembleia da República o aprovar por maioria de 2/3 dos deputados presentes (art. 279.º, n.º 4)) ([1])([2]).

([1]) Não coincidimos totalmente, nesta matéria, com JORGE MIRANDA, *DIP-I*, cit., pgs. 160-162.

([2]) Sobre questões gerais dos acordos em forma simplificada vejam-se também as obras citadas atrás sobre a matéria, quando estudámos as classificações dos tratados.

13. Particularidades dos tratados multilaterais

I. O incremento da vida internacional tem conduzido, já o vimos, a um notável desenvolvimento dos tratados multilaterais.

E, com este incremento, foi-se elaborando no nosso século a própria concepção de tratado multilateral, já não entendido como um feixe de tratados bilaterais, mas considerado como conceito autónomo na doutrina internacionalista (¹).

Dissemos atrás que a conclusão dos tratados multilaterais suscitava problemas específicos. São questões complexas e difíceis, que, todavia, examinaremos de seguida apenas no âmbito das ambições deste livro (²). Pela sua importância, trataremos em separado o problema da adesão e a matéria das reservas.

II. A *elaboração do texto* do tratado multilateral dá-se quer numa conferência internacional convocada para esse efeito, quer numa Organização Internacional, podendo então ser aprovado por uma resolução. A consequência principal disso é que o texto poderá resultar então, não de um acordo unânime, mas de uma votação maioritária, para a qual se exige geralmente a maioria de dois terços. Daqui deriva, como veremos, o aparecimento das reservas.

(¹) Note-se, contudo, que, em bom rigor, o conceito de tratado multilateral, dessa forma concebido, nasceu no Congresso de Viena de 1815, e que, em conformidade com esse facto, o primeiro tratado multilateral perpétuo foi o Tratado de Paris de 30-3-1856, que pôs termo à guerra da Crimeia e que foi concluído no quadro da Conferência de Paris – v. NGUYEN QUOC, *op. cit.*, pg. 151. Sobre o significado do Congresso de Viena para o Direito Internacional Público, F. MÜNCH, *Viena Congress (1815)*, in *Encyclopedia*, t. 7, pgs. 522 e segs., e o estudo histórico de D'ANGEBERG, *Le Congrès de Vienne et les traités de 1815*, Paris, 1863.

(²) Para um estudo mais aprofundado, além das obras gerais que temos vindo a citar, veja-se especialmente C. W. JENKS, *Les instruments internationaux à caractère collectif*, in *RdC*, 1939-III, pgs. 451 e segs.; M. LACHS, *Le développement et les fonctions des traités multilatéraux*, RdC, 1957-II, pgs. 233 e segs.; ID., *Evolución y funciones de los tratados multilaterales*, México, 1962; K. MAREK, *Contribution à l'étude de l'histoire du traité multilatéral*, in *Festschrift Bindschedler* (1980), pgs. 17 e segs.; e L. WILDHABER, *Treaties, Multilateral*, in *Encyclopedia*, t. 7, pgs. 480 e segs. e óptima bibliografia aí arrolada.

Não há portanto, normalmente, lugar à assinatura. E, por isso, se designa então, geralmente, o acto pelo qual é fixado o texto do tratado pelo termo genérico de *adopção*. É a terminologia consagrada no artigo 9.º CV, que reza:

"1. A adopção do texto dum tratado efectua-se pelo consentimento unânime dos Estados que participam na sua elaboração, salvo nos casos previstos no n.º 2.

2. A adopção do texto dum tratado numa conferência internacional efectua-se pela maioria de dois terços dos Estados presentes e votantes, a menos que estes Estados decidam, pela mesma maioria, aplicar uma regra diferente."

Um caso de aplicação da parte final deste n.º 2 e, por conseguinte, de previsão pela conferência internacional de uma regra especial para a adopção verificou-se na 3.ª Conferência sobre o Direito do Mar, que teve lugar em Montego Bay, na Jamaica, em Dezembro de 1982, onde foi estabelecido que o texto seria adoptado por *consenso*. Isto é, o texto devia merecer a concordância de *todos* os Estados participantes na Conferência, ainda que não se procedesse formalmente a uma votação.

Em rigor, a inexistência da assinatura devia gerar a não exigência da ratificação. Mas a tendência tem sido no sentido de se continuar a exigir a ratificação, que, para o efeito, não é vista como uma confirmação da assinatura.

A redacção do texto de um tratado multilateral coloca também o problema, não fácil, da escolha da língua em que ele deve fazer fé, e um outro, ainda mais complicado, da interpretação desse tratado quando ele for redigido em várias línguas e as várias versões não coincidirem na sua terminologia jurídica. Mas já nos ocupámos de ambas essas questões atrás, quando estudámos a negociação do tratado dentro dos trâmites da sua conclusão.

III. *A participação dos Estados* pode dar-se pela forma clássica: assinatura, quando a ela houver lugar, seguida de ratificação. Mas o tratado pode estar aberto a outros Estados que não participaram na sua negociação, designando-se então por *tratado aberto*. Pode estar aberto a *alguns* dos restantes Estados, segundo uma restrição geográfica (exemplos: art. 237.º do Tratado que instituiu a Comunidade Económica Europeia e art. 66.º da Convenção Europeia dos Direitos do Homem, do Conselho da Europa), ou política ou económica (era o caso do extinto COMECON, ao qual só poderiam aderir Estados com sistema político-económico de economia planificada), ou a *todos* os Estados, umas vezes exigindo-se-lhes especial qualificação (exs.: art. 4.º da Carta das Nações Unidas e art. 83.º CV), outras sem restrições (ex.: art. 84.º da Convenção de Viena sobre o Direito dos Tratados entre Estados e Organizações Internacionais ou entre Organizações Internacionais, assinada em 21 de Março de 1986). Em bom rigor, só neste último caso é que o tratado é verdadeiramente *aberto,* designando-se ele de *semi-aberto* quando forem colocadas restrições do género das antes indicadas. O próprio mecanismo da participação dos Estados num tratado internacional pode traduzir-se numa restrição a essa participação, por exemplo, quando for exigida a unanimidade dos Estados partes para a aceitação de um novo Estado como parte (exs.: art. 10.º do Pacto do Atlântico Norte e art. 237.º do Tratado CEE).

A participação de Estados num tratado multilateral pode ter lugar através de *assinatura diferida* ou de *adesão.*

Na *assinatura diferida* o Estado, ou tendo participado na negociação não o quis assinar no momento da adopção do texto e entretanto mudou de ideias e decidiu também vincular-se ao tratado, ou não participou sequer na negociação e assina o tratado durante o período, mais ou menos curto, em que ele fica aberto à assinatura de Estados que não participaram na sua negociação inicial.

Na *adesão* o Estado que não participou na negociação do tratado exprime o seu consentimento definitivo quanto ao seu texto e vincula-se a ele. A adesão encontra-se prevista nos artigos 11.º e 15.º CV. Dela nos ocuparemos autonomamente no número seguinte.

Problema político extremamente delicado é o da participação dos Estados nos *tratados multilaterais gerais.* Dado o seu carácter tendencialmente universal, deveriam, em princípio, ser abertos à participação de todos os Estados. Não tem sido, porém, esta a orientação que tem prevalecido, de um modo geral, nos tratados multilaterais gerais celebrados sob os auspícios das Nações Unidas. Mesmo naqueles de carácter mais claramente universal, como a nossa já conhecida CV, a participação tem sido limitada pelo próprio texto dos tratados aos "Estados membros da Organização das Nações Unidas, membros das agências especializadas, partes no Estatuto Internacional de Justiça, e qualquer outro Estado convidado pela Assembleia Geral das Nações Unidas" (é mais ou menos esta a redacção do art. 81.º CV). Com esta fórmula, adoptada por influência dos países ocidentais, permitiu-se a participação de Estados pró-ocidentais, embora não membros das Nações Unidas, como a Suíça, e excluiu-se a de certos Estados que o Ocidente pretendia manter à margem da convivência internacional, como aconteceu durante anos com a ex-República Democrática Alemã e a República Popular da China. Precisamente por este motivo sempre os Estados socialistas sustentaram o alargamento a *todos* os Estados da participação nessa convenção.

Essa orientação encontra-se hoje quase abandonada pelas Nações Unidas, e por duas ordens de razões: em primeiro lugar, os progressos no desanuviamento entre o Ocidente e o Leste e o quase termo da guerra-fria, em consequência, sobretudo, dos acontecimentos que estão a ocorrer vertiginosamente no leste europeu; depois, as críticas que lhe têm sido dirigidas por abalizada doutrina, que entende que essa discriminação, acabando por assentar sempre em critérios de índole política, é contrária ao carácter "legislativo" ou, pelo menos, "quase-legislativo" ou "pré-legislativo" dos tratados multilaterais gerais ([1]) e também ofende o princípio da solidariedade, que constitui um dos pilares do moderno Direito Internacional ([2]).

IV. Nos tratados multilaterais, as ratificações, quer dos Estados que participaram na negociação, quer dos que praticaram a as-

---

([1]) Cfr. ANTÓNIO TRUYOL, *Noções fundamentais*, cit., pgs. 128-29, louvando-se em SCELLE; R. JENNINGS, *Treaties as "Legislation"*, in *Jus et Societas 79 (Essays to Wolfgang Friedmann)*, pgs. 159 e segs.; e WILDHABER, *op. cit.*, pgs. 483-484.

([2]) Por todos, NGUYEN QUOC, *op. cit.*, pg. 162. Sobre o princípio da solidariedade no moderno Direito Internacional, v. FAUSTO DE QUADROS, dissertação cit., pgs. 385 e segs. e 400 e segs.

sinatura diferida, bem como os instrumentos de adesão, não são trocados, mas *depositados* junto de uma entidade que é escolhida como depositária, e que, nas convenções concluídas sob a égide de uma Organização Internacional, é, geralmente, o Secretário-Geral respectivo. Quando o tratado não esteja em relação directa com uma Organização Internacional, ou, sendo o acto constitutivo de uma Organização Internacional, esta ainda não exista no momento do depósito das ratificações, a prática internacional é no sentido de escolher como depositário o Governo do Estado em cujo território se realizou a conferência de onde provém o tratado: assim, o Governo dos Estados Unidos foi o depositário das ratificações da Carta das Nações Unidas, redigida na Conferência de São Francisco.

Por via de regra, a entrada em vigor do tratado far-se-á então depender do depósito de um certo número de ratificações, ou das ratificações de certos Estados. Foi o que sucedeu também com a Carta das Nações Unidas, cuja entrada em vigor dependia, nos termos do artigo 110.º, n.º 3, das ratificações das cinco grandes potências (China, Estados Unidos, URSS, França e Reino Unido) e da maioria dos outros Estados signatários. A própria CV, como já se disse, exigia, no artigo 84.º, n.º 1, 35 ratificações para a sua entrada em vigor. Mais recentemente, a já referida Convenção das Nações Unidas sobre o Direito do Mar, aprovada em Montego Bay, em 1982, exige, nos termos do seu artigo 308.º, 60 instrumentos de ratificação ou de adesão.

As funções do depositário encontram-se definidas nos artigos 77.º e 78.º CV. Segundo o artigo 77.º elas são, entre outras, as seguintes:

"1. Salvo disposição em contrário do tratado ou acordo entre as partes, as funções do depositário são nomeadamente as seguintes:

a) assegurar a guarda do texto original do tratado e dos plenos poderes que lhe sejam confiados;

b) estabelecer cópias autenticadas do texto original, ou textos noutras línguas que possam ser necessários por força do tratado, e comunicá-los aos Estados com capacidade para serem partes no tratado;

c) receber todas as assinaturas do tratado, receber e guardar todos os instrumentos, comunicações e notificações relativas ao mesmo;

d) examinar se uma assinatura, um instrumento, uma notificação ou uma comunicação estão em forma devida e, em caso negativo, chamar a atenção do Estado em causa para esta questão;

e) informar os Estados partes e aqueles com capacidade para serem partes no tratado dos actos, comunicações e notificações relativos ao tratado;

f) informar os Estados com capacidade para serem partes no tratado da data na qual foi recebido ou depositado o número de assinaturas ou de instrumentos de ratificação, de adesão, de aceitação ou de aprovação, necessários para a entrada em vigor do tratado;

g) exercer as funções especificadas noutras disposições da presente Convenção.

2. Se surgir uma divergência entre um Estado e o depositário acerca do exercício das funções deste último, o depositário deve chamar a atenção dos Estados signatários ou contratantes ou, se for o caso, do órgão competente da Organização Internacional em causa."

V. Por vezes, nos tratados multilaterais faz-se depender a participação dos Estados não da adesão, ou da ratificação, mas da *aceitação*. Este termo engloba então tanto a adesão como a ratificação, ou qualquer outra forma de participação que seja válida segundo o Direito Constitucional dos Estados. É empregado para permitir que se possa dispensar, quando internamente possível, o processo de ratificação, o que se reveste, como já se sabe, de particular importância para os Estados Unidos.

O artigo 2.º, n.º 1, al. b), CV refere-se às diversas formas de participação possíveis nos seguintes termos:

"As expressões "ratificação", "aceitação", "aprovação" e "adesão" designam, conforme o caso, o acto internacional assim denominado pelo qual um Estado estabelece no plano internacional o seu consentimento a ficar vinculado por um tratado."

Veremos adiante a relevância desta diversidade terminológica.

14. Idem: A) A adesão

A forma mais vulgar de participação dos Estados num tratado multilateral consiste na adesão. Ela coloca algumas questões complexas, pelo que achamos conveniente estudá-la aqui em separado.

Como ainda há pouco se disse, na adesão o Estado não participou na negociação do tratado mas vem posteriormente produzir uma declaração unilateral de vinculação a ele, afirmando que quer ser nele parte. Tem, portanto, o mesmo alcance que a assinatura e a ratificação (neste último caso, apenas se o tratado em causa for um tratado solene).

Também a adesão deve respeitar o Direito Constitucional do respectivo Estado. Por conseguinte, se para a vinculação internacional do Estado a sua Constituição impõe a prévia aprovação do tratado por qualquer órgão político essa aprovação deve ser obtida antes da adesão.

É vulgar afirmar-se que o processo de adesão é idêntico ao da ratificação e que, na ausência de regulamentação daquela, se lhe aplica o mesmo regime jurídico desta. Mas esse raciocínio é correcto apenas se o tratado em questão revestir a forma de tratado solene. Nada impede que um Estado adira a um acordo em forma simplificada e, nessa hipótese, o processo de adesão estará submetido, no plano internacional e no plano interno, ao mesmo regime da assinatura do acordo.

A adesão está sujeita a duas condições.

A primeira é que o tratado não seja um *tratado fechado,* isto é, um tratado que não admite a participação de outros Estados além dos que originariamente o assinaram: é o caso da maior parte dos tratados bilaterais ou dos que versam sobre questões altamente políticas, por exemplo, os tratados de paz, de aliança militar, de defesa, ... A adesão só será, portanto, possível em relação a tratados *abertos,* isto é, tratados que admitem a ulterior participação neles de todo e qualquer Estado, ou em relação a tratados *semi-abertos,* ou seja, tratados que aceitam a ulterior participação de Estados que reúnam determinadas características. Já vimos isso atrás.

A segunda condição a que se encontra subordinada a adesão reside na circunstância de nenhum Estado ter o *direito* de se tornar parte num tratado originariamente concluído por dois ou mais Estados. A sua participação nesse tratado depende exclusivamente da vontade das partes originárias no tratado, ou porventura também dos que entretanto lhe aderiram, e essa vontade deve ser expressa nos termos previstos no próprio tratado. Assim, o Estado que pretende aderir à CEE deve respeitar o processo de adesão previsto no artigo 237.º CEE, que inclui, na sua parte final, a ratificação do tratado de adesão por todos os Estados membros: foi esse o processo que Portugal teve de respeitar desde que, em Março de 1977, requereu a adesão, até 1 de Janeiro de 1986, data em que se tornou membro daquela Comunidade (e também das outras duas, a CECA e a Eurátomo).

Aliás, a adesão a tratados institutivos de Organizações Internacionais está sujeita a um regime especial por confronto com a adesão a vulgares tratados bilaterais ou multilaterais. É que para aquela se exige que os Estados membros da Organização, por votação expressa, ou por ratificação expressa do tratado de adesão, aceitem o novo candidato na Organização: é o que dispõem, por exemplo, os já referidos artigos 4.º da Carta da ONU e 237.º CEE.

Como atrás se disse, em muitos tratados multilaterais fala-se, em vez de adesão (e, às vezes, também em vez de ratificação), em *aceitação* ou *aprovação* do tratado. O alcance destes vocábulos traduz-se em desse modo se furtar o respectivo tratado ao processo interno de ratificação, se doutra forma este devesse ser respeitado. Compreende-se, portanto, que a utilização daquelas duas palavras tenha em vista fundamentalmente resolver um problema do Direito Constitucional norte-americano, permitindo que os Estados Unidos possam aderir a um tratado multilateral solene sem a prévia aprovação do Senado. É um caso curioso em que, como bem nota SUZANNE BASTID, normas internas de ordem constitucional influenciaram de modo directo a terminologia do Direito Internacional ([1]).

Restará acrescentar que a adesão, que, em princípio, como se disse, é uma declaração unilateral, pode ela própria, do ponto de vista

---

([1]) *Op. cit.*, pg. 69.

formal, ser objecto de uma convenção, entre o Estado aderente e os Estados partes no tratado original. Falar-se-á então em *tratado de adesão*. É o sistema utilizado para a adesão a tratados mais complexos ou que criem Organizações Internacionais, quando a adesão impõe uma vasta e pormenorizada negociação. Pense-se, outra vez, no Tratado de Adesão de Portugal e Espanha às Comunidades Europeias.

Formalmente o tratado de adesão distingue-se do tratado ao qual o Estado adere ([1]).

15. Idem: B) As reservas

I. Mas a questão mais complexa de entre as que são específicas dos tratados multilaterais é decerto a das reservas.

Chama-se *reserva* à declaração feita por um Estado no momento da sua vinculação a uma convenção, da sua vontade de se eximir de certas obrigações dela resultantes ou de definir o entendimento que dá a certas, ou a todas, dessas obrigações. Não é substancialmente diversa a definição do artigo 2.º, n.º 1, al. *d*), CV.

A reserva é, assim, um elemento de particularismo da situação do Estado perante a convenção, configura uma participação parcial do Estado no tratado, e, por isso, só existe em tratados multilaterais. Na verdade, se o tratado é bilateral a reserva formulada por um dos Estados equivale ou à recusa de ratificação ou à proposta de novo texto para o tratado. Se a outra parte aceita a reserva, modifica-se o texto do tratado; se a não aceita, não se forma o acordo de vontades e não existe tratado.

Mas nas conversações multilaterais a formulação de reservas deriva muitas vezes do facto de o Estado ter sido posto em minoria na votação final de uma determinada disposição, que, no entanto, não pode aceitar.

([1]) Sobre a adesão, veja-se especialmente L. FERRARI BRAVO, *Natura giuridica dell'adezione agli accordi internazionali*, in *ADI* 1966, pgs. 183 e segs.

II. Em que condições são admissíveis as reservas?

A posição tradicional do Direito Internacional ia no sentido de se recusar a possibilidade de introdução de reservas nos tratados sempre que com isso ficasse afectada a "integridade" das regras substanciais ou de fundo do tratado. A isso acrescia que a aceitação de reservas aos tratados significava a limitação da soberania dos outros Estados partes no tratado.

Foi mais a primeira razão do que a segunda que pesou na proibição de reservas às Convenções Internacionais do Trabalho, concluídas sob a égide da Organização Internacional do Trabalho, e às quais nos referiremos no número seguinte.

Ainda nos tempos actuais se proíbem reservas a tratados multilaterais em nome da integridade do tratado: é o caso da Convenção de Montego Bay, de 1982, da qual já falámos atrás. Outro não é o sentido da justificação que DOMINIQUE CARREAU encontra para a proibição das reservas àquela Convenção: "(...) se o tratado é concluído na sequência de uma *negociação global* (ou *"package deal"*) (...), então a possibilidade de se formular reservas desaparece em razão do carácter compromissório que reveste o texto final submetido à assinatura dos Estados. Trata-se de um exemplo muito interessante de *incompatibilidade lógica* entre a existência de reservas e um tratado multilateral com vocação universal em razão da técnica específica da elaboração deste último" ([1]).

Mas a regra consiste na aceitação de reservas aos tratados.

A prática da Sociedade das Nações tentava conciliar aquela aceitação com a invocabilidade da soberania dos outros Estados partes na convenção: ou seja, elas só eram admissíveis quando aceites, ao menos tacitamente, por todos os Estados vinculados à convenção. Portanto, se um destes Estados se opusesse à reserva, o Estado que a formulava não se podia tornar parte no tratado. Era a aplicação da regra da unanimidade, característica da Sociedade das Nações.

Posteriormente, porém, foi-se registando uma tendência para tornar mais flexível a admissão de reservas. A questão foi exami-

---

([1]) *Op. cit.*, pg. 120. Os sublinhados são nossos.

nada várias vezes pela Comissão Jurídica da Assembleia Geral das Nações Unidas, veio a ser objecto de sucessivos estudos da Comissão de Direito Internacional e recaiu sobre ela o Parecer do Tribunal Internacional de Justiça, de 28 de Maio de 1951, acerca das *reservas à Convenção do Genocídio* ([1]).

Consultado pela Assembleia Geral das Nações Unidas acerca da admissibilidade de reservas à Convenção do Genocídio de 9 de Dezembro de 1948, o TIJ foi da opinião de que um Estado que tinha formulado uma reserva aceite por alguns dos Estados membros da Convenção, mas rejeitada por outros, poderia ser considerado como parte na Convenção se a reserva não fosse incompatível com o *objecto* e o *fim* desta, mas não no caso contrário.

Opinou ainda o Tribunal que os Estados que tinham rejeitado a reserva podiam considerar que o Estado que a formulara não era parte na Convenção *em relação a eles.* Nesse caso, a Convenção só vigoraria entre o Estado que formulara a reserva e aqueles que a tinham aceite.

Embora o Parecer incidisse exclusivamente sobre o caso concreto da Convenção do Genocídio, resulta claramente dele que o Tribunal entendeu que a regra da unanimidade não estava consagrada no Direito Internacional consuetudinário e que podia, em princípio, admitir-se um sistema mais flexível ([2]).

Contudo, o Relatório de 1951 da Comissão de Direito Internacional discordou da posição do Tribunal Internacional de Justiça, preconizando o regresso à regra da unanimidade. Na discussão desse Relatório na Comissão Jurídica da Assembleia Geral da ONU, não foi possível, devido a desacordo, chegar-se a uma solução geral.

([1]) *ICJ Reports* 1951, pgs. 15 e segs.

([2]) A doutrina sustentada nesse Acórdão do TIJ pode ver-se comentada na anotação de M. DIEZ DE VELASCO na *REDI* 1951, pgs. 1029 e segs.; em LAUTERPACHT, *The Development of International Law by the International Court*, Londres, 1958, pg. 177; P.-H. IMBERT, *Les réserves aux traités multilatéraux. Évolution du droit et de la pratique depuis l'avis consultatif donné par la Cour Internationale de Justice le 28 mai 1951*, Paris, 1978, pgs. 58 e segs.; e E. KLEIN, *Genocide Convention (Advisory Opinion)*, in *Encyclopedia*, t. 2, pgs. 107 e segs.

Por sua vez, a Assembleia limitou-se a recomendar que *no caso concreto* da Convenção do Genocídio fosse observado o parecer do TIJ.

A partir de então o Secretário-Geral das Nações Unidas, na sua qualidade de depositário de inúmeros tratados, passou a considerar como partes num tratado os Estados que a ele formulavam reservas.

Na sessão da Assembleia Geral de 1959 foi de novo discutida a questão das reservas, e, embora se não chegasse a uma conclusão geral, a maioria das opiniões foi já contrária à aplicação da regra da unanimidade ([1]).

A partir de 1962 a Comissão de Direito Internacional retomou o estudo da questão, acabando por propor uma solução que viria a ser consagrada nos artigos 19.º a 23.º CV.

A consideração principal da Comissão foi a de que o alargamento da Comunidade Internacional, com o acesso à independência de inúmeros novos Estados, tornava impraticável o sistema da unanimidade. Assim, criavam-se disposições de carácter supletivo, destinadas a valer no silêncio dos tratados, ao mesmo tempo que se formulava o voto de que em todos os tratados se inserissem disposições relativas às condições de admissão de reservas.

A solução da CV distingue três categorias de tratados:

a) nos tratados entre um *número restrito de Estados* vale a regra da unanimidade;

b) nos tratados celebrados entre um *grande número de Estados* as reservas só são admissíveis quando compatíveis com os fins do tratado, mas essa compatibilidade é apreciada pelos outros Estados partes na convenção. Considera-se que aceitaram a reserva os Estados que a ela se não opuseram expressamente durante um período de doze meses após terem sido notificados da formulação da reserva. O tratado, modificado pela reserva, valerá então entre estes Estados e o que formulou a reserva, mas não entre este e os Estados que no período de doze meses se tiverem oposto à reserva, desde

---

([1]) SCHACHTER, *The Question of Treaty Reservations at the 1959 General Assembly,* in *AJIL* 1960, pgs. 372 e segs.

que a objecção à reserva seja acompanhada da manifestação da intenção, pelos Estados objectantes, de não ficarem a ela vinculados;

c) quanto aos tratados que *instituem Organizações Internacionais* caberá aos órgãos da própria Organização a decisão sobre a admissibilidade ou não de reservas.

Assim a CV abandona, ao menos como princípio geral, a regra da unanimidade, que a CDI tinha adoptado em 1951, e que continua a ser considerada como preferível por parte da doutrina ([1]).

A solução descrita tem, porém, inconvenientes graves: sem falar da imprecisão, porventura inevitável, da referência, por exemplo, a "um número restrito de Estados", é duvidoso que seja de considerar parte na convenção um Estado cuja reserva tenha sido rejeitada por grande número dos outros Estados partes. Mais curial é a posição dos Autores que consideram excluído de uma convenção o Estado cuja reserva tenha levantado oposição de mais de um terço dos Estados membros.

Por outro lado, o texto da CV não abordou expressamente o difícil problema das relações entre a formulação de reservas e a entrada em vigor das convenções multilaterais: quando essa entrada em vigor dependa das ratificações de um certo número de Estados, deverão contar-se também, para perfazer o número exigido, as ratificações acompanhadas de reservas?

Mas o ponto mais criticável da CV é, decerto, o que se refere às convenções que instituem Organizações Internacionais. Por via de regra, a entrada em vigor destas convenções depende do depósito de um certo número de ratificações. Ora, se estas forem acompanhadas de reservas, como poderá pronunciar-se sobre elas o órgão da Organização, se esta ainda não existe? Nem se diga que se deverão contar provisoriamente, para efeitos de entrada em vigor, todas as ratificações, e que posteriormente o órgão competente se pronunciará sobre elas. Pois se dessa decisão posterior vier a resultar a exclusão de alguns Estados, e se dessa exclusão derivar o

---

([1]) Em sentido favorável à regra da unanimidade, por exemplo, SERENI, *Diritto Internazionale, cit.,* t. III, pg. 1436.

desaparecimento do número mínimo de Estados membros exigidos para a entrada em vigor do tratado, deverá entender-se que ele, depois de ter entrado em vigor, deixa novamente de vigorar?

Esta solução seria, sem dúvida, absurda. E como nos tratados que instituem Organizações Internacionais não é possível o sistema de cisão preconizado no Parecer sobre as *reservas à Convenção do Genocídio,* pois não é concebível que um Estado seja e não seja simultaneamente membro de uma Organização, ao menos nesta medida parece decerto preferível a prática clássica, segundo a qual ficava totalmente excluída a admissibilidade de reservas aos tratados que instituíam Organizações Internacionais.

III. Note-se, a terminar, que as reservas não se devem confundir com meras "declarações interpretativas" ou simples "declarações", essas admissíveis mesmo em tratados bilaterais ([1]) e em tratados multilaterais que não admitem reservas. Através dessas declarações o Estado que as formula, os próprios órgãos da Organização Internacional sob cuja égide se conclui o tratado em questão, ou até todas as partes contratantes em globo, aprofundam o sentido a dar a certa ou certas cláusulas do tratado, completam o seu alcance ou, simplesmente, esclarecem a interpretação que concedem a alguma ou algumas das disposições do tratado, mas sem propriamente a intenção de se eximirem ao seu cumprimento.

Temos como exemplos dessas declarações em tratados multilaterais as "declarações" anexas ao Acto Único Europeu, inclusive por Portugal. Reconhecemos, contudo, que nem sempre é fácil, pelo seu conteúdo, a distinção entre essas declarações e as reservas ([2]). E não menos complicado é o caso de alguns dos "acordos", "protocolos" e "declarações" anexos ao Tratado da União Europeia, de 1992, inclusive das cláusulas de exclusão (*"opting out"*) aí consagradas quanto ao Reino Unido ou às mais tarde aprovadas, na Cimeira de Edimburgo, de Dezembro de 1992, quanto à Dinamarca.

([1]) Assim, NGUYEN QUOC, *op. cit.,* pg. 130.
([2]) Por exemplo, WILDHABER, *op. cit.,* pg. 482, reconduz as declarações interpretativas às reservas.

Embora juridicamente não sejam reservas, porque são subscritos por todos os Estados contratantes, esses documentos e essas cláusulas têm, pelo menos, o mesmo objectivo das reservas ([1]).

16. Idem: C) Conclusões

No quadro das conclusões gerais sobre a matéria da especificidade dos tratados multilaterais, queremos chamar a atenção para um caso especial da conclusão de convenções multilaterais, que se refere às Convenções Internacionais do Trabalho, cujo processo foi regulado no artigo 405.º do Tratado de Versalhes e é hoje disciplinado no artigo 19.º da Constituição da Organização Internacional do Trabalho.

As delegações à Assembleia Geral da Organização Internacional do Trabalho (Conferência Internacional do Trabalho) não são compostas apenas por delegados governamentais, mas também por representantes das entidades patronais e sindicais. Nos termos do artigo 19.º da Constituição da OIT, quando uma convenção é aprovada na Conferência por maioria de dois terços (contagem que se faz por participantes singulares e não por delegações nacionais), o Governo de cada um dos Estados membros deve, no período de 12 meses, submeter o texto à autoridade interna competente, para ser transformado em lei interna. Se consegue o consentimento dessa

---

([1]) Sobre a problemática geral das reservas, e para além das obras gerais que indicámos a propósito de toda a matéria dos tratados, e das obras já cits. neste número, veja-se, de modo especial, KAPPELER, *Les réserves dans les traités internationaux*, Basileia, 1957; HOLLOWAY, *Les réserves dans les traités internationaux*, Paris, 1958; BISHOP, *Reservation to Treaties*, in *RdC*, 1961-II, pgs. 245 e segs.; NISOT, *Les réserves aux traités et la Convention de Vienne du 23 mai 1969*, in *RGDIP* 1973, pgs. 200 e segs.; RUDA, *Reservations to Treaties*, in *RdC*, 1975-III, pgs. 95 e segs.; D. BOWETT, *Reservations to Non-Restricted Multilateral Treaties*, in *BYIL* 1976-1977, pgs. 67 e segs.; SZTUCKI, *Some Questions Arising from Reservations to the Vienna Convention on the Law of Treaties*, in *GYIL* 1977, pgs. 277 e segs.; GAMBLE, *Reservations to Multilateral Treaties. A Macroscopic View of State Practice*, in *AJIL* 1980, pgs. 372 e segs.; e R. BINDSCHEIDLER, *Treaties, Reservations*, in *Encyclopedia*, t. 7, pgs. 496 e segs. e bibl. aí cit.

autoridade, promove então a ratificação da convenção; se o não consegue, comunica o facto ao Director-Geral da Organização, e pode ter de apresentar relatórios à Organização sobre o estado do seu Direito interno acerca das matérias reguladas na Convenção, explicando os motivos que impedem a ratificação.

Este sistema destina-se a evitar que os Estados possam, com base na separação dos poderes, e na competência parlamentar para legislar sobre matérias de trabalho, não transpor a convenção para o seu Direito interno. Dado que as convenções da OIT regulam matérias de relações sociais e de trabalho, não são directamente aplicáveis às relações internacionais, mas sim às do Direito interno, e portanto o que é necessário é que o texto vigore internamente. O Governo obriga-se a obter esta vigência interna, quando ela não dependa dele: se a não obtém, o facto é comunicado à Organização, que vai então ocupar-se do assunto com maior profundidade e eventualmente fazer pressão no sentido da ratificação e da vigência interna do texto.

Como dissemos atrás, estas Convenções não admitem reservas.

Em conclusão, pode dizer-se que quanto às convenções multilaterais gerais tende a diminuir o aspecto voluntarista próprio das convenções bilaterais; a analogia com o contrato torna-se remota; e as regras nelas contidas aparecem cada vez mais como regras *objectivas,* não dependentes da vontade dos Estados.

Mas esta evolução é só tendencial, porque, por outro lado, se deve relembrar que o tratado é formalmente um negócio jurídico, pelo que a referência à sua objectivação deve ser entendida com esta restrição.

17. O registo e a publicação dos tratados

Nos termos do artigo 18.º do Pacto da SDN "todos os tratados ou acordos internacionais concluídos no futuro por um membro da Sociedade deverão ser imediatamente registados pelo Secretariado e por ele publicados logo que possível. Nenhum destes tratados ou acordos internacionais será obrigatório antes de ser registado."

Assim, durante a sua existência, a SDN registou vários milhares de tratados, que se encontram publicados no seu *Recueil des Traités:* mais exactamente, 4822 tratados, registados e publicados entre os anos de 1920 e 1944 ([1]). Obteve-se, pois, um resultado positivo quanto ao fim principal prosseguido pelo preceito, que era o de submeter os tratados à opinião pública e eliminar os tratados secretos.

Mas a sanção prevista, que na prática era assimilada à *nulidade* do tratado, era demasiadamente rigorosa. Por isso, o entendimento que veio a prevalecer foi no sentido de que os tratados não registados não eram nulos mas simplesmente inoponíveis perante os órgãos da SDN e o Tribunal Permanente de Justiça Internacional.

Foi com base neste entendimento que veio a ser elaborado o artigo 102.º da Carta das Nações Unidas, que dispõe:

"1. Todo o tratado e todo o acordo internacional, concluído por qualquer Membro das Nações Unidas depois da entrada em vigor da presente Carta, deverá, dentro do mais breve prazo possível, ser registado e publicado pelo Secretariado.

2. Nenhuma parte em qualquer tratado ou acordo internacional que não tenha sido registado em conformidade com as disposições do número 1 deste artigo poderá invocar tal tratado ou acordo perante qualquer órgão das Nações Unidas".

O n.º 1 do artigo prescreve um dever jurídico, que abrange os membros da Organização, de registo dos tratados e acordos internacionais que venham a concluir.

O n.º 2, não só se reveste de âmbito mais vasto, englobando todos os Estados e outros sujeitos do Direito Internacional, *mesmo não membros da ONU,* como contém um *ónus* que, a não ser satisfeito, gera a inoponibilidade do tratado não registado perante os órgãos da ONU, incluindo o Tribunal Internacional de Justiça (ver art. 7.º, n.º 1) ([2]).

([1]) D. CARREAU, *op. cit.,* pg. 131.
([2]) Cfr. NGUYEN QUOC, *op. cit.,* pg. 160.

Em execução deste artigo têm as Nações Unidas registado e publicado muitos milhares de tratados, que ocupam mais de um milhar de volumes do *Recueil des Traités,* publicação oficial da Organização. Até Novembro de 1984 tinham sido registados 23 167 tratados, e em Maio de 1985 o *Recueil* ocupava 1093 volumes, que englobavam 16 808 tratados, registados até 1978. É de notar que o artigo 80.º CV pretende completar o artigo 102.º da Carta, estabelecendo a *obrigação* de registo para todos os tratados, inclusivamente quanto aos Estados não membros da ONU, para os quais, como dissemos, o artigo 102.º cria apenas um ónus ([1]).

18. A interpretação dos tratados

I. A determinação da norma contida no tratado faz-se, como em todo o acto jurídico voluntário, pela sua interpretação.

O problema da interpretação no Direito Internacional suscita questões bem mais difíceis do que o da interpretação da norma interna, em consequência, desde logo, da menor elaboração daquele. E, dentro da problemática global da interpretação em Direito Internacional, sem dúvida que a matéria mais controvertida é a da interpretação das regras convencionais. Todavia, já na Antiguidade e, mais tarde, no Livro 2, Capítulo 16, da obra *De jure belli ac pacis,* de GRÓCIO, se continham regras sobre a interpretação dos tratados ([2]).

([1]) Sobre o registo e a publicação dos tratados, v. BRANDON, *The Validity of Non-Registered Treaties,* in *BYIL* 1952, pgs. 186 e segs.; BOUDET, *L'enregistrement des accords internationaux,* in *RGDIP* 1960, pgs. 596 e segs.; M. TABORY, *Recent Developments in United Nations Treaty Registration and Publication Practices,* in *AJIL* 1982, pgs. 350 e segs.; GECK, *Treaties, Registration and Publication,* in *Encyclopedia,* t. 7, pgs. 490 e segs.; K. ZEMANEK, *Treaties, Secret, ibidem,* pgs. 505 e segs.; e J.-P. JACQUÉ, comentário ao artigo 102.º da Carta da ONU, in J.-P. COT e A. PELLET, *La Charte des Nations Unies,* 2.ª ed., Paris, 1991, pgs. 1365 e segs.

([2]) Cfr. R. BERNHARDT, *Interpretation in International Law,* in *Encyclopedia,* t. 7, pgs. 318 e segs. (320).

II. Como bem observa o Professor SILVA CUNHA, resulta da doutrina e da jurisprudência que o *objecto* da interpretação do tratado consiste na averiguação da vontade *real* das partes contratantes, isto é, a sua "vontade comum" (¹).

A principal regra de interpretação é a da *boa fé,* segundo a qual os tratados são negócios *bona fide* e devem ser interpretados por forma a excluir a fraude. Foi acolhida pela CV, no artigo 31.º, n.º 1, (²).

Deste princípio da boa fé resultam como corolário quatro regras de interpretação.

A primeira é a regra do *efeito útil,* que exclui que o tratado possa ser interpretado por forma a privá-lo de efeito prático.

A segunda regra é a de que a *interpretação não pode conduzir ao absurdo.* Esta regra completa, como se vê, a primeira.

A terceira regra é a *dos efeitos implícitos dos tratados,* de harmonia com a qual deve entender-se que foi querido não só o que expressamente se estipulou mas ainda aquilo que for indispensável para a realização da estipulação.

Finalmente, também pode ser vista como corolário do princípio da boa fé a regra da *interpretação teleológica,* segundo a qual os tratados devem ser interpretados de harmonia com os fins que prosseguem.

III. Quanto aos *métodos* da interpretação, têm sido tradicionalmente utilizados o elemento literal (que atende ao significado usual dos termos do tratado), o elemento sistemático (que se serve do contexto da norma interpretada), o elemento teleológico (que dá relevância ao objecto do tratado mas, sobretudo, aos fins por ele visados) e o elemento histórico (que respeita ao enquadramento histórico do tratado mas abrange, de modo especial, os seus trabalhos

---

(¹) *Op. cit.,* t. I, pg. 208. Assim também REUTER, *Introduction, cit.,* pg. 85.

(²) Sobre a boa fé em Direito Internacional, VERDROSS, *Die bonna fides als Grundlage des Völkerrechts,* in *Festschrift Rudolf Laun* (1953), pgs. 29 e segs.; SCHWARZENBERGER, *The Fundamental Principles of International Law,* in *RdC,* 1955--I, pgs. 191 e segs. (290-326); HASSAN, *op. e loc. cits.;* e A. D'AMATO, *Good Faith,* in *Encyclopedia,* t. 7, pgs. 107 e segs.

preparatórios). Mais recentemente, e com vista sobretudo a conceder ao tratado uma interpretação mais actualista, passou-se a atribuir significado também à subsequente prática dos Estados e dos órgãos de Organizações Internacionais na aplicação do tratado em causa, bem como à mudança das condições sociais que teve lugar desde a assinatura do tratado: no primeiro sentido inclinam-se o artigo 31.º, n.º 3, al. *a*) e *b*), CV e o TIJ, particularmente no Parecer de 21 de Julho de 1971, sobre o caso da *Namíbia* ([1]); no segundo sentido vai a interpretação que sucessivamente vem sendo concedida à Convenção Europeia dos Direitos do Homem pela Comissão e pelo Tribunal Europeu dos Direitos do Homem ([2]).

IV. A CV ocupa-se da interpretação dos tratados nos artigos 31.º a 33.º ([3]). As regras aí definidas parece que concedem ao intérprete suficiente maleabilidade em função da natureza de cada tratado concretamente considerado. De facto, embora se parta inevitavelmente do elemento *literal* (art. 31.º, n.º 1), tempera-se o sentido que ele concede à norma interpretada com o que advém do *contexto* dessa regra (art. 31.º, n.ºˢ 1 e 2), do elemento *teleológico* (art. 31.º, n.º 1, *in fine*) e da *prática posterior* (art. 31.º, n.º 3, al. *b*), embora se oriente no mesmo sentido também a al. *a*)), levando-se em consideração também, ainda que a título só "complementar", o ele-

---

([1]) *ICJ Reports* 1971, pgs. 16 e segs. Veja-se o comentário de E. KLEIN in *Encyclopedia*, t. 2, pgs. 260 e segs. (267).

([2]) Sobre os elementos de interpretação referidos no texto, BERNHARDT, *op. cit.*, pgs. 322 e segs.

([3]) Para um estudo mais desenvolvido desses preceitos, DcDOUGALL, *The International Law Commission's Draft Articles Upon Interpretation: Textuality Redivius*, in *AJIL* 1967, pgs. 992 e segs.; SCHWARZENBERGER, *Myths and Realities of Treaty Interpretation, Articles 27-29 of the Vienna Draft Convention on the Law of Treaties*, in *VJIL* 1968, pgs. 1 e segs.; LANG, *Les règles d'interprétation codifiées pour la Convention de Vienne sur le Droit des Traités et les divers types des traités*, in *ÖZöR* 1973, pgs. 113 e segs.; E. PÉREZ CLARA, *Los problemas de interpretación en el Convenio de Viena sobre el derecho de los tratados*, in *AESJ* 1973, pgs. 75 e segs.; M. YASSEEN, *L'interprétation des traités d'après la Convention de Vienne sur le droit des traités*, in *RdC*, 1976-III, pgs. 1 e segs.; SINCLAIR, *op. cit.*, pgs. 114 e segs.; e BASTID, *op. cit.*, pgs. 129 e segs.

mento *histórico* (art. 32.º). Daí se poder concluir que, embora partindo de uma interpretação objectiva do tratado, a CV concede ao intérprete os meios necessários para ele a moderar em função do que foi a *vontade real* das partes, permitindo inclusive a actualização daquela vontade através do disposto no citado n.º 3, al. *a*), e, sobretudo, *b*) do artigo 31.º. Esta conclusão fica reforçada se atendermos a que, mesmo na sua pureza, o elemento literal pode vir a ceder perante a consideração do que foi a vontade das partes, por força do que estabelece o n.º 4 do citado artigo 31.º: "Um termo será entendido num sentido particular se estiver estabelecido que tal era a intenção das partes".

Daqui se extrai que, reexaminado o problema, somos hoje menos críticos do que na anterior edição deste livro quanto ao regime definido pela CV para a interpretação dos tratados. Hoje nem mesmo nos incomoda muito que os trabalhos preparatórios do tratado sejam para o artigo 32.º CV um meio complementar, para não dizer residual, de interpretação. É que, como bem nota o Professor RUDOLF BERNHARDT [1], essa regra de interpretação nasceu por via do costume e modernamente são raros os casos em que os trabalhos preparatórios de um tratado fornecem um contributo útil à sua interpretação. Nesse aspecto, eles foram substituídos com proveito pela prática posterior à conclusão do tratado que, repete-se, a CV manda atender, no artigo 31.º, n.º 3, al. *b*), e, doutra forma, também na alínea *a*) [2].

Isso obviamente não nos impede de reconhecer que, dentro do escopo de se apurar a vontade real das partes contratantes, era mais feliz a redacção do artigo 38.º do *Projecto de Harvard* de 1935 (mais

---

[1] *Op. cit.*, pg. 323.

[2] A tese tradicional sobre os trabalhos preparatórios pode ver-se em LAUTERPACHT, *Les travaux préparatoires et l'interprétation des traités,* in *RdC*, 1934-II, pgs. 713 e segs. Mais modernamente, MEHRISCH, Travaux préparatoires *as an Element in the Interpretation of Treaties,* in *Indian Journal of International Law* 1971, pgs. 39 e segs. Especificamente sobre o seu tratamento na CV, BRIGGS, *The* Travaux Préparatoires *of the Vienna Convention on the Law of Treaties,* in *AJIL* 1971, pgs. 705 e segs.; e SIN-CLAIR, *op. cit.,* pg. 141.

rigorosamente, Projecto da *Harvard Research in International Law*), que rezava: "um tratado deve ser interpretado à luz do fim geral que ele visa. O contexto histórico do tratado, os trabalhos preparatórios, as circunstâncias das partes no momento em que o tratado entrou em vigor, a alteração que se procurou introduzir nessas circunstâncias, a subsequente conduta das partes na aplicação das disposições do tratado e as condições prevalecentes no momento em que a interpretação está a ser feita devem ser considerados em ligação com o fim geral que o tratado pretende alcançar" ([1]).

V. Note-se que, na prática, os elementos de interpretação não apresentam a mesma importância em todos os tratados. Assim, por exemplo, na interpretação dos tratados de fim evolutivo, como são todos os tratados concluídos em matéria de Direito da Integração, a começar pelos tratados institutivos de Organizações Internacionais de integração, de que são exemplo as Comunidades Europeias, é largamente valorizado o elemento teleológico, como forma de assegurar a progressão de toda a Ordem Jurídica das respectivas Organizações de integração em direcção aos objectivos últimos apontados àquelas, desde logo, nesses tratados institutivos ([2]).

VI. Problema diferente é o de saber se se devem admitir, e em que medida, a interpretação restritiva e a interpretação extensiva dos tratados. A segunda não é vulgar; ao contrário, a primeira será mais frequente, porque as limitações da soberania dos Estados não se presumem e em caso de dúvida devem ser interpretadas restritivamente ([3]).

([1]) Aquele Projecto está publicado em suplemento ao *AJIL* 1935. Acerca dele v. o que escreveu LAUTERPACHT, *Some Observations on Preparatory Work in the Interpretation of Treaties,* in *HLR* 1934-35, pgs. 549 e segs.

([2]) Sobre a interpretação teleológica ou finalista no Direito das Comunidades Europeias, CEREXHE, *op. cit.*, t. I, pgs. 310 e 328; e FAUSTO DE QUADROS, dissertação cit., pgs. 424 e segs. e bibl. aí cit., especialmente as ops. de PESCATORE, BLECKMANN e BERNHARDT.

([3]) Veja-se, especificamente sobre a teoria geral da interpretação dos tratados, SILVA CUNHA, *A interpretação dos tratados na Jurisprudência e na Doutrina,* Lisboa,

19. Efeitos dos tratados

I. Os efeitos dos tratados quanto às partes contratantes não serão aqui examinados em pormenor, pois integram-se fundamentalmente no problema geral da aplicação do Direito Internacional na ordem interna, de que nos ocupámos na Parte I.

Não quer isto dizer que não haja questões específicas dos tratados: uma delas, que surge quando no território do Estado existe mais de um espaço jurídico, é o da chamada *Cláusula Colonial.* Digamos, porém, desde já que a regra supletiva do artigo 29.º CV é no sentido da aplicação do tratado à totalidade do território dos Estados partes.

II. Pode o tratado produzir efeitos também em relação a terceiros?

Em regra, não, e em nome do princípio *res inter alios acta nec nocere nec prodesse potest,* concretizado, nesta matéria, no princípio *pacta tertiis nec prosunt nec nocent.* Ambos estes princípios foram acolhidos pelo TPJI, no já citado caso de *Chorzow,* e pelo Tribunal Permanente de Arbitragem, na sentença proferida em 4 de Maio de 1928 na questão da *Ilha das Palmas* ([1]).

1960 (separata do vol. XIV da *RFDUL*); BERNHARDT, *Die Auslegung völkerrechtlicher Verträge, insbesonderes in der neueren Rechtsprechung internationaler Gerichte,* Colónia, 1963; C. DE VISSCHER, *Problèmes d'interprétation judiciaire en droit international public,* Paris, 1963; BERLIA, *Contribution à l'interprétation des traités,* in *RdC,* 1965-I, pgs. 283 e segs.; VOICU, *L'interprétation authentique des traités,* Paris, 1968; SCHREUER, *The Interpretation of Treaties by International Courts,* in *BYIL* 1971, pgs. 255 e segs.; HILF, *Die Auslegung, cit.;* BOS, *Theory and Practice of Treaty Interpretation,* in *NILR* 1980, pgs. 3 e segs. e 135 e segs.; VITÁNYI, *L'interprétation des traités dans la théorie du Droit Naturel,* in *RGDIP* 1980, pgs. 525 e segs.; MATSCHER, *Vertragsauslegung durch Vertragsrechtsvergleichung in der Judikatur internationaler Gerichte, vornehmlich von der Organen der EMRK,* in *Festschfrift Hermann Mosler,* Berlim, 1983; K. SKUBISZEWSKI, *Remarks on the Interpretation of the United Nations Charter, ibidem,* pgs. 891 e segs.; e VERDROSS/SIMMA, *op. cit.,* pgs. 490 e segs.

([1]) In *Reports of International Arbitral Awards,* vol. II, pg. 829. V. o comentário de E. LAGONI a essa sentença in *Encyclopedia,* t. 2, pg. 223.

Todavia, em casos excepcionais o tratado pode produzir efeitos na esfera jurídica de terceiros, ainda que só com o consentimento destes – é o que se encontra disposto no artigo 34.º CV: "Um tratado não cria nem obrigações nem direitos para um terceiro Estado sem o consentimento deste".

O que pode variar é a forma do consentimento do terceiro Estado. Compreende-se que, enquanto o artigo 36.º, não obstante exigir, à partida, o consentimento expresso, permite a presunção *juris tantum* deste consentimento quando se trata da atribuição de *direitos* a terceiros, o artigo 35.º impõe, para a criação de uma *obrigação* para o terceiro Estado, que o consentimento deste revista necessariamente a forma não só expressa mas também escrita. Mas sempre o consentimento do terceiro, real ou presumido, é imprescindível.

Deste modo, a produção de tais efeitos depende do consentimento dos terceiros, podendo até considerar-se que esses efeitos emergem não do tratado mas do acordo bilateral, inominado, entre o terceiro e os Estados partes no tratado, chamado por alguns *acordo colateral*. É o que resulta do artigo 37.º, n.º 1, CV: "Nos casos em que uma obrigação tenha nascido para um terceiro Estado, de harmonia com o artigo 35.º, essa obrigação só pode ser modificada ou revogada através do consentimento das partes no tratado e do terceiro Estado (...)". Ou seja, as obrigações, porque derivadas desse acordo, apenas podem ser modificadas ou revogadas com intervenção do terceiro por elas vinculado.

O mesmo já dizia a Comissão de Direito Internacional ao comentar o que era então o artigo 31.º do seu Projecto: "Nos termos deste artigo, duas condições devem ser preenchidas para que um terceiro possa ser vinculado pelo tratado: primeiro, é preciso que as partes do tratado tenham querido, através da dita disposição, estabelecer uma obrigação a cargo do terceiro Estado; em segundo lugar, é preciso que este tenha expressamente aceitado ficar vinculado por aquela obrigação. A Comissão tomou em consideração que, quando estas condições estão preenchidas, existe de facto um segundo acordo colateral entre as partes no tratado, por um lado, e o terceiro Estado, por outro, e que a base jurídica da obrigação que incumbe a este último não é o tratado em si próprio mas este acordo colateral. Contudo, mesmo se se considerar a questão sob este ângulo, não é menos verdade que em tal caso uma disposição de um tratado concluído entre certos Estados se torna directamente obrigatória para um outro Estado que não é e não passa a ser parte no tratado".

Já o artigo 38.º CV, ao estabelecer que "nenhuma das disposições dos artigos 34.º a 37.º se opõe a que uma norma enunciada num tratado se torne obrigatória em relação a terceiros Estados como norma consuetudinária de Direito Internacional", não constitui uma excepção ao princípio *pacta tertiis,* na medida em que se refere às normas dos tratados obrigatórias *erga omnes* pela formação de um costume internacional, portanto enquanto Direito Internacional Comum.

III. Por seu lado, há que notar que se não confunde a produção de efeitos obrigacionais dos tratados para com terceiros com a sua oponibilidade *erga omnes*. Assim, o respeito por terceiros Estados da fronteira fixada em tratado bilateral de que são partes os Estados fronteiriços, representando a oponibilidade *erga omnes* do tratado concluído, nada tem a ver com a produção de efeitos dos tratados para com terceiros.

Embora o conceito de direito real internacional não seja pacífico, pode dizer-se que existe uma certa semelhança entre a oponibilidade de um tratado a todos os demais sujeitos do Direito Internacional e a estrutura daquele tipo de direitos, em que a um ou mais sujeitos activos corresponde, do lado oposto, uma posição passiva de que são titulares todos os outros sujeitos.

IV. Em conclusão, podemos dizer que, em matéria de efeitos dos tratados quanto a terceiros, a regra *res inter alios acta* só admite as excepções constantes da CV. Essas excepções, bem como a oponibilidade do tratado *erga omnes,* exprimem a inclinação, que já analisámos, para a *objectivação do Direito Internacional Convencional,* que, tendendo a transformar-se em Direito Internacional Comum, faz com que dos tratados possam derivar situações oponíveis a terceiros. Essa tendência foi acolhida, embora com carácter simplesmente programático, pelo artigo 2.º, n.º 6, da Carta das Nações Unidas, segundo o qual "a Organização fará com que os Estados que não são membros das Nações Unidas ajam em conformidade com estes princípios, na medida necessária à manutenção da paz e da segurança internacionais" (¹).

20. Cessação da vigência dos tratados

A vigência dos tratados pode ser sujeita a várias vicissitudes, algumas das quais foram analisadas por SILVA CUNHA em estudo consagrado a essa matéria (²). Ocupar-nos-emos apenas da cessação da vigência, que pode dar-se fundamentalmente ou por *acordo entre as partes,* ou por *vontade unilateral de uma delas,* ou por *circunstâncias exteriores* à vontade das partes.

A) *Cessação da vigência por acordo entre as partes*

A cessação da vigência dá-se por acordo quando resulta do consentimento de todas as partes. Está, como tal, prevista na CV, no artigo 54.º, al. *b*). Traduz-se na *ab-rogação* do tratado, ou seja, na prática de um *actus contrarius,* isto é, na celebração de um novo tratado que põe termo ao primeiro. A ab-rogação pode ser tácita, se as partes celebram um novo tratado que regula a mesma matéria por forma incompatível com o primeiro. Neste caso a vigência do tratado anterior cessa por *novatio*. Ela encontra-se prevista no artigo 59.º CV.

(¹) Sobre a matéria deste número, v. ANDRÉ GONÇALVES PEREIRA, *Da sucessão de Estados, cit.,* pgs. 196-198 e 231-233; KELSEN, *Traités internationaux à la charge d'États tiers,* in *Mélanges Ernest Mahaim,* t. 2, Paris, 1935, pgs. 164 e segs.; LANG, *op. e loc. cits.;* P. CAHIER, *Le problème des effets des traités à l'égard des États tiers,* in *RdC,* 1974-III, pgs. 589 e segs.; NAPOLETANO, *Some Remarks on Treaties and Third States under the Vienna Convention on the Law of Treaties,* in *IYIL* 1977, pgs. 75 e segs.; VERDROSS/SIMMA, *op cit.,* pgs. 482 e segs.; BALLREICH, *Treaties, Effect on Third States,* in *Encyclopedia,* t. 7, pgs. 476 e segs., e bibl. aí seleccionada; e S. BASTID, *op. cit.,* pgs. 143 e segs.

(²) *Problemas da vigência dos tratados,* separata de *O Direito* 1962, pgs. 24 e segs. Mais recentemente, v. do mesmo Autor o seu Manual, *cit.,* t. I, pgs. 224 e segs.

Também resulta da vontade das partes a extinção do tratado pelo *termo final*, quando o tratado é concluído por período de tempo fixo, ou pela realização da *condição resolutiva*.

Por outro lado, nos tratados-contratos, a *execução da obrigação convencional* pode, se esse era o único objecto do tratado, marcar a sua extinção.

E ainda é reconduzível, segundo os voluntaristas, à vontade das partes, a cessação da vigência do tratado por *desuso*, ou seja, a formação de um costume em sentido contrário. Quando não se partir de postulados voluntaristas (como mostrámos, é o nosso caso) integrar-se-á o desuso nas formas de cessação da vigência dos tratados por circunstâncias exteriores à vontade das partes.

B) *Cessação da vigência por vontade unilateral de uma das partes*

Em rigor seria ainda reconduzível a acordo das partes a extinção do tratado por *denúncia*. Mas a verdade é que ela exige a intervenção posterior e individual da vontade do Estado denunciante, que declara não querer continuar vinculado às disposições do tratado.

Dizemos que seria reconduzível à vontade das partes, porque a denúncia só é lícita quando for prevista pelo próprio tratado, que geralmente a submete a um prazo de pré-aviso.

A denúncia não prevista pelo tratado não opera a cessação da vigência deste e, sendo acto ilícito, acarreta a responsabilidade do Estado no plano internacional.

Segundo o artigo 56.º CV, um tratado que não contenha disposições relativas à sua extinção, e não preveja que as partes possam denunciá-lo, não é susceptível de denúncia ou de recesso, salvo o caso em que esteja estabelecido terem as partes admitido a possibilidade de uma denúncia ou de um recesso ou se essa possibilidade resultar da própria natureza do tratado. Nesse caso, as partes devem notificar, com pelo menos doze meses de antecedência, a sua intenção de proceder à denúncia ou ao recesso do tratado.

A tendência actual, reflectida pela referência do artigo 56.º à "natureza do tratado", que não constava do Projecto da C.D.I., é a de admitir uma maior flexibilidade na denúncia dos tratados, mesmo que estes não contenham cláusula alguma para o efeito, desde que se comprove que a intenção das partes é a de aceitar a denúncia, como, por exemplo, quanto aos tratados transmitidos por via da sucessão de Estados e aos tratados comerciais. Todavia, a doutrina tem defendido a necessidade de grande prudência na aplicação das duas alíneas do artigo 56.º, n.º 1, CV, e particularmente da al. *b*), que, aliás, como se disse, não constava do Projecto da C.D.I., e que foi aditada à CV por 26 votos a favor, 25 contra e 37 abstenções – o que, só por si, mostra que ela está longe de obter o consenso dos Estados ([1]).

E, em qualquer caso, continua a ser pacífico que há tratados que são insusceptíveis de denúncia, pelo menos da denúncia *ad nutum*, pela sua própria natureza: é o caso, segundo a doutrina dominante, dos tratados de integração e, concretamente, dos tratados que criam as Comunidades Europeias e os modificam ([2]).

Mas a denúncia pode não acarretar a extinção do tratado, se se tratar de tratado multilateral, que só deixa de vigorar quanto à parte denunciante. Toma então o nome técnico de *recesso* ([3]).

O artigo 60.º CV, embora em condições bastante limitativas, admite ainda, no caso de violação do tratado por uma das partes, que qualquer outra invoque a *exceptio non adimpleti contractus* ([4]).

C) *Cessação da vigência por circunstâncias exteriores à vontade das partes*

Finalmente, o tratado pode extinguir-se por circunstâncias exteriores à vontade dos Estados contratantes – é, antes de mais, o que, nem sempre com rigor, a doutrina tem exprimido como sendo o pro-

---

([1]) M. AKEHURST, *Treaties, Termination*, in *Encyclopedia*, t. 7, pgs. 507 e segs.

([2]) Tanto quanto esta questão nos interessa neste lugar, v., como ela se coloca, em FAUSTO DE QUADROS, dissertação cit., pg. 227, n. 592, e bibl. aí cit.

([3]) Não deve, porém, confundir-se com a denúncia a *renúncia*, acto pelo qual um Estado declara não querer exercer a titularidade dos direitos que lhe são conferidos, e que adiante estudaremos a propósito dos actos jurídicos unilaterais.

([4]) Cfr. AKEHURST, *op. cit.*, pg. 508.

blema da *caducidade dos tratados*. É que, como vamos ver, nem sempre estamos aqui perante o conceito de caducidade tal como a Teoria Geral do Direito o elaborou.

São quatro as fontes de caducidade dos tratados.

Em primeiro lugar, o tratado pode caducar por *desaparecimento ou alteração territorial de um dos Estados contratantes*. Nos tratados bilaterais o desaparecimento do Estado produz a caducidade do tratado, salvo se as obrigações convencionais passarem para o Estado no qual o primeiro se incorpora: é o problema extremamente complexo da *sucessão de Estados*, a que faremos referência na Parte seguinte.

Em segundo lugar, a CV, no seu artigo 61.º, prevê a caducidade do tratado por *impossibilidade superveniente do seu cumprimento*, embora não permita a sua invocação pela parte que for causadora, ilicitamente, dessa impossibilidade.

Este problema prende-se com a debatidíssima questão da chamada cláusula *rebus sic stantibus*. Devido à sua complexidade e à sua importância no relacionamento internacional dos nossos dias examiná-la-emos logo de seguida, em número separado.

Em terceiro lugar, e dentro da concepção clássica, também a *guerra* determina a caducidade dos tratados bilaterais entre beligerantes, com excepção dos tratados que expressamente prevejam a sua vigência em tempo de guerra, ou daqueles que criem situações territoriais objectivas – por exemplo, a delimitação de fronteiras. Quanto aos tratados multilaterais, continuam a vigorar, mas essa vigência é suspensa entre as partes beligerantes pelo tempo do conflito, e renasce, portanto, automaticamente no termo deste.

É esta ainda hoje a posição dominante na doutrina francesa.

Porém, a maioria da restante doutrina tende a considerar a guerra como facto que se move fora dos quadros do Direito Internacional, e que, por isso, não provoca quaisquer efeitos jurídicos, inclusive a caducidade dos tratados.

Na preparação da CV, a C.D.I. entendeu ignorar o problema no contexto do Direito dos Tratados porque foi da opinião de que o que estava em causa era o exame dos efeitos das disposições da Carta das Nações Unidas relativas à ameaça ou ao uso da força sobre a legitimidade do recurso às hostilidades.

Consequentemente, o artigo 63.º CV limitou-se a prever a ruptura de relações diplomáticas, estabelecendo que, em princípio, a ruptura das relações diplomáticas entre as partes de um tratado não produz efeitos nas relações jurídicas criadas entre elas pelo tratado.

No artigo 75.º CV prevê-se que "as disposições da presente Convenção não afectam as obrigações que possam resultar em virtude de um tratado, para um Estado agressor, de medidas tomadas de acordo com a Carta das Nações Unidas a respeito da agressão cometida por esse Estado". Nele não se define qualquer conceito de Guerra, mas deixa-se claro que a abertura de hostilidades é irrelevante para as relações contratuais ([1]).

Finalmente, e em quarto lugar, o tratado pode caducar também por *desuso*. Já atrás falámos nisso.

A cessação da vigência dos tratados por circunstâncias exteriores à vontade das partes pode dar-se, em certos casos, não para todas mas só para algumas cláusulas, quando estas forem separáveis, em aplicação do princípio *utile per inutile non vitiatur,* acolhido pelo artigo 44.º CV. A teoria dos tratados também conhece, assim, a figura da *redução* ([2]).

([1]) As posições clássicas nesta matéria podem ser vistas em McNair, *Les effets de la guerre sur les traités,* in *RdC,* 1937-I, pgs. 529 e segs.; e G. Scelle, *De l'influence de l'état de guerre sur le droit conventionnel,* Paris, 1950, pgs. 26 e segs. Mais modernamente, Browns, *The Effects of Armed Conflicts on Treaties,* in *AIDI* 1981, pgs. 271 e segs., e 1982, pgs. 175 e segs.

([2]) Sobre a cessação da vigência dos tratados, em geral, v. especialmente Rosenne, *Rapport sur la terminaison et la suspension des traités,* in *AIDI* 1967, n.os 5 e segs.; Capotorti, *L'extinction et la suspension des traités,* in *RdC,* 1971-III, pgs. 419 e segs.; Akehurst, *op. e loc. cits.* e bibl. aí cit.; Sinclair, *op. cit.,* pgs. 181 e segs.; e S. Bastid, *op. cit.,* pgs. 193 e segs. e 255 e segs.

21. Idem: o problema da cláusula *rebus sic stantibus*

I. Como dissemos há pouco, ligado à questão da caducidade do tratado por impossibilidade superveniente do seu cumprimento está o problema da admissibilidade da caducidade do tratado por *alteração fundamental das circunstâncias em que foi celebrado*. É nisso que consiste a questão da cláusula *rebus sic stantibus* no Direito dos Tratados, questão essa que tem vindo a ganhar crescente interesse e importância no moderno Direito Internacional.

Ela foi examinada pelo TPJI no Acórdão de 7 de Junho de 1932, acerca do caso das *zonas francas* ([1]), e mais tarde veio a ser retomada pelo TIJ no Acórdão proferido, em 25 de Julho de 1974, nos casos da *jurisdição em matéria de pescarias,* que opôs o Reino Unido à Islândia e a República Federal da Alemanha à Islândia ([2]). Em ambos os Acórdãos a jurisprudência internacional aceitou o princípio de que uma alteração radical de circunstâncias pode ter efeito sobre a vigência das obrigações assumidas em tratados, embora a extensão da relevância desse princípio dependa de cada caso concreto.

Tal como no Direito interno, Público e Privado, também no Direito Internacional dos Tratados se alega, a favor da admissão da cláusula *rebus,* que ela permite realizar a verdadeira vontade das partes e repor a proporção entre as obrigações recíprocas, evitando que uma alteração fundamental ou substancial de circunstâncias, para as quais nenhuma das partes contribuiu, venha a impor a qualquer delas sacrifícios não previstos e injustos. Contudo, como já na preparação do artigo 62.º CV dizia o Projecto da C.D.I., a admissão daquela cláusula envolve evidentes riscos para a estabilidade dos tratados, na ausência de um sistema de jurisdição obrigatória universalmente aceite. As circunstâncias da vida internacional estão em permanente evolução – veja-se a rápida e constante transformação

---

([1]) Séries A/B, n.º 46, pgs. 96-238. V. o comentário ao Acórdão na *Encyclopedia*, t. 2, pgs. 104 e segs., da autoria de L. WEBER.

([2]) *ICJ Reports* 1974, pgs. 3 e segs. e 175 e segs. Cfr. S. BASTID, *op. cit.,* pg. 211, e o comentário de JAENICKE, in *Encyclopedia,* t. 2, pgs. 95 e segs.

da Comunidade Internacional nos nossos dias –, pelo que seria fácil pretender que essas alterações tornam o tratado inaplicável. Por isso, com vista a se assegurar estabilidade aos tratados internacionais e confiança a quem deles se quer servir há que definir, com exactidão, o campo da aplicação da teoria da cláusula *rebus* e as condições em que ela pode ser invocada.

II. O regime vazado no citado artigo 62.º CV pretendeu ir de encontro a essa ideia de *equilíbrio* entre as vantagens e os riscos da invocação da cláusula *rebus:* como ponto de partida, aceita-se que ela seja invocada, e para se pôr fim a um tratado bilateral, para o recesso de um tratado multilateral ou, apenas, para a parte interessada suspender a vigência do tratado (n.ºˢ 1 e 3 desse art. 62.º); mas limitam-se a dois os casos em que tal invocação poderá ser atendida: *a*) a alteração fundamental das circunstâncias respeitar a um facto ou a uma situação que era a "base essencial" do consentimento das partes; ou *b*) a alteração fundamental gerar a "transformação radical" da natureza das obrigações que resultam do tratado (art. 62.º, n.º 1).

Mesmo assim, exceptuam-se sempre os tratados de delimitação de fronteiras, aos quais se entende não ser aplicável, em caso algum, a cláusula *rebus;* e igualmente se exceptuam as alterações de circunstâncias que as partes tenham previsto ou provocado (art. 62.º, n.º 2).

Mas, mesmo que preencha a previsão das duas alíneas do artigo 62.º, n.º 1, a parte interessada perde o direito de invocar a cláusula *rebus* se, expressa ou tacitamente, aceitou a alteração fundamental das circunstâncias que alega. É o que resulta do artigo 45.º CV.

Para além disso, a invocação daquela cláusula tem de seguir um processo, regulado nos artigos 65.º a 67.º CV, que permite a fiscalização pelas outras partes no tratado dos motivos alegados pela parte que se pretende servir da cláusula *rebus* e, na falta de acordo, prevê o recurso aos meios indicados no artigo 33.º da Carta da ONU.

Como acertadamente observou o TIJ nos citados casos da *jurisdição sobre pescarias,* o regime definido no artigo 62.º CV para a cláusula *rebus* "pode em muitos aspectos ser visto como uma codificação do Direito Consuetudinário (à data) em vigor neste domínio" (¹). Mesmo assim, a CV deu um passo em frente em relação ao Direito ao tempo em vigor, ao somar ao artigo 62.º o estabelecido nos já referidos artigos 45.º e 65.º a 67.º. E, apreciando em globo a solução que a CV encontrou para a matéria, não podemos deixar de a considerar cautelosa e equilibrada.

III. Isso não nos impede de reconhecer que o sistema adoptado carece ainda de pelo menos dois aperfeiçoamentos.

Em primeiro lugar, há que definir, de uma forma precisa, *quais as alterações das circunstâncias* que são atendíveis. Na fase preparatória da CV, a C.D.I. sentiu a necessidade dessa definição mas considerou-se impotente para a encontrar. Contudo, as fórmulas excessivamente vagas vazadas nas duas alíneas do artigo 62.º, n.º 1, criam o risco da invocação leviana da cláusula *rebus*, pelo que há que porfiar nos esforços conducentes àquela definição. Iguais dificuldades têm sido encontradas, em grau maior ou menor, por outros ramos de Direito, Público ou Privado, quando abordam a cláusula *rebus*, e nem por isso elas têm deixado de ser superadas.

Em segundo lugar, a admissão daquela cláusula conviria que ficasse ligada a uma *cláusula de jurisdição obrigatória* do Tribunal Internacional de Justiça ou de Tribunal Arbitral, o que a redacção do artigo 65.º, n.º 3, CV, só por si, não assegura (²).

(¹) Cfr. AKEHURST, *op. e loc. cits.*

(²) Sem prejuízo das obras que há pouco indicámos sobre a problemática geral da cessação da vigência dos tratados, v., especialmente sobre a cláusula *rebus sic stantibus*, HARASZTI, *Treaties and fundamental change of circumstances*, in *RdC*, 1975, pgs. 146 e segs.; SCHWELB, *Fundamental Change of Circumstances, Notes on Article 59 of the Draft Convention on the Law of Treaties*, in *ZaöRV* 1969, pgs. 79 e segs.; KÖCK, *Altes und Neues zur Clausula rebus sic stantibus*, in *Festschrift Verosta*, Kehl, 1980, pgs. 79 e segs.; S. BASTID, *op. cit.*, pgs. 209 e segs. e 257 e segs.; SCHWARZENBERGER, *Clausula rebus sic stantibus*, in *Encyclopedia*, t. 7, pgs. 22 e segs. e bibl. aí arrolada; e VAN BOGAERT, *Le sens de la clause rebus sic stantibus dans le droit des gens actuel*, in *RGDIP* 1966, pgs. 49 e segs.

CAPÍTULO IV

OS PRINCÍPIOS GERAIS DE DIREITO

1. **Os princípios gerais de Direito como fonte autónoma do Direito Internacional**

De harmonia com o artigo 38.º, n.º 1, al. *c*), do ETIJ,

"O tribunal (...) aplicará:

(...)

c) Os princípios gerais de Direito reconhecidos pelas Nações civilizadas."

Vemos assim que os princípios gerais de Direito são uma das fontes do Direito Internacional consagradas por aquele artigo. Este preceito seguiu, aliás, a orientação do artigo 7.º da Convenção XII de Haia de 1907 relativo à criação de um Tribunal Internacional de Presas ([1]).

Mas qual é o entendimento que deverá ser dado a esta expressão: "princípios gerais de Direito"? Qual o motivo da sua inserção no elenco das fontes do Direito Internacional do artigo 38.º?

A razão da inclusão desses "princípios" no artigo 38.º parece ter sido a de evitar a denegação de justiça pelo juiz internacional na ausência de regra expressa de Direito, o que é fácil de acontecer devido ao carácter fragmentário e à menor elaboração do Direito Internacional.

([1]) A história da al. *c*) do n.º 1 do artigo 38.º do ETIJ pode ser vista em VERDROSS/ /SIMMA, *op. cit.*, pg. 380.

Acerca disso observava há trinta anos CLIVE PARRY: "O fim principal, então, da inserção da frase no Estatuto parece ter sido essencialmente o de tornar claro que o Tribunal era autorizado a raciocinar, embora não a legislar, e através, por exemplo, da aplicação de analogias com o Direito estatal, a evitar ter de alguma vez declarar que não havia Direito aplicável a qualquer questão que lhe fosse apresentada. Este era um problema que preocupava os juristas continentais que colaboraram na elaboração do Estatuto, mas não preocupava os anglo-saxões que, como é óbvio, confiavam em que os juízes raciocinassem mesmo sem instruções expressas.

Assim entendidos, os princípios gerais de Direito não são certamente lei como tal, e a única questão que se levanta acerca deles é a de saber se eles constituem uma fonte distinta de Direito e, se porventura o forem, se uma fonte da mesma categoria das que já considerámos – tratado e costume. Quanto a este ponto, poderia parecer que os princípios gerais de Direito não exigem uma menção distinta, visto que já se devem integrar no Direito Internacional consuetudinário, embora dizer isto possa envolver o admitir-se que eles são normas e não princípios. A alternativa é presumivelmente a de defender que o Estatuto, ao mencionar os princípios gerais, está a ditar, não tanto uma fonte, como um método de aplicar as outras fontes, e assim se afasta de um esquema de fontes formais" ([1]).

Modernamente, porém, a doutrina admite pacificamente que os princípios gerais de Direito são uma fonte autónoma ([2]) e uma importante fonte formal do Direito Internacional, sem embargo de se reconhecer que muitos deles podem ter sido revelados pela via do costume, independentemente de o seu fundamento último ser o Direito Natural: o melhor exemplo disso talvez consista no *princípio da liberdade dos mares* ([3]). A atestar a grande importância dos prin-

---

([1]) *The Sources and Evidences of International Law,* Oxford, 1965, pgs. 73-74

([2]) Por todos, NGUYEN QUOC, *op. cit.,* pgs. 317-318.

([3]) Sobre a liberdade dos mares e sobre o contributo de Portugal para a formação do princípio, v. a profunda investigação histórica levada a cabo por MARCELLO CAETANO, *Portugal e a internacionalização dos problemas africanos,* 3.ª ed., Lisboa, 1965. sobretudo pgs. 1-40.

cípios gerais de Direito como fonte do Direito Internacional está o facto de muitos deles terem sido incorporados em tratados internacionais fundamentais para a Comunidade Internacional, como a Carta das Nações Unidas ou a Declaração Universal dos Direitos do Homem ([1]), bem como a circunstância de eles serem comummente utilizados para integrar lacunas resultantes da inexistência de costume ou tratado. Note-se, todavia, que, pelo menos para certa doutrina, eles não podem ser aplicados contra o costume ou o tratado internacional, ressalvado o que adiante se dirá quanto ao *ius cogens* ([2]).

Foram, entre outros títulos, os princípios gerais de Direito que Portugal invocou perante o Tribunal de Haia, e com êxito, para fundamentar o seu direito de passagem para os enclaves em território indiano, de Dadrá e Nagar-Aveli, no caso, já citado, do *direito de passagem*.

2. Conteúdo dos princípios gerais de Direito como fonte do Direito Internacional

I. Vejamos agora quais são os princípios gerais de Direito e onde é que eles se encontram.

Para dar resposta a esta questão surgem-nos fundamentalmente três teorias ([3]).

A primeira delas é representada sobretudo por ALFRED VERDROSS, que se dedicou muito a esta questão ([4]), e por LOUIS

([1]) NGUYEN QUOC, *op. cit.*, pg. 322; e CARREAU, *op. cit.*, pgs. 283-287.

([2]) Um valioso estudo da história dos princípios gerais de Direito como fonte do Direito Internacional e do artigo 38.º, n.º 1, al. c), do ETIJ encontramo-lo em VERDROSS/SIMMA, *op. cit.*, pgs. 380-383.

([3]) Uma enunciação mais vasta das teses em confronto pode ver-se em CARREAU, *op. cit.*, pgs. 267-268.

([4]) V. sobretudo *Die allgemeine Rechtsgrundsätze im Völkerrecht*, in *Festschrift Kelsen*, Viena, 1931, pgs. 362 e segs., *Les principes généraux du droit dans la jurisprudence internationale*, in *RdC*, 1935-II, pgs. 195-251, e *Les principes généraux de droit dans le système des sources du droit international public*, in *Études Guggenheim*, Genebra, 1968, pgs. 521 e segs.

LE FUR ([1]), louvando-se em S. TOMÁS DE AQUINO e em SANTI ROMANO. Foi seguida, por exemplo, por ANTÓNIO TRUYOL ([2]) e SILVA CUNHA ([3]).

Para VERDROSS e LE FUR, os princípios gerais de Direito mais não são do que os princípios do Direito Natural. Esta orientação convence-nos quanto ao *fundamento* dos princípios gerais de Direito como fonte do Direito Internacional. Mas não é isso o que está aqui em discussão: o que se pergunta aqui é quais são os "princípios gerais de Direito reconhecidos pelas Nações civilizadas" a que o artigo 38.º do ETIJ se refere. E a essa interrogação a teoria em apreço não responde. Também é a esta conclusão que nos conduz a história da inclusão do artigo 38.º, n.º 1, al. *c*), no Estatuto do Tribunal, como demonstrou GUGGENHEIM ([4]).

Uma outra orientação, seguida durante muitos anos sobretudo pela doutrina soviética, entende que esses princípios gerais de Direito são apenas os princípios gerais de Direito Internacional comuns a Estados socialistas e não socialistas, como, por exemplo, os contidos no Tratado de *Panch Sila,* de 1954, celebrado entre a Índia e a República Popular da China, e que eram em número de cinco: respeito pela integridade territorial e pela soberania dos Estados; não agressão; não ingerência nos assuntos internos; igualdade de tratamento entre os Estados; e coexistência pacífica.

Esta tese foi acolhida pelo TPJI no célebre Parecer, já citado, sobre a *Cidade Livre de Dantzig,* de 1928 ([5]). Todavia, ela era rejeitada pelo próprio teor do artigo 38.º, n.º 1, *c*), que expressamente falava em "princípios gerais de Direito *reconhecidos pelas Nações civilizadas*" e, dessa forma, estava obviamente a ir para além dos princípios gerais de Direito Internacional. Foi por isso que também esta teoria foi afastada nos trabalhos preparatórios do artigo 38.º do ETIJ ([6]).

([1]) *Précis de Droit International Public,* 4.ª ed., Paris, 1939, n.º 387.
([2]) *Noções fundamentais, cit.,* 137.
([3]) No vol. I do seu Manual, *cit.,* pg. 263.
([4]) *Contribution, cit.,* pgs. 72 e segs.
([5]) *Op. cit.,* pgs. 23-24.
([6]) Assim, GUGGENHEIM, *op. e loc. cits.*

E surge, assim, a terceira teoria, segundo a qual tais princípios seriam os princípios comuns aos grandes sistemas de Direito contemporâneos (a saber, o sistema romano-germânico, o sistema do *common law*, o sistema "socialista" e os sistemas de raiz mais religiosa, como os dos países islâmicos ou budistas), aplicáveis à Ordem Jurídica internacional, isto é, transponíveis para a Comunidade Internacional. É esta a corrente dominante hoje na doutrina ([1]). E ela foi adoptada expressamente no Acórdão proferido pelo TIJ em 1966 no caso do *Sudoeste Africano/Namíbia (2.ª fase)* ([2]) bem como na jurisprudência arbitral ([3]).

Também o Tratado CEE acolheu esta teoria quando no artigo 215.º, parágrafo 2, veio estabelecer que "em matéria de responsabilidade extracontratual, a Comunidade deve indemnizar, em conformidade com *os princípios gerais comuns aos Direitos dos Estados membros*, os danos causados pelos seus órgãos ou pelos seus agentes no exercício das suas funções" ([4]).

II. Também nós adoptamos hoje esta última corrente.

Mas entendamo-nos: o facto de o artigo 38.º do ETIJ, na al. *c*) do seu n.º 1, só abarcar os princípios gerais de Direito comuns aos Direitos *nacionais* não impede que se reconheça que o Direito Internacional também é revelado por princípios gerais *do próprio Direito Internacional* que, como tais, se aplicam na Comunidade Internacional ([5]).

([1]) Cfr. NGUYEN QUOC, *op. cit.*, pgs. 319 e segs.; D. CARREAU, *op. cit.*, pgs. 267 e segs.; DIEZ DE VELASCO, *op. cit.*, t. I, pg. 56; e MONACO, *Sources, cit.*, pgs. 429 e 433.

([2]) *ICJ Reports* 1966, pgs. 6-51. V. o comentário de E. KLEIN in *Encyclopedia*, t. 2, pgs. 260 e segs (265-267).

([3]) Cfr. CARREAU, *op. cit.*, pgs. 269-270.

([4]) V. a exaustiva anotação àquele preceito no *Comentário Groeben, cit.* Para uma visão geral do problema, P. REUTER, *Le recours de la C.J.C.E. à des principes généraux de droit*, in *Mélanges Rolin*, pgs. 263 e segs.

([5]) V. o excelente estudo de MOSLER, *General Principles of Law*, in *Encyclopedia*, t. 7, pgs. 89 e segs. (97 e segs.); DIEZ DE VELASCO, *op. cit.*, t. I, pg. 96, louvando-se em ROUSSEAU; e MONACO, *op. cit.*, pg. 433.

Temos, assim, duas categorias de princípios gerais de Direito como fontes do Direito Internacional:

a) princípios comuns aos Direitos internos, como o princípio da *bona fide* e o abuso do direito, o princípio *pacta sunt servanda,* o princípio da proporcionalidade, o princípio *venire contra factum proprium non valet,* a cláusula *rebus sic stantibus,* o princípio da segurança jurídica e do respeito pela confiança legítima (este particularmente utilizado no Direito Comunitário), o princípio da propriedade privada e da "justa, prévia, efectiva e adequada" indemnização por expropriações e nacionalizações, o princípio *qui tacet consentire videtur,* o princípio do efeito útil, o princípio *exceptio non adimpleti contractus,* o princípio do não locupletamento à custa alheia, a regra *res nullius,* a prescrição extintiva, o princípio dos juros de mora, o princípio da reparação integral do prejuízo, os princípios do caso julgado, da igualdade de partes em juízo, etc. ([1]);

b) princípios próprios do Direito Internacional, como os princípios da não ingerência, da não agressão, do não reconhecimento da aquisição de territórios ou direitos mediante o recurso à força, da autodeterminação dos povos, a proibição do genocídio, etc.

III. Note-se que o conteúdo e a relevância de alguns destes princípios têm variado ao longo dos tempos.

Veja-se o caso do princípio da não ingerência nos assuntos internos de um outro Estado, considerado classicamente um princípio geral básico do Direito Internacional e o grande expoente da protecção da soberania dos Estados. As Nações Unidas tradicionalmente respeitaram-no em absoluto e nunca consideraram ser um desvio àquele princípio a condenação da violação dos Direitos do Homem quando ela se fundava na condenação de situações coloniais – foi o que aconteceu com os territórios ultramarinos portugueses, com a Rodésia, com o ex-Sudoeste Africano (hoje Namíbia), com os territórios ocupados por Israel, com o *apartheid* na África do Sul, que a Resolução n.º 2506 (XXIV), de 21 de Novembro de 1969, con-

---

([1]) Cfr. NGUYEN QUOC, *op. cit.,* pgs. 321 e 322.

siderava um "crime contra a Humanidade". A Acta Final de Helsínquia, de 1 de Agosto de 1975, sobre a Segurança e a Cooperação na Europa, na ambiguidade que a caracterizou, nunca esclareceu como se compatibilizava o princípio VI, da "não intervenção nos negócios internos", com o princípio VII, do "respeito pelos Direitos do Homem e pelas liberdades fundamentais (...)". Pelo contrário, o princípio X estipulava que "todos os princípios acima enunciados têm uma importância fundamental e, por conseguinte, aplicam-se de modo igual e sem reserva, devendo na interpretação de cada um deles levar-se em conta os outros" – o que impunha uma compatibilização entre princípios muitas vezes entre si contraditórios.

Todavia, em 1991, na sequência da intervenção militar das Nações Unidas que conduziu ao fim da ocupação do Kuwait pelo Iraque (a chamada "*guerra do Golfo*") e para designar as medidas de auxílio à população curda no Iraque que estava a ser vítima de um genocídio ordenado pelo Governo do Iraque, as Nações Unidas, com o apoio dos Estados Unidos, da União Soviética e de todos os Estados da Europa Ocidental e – o que é de salientar – sem o protesto de qualquer Estado quer do leste europeu, quer do Terceiro Mundo, consagraram, ainda que de forma implícita e meramente embrionária, um *direito de ingerência* ou *direito de intervenção* da Comunidade Internacional no território de Estados soberanos para fins de "assistência humanitária" ([1]). E algum sector da doutrina já vai mesmo mais longe, defendendo que, em nome da protecção dos Direitos do Homem, existe mesmo (resta saber se na titularidade apenas da Comunidade Internacional através de quem a represente, ou também na titularidade da ONU, ou de Organizações Internacionais regionais, ou até de Estados individualmente considerados) um *dever de ingerência* nos assuntos internos dos Estados em causa (mais: no seu próprio território), embora com alcance ainda por definir ([2]).

([1]) V. o recentíssimo estudo do Professor MÁRIO BETTATI, *Le droit d'ingérence. sens et portée,* in *Le débat,* Nov.-Dez. de 1991, pgs. 4 e segs.

([2]) BETTATI, *op. cit.,* pg. 5. O mesmo Autor havia já publicado em co-autoria. anos antes, um outro livro, *Le devoir d'ingérence,* Paris, 1987.

A aceitação do direito de ingerência da Comunidade Internacional nos assuntos internos dos Estados para fins de assistência humanitária seria reassumida e enfatizada em 1992, quando da intervenção das Nações Unidas na Bósnia-Herzegovina e na Somália.

Note-se, porém, que neste domínio o Direito Internacional pouco inova e limita-se a reencontrar-se com as suas origens, porque já os escolásticos admitiam a *intervenção por causa da Humanidade*, tese que VITÓRIA defendeu com grande brilho ([1]).

Ora toda esta evolução na prática internacional e na doutrina do Direito Internacional confirma que está a mudar o conteúdo de um dos tradicionalmente mais sólidos corolários da soberania externa dos Estados: o princípio da não ingerência nos assuntos internos. Mas, mais do que isso, demonstra também que estamos a assistir à mais profunda mudança de sempre das estruturas dogmáticas sobre as quais durante muitos séculos tem vindo a assentar o Direito Internacional. Já tivemos oportunidade de o referir neste livro e voltaremos a este assunto adiante ([2]).

([1]) Comentando o passo da Escritura que dispõe: "Libertai aqueles que são enviados para a morte e salvai aqueles que são arrastados para o suplício", VITÓRIA afirma o direito de intervenção para pôr termo às leis e práticas bárbaras ou tirânicas (*De indis,* Parte III, título V). Cfr. LE FUR, *L'intervention pour cause d'humanité,* in *Vitória et Suarez, cit.,* pgs. 227 e segs.

([2]) Sobre os princípios gerais do Direito como fonte do Direito Internacional, veja-se, além das obras gerais sobre fontes do Direito Internacional, oportunamente citadas, e das *ops. cits.* ao longo deste número, WALDOCK, *General Course on Public International Law,* in *RdC,* 1962-II, pgs. 1-251 (54-69); W. FRIEDMAN, *The Uses of "General Principles" in the Development of International Law,* in *AJIL* 1963, pgs. 278 e segs.; VERDROSS, *Die Quellen, cit.,* pgs. 120 e segs.; K. MEESSEN, *Zur Theorie allgemeiner Rechtsgrundsätze des internationalen Rechts,* in *JIR* 1974, pgs. 283 e segs.; J. LAMMERS, *General Principles of Law Recognized by Civilized Nations,* in *Essays van Panhuys,* 1980, pgs. 53 e segs.; VITÁNYI, *Les positions doctrinales concernant le sens de la notion de "principes généraux de droit reconnus par les nations civilisées",* in *RGDIP* 1982, pgs. 48 e segs.; e a bibl. cit. no referido estudo de MOSLER.

CAPÍTULO V

OS ACTOS JURÍDICOS UNILATERAIS

1. **Os actos jurídicos unilaterais: o problema em geral**

A seguir às fontes que estudámos, e, como elas, fonte imediata do Direito Internacional, não obstante não constar do artigo 38.º do Estatuto, situam-se os *actos jurídicos unilaterais dos sujeitos do Direito Internacional* ([1]).

Não há contradição entre a aceitação das normas provindas da acção unilateral dos sujeitos e o que dissemos na Introdução acerca dos processos de criação do Direito Internacional, que excluíam a sua criação ou modificação unilateral: é qu*e estes actos jurídicos são fonte porque se admite a existência de norma geral consuetudinária ou princípio geral de Direito que a consagra.*

Os actos jurídicos unilaterais, que só depois da 2.ª Guerra Mundial começaram a despertar a atenção da doutrina, correspondem em certa medida aos negócios jurídicos unilaterais do Direito interno. Aliás, como acertadamente observa DIEZ DE VELASCO ([2]), a influência da maior elaboração da categoria dos negócios jurídicos unilaterais do Direito interno no aparecimento e no desenvolvimento do

---

([1]) ERIC SUY, *Les actes juridiques unilateraux en Droit International Public,* Paris, 1962; CHARLES DE VISSCHER, *Problèmes d'interpretation judiciaire en droit international public,* Paris, 1963, especialmente pgs. 182 e segs.

([2]) *Op. cit.,* t. I, pg. 156.

conceito de actos jurídicos unilaterais do Direito Internacional constitui apenas um sintoma da crescente relevância, que tem vindo a fazer-se sentir nas últimas décadas, das construções do Direito interno no Direito Internacional.

Estes actos contribuem de modo importante para a formação do costume, para o qual servem de precedente. Isto é notório particularmente no Direito do Mar ([1]). Mas tal não exclui que eles possam ser uma fonte autónoma do Direito Internacional.

Contudo, aí é preciso distinguir os actos unilaterais que são fontes autónomas, verdadeiras fontes, que produzem efeitos jurídicos independentemente de outras, e aqueles cuja existência e validade depende de uma outra fonte. É o caso da adesão aos tratados, cuja validade depende do próprio tratado. E o mesmo se diga da denúncia.

A nós interessam-nos aqui apenas os primeiros, isto é, os actos jurídicos unilaterais como fonte *autónoma* do Direito Internacional.

Eles apresentam como característica essencial o facto de provirem de um só sujeito de Direito. Efectivamente, eles emanam, em regra, de um só Estado ou de uma só Organização Internacional, ou, melhor dizendo, de uma só *parte,* já que nada impede a sua prática conjunta por vários Estados. A sua validade, repete-se, não depende de qualquer outra fonte.

Os actos desta natureza, cujo carácter normativo tem sido reconhecido pela jurisprudência internacional (ver, nomeadamente os casos da *Gronelândia oriental,* julgado pelo TPJI em 5 de Abril de 1933 ([2]), do *direito de passagem por território indiano,* já citado, e das *experiências nucleares,* decidido pelo TIJ em 20 de Dezembro de 1974 ([3])), podem subdividir-se, naturalmente sem carácter exaus-

---

([1]) DIEZ DE VELASCO, *op. e loc. cits.*
([2]) Séries A/B, n.º 53, pgs. 22 e segs. V. o comentário de I. VON MÜNCH, in *Encyclopedia,* t. 2, pgs. 81 e segs.
([3]) *ICJ Reports* 1974, pgs. 253 e segs.

tivo, em cinco categorias: o protesto, a notificação, a promessa, a renúncia e o reconhecimento ([1]).

O *protesto* é o acto pelo qual um Estado (dizemos Estado porque este é o principal sujeito do Direito Internacional, mas não se esqueça que estamos a colocar o estudo destes actos unilaterais neste número, em princípio, em relação a todos os sujeitos do Direito Internacional) dá a entender que não considera determinada situação como conforme ao Direito.

A *notificação* é o acto pelo qual um Estado leva ao conhecimento de outros Estados determinado facto de cuja existência decorrem certas consequências jurídicas.

A *promessa* é o compromisso assumido por um Estado de tomar no futuro determinada atitude ([2]).

A *renúncia* é um acto jurídico unilateral, irrevogável, extintivo de um direito do seu autor. Só será fonte de Direito quando a validade da renúncia não dependa da vontade do outro Estado, o que exclui as renúncias convencionais, resultantes de um acordo, e que evidentemente já não se enquadram na categoria dos actos jurídicos unilaterais como fonte autónoma de Direito. É por este motivo que excluímos desta enumeração a *denúncia*, já estudada atrás, porque, sendo embora um acto jurídico unilateral, ela não é fonte de Direito, por lhe faltar a característica da autonomia ([3]).

O *reconhecimento* é o inverso do protesto: é o acto pelo qual um Estado constata uma situação existente e afirma que a considera conforme ao Direito. Sem prejuízo de em regra apresentar a natu-

---

([1]) Mas nada impede que haja outros, porque o acto jurídico unilateral não é *típico*.

([2]) Sobre a promessa, S. CARBONE, *Promessa e Affidamento nel Diritto Internazionale*, Milão, 1967 e, do mesmo Autor, *Promise in International Law: A Confirmation of its Binding Force*, in *IYIL* 1975, pgs. 166 e segs.

([3]) Acerca da renúncia pode ver-se TOMMASI DI VIGNANO, *La Rinuncia in Diritto Internazionale*, Milão, 1960, e ANDRÉ GONÇALVES PEREIRA, *Da sucessão de Estados*, cit., pgs. 262-264.

reza de acto unilateral pode acontecer que uma declaração de reconhecimento seja incluída num tratado (¹).

Estas cinco espécies têm em comum o serem manifestações unilaterais de vontade dos Estados; o de produzirem efeitos jurídicos, como aliás a jurisprudência internacional tem reconhecido; e de esses efeitos não serem reconduzíveis a outras fontes (como, por exemplo, o tratado), sendo, por consequência, autónomos. Os actos jurídicos unilaterais são, assim, fonte do Direito Internacional apesar de não estarem mencionados no artigo 38.º do Estatuto do Tribunal Internacional de Justiça (²).

Os actos jurídicos unilaterais, não estando sujeitos a exigência formal, podem ser *expressos, tácitos* ou *implícitos*.

Por outro lado, pelo facto da não exigência de forma escrita não funciona em relação a eles nem o dever nem o ónus do registo, a que alude o artigo 102.º da Carta das Nações Unidas. Mas isto não significa que não haja actos unilaterais registados: foi o caso da Declaração egípcia de 24 de Abril de 1957 relativa ao Canal do Suez, que foi registada (³)

(¹) Sobre o reconhecimento, v. FRITZ MÜNCH, *Quelques problèmes de la reconnaissance en Droit International,* in *Miscellanea Ganshof van der Meersch,* t. I, Bruxelas, 1972, pgs. 157 e segs.; VERHOEVEN, *La reconnaissance internationale dans la pratique contemporaine,* Paris, 1975; e FROWEIN, *Recognition,* in *Encyclopedia,* t. 10, pgs. 340 e segs.

(²) Para CHARLES DE VISSCHER, *op. cit.,* pgs. 183 e segs., só são fontes autónomas a renúncia e o reconhecimento, pois o protesto, a promessa e a notificação só produzem efeitos quando correlacionados com um acto, facto ou situação exterior a eles. Mantemos, porém, a reivindicação do seu carácter autónomo, já que obrigam por si, e têm como fundamento da sua validade a vontade do seu autor. A circunstância exterior é necessária para determinar o conteúdo do acto, mas não para afirmar a sua validade. A análise de DE VISSCHER, que é enunciada a propósito da interpretação do acto unilateral, não distingue, como é mister, a obrigatoriedade do acto da determinação do seu sentido.

(³) Sobre os actos jurídicos unilaterais, além das *ops. cits.* de SUY, DIEZ DE VELASCO e VISSCHER, v. JACQUÉ, *Éléments pour une théorie de l'acte juridique en droit international public,* Paris, 1972; RUBIN, *The International Legal Effects of Unilateral Declarations,* in *AJIL* 1977, pgs. 1 e segs.; FIEDLER, *Unilateral Acts in International Law,* in *Encyclopedia,* t. 7, pgs. 517 e segs.; NGUYEN QUOC, *op. cit.,* pgs. 329 e segs.;

2. Idem: em especial, os actos jurídicos unilaterais das Organizações Internacionais

I. Dentro dos actos jurídicos unilaterais tem vindo, com o aumento da importância das Organizações Internacionais como sujeitos do Direito Internacional, a ganhar crescente significado os actos unilaterais provindos dos seus órgãos. Quer por isso, quer pela sua especificidade em relação à teoria geral dos actos unilaterais, eles merecem ser estudados em separado.

Para alguns autores, os actos em questão compõem o chamado "Direito interno das Organizações Internacionais". Todavia, a doutrina nunca se entendeu sobre os contornos e o conteúdo desta expressão desde que ela foi pela primeira vez utilizada, em 1929, por VERDROSS num seu célebre Curso na Academia de Haia ([1]). Designadamente, é patente a divergência entre a definição que daquele "Direito interno" dão o Professor de Viena e PHILIPPE CAHIER ([2]), outro nome que, mais recentemente, se dedicou a fundo à elaboração daquele conceito ([3]).

II. As duas grandes diferenças entre os actos unilaterais provindos de Organizações Internacionais e os emanados de Estados são as seguintes: os primeiros têm o seu fundamento no tratado de constituição da respectiva Organização (embora isso não lhes retire autonomia como fontes do Direito Internacional porque o tratado não prevê o conteúdo daqueles actos) e, além disso, apresentam uma ainda maior diversidade de conteúdo e de forma do que os segundos.

D. CARREAU, *op. cit.*, pgs. 198 e segs.; JOSÉ PASTOR RIDRUEJO, *op. cit.*, pgs. 145 e segs.; e a bibl. cit. nas quatro últimas obras.

([1]) *Règles générales du droit international de la paix,* in *RdC,* 1929-V, pgs. 307 e segs. e 339 e segs.

([2]) *Le droit interne des organisations internationales,* in *RGDIP* 1963, pgs. 563 e segs.

([3]) Sobre as vicissitudes do conceito de "Direito interno das Organizações Internacionais" ao longo da História e uma apreciação crítica, v. FAUSTO DE QUADROS, dissertação cit., pgs. 73-74, 74-75 e 171-174.

No que toca ao seu conteúdo, os actos emanados de Organizações Internacionais podem apresentar-se como *actos jurisdicionais* (quando são sentenças de tribunais pertencentes a Organizações Internacionais), *actos de pura administração interna* (é o caso de actos de carácter processual ou de gestão do respectivo pessoal) e *actos de funcionamento da Organização* (isto é, actos quanto às relações internas da Organização, quanto às relações entre a Organização e os Estados membros ou entre estes entre si, e também os relativos aos indivíduos, quando a Organização em questão tiver competência para tanto) ([1]).

Obviamente que é esta última categoria que nos interessa neste momento, não apenas porque é a mais importante na actuação das Organizações Internacionais como também é a que mais problemas jurídicos suscita.

III. A correcta compreensão do conteúdo dos actos praticados pelas Organizações Internacionais em matéria do seu *funcionamento* exige que se examine simultaneamente a forma que eles podem revestir. Já dissemos que ela é muito variada; mas sempre é possível apresentar aqui a classificação mais vulgar.

Assim, nas Organizações Internacionais de tipo clássico, como é o caso da ONU e das suas agências especializadas, da OTAN, da EFTA, da OCDE, etc. (Organizações chamadas *intergovernamentais*, o que estudaremos em local próprio), estes actos unilaterais apresentam, mais vulgarmente, a forma de resoluções, de recomendações ou de decisões.

Em geral, as resoluções e as recomendações não têm força obrigatória para os Estados, que neste tipo de Organizações são os únicos destinatários daqueles actos. Ao contrário, as decisões obrigam os seus destinatários. Vejamos o caso das Nações Unidas, onde só são obrigatórias as *decisões* concretas (em relação ao Conselho de Segurança, arts. 25.º e 42.º, e à Assembleia Geral, em matéria financeira, art. 17.º, entre outros). Mas a infixidez que domina esta

---

([1]) Em sentido aproximado, CARREAU, *op. cit.*, pgs. 216-217

matéria faz com que se possa vir a esbater o rigor dessa classificação, e se possa encontrar nalgumas Organizações resoluções obrigatórias e decisões que o não são. O próprio Tribunal de Haia contribuiu para esta equivocidade quando, no Parecer de 21 de Junho de 1971 sobre o caso *Sudoeste Africano/Namíbia* ([1]), e contra a doutrina dominante, veio reconhecer o "carácter de decisão" e "uma intenção executória" às resoluções da Assembleia Geral das Nações Unidas.

IV. O problema apresenta uma configuração diferente nas modernas Organizações *supranacionais* ou *de integração*, das quais as mais importantes são as Comunidades Europeias. Nestas Organizações as relações entre elas e os Estados membros estão modeladas pelo princípio da subordinação, o que leva alguns autores a referirem-se aos seus actos unilaterais como sendo "legislação internacional" ([2]). Concentrando-nos só na Comunidade Económica Europeia, vemos que, dos actos unilaterais tipificados no artigo 189.º CEE, tanto o regulamento como a directiva como a decisão são obrigatórios para os seus destinatários directos, que podem ser Estados ou, salvo na directiva, indivíduos.

([1]) *ICJ Reports* 1971, pgs. 16 e segs. (50). V. o comentário cit. de E. KLEIN, in *Encyclopedia*, t. 2, pgs. 267-268.

([2]) A expressão é hoje vulgar na doutrina e é coerente com a existência de um autêntico "poder legislativo" nas Comunidades (assim, por último, HARTLEY, *op. cit.*, pgs. 102-111, e MATHIJSEN, *op. cit.*, pgs. 20-22, e, antes, por exemplo, FAUSTO DE QUADROS, dissertação cit., pgs. 275 e segs., com apoio na terminologia da jurisprudência comunitária), mas entre nós já em 1960 era utilizada pelo Professor AFONSO QUEIRÓ nas suas citadas Lições, embora sem pensar nas Comunidades.

V. Vemos assim que, embora não mencionados no artigo 38.º do ETIJ, os actos jurídicos unilaterais das Organizações Internacionais são hoje uma importante fonte autónoma do Direito Internacional ([1]).

___

([1]) Para um estudo mais aprofundado, A. TAMMES, *Decisions of International Organs as a Source of International Law,* in *RdC,* 1958-II, pgs. 265-363: CASTANEDA, *Valeur juridique des résolutions des Nations Unies,* in *RdC,* 1970-I, pgs. 205 e segs.; COMBACAU, *Le pouvoir de sanction de l'ONU,* Paris, 1974, pgs. 394 e segs.; THIÉRRY, *Les résolutions des organes internationaux dans la jurisprudence de la C.I.J.,* in *RdC,* 1980, pgs. 385 e segs.; para além de MONACO, estudo cit., na *Encyclopedia,* t. 7, pgs. 430-431; CARREAU, *op. cit.,* pgs. 216 e segs.; NGUYEN QUOC, *op. cit.,* pgs. 337 e segs.; e VERDROSS/SIMMA, *op. cit.,* pgs. 400 e segs.

CAPÍTULO VI

OUTRAS FONTES

1. **A doutrina e a jurisprudência**

Reza o artigo 38.º do ETIJ no seu n.º 1, al. *d*):

"O Tribunal (...) aplicará:
(...)
d) Sob reserva das disposições do artigo 59.º, as decisões judiciais e os ensinamentos dos mais altamente qualificados publicistas das várias nações, *como meios auxiliares* para a determinação das regras de direito" ([1]).

Ao contrário das fontes que até aqui estudámos, a doutrina e a jurisprudência não são, portanto, fontes imediatas de Direito, mas meras fontes *mediatas*. Mas isso não lhes retira importância.

De facto, e para começar, a doutrina desempenha um papel de grande relevo na revelação e interpretação de outras fontes ([2]). Dentro dela destacam-se os estudos publicados no *Recueil des Cours* da Academia de Direito Internacional de Haia (e do qual nos temos

---

([1]) O itálico é nosso.
([2]) Ver E. MUNCH, *Zur Aufgabe der Lehre im Völkerrecht*, in *Études Guggenheim, cit.*, pgs. 490 e segs.; M. LACHS, *Teachings and Teaching of International Law*, in *RdC*, 1976-II, pgs. 151-252; e NGUYEN QUOC, *op. cit.*, pgs. 359 e segs.

servido muito ao longo deste livro), embora ele englobe trabalhos tanto de Direito Internacional Público como de Direito Internacional Privado.

Quanto à jurisprudência internacional geral, é certo que ela não é obrigatória e que não vigora quanto a ela a regra do precedente, importada do sistema do *common law* e que se exprime pelo brocardo *stare decisis et non quieta movere*. Mas nem por isso ela perde significado na revelação de outras fontes e na formação do costume, como já se apreendeu ao longo deste livro pelo contacto que temos tido com alguns dos mais importantes Acórdãos ou Pareceres do TPJI e do TIJ ([1]).

No que respeita especificamente ao TIJ, o cuidado que de um modo geral tem havido em indicar para seus Juízes individualidades de grande prestígio na doutrina internacionalista tem concedido grande peso doutrinário à sua jurisprudência.

Muito maior importância tem, contudo, a jurisprudência do Tribunal de Justiça das Comunidades Europeias, e por várias razões: primeiro, porque a sua jurisdição é obrigatória; segundo, porque quanto à sua jurisprudência funciona a regra do precedente ([2]); terceiro, porque as suas sentenças obrigam por si próprias; quarto, porque aquele Tribunal tem assumido, como já demonstrámos a propósito do problema das relações entre a Ordem Jurídica Comunitária e os Direitos estaduais, um papel notável e determinante na formação e na elaboração do Direito Comunitário ([3])([4]).

([1]) E. SUY, *Contribution de la jurisprudence récente au développement du droit des gens*, in *RBDI* 1965, pgs. 315 e segs., e 1966, pgs. 66 e segs.; e NGUYEN QUOC. *op. e loc. cits.*

([2]) R. JOLIET, *Le droit institutionnel des Communautés Européennes - Le contentieux*, Liège, 1981, pgs. 211-212; HARTLEY, *op. cit.*, pgs. 75-76.

([3]) Por último, C. LENZ, *The Court of Justice of the European Communities*, in *ELR* 1989, pgs. 127 e segs.; e FAUSTO DE QUADROS, *Direito Comunitário*, in *DJAP*. vol. IV, Lisboa, 1991, pgs. 21 e segs. (21-24).

([4]) O confronto entre a competência do TIJ e do TCE foi feita por FAUSTO DE QUADROS, dissertação cit., 431 e segs., especialmente 433 e segs., com mais bibliografia seleccionada.

2. O caso especial da equidade

O juízo de equidade, no Direito Internacional, como no Direito interno, não é uma fonte de Direito, já que não procura criar Direito, nem mediatamente, mas apenas *aplicar o sentimento ideal de justiça aos casos concretos*. Mesmo assim, vamos estudá-la aqui, no capítulo dedicado às fontes, dado a sua importante função complementar em relação a elas, como "justiça correctiva", como lhe chama com felicidade JANIS ([1]).

Vista dessa forma, a equidade pode visar três objectivos:

a) atenuar a aplicação do Direito, tendo em conta que, por vezes, *summum jus, summa injuria*. É a equidade *secundum legem*;

b) completar o Direito, sendo aplicável como regime subsidiário. Isto, porém, apenas no caso de as partes pedirem ao juiz para, quando não encontrar Direito a aplicar, decidir pela equidade. É a chamada equidade *praeter legem* ou *juízo de Direito e equidade*;

c) afastar o Direito. É a equidade *contra legem*. Embora o artigo 38.º a admita, não se presume, uma vez que para o Tribunal decidir *contra legem* entende-se ser necessário que as partes prevejam expressamente essa possibilidade.

Além destes três objectivos a equidade intervém também na interpretação dos tratados, como meio de afastar resultados iníquos da interpretação, que não devem presumir-se queridos pelas partes ([2]).

([1]) *Equity in International Law*, in *Encyclopedia*, t. 7, pgs. 74 e segs.
([2]) Sobre a matéria deste número, K. STRUPP, *Le droit du juge international de statuer selon l'équité*, in *RdC*, 1930-III, pgs. 351-478; B. CHEN, *Justice and Equity in International Law*, in *CLP* 1955, pgs. 185 e segs.; P. REUTER, *Quelques réflexions sur l'équité en droit international*, in *RBDI* 1980, pgs. 165 e segs.; e JANIS, *op. cit.* e bibl aí cit.

CAPÍTULO VII

QUESTÕES RELATIVAS ÀS FONTES

1. **Hierarquia das fontes: A) O *ius cogens***

I. A existência de uma multiplicidade de fontes formais de Direito suscita o problema da possível contrariedade do seu conteúdo. A solução do problema implica o estabelecimento de uma hierarquia das fontes do Direito Internacional.

A primeira questão que temos de resolver para definir aquela hierarquia é a do *ius cogens*.

Um dos traços mais marcantes da evolução do Direito Internacional contemporâneo foi, sem dúvida, a consagração definitiva do *ius cogens* no topo da hierarquia das fontes do Direito Internacional – ou seja, como bem nota DOMINIQUE CARREAU, como "supralegalidade internacional" ([1]). Para tanto contribuiu decisivamente o seu reconhecimento pela CV.

É certo que, como mostraremos, ainda não é pacífico o conteúdo do *ius cogens*; mas isso não impede que se reconheça que a doutrina accita hoje pacificamente a sua existência.

II. *Ius cogens* ou Direito cogente significa Direito imperativo. Corresponde ao *ius strictum* do Direito Romano, que se contrapunha ao *ius dispositivum*, isto é, o Direito que nascia da vontade das partes.

([1]) *Op. cit.*, pg. 66.

A admissão de um Direito Internacional imperativo representa a aceitação do princípio de que a Comunidade Internacional assenta em "valores fundamentais" ou "regras básicas" ([1]), que compõem a *"ordem pública da Comunidade Internacional"* ou *"ordem pública internacional*([2]), e que, dessa forma, obrigam todos os sujeitos do Direito Internacional, limitando inclusivamente a liberdade dos Estados e das Organizações Internacionais quer na conclusão de tratados, quer na prática de actos unilaterais. É nesta medida que é justo continuar a afirmar-se que o *ius cogens* se opõe ao *ius dispositivum* ([3]).

III. A aceitação da existência do *ius cogens* internacional não é de hoje.

Já GRÓCIO se lhe referia por quinze vezes, sob a designação de *ius strictum*, no Livro I de *De jure belli ac pacis*, atribuindo-lhe fundamento no *ius divinum*.

Mais tarde, no século XIX, HEFTER considerava impossível a celebração de tratados "contrários à *ordem moral do mundo* e, nomeadamente, à missão dos Estados de contribuírem para o desenvolvimento da liberdade humana" ([4]).

Já neste século, e ainda antes da 2.ª Guerra mundial, um nome tão célebre da doutrina como GEORGES SCELLE defendia a existência de normas costumeiras superiores, que comporiam um "Direito comum Internacional" e que seriam obrigatórias para os Estados.

([1]) MONACO, *Sources*, cit., pgs. 432-433.

([2]) A expressão, muito feliz, foi tornada célebre por uma excelente obra de HERMANN MOSLER, já cit., *The International Society as a Legal Community*, especialmente pgs. 17-19. Hoje é adoptada pela generalidade da doutrina - v., p. ex., CARREAU, *op. cit*, pgs. 69 e segs.

([3]) Assim, FROWEIN, *Jus cogens*, in *Encyclopedia*, t. 7, pgs. 327 e segs. (327); MOSLER, *op. cit.*, pg. 19. V. também, especificamente quanto ao Direito Internacional dos Direitos do Homem, SUDRE, *Droit international et européen des droits de l'homme*, Paris, 1989, pgs. 50-51; e T. MERON, *Human Rights and Humanitarian Norms as Customary Law*, Oxford, 1991, *passim.*

([4]) *Droit international public de l'Europe*, Paris, 1883, pg. 192. O itálico é nosso.

Elas englobavam, para aquele Autor francês, entre outras, regras que reconheciam direitos e liberdades individuais e colectivos ([1]).

Depois da 2.ª Guerra generalizou-se na doutrina a consciência de que *a Ordem Jurídica internacional devia basear-se em alguns valores fundamentais, que não estavam na disponibilidade dos sujeitos do Direito Internacional e, portanto, se impunham à sua vontade, inclusive à dos Estados.* Para tanto foi decisivo o contributo da obra ainda há pouco citada do Professor MOSLER, então Juiz em Haia, sem prejuízo para o mérito de alguns outros estudos já anteriormente publicados sobre a matéria ([2]).

E a própria jurisprudência internacional viria a aceitar a existência do *ius cogens*, ainda que sempre sem empregar esta expressão. Embora o primeiro Acórdão que se conhece nesse sentido tenha sido o proferido pelo Tribunal de Nuremberga no caso *Krupp* ([3]), os mais expressivos foram o Parecer emitido pelo TIJ, em 28 de Maio de 1951, no já citado caso das *reservas à Convenção do Genocídio*, e os Acórdãos por ele lavrados a 5 de Fevereiro de 1970, no caso *Barcelona Traction* ([4]), e em 24 de Maio de 1980, no famoso caso do *pessoal diplomático e consular dos Estados Unidos em Teerão*, também conhecido por caso dos *reféns norte-americanos em Teerão* ([5])([6]).

Também já houve tribunais nacionais que reconheceram a existência do Direito Internacional imperativo. O caso mais citado é o

---

([1]) *Précis, cit.*, t. II, pgs. 15 e segs.

([2]) VIRALLY, *Réflexions sur le "jus cogens"*, in *AFDI* 1966, pgs. 5 e segs.; U. SCHEUNER, *Conflict of Treaty Provisions with a Peremptory Norm of General International Law and its Consequences*, in *ZaöRV* 1967, pgs. 520 e segs.; J. RODAS, *Jus cogens em Direito Internacional*, in *RFDSP* 1974, pgs. 125 e segs., e a bibl. cit por FROWEIN, *op. cit.*, pg. 330.

([3]) Cit. por CARREAU, *op. cit.*, pg. 77.

([4]) *ICJ Reports* 1970, pgs. 3 e segs. (32). V. o comentário ao Acórdão em C. WALLACE, in *Encyclopedia*, t. 2, pgs. 30 e segs., e, sobre a matéria do texto, FROWEIN, *op. cit.*, pg. 328, e MOSLER, *op. cit.*, pg. 20.

([5]) *ICJ Reports* 1980, pgs. 3 e segs., com comentário de K. OELLERS-FRAHM, in *Encyclopedia*, t. 2, pgs. 282 e segs.

([6]) Veja-se mais jurisprudência em CARREAU, *op. cit.*, pgs. 76-77; e SINCLAIR, *op. cit.*, pgs. 209 e segs.

do Tribunal Constitucional Federal alemão, que o caracteriza como sendo *o conjunto de regras que são essenciais à existência do Direito Internacional e que já obtiveram da parte dos Estados a consciência da sua obrigatoriedade* ([1]). E o *Supreme Court* norte-americano não anda longe desta orientação ([2]).

IV. Como já se disse, a admissão do *ius cogens* ficou consagrada na CV. Os dois preceitos que se lhe referem dispõem o seguinte:

"Artigo 53.º

Tratados incompatíveis com uma norma imperativa de Direito Internacional geral (ius cogens)

É *nulo* todo o tratado que, *no momento da sua conclusão*, é incompatível com uma norma imperativa de Direito Internacional geral. Para os efeitos da presente Convenção, uma norma imperativa de Direito Internacional geral é a que for aceite e reconhecida pela comunidade internacional dos Estados no seu conjunto como norma à qual nenhuma derrogação é permitida e que só pode ser modificada por uma nova norma de Direito Internacional geral com a mesma natureza.
(...)

Artigo 64.º

Superveniência de uma norma imperativa de Direito Internacional geral (ius cogens)

Se *sobrevier* uma nova norma imperativa de Direito Internacional geral, *todo o tratado existente* que seja incompatível com esta norma torna-se *nulo* e *cessa a sua vigência*" ([3]).

([1]) *Entscheidungen des Bundesverfassungsgerichts*, t. 18, pg. 449.
([2]) O mais expressivo é o caso *Filartiga*, cit. em Frowein, *op. cit.*, pg. 328.
([3]) Os itálicos são nossos.

Como nos revelam FROWEIN ([1]) e SINCLAIR ([2]), qualquer destes preceitos foi objecto de viva controvérsia nos trabalhos preparatórios do texto final daquela Convenção. A França votou contra a Convenção – e foi a única a fazê-lo – por causa do reconhecimento do *ius cogens* no artigo 53.º. Por isso não admira que aqueles preceitos, ao admitirem a existência de regras imperativas de Direito Internacional, se tenham limitado a: *a*) caracterizar o *ius cogens* como norma imperativa de Direito Internacional "geral"; *b*) exigir que ela seja "aceite e reconhecida pela Comunidade Internacional dos Estados no seu conjunto"; *c*) fulminar com a sanção da "nulidade" todo o tratado, *anterior ou posterior*, que contrarie qualquer daquelas normas.

Convenhamos que ficou muita coisa por esclarecer, designadamente qual o conteúdo do *ius cogens*, já que a referência apenas ao Direito Internacional geral é muito vaga.

V. E é exactamente o problema do conteúdo do *ius cogens* que nos vai ocupar de seguida. Quais são as normas que ele abrange? Ou seja, *quais são as regras imperativas em Direito Internacional?*

A CV, no citado artigo 53.º, exige, como vimos, que as normas em questão caibam no Direito Internacional *"geral"* e sejam reconhecidas pela "Comunidade Internacional *no seu conjunto"*. Certo sector da doutrina tem contestado qualquer destes dois requisitos, enquanto eles querem significar a recusa de um *ius cogens* regional. A seu favor invoca o já citado Acórdão do TIJ de 27 de Junho de 1986, proferido no caso das *actividades militares e para-militares na Nicarágua*, onde o Tribunal admitiu a existência de Direito cogente regional. Também no âmbito da Convenção Europeia dos Direitos do Homem, a Comissão tentou, no caso *Áustria c. Itália* ([3]), a partir do que chamou o carácter "essencialmente objectivo" das obrigações das partes contratantes naquele caso concreto,

---

([1]) *Op. cit.*, pg. 327.
([2]) *Op. cit.*, pgs. 218 e segs.
([3]) *Annuaire*, 1961, pgs. 116 e segs. (140-141).

construir o conceito de "ordem pública da Europa", isto é, de Direito cogente *restrito ao âmbito territorial daquela Convenção* (¹).

De qualquer modo, parece-nos que o *ius cogens* regional, a ser admitido – é a opinião para a qual propendemos – , deverá sempre respeitar as regras para-universais ou gerais de *ius cogens* (²).

Como se imagina, é difícil estudar aqui as várias manifestações existentes do *ius cogens* regional. No estado actual do Direito Internacional ela engloba predominantemente regras convencionais sobre direitos e liberdades fundamentais, como, aliás, é o caso citado da Convenção Europeia dos Direitos do Homem.

No que respeita ao *ius cogens* geral ou para-universal, não é necessário que ele seja aceite por *todos* os Estados da Comunidade Internacional como, pelo menos literalmente, parece pretender o artigo 53.º CV: basta que a regra em causa tenha aceitação *generalizada* da parte desses Estados. É o que quer afirmar o Professor MOSLER, quando se contenta com que haja um "interesse da Comunidade Internacional *em geral*" (³). E SINCLAIR mostra-nos que nos trabalhos preparatórios da CV, e particularmente no debate na C.D.I., não se quis ir além disso (⁴). Assim, não é pelo facto de a República Popular da China e mais uns poucos Estados de regime não democrático não terem ainda ratificado a Declaração Universal dos Direitos do Homem e os Pactos de 1966 que se pode dizer que as suas regras não são imperativas para *toda* a Comunidade Internacional.

Nestes termos, podemos afirmar que o *ius cogens* já abrange praticamente todo o Direito Constitucional Internacional (⁵), tal como

---

(¹) Assim, FROWEIN, *European Convention on Human Rights (1950)*, in *Encyclopedia*, t. 8, pgs. 184 e segs. (186); ID., *General Course: The European Convention on Human Rights as the Public Order of Europe*, in *Collected Courses of the Academy of European Law*, vol. I (1990), t. 2, pgs. 267 e segs.; e CARREAU, *op. cit.*, pg. 77.

(²) Como expoente desta corrente doutrinária, v., por último, CARREAU, *op. cit.*, pgs. 71-72.

(³) *Op. cit.*, pg. 136.

(⁴) *Op. cit.*, pgs. 215 e segs.

(⁵) Assim, MONACO, *op. cit.*, pg. 432.

o definimos quando estudámos as relações entre o Direito Internacional e o Direito interno, ou seja:

a) o costume internacional geral ou comum – por exemplo, os princípios da liberdade dos mares, da coexistência pacífica, da autodeterminação dos povos, da proibição da escravatura, da pirataria, do genocídio e da discriminação racial, a qualificação dos crimes internacionais, e todo o vasto "Direito Humanitário Internacional" ([1]);

b) as normas convencionais pertencentes ao Direito Internacional geral – por exemplo, os princípios constitucionais constantes da Carta das Nações Unidas, como é o caso da proibição do uso da força, a solução pacífica dos conflitos, a condenação da agressão, a preservação da paz, da segurança e da justiça internacionais, a legítima defesa, etc. É neste sentido que deve ser interpretado o artigo 103.º da Carta da ONU;

c) o Direito Internacional geral, de fonte unilateral ou convencional, sobre Direitos do Homem – é o caso da Declaração Universal dos Direitos do Homem e dos Pactos de 1966.

Note-se, porém, que este último ponto é controvertido na doutrina: há quem, mais restritivamente, entenda que só alguns dos direitos constantes daqueles textos pertencem ao Direito cogente – os chamados "direitos essenciais" ([2]) –, e há quem, mais generosamente, como vimos, sustente que este engloba, além daquela Declaração Universal, todos os tratados, mesmo regionais, sobre Direitos do Homem. Na preparação da CV foram defendidas todas estas posições ([3]). E, no citado caso *Barcelona Traction*, o TIJ admitiu expressamente que *os direitos fundamentais do indivíduo constituem Direito Internacional imperativo* ([4]).

Da nossa parte, pensamos que, a bem da necessária democratização da Comunidade Internacional, agora retorçada com a ade-

---

([1]) Quanto a este último, v. recentemente C. BRUDERLEIN, *De la coutume en droit international humanitaire*, in *RICR* 1991, pgs. 612 e segs.

([2]) SUDRE, *op. cit.*, pgs. 53-54.

([3]) SINCLAIR, *op. e loc. cits.*

([4]) *Loc. cit.*, pg. 32.

são de alguns Estados do leste europeu à Declaração Universal de 1948, deve entender-se que já pertencem ao *ius cogens* pelo menos os mais importantes dos direitos e das liberdades consagrados naquela Declaração e nos Pactos de 1966 e que não façam parte do Direito consuetudinário geral, como é o caso dos direitos à vida, à propriedade privada, à liberdade, à constituição da família, e das liberdades de expressão do pensamento, de reunião, de associação, a liberdade de circulação, e alguns outros. Entretanto, deve alargar--se crescentemente o âmbito do Direito Internacional imperativo de âmbito geral a todos os direitos e liberdades reconhecidos pela Declaração Universal e pelos Pactos de 1966, sem embargo de se consolidarem os vários conjuntos de *ius cogens* regional, formados em torno de convenções regionais sobre Direitos do Homem ([1])([2]).

De qualquer modo, e como bem observa DOMINIQUE CARREAU ([3]), o conceito de *ius cogens* é evolutivo, podendo regras que hoje já cabem nele deixar de o fazer e vice-versa. Mas a tendência é, sem dúvida, para o alargamento do conteúdo do conceito.

VI. A sanção para *qualquer norma* (os arts. 53.º e 64.º CV só se referem aos tratados porque só deles se ocupa aquela Convenção) que ofenda uma regra do *ius cogens* é, nos termos daqueles preceitos, a da *nulidade* ([4]). Portanto, uma regra imperativa só

([1]) Por aqui se vê que viola o *ius cogens* a já citada *Declaração Conjunta entre Portugal e a China sobre Macau*, pelo menos na medida em que não consagra o direito à vida. Reflexamente, infringirá o *ius cogens* a futura *Lei Básica da futura Região Administrativa Especial de Macau* se não reconhecer o direito à vida e, pior ainda, se, explícita ou implicitamente, admitir a pena de morte em Macau.

([2]) Entre nós JORGE MIRANDA parece reconhecer natureza de *ius cogens* a algumas normas de Direito Internacional sobre Direitos do Homem, sem, porém, indicar pormenores nem extrair daí quaisquer consequências para o domínio das relações entre o Direito Internacional e o Direito interno – *Relatório com o programa, os conteúdos e os métodos do ensino dos direitos fundamentais*, separata da *RFDUL*, ano XXVI, pg. 506, ponto 46.3.

([3]) *Op. cit.*, pg. 74.

([4]) Apoiam expressamente esta solução, entre outros, SUDRE, *op. cit.*, pg. 54, e COLLIARD, *Institutions des relations internationales*, 9.ª ed., Paris, 1990, pgs. 244-245.

poderá ser revogada por outra regra imperativa de grau igual ou superior.

Já na C.D.I., na fase preparatória da CV, ficara claro que o Estado que viole o *ius cogens* se constitui em responsabilidade internacional, que fundamenta a adopção pelos outros Estados de medidas de retorsão e represálias ([1]). Modernamente, certo sector da doutrina vai mais longe e propõe que seja reconhecida a *todo e qualquer Estado* uma *actio popularis*, que lhe permita reagir contra infracções ao Direito Internacional cogente ([2]). Essa corrente invoca a seu favor o facto de, em sua opinião, o TIJ ter admitido no citado caso *Barcelona Traction* a acção popular, nas condições referidas, por violação das regras da proibição do uso da força e da proibição do genocídio.

VII. Em conclusão, deveremos dizer que a admissão do *ius cogens*, e, portanto, de um Direito imperativo, no topo da hierarquia das fontes do Direito Internacional representa mais um factor de crise no voluntarismo e, ao mesmo tempo, um robustecimento da fundamentação do Direito Internacional no Direito Natural, porque ela foi acolhida pela CV quando esta admitiu o *ius cogens*. Essa conclusão não fica prejudicada pelo facto de aquela Convenção, ao reconhecer a possibilidade de substituição das regras de *ius cogens* por outras de igual natureza, parecer aproximar-se da concepção do Direito Natural de conteúdo variável, defendida por certo sector da doutrina alemã.

Por outro lado, ao trazer uma indesmentível limitação à soberania dos Estados e à sua liberdade de estipulação na cena internacional o *ius cogens* só é explicável à face das modernas concepções do Direito Internacional, que, como repetidamente já demonstrámos

---

([1]) FROWEIN, *op. cit.*, pg. 329.
([2]) Por todos, o finlandês LAURI HANNIKAINEN, *Peremptory Norms (Jus Cogens) in International Law*, Helsínquia, 1989, *passim*. É curioso que o A. aplica a sua construção à violação pela Indonésia do direito de autodeterminação do povo de Timor.

ao longo deste livro, não assentam no conceito de soberania indivisível dos Estados ([1]).

2. Idem: B) O problema para além do *ius cogens*

Mas não basta reconhecer que o *ius cogens* ocupa o topo da hierarquia das fontes; é necessário também esclarecer como é que se estabelece essa hierarquia abaixo do *ius cogens*.

Esta hierarquia não resulta do artigo 38.º do Estatuto do Tribunal Internacional de Justiça, pois a enumeração que nele se contém não implica uma ordem hierárquica rigorosa. O projecto inicial que esteve na base do artigo 38.º do Estatuto do Tribunal Permanente de Justiça Internacional indicava que as fontes enumeradas deviam ser aplicadas pelo Tribunal "em ordem sucessiva". Mas esta frase foi eliminada na versão definitiva daquele Estatuto e também não foi acolhida pelo ETIJ.

A posição geral na doutrina é a de que, em princípio, as duas fontes mais importantes, o costume e o tratado, estão *no mesmo grau hierárquico*, podendo, portanto, revogar-se mutuamente, designadamente pelo recurso às regras *lex posterior e lex specialis*. O tratado pode cair em desuso, sendo revogado, portanto, pelo costume; e o costume, se não for regra cogente, pode ser derrogado por tratado celebrado entre *todos* os Estados vinculados pela *opinio iuris* em relação à prática que gerou aquele costume.

Todavia, em termos práticos aquela igualdade de grau hierárquico fica limitada. De facto, e pelo que deixámos dito, o costume universal, a menos que incorpore regra inderrogável (art. 38.º CV), só poderia ser revogado pelo tratado em que interviessem todos os sujeitos vinculados, o que na prática se tem mostrado ser irrealizável.

([1]) Vejam-se mais pormenores, para além das *op. cits.* ao longo deste número, em Mosler, *Jus cogens im Völkerrecht*, in *SJIR* 1968, pgs. 9 e segs.; A. Gomez Robledo, *Le ius cogens international: sa genèse, sa nature, ses fonctions*, in *RdC*, 1981-III, pgs. 9-216; Gaja, *Jus cogens beyond the Vienna Convention, ibidem*, pgs. 217-316; Nguyen Quoc, *op. cit.*, pgs. 185 e segs.; e bibl. cit. nas obras de Frowein, Carreau e Sinclair.

Isto, contudo, não impede que esse costume, se não for *ius cogens*, possa ser revogado *inter partes* pela celebração de um tratado entre dois ou mais Estados. Todavia, então o costume continuará em vigor para os Estados que não celebraram o tratado, e nas relações entre estes e os que o celebraram.

Como se vê, *na prática* a força do costume é superior à do tratado, pois este nem sempre pode revogar aquele.

Os costumes e os tratados universais ou para-universais prevalecerão, como é óbvio, sobre os costumes e tratados regionais, e estes sobre os costumes e tratados bilaterais ([1]).

Para a generalidade da doutrina voluntarista vêm a seguir, na hierarquia das fontes de Direito, os princípios gerais de Direito. Pela nossa parte, e com fidelidade à atribuição de fundamentação jusnaturalista ao Direito Internacional (que, como já dissemos, foi abraçada pela CV ao aceitar o *ius cogens*), pensamos, como outros seguidores do jusnaturalismo, que os princípios gerais de Direito se situam acima do costume e do tratado, salvo quando aqueles e estes forem *ius cogens*, porque então estarão todos ao mesmo nível. Esta posição é coerente com aquela que defendemos atrás, e de harmonia com a qual os princípios gerais de Direito, assim como vêm enunciados no artigo 38.º ETIJ, se encontram todos incluídos no Direito imperativo ([2]). Daqui resulta, entre outras consequências, que o tratado que for celebrado em violação de um princípio geral de Direito é nulo. Será o caso do tratado que, explícita ou implicitamente, recusar o exercício do direito à autodeterminação ao povo de um território não autónomo nos termos do artigo 73.º da Carta da ONU, quando o povo desse território, *como tal*, através dos seus representantes *para o efeito legitimados*, não outorgar nesse tratado (mesmo, note-se, sem se discutir se o direito à autodeterminação é um direito disponível pelo seu titular); será também o caso do tratado celebrado entre o Estado ocupante e o Estado que até então administrava o território ocupado, que vise o reconhecimento da ocu-

---

([1]) CARREAU, *op. cit.*, pgs. 77 e segs.

([2]) O melhor expoente desta orientação continua a ser o Professor TRUYOL Y SERRA, *Noções fundamentais, cit.*, pg. 142.

pação, sem a prévia audição do povo, *como tal*, do território ocupado, isto é, e mais uma vez, sem que este se autodetermine. E isto porque o princípio da autodeterminação dos povos é um princípio geral de Direito, com o valor de *ius cogens*, como mostrámos atrás, sem ser necessário discutir-se aqui a origem consuetudinária ou não daquele princípio, e também sem ser preciso recordar que a Resolução da Assembleia Geral das Nações Unidas n.º 1514 (XXV), de 14 de Dezembro de 1960 (conhecida por *Carta da Descolonização*), veio dispor, no seu n.º 2, que "todos os povos têm direito à autodeterminação" ([1]). Voltaremos novamente a esta questão adiante, quando estudarmos, dentro das Nações Unidas, a sua actuação em matéria de descolonização.

A seguir vêm os actos unilaterais dos Estados ou das Organizações Internacionais. Quanto a estes últimos, merece destaque a relação que se estabelece dentro de cada Organização Internacional entre o tratado que a institui (e que é conhecido como sendo o Direito "originário" da Organização, equivalente à "Constituição" desta) e os actos unilaterais praticados pelos órgãos da Organização em conformidade com aquele tratado, designadamente com respeito pelas regras nele constantes sobre atribuições da respectiva Organização e competência dos seus órgãos (é o chamado Direito "derivado" da Organização)([2]). Em todas as Organizações Internacionais o respectivo Direito derivado está hierarquicamente subordinado ao Direito originário ([3]).

([1]) BENEDEK, *Selbstbestimmung*, in *Lexikon Seidl-Hohenveldern*, pgs. 241 e segs., e FAUSTO DE QUADROS, *Autodeterminação*, in *Pólis*, vol. 1, cols. 478 e segs., e bibl. aí citada.

([2]) Quanto a esta distinção aplicada às Comunidades Europeias, CEREXHE, *op. cit.*, t. I, pgs. 283 e segs. e 294 e segs.; LOUIS, *op. cit.*, pgs. 71 e segs. e 77 e segs., onde fala expressamente em "subordinação" do Direito derivado aos tratados institutivos; e HARTLEY, *op. cit.*, pgs. 88 e segs. e 99 e segs.

([3]) Especialmente sobre a hierarquia das fontes do Direito Internacional, AKEHURST, *The Hierarchy of Sources of International Law*, in *BYIL* 1974-75, pgs. 273 e segs.; M. BOS, *The Hierarchy among the Recognized Manifestations of International Law*, in *Estudios Miaja de la Muela*, 1979, vol. I, pgs. 363 e segs.; MONACO, *op. cit.*, pgs. 432-433, e *Observations sur la hiérarchie des sources du droit international*, in *Festschrift Hermann Mosler*, pgs. 599 e segs.; e CARREAU, *op. cit.*, pgs. 62 e segs.

3. A codificação do Direito Internacional

O artigo 13.º da Carta das Nações Unidas prevê que:

"1. A Assembleia Geral promove estudos e faz recomendações com vista a:
a) Desenvolver a cooperação internacional no domínio político, e encorajar o desenvolvimento progressivo do Direito Internacional e a sua codificação; (...)"

Em que consiste então a codificação do Direito Internacional? Em sentido técnico a codificação é a *conversão do Direito consuetudinário num corpo sistemático de regras escritas* ([1]).

E, sabidas que são, como já vimos, as dificuldades que surgem para o conhecimento do Direito consuetudinário Internacional, bem se compreende que seja esta uma velha aspiração.

Contra a codificação do Direito Internacional tem-se, porém, aduzido os mesmos argumentos que deram lugar no plano interno à célebre polémica sustentada pela Escola Histórica, e sobretudo por SAVIGNY, contra o movimento codificador da primeira metade do século passado ([2]).

Assim, a codificação do Direito Internacional seria impossível, pois não era viável a redução a escrito de todos os costumes vigentes entre todos os Estados. Mas, sobretudo, seria prejudicial porque, cristalizando a norma tal como existia num dado momento, prejudicava a evolução e o desenvolvimento do Direito Internacional.

Não pode negar-se alguma razão a estas objecções, tanto mais que o Direito Internacional tende, mais do que outros ramos, a reflectir a evolução política e social.

([1]) Ver, sobre esta matéria, para além das obras referidas ao longo deste número, LAUTERPACHT, *Codification and Development of International Law*, in *AJIL* 1955, pgs. 26 e segs.; K. MAREK, *Thoughts on Codification*, in *ZaöRV* 1971, pgs. 489 e segs.; e ROSENNE, *Codification of International Law*, in *Encyclopedia*, t. 7, pgs. 34 e segs., e bibl. aí escolhida.

([2]) V., como expoente dessa corrente, BULMERINCQ, *Theorie, Praxis und Modifikation des Völkerrechts*, 1874. O panorama geral dessa orientação é-nos dado por C. ROUSSEAU, *op. cit.*, t. I, pgs. 348 e segs.

Mas, apesar de tudo, as vantagens da codificação parecem superiores aos seus inconvenientes.

Antes de mais, ela introduz a *certeza* quanto à regra de Direito, porque a torna mais facilmente apreensível e, portanto, facilita muito a *jurisdicionalização* dos conflitos, o que, só por si, basta para a recomendar, embora com a grande diferença em relação ao Direito interno de a jurisdição não ser, na fase presente do Direito Internacional, em princípio, obrigatória, pelo menos à escala universal.

Depois, a codificação também dá a oportunidade aos novos Estados de participar na reelaboração e no desenvolvimento do Direito Internacional clássico, com o qual estão tantas vezes em desacordo.

E pode notar-se ainda que a codificação só deve em todo o caso ser tentada – e só tem sido tentada – em relação a institutos determinados, em que as regras do Direito Internacional tenham autoridade. Nunca se pensou, na verdade, na elaboração de um Código único de Direito Internacional.

Todas estas vantagens respondem às críticas historicistas.

Há dois métodos que têm sido utilizados para levar a cabo a codificação:

a) o método da *declaração*, que consiste simplesmente em constatar por escrito o Direito vigente, num texto sem força obrigatória própria;

b) e o método da *convenção*, que consiste em incorporar o Direito consuetudinário numa convenção, aberta à aceitação dos Estados.

O primeiro parece ser o mais realista; mas o segundo tem a vantagem de ultrapassar já o âmbito da codificação, permitindo a formulação de novas regras.

Como tem progredido na História a codificação?

Deixando de parte as iniciativas puramente privadas ([1]), vemos que há a notar, por um lado, a tentativa da Universidade de Harvard,

---

([1]) Cfr. ROUSSEAU, *op. cit.*, t. 1, pg. 347; e ROSENNE, *op. cit.*, pgs. 35-36.

de 1935, quanto à codificação do Direito dos tratados, a que já fizemos referência; por outro, dois movimentos, um localizado, o pan--americano, outro de âmbito geral, que se desenvolveu sob a égide da SDN e que foi continuado depois pela ONU.

O movimento pan-americano tem procurado codificar o chamado *Direito Internacional Americano* e dele têm resultado certas convenções([1]), das quais, porém, muitas não foram ratificadas e outras só o foram com reservas, de modo que o valor prático do movimento é escasso.

Na Europa, antes de 1914 há sobretudo a referir a obra das Conferências de Haia de 1899 e 1907, nas quais participaram, respectivamente, 28 e 44 Estados. Delas resultou a codificação dos meios de solução pacífica dos diferendos internacionais e do Direito da guerra terrestre e marítima. As Convenções de Haia foram ratificadas e constituem ainda hoje Direito Internacional positivo (embora estejam, em parte, derrogadas pelo costume).

Quando à SDN, ela constituiu em 1924 uma *Comissão de peritos para a codificação do Direito Internacional*, que deveria escolher os temas aptos à codificação. Essa Comissão organizou em 1930 a Conferência de Codificação de Haia, na qual participaram 47 Estados, dos quais 38 eram membros da SDN, que então tinha 54 membros. Essa Conferência tinha na ordem de trabalhos três temas para codificar: a *nacionalidade*, a *responsabilidade pelos prejuízos sofridos por estrangeiros* e as *águas territoriais*. Mas só quanto ao primeiro tema se conseguiu assinar algumas convenções, aliás sem grande interesse; quanto aos outros dois o fracasso foi total.

Mas na redacção da Carta da ONU sentiu-se de novo a necessidade da codificação. Daí o artigo 13.º, n.º 1, al. *a*), já transcrito. Para lhe dar cumprimento a Assembleia Geral criou em 1947 a *Comissão de Direito Internacional*.

([1]) Da Conferência de Havana de 1928 resultou a assinatura de convenções de codificação sobre o Direito dos Tratados, sobre os agentes diplomáticos, sobre a situação dos Estados neutrais em tempo de guerra, e o Código de Direito Internacional Privado (conhecido por *Código Bustamante*).

Segundo o seu Estatuto, esta Comissão é composta por juristas independentes, que devem representar, no seu conjunto, as grandes formas de civilização e os principais sistemas jurídicos do mundo. Tem sido esta uma das razões pelas quais o número dos seus membros já foi aumentado por três vezes: no momento da criação da Comissão era de 15 e hoje, pela Resolução 36/39, aprovada pela Assembleia Geral em 18 de Novembro de 1981, é de 31 ([1]).

A Comissão ocupa-se quer da codificação dos assuntos que ela própria escolhe, quer daqueles que lhe são indicados pela Assembleia Geral. Apresenta todos os anos um relatório à Assembleia Geral e publica os seus trabalhos num *Anuário*.

A CDI tem adoptado na codificação quase exclusivamente o método da convenção.

O primeiro grande sucesso da Comissão consistiu na convocação pela ONU da Conferência de Genebra sobre o Direito do Mar, de 1958. Essa Conferência produziu, na base de projectos da CDI, a codificação quase total do Direito do Mar vigente à data, o que se traduziu na elaboração de quatro convenções, de 28 de Outubro desse ano: a *Convenção sobre o mar territorial e a zona contígua; a Convenção sobre o alto mar*; a *Convenção sobre a pesca e a conservação dos recursos biológicos do alto mar*; e a *Convenção sobre a plataforma continental.*

Depois, várias outras conferências diplomáticas reunidas sob a égide das Nações Unidas foram aprovando sucessivas convenções de codificação, sobre as mais diversas matérias. De entre elas destacamos, com a indicação entre parênteses do dia da sua entrada em vigor:

– a *Convenção de Viena sobre as relações diplomáticas*, de 1961 (24-4-1964);

– a *Convenção de Viena sobre as relações consulares*, de 1963 (19-3-67);

– a *Convenção sobre as missões especiais*, de 1969 (21-6-85);

([1]) Veja-se sobre esta Comissão e sobre o seu trabalho *La Commission du Droit International et son oeuvre*, ed. das Nações Unidas, Nova Iorque, 1989.

— a *Convenção de Viena sobre o Direito dos Tratados*, de 1969, e já nossa conhecida (27-1-80);

— a *Convenção de Viena sobre a sucessão de Estados em matéria de tratados*, de 1978 (ainda não em vigor por não ter ainda obtido o número de ratificações ou adesões exigido pelo seu art. 49.º);

— a *Convenção de Viena sobre a sucessão de Estados em matéria de bens, arquivos e obrigações do Estado*, de 1983 (ainda não em vigor por ainda não ter obtido o número de ratificações exigido pelo seu art. 50.º);

— a *Convenção de Viena sobre o Direito dos Tratados entre Estados e Organizações Internacionais ou entre Organizações Internacionais*, de 1986 (ainda não em vigor pelo facto de ainda não ter obtido o número de ratificações imposto pelo seu art. 85.º);

— e a *Convenção das Nações Unidas sobre o Direito do Mar*, assinada em Montego Bay em 1982, que codifica, após as rever, as matérias já antes reunidas nas quatro Convenções de 1958 sobre o Direito do Mar, atrás referidas, às quais acrescenta novas matérias sobre que entretanto se formara costume internacional, designadamente a Zona Económica Exclusiva (ZEE) (esta Convenção ainda não está em vigor porque ainda não reuniu o número de ratificações exigido pelo seu art. 308.º)([1]).

De todas estas convenções, e sem menosprezarmos qualquer delas, é lícito sublinhar que aquela que se revestiu de maior importância para o progresso do Direito Internacional e para a juridificação e, portanto, para a estabilidade das relações internacionais, foi, sem dúvida, a Convenção de Viena sobre o Direito dos Tratados, de 1969, com a qual, sob a sigla CV, já nos familiarizámos neste livro, pela grande importância de que ela se reveste para o estudo do Direito Internacional nos nossos dias ([2]).

([1]) Quase todas essas convenções se encontram coligidas em português, com úteis resenhas de carácter histórico, em SEARA/BASTOS/CORREIA, *op. cit.*

([2]) Na edição anterior deste livro incluíamos neste lugar uma curta história da elaboração da CV. Agora dispensamo-la em face do estudo a que atrás procedemos daquela Convenção. Para mais pormenores, v. as obras de SINCLAIR, *cit.*; AGO, *Droit des traités à la lumière de la Convention de Vienne*, in *RdC*, 1971-III, pgs. 297 e segs.; e ROSENNE, *Vienna Convention on the Law of Treaties*, in *Encyclopedia*, t. 7, pgs. 525 e segs., e bibl. aí recomendada.

Quanto às convenções de codificação que ainda não estão em vigor apenas por não terem obtido o número de ratificações ou de adesões exigido – foi esse o caso durante muitos anos, mas já não é, da própria CV – põe-se o problema de saber se, de facto, o seu cumprimento não pode ser exigido, inclusive aos Estados que ainda a não ratificaram ou a ela não aderiram, *antes* de aquele número ter sido atingido. Julgamos que pode. Na realidade, o facto de o instrumento de codificação ser uma convenção internacional *não retira natureza consuetudinária às regras codificadas*, como logo no início deste número sublinhámos. Por isso, mesmo antes da entrada em vigor do instrumento de codificação essas regras continuarão em vigor *como até então já estavam*, ou seja, como costume internacional. Nesses termos, obrigarão todos os Estados que se encontravam vinculados a esse costume, independentemente de eles terem ou não ratificado a convenção de codificação. E isso é particularmente importante porque muitas dessas regras costumeiras podem, eventualmente, fazer parte do *ius cogens* e, nesse caso, não faria sentido que ele tivesse deixado de obrigar os Estados, quando até então os tinha obrigado, apenas pelo facto de eles não haverem ratificado as convenções codificadoras. Foi isso, aliás, que foi entendido quer na doutrina, quer na prática internacional, quanto à CV antes da sua entrada efectiva em vigor por haver perfeito o número de ratificações ou adesões por ela requerido.

É por isso que entendemos que Portugal, não obstante não ser ainda parte na CV, está obrigado a cumpri-la na medida em que esteja vinculado às regras costumeiras nela codificadas. E tem sido essa, de uma forma geral, a prática diplomática portuguesa.

A título de conclusão sobre a matéria deste número podemos, pois, dizer que a codificação do Direito Internacional constitui um dos factores mais marcantes da elaboração deste ramo de Direito no último meio século. Como dissemos, um Código único de Direito Internacional não é, desde logo, imaginável, tal é a fragmentação da Comunidade Internacional e da sua Ordem Jurídica. Mas a generalização da codificação das normas consuetudinárias por institutos, na esteira do que tem vindo a ser feito nas últimas décadas, para além de contribuir para uma maior divulgação do Direito Internacional, especialmente do Direito Internacional geral ou comum, também confere melhor arrumação lógica às mormas internacionais, permitindo por essa via, inclusivamente, uma mais forte consciência da obrigatoriedade do Direito Internacional ([1]).

([1]) Questões muito actuais da codificação são estudadas por ROBERT AGO, *Nouvelles réflexions sur la codification du droit international*, in *RGDIP* 1988, pgs. 539 e segs.

Parte III

Os sujeitos do Direito Internacional
(com excepção das Organizações Internacionais)

CAPÍTULO I

NOÇÃO E CLASSIFICAÇÃO

1. Noção de sujeito do Direito Internacional

É sujeito do Direito Internacional quem for susceptível de ser titular de direitos ou suporte de obrigações resultantes directa e imediatamente de uma norma de Direito Internacional.

Como bem nota o Professor HERMANN MOSLER ([1]), o critério pelo qual se afere da susceptibilidade de um ente ser titular de uma situação jurídica subjectiva derivada directamente de uma norma internacional é o mesmo que é utilizado para se afirmar a personalidade jurídica perante os vários ramos do Direito interno. E o mesmo vale para a pesquisa sobre quem detém a capacidade de gozo e a capacidade de exercício em Direito Internacional – partindo, como nós partimos, como o faz a generalidade da doutrina, de que *personalidade jurídica* e *capacidade jurídica* são conceitos distintos. Assim, também no Direito Internacional pode haver sujeitos com capacidade plena ou com capacidade limitada.

A definição que adoptámos foi acolhida no nosso já conhecido Parecer do TIJ sobre a *reparação dos prejuízos causados às Nações Unidas,* quando ele concluiu, ainda que com uma linguagem não absolutamente rigorosa, que as Nações Unidas tinham "a capacidade de ser titulares de direitos e deveres internacionais" ([2]).

([1]) *Subjects of International Law*, in *Encyclopedia*, t. 7, pgs. 442 e segs. (443).
([2]) *Loc. cit.*

Desta definição ou tentativa de definição resulta que:

a) é o Direito Internacional que determina *quais são* os seus sujeitos, não havendo, pois, em princípio, sujeitos por direito próprio ([1]);

b) é também o Direito Internacional que estabelece a *forma* pela qual nasce a personalidade jurídica internacional. O processo pelo qual ela surge pode ser automático (como acontece com o Estado) ou implicar actos especiais de reconhecimento (como sucede com a generalidade dos outros sujeitos);

c) só são sujeitos do Direito Internacional aqueles que estejam em relação *directa e imediata* com a norma internacional, e que não necessitem, para que os efeitos da norma se projectem na sua esfera jurídica, da intervenção de outra pessoa (pois é claro que em regra a norma internacional virá a afectar os sujeitos do Direito interno, mas só através das medidas tomadas pelo respectivo Estado);

d) a personalidade jurídica internacional pode abranger uma *esfera de capacidade mais ou menos ampla*, conforme os interesses que visa satisfazer: o citado Parecer do TIJ concluiu que, ao lado da capacidade internacional plena do Estado, as Nações Unidas só tinham capacidade quanto aos direitos e deveres necessários para a prossecução dos fins próprios da Organização;

e) a personalidade jurídica internacional *pode não coincidir com a de Direito interno*: assim há pessoas jurídicas de Direito interno que não têm, ou podem não ter, personalidade internacional, ou, pelo menos, cuja capacidade jurídica internacional pode não coincidir com a capacidade jurídica que o Direito interno lhes reconhece (é o caso dos indivíduos, como veremos adiante). E inversamente há pessoas jurídicas internacionais que não têm personalidade no Direito interno: é o caso do Reino Unido da Grã-Bretanha e Irlanda do Norte, pois, na verdade, no Direito interno britânico o Estado como tal não tem personalidade, dado que a titularidade dos direitos e obrigações que

---

([1]) Dizemos *em princípio* porque esta regra tornou-se menos rígida no Direito Internacional contemporâneo, que aceita, por exemplo, sujeitos cuja capacidade de agir na cena internacional acaba por resultar do Direito interno, concretamente do Direito Constitucional dos Estados, como acontece, como veremos, com os Estados membros de uma federação.

nos países românicos identificam a pessoa Estado está nele repartida por várias entidades, das quais a mais importante é a Coroa.

Isto significa que não obteve acolhimento nem na doutrina nem na jurisprudência internacional a *teoria da responsabilidade*, defendida sobretudo pelo Professor WILHELM WENGLER (¹) para afirmar a personalidade jurídica internacional, e segundo a qual para se ser sujeito do Direito Internacional não bastava a susceptibilidade da titularidade de direitos mas era necessária também a possibilidade de os fazer valer *directamente* através de "reclamação internacional" – o que, em bom rigor, restringiria a qualidade de sujeito apenas aos entes que gozassem de acesso directo a tribunais internacionais com jurisdição obrigatória (²).

2. Classificação dos sujeitos do Direito Internacional

Para se estabelecer a classificação dos sujeitos do Direito Internacional seria logicamente necessário que anteriormente soubéssemos quais são esses sujeitos, ou seja, que nos ocupássemos da determinação dos sujeitos do Direito Internacional. Trata-se de um problema extremamente complexo, que abordaremos adiante; mas, por ora pretendemos apenas dar *um quadro geral das diversas ca-*

(¹) *Der Begriff des Völkerrechtssubjekts im Lichte der politischen Gegenwart*, in *Friedenswarte* 1951-53, pgs. 128 e segs.

(²) Os problemas suscitados em torno do conceito de sujeito do Direito Internacional podem ver-se, para além das obras já citadas, em MOSLER, *Réflexions sur la personnalité juridique en droit international public*, in *Mélanges Henri Rolin* (1964), pgs. 228 e segs.; DIEZ DE VELASCO, *op. cit.*, vol. I, pgs. 188 e segs.; CELSO ALBUQUERQUE DE MELLO, *Curso de Direito Internacional Público*, vol. I, 6.ª ed., Rio de Janeiro, 1979, pgs. 232 e segs.; BARBERIS, *Nouvelles questions concernant la personnalité juridique internationale*, in *RdC*, 1983-I, pgs. 145 e segs.; NGUYEN QUOC, *op. cit.*, pgs. 365 e segs.; JORGE MIRANDA, *DIP-I, cit.*, pgs. 263 e segs.; BROWNLIE, *op. cit.*, pgs. 58 e segs.; FELDMAN, *International Personality*, in *RdC*, 1985-II, pgs. 343-414; e *Lexikon Seidl-Hohenveldern, cit.* pgs. 342-343.

tegorias de sujeitos, qualquer que seja a forma como se conclui pela sua personalidade.

São várias as classificações propostas pela doutrina, e elas baseiam-se em diversos critérios ([1]). Umas são mais simples, outras mais complexas: de entre estas últimas, destacaremos, por terem a intenção da exaustão, e por serem recentes, as de MOSLER ([2]) e de BROWNLIE ([3]).

Da nossa parte, partiremos de uma grande classificação entre *sujeitos com capacidade jurídica plena* e *sujeitos com capacidade jurídica limitada.*

O primeiro grupo compreende apenas *o Estado soberano,* única entidade em que se verifica ainda, no estado actual do Direito Internacional, a plenitude da capacidade jurídica internacional.

No segundo grupo integram-se, portanto, todos os outros sujeitos, e teremos de distinguir entre *sujeitos com base territorial* (beligerantes, Estados semi-soberanos e associações de Estados), e *sujeitos sem base territorial* (certos casos especiais de sujeitos que prosseguem interesses espirituais, como a Santa Sé e a Ordem de Malta; ou que prosseguem interesses políticos, como os movimentos nacionais e os governos no exílio; o indivíduo e as Organizações Internacionais).

---

[1] Veja-se ALBUQUERQUE MELLO, *op. e loc. cits.*
[2] *Subjects, cit.*, pgs. 449 e segs.
[3] *Op. cit.*, pgs. 60 e segs.

Portanto, a classificação que adoptamos é a seguinte:
Sujeitos de Direito Internacional

– Com capacidade plena – o *Estado soberano*
– Com capacidade limitada

  – Sujeitos çom base territorial
    Beligerantes
    Estados semi-soberanos
    Associações de Estados

  – Sujeitos sem base territorial
    Casos especiais (interesses espirituais)
    . *Santa Sé*
    . *Ordem de Malta*, etc.
    Casos especiais (interesses políticos)
    . *Nação e movimentos nacionais*
    . *Governo no exílio*
    Indivíduo
    Organizações Internacionais

Esta classificação impõe algumas observações complementares.

Em primeiro lugar, ela tem uma finalidade predominantemente didáctica, pelo que não pretende negar a validade de outras classificações.

Depois, ela insere pelo menos um elemento que é objecto de dúvida na doutrina: a classificação da Santa Sé e não do Estado do Vaticano nem da Igreja Católica como sujeito do Direito Internacional.

Em terceiro lugar, ela nao engloba figuras *sui generis*, como a Cidade Livre de Dantzig, ou os condomínios, que aliás já perderam actualidade ([1]).

Em quarto lugar, dentro dos sujeitos com capacidade limitada e base territorial introduzimos uma alteração em relação à edição

---

([1]) Cfr. BROWNLIE, *op. cit.*, pgs. 61 e segs., e BARBERIS, *Los sujetos del derecho internacional*, Madrid, 1984, pg. 234.

anterior deste livro: eliminámos da classificação as colónias autónomas, que já não existem ([1]).

Por fim, na classificação adoptada surgem-nos dois sujeitos cuja importância política em muito excede a dos outros: o Estado soberano e as Organizações Internacionais. Mas no que toca ao Estado soberano apenas nos preocuparemos aqui com os aspectos da sua personalidade jurídica internacional e não com as questões por ele suscitadas no quadro do Direito Constitucional, que são objecto de estudo em disciplina própria. Ao contrário, debruçar-nos-emos com demora sobre as Organizações Internacionais dada a sua crescente importância no Direito Internacional contemporâneo.

Sobre os demais sujeitos o carácter didáctico desta obra não consentirá que nos alonguemos acerca deles.

([1]) Sobre as colónias autónomas, v. SILVA CUNHA, *Direito Internacional Público*, t. II, 3.ª ed., Lisboa, 1991, pg. 106.

CAPÍTULO II

A DETERMINAÇÃO DOS SUJEITOS. O RECONHECIMENTO

1. O problema do reconhecimento

I. Como é que nasce a personalidade jurídica internacional? Como é que um ente passa a ser sujeito do Direito Internacional?

Quanto a este ponto continua a não haver acordo na doutrina – embora com o tempo se tenham atenuado sensivelmente as divergências no seu seio.

Para certo sector da doutrina existe no Direito Internacional norma ou normas atributivas da personalidade e, portanto, o reconhecimento de uns sujeitos por outros tem valor meramente declarativo. Outros negam a existência de tal norma: a subjectividade internacional só existiria pela constatação que da existência de uma determinada entidade fariam os sujeitos do Direito Internacional anteriormente admitidos. Essa constatação conferiria à respectiva entidade a qualidade de sujeito, que ela não tinha anteriormente ou seja, o reconhecimento teria valor essencialmente constitutivo. Este modo de encarar o reconhecimento simplifica-o, porém, em excesso e, portanto, desvirtua-o. Não há razões para se dizer que o reconhecimento de todos os sujeitos é, em globo, ou sempre constitutivo, ou sempre declarativo.

Este problema está essencialmente ligado ao difícil debate acerca da natureza jurídica do acto de reconhecimento.

É, neste Capítulo que vamos examinar essa questão. E vamos colocar o problema da natureza jurídica do reconhecimento a propósito dos vários sujeitos quanto aos quais esse problema é de pôr ([1]).

Recordemos que já mencionámos o reconhecimento entre os actos jurídicos unilaterais que são fonte do Direito Internacional e que o definimos então como o acto pelo qual um sujeito do Direito Internacional constata a existência de determinada situação susceptível de produzir efeitos jurídicos e afirma considerá-la conforme ao Direito.

Como bem nota o Professor FROWEIN ([2]), a importância do reconhecimento resulta da natureza ainda imperfeita do Direito Internacional que faz com que, ao contrário do que sucede com o Direito interno, só raramente um litígio venha a ser decidido em Direito Internacional pela via judicial. Por isso, na maior parte dos casos os Estados são, ainda hoje, a única entidade que pode decidir se uma dada situação reúne ou não os requisitos exigidos pelo Direito Internacional.

O reconhecimento pode incidir sobre aspectos puramente materiais (reconhecimento de uma regra de Direito, reconhecimento de um título jurídico, reconhecimento de uma situação nova). Mas de maior importância jurídico-política se revestem as modalidades do reconhecimento que têm por objecto sujeitos do Direito Internacional (reconhecimento de Estado, de Governo, de Nação, de Beligerante, etc.).

II. É sobretudo a propósito desta última categoria – ou seja, reconhecimento de sujeitos – que se tem discutido a natureza do reconhecimento. Por isso, este instituto nos surge na doutrina estreitamente ligado à teoria dos sujeitos do Direito Internacional, quer se entenda que os cria (*reconhecimento constitutivo*), quer se julgue que apenas dá a conhecer a sua existência (*reconhecimento declarativo*).

([1]) V. este problema nas obras já atrás, na Parte II, indicadas sobre o reconhecimento, sobretudo na de FROWEIN e na bibl. nela citada; e ainda H. BLIX, *Contemporary Aspects of Recognition*, in *RdC*, 1970-II, pgs. 587 e segs.; NGUYEN QUOC, *op. cit.*, pgs. 490 e segs. e bibl. aí cit.; e FERNANDO BASTOS, *Reconhecimento*, in *Pólis*, t. 5, pgs. 70 e segs.

([2]) *Op. cit.*, pg. 340.

A determinação dos sujeitos. O reconhecimento

Para a teoria do *reconhecimento constitutivo*, como se disse, é do reconhecimento que nasce a subjectividade internacional do Estado (ou doutro sujeito), que antes dele não tem personalidade jurídica internacional. Trata-se basicamente, como se vê, de uma consequência lógica dos pressupostos voluntaristas: se todo o Direito Internacional resulta da vontade dos Estados, é também esta que determina a entrada de um novo membro na Comunidade Internacional.

E então as várias concepções voluntaristas acerca do reconhecimento vão corresponder aos vários estádios do pensamento voluntarista: ou este é um acto unilateral do Estado (JELLINEK) ou, se a base do Direito Internacional é a vontade comum dos Estados, é um acto bilateral (ANZILOTTI) entre um antigo e o novo sujeito do Direito Internacional. E então o reconhecimento só produz efeitos entre os Estados que o praticaram, e é inoponível *erga omnes.*

Se quanto ao reconhecimento do Estado o problema continua hoje a ser colocado na doutrina nestes termos, quanto a outros sujeitos ele mudou de configuração. Ou seja, mesmo os negadores das correntes voluntaristas sentem hoje a necessidade, por imposição de exigências da vida internacional, de adoptar o carácter constitutivo do reconhecimento quanto a certos outros sujeitos do Direito Internacional.

Ao contrário, para a teoria do *reconhecimento declarativo* a personalidade jurídica internacional nasce independentemente do reconhecimento; este tem apenas o efeito de o constatar e declarar.

Concretamente quanto ao Estado, e segundo esta corrente, ele é sujeito do Direito Internacional assim que existe, mesmo que nenhum outro Estado o reconheça.

Esta teoria continua a merecer os favores das teses anti-voluntaristas, embora também aqui se verifique uma cedência da Filosofia Jurídica ao pragmatismo, que leva a que mesmo autores de pensamento voluntarista adoptem, quanto ao Estado, esta teoria do reconhecimento declarativo.

Vamos ver agora como é que o problema se coloca quanto a cada categoria dos sujeitos constantes da classificação que atrás adoptámos.

2. O reconhecimento de Estado

I. A questão do reconhecimento de Estado mereceu relevo na doutrina e também na prática diplomática durante muito tempo, inclusivamente quando da vaga de novos Estados nascidos da descolonização, portanto após a 2.ª Guerra e, de modo particular, na década de 60. Hoje quase que perdeu interesse, e sobretudo por duas razões.

Por um lado, e como observa o Professor MOSLER ([1]), ele foi em grande medida substituído pela admissão do novo Estado nas Nações Unidas. Essa admissão equivale a um tácito reconhecimento do novo Estado pela Comunidade Internacional, embora os Estados que na ONU votem contra a admissão de um novo Estado não estejam vinculados pelo acto de reconhecimento desse Estado. É o caso dos Estados árabes que não reconhecem o Estado de Israel, embora aqueles e este sejam membros da Organização.

A segunda razão reside no facto de hoje a doutrina, mesmo de raiz voluntarista, já não pôr em dúvida o carácter meramente declarativo do reconhecimento de Estado. Ou seja, o Estado nasce como sujeito do Direito Internacional assim que reunir os três elementos que integram o conceito de Estado – a saber, povo, território e poder político soberano (dado que estamos a tratar aqui apenas de Estados soberanos ([2])) – e independentemente do seu reconhecimento. O próprio Direito Internacional, através de outras das suas fontes, já consagrou essa orientação. Assim, o artigo 12.º da Carta da Organização dos Estados Americanos dispõe que: *"A existência política do Estado é independente do seu reconhecimento por outros Estados. Mesmo antes de ser reconhecido, o Estado tem o direito de defender a sua integridade e a sua independência"* ([3]).

Note-se que o Instituto de Direito Internacional sempre foi dessa opinião. De facto, na sua já muito distante reunião de Bruxe-

---

([1]) *The International Society, cit.*, pg. 44.

([2]) Dizemos isto porque a soberania não é um elemento constitutivo do conceito de Estado quer no Direito Constitucional quer no Direito Internacional: daí os dois lidarem com a figura de Estados não plenamente soberanos.

([3]) O itálico é nosso.

las, de 1936, ele aprovou a seguinte definição de reconhecimento de Estado: "O reconhecimento de um novo Estado é o acto livre pelo qual um ou mais Estados atestam a existência, sobre um território determinado, de uma sociedade humana politicamente organizada, independente de qualquer outro Estado independente, capaz de observar os preceitos do Direito Internacional, e manifesta a sua vontade de o considerar membro da Comunidade Internacional. *O reconhecimento tem efeitos declarativos*. A existência de um novo Estado com todos os efeitos que de tal existência derivam não é prejudicada pela negação do reconhecimento por parte de um ou vários Estados" ([1]).

II. O facto de o reconhecimento de Estado ser meramente declarativo não quer dizer que ele não possa ser *recusado* ou *condicionado*. Isso decorre da circunstância de, como se disse, o reconhecimento ser sempre um *acto livre*, não existindo qualquer dever de se reconhecer um Estado.

A *recusa* do reconhecimento de um Estado pode resultar, antes de mais, do facto de ele ter nascido na dependência de um outro Estado de tal forma que a sua própria independência fica posta em causa. Foi essa a razão pela qual muitos Estados ocidentais se recusaram durante muito tempo a reconhecer a ex-República Democrática Alemã: entendeu-se que ela não era "suficientemente independente" em relação à União Soviética. Também foi por isso que os Estados declarados "soberanos" pela África do Sul no quadro da sua "política do Bantustão" não obtiveram reconhecimento; prevaleceu o entendimento de que eles só formalmente eram independentes em relação à África do Sul.

A recusa do reconhecimento do Estado pode também derivar do facto de ser evidente que o novo Estado não foi produto da expressão do exercício do direito à autodeterminação do seu povo ou até, pelo contrário, nasceu contra a vontade desse povo. Foi essa a razão invocada pela Comunidade Internacional, a começar pelo

---

([1]) O itálico é nosso.

Reino Unido, para não se reconhecer a Rodésia após a declaração unilateral da sua independência por Ian Smith, em 1971.

Note-se, todavia, que a existência de um regime democrático no novo Estado não tem constituído requisito do seu reconhecimento como Estado.

O reconhecimento de Estado pode também ser recusado se se adoptar a *doutrina de Stimson*, segundo a qual não devem ser reconhecidos como Estados as situações provenientes do recurso ilícito à força. A questão pôs-se na prática a propósito da Manchúria, constituída pelos japoneses em Estado independente pela força e à custa da China. A Assembleia da SDN, por resolução de 11 de Março de 1932, recusou o reconhecimento destas situações constituídas pela força, adoptando o ponto de vista do Secretário de Estado dos Estados Unidos, Lewis Stimson, e que, por isso, deu o seu nome àquela doutrina ([1]).

Foi com a invocação desta doutrina que alguns Estados ocidentais reconheceram tarde, ou nunca reconheceram, até aos Acordos de Paz do Estoril, de 1991, ou mesmo para além deles (foi o caso dos Estados Unidos), a República de Angola, alegando que ela nascera com infracção aos Acordos de Alvor, de Janeiro de 1975, que previam para aquela República um governo de coligação composto pelo MPLA, pela UNITA e pela FNLA, enquanto que, contrariamente ao aí estabelecido, o MPLA havia constituído governo sozinho, excluindo dele, pela força das armas, a UNITA e a FNLA.

Aliás, em bom rigor, o enunciado da teoria defendida por Stimson na sua nota diplomática, de 7 de Janeiro de 1932, tinha uma formulação muito mais ampla e propunha que, mesmo para além da questão do reconhecimento de Estado, fossem julgadas contrárias ao Direito Internacional *todas as situações decorrentes do uso da força* e, concretamente, do recurso à agressão. Nessa formulação geral, a *doutrina de Stimson* limitou-se a ser a precursora da proibição geral do uso da força nas relações internacionais, consagrada no artigo 2.º, n.º 4, da Carta da ONU, e que hoje é *ius cogens*. Assim se compreende que alguma doutrina entenda que a ocupação

---

([1]) *Foreign Relations of the United States*, 1932, vol. 3 (Far East), pg. 8.

pela Índia dos territórios portugueses de Goa, Damão e Diu, em 1961, também violou a *doutrina de Stimson* (¹).

Mas o reconhecimento do Estado, sem ser recusado, pode ser apenas *condicionado*. Foi a posição que as Comunidades Europeias adoptaram, no quadro da Cooperação Política Europeia, ao aprovarem em 16 de Dezembro de 1991 as *Orientações sobre o reconhecimento de novos Estados no Leste da Europa e na União Soviética*. Nesse documento colocava-se uma série de condições para o reconhecimento desses Estados pelos Doze. Essas condições eram as seguintes: respeito pela Carta das Nações Unidas, pela Acta Final de Helsínquia e pela Carta de Paris, especialmente em matéria de primado do Direito, Democracia e Direitos do Homem; protecção dos direitos dos grupos étnicos e nacionais e das minorias, de harmonia com os tratados concluídos no quadro da Conferência de Segurança e Cooperação Europeia (CSCE); respeito pelo princípio de não modificação das fronteiras pelo uso da força; aceitação de todos os tratados concluídos em matéria de desarmamento, não proliferação de armas nucleares, segurança e estabilidade regional; compromisso de resolver por comum acordo, e se necessário pela arbitragem, todas as questões relativas à sucessão de Estados e às disputas regionais; especialmente quanto aos Estados nascidos do desaparecimento da ex-URSS, a sujeição do equipamento nuclear das ex-repúblicas a uma só cadeia de comando, de tal forma que ficassem bem esclarecidos os mecanismos de controlo e o destino das 27.000 ogivas nucleares estacionadas na Federação Russa, na Ucrânia, na Bielorússia e no Cazaquistão.

Além disso, os Doze comprometiam-se também a não reconhecer os Estados que resultassem da agressão.

Os Doze, tal como a generalidade da Comunidade Internacional, reconheceram de imediato a Rússia como Estado soberano que sucedeu nos direitos e nas obrigações internacionais da antiga União Soviética. Mas quanto aos outros catorze Estados soberanos resultantes da fragmentação da ex-URSS, os Estados membros das Co-

---

(¹) Neste sentido, MENG, *Stimson Doctrine*, in *Encyclopedia*, t. 4, pgs. 230 e segs. (231). Nessa obra elenca-se a melhor bibliografia sobre a *doutrina de Stimson*.

munidades Europeias só os foram reconhecendo à medida em que estes foram provando que tinham reunido aquelas condições.

Igual comportamento foi adoptado pelos Doze, em 15 de Janeiro de 1992, já durante a presidência portuguesa das Comunidades, em relação ao reconhecimento da Croácia, da Eslovénia e da Bósnia-Herzegovina (embora, quanto a esta última, os graves e duradoiros acontecimentos aí ocorridos tenham demonstrado que o seu reconhecimento foi prematuro).

Um Estado que reconhece outro não fica, por esse facto, obrigado a estabelecer, ou a manter, relações diplomáticas com ele.

Por outro lado, e ao contrário do que durante muito tempo se entendeu, um Estado que não consegue ser reconhecido nem por isso fica fora do âmbito de aplicação do Direito Internacional. Trata-se apenas de um corolário da natureza não constitutiva do reconhecimento de Estado ([1]).

III. O facto de o reconhecimento de Estado ser um acto livre e revestir natureza meramente declarativa não quer dizer que ele não tenha implicações políticas. Por isso, nenhum Estado deve ser reconhecido antes de estarem reunidos os elementos que compõem o seu conceito e que atrás analisámos. Um reconhecimento prematuro poderá, conforme os casos, violar o princípio da não-ingerência nos assuntos internos e representará, seguramente, um comportamento de má fé ([2]).

Uma outra consequência do carácter meramente declarativo do reconhecimento de Estado reside no facto de ele produzir efeitos retroactivos.

IV. O reconhecimento de Estado não está sujeito a forma especial. Ele pode, aliás, ser também tácito ou implícito. Um exemplo de reconhecimento implícito consiste na nomeação de um representante diplomático junto do novo Estado, o que significa, sem dúvida, o reconhecimento do Estado.

([1]) FROWEIN, *Recognition*, cit., pg. 342.
([2]) NGUYEN QUOC, *op. cit.*, pgs. 492 e segs.

3. O reconhecimento de Governo

I. Mais complexa é a questão do reconhecimento de Governo, que é o acto pelo qual um Estado afirma que a autoridade política que tomou o poder num outro Estado *fora das formas constitucionais*, ou que vê a sua função de Governo do respectivo Estado posta em causa por um outro grupo político rival, representa validamente este Estado na esfera internacional ([1]).

É assim diverso do reconhecimento de Estado, pois pode reconhecer-se um Estado e não o seu Governo. E põe-se com mais frequência, pois que é mais fácil (e hoje mais vulgar) uma alteração política no interior de um Estado já existente do que a criação de um novo Estado. Mas só surge com uma mudança de Governo que se tenha processado fora da regularidade constitucional, pois se a substituição de um Governo por outro se opera segundo a forma constitucionalmente prevista não há lugar a reconhecimento, já que a aceitação da ordem constitucional resulta, naturalmente, do reconhecimento de Estado ([2]).

Quando um dado poder se arvora em Governo de um Estado à margem das regras constitucionais (por exemplo, pela via revolucionária) ou quando num Estado duas autoridades políticas simultaneamente se reclamam do Governo do mesmo Estado, a interrogação que se coloca para o seu reconhecimento como Governo é a seguinte: o reconhecimento como Governo de um determinado poder político deve basear-se apenas no facto de ele controlar o Estado? Ou deve atender também à sua legitimidade? São estas as duas posições tradicionais na matéria: respectivamente, a *doutrina da efectividade* e a *doutrina da legitimidade*.

Começando por esta última, ela foi seguida depois de 1815 pela Santa Aliança, e resulta do princípio da legitimidade, segundo o qual o poder pertencia de direito aos membros das casas reinantes de tí-

---

([1]) Adiante trataremos do caso especial do reconhecimento de *Governo no exílio*, que é categoria completamente diversa.
([2]) FROWEIN, *op. cit.*, pgs. 344 e segs.

tulo antigo, ou resultantes dos Actos de Viena, não sendo reconhecidos os Governos que não obedecessem a essas condições.

Mas no século XX esta doutrina transforma-se completamente, aparecendo agora sob a forma de *legitimidade democrática*: sendo o povo a origem de todo o poder, só devem ser reconhecidos os Governos quando o seu poder for a emanação autêntica do povo soberano, expressa por forma democrática. É claro que esta expressão não consiste na eleição do Governo: este tomou o poder pela força, ou não estaríamos perante um problema de reconhecimento de Governo. A legitimação que se exige é necessariamente *a posteriori*, através, por exemplo, de um referendo.

É o que se tem chamado *doutrina de Tobar*, do nome do Ministro dos Negócios Estrangeiros do Equador que a apresentou em 1907, vindo então a ser incorporada numa convenção entre alguns Estados da América Central, que se comprometiam a não reconhecer qualquer Governo insurreccional que não fosse sancionado pelo sufrágio popular realizado de harmonia com regras constitucionais.

Não era fundamentalmente diversa a *doutrina de Wilson*, aplicada pelo Presidente Wilson ao recusar o reconhecimento de um Governo mexicano não resultante do sufrágio.

Esta doutrina, embora tenha sido várias vezes afastada pelos próprios Estados Unidos, veio a ser novamente aplicada, por pressão destes, no continente americano a seguir à tomada do poder em Cuba por Fidel de Castro, e a fim de impedir o reconhecimento de Governos considerados como ligados ao sistema comunista – daí a ruptura por parte de muitos Estados das relações diplomáticas com Cuba, ruptura que, significando o não reconhecimento do seu Governo, representou uma aplicação da doutrina da legitimidade. Foi à sombra da mesma doutrina que durante muito tempo os Estados Unidos e alguns outros Estados ocidentais se recusaram a reconhecer o Governo de Pequim como representante legítimo da China.

É, porém, duvidoso que esta doutrina esteja consagrada no Direito Internacional Comum, já que parece contrariar o princípio da não ingerência nos negócios internos de outros Estados. Parece, na verdade, indiscutível que a escolha da forma de Governo é, nos Estados soberanos, questão exclusivamente interna.

A determinação dos sujeitos. O reconhecimento

Daí a *doutrina da efectividade*, ou *doutrina de Estrada*, do nome do Ministro dos Negócios Estrangeiros do México que a enunciou em 1930: um Governo deve ser reconhecido desde que exerça efectivamente a autoridade no território do Estado e esteja em condições de cumprir os compromissos internacionais do Estado. Foi em aplicação desta doutrina que surgiu o reconhecimento da República Popular da China por Estados ocidentais e democráticos, como o Reino Unido, a Suécia, a Suíça e a França ([1]).

Esta última concepção é aquela que melhor se concilia com o respeito pela esfera interna dos Estados soberanos, embora tenha a seu desfavor o argumento de não contribuir para a *democratização da Comunidade Internacional.* Mas é forçoso reconhecer que, tal como sucede com o reconhecimento do Estado, não há no Direito Internacional Comum obrigação de reconhecer qualquer governo, mesmo se efectivo, e que o reconhecimento de Governo é, portanto, um acto livre.

II. Embora fundamentalmente diferente do reconhecimento de Estado, o reconhecimento de Governo pode estar a ele estreitamente ligado. De facto, o reconhecimento de um novo Estado implica, normalmente, o do seu Governo. Mas, inversamente, quando numa Guerra Civil a luta entre dois grupos políticos se estabiliza, e cada um deles controla uma parte do território do Estado e arroga-se a qualidade de Governo, pode então suceder que os Estados que reconhecem, em vez de escolherem, entre os dois grupos rivais, aquele que deve ser reconhecido como o único Governo do Estado em causa, optem por passar do reconhecimento de Governo para o reconhecimento de Estado, por entenderem que naquela situação o que na realidade sucedeu foi formarem-se dois Estados diferentes. Assim, reconheceriam simultaneamente os dois Governos sabendo que dessa forma estavam a reconhecer dois Estados diferentes.

([1]) O estabelecimento de relações diplomáticas entre Paris e Pequim teve por base, do lado francês, a doutrina da efectividade, tendo o Chefe de Estado francês afirmado publicamente, em Janeiro de 1964, que tal reconhecimento não implicava a aprovação do sistema de governo praticado pelo regime de Pequim.

Tem sido esse o caso dos Estados divididos: por exemplo, foi até há pouco o caso das duas Alemanhas e é ainda hoje o caso das duas Coreias (¹).

Assim, o problema da China é, em princípio, um problema de reconhecimento de Governo e não de Estado. De facto, é indiscutível a existência internacional do Estado chinês, membro das Nações Unidas, e a questão tem consistido em saber se o seu legítimo representante é o Governo de Pequim ou o de Taipé. Mas muitos observadores notam que, embora cada Governo se arrogue a representatividade absoluta, com exclusão do outro, na verdade um controla absolutamente o continente, ao passo que o outro controla absolutamente a ilha da Formosa, e que em qualquer destes territórios se acham reunidos os caracteres essenciais do Estado, havendo portanto dois Estados. Foi assim que nasceu a teoria das *duas Chinas* – aliás, hoje em franco declínio a favor da China de Pequim, admitindo-se mesmo que o diferendo entre Pequim e Taipé venha a ser resolvido pela atribuição a Taiwan do estatuto de Região Administrativa Especial dentro da República Popular da China, em moldes análogos aos de Hong Kong, após 1997, e de Macau, após 1999.

Mas se a teoria das duas Chinas triunfasse, então a questão não seria a de saber qual o Governo do Estado chinês mas a de reconhecer dois novos Estados, cada um com o seu Governo. E assim se passaria, também aqui, do reconhecimento de Governo ao reconhecimento de Estado.

III. Com a generalidade da doutrina, pensamos que, ao contrário do que vimos acontecer com o Estado, o reconhecimento de Governo tem valor constitutivo. Tê-lo-ia sempre se se entendesse que o Governo era um sujeito do Direito Internacional, porque nesse caso seria imperioso constatar que não existe no Direito Internacional Comum qualquer norma que atribua personalidade internacional ao

---

(¹) Note-se, porém, que as duas Coreias caminham para a reunificação, sobretudo após a conclusão entre elas, em 13 de Dezembro de 1991, do Pacto de Não Agressão e de Reconciliação, e dias depois, de um tratado para a desnuclearização dos dois Estados.

Governo. Como se viu na classificação que atrás propusemos, sujeito é o Estado, não o Governo.

Mas porque, como demonstrámos, com o reconhecimento não se pretende tomar posição unicamente sobre a personalidade jurídica de um ente, interessa sublinhar o carácter constitutivo do reconhecimento do Governo para lhe atribuir os seguintes efeitos:

– nas relações inter-estaduais, só o reconhecimento de Governo permite determinar o verdadeiro titular da função de representação internacional do Estado e da responsabilidade internacional do Estado;

– na ordem interna dos outros Estados, o reconhecimento de Governo permite a este e aos seus agentes diplomáticos e consulares beneficiar das imunidades reconhecidas pelo Direito Internacional e garante o respeito dos seus actos legislativos, regulamentares e administrativos perante os respectivos tribunais locais bem como os efeitos extraterritoriais das suas normas sobre pessoas ([1]).

4. O reconhecimento de insurrectos e beligerantes

I. As figuras dos insurrectos e dos beligerantes encontram-se em franco declínio no Direito Internacional e, por isso, o seu reconhecimento tem vindo a perder actualidade. Não obstante, algumas situações contemporâneas mantiveram alguma importância para esta matéria: referimo-nos à UNITA desde a independência de Angola até aos Acordos do Estoril, de 1991; à RENAMO, em Moçambique; e às situações no Chade, no Cambodja, no Líbano, na Eritreia e, mais remotamente, no Biafra, entre 1966 e 1969.

Qualquer destas duas noções pressupõe a existência de rebelião organizada no território do Estado, que põe em causa a unidade nacional e a capacidade ou a legitimidade do Governo para exercer o seu poder sobre todo o território do Estado, com recurso a meios

---

([1]) Cfr. VERHOEVEN, *Relations internationales du droit privé en l'absence de reconnaissance d'un État, d'un gouvernement ou d'une situation*, in *RdC*, 1985-III, pgs. 9 e segs.; PETERSON, *Recognition of Government should not be Abolished*, in *AJIL* 1983, pgs. 31 e segs.; FROWEIN, *Recognition, cit.*, pgs. 344 e segs. e bibl. aí cit.; e NGUYEN QUOC, *op. cit.*, pgs. 502 e segs.

violentos, que podem incluir actos contra a segurança de pessoas e de bens, com ou sem reivindicação da responsabilidade por tais actos, sendo esses rebeldes, nessas condições, combatidos pelo Governo legítimo do Estado.

II. Essa situação leva frequentemente os terceiros Estados, a fim de proteger os seus interesses, a reconhecerem os rebeldes, seguindo uma prática que nasceu no costume.

O reconhecimento de beligerantes não tem necessariamente de ser precedido do reconhecimento como insurrectos, mas a prudência aconselha que o seja.

Na realidade, a circunstância de o grupo rebelde ainda não reunir os requisitos que adiante vamos estudar como sendo os exigidos para o seu reconhecimento como beligerantes, designadamente o controlo e a administração efectivos de parte do território, e o facto de os Estados terceiros não quererem tratar os rebeldes como delinquentes comuns, leva esses Estados a contentarem-se com o reconhecimento dos rebeldes como insurrectos. Trata-se, portanto, de um reconhecimento movido sobretudo por razões pragmáticas: como bem nota NGUYEN QUOC, o reconhecimento de insurrectos visa essencialmente colocá-los sob a protecção do Direito Internacional Humanitário, especialmente dos Protocolos I e II de 1977 às Convenções de Genebra de 1949. Por isso, os insurrectos, mesmo se beneficiários de reconhecimento como tais, não são sujeitos de Direito Internacional [1].

Quando os insurrectos já controlam e administram efectivamente uma "parte significativa" do território do Estado em causa, possuem um comando organizado e responsável e respeitam nas hostilidades o Direito Internacional da Guerra (inclusive o Direito Humanitário sobre protecção à população civil e aos prisioneiros de guerra) é possível reconhecê-los como *beligerantes*, portanto, é possível atribuir-lhes personalidade jurídica internacional. O reconhecimento como beligerantes transforma o grupo insurrecto num

---

[1] NGUYEN QUOC, *op. cit.*, pg. 508.

verdadeiro governo local *de facto*. Se qualquer destes requisitos não estiver preenchido o reconhecimento é prematuro e, por conseguinte, representa ingerência nos assuntos internos do Estado em cujo território os insurrectos actuam ([1]).

O reconhecimento dos rebeldes como beligerantes tem os seguintes efeitos: a sujeição das partes em conflito ao Direito Internacional da Guerra que rege os conflitos armados entre Estados já que a guerra civil é assimilada à guerra internacional; se os beligerantes tiverem obtido o reconhecimento pelo próprio Estado em cujo território actuam, a irresponsabilização do Estado e do Governo respectivos pelos danos causados a terceiros pelos beligerantes; e o dever de neutralidade, perante o conflito, dos Estados que reconhecem o estado de beligerância.

O reconhecimento de beligerante deu-se pelos Estados Unidos quanto às colónias espanholas da América do Sul durante a luta pela sua independência, no início do século XIX; por vários Estados europeus quanto aos Estados do Sul dos Estados Unidos durante a guerra da Secessão (1861-1863); e durante a guerra civil espanhola, ao menos implicitamente, pelas potências que formaram a Comissão de Não Intervenção.

Por definição, o reconhecimento tanto de insurrectos como de beligerantes é transitório. Isto é, ou o movimento revolucionário triunfa e irá colocar-se então o problema do reconhecimento de Estado, pelo desmembramento do Estado anterior, ou, pelo menos, de Governo, pela substituição do Governo anterior; ou ele é derrotado pelo Governo legítimo e nesse caso o respectivo reconhecimento caducará.

O reconhecimento de insurrectos e de beligerantes é também discricionário. Não existe, portanto, nem para o Estado ameaçado pelos insurrectos ou beligerantes nem para outros Estados o dever de os reconhecer.

([1]) Assim, RIEDEL, *Recognition of belligerancy*, in *Encyclopedia*, t. 4 (1982), pgs. 167 e segs. (167-168); ID., *Recognition of insurgency*, *ibidem*, pgs. 170 e segs. (171); BOTHE, *Occupation, belligerent*, *ibidem*, pgs. 64 e segs. (64-65); e bibl. muito boa cit. nesses três estudos.

III. O reconhecimento tanto de insurrectos como de beligerantes é constitutivo. Mas, como decorre do que atrás se disse, só os beligerantes adquirem com o reconhecimento personalidade jurídica internacional. O reconhecimento como insurrectos tem autonomia exclusivamente por razões humanitárias ([1]).

5. O reconhecimento de Nações e movimentos nacionais

I. O reconhecimento de Nações possui hoje apenas interesse histórico. Por seu lado, o reconhecimento de movimentos nacionais (também chamados de movimentos de libertação ou movimentos de libertação nacional) teve grande importância durante a descolonização que se seguiu à 2.ª Grande Guerra, mas ainda conserva alguma actualidade.

As duas modalidades de reconhecimento procuraram encontrar uma resposta para o problema da garantia do direito à autodeterminação dos povos sob regime colonial mediante a outorga aos movimentos que os representassem de personalidade jurídica internacional. Nesse aspecto, o reconhecimento dos movimentos nacionais conseguiu uma elaboração jurídica mais densa e profunda e trouxe mesmo uma alteração significativa à estrutura tradicional da Comunidade Internacional ([2]).

O *reconhecimento como Nação* surgiu durante a guerra de 1914-1918 em favor dos Comités Nacionais polaco e checoslovaco, que eram considerados, na luta contra os Impérios Centrais, como representando as nações polaca e checoslovaca. Ambas ainda não se tinham constituído em Estado porque lhes faltava o elemento

---

([1]) Sobre a matéria deste número, além das obras gerais citadas a propósito do reconhecimento e das obras citadas especificamente sobre o reconhecimento de sujeitos do Direito Internacional, v. BOTHE/IPSEN/PARTSCH, *Die Genfer Konferenzen über humanitäres Völkerrecht, in ZaöRV* 1978, pgs. 1 e segs.; PARTSCH, *Armed Conflict*, in *Encyclopedia*, t. 3 (1982), pgs. 28 e segs. e bibl. cit.; O'CONNELL, *International Law*, vol. I, 2.ª ed., Londres, 1970, pgs. 148 e segs.; e SILVA CUNHA, *DIP*, t. II, cit., pg. 110.

([2]) Cfr. GINTHER, *Liberation movements*, in *Encyclopedia*, t. 3, pgs. 245 e segs.

territorial do conceito de Estado, já que checos e polacos combatiam fora da sua Pátria. O interesse imediato nesse reconhecimento consistia em fornecer base jurídica e política para a criação de exércitos nacionais sob a respectiva bandeira; mas, a prazo mais dilatado, pretendia-se, pela consagração do princípio das nacionalidades, conferir às autoridades "nacionais" o direito a negociar internacionalmente a paz e assegurar a criação de novos Estados.

II. O *reconhecimento de movimentos nacionais* teve uma base jurídica mais sólida: pretendeu outorgar aos movimentos de libertação a capacidade jurídica internacional necessária ao exercício do direito à autodeterminação dos povos, tal como ele se encontrava consagrado na Carta das Nações Unidas e foi sendo interpretado pelos órgãos das Nações Unidas, em especial pela sua Assembleia Geral, em cooperação com Organizações regionais, nomeadamente, a Organização da Unidade Africana e a Liga Árabe.

O reconhecimento do movimento nacional pressupõe requisitos e produz efeitos idênticos aos do reconhecimento de beligerante, com duas pequenas diferenças: é necessário que o movimento consiga convencer que ganhou voluntariamente representatividade da parte do povo que invoca, e que exerce sobre ele, de modo "evidente", controlo político; e nem sempre é indispensável a prova de controlo territorial efectivo ([1]).

O primeiro destes dois traços vai impedir que um Estado reconheça mais do que um movimento nacional como representante do mesmo povo. E o segundo vai permitir que obtenha o reconhecimento como movimento nacional um grupo que, embora represente um povo, não possua qualquer controlo efectivo sobre o território que invoca – é o caso da Organização de Libertação da Palestina (OLP). Aliás, alguns Estados concederam a este movimento o reconhecimento de Estado, o que se pode explicar por motivos políticos mas é dificilmente defensável à luz do Direito Internacional e do Direito Constitucional.

([1]) Assim, GINTHER, *op. cit.*, pg. 246.

Foram ou são exemplos de movimentos nacionais o PAIGC, a FNLA, o MPLA, a UNITA e a FRELIMO antes de a Guiné, Cabo Verde, Angola e Moçambique terem ascendido à independência, a FRETILIN, a UDT (estes dois em Timor-Leste), a FLEC (Frente de Libertação do Enclave de Cabinda), o ANC (Conselho Nacional Africano) na África do Sul, a SWAPO (Organização do Povo do Sudoeste Africano), a Frente Polisário, a ETA e a referida OLP. Note-se, todavia, que nem todos obtiveram, ou obtiveram nos mesmos moldes e com os mesmos efeitos, o reconhecimento por outros Estados. E quanto aos que obtiveram seria um exercício curioso examinar-se se já haviam reunido os requisitos que o Direito Internacional impunha para o efeito.

Os movimentos nacionais só obtêm personalidade internacional mediante o seu reconhecimento, que, portanto, tem natureza constitutiva.

Os movimentos nacionais não se confundem com as colónias autónomas, que alguma doutrina considerava sujeitos autónomos do Direito Internacional, e que tiveram interesse histórico antes da 1.ª Guerra Mundial. Já atrás nos referimos a elas ([1]).

6. O reconhecimento como Governo no exílio

Trata-se de uma figura nascida antes da 2.ª Grande Guerra mas que se desenvolveu durante esse conflito mundial, quando em Londres se encontravam os Governos de vários países que estavam ocupados pela Alemanha: Polónia, Noruega, Holanda, etc.

Estes Governos foram então reconhecidos por vários Estados como aptos a exercer autoridade e protecção diplomática sobre os

---

([1]) Sobre os movimentos nacionais, BELKHERROUBI, *Essai sur une théorie juridique des mouvements de libération nationale*, in *RevEgypt* 1972, pgs. 20 e segs.; G. PETIT, *Les mouvements de libération nationale et le droit*, in *ATM* 1976, pgs. 57 e segs.; GINTHER, *op. e loc. cits.*, com indicação de bibliografia seleccionada; HASBI, *Les mouvements de libération nationale et le Droit International*, Rabat, 1981; NGUYEN QUOC, *op. e loc. cits.*; e SILVA CUNHA, *op. cit.*, t. II, pgs. 109 e segs.

seus súbditos que se encontravam nos países aliados ou neutros, a manter relações diplomáticas e a concluir acordos internacionais.

Trata-se, como se vê, de coisa totalmente diversa do reconhecimento de Governo, já que se aceita que eles não exercem qualquer autoridade sobre o seu território. É uma figura *sui generis*, a que se reconhece geralmente personalidade internacional desde que reúna três requisitos: *a*) o Governo no exílio reivindicar a autoridade suprema sobre um Estado que já é sujeito do Direito Internacional e se encontra sob o controlo de um outro Governo, nacional ou estrangeiro, ou sobre um Estado a criar-se no território de um Estado já existente; *b*) ele ser reconhecido como tal pelo menos pelo Estado em cujo território se encontra sediado; e *c*) encontrar-se organizado para a prática, ou praticar efectivamente, alguns dos actos de Estado em representação do Estado cujo governo reivindica ou do Estado a ser criado.

Reunidos estes três requisitos, o reconhecimento do Governo no exílio é constitutivo.

A figura do Governo no exílio perdeu quase por completo actualidade, de tal modo que os manuais só raramente se ocupam hoje dela. A única experiência que hoje se encontra próxima daquele conceito é, segundo a doutrina, o Governo de Coligação do Kampuchea Democrático, presidido pelo Príncipe Norodom Sihanouk ([1]).

7. O reconhecimento de Organizações Internacionais

Pergunta-se se, tal como os Estados, também as Organizações Internacionais adquirem personalidade jurídica internacional sem necessidade de reconhecimento.

O TIJ tem dado resposta afirmativa no que toca às Organizações Internacionais para-universais. Na verdade, vale para qualquer destas Organizações a argumentação desenvolvida a respeito das

---

([1]) OPPENHEIMER, *Governments and Authorities in Exile*, in *AJIL* 1942, pgs. 568 e segs.; e ROTTER, *Government-in-Exile*, in *Encyclopedia*, t. 10, pgs. 210 e segs. e bibl. aí cit.

Nações Unidas no Parecer sobre a *reparação pelos prejuízos sofridos ao serviço das Nações Unidas*, ao qual temos feito referência.

Declarou-se aí que os Estados membros da ONU "representam a grande maioria dos membros da Comunidade Internacional e têm a faculdade, conforme o Direito Internacional, de criar uma entidade que possua a personalidade internacional objectiva, e não simplesmente uma personalidade reconhecida somente por eles".

Também quanto às Organizações regionais a prática internacional vai no sentido da desnecessidade do seu reconhecimento.

8. O reconhecimento *de facto* e *de iure*

O reconhecimento de Estado e de Governo, mas mais o primeiro do que o segundo, distinguem-se em reconhecimento *de facto* e reconhecimento *de iure*, terminologia duplamente infeliz, não só porque ambos produzem efeitos jurídicos como também porque não há Estados *de facto* ou Governos *de facto*. A diferença consiste em que o reconhecimento *de facto* é provisório, revogável e produz efeitos limitados; surge quando há ainda luta política e há dúvidas sobre o nascimento do novo Estado ou sobre a estabilidade do novo Governo, que, no entanto, por motivos políticos, se não quer deixar de reconhecer. Quando a situação se estabiliza confirma-se então o reconhecimento, substituindo o reconhecimento *de facto* pelo reconhecimento *de iure*. Ao contrário daquele, este é definitivo, irrevogável, pleno e com eficácia total.

O reconhecimento *de facto* não se confunde com o reconhecimento implícito, que, como se disse, é uma forma de reconhecimento *de iure*.

O reconhecimento *de facto* apresenta as vantagens de evitar os embaraços causados por reconhecimentos prematuros, de não ser incompatível com a recusa definitiva de reconhecimento, e de assegurar ao Estado ou ao Governo reconhecido alguma segurança jurídica, que pode ser útil à estabilização da respectiva situação.

Exemplo recente de reconhecimento *de facto* temo-lo no reconhecimento provisório levado a cabo pelos Doze, em Dezembro de

1991, dos Estados soberanos resultantes da desagregação da ex--URSS, excepto da Federação Russa (esta foi logo reconhecida *de iure*). Esse reconhecimento *de facto* só se converteu em reconhecimento *de iure* quando aqueles Estados demonstraram ter preenchido as condições que os Doze haviam colocado para o efeito. Já nos debruçámos atrás sobre este ponto.

Mas não deve confundir-se o reconhecimento *de facto* com os meros contactos políticos mantidos entre Governos que se não reconhecem – como, por exemplo, as conversações que decorreram no final da década de 70 entre os embaixadores da China Popular e dos Estados Unidos, em Varsóvia. Num caso, temos um verdadeiro reconhecimento; no outro, um simples contacto político, sem efeitos jurídicos.

CAPÍTULO III

O ESTADO SOBERANO EM DIREITO INTERNACIONAL

1. Personalidade internacional do Estado soberano

Se já não é o único, como durante longo tempo foi sustentado, o Estado soberano é, sem dúvida, o principal sujeito, o sujeito por excelência do Direito Internacional, e o único que "possui na sua totalidade os direitos e deveres internacionais reconhecidos pelo Direito Internacional", segundo os próprios termos do citado Parecer do Tribunal Internacional de Justiça na questão da *reparação pelos prejuízos sofridos ao serviço das Nações Unidas*.

A plenitude da capacidade jurídica internacional cabe assim ao *Estado soberano* e não, como por vezes precipitadamente a doutrina afirma, a todo e qualquer Estado. De facto, os Estados não soberanos – estamos a pensar sobretudo nos Estados federados ou nos Estados membros de uma Confederação – mesmo quando têm personalidade jurídica de Direito Internacional, gozam de uma capacidade internacional limitada, como adiante veremos. Por isso, nessas circunstâncias chamar-lhes-emos *Estados semi-soberanos*.

Neste capítulo vamos estudar, porém, apenas os Estados soberanos ([1]).

([1]) Sobre a teoria do Estado, em Direito Internacional, v., além das obras gerais clássicas de WENGLER, *op. cit.*, t. I, pgs. 933 e segs., e SERENI, *Diritto Internazionale*, t. II, vol. I, Milão, 1958, também COHEN, *The Concept of Statehood in United Nations Practice*, in *UPLR* 1961, pgs. 1127-1171; ARANGIO-RUIZ, *L'État dans le sens du Droit*

2. Os requisitos da personalidade internacional do Estado soberano

A teoria do Estado em Direito Internacional é um tema vasto, que abrange inúmeras matérias, e que é subsidiária de temas já estudados no Direito Constitucional.

Nesta disciplina não repetiremos os diversos aspectos jurídicos e políticos do fenómeno estadual e do conceito de soberania, que são próprios do Direito Constitucional; limitar-nos-emos a estudar as questões que, quanto a essas matérias, são específicas do Direito Internacional.

Como já dissemos atrás, para o Direito Internacional o Estado soberano nasce como novo sujeito quando reúne os três elementos que, com base na noção de Estado proposta por JELLINEK ([1]) no século XIX, têm vindo a ser considerados pela doutrina como elementos constitutivos do conceito de Estado soberano: um povo, um território e um poder político soberano. Ou seja, teremos o Estado soberano com personalidade jurídica internacional quando um povo se estabelecer livremente num território e aí criar e exercer o seu poder político soberano ([2]).

A criação do Estado resulta, portanto, do exercício do direito de autodeterminação de um povo que, no território que é seu, e no exercício do poder de auto-organização ou da competência das competências ("*Kompetenz-Kompetenz*"), institui o seu próprio poder político soberano ([3]).

---

des Gens et la notion du Droit International, in ÖZöRV 1975, pgs. 3-63 e 265-406; ANDREWS, *The Concept of Statehood and the Acquisition of Territory in the Nineteenth Century*, in *LQR* 1978, pgs. 408 e segs.; CRAWFORD, *The Creation of States in International Law*, Londres, 1979; DOEHRING, *State*, in *Encyclopedia*, t. 10, pgs. 425 e segs.; NGUYEN QUOC, *op. cit.*, pgs. 371 e segs., e BROWNLIE, *op. cit.*, pgs. 71 e segs., as duas últimas com boa bibliografia seleccionada.

([1]) *Allgemeine Staatslehre*, 3.ª ed., reimpressão, Bad Homburg, 1960, pgs. 136 e segs., 394 e segs., 427 e segs. e 435 e segs.

([2]) Cfr. DOEHRING, *op. cit.*, pgs. 424-426; CRAWFORD, *The Criteria for Statehood in International Law*, in *BYIL* 1976-77, pgs. 93 e segs.; ROTTER, *Staat*, in *Lexikon Seidl--Hohenveldern*, cit., pgs. 252-253; ID., *Völkerrecht*, 6.ª ed., Colónia, 1987, pgs. 150 e segs.

([3]) FAUSTO DE QUADROS, dissertação cit., pgs. 100-101.

Por poder soberano entende-se aqui poder independente na ordem externa (o seu complemento, o de poder supremo na ordem interna não interessa ao Direito Internacional) ([1]). Não cabe aqui o estudo da evolução do conceito de soberania não só em face do Direito Constitucional mas sobretudo perante o Direito Internacional, mas sempre se dirá que essa é talvez uma das mais fascinantes e complexas matérias do moderno Direito Internacional, sobretudo no quadro do Direito da Integração ([2]). Far-lhe-emos referência adequada mais à frente.

Verificados esses três requisitos, o Estado soberano nasce automaticamente como sujeito do Direito Internacional, sem necessidade de reconhecimento, nos termos já atrás estudados.

Da personalidade internacional do Estado soberano derivam a sua *unidade* e a sua *permanência* no plano internacional.

Qualquer que seja a sua organização política interna, a actuação internacional do Governo vale, salvo reserva expressa, para todo o seu território: é a *unidade*.

E, para além das mudanças internas do seu Governo, o Estado permanece o mesmo no plano internacional, os seus direitos e deveres não se alteram e o novo Governo está vinculado pelos compromissos contraídos pelos seus antecessores assim como pode exercer os direitos por eles adquiridos: é a *permanência* ([3]).

([1]) Na doutrina portuguesa, veja-se sobre esta matéria, de modo especial, MARCELLO CAETANO, *Manual de Ciência Política e Direito Constitucional*, 6.ª ed., t. I, Lisboa, 1970, pgs. 121 e segs., particularmente, 130 e segs.

([2]) Veja-se VAN KLEFFENS, *Sovereignty in International Law*, in RdC, 1953-I, pgs. 125 e segs.; QUARITSCH, *Staat und Souveränität*, Francoforte, 1970; R.-J. DUPUY e outros, *La souveraineté au XXe. siècle*, Paris, 1971; CARRILLO SALCEDO, *Soberania del Estado y Derecho Internacional*, 2.ª ed., Madrid, 1976; FAUSTO DE QUADROS, dissertação cit., sobretudo pgs. 400 e segs. e bibl. aí citada; e A. MACHADO PAUPÉRIO, *O conceito polémico de soberania*, 2.ª ed., Rio de Janeiro, 1958.

([3]) KRISTINA MAREK, *Identity and Continuity of States*, 2.ª ed., Genebra, 1968; FIEDLER, *Das Kontinuitätsprinzip im Völkerrecht*, Colónia, 1978; SEIDL-HOHENVELDERN, op. cit., pgs. 152-153; e ANDRÉ GONÇALVES PEREIRA, *Da sucessão de Estados*, cit., pgs. 16-20.

3. Consequências da personalidade internacional do Estado soberano

I. Quais são os direitos e as prerrogativas concedidos ao Estado soberano pelo Direito Internacional? É naturalmente impossível fazer-se uma enumeração exaustiva. Mas distinguiremos dois aspectos da competência do Estado: a *competência interna* e a *competência internacional*.

Em primeiro lugar, o Estado tem, segundo o Direito Internacional, a plenitude da *competência interna*, no duplo plano da *competência territorial* e da *competência pessoal*. É o único sujeito do Direito Internacional a quem essa plenitude da competência interna é reconhecida pelo Direito Internacional Comum, que, ao contrário, limita a competência dos outros sujeitos, como se viu quanto às Nações Unidas no caso da *reparação pelos prejuízos sofridos*.

Quanto à *competência territorial*, a plenitude da competência significa *exclusividade*. Ou seja, o Estado soberano tem o direito de recusar o exercício de qualquer acto de autoridade por parte de um outro Estado no seu território. Trata-se de uma regra consuetudinária que já havia sido afirmada pelo TPJI no caso *Lotus* e que mais tarde o TIJ desenvolveria nos casos, já nossos conhecidos, do *estreito de Corfu*, *Haya de la Torre* e do *direito de passagem por território indiano*. E no caso do *Rainbow Warrior*, nome do navio pertencente ao movimento ecologista "Green Peace", que em 10 de Julho de 1985 foi danificado pelos serviços secretos franceses, por ordem do Governo de Paris, no porto de Auckland (Nova Zelândia), a França reconheceu a exclusividade da competência territorial da Nova Zelândia ao pedir mais tarde "desculpas formais e sem reserva" à Nova Zelândia por esta violação do Direito Internacional e, em consequência, ao decidir indemnizar quer aquele movimento ecologista, quer a Nova Zelândia ([1]).

No que diz respeito à *competência pessoal*, para apreendermos a plenitude da competência interna do Estado soberano temos que atender ao conceito de *nacionalidade*. Na realidade, o Estado sobe-

---

([1]) Sobre esta matéria, CARREAU, *op. cit.*, pgs. 314 e segs.

rano detém a competência exclusiva para atribuir a sua nacionalidade a pessoas singulares e colectivas, a navios, a aviões, a satélites e a outros engenhos espaciais – como já foi entendido pelo TPJI no caso da *troca das populações gregas e trucas* e pelo TIJ no caso *Nottebohm*, ambos já referidos neste livro. A exclusividade dessa competência só poderá encontrar-se limitada por convenções internacionais, concluídas livremente pelo Estado, ou pelo Direito Comunitário Europeu, quanto aos seus Estados membros ([1])([2]).

II. No domínio da *competência internacional* os direitos mais significativos que classicamente o Direito Internacional reconhece ao Estado soberano são:

a) o *direito de legação (ius legationis)*, ou seja, o direito de enviar e receber agentes diplomáticos;

b) o *direito de celebrar tratados internacionais (ius tractuum)*. Este direito, como vimos no capítulo anterior, já não é exclusivo dos Estados, mas pertence a todos os Estados soberanos;

c) o *direito de reclamação internacional*, ou seja o direito de usar internacionalmente certos meios de fazer valer os seus direitos, como os protestos, os pedidos de inquérito, o recurso à arbitragem, o recurso à jurisdição internacional, etc. Estes meios, em princípio, são reconhecidos apenas ao Estado – assim, o artigo 34.º, n.º 1, do Estatuto do Tribunal Internacional de Justiça prevê que só os Estados podem pleitear perante o Tribunal. Veremos adiante, porém, ao tratar do indivíduo, a tendência recente para alargar a este a faculdade de reclamação internacional;

d) o *direito de fazer a guerra (ius belli)*, ou seja, de usar a força para manter o seu direito, nos casos permitidos pelo Direito Internacional. Todavia, com a proibição do uso da força no moderno Direito Internacional, de que é expressão máxima hoje o artigo 2.º, n.º 4, da Carta da ONU, o *ius belli* apenas é admitido no caso de

---

([1]) Assim, o Tratado sobre a União Europeia cria uma *cidadania europeia* ao lado da nacionalidade de cada um dos Estados membros das Comunidades.

([2]) Cfr. CARREAU, *op. cit.*, pgs. 322 e segs.

legítima defesa e, mesmo então, somente nas condições do artigo 51.º da mesma Carta.

Em termos clássicos, o *ius legationis*, o *ius tractuum* e o *ius belli* (este, com as limitações indicadas) eram considerados os índices iniludíveis da soberania do Estado. Assim, quando a URSS obteve em Ialta a entrada para a ONU da Ucrânia e da Bielorússia apressou-se a modificar as disposições constitucionais para conferir a estas duas Repúblicas o *ius tractuum* e o *ius legationis* e dar-lhes, assim, uma ficção de soberania, aliás sem consequências práticas.

Modernamente, àqueles quatro direitos tem-se adicionado o *direito à igualdade soberana* da parte do Estado soberano como sujeito do Direito Internacional. Este princípio consta do artigo 2.º, n.º 1, da Carta da ONU como princípio fundamental da Ordem Jurídica das Nações Unidas, que o herdou do Pacto da SDN. Os Estados nascidos da descolonização sempre defenderam a manutenção daquele princípio e o seu desenvolvimento, inclusivamente para que na Assembleia Geral da ONU nunca fosse posto em causa o princípio *um Estado, um voto*, que confere aos Estados do Terceiro Mundo o poder de influenciar decisivamente as votações naquele órgão. Mais tarde, esse princípio seria renovado na Acta Final de Helsínquia, de 1975.

Todavia, a evolução do Direito Internacional e do conceito de soberania foram pondo em crise a igualdade soberana dos Estados, desde logo porque ela se ia manifestando desajustada à realidade internacional. E daí tem vindo a acontecer que nas modernas Organizações Internacionais, sobretudo nas Organizações supranacionais, se tem generalizado progressivamente o sistema da ponderação dos Estados em função de critérios pré-definidos, que normalmente atendem à sua dimensão demográfica e à sua extensão territorial.

4. Aparecimento do Estado soberano

Como é que nasce o Estado soberano como sujeito do Direito Internacional?

Já tratámos desta questão quer quando estudámos o reconhecimento de Estado quer quando definimos os requisitos da aquisição pelo Estado soberano da personalidade internacional. Ficou, todavia, por explicar quais as causas que podem estar na origem do aparecimento do Estado soberano como sujeito do Direito Internacional.

Ora essas causas são necessariamente três: um novo Estado soberano nasce ou pela separação de um território colonial do Estado metropolitano ou pelo desmembramento de um Estado preexistente ou pela fusão de antigos Estados soberanos.

No primeiro caso temos o fenómeno da descolonização.

No segundo caso temos a secessão ou a criação concertada de um Estado novo. Foi o que aconteceu há pouco com a secessão de quatro repúblicas da antiga Federação Jugoslava (a Croácia, a Eslovénia, a Bósnia-Herzegovina e a Macedónia).

Mas o desmembramento de um Estado preexistente pode ser total, levando, portanto, à secessão total, isto é, ao desaparecimento por completo do Estado soberano anterior: foi o caso do desmembramento da ex-URSS e o nascimento em seu lugar de quinze novos Estados soberanos, e, mais recentemente, em 1 de Janeiro de 1993, foi o que aconteceu com o desaparecimento da antiga Checoslováquia e a sua substituição pela República Checa e pela República Eslovaca.

Veremos adiante o caso da fusão de Estados soberanos sob o prisma oposto, do desaparecimento dos antigos Estados soberanos.

Falta apenas acrescentar que o Estado é composto por três áreas: os espaços terrestre, marítimo e aéreo.

5. Transformações do Estado soberano

As categorias mais importantes de transformações do Estado soberano são a transformação por *mutação territorial* (perda ou anexação de um território ou parte de um território) e a *transformação política*, cujo caso principal é a *mudança violenta de Governo*.

Mutação territorial por efeito de perda de parte do território temo-la quando o Estado metropolitano vê os seus territórios coloniais transformarem-se em novos Estados. Por sua vez, exemplo de mutação territorial por anexação de um território (neste caso, anexação pacífica e conforme ao Direito Internacional, sublinhe-se) tivemo-lo recentemente, em 3 de Outubro de 1990, com a unificação da Alemanha. Não se tratou juridicamente da fusão de dois Estados mas da incorporação da ex-RDA na ex-RFA, donde resultou, sob a Lei Fundamental de Bona, que já era a lei básica da ex-RFA, a nova Alemanha ([1]).

A transformação por alteração territorial deve ser assimilada ao *desaparecimento do Estado*, já que em ambos os casos o problema que se levanta é o da *sucessão de Estados*.

Quanto à transformação do Estado soberano por *mudança violenta de Governo* remetemos para o que escrevemos atrás sobre o reconhecimento de Governo.

6. Desaparecimento do Estado soberano

O desaparecimento do Estado soberano dá-se quando desaparece um dos seus elementos constitutivos: pode, ao menos teoricamente, desaparecer o território, por cataclismo físico: é a lenda da Atlântida, sumida no fundo dos mares; pode desaparecer o povo, o que modernamente constitui uma hipótese meramente académica, porque na prática só será concebível pelo genocídio total de um povo.

Porém a hipótese mais frequente é a do *desaparecimento do poder político soberano*, ou por incorporação noutro Estado, ou por fusão convencional, ou por divisão do seu território em novos Estados soberanos.

Exemplo recente de incorporação foi, como dissemos, o da ex-RDA na ex-RFA. Fusão convencional tivemo-la, por exemplo, quando o Tanganika e o Zanzibar se fundiram em 1964 e deram lu-

---

[1] Para as finalidades deste livro não nos interessa discutir se a ex-RFA era um Estado plenamente soberano. Mas é legítimo suscitar-se a questão, levando em conta a autolimitação imposta pela Lei Fundamental de Bona ao *ius belli* da ex-RFA (e que se procura agora remover), segundo a qual as Forças Armadas da ex-RFA não podiam participar em operações fora do espaço geográfico coberto pela OTAN.

gar à Tanzânia como novo Estado soberano. Exemplos de divisão do território em novos Estados soberanos temos os já citados casos, muito recentes, da extinção da ex-URSS e a sua substituição por quinze novos Estados soberanos (os dez da Comunidade de Estados Independentes (CEI) mais a Estónia, a Letónia, a Lituânia, a Geórgia e o Arzebaijão), e da extinção da Checoslováquia e a sua substituição por dois novos Estados, a República Checa e a República Eslovaca.

Qual o destino então dos direitos e das obrigações internacionais dos Estados desaparecidos, ou que recaíam sobre os territórios que passaram de um Estado a outro?

É o problema da chamada *sucessão de Estados*. Devido à sua importância vamos tratá-lo em separado.

7. A sucessão de Estados

I. Na edição anterior tratámos da sucessão de Estados em face do Direito consuetudinário e da prática internacional vigentes à data na matéria ([1]).

Entretanto, a Comissão de Direito Internacional promoveu a codificação do Direito Internacional sobre sucessão de Estados, donde resultou a assinatura de duas convenções de codificação, já referidas neste livro: a *Convenção de Viena sobre sucessão de Estados em matéria de tratados*, de 23 de Agosto de 1978 (que daqui em diante referiremos abreviadamente por *Convenção de 1978*); e a *Convenção de Viena sobre sucessão de Estados em matéria de propriedade, arquivos e dívidas de Estado*, de 8 de Abril de 1983 (doravante designada aqui só por *Convenção de 1983*).

Se já em 1969 FENWICK escrevia que "não existe problema mais complexo no Direito Internacional" do que o da sucessão de Estados ([2]), ele ainda mais difícil se tornou com o pormenorizado trata-

---

([1]) Uma visão geral desta questão nessa época encontra-se em ANDRÉ GONÇALVES PEREIRA, *Da sucessão de Estado, cit.*

([2]) In *AJIL* 1969, pg. 375.

mento que aquelas Convenções lhe vieram dar. Por outro lado, a descolonização e, mais recentemente, a unificação da Alemanha, os desmembramentos da ex-URSS e da ex-Checoslováquia e o nascimento de novos Estados na Jugoslávia vieram tornar esta matéria numa das mais importantes e actuais da Teoria do Estado soberano como sujeito do Direito Internacional. Por isso tratá-la-emos nesta edição com muito maior profundidade do que na edição anterior.

II. Como demonstraremos daqui a pouco, a expressão "sucessão de Estados" não exprime correctamente o que se pretende estudar aqui. Nos termos do artigo 2.º, § 1, al. *b*), comum às duas Convenções referidas, por sucessão de Estados entende-se "*a substituição de um Estado por outro na responsabilidade pelas relações internacionais de um território*".

Nos termos desta definição, é óbvio que há sucessão de Estados não apenas quando um Estado *desaparece totalmente* e em seu lugar nasce um novo Estado mas também quando um Estado, sem desaparecer, sofre uma *mudança profunda* num qualquer dos três elementos que vimos compor o seu conceito.

III. Especiais dificuldades colocam as mudanças que, entre esses elementos, afectam o poder político, mais concretamente, *o Governo* de um Estado pré-existente. Pergunta-se, designadamente, se em caso de substituição daquele Governo pela via revolucionária o novo Governo sucede nos direitos e nas obrigações do Governo anterior. A resposta é afirmativa: o princípio da *continuidade do Estado*, o facto de as mudanças na vida política interna de um Estado serem *res inter alios* para outros Estados que com ele estão em relação, e o respeito por estes do princípio da *não ingerência*, tudo isto impõe que o Direito Internacional considere que o Estado continua vinculado aos seus compromissos internacionais independentemente da mudança dos seus Governos.

Portanto, tanto o Governo ilegítimo deve respeitar os direitos e as obrigações internacionais do Governo constitucional, que derrubou, como este, quando vir a sua autoridade restabelecida, terá de fazer o mesmo por confronto com o Governo ilegítimo, mesmo que este não tenha conseguido obter o reconhecimento como Governo. Assim decidiram várias sentenças arbitrais (¹). Uma conduta diferente, que tem sido adoptada por alguns governos revolucionários, de fazer tábua rasa dos compromissos assumidos por Governos anteriores, põe em grave perigo a convivência internacional e a estabilidade da Ordem Jurídica internacional.

IV. Todavia, mais vulgarmente o problema da sucessão de Estados em Direito Internacional nasce de *mudanças ou modificações territoriais* no Estado preexistente: ou seja, da transferência de território de um Estado para outro (devido à incorporação, forçada ou consentida, de um Estado noutro, à fusão de dois ou mais Estados num novo, ou ao desmembramento parcial de um Estado em termos tais que daí nasce um ou mais novos Estados), ou do desaparecimento puro e simples de um Estado pela repartição de todo o seu território por um ou mais novos Estados. Por isso, é essa a sucessão de Estados que nós iremos estudar neste livro com desenvolvimento.

Para darmos uma ideia da actualidade desta questão, recordaremos mais uma vez que a unificação da Alemanha foi um caso de *incorporação* (repetimos: legal, até porque voluntária) de um Estado noutro; o nascimento de novos Estados por força do *desmembramento parcial* de um Estado preexistente é o fenómeno típico da descolonização e, além disso, foi o que se passou recentemente na Jugoslávia; e o aparecimento de novos Estados pelo *desaparecimento total* de um Estado preexistente foi o que aconteceu quando da extinção da ex-URSS e da antiga Checoslováquia.

Em todas as hipóteses descritas só haverá sucessão, no sentido do Direito Civil, quando um Estado – dito "predecessor" ou *de cujus* – desaparece *totalmente* para dar integralmente lugar, no seu território, a um outro, chamado "sucessor" ou "herdeiro". Em todas as outras situações não haverá sucessão, no sentido rigoroso que o Direito Privado dá a esta palavra, porque os dois Estados coexis-

---

(¹) Cfr. NGUYEN QUOC, *op. cit.*, pg. 477.

tem, tendo cada um deles a sua personalidade jurídica internacional e a sua soberania próprias ([1]). Todavia, nós falaremos aqui em sucessão de Estados com o entendimento amplo que tradicionalmente o Direito Internacional lhe tem vindo a dar.

V. Quais são *os direitos e as obrigações* que o Direito Internacional confere ou impõe aos Estados sucessores?

Não se pode dizer que o Direito Internacional já possua uma resposta absoluta e coerente para esta interrogação.

Nalguns casos, o Estado predecessor e o Estado sucessor têm concluído entre si convenções a regular a sucessão. É a via ideal. Mas esta prática tem sido rara ou porque a sucessão tem sido conflituosa ou porque as convenções em causa têm incidido apenas sobre domínios específicos ou têm respeitado a meros períodos de transição.

O mais vulgar é o Estado sucessor, por leis internas, ou até por meras decisões políticas casuísticas, definir arbitrariamente os termos em que sucede ao Estado anterior. Há que averiguar aí em que medida é que o Direito Internacional consente nessa prática e que disciplina lhe impõe.

Iremos examinar os três domínios em que de forma mais premente se coloca o problema da sucessão entre Estados: o das *relações entre o Estado sucessor e os particulares*; o das *relações entre o Estado sucessor e o Estado antecessor*; e o das *relações entre o Estado sucessor e a ordem internacional.*

VI. Em matéria de *relações entre o Estado sucessor e os particulares* o que se discute é se aquele é obrigado, e em que medida, a respeitar os direitos constituídos à sombra da lei do Estado predecessor e, concretamente, os contratos celebrados entre este e os particulares.

Este problema tem-se revelado o de mais difícil solução no quadro quer da prática dos Estados sucessores quer da doutrina interna-

---

([1]) Assim, NGUYEN QUOC, que seguimos de perto nesta matéria, *op. cit.*, pg. 478.

cionalista. Fundamentalmente têm-se debatido duas grandes correntes.

A primeira, a *tese clássica* ou *tradicional*, defende que, por razões de certeza, de segurança jurídica, de confiança legítima, e também de equidade, o Estado sucessor está obrigado a respeitar as situações jurídicas de Direito Privado constituídas a benefício dos particulares sob o império da Ordem Jurídica do Estado predecessor, inclusive os compromissos por este assumidos para com os particulares.

Esta tese tem a seu favor o haver obtido a adesão entusiástica do TPJI: primeiro, no Parecer de 10 de Setembro de 1923, proferido no caso dos *colonos alemães na Polónia* ([1]), onde o Tribunal deixou decidido que "direitos privados adquiridos em conformidade com o Direito em vigor não caducam por efeito de uma mudança de soberania". Mais tarde, o mesmo Tribunal confirmaria esse seu raciocínio num processo não menos célebre, aliás já nosso conhecido, o dos *interesses alemães na Alta Silésia*, julgado em 25 de Maio de 1926. Aí, o TPJI consideraria aquele princípio, que defendera no caso anteriormente citado, um princípio "do Direito Internacional comum" ([2]). Um ano depois, a propósito da expropriação da *fábrica de Chorzow* pela Polónia, no caso com esse nome, julgado em 26 de Julho de 1927, e também já aqui mencionado, aquele Tribunal advertiria que "o desrespeito pelo princípio dos direitos adquiridos fazia o Estado sucessor incorrer em responsabilidade internacional" ([3]).

Com o tempo, essa construção estendeu-se aos direitos resultantes de contratos de Direito Público. Como tal, veio a revelar-se de particular utilidade para os concessionários privados nos contratos administrativos de concessão, sobretudo dos que tivessem longa duração, celebrados com o Estado antecessor (entenda-se: com a sua Administração), porque ela garantia a esses particulares a ma-

---

([1]) Série B, n.º 6, pgs. 15 e 36. V. as anotações de C. WEIL a este Parecer, in *Encyclopedia*, t. 2, pg. 118.

([2]) *Loc. cit.*, pgs. 20-21.

([3]) *Loc. cit.*, pgs. 27-28.

nutenção em vigor desses contratos e conferia-lhes direito a uma "indemnização adequada", caso o Estado sucessor rescindisse ou, de algum modo, não cumprisse aqueles contratos. Assim entendeu o TPJI nos Acórdãos proferidos no caso *Mavrommatis*, em 26 de Março de 1925 ([1]), e no caso *franco-helénico dos faróis*, em 17 de Março de 1934 ([2]).

A segunda, *a tese que foi oposta a essa tese tradicional*, foi defendida sobretudo após a 2.ª Grande Guerra por alguns Estados afro-asiáticos saídos da descolonização, particularmente dos que se situavam na esfera de influência da União Soviética, com o apoio dos Estados socialistas europeus. Ela acusava a tese tradicional de se basear em princípios da Economia de Mercado e de conduzir ao desrespeito pela soberania do Estado sucessor, particularmente da sua soberania económica, porque lhe impunha compromissos económicos e financeiros que não havia contraído. Por isso, defendia a tese extrema de que o Estado sucessor podia ignorar os compromissos assumidos pelo Estado predecessor.

A doutrina tem-se inclinado para uma *solução equilibrada*, que, por um lado, atenda à soberania do Estado sucessor e, por outro, não permita que ele faça tábua rasa dos direitos adquiridos, o que poria em perigo a estabilidade e a segurança no relacionamento internacional. Por isso, esta corrente defende que o Estado sucessor se encontra vinculado pelos compromissos assumidos pelo Estado antecessor, pelo que ele só se poderá furtar ao seu cumprimento mediante indemnização justa e adequada; todavia, se se entender o contrário, o Estado sucessor, nos termos gerais do Direito, incorrerá sempre em responsabilidade internacional pelo menos por prejuízos causados a cidadãos estrangeiros (está-se a pensar então, de modo especial, na nacionalização ou no confisco de bens de cidadãos do Estado antecessor, levados a cabo em situações deste tipo pelo Estado sucessor). E, no caso específico de o Estado antecessor e o Estado sucessor haverem antecipadamente previsto, em tratado, o

---

([1]) Série A, n.º 5, pgs. 46-47. V. o estudo deste caso por DOEHRING, in *Encyclopedia*, t. 2, pgs. 182 e segs.

([2]) Séries A/B, n.º 62, pg. 25.

respeito, pelo segundo, dos direitos adquiridos por particulares à sombra da lei do Estado predecessor, nesse caso a violação pelo Estado sucessor daqueles direitos fará acrescer um problema de responsabilidade por infracção ao princípio *pacta sunt servanda*.

Em qualquer circunstância, porém, é pacífico o entendimento segundo o qual nunca o Estado sucessor sucede nos "*direitos públicos*" assumidos pelo Estado predecessor: ou seja, pelo menos as regras sobre nacionalidade, Direito eleitoral, regime da Função Pública, competência de tribunais e autoridade e regime de execução de decisões judiciais e administrativas. Trata-se de regras tão intimamente ligadas à soberania própria de cada Estado que não faz sentido que se transmitam para um outro Estado, o Estado sucessor.

VII. No que toca às *relações entre o Estado sucessor e o Estado antecessor*, há que analisar de modo especial os problemas da subsistência do sistema jurídico do Estado predecessor e da transmissão dos seus bens e das suas dívidas (talvez se dissesse melhor, neste último caso, das suas obrigações).

Quanto ao *sistema jurídico* do Estado antecessor, ele só perdurará se e na medida em que o Estado sucessor o entender. Em princípio, este terá vantagem em evitar um vazio jurídico e, para tanto, ser-lhe-á conveniente manter em vigor, pelo menos transitoriamente, parte ou a totalidade do sistema jurídico do Estado predecessor.

Temos nessa matéria um exemplo curioso que interessa a Portugal. Quando da ocupação militar dos territórios portugueses de Goa, Damão e Diu pela União Indiana, em 1961, vigorava neles, obviamente, o Direito português, com as devidas adaptações ao Direito costumeiro local. Ora, reconhecendo a superioridade desta simbiose baseada no Direito Privado português, inclusive do contido no Código Civil vigente à data, isto é, o Código do Visconde de Seabra, e a sua profunda impregnação na vida jurídica local, a Índia viu-se obrigada a manter em vigor naqueles territórios até hoje o essencial daquele Direito, não obstante o Código Civil de Seabra já não vigorar em Portugal há quase trinta anos.

Quanto aos *bens*, o costume internacional manda que, pelo simples facto da sucessão, passem para o Estado sucessor, sem compensação, os bens, móveis e imóveis, que pertenciam ao Estado antecessor. Assim decidiu em 1933 o TPJI no Acórdão que proferiu no caso da *Universidade Peter Pazmany c. o Estado Checoslovaco* ([1]). Hoje aquela regra consuetudinária está acolhida nos artigos 8.º, 11.º e 13.º da Convenção de 1983. O artigo 8.º dá uma definição lata de bens do Estado: "*bens, direitos e interesses* que, à data da sucessão de Estados e *em conformidade com o Direito interno do Estado predecessor*, pertenciam a este Estado".

Isto significa que passam automaticamente para o Estado sucessor, na sua totalidade, os bens imóveis situados no seu território e pertencentes ao Estado predecessor (não, como vimos, aos seus particulares), e, quanto aos bens móveis, de entre os que estão ligados ao Estado predecessor, aqueles que estiverem "em relação" com o território do novo Estado e uma "proporção equitativa" dos outros.

Especial problema suscitam os *"arquivos"* do Estado antecessor. Aí entende-se que este não é obrigado a entregar ao Estado sucessor os originais, bastando que lhe deixe as reproduções desses originais, e, mesmo assim, só daqueles que são necessários a uma *"administração normal* do território" do novo Estado ou que *directamente "lhe digam respeito"*.

Por fim, no que toca às *dívidas de Estado*, a regra para a sucessão de Estados é a de que as obrigações financeiras *internacionais* do Estado predecessor, isto é, aquelas que nasceram de um acordo com outro sujeito do Direito Internacional, se transmitem para o Estado sucessor "numa proporção equitativa, que atenda, nomeadamente, aos bens, direitos e interesses que se transmitem ao Estado sucessor em relação a cada dívida de Estado" (arts. 33.º, 37.º, 40.º e 41.º da Convenção de 1983). Foi este regime – um regime de compensação equilibrada – o que se seguiu quando da sucessão da ex-RFA nas dívidas de Estado da ex-RDA. Mas, especificamente quanto aos Estados criados de novo (e está-se então a pensar sobretudo nos Estados nascidos da descolonização), rompe-se com aquela regra de equilíbrio, quando o artigo 38.º estabelece que "nenhuma dívida de Estado do Estado predecessor passa para o novo

---

([1]) Série A/B, n.º 61, pgs. 237-238.

Estado independente". Este preceito ressalva acordo em contrário que, todavia, "não poderá afectar o princípio da soberania permanente de cada povo sobre as suas riquezas e os seus recursos naturais, nem a sua execução poderá pôr em perigo os equilíbrios económicos fundamentais do novo Estado independente".

Sublinhe-se, todavia, e uma vez mais, que este regime só se aplica às dívidas *de Estado* e nascidas de um acordo internacional, o que exclui, desde logo, as obrigações contraídas por entidades privadas. Mesmo assim, como bem nota NGUYEN QUOC ([1]), é prematuro entender-se que esse regime se encontra consolidado no Direito Internacional.

VIII. Por fim, temos que examinar a sucessão de Estados no que respeita às *relações entre o Estado sucessor e a ordem internacional*. E aí há três questões a considerar: a sucessão em matéria de *tratados*, a sucessão *na participação em Organizações Internacionais* e a sucessão em matéria de *responsabilidade internacional*.

Quanto à *primeira questão*, temos de começar por estudar a sucessão de Estados quando o Estado sucessor não é novo (temos, mais uma vez, o exemplo da ex-RFA em relação à ex-RDA): nesse caso, os tratados concluídos pelo Estado sucessor estendem-se ao território ao qual se deixam de aplicar os tratados concluídos pelo Estado predecessor. É o princípio da "extensão automática", aceite pacificamente pela doutrina, e que hoje se encontra acolhido no artigo 15.º da Convenção de 1978.

Ao contrário, quando o Estado sucessor é novo, o problema é mais complexo. A regra é a da intransmissibilidade do tratado. De facto, o Estado sucessor é um Estado terceiro em relação aos tratados concluídos pelo Estado antecessor. A mesma consequência aplica-se aos tratados bilaterais concluídos pelo Estado predecessor, que pura e simplesmente caducam quando desaparece aquele Estado, ou seja, uma das partes, salvo se o Estado sucessor produzir oportunamente uma declaração unilateral de continuidade, manifestando

---

([1]) *Op. cit.*, pg. 485.

a sua vontade de suceder ao Estado predecessor e o Estado terceiro concordar com isso (arts. 8.º e 9.º da Convenção de 1978); e ela também se aplica aos tratados "pessoais", isto é, concluídos *intuitu personae* (exs.: tratados de aliança e de estabelecimento. Foi por esta razão que a Argélia não sucedeu à França no Pacto do Atlântico) (arts. 11.º e 12.º da Convenção de 1978).

Mas essa regra sofre excepções. Assim, transmitem-se ao novo Estado:

a) os tratados que criam situações "objectivas", tais como uma neutralização, uma desmilitarização, a liberdade de navegação para todos os Estados em determinadas zonas, etc. (art. 12.º da Convenção de 1978);

b) os tratados que codificam (os chamados "tratados declarativos") normas consuetudinárias existentes (art. 5.º da mesma Convenção);

c) *a fortiori*, os tratados que codificam normas imperativas ou *ius cogens*, como o Pacto Briand-Kellog de 1928 ou a Convenção de 1945 sobre a repressão do crime de genocídio;

d) os tratados que enunciam regras convencionais que, entretanto, se transformaram em normas consuetudinárias e, nessa medida, se aplicam a Estados terceiros: é o que acontece, por exemplo, com a Convenção de Haia de 1907 sobre a resolução pacífica de diferendos internacionais. Esta orientação encontra-se acolhida no artigo 38.º CV e no artigo 5.º da Convenção de 1978;

e) os tratados "reais", ou seja, que incidem sobre um determinado território e disciplinam o seu regime. Assim, já haviam decidido o TPJI, no caso das *zonas francas*, atrás referido, e o TIJ, no caso do *Templo de Préah-Vihear* ([1]). Hoje é o que resulta dos artigos 11.º e 12.º da Convenção de 1978, quando dispõem que a sucessão de Estados não afecta os regimes de fronteiras e outros regimes territoriais, acolhendo desse modo o princípio *uti possidetis*.

([1]) Acórdão de 15-6-62, in *ICJ Reports* 1962, pgs. 6 e segs. V. o comentário ao acórdão em RUSTENMEYER, in *Encyclopedia*, t. 2, pgs. 273-274.

Se quanto aos tratados bilaterais o regime base definido pela Convenção de 1978 é, como vimos, o da sua caducidade, quanto aos tratados multilaterais o regime é diferente: o Estado sucessor pode, em princípio, afirmar a sua qualidade de parte através de uma mera notificação de sucessão no tratado, salvo se o tratado for fechado ou restrito ou se a participação do novo Estado for incompatível com o fim e o objecto do tratado (art. 17.º). Acertadamente observa NGUYEN QUOC que este regime pouco atende à vontade das outras partes ([1]).

A segunda questão a examinar nesta sede é a da *sucessão na participação em Organizações Internacionais*.

Aqui, a regra é a da não sucessão: isto é, o Estado sucessor deve requerer a admissão na respectiva Organização Internacional, de harmonia com o processo próprio previsto no respectivo tratado institutivo. Foi o que aconteceu com todos os casos de descolonização, de um modo mais ou menos fácil, e sem embargo de alguns desvios à pureza dos princípios ([2]). Foi o que, mais recentemente, sucedeu também quando o Conselho da Europa decidiu que as Repúblicas Checa e Eslovaca não ocupavam automaticamente o lugar que naquela Organização cabia à antiga Checoslováquia. Tem sido essa, igualmente, a prática das Nações Unidas.

E pode até acontecer que seja em absoluto impossível a sucessão: pense-se nas Organizações Internacionais fechadas ou restritas, nas de integração ou nas de aliança política.

O único caso de sucessão em princípio admissível seria o do desaparecimento do Estado predecessor da cena internacional quando ele era membro da Organização Internacional em causa. Mesmo então, porém, seria necessário, a nosso ver, que o respectivo tratado institutivo o previsse e que não se verificassem as razões objectivas que ainda há pouco indicámos e que tornariam absolutamente impossível a sucessão. Contudo, a sucessão da Rússia à ex-URSS e das Repúblicas Checa e Eslovaca à ex-Checoslováquia na ONU verificou-se mesmo sem a Carta, nos artigos 3.º a 6.º, o prever.

([1]) *Op. cit.*, pg. 488.
([2]) NGUYEN QUOC, *op. cit.*, pg. 489.

CAPÍTULO IV

SUJEITOS DE BASE TERRITORIAL DIVERSOS DO ESTADO SOBERANO

1. Sequência

Os principais sujeitos de base territorial além do Estado soberano são os *beligerantes*, os *Estados semi-soberanos* e as *associações de Estados*.

Dos beligerantes já tratámos a propósito do reconhecimento. Vamos agora descrever sumariamente as duas categorias seguintes.

SECÇÃO I

OS ESTADOS SEMI-SOBERANOS

1. Introdução

Encontramos dentro desta categoria as seguintes figuras: o *Estado vassalo*, o *Estado protegido*, o *Estado membro de uma confederação*, o *Estado membro de uma federação*, o *Estado exíguo* e o *Estado neutralizado*. As duas primeiras, porém, praticamente só possuem hoje interesse histórico.

2. O Estado vassalo

A vassalagem, instituto próprio do sistema feudal, foi transportada para o Direito Internacional pelo Império Otomano, e correspondeu a um estádio intermédio no caminho das suas províncias cristãs ou excêntricas para a independência. Foi aplicado, por exemplo, ao Egipto, durante a segunda metade do século XIX, e também pelo Reino Unido a Chipre, de 1878 a 1914. O Estado vassalo tem personalidade internacional, mas está ligado ao Estado suserano pelo vínculo feudal, o que implica que o exercício de alguma da sua competência internacional dependa de autorização do suserano – como, por exemplo, o direito de guerra, ou alguns actos de maior importância política. Além disso, o Estado vassalo paga ao suserano um tributo – o que é característico do vínculo feudal e representa o reconhecimento da suserania.

Assim, por exemplo, quando o Khediva do Egipto concedeu a Lesseps autorização para a abertura do Canal de Suez, esta autorização ficou dependente da confirmação do Sultão.

Há quem defenda hoje que o Co-Principado de Andorra é um Estado vassalo. Mas erradamente, porque lhe falta o carácter estadual, pois Andorra não é um Estado mas uma mera colectividade que, embora tenha existência distinta, não reúne os elementos do Estado, mais concretamente, não possui poder político próprio. De facto, sobre ela exercem autoridade, segundo o título feudal, que data de 1278, dois co-príncipes: o Chefe do Estado francês, no domínio temporal, e o bispo de Urgel, no domínio espiritual ([1]).

3. O Estado protegido

Um protectorado internacional consiste numa relação jurídica que se estabelece, por via de tratado, entre dois Estados, pela qual um deles, o Estado "protector", se compromete a proteger outro, o

---

([1]) Neste sentido se pronuncia a maioria da doutrina: RATON, *Le statut juridique de l'Andorre*, Paris, 1984; e SCHINDLER, *Andorra*, in *Encyclopedia*, t. 11, pgs. 8 e segs.

Estado "protegido", em princípio contra a agressão ou outras violações do Direito Internacional.

Dizemos "em princípio" porque será o tratado a definir, em cada caso concreto, o conteúdo e os limites da relação de protectorado. Mas, em geral, o Estado protector ficará com a faculdade de dirigir, no todo ou em parte, as relações internacionais do Estado protegido, e até alguns aspectos da sua política interna, ficando nele representado permanentemente por um Residente-Geral.

Assim, a situação de protectorado resulta de um acordo entre Estados soberanos, e não determina a perda da personalidade internacional do Estado protegido, que, todavia, sofre importantes limitações na sua capacidade de agir na esfera internacional. Dá-se assim uma cisão entre a capacidade de gozo e a de exercício, ficando esta confiada ao Estado protector.

O TIJ reconheceu que o Estado protegido conserva a personalidade jurídica internacional quando, no Acórdão de 27 de Agosto de 1952, acerca da *situação dos cidadãos dos Estados Unidos em Marrocos*, afirmou que, pelo tratado de protectorado, "Marrocos continuava a ser um Estado soberano, mas concluíra um acordo pelo qual a França se comprometia a exercer certos poderes soberanos em nome e por conta de Marrocos e a encarregar-se em princípio de todas as relações internacionais de Marrocos" ([1]).

Marrocos encontrava-se, portanto, naquela situação de capacidade internacional limitada que chamamos de semi-soberania.

Mas, já que o Estado protegido mantém a personalidade internacional, segue-se que continuam em vigor os tratados que anteriormente ao estabelecimento do protectorado celebrou com outros Estados. Assim, por exemplo, o tratado de capitulação entre Marrocos e os Estados Unidos, de 1836, continuou em vigor durante o protectorado francês, instituído pelo tratado de Fez, de 1912.

([1]) *ICJ Reports* 1952, pgs. 126 e segs.

O protectorado foi a fórmula adoptada na expansão colonial de alguns Estados europeus no século passado — quando se encontraram perante populações já evoluídas e constituídas em Estados. Foi sobretudo empregue pela França (Marrocos, Tunísia, Estados da Indochina) e, em menor grau, pelo Reino Unido (Egipto) e pela Espanha (Norte de Marrocos). Desse modo, estas fórmulas foram desaparecendo com a descolonização. Depois da independência plena de Marrocos e da Tunísia em 1956, os protectorados internacionais ficaram reduzidos ao protectorado da Índia sobre Sikkim (desde 1950 até à sua anexação pela Índia em 1975) e da Índia sobre o Butão, que parece ter terminado *de iure*, mesmo se não *de facto*, com a admissão deste último como membro da ONU, em 1971.

Com o protectorado como situação de Direito Internacional, também chamado *protectorado de Direito Internacional*, e que é o que descrevemos, não deve, porém, confundir-se o chamado *protectorado colonial* ou *pseudoprotectorado*, que é uma realidade jurídica totalmente diversa.

Trata-se de uma fórmula de tipo colonial, em que o território protegido não tem personalidade internacional, porque lhe falta a independência. Nem em todos os casos em que esta fórmula foi utilizada ela resultou de declaração unilateral da parte do Estado "protector"; nalguns casos, ela foi proposta pelos representantes legítimos do território "protegido" e materializada em acordo, embora não se possa falar aqui em tratado internacional, porque o território "protegido" não é sujeito de Direito Internacional.

O protectorado colonial foi utilizado pela França, em relação a territórios coloniais que no século passado se transformaram em colónias propriamente ditas (é o caso de Tahiti, Madagáscar, etc.), mas sobretudo pelo Reino Unido, quanto a algumas dependências coloniais que hoje já ascenderam à independência (Gâmbia, Serra Leoa, Nigéria, Suazilândia, Uganda, etc.). .

Situação próxima destas foi a de Cabinda, que foi colocada sob protectorado colonial de Portugal pelo chamado *Tratado de Simulambuco*, assinado em 1 de Fevereiro de 1885 na povoação com aquele nome, situada a 5 km ao norte de Cabinda, e pelo qual os chefes locais reconheceram a "soberania portuguesa" sobre aquele território – o que, desde então, passou a conceder ao território de Cabinda estatuto jurídico diferente do do território de Angola ([1])([2]).

Finalmente, usa-se por vezes o termo *quase-protectorado* para descrever a situação que existiu no começo do século na América Central, em consequência de tratados celebrados entre os Estados Unidos e alguns Estados desta zona (Cuba, Panamá, República Dominicana), que reconheciam em certos casos o direito de intervenção dos Estados Unidos nos negócios internos destes Estados, para a manutenção da ordem pública e a protecção dos cidadãos e dos bens e investimentos norte-americanos. Não se tratava, porém, de protectorado internacional, pois estes Estados mantinham as suas relações internacionais e a intervenção dos Estados Unidos era apenas eventual.

Aliás, estas situações desapareceram quase completamente dos textos durante a presidência de Franklin Roosevelt, só subsistindo até hoje um regime especial quanto à zona do Canal do Panamá. Mas quanto a esta última situação a doutrina divide-se, havendo quem veja nela uma "cessão territorial sem transferência de soberania" ([3])([4]).

([1]) Dispunha o artigo 1.º daquele Tratado o seguinte: "Os príncipes e mais chefes do país e seus sucessores *declaram voluntariamente reconhecer a soberania de Portugal*, colocando sob o *protectorado* desta nação todos os territórios por eles governados". E acrescentava o seu artigo 3.º: "Portugal obriga-se a fazer manter a integridade dos territórios colocados sob o seu *protectorado*" (os itálicos são nossos). Sobre o *Tratado de Simulambuco*, v. F. DE SÁ E MELO, *Cabinda*, in *Verbo*, t. 4 (1966), col. 289; *Angolana (Documentação sobre Angola)*, ed. do Instituto de Investigação Científica de Angola e do Centro de Estudos Históricos Ultramarinos, Luanda e Lisboa, 1968, pg. 481, n. 11; e AIRES D'ALBUQUERQUE, *Efeméride Ultramarina – Tratado de Simulambuco*, Lisboa, 1972.

([2]) Sobre os protectorados coloniais, DIEZ DE VELASCO, *op. cit.*, t. I, pg. 219.

([3]) NGUYEN QUOC, *op. cit.*, pg. 435.

([4]) Sobre a matéria deste número, v. VENTURIN, *Il protettorato internazionale*, Milão, 1979; KAMANDA, *A Study of the Legal Status of Protectorates in Public International Law*, diss., Genebra, 1961; DIEZ DE VELASCO, *op. cit.*, t. I, pgs. 217 e segs.; NGUYEN QUOC, *op. cit.*, pg. 437; e HOFFMANN, *Protectorates*, in *Encyclopedia*, t. 10, pgs. 336 e segs.

4. O Estado membro de uma confederação

Na secção seguinte, ao tratarmos das associações de Estados, examinaremos o caso da Confederação. Por ora diremos apenas que, embora a Confederação tenha, por via de regra, personalidade jurídica, também os Estados membros a conservam. Todavia, a sua capacidade internacional de exercício ficará limitada, porque não abrangerá as matérias que tiverem delegado nos órgãos da Confederação.

5. O Estado membro de uma federação

A Conferência de Viena de 1969 recusou-se a incluir o artigo 5.º, n.º 2, do Projecto da C.D.I. que previa expressamente o *ius tractuum* dos Estados federados (isto é, Estados membros de uma federação) sempre que tal lhes resultasse da Constituição do respectivo Estado federal e dentro dos limites por ela fixados. Mas desse facto não se pode extrair a ausência de personalidade internacional dos Estados federados do mesmo modo como essa personalidade internacional não resultaria da simples circunstância de a CV a ter previsto, se esse fosse o caso.

Com efeito, não é o Direito Internacional mas sim o Direito Constitucional que vai dizer se os Estados federados são ou não sujeitos do Direito Internacional. Aliás, não pode ser outro o significado a atribuir à recusa da CV em se pronunciar sobre o problema. Portanto, sempre que a respectiva Constituição federal reconhecer aos Estados federados capacidade internacional (para concluir tratados ou para outros fins) eles tê-la-ão, e a outorga de capacidade internacional significará, nos termos gerais do Direito, a concessão implícita de personalidade jurídica internacional aos Estados federados – já que sem personalidade jurídica não há capacidade jurídica.

O sistema seguido nesta matéria pelas Constituições federais é díspar.

Assim, podemos dizer que, em regra, as Constituições federais excluem toda a possibilidade de os respectivos Estados federados concluírem tratados internacionais – é o caso dos Estados Unidos, do México, da Venezuela e do Canadá, embora neste último caso a prática tenha suavizado o rigor do texto constitucional, sobretudo quanto ao Québec.

Mas outras há que concedem aos Estados federados um genérico *ius tractuum* (foi o caso, até há pouco, do art. 70.º da Constituição da ex-URSS, de 7 de Outubro de 1977) ou um *ius tractuum* limitado às matérias abrangidas pelo poder legislativo dos Estados federados (é o que se passa com os *Länder* alemães, por força do art. 32.º, n.º 3, da Lei Fundamental de Bona) ou, ao menos, a certas matérias especificadas (vejam-se, quanto aos cantões suíços, os arts. 8.º e 9.º da Constituição Suíça de 29 de Maio de 1874) (¹). E a capacidade internacional dos Estados federados, como se disse, pode não se limitar ao *ius tractuum* – recorde-se o caso, já aqui referido, da Ucrânia e da Bielorússia, que, ainda como Estados membros da antiga URSS, foram sempre membros autónomos das Nações Unidas.

Sendo evidente a distinção entre Estados membros de uma federação e regiões autónomas dum Estado unitário regional, não custa a compreender que quanto a estas últimas seja pacífico que elas nunca têm personalidade jurídica internacional: é o caso das regiões italianas e das regiões autónomas portuguesas; e foi também o caso das regiões ultramarinas portuguesas, criadas pela Constituição de 1933 após a revisão de 1972 (²)(³).

(¹) Note-se, aliás, que estes problemas podem suscitar-se também quanto aos Estados que não podem ser rigorosamente qualificados de federais (é o caso da Bélgica), ou até quanto a certos acordos concluídos entre autoridades de Estados soberanos diferentes – v., sobre este último aspecto, G. BURDEAU, *Les accords conclus entre autorités administratives ou organismes publics de pays différents*, in *Mélanges Reuter*, 1981, pgs. 103 e segs.

(²) Sobre a distinção entre as regiões autónomas de um Estado unitário regional e os Estados membros de uma federação, v. o trabalho escolar de FAUSTO DE QUADROS, *A descentralização das funções do Estado nas províncias ultramarinas portuguesas – Estudo de Direito Constitucional e Direito Administrativo*, separata de *Scientia Ivridica* n.ºˢ 107 (1970) e 108-109 (1971), Braga, 1971, pgs. 43 e segs.

(³) Acerca da matéria deste número, v. o exaustivo estudo do Professor WALTER RUDOLF, *Federal States*, in *Encyclopedia*, t. 10, pgs. 165 e segs. e excelente bibl. cit.; especificamente quanto aos Estados Unidos, CROMMELIN, *Comment on the External*

6. O Estado exíguo

Também têm um estatuto internacional particular os *Estados exíguos*, comunidades políticas que, pela sua diminuta extensão territorial e escassa população, não estão em condições de exercer plenamente a soberania (particularmente o *ius belli*).

A Europa Ocidental ainda hoje alberga três dessas situações, que se mantêm pela força da tradição, por alguns privilégios de natureza fiscal que podem oferecer, e pelo seu próprio carácter inofensivo: os Principados de Mónaco e Liechtenstein e a República de São Marino.

Mónaco tem hoje 29.000 habitantes e 1,9 km^2; Liechtenstein, 29.000 habitantes e 160 km^2; São Marino, 23.000 habitantes e 61 km^2.

Não entram, porém, nesta categoria nem Andorra, que, como vimos, não é um Estado, nem a Cidade do Vaticano que, como mostraremos adiante, consiste no suporte territorial de outro sujeito do Direito Internacional, que é a Santa Sé.

Os Estados exíguos são Estados independentes e sujeitos do Direito Internacional (basta recordar o conflito entre a França e o Mónaco acerca do regime fiscal vigente no Principado).

Têm o *ius tractuum* e celebram, portanto, tratados internacionais, podendo ser partes em convenções multilaterais.

Têm também o *ius legationis*, embora *de facto* não o exerçam pessoalmente mas sim através da representação diplomática dos Estados limítrofes.

Não têm o *ius belli*, que aliás não teria qualquer verosimilhança. E por isso entende-se que não podem ceder no seu território bases militares a terceiros Estados, já que isso representaria um perigo para o Estado limítrofe.

Mas têm o *direito de reclamação internacional*, e podem ser partes no Estatuto do Tribunal Internacional de Justiça: o caso *Nottebohm*, que temos citado, resultou de uma acção proposta no TIJ pelo Liechtenstein.

Affairs Power, in *FLR* 1984, pgs. 208 e segs., e, quanto à Alemanha, MAUNZ/DÜRIG, *op. cit.*, comentário ao artigo 32.º n.º 3. Veja-se também NGUYEN QUOC, *op. cit.*, pgs. 173-174.

Durante muito tempo entendeu-se que só tinham acesso a Organizações Internacionais de carácter técnico (por exemplo, agências especializadas das Nações Unidas) e não a Organizações Internacionais de carácter político. Foi nessas condições que a Assembleia da SDN rejeitou em 1920 a candidatura do Liechtenstein, alegando que se tratava de "um Estado soberano, mas sem exército, que delegou em certas potências atribuições da sua soberania e que não parece em condições de cumprir todas as obrigações internacionais que lhe poderiam caber em virtude do Pacto".

Pela mesma razão durante muito tempo nenhum destes Estados foi membro das Nações Unidas, dado que se entendia que nenhum deles satisfazia o artigo 4.º, n.º 1, da Carta, que faz depender a admissão na Organização da capacidade do Estado para cumprir as obrigações que derivem da Carta. Todavia, a situação hoje mudou: para além de todos eles serem membros de agências especializadas das Nações Unidas de índole técnica – por exemplo, a UNESCO e a OMS – , o Liechtenstein e São Marino são membros da ONU, respectivamente, desde 1990 e 1992; um e outro foram admitidos, respectivamente, em 1978 e 1988, no Conselho da Europa, e inclusivamente aderiram à Convenção Europeia dos Direitos do Homem; por sua vez, Mónaco e São Marino, embora a nenhum deles se apliquem os tratados comunitários, formaram uma união aduaneira, respectivamente, com a França e com a Itália.

Mas a principal restrição à soberania dos Estados exíguos é a *competência especial do Estado limítrofe* (a França para o Mónaco; a Itália para São Marino; a Suíça para o Liechtenstein).

Na verdade, em virtude de convenções celebradas com o Estado exíguo, o Estado limítrofe vai exercer certos poderes no seu território, como a gestão de alguns serviços públicos (por exemplo, os serviços postais); vai assegurar a protecção militar do Estado exíguo; e normalmente assegurará também a sua representação diplomática, ao menos em parte.

Contudo, a relação entre o Estado limítrofe e o Estado exíguo *não se confunde com uma relação de protectorado*. E é assim porque o Estado limítrofe assegura a representação diplomática nos Estados em que não convier ao Estado exíguo, por sua decisão, ter representação própria, mas *não orienta a actividade internacional deste*, que, como atrás dissemos, se expande livremente por vários campos.

E isto é comprovado pelos textos: na Convenção de 31 de Março de 1939 entre a Itália e São Marino prevê-se que a Itália "não exerce qualquer influência sobre a actividade internacional e interna de São Marino"; e no tratado franco-monegasco de 17 de Julho de 1918 dispõe-se que só se constituirá um protectorado francês sobre o Mónaco no caso de vacatura da Coroa.

Alguns autores designam, por isso, a relação entre o Estado exíguo e o Estado limítrofe pelo nome de *amizade protectora*, para a distinguir da relação de protectorado.

Pode, em síntese, dizer-se que, em comparação com o Estado protegido o Estado exíguo tem mais ampla capacidade de exercício mas mais restrita capacidade de gozo.

Há quem chame aos Estados exíguos também *micro-Estados* ou *mini-Estados* ([1]). Todavia, estas designações são reservadas, pela doutrina dominante, para Estados muito pequenos, nascidos da descolonização posterior à 2.ª Guerra Mundial, mas que não delegaram parcelas de soberania em qualquer Estado limítrofe, que nem sequer existe, porque os micro-Estados são sempre Estados insulares. Ou seja, são Estados *plenamente soberanos*, ainda que compostos por pequenas comunidades humanas, assentes em territórios diminutos e com uma organização política rudimentar. É o caso de Antiqua e Barbuda, com 443 km^2 de superfície e 83.000 habitantes; de Barbados, com 430 km^2 e 256.000 habitantes; de Bahrain, com 662 km^2 e 460.000 habitantes; da Dominica, com 752 km^2 e 90.000 habitantes; de Granada, com 344 km^2 e 90.000 habitantes; de Kiribati, com 726 km^2 e 65.000 habitantes; das Maldivas, com 298 km^2 e 200.000 habitantes; de Malta, com 316 km^2 e 345.000 habitantes; de Nauru, com 21 km^2 e 8.700 habitantes; de São Cristóvão Nevis, com 269 km^2 e 41.000 habitantes; de Santa Lúcia, com 616 km^2 e 140.000 habitantes; de S. Vicente e Granadinas, com 388 km^2 e 115.000 habitantes; de

---

([1]) J. KOKOTT, *Micro-States*, in *Encyclopedia*, t. 10, pgs. 297 e segs.

Seychelles, com 453 km² e 65.000 habitantes; de S. Tomé e Príncipe, com 964 km² e 115.000 habitantes; de Tonga, com 699 km² e 100.000 habitantes; de Tuvalu, com 26 km² e 85.000 habitantes; etc.

São quase todos membros das Nações Unidas, onde dispõem cada um de um voto, ou seja, são tratados pela Carta em pé de igualdade com os Estados Unidos, a Rússia, a Alemanha ou a República Popular da China ([1]).

7. O Estado neutralizado

O *Estado neutralizado* é o Estado cujo estatuto de Direito Internacional comporta a proibição de participar em qualquer conflito armado, excepto em caso de legítima defesa.

Não se confunde assim com o *Estado simplesmente neutral*, que não participa num concreto e ocasional conflito por decisão política de se abster, e não em cumprimento de uma obrigação internacional – foi o caso de Portugal durante a 2.ª Guerra Mundial.

Também não se confunde a neutralização do Estado com a *neutralização de um território*, ou seja, a proibição de se instalar nele bases ou forças militares.

A neutralização dum Estado dá-se quando se pretende manter um determinado Estado à margem das lutas políticas e militares entre grupos de Estados. Foi o caso da Bélgica, desde 1831, e do Luxemburgo desde 1867. Quanto à neutralização suíça, ela resultava já do Direito consuetudinário, mas foi reconhecida pelo Congresso de Viena em 1815.

No nosso século a Bélgica e o Luxemburgo viram violada a sua neutralização pela Alemanha em 1914, e renunciaram a ela depois do conflito.

([1]) Sobre os Estados exíguos propriamente ditos, v., por último, os artigos de SCHINDLER sobre *Liechtenstein, Monaco e San Marino*, in *Encyclopedia*, t. 12 (1990), respectivamente, pgs. 220 e segs., 227 e segs., e 340 e segs., e bibl. aí citada; e KOKOTT, *op. e loc. cits.*. Quanto aos micro-Estados, v. CHAPPEZ, *Les micro-États et les Nations Unies*, in *AFDI* 1971, pgs. 541 e segs.; e GUNTER, *What Happened to the United Nations Ministate Problem?*, in *AJIL* 1977, pgs. 110 e segs.

Em 1955 surge a neutralização da Áustria, igualmente como resultado do desejo de, devido à sua situação geográfica, a manter fora da guerra fria entre o Ocidente e o Leste. Não obstante a sua neutralidade constar do artigo 1.º da Constituição de 26 de Outubro de 1955, a neutralização da Áustria resulta do Direito Internacional: o *Memorando de Moscovo* de 15 de Abril de 1955, pelo qual ela se obrigava perante a ex-URSS a não aderir a nenhuma aliança militar e a não permitir bases militares no seu território, e o *Tratato de Estado* (*"Staatsvertrag"*) de 15 de Maio de 1955, pelo qual as potências aliadas e associadas se comprometeram a respeitar a independência e a integridade da Áustria.

Todavia, este estatuto não impediu a Áustria nem de aderir à ONU, em 14 de Dezembro de 1955, nem de ter requerido, em Julho de 1989, a adesão às Comunidades Europeias, com as quais passou a ter um vínculo jurídico muito forte (de indesmentível conteúdo político e não só económico) com a assinatura, em 2 de Maio de 1992, do *Tratado do Porto*, que criou um grande *Espaço Económico Europeu* entre os 12 Estados membros das Comunidades Europeias e os 7 Estados membros da EFTA, entre os quais se inclui a Áustria.

O ano de 1962 viu nascer um novo Estado neutralizado: o Laos, cuja neutralização foi reconhecida e garantida pela declaração conjunta emitida em Genebra em 23 de Julho de 1962 pelos seguintes Estados: Estados Unidos, Reino Unido, França, URSS, República Popular da China, Índia, Polónia e Estados limítrofes. Pela primeira vez intervieram conjuntamente num acto jurídico internacional os Estados Unidos e a República Popular da China.

A neutralização resulta do Direito Internacional, quer por tratado (casos da Bélgica e do Luxemburgo), quer por actos unilaterais dos Estados que reconhecem essa neutralização (casos da Suíça e da Áustria). Deste título de Direito Internacional resulta para os Estados participantes o dever de reconhecer, e em certos casos de garantir, a neutralização, quer abstendo-se de atacar o Estado neutralizado, quer, no caso de garantia, impedindo que outros o ataquem ou defendendo-o contra a agressão.

Assim, a neutralização suíça foi *garantida* pelas potências participantes no Congresso de Viena. Mas a neutralização austríaca foi simplesmente *reconhecida* pela França, Estados Unidos, ex--URSS e Reino Unido, não havendo, portanto, garantia, porque estas potências, como dissemos, asseguraram, pelo *Tratado de Estado* de 15 de Maio de 1955, *a independência e a integridade territorial* da Áustria, mas não a sua neutralização.

Quais são as limitações à capacidade jurídica internacional do Estado neutralizado?

A mais importante é, naturalmente, a privação do *ius belli*, o que não quer dizer que ele não possa ter Forças Armadas para fins defensivos.

Mas a neutralização abrange também a proibição da celebração de tratados que impliquem o recurso, ou a possibilidade de recurso, à guerra. E, para além do aspecto propriamente militar, acarreta também obrigações de neutralização política, não devendo ele aderir a qualquer dos grupos que estejam em conflito.

O Estado neutralizado terá apenas direito de legítima defesa individual, e não colectiva, embora este ponto não seja unânime na doutrina internacionalista.

Pode, por estas razões, pensar-se que o estatuto de neutralização é classicamente incompatível com a pertença a Organizações Internacionais políticas, sobretudo quando delas puder resultar a aplicação pelos membros de sanções militares, como sucedia na SDN e sucede na ONU.

Por este motivo a Suíça, quando entrou para a Sociedade das Nações, foi dispensada da participação em sanções militares. Ainda assim, a experiência da SDN levou a Suíça a decidir até hoje não fazer parte da ONU por entender que da Carta resultavam obrigações incompatíveis com a sua neutralização.

Pelo contrário, a Áustria faz parte, como dissemos, da ONU (onde foi admitida no mesmo dia que Portugal, em 14 de Dezembro de 1955), mas na base de um acordo, ao que parece tácito, com as grandes potências, segundo o qual não participará em sanções militares. Foi por isso que nunca teve assento no Conselho de Segurança. Mais difícil é, porém, manter a sua neutralidade política, dado que deve pronunciar-se sobre os assuntos submetidos a voto: daí as frequentes abstenções, que parecem confirmar a incompatibilidade existente entre a qualidade de membro das Nações Unidas, e como tal chamado a pronunciar-se sobre os assuntos da competência da Organização, e a abstenção política permanente, que é característica do Estado neutralizado.

Todavia, a evolução dos tempos suavizou muito o rigor dos princípios nesta matéria. Assim se explica que, como dissemos, a Áustria tenha requerido em Junho de 1989 o início das conversações com as Comunidades Europeias com vista a tornar-se seu membro ([1]). Ora, se já então o processo de integração europeia tinha uma componente política, mais óbvio isso se tornou após a assinatura em Fevereiro de 1992 do Tratado da União Europeia. Não obstante, a Áustria não só manteve o seu pedido de adesão como pretende tornar-se o mais depressa possível membro da União Europeia. De facto, logo a seguir à assinatura do Tratado de Maastricht, o Governo austríaco, apoiado pelo Parlamento, declarou solenemente que a neutralidade da Áustria não a impediria de cumprir escrupulosamente os compromissos que lhe vierem a resultar da adesão àquele Tratado.

A Suíça parece, nesta matéria, estar mais atrasada. É certo que entregou, em 26 de Maio de 1992, em Lisboa, durante a presidência portuguesa das Comunidades, o seu pedido de adesão, altura em que declarou expressamente que esse pedido não comportava qualquer reserva decorrente da sua neutralidade. Todavia, o referendo a que foi submetido pouco tempo depois, em 6 de Dezembro desse mesmo ano, o citado Tratado do Porto, que também ela subscrevera, rejeitou para ratificação aquele Tratado, pelo que a Suíça não será, pelo menos para já, parte no *Espaço Económico Europeu*. E há quem já se interrogue se o mesmo destino não terá o Tratado de adesão daquele Estado à União Europeia, quando a sua negociação estiver concluída ([2]).

([1]) GRILLER/MAISLINGER/REINDL, *Fundamentale Rechtsgrundlagen EG-Mitgliedschaft*, Viena, 1991.

([2]) Sobre os Estados neutralizados, DOLLOT, *Essai sur la neutralité permanente*, in *RdC*, 1939-I, pgs. 7-120; SCHINDLER, *Aspects contemporains de la neutralité*, in *RdC*, 1967-II, pgs. 225-313; VERDROSS, *La neutralité permanente de l'Autriche*, Viena, 1978; DIEZ DE VELASCO, *op. cit.*, t. I, pgs. 224 e segs.; VEROSTA, *Die dauernde Neutralité*,

SECÇÃO II

AS ASSOCIAÇÕES DE ESTADOS

1. Associação de Estados e Organização Internacional

No quadro geral atrás traçado dos sujeitos do Direito Internacional incluímos entre os sujeitos de base territorial as associações de Estados, mas não as Organizações Internacionais.

Nem sempre, porém, a distinção entre uma e outra categoria é fácil de traçar, e é este decerto um dos pontos menos satisfatórios da doutrina internacionalista contemporânea, que, mesmo com o risco de excessiva generalização, pode dizer-se que não conseguiu ainda estabelecer um conceito preciso de associação de Estados nem a sua clara distinção teórica do fenómeno da Organização Internacional ([1]).

A estas dificuldades genéricas acresce, neste livro, uma de ordem pedagógica: é que só na Parte seguinte abordaremos o conceito e as modalidades da Organização Internacional. Falta-nos neste momento, portanto, o conhecimento do segundo termo da comparação. Por isso só quando mais adiante estudarmos a teoria geral das Organizações Internacionais é que se tornará clara a sua distinção em relação às associações de Estados.

Viena, 1967; ID., *Neutralization*, in *Encyclopedia*, t. 4 (1982), pgs. 31 e segs.; BINDSCHEDLER, *Neutrality, Concept and General Rules, ibidem*, pgs. 9 e segs.; e TORRELI, *La neutralité en question*, in *RGDIP* 1992, pgs. 5 e segs.

([1]) Sobre esta questão, bem como, em geral, sobre as associações de Estados como sujeitos do Direito Internacional, v., além das obras gerais que temos vindo a citar nesta Parte III, JELLINEK, *Die Lehre von den Staatenverbindungen*, 1882; KELSEN, *Das Problem der Souveränität und die Theorie des Völkerrechts*, 2.ª ed., Tubinga, 1920, pgs. 274 e segs.; KUNZ, *Die Staatenverbindungen*, 1928, pgs. 61-228 e 404-713; DURAND, *Confédération d'États et État fédéral*, Paris, 1955; REUTER, *Confédération et fédération: "vetera et nova"*, in *Mélanges Charles Rousseau*, Paris, 1974; e ERMACORA, *Confederation and Other Unions of States*, in *Encyclopedia*, t. 10, pgs. 60 e segs.

É que as semelhanças entre as duas realidades são evidentes: num caso e noutro temos um certo número de Estados que criam, geralmente por tratado, um órgão ou um conjunto de órgãos destinados a gerir certos interesses comuns a esses Estados.

Mas estas semelhanças, embora flagrantes, são também superficiais, e escondem mal a profunda diferença de natureza que existe entre as duas categorias. Essa diferença pode desde já ser apontada por um elemento exterior, mas sugestivo: o estudo das Organizações Internacionais pertence ao Direito Internacional; o das associações de Estados não interessa somente a este, mas também, e nalguns casos sobretudo, à Teoria Geral do Estado e ao Direito Constitucional.

É que as associações de Estados são *modificações do Estado*. É geral na doutrina francesa a tendência para se assimilar o seu estudo ao do Estado, quer se entenda, como BURDEAU, que são sempre manifestações, ainda que embrionárias, do fenómeno federal ([1]), quer se defenda, como faz CHARLES ROUSSEAU, que elas se integram juntamente com o Estado sob a designação geral de "colectividades estaduais" ([2]).

As associações de Estado de tipo clássico surgem *para o desempenho de funções do Estado*. Os órgãos de cada Estado são então substituídos, em regra só em parte, por órgãos comuns aos vários Estados, que vão desempenhar não só funções internacionais mas, por vezes, até funções internas dentro de cada Estado. Daí o carácter territorial da associação de Estados, que não lhe deriva só da sua íntima relação conceptual com o próprio Estado mas também do possível exercício de competência territorial interna.

E desta substituição de órgãos próprios de cada Estado por órgãos comuns resulta que em cada Estado se dá uma alteração estrutural. O impacto sofrido pelo Estado devido à sua entrada numa

---

([1]) *Traité de Science Politique, cit.*, t. II, 2.ª ed., Paris, 1967, pgs. 478 e segs.
([2]) *Droit International Public, cit.*, t. I, pgs. 93 e segs. De notar que, a pg. 93, ROUSSEAU refere expressamente estas associações como *Estados de estrutura complexa*. Mas do contexto resulta que a atribuição da designação de "Estado" se fez aqui certamente por lapso.

associação de Estados é muito mais profundo do que o determinado pela sua admissão numa Organização Internacional, porque esta não vem substituir órgãos estaduais nem exercer competência no interior dos Estados membros: a sua esfera de acção é exclusivamente internacional e, portanto, está limitada pelo princípio do domínio reservado.

Supomos que começa, assim, a surgir com alguma nitidez a separação conceptual entre associações de Estados e Organizações Internacionais.

Assentemos em que as nossas considerações se referem por agora apenas às formas clássicas, quer de associação de Estados quer de Organização Internacional. E reconheçamos que, embora seja difícil destrinçá-las com rigor, se conseguem estabelecer os traços gerais da distinção entre as duas categorias.

Acresce que, se a distinção teórica é difícil, na prática é quase sempre possível dizer se estamos perante uma associação de Estados ou uma Organização Internacional.

Assim, as Organizações Internacionais, embora criadas pelos Estados, têm existência separada destes. E perante a Organização Internacional todos os Estados membros são, em princípio, iguais, ao passo que na associação de Estados cada Estado, também em princípio terá uma posição própria e original.

Por esse motivo as Organizações Internacionais podem abranger um *número muito elevado de Estados*, ou mesmo tender para a universalidade, como a ONU. Mas as associações de Estados *agrupam um número restrito de Estados*, entre os quais existem relações particulares, diversas das que existem entre todos os Estados: assim, a associação de Estados agrupa Estados ligados pela proximidade geográfica, pela comunidade de raça, língua ou religião, ou pela pertença comum anterior a um império colonial (caso da *Commonwealth*), e portanto não se pode estender indefinidamente, nem estar aberta a todos os Estados, mas só àqueles que reunirem essas características.

Do ponto de vista jurídico a pertença a uma Organização Internacional não altera substancialmente, ao menos por via de regra, a personalidade e a capacidade internacional do Estado membro. O mesmo não sucede com a pertença a uma associação de Estados que, se a associação tiver personalidade, determina ou a extinção da personalidade internacional do Estado membro (caso da União Real) ou a limitação da sua capacidade jurídica internacional (caso da Confederação). Ou seja, a pertença a uma associação de Estados produz uma *alteração estrutural* na situação internacional do Estado.

2. As associações de Estados como sujeitos do Direito Internacional

As associações de Estados do tipo clássico estão hoje em decadência, ou mesmo completamente desaparecidas, dada a preferência moderna pela criação de Organizações Internacionais.

A vassalagem e o protectorado, que atrás estudámos, podem ser consideradas associações de Estados *sem* personalidade jurídica internacional, como o demonstra o Professor ERMACORA ([1]); todavia, *só nos vamos ocupar aqui das associações de Estados que gozam de personalidade jurídica internacional*. Encontram-se nessas condições a União Real e a Confederação – primeira, só com interesse histórico, a segunda, ainda com interesse actual. Não obstante as Federações ou os Estados federais serem sujeitos do Direito Internacional, não os estudaremos aqui porque eles não se enquadram no conceito jurídico-internacional de associações de Estados mas no conceito *jurídico-constitucional* de Estados compostos. Por sua vez, os Estados federados, isto é, os Estados membros de uma federação, serão ou não sujeitos do Direito Internacional, nas condições que acima estudámos.

Note-se ainda que a vida internacional actual oferece alguns exemplos *sui generis* de associações de Estados.

Os primeiros dois tendem a assemelhar-se cada vez mais um ao outro, na medida em que partem de situações jurídicas definidas e evoluem para compromissos de colaboração política e económica, juridicamente difíceis de definir, embora praticamente eficazes: são a *Commonwealth* (ou "Comunidade Britânica de Nações") e a

---

([1]) *Op. e loc. cits.*

Sujeitos de base territorial diversos do Estado soberano

Comunidade ex-Francesa, associações de Estados que resultaram do acesso à independência dos territórios que compunham os impérios coloniais inglês e francês. Mas não nos iremos ocupar delas neste capítulo dedicado aos sujeitos do Direito Internacional, já que entendemos que nem uma nem outra têm personalidade jurídica internacional.

Outro caso, muito mais recente, é o da *Comunidade de Estados Independentes (CEI)*, criada pela *Declaração de Alma-Ata*, de 21 de Dezembro de 1991, subscrita por onze repúblicas da ex-URSS, a saber: o Azerbaijão, a Arménia, a Bielorússia, o Cazaquistão, a Kirgízia, a Moldávia, a Federação Russa (ou Rússia), o Tadziquistão, o Turmenistão, o Uzbequistão e a Ucrânia ([1]). Embora o processo de formação desta Comunidade não seja idêntico ao das outras duas associações acabadas de referir, parece claro que se pretendeu aproximá-la da *Commonwealth* britânica, ao que não será indiferente o facto de a versão inglesa do citado acto constitutivo a designar de *Commonwealth of Independent States*.

Também a CEI não será objecto do nosso estudo neste capítulo porque também ela não possui personalidade jurídica própria. Aliás, a Declaração de Alma-Ata é clara nesse aspecto: diz que a CEI assenta "na soberania dos Estados e na sua igualdade soberana", o que deve ser entendido como querendo significar também que só os Estados partes na CEI são pessoas de Direito Internacional; e que ela não é, nas palavras daquela Declaração, "nem um Estado nem um super-Estado". Note-se, todavia, que os Estados membros da CEI que não a Rússia, a Ucrânia e a Bielorússia, tem todos a sua capacidade jurídica internacional limitada na medida em que, por Resolução do Conselho dos Chefes de Estado dos 11 Estados membros da CEI, também de 21 de Dezembro de 1991, só a Rússia sucedeu à ex-URSS na sua qualidade de membro das Nações Unidas, inclusive como membro permanente do Conselho de Segurança, e "noutras Organizações Internacionais". Recordamos que a Ucrânia

---

([1]) Dessas repúblicas, o Azerbaijão acabou por não ratificar aquela *Declaração*, pelo que não se tornou membro da CEI.

e a Bielorússia já eram membros das Nações Unidas e doutras Organizações Internacionais autonomamente em relação à ex-URSS, e que não viram essa prerrogativa afectada após a constituição da CEI. É por isso que dizemos que estes três membros da CEI conservam a plenitude da sua capacidade internacional, enquanto que os outros oito aceitaram limitar o seu *ius legationis* a favor da Rússia (que não a favor da CEI).

3. A União Real

A *União Real* é uma associação de Estados pela qual os membros, embora conservem a sua autonomia constitucional, perdem a personalidade jurídica internacional em favor da União. Instituem-se órgãos governativos comuns aos dois Estados, que incluem o Chefe do Estado, e um número variável de serviços, que, todavia, abrange normalmente, entre outros domínios, as relações internacionais e a defesa nacional.

A História só regista casos de União Real sob a forma monárquica: união da Áustria e da Hungria, de 1867 a 1918, união da Suécia e da Noruega, de 1813 a 1905, união da Dinamarca e da Islândia, de 1918 a 1944.

Mas, em teoria, ela pode constituir-se fora das formas monárquicas, desde que seja o mesmo o Chefe de Estado e se dê a existência de órgãos governativos comuns, sendo então assimilável à fórmula federal.

Por isso, não deve ser confundida com a *União Pessoal*, que é, por definição, exclusiva dos Estados monárquicos, e resulta de a mesma pessoa física ser o titular de mais de um trono. Normalmente pelo jogo das regras de devolução do trono, e em consequência das alianças dinásticas: foi o caso da União Pessoal entre Portugal e Espanha na pessoa dos soberanos da dinastia filipina (1580-1640), e o da União Pessoal entre a Inglaterra e o Hannover (1714-1838). Quanto a esta última, cabe salientar que, nascida devido às regras de devolução do trono, que indicavam como rei de Inglaterra o eleitor de Hannover, devido a elas também se desfez: pois, vigorando no Hannover a *lei sálica*, não pôde a rainha Vitória reunir este trono ao inglês, quebrando-se então a União Pessoal.

Aliás, a União Pessoal pode não resultar do *ius devolutionis* mas de entendimento político: a união dos Países Baixos e do Luxemburgo, entre 1816 e 1890, foi criada pelo Congresso de Viena, e a da Bélgica e do Estado Independente do Congo, entre 1885 e 1908, foi estabelecida por acto unilateral da Bélgica (¹).

A União Pessoal dá-se desde que haja coincidência entre o titular de dois tronos: mas é uma simples coincidência do *titular* dos órgãos, e não dos próprios *órgãos*, que permanecem distintos. Assim, a União Pessoal, embora tenha tido normalmente grande importância política, o que facilmente se compreende quando a monarquia é absoluta, não tem consequências jurídicas, não gozando de personalidade internacional e não alterando em nada a plena capacidade internacional dos Estados membros.

4. A Confederação de Estados

A *Confederação* é uma associação de Estados formada por tratado, do qual resulta a criação de órgãos comuns para a prossecução de determinadas atribuições, geralmente internacionais, nomeadamente, a defesa nacional e as relações externas.

A Confederação tem normalmente personalidade internacional, mas não elimina a dos Estados membros, que fica apenas limitada, como já atrás dissemos. A medida dessa limitação dependerá em cada caso do respectivo *pactum confoederationis*, ou seja, do respectivo tratado instituivo.

Assim, não pode confundir-se a Confederação com o Estado federal, que não resulta de um tratado mas de uma constituição, e cujos Estados federados, em regra, não têm personalidade inter-

---

(¹) Em rigor, este último exemplo não é de União Pessoal: tratou-se de mera ficção destinada a ocultar a anexação colonial, pois o Estado Independente do Congo não era do ponto de vista da Ciência Política um Estado, por ausência total de instituições políticas próprias.

nacional. Além disso, o Estado federal é um Estado e a Confederação uma associação de Estados.

Mas a Confederação constitui normalmente o ponto de passagem para o Estado federal: assim, o aparecimento como Estados federais dos Estados Unidos, da Suíça e da Alemanha foi precedido de um estádio confederal, de que a Suíça até guardou o nome, que já não corresponde à realidade, de Confederação Helvética (¹)

Outras vezes, porém, em vez das forças centrípetas são as forças centrífugas que prevalecem, e a Confederação desfaz-se em Estados soberanos: tem sido o caso das sucessivas confederações que se têm feito e desfeito entre os Estados árabes, no Médio Oriente.

A lição da História demonstra, pois, a instabilidade do vínculo confederador.

Modernamente só se conhece uma Confederação constituída nos moldes clássicos e, portanto, sujeito do Direito Internacional: a Senegâmbia, que, pelo Acordo de Banjul, de 11 de Novembro de 1984, confederou o Senegal e a Gâmbia (²). Todavia, para confirmar a regra, esta Confederação não tem tido uma existência pacífica.

(¹) Confederação dos Estados Unidos da América, de 1781 a 1787; Confederação Helvética, de 1815 a 1848; Confederação Germânica, de 1815 a 1866; e Confederação da Alemanha do Norte, de 1867 a 1870.

(²) NGUYEN QUOC, op. cit., pg. 385.

CAPÍTULO V

SUJEITOS SEM BASE TERRITORIAL

1. Sequência

Dado que já nos referimos, tanto quanto a sua importância actual o justifica, aos casos da *Nação*, do *movimento nacional* e do *governo no exílio*, iremos neste Capítulo ocupar-nos da *Santa Sé* e do *indivíduo*, com uma breve referência, dentro do estudo da Santa Sé, à *Soberana Ordem de Malta*.

SECÇÃO I

A SANTA SÉ

1. A personalidade jurídica internacional da Santa Sé e a Questão Romana

Por *Santa Sé* quer-se referir o conjunto de órgãos que dirige a Igreja Católica. Ela compreende, pois, segundo o Cânone 7.º do *Codex Iuris Canonici*, "além do Pontífice Romano, as Congregações, os Tribunais e os Ofícios pelos quais o Pontífice Romano se ocupa dos assuntos da Igreja Universal".

É a Santa Sé, e não a Igreja Católica, que é sujeito do Direito Internacional: esta última é a própria comunidade de fiéis, mas não tem personalidade jurídica (¹).

Foi isso o que expressamente se veio a estabelecer no *Tratado de Latrão*, cujo artigo 2.º reza: "A Itália reconhece a soberania da Santa Sé no domínio internacional, como atributo inerente à sua natureza, em conformidade com a sua tradição e com as exigências da sua missão no mundo."

E a personalidade internacional da Santa Sé nunca foi posta em dúvida, tendo surgido, aliás, com o próprio Direito Internacional. Na verdade, a Santa Sé exerceu sempre o *ius legationis* e o *ius tractuum*, sendo reconhecida como pessoa internacional mesmo por Estados de população predominantemente não católica.

Mas a exacta configuração da sua personalidade internacional tem sido obscurecida pelas diversas situações que o poder papal tem conhecido no plano temporal.

Antes de 1870, o Sumo Pontífice exercia, além do seu magistério espiritual universal, prerrogativas temporais inerentes à qualidade de Bispo de Roma, e que correspondiam a uma situação estadual. Os Estados Romanos eram, na verdade, um Estado, e, como tal, sujeitos do Direito Internacional.

É certo que o papel internacional da Santa Sé, mesmo no plano político, não derivava da soberania sobre os Estados Romanos mas da chefia da Igreja Católica. Contudo, do ponto de vista jurídico não era nítida a separação (ao menos desde a dissolução da *Respublica Christiana*) entre a actuação numa e noutra qualidade.

(¹) Assim, por todos, H. KÖCK, *Holy See*, in *Encyclopedia*, t. 10, pgs. 230 e segs. e bibl. aí cit.; NGUYEN QUOC, *op. cit.*, pgs. 409 e segs. e bibl. cit.; F. BERBER, *op. cit.*, t. I, pgs. 162 e segs.; VERDROSS/SIMMA, *op. cit.*, pgs. 247 e segs.; BROWNLIE, *op. cit.*, pgs. 65 e segs.; e JORGE MIRANDA, *DIP-I, cit.*, pg. 298. Em sentido contrário, B. CONFORTI, *Diritto internazionale*, 3.ª ed., Nápoles, 1987, pgs. 26 e segs.; SILVA CUNHA, *op. cit.*, t. II, pgs. 95-97; e MARQUES GUEDES, *Lições, cit.*, pg. 235. Posição curiosa e original é a de SEIDL-HOHENVELDERN, para quem são sujeitos do Direito Internacional tanto a Santa Sé como a Igreja Católica como o Estado do Vaticano – *Völkerrecht, cit.*, pgs. 172-173.

Mas em 1870 Roma é anexada ao Estado Italiano, por Lei de 31 de Dezembro. Extingue-se, de facto, a soberania papal, embora o Estado italiano, em nota dirigida às potências estrangeiras, se comprometa a reconhecer o carácter internacional da Santa Sé e a liberdade das suas relações diplomáticas e a não pôr entraves à sua acção espiritual.

Esses princípios foram incorporados na *Lei das Garantias*, de 13 de Maio de 1871, que é dominada por duas ideias: a soberania e a independência da Santa Sé no domínio espiritual e a negação do seu poder temporal.

Da primeira deriva, no plano internacional, a faculdade de manter relações diplomáticas com outros Estados, assegurando a Itália tratamento diplomático aos enviados da Santa Sé.

Da segunda resulta que a soberania sobre os templos e palácios da Santa Sé pertence à Itália; e que os súbditos da Santa Sé que tenham nacionalidade italiana estão adstritos a todos os deveres que resultam dessa cidadania.

Este regime, que não deriva, aliás, de um acto internacional, mas de uma lei interna italiana, nunca foi aceite pela Santa Sé, que logo protestou contra ele na encíclica *Ubi nos*, de 15 de Maio de 1871: o Sumo Pontífice continuou a considerar-se o legítimo soberano de Roma, e afirmou-se prisioneiro e coacto. É a este conflito que se dá o nome de *Questão Romana*.

Atravessa-se assim um período de difíceis relações entre a Santa Sé e a Itália, que só veio a terminar em 1929. Mas durante este período a Santa Sé, embora sem suporte territorial, continuou, sem dúvida, a ser sujeito do Direito Internacional, exercendo o *ius tractuum* e o *ius legationis*, assumindo a responsabilidade internacional dos seus actos (que, se ela fosse mera pessoa de Direito interno, recairia sobre a Itália).

E foi também como entidade soberana própria que o Sumo Pontífice interveio como medianeiro em diversos litígios difíceis, como a *questão das Carolinas*, que em 1885 opôs a Alemanha e a Espanha. Vemos, portanto, que a personalidade internacional da Santa Sé continua a manifestar-se para além da perda da sua soberania territorial – o que, aliás, nada tem de estranho se recordarmos que já anteriormente não derivava exclusivamente desta.

Hoje, as relações entre a Itália e a Santa Sé encontram-se reguladas pela recente Concordata de 18 de Fevereiro de 1984, que confirmou o estatuto internacional da Santa Sé, acabado de descrever.

2. Os Acordos de Latrão

Só em 11 de Fevereiro de 1929 se pôs termo à situação derivada da Lei das Garantias, através da assinatura dos Acordos de Latrão, que compreendem, além de um acordo financeiro, uma *concordata*, destinada a regular a siuação do culto católico na Itália, e o *Tratado de Latrão*, que regula as relações entre a Santa Sé e a Itália, portanto, no plano internacional.

O artigo 26.º desse Tratado declara que a Santa Sé considera "definitiva e irrevogavelmente resolvida, e por conseguinte eliminada, a Questão Romana, e reconhece o Reino da Itália sob a dinastia da Casa de Sabóia, com Roma como capital do Estado italiano".

A grande novidade dos Acordos de Latrão foi o reconhecimento da soberania e da jurisdição exclusiva da Santa Sé sobre o território da Cidade do Vaticano, dando assim à independência da Santa Sé uma base territorial e eliminando as dificuldades que haviam resultado da Lei das Garantias.

Mas a personalidade internacional da Santa Sé, que não fora eliminada pela Lei das Garantias, também não advém do Tratado de Latrão – que, aliás, por definição, sendo um acto bilateral de Direito Internacional, foi celebrado entre dois sujeitos do Direito Internacional já existentes.

Assim, os Acordos de Latrão tiveram apenas como efeito jurídico regular a situação da Santa Sé perante o Estado italiano, situação particular devida ao facto de a Sede Apostólica se encontrar encravada em território italiano.

Contudo, a personalidade internacional da Santa Sé mantém-se para além da regulamentação convencional das suas relações com a Itália, já que deriva do Direito Internacional Comum, e não tem como base uma situação de soberania territorial mas a qualidade de entidade dirigente da Igreja Católica, com as inerentes atribuições de ordem espiritual.

É de salientar que estes Acordos se mantêm em vigor, e foram confirmados pelo artigo 7.º da Constituição Italiana de 1947.

3. O estatuto jurídico da Cidade do Vaticano

No artigo 26.º do Tratado de Latrão prevê-se expressamente que "a Itália reconhece o Estado da Cidade do Vaticano, sob a soberania do Sumo Pontífice".

E resulta do contexto do tratado que nele se pretende empregar o termo "Estado" em sentido próprio: assim, no artigo 22.º prevê-se que "a Santa Sé entregará ao Estado Italiano as pessoas refugiadas na Cidade do Vaticano, acusadas de actos cometidos em território italiano e reconhecidos como delituosos pelas leis *dos dois Estados*", e no artigo 24.º a Santa Sé declara-se alheia às querelas temporais "relativas aos *outros Estados*".

Os passos que sublinhámos inculcam sem dúvida que se quis incluir a Santa Sé na categoria dos Estados.

Há, porém, como se vê, uma certa flutuação de terminologia no Tratado, pois o qualificativo de "Estado" ora aparece referido à Santa Sé, ora à Cidade do Vaticano.

Em rigor, porém, as questões são distintas, e só em relação à Cidade do Vaticano se pode pôr o problema da sua natureza estadual.

Mas será na verdade a Cidade do Vaticano um Estado?

O problema é distinto do da personalidade internacional da Santa Sé, que ninguém nega e que é, como vimos, anterior aos Acordos de Latrão. E, aliás, a situação da Santa Sé no Direito Internacional é muito diferente da do Estado exíguo.

A questão consiste agora em saber se, ao lado da Santa Sé, existe um Estado do Vaticano.

Uma parte da doutrina sustenta a opinião positiva. Para ela, embora com características especiais, a Cidade do Vaticano seria um Estado, já que nela se encontram os três elementos do conceito de Estado: o território é o delimitado pelo Tratado de Latrão (tem

44 hectares de extensão, e engloba uma série de imóveis, incluindo Castel-Gandolfo, onde se situa a residência de Verão do Sumo Pontífice); a população é o conjunto dos cidadãos que tenham residência habitual na cidade, nos termos do artigo 9.º do Tratado de Latrão, e que gozam da nacionalidade vaticana, extensiva também, por inerência, aos Cardeais; e o poder político é o do Sumo Pontífice, sendo assim o Vaticano um Estado absoluto, com concentração total de poderes, e fazendo-se a devolução do poder pelo regime de monarquia electiva (¹).

Quando se admite o carácter estadual do Vaticano, põe-se, então, o problema de saber quais são as relações que se estabelecem entre ele e a Santa Sé, pronunciando-se os autores ou pela União Pessoal ou pela União Real.

Mas a melhor opinião parece ser aquela que nega carácter estadual à Cidade do Vaticano. Na verdade, falta o elemento humano, pois a nacionalidade vaticana não é um vínculo político entre o cidadão e o Estado, mas *uma mera qualificação funcional*, que só dura enquanto o indivíduo exerce funções no Vaticano, e não faz desaparecer a sua verdadeira nacionalidade, faltando-lhe, pois, a característica da permanência, que define a nacionalidade.

E tão-pouco se pode dizer que se exerça no Vaticano um verdadeiro poder político, que, aliás, não havendo elemento humano, não teria objecto. O que há é serviços administrativos, dos quais, segundo o Tratado de Latrão, alguns competem à Santa Sé e outros ao Estado italiano.

Não deve assim induzir em erro a designação de "Estado da Cidade do Vaticano". Aliás, a terminologia nada significa só por si: à sombra do Direito Constitucional vigente em Portugal até 25 de Abril de 1974, o território português compreendia também um "Estado da Índia" (ver, por exemplo, o artigo 1.º, n.º 4, da Constituição de 1933), que, todavia, tinha o estatuto de província ultramarina e não reunia as características de um verdadeiro Estado.

(¹) A posição doutrinal que reconhece no Vaticano um Estado é decerto minoritária, mas pode ver-se, p. ex., em DIEZ DE VELASCO, *op. cit.*, t. I, pgs. 266-267; e BARBERIS, *Los sujetos de Derecho Internacional actual*, Madrid, 1984, pgs. 100 e segs.

E não há dúvida de que, em qualquer caso, a Cidade do Vaticano não é sujeito do Direito Internacional: todos os actos internacionais são celebrados pela Santa Sé, mesmo que digam respeito a problemas específicos do território do Vaticano ([1]).

Do preâmbulo do Tratado de Latrão resulta, aliás, claramente que a instituição do Estado da Cidade do Vaticano teve apenas o intuito de dar uma *base territorial* visível e incontroversa à independência da Santa Sé perante o Estado italiano. O artigo 3.º acrescenta ainda que a Itália "cria a Cidade do Vaticano para os fins especiais e com as modalidades contidas no presente tratado". É assim que tem de ser interpretada a repetida renúncia pelos sucessivos Pontífices ao exercício de poderes temporais que excedam o necessário para prosseguirem a missão espiritual que lhes está confiada.

A verdadeira qualificação jurídica da abstenção do exercício de soberania pela Itália sobre o território do Vaticano parece ser, assim, a de uma imunidade especial, não diferente, porém, em natureza, das imunidades de que gozam no Direito Internacional comum os locais das Missões Diplomáticas, ou, segundo o Direito convencional, as sedes das Organizações Internacionais ([2]).

4. A capacidade jurídica internacional da Santa Sé

Não sendo um Estado, a Santa Sé não possui a plenitude da capacidade jurídica internacional, que só pertence ao Estado soberano. É, no entanto, provavelmente o sujeito do Direito Internacional cuja capacidade jurídica *mais se aproxima da do Estado soberano*.

Assim, embora obviamente não tenha o *ius belli*, tem, como já foi referido, o *ius tractuum*, celebrando tratados internacionais, a que costuma dar-se o nome de *concordatas* quando têm por objecto regular a situação jurídica da Igreja Católica em determinado Estado, que

---

([1]) Assim, KÖCK, *op. cit.*, pg. 232; e NGUYEN QUOC, *op. cit.*, pgs. 411-412.

([2]) Sobre a recusa de personalidade jurídica internacional própria à Cidade do Vaticano, v., por todos, KÖCK, *op. cit.*, pg. 232.

é a outra parte contratante. Recorde-se que a mais importante Concordata concluída entre a Santa Sé e Portugal foi assinada em 1940, cujo texto foi em alguns aspectos renegociado depois de 25 de Abril de 1974 ([1]).

Tem ainda o *ius legationis*, através de agentes diplomáticos permanentes (*Núncios*) ou extraordinários (*Legados*), que gozam das prerrogativas dos agentes diplomáticos em geral, com especialidades. Assim, na Convenção de Viena de 18 de Abril de 1961 sobre imunidades diplomáticas está expressamente contemplada a situação dos agentes diplomáticos da Santa Sé.

A Santa Sé participa ainda no *reconhecimento de novos Estados ou Governos*, em condições semelhantes às dos Estados.

Mas a natureza especial da Santa Sé dita uma particularidade da sua condição jurídica internacional que é a *não intervenção nos conflitos temporais entre Estados*. Segundo o artigo 24.º do Tratado de Latrão, a Santa Sé "declara que quer permanecer e permanecerá alheia aos conflitos temporais relativos aos outros Estados, e às reuniões internacionais convocadas para este fim, a menos que as partes em litígio façam apelo unânime à sua missão de paz, reservando-se em cada caso a faculdade de fazer valer o seu poder moral e espiritual".

Em resumo, confirma-se que a Santa Sé não é um sujeito com capacidade jurídica plena e só goza daqueles direitos que são necessários à prossecução da tarefa espiritual que constitui a sua razão de ser.

5. A Soberana Ordem de Malta

Curiosidade histórica proveniente dos tempos dos Cruzados, a Ordem de São João de Jerusalém, ou *Ordem de Malta*, exerceu prerrogativas de soberania na Palestina, em Chipre, em Rodes, e finalmente em Malta, de onde, expulsa por Napoleão, transferiu a sua sede para Roma, onde ainda se encontra.

([1]) A. LEITE, *Concordata*, in *Pólis*, t. 1, cols. 1069-1072.

Reconhecido o seu carácter soberano por bula papal de 1446, a Ordem, embora privada de soberania territorial, continua a intitular-se "soberana", mantém junto de vários Estados, entre os quais Portugal, representantes que gozam de estatuto diplomático, e viu reconhecida pela Itália a sua imunidade de jurisdição perante os tribunais italianos.

Em 1953 uma Comissão de cinco Cardeais, designada pelo Sumo Pontífice para definir as relações entre a Ordem de Malta e a Santa Sé, concluiu que a Ordem, embora dependente em certos aspectos da Santa Sé, tinha a qualidade de sujeito do Direito Internacional, e no mesmo sentido se pronunciam alguns autores.

Outros sectores doutrinários, porém, defendem a exclusão da personalidade internacional da Ordem, considerando que as imunidades reconhecidas aos seus representantes são meras manifestações de cortesia, e que a imunidade de jurisdição não deriva de obrigação internacional mas sim de acto interno do Estado italiano.

Em nosso entender, parece muito duvidosa a personalidade internacional da Soberana Ordem de Malta. Mas cabe observar que este problema tem suscitado na doutrina internacionalista uma atenção absolutamente desproporcionada à sua diminuta importância actual ([1]).

([1]) Veja-se a questão mais desenvolvida em BARBERIS, *Los sujetos, cit.*, pgs. 104 e segs. (que, aliás, procede a um estudo muito aprofundado desta Ordem); DIEZ DE VELASCO, *op. cit.*, t. I, pgs. 268-269; e PRANTNER, *Malteserorden und Völkergemeinschaft*, Berlim, 1974.

SECÇÃO II

O INDIVÍDUO

1. Importância do problema e questão terminológica

Saber se o indivíduo é ou não sujeito do Direito Internacional e, se o for, em que medida o é, constitui um dos problemas que maior importância têm obtido na moderna doutrina do Direito Internacional. Esta matéria ganhou relevância acrescida nas últimas décadas, pelo que se compreende que sobre ela nos detenhamos mais demoradamente do que na edição anterior.

No estudo desta problemática continuaremos a falar no *indivíduo* e às vezes também em *particular*, como é de tradição mesmo noutras línguas (*individu* em francês, *individual* em inglês, *Einzelmenschen* em alemão, *individuo* em italiano e em castelhano). Mas, se durante muito tempo esse vocábulo se referia apenas a pessoas singulares, hoje sob essa designação coloca-se o problema da personalidade internacional não apenas quanto a pessoas singulares como também em relação a pessoas colectivas, tanto de Direito Público como de Direito Privado, e até quanto a entidades que não se poderão qualificar de pessoas singulares ou colectivas, como acontece com o *povo* ou com as *minorias*. No que respeita especificamente às pessoas colectivas de Direito Público, estamos a pensar nas que compõem a Administração Pública, inclusive o próprio Estado-pessoa colectiva ([1]).

([1]) Sobre os aspectos gerais da matéria que vai ser tratada nesta Secção, v. especialmente LAUTERPACHT, *International Law and Human Rights*, Londres, 1950 (reimpressão, 1973), pgs. 27 e segs.; GRASSI, *Die Rechtsstellung des Individuums im Völkerrecht*, Winterthur, 1955; SPERDUTI, *L'individu et le droit international*, in *RdC*, 1956-II, pgs. 727-849; NORGAARD, *The Position of the Individual in International Law*, dissertação, Copenhaga, 1962; WALDOCK, *General Course on Principles of Public International Law*, in *RdC*, 1962-II, pgs. 1-251 (192-211); ARANGIO-RUIZ, *L'individuo e il diritto internazionale*, in *RivDirI* 1971, pgs. 561 e segs.; MOSLER, *The Internatio-*

2. A controvérsia doutrinária

A disputa doutrinária acerca da personalidade jurídica de Direito Internacional do indivíduo não diz respeito ao estado do Direito positivo nem às disposições deste que se referem ao indivíduo: o que sucede é que se defrontam aqui mais uma vez as grandes concepções filosóficas, que agora divergem na interpretação a dar à situação do indivíduo e na inserção do problema nas respectivas concepções jurídicas globais.

Assim, para a *concepção positivista voluntarista*, que, como vimos, está na base do dualismo, e que ainda aqui pode ser representada por ANZILOTTI, o Direito Internacional afecta apenas directamente os Estados, seus autores e destinatários; da norma internacional não resultam nunca modificações na esfera jurídica do indivíduo, que só será afectada quando o Direito Internacional vigorar na ordem interna, isto é, através da acção do Estado.

Para as *concepções monistas antivoluntaristas* já o problema se põe de forma diversa.

Assim, para a *Escola Sociológica Francesa*, com DUGUIT, GEORGES SCELLE, POLITIS, o indivíduo não só é sujeito do Direito Internacional, mas é até o seu único sujeito, já que, como sabemos, é característica desta corrente a negação da personalidade jurídica do Estado, que é considerado mero processo técnico de gestão de interesses colectivos.

Em KELSEN o problema surge de forma diversa: ele sustenta que além do Estado também o indivíduo é sujeito do Direito Internacional, na medida em que para ele derivam directamente obrigações, cuja sanção lhe é imputada. Para aquele Professor de Viena, a imputação da sanção ao autor do crime de pirataria no alto

---

nal Society, cit., pgs. 54 e segs.; D. A. IJALAYE, *The Extension of Corporate Personality* in *International Law*, Nova Iorque, 1978; BARBERIS, *Los sujetos, cit.*, pgs. 160 e segs.; NGUYEN QUOC, *op. cit.*, pgs. 573 e segs. e bibl. cit.; PARTSCH, *Individuals in International Law*, in Encyclopedia, t. 10, pgs. 316 e segs. e bibl. cit.; BASTID, *op. cit.*, pgs. 370 e segs.; PASTOR RIDRUEJO, *op. cit.*, pgs. 185 e segs.; BROWNLIE, *op. cit.*, pgs. 552 e segs.; JORGE MIRANDA, *DIP-I, cit.*, pgs. 363 e segs.; e ID., *Direito Internacional Público II*, polic., Sumários de lições, Lisboa, 1985, pgs. 53 e segs. e 303 e segs.

mar, por exemplo, é feita directamente pela norma internacional, sem que, na pirâmide das fontes do Direito, se interponha uma norma de Direito interno.

De uma maneira geral, a tendência do *monismo com primado do Direito Internacional* leva à aceitação da possibilidade de o indivíduo ser sujeito do Direito Internacional. Assim, entre os jusnaturalistas é frequente a afirmação de que são invocáveis também em Direito Internacional os *Direitos Individuais Naturais*, que se impõem não só ao Estado mas também à Comunidade Internacional no seu conjunto.

Porém, não supomos que tenha interesse, dado que sobre isso já tomámos posição atrás, analisar mais em pormenor esta controvérsia doutrinária, que é apenas um aspecto especial das divergências entre as grandes concepções gerais do Direito Internacional.

É interessante notar que os especialistas do Direito Internacional reeditaram entre si a clássica controvérsia acerca da natureza da personalidade jurídica, agora com referência ao ordenamento internacional. E bem se compreende porquê: assim como no Direito interno se tinha partido de um dado – a personalidade jurídica do indivíduo – para se chegar por um processo de abstracção à noção de personalidade jurídica e ao reconhecimento da personalidade colectiva, assim também os internacionalistas partem da subjectividade internacional do Estado soberano para chegar ao alargamento a outras entidades da qualidade de pessoa jurídica internacional.

O certo, porém, é que o problema é de técnica jurídica: o indivíduo pode ser o destinatário directo da norma internacional, ou pode esta pretender atingi-lo através da interposição do Estado. Esta última é a técnica clássica; aquela é a que começou a ser utilizada no nosso século e que tem vindo a obter crescente importância sobretudo a partir do termo da 2.ª Guerra Mundial.

Por nós não temos dúvida de que, ao lado do Estado, também o indivíduo pode, *em abstracto*, ser sujeito do Direito Internacional. Mas isso não significa que o seja efectivamente sempre: tudo depende do estado do Direito positivo – assim, por exemplo, é indubitável que durante o século XIX as normas de Direito Internacional se não dirigiam directamente aos indivíduos, não alterando em nada a sua esfera jurídica. Só que a situação se alterou entretanto. Vamos a ver como.

3. O indivíduo como sujeito autónomo do Direito Internacional

Ninguém nega que hoje a norma internacional contempla muitas vezes situações individuais, isto é, que os seus efeitos se repercutem na esfera jurídica do indivíduo, dando a este vocábulo o sentido amplo que atrás indicamos: é o que se passa, por exemplo, no Direito Internacional Humanitário, na matéria da protecção internacional dos Direitos do Homem, incluindo os direitos dos povos e das minorias étnicas e culturais, no Direito Internacional social, etc.

Mas nem em todos esses casos o indivíduo será sujeito autónomo do Direito Internacional. Para que o seja, e com fidelidade à noção que na devida altura demos de sujeito do Direito Internacional, é necessário que da norma internacional decorram *directamente* direitos e obrigações para o indivíduo. Mesmo se essa atribuição directa de direitos e obrigações não for acompanhada de um poder próprio de reclamação internacional, que, como mostrámos, em nosso entender não é elemento essencial da personalidade jurídica internacional.

Isto quer dizer que o indivíduo não gozará de personalidade internacional sempre que a única consequência que advier da regra internacional for a de *ela obrigar os Estados* a quanto a si tomar medidas na ordem interna e o indivíduo, portanto, só indirectamente for afectado pela norma internacional. Essas situações não são de personalidade jurídica internacional, já que, segundo elas, o indivíduo não pode ser, ele próprio, sujeito de relações jurídico-internacionais, isto é, não pode agir, por si, internacionalmente, em relação com os outros Estados – pode apenas dirigir-se ao seu próprio Estado, que assumirá a sua protecção perante o outro Estado. A este mecanismo indirecto de tutela internacional dos direitos e deveres dos indivíduos nacionais de um Estado perante outros Estados dá-se o nome de *protecção diplomática*.

Daqui se conclui, portanto, que para averiguarmos se o indivíduo é sujeito do Direito Internacional temos de indagar se a norma internacional lhe confere *directamente* direitos ou obrigações.

4. O indivíduo como sujeito do Direito Internacional comum

I. Comecemos por averiguar se o indivíduo é sujeito do Direito Internacional comum.

Houve quem desse uma resposta afirmativa a propósito dos chamados *crimes internacionais*: esses autores defendem, nesse caso, que algumas actividades (pirataria, crimes de guerra, crimes contra a Humanidade, crimes contra a paz), embora em certos casos previstas pelo Direito convencional, são punidas pelo Direito Internacional comum, que impõe penas directamente aos indivíduos responsáveis, e que para a imposição dessas penas existe, nos casos mais graves, um verdadeiro *contencioso penal internacional*, de que teria sido exemplo o Tribunal de Nuremberga, ao julgar no fim da 2.ª Guerra Mundial os criminosos de guerra alemães ([1]).

Mas não parece de manter esta posição, pois as normas jurídicas internacionais de repressão, por exemplo, da pirataria não afectam a esfera jurídica dos piratas, para os quais o carácter criminoso da actividade resulta *dos Direitos internos*. A repressão da pirataria é da competência exclusiva dos Estados. A função das normas internacionais que a tal matéria se referem é, como com razão observa SERENI, a de autorizar o Estado a praticar actos repressivos, que de outra forma seriam internacionalmente ilícitos, quer por se realizarem no alto mar, quer por afectarem súbditos de outros Estados, bem como a de estabelecer a forma que a repressão deve assumir ([2]).

([1]) Neste sentido, DELBEZ, *Les principes généraux du contentieux international*, Paris, 1962, pgs. 184 e segs. Cfr. NGUYEN QUOC, *op. cit.*, pgs. 577 e segs.

([2]) SERENI, *op. cit.*, vol. II, tomo I, pgs. 252-253.

E é realmente este o sistema consagrado na já citada *Convenção de Genebra sobre o alto mar*, de 1958, cujos artigos 19.º a 22.º prevêem os casos em que um navio pode apresar outro, suspeito de pirataria, e estabelecem a responsabilidade do Estado que apresa, quando esta actuação não for justificada.

São tudo, portanto, regras dirigidas aos Estados, sem projecção em qualquer esfera jurídica individual, tanto mais que a Convenção não estabelece sequer a proibição da pirataria, nem comina sanções penais, mas se limita a estabelecer a forma pela qual os Estados devem agir na sua repressão.

Quanto à repressão dos crimes de guerra, contra a Humanidade e contra a paz, que foi levada a cabo pelos Tribunais de Nuremberga e de Tóquio (este último julgou os criminosos de guerra japoneses) ([1]), e que de alguma maneira foi depois retomada no caso *Eichmann* ([2]), é decerto duvidosa a sua legalidade, pois, se não se consegue demonstrar que tais crimes estavam previstos pelo Direito Internacional comum, tem de se concluir que se violou a regra *nullum crimen, nulla poena sine lege*.

Efectivamente, o artigo 6.º da Carta do Tribunal Militar Internacional, anexa ao *Acordo para a punição dos mais graves crimes de guerra praticados pelo Eixo*, assinado em 8 de Agosto de 1945 ([3]), dispunha:

"Os seguintes actos, ou alguns deles, são crimes dentro da jurisdição do tribunal para os quais haverá responsabilidade individual:

a) *Crimes contra a paz*, designadamente, planeamento, preparação, iniciação ou realização de uma guerra de agressão ou de uma guerra em violação dos tratados, acordos, ou conferências internacionais, ou participação

---

([1]) Quanto ao Tribunal de Nuremberga, WOETZEL, *The Nuremberg Trials in International Law*, 2.ª reimpressão, Londres, 1962; em relação ao Tribunal de Tóquio, v. HORWITZ, *The Tokio Trial*, in *International Conciliation*, 1950, pg. 475.

([2]) Ver o caso *Eichmann* in *International Law Reports* (continuação do *Annual Digest*), t. 36, pgs. 5 e segs.

([3]) V. o texto em *AJIL* 1945, Suppl., pgs. 258 e segs.

num plano comum de conspiração a favor de algum dos actos precedentes;

b) Crimes de guerra, designadamente violação dos direitos ou costumes da guerra (...);

c) Crimes contra a Humanidade, designadamente homicídio, extermínio, escravatura, deportação, e outros actos desumanos cometidos contra toda a população civil antes, ou no decurso da guerra, ou perseguições nos campos político, racial, religioso, em execução ou em ligação com qualquer dos crimes abrangidos na jurisdição do tribunal, sejam ou não praticados com violação do Direito interno do Estado onde são perpetrados."

Sobre o problema da responsabilidade individual o Tribunal declarou: "(...) os indivíduos têm deveres internacionais que transcendem as obrigações nacionais de obediência impostas pelo próprio Estado. Aquele que viola as regras da Guerra não pode obter imunidades, enquanto actua no cumprimento da autoridade do Estado, se este ao autorizar o acto se move fora da sua competência no plano do Direito Internacional".

O Acordo a que a Carta estava anexa foi assinado pelos Estados Unidos, Reino Unido, França e URSS, e mais dezanove Estados vieram posteriormente a aderir, tendo depois as Nações Unidas aceitado, por resolução unânime de 11 de Dezembro de 1946 da Assembleia Geral, "os princípios de Direito Internacional reconhecidos pela Carta do Tribunal de Nuremberga e a sentença do Tribunal".

A enumeração de crimes feita pelo Tribunal não está isenta de dúvidas. Assim, para além de levar em conta apenas os crimes cometidos por um dos beligerantes, veio a considerar crimes contra a paz condutas que pelo Direito Internacional consuetudinário eram lícitas e não criminosas.

Não interessa examinar em pormenor a legalidade do julgamento de Nuremberga. Ele decorreu mais sob a pressão de imperativos políticos do que jurídicos e, da mesma forma, a sua crítica é mais frequentemente feita por razões políticas do que por motivos de Direito.

Mas cabe notar que em Nuremberga não agiu um contencioso internacional, porque o Tribunal não era um órgão internacional mas *uma mera forma de exercício conjunto de jurisdição por vários Estados*, surgida "ao abrigo do poder legislativo soberano exercido na Alemanha pelos Estados aos quais o Reich alemão se rendeu sem condições", segundo os termos do próprio Tribunal. Tratou-se, assim, de uma jurisdição *de Direito interno* (¹), exercida pelos sucessores do Estado alemão.

Isto parece confirmar que a definição e a repressão dos crimes internacionais cabe ainda, no momento actual do Direito Internacional, aos Estados, e que as normas de Direito Internacional que as contemplam não se projectam directamente na esfera jurídica dos indivíduos (²)(³).

Nenhuma conclusão em sentido diferente parece poder tirar--se das recentes resoluções do Conselho de Segurança n.ᵒˢ 731(1992), de 21 de Janeiro de 1992, e 748(1992), de 31 de Março de 1992, que exigiu à Líbia que entregasse às autoridades judiciárias dos Estados Unidos, da França, do Reino Unido e da Irlanda os autores dos atentados perpetrados contra o avião que fazia o voo 103 da Pan American, que se despenhou em Lockerbie, na Escócia, em 21 de Dezembro de 1988, e contra o que fazia o voo 772 da União dos Transportes Aéreos, que caiu no Níger, em Setembro de 1989, e dos

---

(¹) Neste sentido, SPERDUTI, *op. cit.*, pg. 785.

(²) No mesmo sentido, CARREAU, *op. cit.*, pg. 382, e BARBERIS, *Los sujetos, cit.*, pg. 186, em sentido contrário, NGUYEN QUOC, *op. cit.*, pg. 584, e parcialmente BROWNLIE, *op. cit.*, pgs. 561 e segs.

(³) Acerca do chamado *Direito Internacional Penal*, GLASER, *Culpabilité en droit international pénal*, in RdC, 1960-I, pgs. 473-551; NGUYEN QUOC, *op. cit.*, pgs. 580 e segs.; BASSIOUNI, *International Criminal Law*, Alphen, 1980; H.-J. JESCHECK, *Development, Present State and Future Prospects on International Criminal Law*, in *RIDP* 1981, pgs. 337 e segs.; ID.; *International Crimes*, in *Encyclopedia*, t. 8, pgs. 332 e segs.; PARTSCH, *op. cit.*, pg. 318; D. OEHLER, *Criminal Law, International*, in *Encyclopedia*, t. 9, pgs. 52 e segs.; e, entre nós, FURTADO DOS SANTOS, *Direito Internacional Penal e Direito Penal Internacional*, Lisboa, 1960, pgs. 7 e segs.

quais resultaram largas centenas de mortos (a primeira resolução), e que impôs à Líbia um embargo aéreo, económico è militar até que ela viesse a cumprir a resolução anterior (era o que dispunha a segunda resolução). De facto, ambas as resoluções, aprovadas dentro do espírito do combate das Nações Unidas ao "terrorismo internacional", não se propunham submeter os dois acusados líbios a qualquer tribunal internacional nem julgá-los em conformidade com qualquer texto internacional: elas tão-somente exigiam da Líbia que ela entregasse os seus cidadãos em questão a tribunais *nacionais* dos referidos quatro Estados para eles aí serem julgados de harmonia com o respectivo *Direito interno*.

II. Mas, se em matéria de crimes internacionais o indivíduo não é sujeito do Direito Internacional comum, já o é noutras matérias.

Por exemplo, quanto ao direito dos povos de disporem de si, ou seja, o *direito à autodeterminação dos povos*. Deter-nos-emos sobre ele mais demoradamente quando estudarmos adiante as Nações Unidas, mas diremos, desde já, que aquele princípio não consiste num mero princípio político ou diplomático, como foi durante muito tempo o princípio das nacionalidades, mas sim numa verdadeira *regra de Direito Internacional consuetudinário*. Foi-se formando ao longo de muitos anos, particularmente a partir da 1.ª Guerra Mundial, no fim da qual levou ao desmembramento dos Impérios Austro--Húngaro e Russo. Já durante aquele conflito mundial figurara nos pontos VI a XIII dos *"Catorze pontos"* propostos pelo Presidente Wilson, e que visavam tanto estabelecer uma nova ordem mundial como prover às consequências imediatas da Guerra ([1]).

Mais tarde seria incorporado na Carta das Nações Unidas, nos seus artigos 1.º, n.º 2, e 55.º, e, na base daqueles preceitos, viria a ser desenvolvido por várias Resoluções da Assembleia Geral, votadas por larga maioria.

([1]) ANN RUSTEMEYER, *Wilson's Fourteen Points*, in *Encyclopedia*, t. 7, pgs. 539 e segs. (540).

A doutrina dominante entende que em torno do princípio da autodeterminação dos povos, assim nascido e desenvolvido, se formou uma clara *opinio iuris*, admitida pelos Pareceres emitidos pelo TIJ nos casos da *Namíbia*, em 21 de Junho de 1971 ([1]), e do *Sara Ocidental*, em 16 de Outubro de 1975 ([2]). E a prática da descolonização parece comprovar esta *opinio iuris*, o que não quer dizer que em toda a descolonização se tenha respeitado aquele princípio, como veremos na Parte IV.

Aliás, e como oportunamente dissemos, o princípio da autodeterminação, mais do que uma regra de Direito Internacional comum, é hoje *ius cogens*.

O direito à autodeterminação dos povos é reconhecido *directamente* aos povos dos territórios "não autónomos", ou territórios "sem governo próprio", hoje na terminologia do artigo 73.º da Carta da ONU. Configura, pois, um caso em que o indivíduo (neste caso, na acepção de povo) é sujeito do Direito Internacional comum. Como bem nota o Professor austríaco MANFRED NOVAK, o direito à autodeterminação, porque é um direito colectivo de um povo, não deve ser concebido dentro da expressão clássica *Direitos do Homem* (que foi criada para abranger direitos de pessoas singulares), mas dentro da expressão moderna de *Direitos dos Povos* ([3]).

III. Outro domínio em que o indivíduo vê a sua personalidade jurídica começar a ser progressivamente reconhecida pelo Direito Internacional comum é o da *protecção das minorias*. Trata-se de um problema que ganhou nos nossos dias grande acuidade com o genocídio dos curdos no Curdistão iraquiano após a "Guerra do Golfo", em 1991, com a guerra civil na ex-Jugoslávia, iniciada em 1991 e que continua até aos nossos dias, e com o estatuto de alguns

---

([1]) *ICJ Reports*, pgs. 16 e segs.
([2]) *ICJ Reports*, pgs. 12 e segs. V. o comentário de K. OELLERS-FRAHM, in *Encyclopedia*, t. 2, pgs. 291 e segs.
([3]) *UNO-Pakt über bürgerliche und politische Rechte und Fakultativprotokoll. CCPR-Kommentar*, Kehl, 1989, pg. XXI.

grupos étnicos em certos Estados nascidos da desagregação da ex--URSS ([1]).

Por *minorias* entende-se aqui grupos de pessoas que, em função da sua etnia, da sua religião, da sua cultura ou da sua língua, se distinguem do comum da população de um Estado.

A Comunidade Internacional denota há muito tempo sensibilidade para o problema das minorias.

No século XVII, um tratado bilateral importante, como o Tratado de Paz de Vestefália, que em 1648 pôs termo à Guerra dos Trinta Anos, continha cláusulas relativas às minorias religiosas.

Mais tarde, os Tratados concluídos na sequência dos Congressos de Viena, de 1815, e de Berlim, de 1878 (não confundir o *Tratado de Berlim*, de 1878, que pôs termo ao Congresso de Berlim desse ano, com o *Acto Geral da Conferência de Berlim sobre a África Ocidental*, de 1885, com a qual, se concluiu aquela Conferência, que teve lugar em 1884-85), contemplavam também minorias, no primeiro caso, os polacos que viviam nos Estados signatários, e, no segundo caso, os turcos, os gregos e os romenos nessas condições.

Num caso e noutro, porém, estava-se ainda longe de se poder falar de verdadeira protecção internacional das minorias.

O primeiro sistema definido para essa protecção só nos surge instituído com o termo da 1.ª Guerra Mundial. É certo que o Pacto da SDN não continha qualquer disposição nesse sentido. Mas nos tratados de paz que puseram fim àquela guerra são incluídas várias cláusulas que visavam proteger algumas minorias nacionais que se encontravam nos novos Estados nascidos da Guerra ou naqueles que tinham visto alteradas as suas fronteiras. É assim que os tratados de paz concluídos entre os Estados aliados, a Polónia, a Checoslováquia, a Grécia, por um lado, com a Hungria, a Bulgária e a Turquia, por outro, contêm disposições que pretendem salvaguardar os direitos das minorias nacionais pertencentes aos Estados indicados em

---

([1]) Ver as preocupações recentemente expressas a esse respeito por um estudo publicado na Hungria por G. HERCZEGH, *La protection des minorités par le droit international*, in *Acta Juridica Academiae Scientiarum Hungaricae*, t. XXXII (1990), pgs. 215 e segs.

primeiro lugar. Todavia, nesta fase as minorias eram objecto de mera *protecção diplomática*: não se lhes reconhecia, portanto, personalidade internacional como tais – e já vimos o alcance jurídico desta distinção. E a jurisprudência internacional estava consciente disso, como se pode ver pelos Pareceres do TPJI nos casos da *troca das populações grega e turca*, já citado, do *acesso às escolas da minoria alemã na Alta Silésia*, também conhecido como caso dos *direitos das minorias na Alta Silésia* ([1]), das *"Comunidades" greco-búlgaras* ([2]) e do *tratamento dos nacionais polacos em Dantzig*, este já citado.

O sistema não se modificou com a entrada em vigor da Carta das Nações Unidas e a aprovação pela Assembleia Geral, em 1948, da Declaração Universal dos Direitos do Homem, que continuaram a não se referir especificamente às minorias, embora o artigo 1.º, n.º 3, da Carta proibisse a discriminação em razão da raça, do sexo, da língua ou da religião, no que foi seguido pelos artigos 2.º, n.º 1, e 26.º da Declaração Universal dos Direitos do Homem.

Só com a aprovação, pela Assembleia Geral da ONU, do *Pacto Internacional sobre Direitos Civis e Políticos*, em 16 de Dezembro de 1966 (recordamos que ele só entrou em vigor em 23 de Março de 1976) é que nos aparecem pela primeira vez direitos atribuídos *directamente às minorias, como tais*, em termos que nos permitem afirmar que se passou da fase da sua simples protecção diplomática para a da sua personalidade jurídica própria.

De facto, dispõe o artigo 27.º daquele Pacto o seguinte: "Nos Estados em que existem minorias étnicas, religiosas ou linguísticas, às pessoas que pertençam a essas minorias não será negado *o direito de, em comunidade com os outros membros do respectivo grupo, usufruir da sua própria cultura, professar e praticar a sua própria religião e utilizar a sua própria língua*" ([3]).

É nesta norma que assenta hoje a personalidade internacional das minorias. E pode-se dizer que aquele preceito se limitou a acolher

---

([1]) Parecer de 15-5-31, Séries A/B, n.º 40, pgs. 4 e segs.
([2]) Parecer de 31-10-30, Série B, n.º 17
([3]) Os itálicos são nossos.

uma regra que à data já constava, ainda que porventura de modo difuso, do Direito consuetudinário ([1]).

O princípio da protecção das minorias nacionais seria retomado, contemporaneamente àquele Pacto, pela Acta Final de Helsínquia.

Todavia, o disposto no artigo 27.º do citado Pacto Internacional traduz-se num sistema ainda imperfeito de protecção das minorias: em primeiro lugar, na Assembleia Geral das Nações Unidas os Estados ainda não chegaram a acordo quanto a uma maior precisão do teor daquele preceito, sobretudo no que respeita à clarificação das concretas obrigações dos Estados a fim de preservarem a cultura, a religião e a identidade nacional das minorias; por outro lado, o regime de fiscalização do cumprimento daquele preceito é muito fraco. É certo que os membros das minorias podem dirigir petições à Comissão dos Direitos Humanos da ONU invocando a violação dos seus direitos. Mas, por um lado, essas petições só se podem referir aos Estados que aderiram ao Protocolo Facultativo anexo àquele Pacto e nas estritas condições aí indicadas; e, por outro, a experiência mostra que este modo de fiscalização se tem revelado quase infrutífero.

A personalidade internacional das minorias voltou recentemente a ser discutida, como se disse, sobretudo a propósito do massacre dos curdos no território do Curdistão iraquiano e da guerra civil na ex-Jugoslávia.

No primeiro caso, a Resolução do Conselho de Segurança das Nações Unidas n.º 688(1991), de 5 de Abril de 1991, apela para a protecção da "população curda", sendo, porém, duvidoso se o faz no quadro do reconhecimento da personalidade internacional própria aos curdos ou no quadro de uma mera protecção de carácter humanitário.

No segundo caso, as várias resoluções aprovadas pelo Conselho de Segurança omitem sempre referência expressa às minorias croata, eslovena ou bósnia.

([1]) Um comentário exaustivo do artigo 27.º do Pacto citado pode ver-se em NOVAK, *op. cit.*, pgs. 513 e segs.

Note-se, contudo, e voltando ao caso dos curdos, que a doutrina tem extraído da actuação das Nações Unidas nesse caso o reconhecimento implícito de um genérico *direito de ingerência*, se não mesmo de um *dever de ingerência*, da Comunidade Internacional no território dos Estados para fins de assistência humanitária ([1]).

Duas situações muito actuais vão contribuir para o aprofundamento da discussão em torno do problema da protecção das minorias nos nossos dias: os sangrentos confrontos ocorridos em Abril de 1992 entre brancos e negros nos Estados Unidos, na cidade de Los Angeles, e as queixas de discriminação apresentadas pelos últimos, e a expressa pretensão da minoria branca na África do Sul de ver a sua identidade salvaguardada após a entrega, por via democrática, do poder à maioria negra.

Também Portugal se vê hoje confrontado com um caso em que se suscita de forma aguda o problema da protecção de minorias: é o caso da preservação da identidade da minoria luso-chinesa em Macau após a transferência da soberania sobre o território para a China, em 1999, competindo aí a Portugal, de modo especial, não dar o seu assentimento, expresso ou tácito, a uma despromoção dos direitos civis, políticos e económicos que identificam o património cultural dos luso-chineses ([2]).

([1]) V. esta matéria *supra*, Parte II, Cap. IV, n.º 2 III.

([2]) Sobre as minorias em Direito Internacional, v., além das obras citadas de NOVAK e HERCZEGH, também BRUEGEL, *A Neglected Field: The Protection of Minorities*, in *HRJ* 1971, pgs. 413 e segs.; VUKAS, *General International Law and the Protection of Minorities*, in *HRJ* 1975, pgs. 41 e segs.; CAPOTORTI, *Study on the Rights of Persons belonging to Ethnic, Religious and Linguistic Minorities*, UN Doc. E/CN.4/Sub.2/384/Rev.1 (1979); KIMMINICH, *The Function of the Law of Ethnic Groups in the International System*, in *LS* 1981, pgs. 37 e segs.; K. J. PARTSCH, *Menschenrechte und Minderheitenschutz*, in *Festschrift Hermann Mosler* (1983), pgs. 649 e segs.; TOMUSCHAT, *Protection of Minorities under Article 27 of the International Covenant on Civil and Political Rights*, ibidem, pgs. 949 e segs.; CAPOTORTI, Minorities, in *Encyclopedia*, t. 8, pgs. 385 e segs. e bibl. aí cit.; e, mais recentemente, P. THORNBERRY, *International Law and the Rights of Minorities*, Oxford, 1991; e I. BOKATOLA, *L'Organisation des Nations Unies et la protection des Minorités*, Paris, 1992.

5. O indivíduo como sujeito do Direito Internacional convencional

I. No Direito Internacional convencional há casos, cada vez em maior número, em que da norma internacional resultam *directamente* direitos e obrigações para o indivíduo. Isso passa-se com normas que se prendem com a *protecção internacional dos Direitos do Homem* (é o chamado *Direito Internacional dos Direitos do Homem*, embora este não tenha origem apenas em tratados, como temos visto ao longo deste livro e ainda há pouco vimos com o direito à autodeterminação dos povos e com os direitos das minorias), com a *estrutura de algumas Organizações Internacionais* ou com a crescente *jurisdicionalização do comércio internacional.*

II. Pelo que diz respeito à *protecção internacional dos Direitos do Homem*, o seu reforço constitui um dos traços mais marcantes não só do Direito Internacional convencional moderno como também, num plano mais vasto, da evolução do Direito Internacional contemporâneo. E se é certo que muitas convenções se dirigem directamente aos Estados, outras há que conferem direitos *directamente aos indivíduos*. A primeira via – a via da mera protecção diplomática – vai sendo cada vez mais abandonada à medida em que se pretende de facto tornar mais eficaz o Direito Internacional dos Direitos do Homem, acima de tudo porque ela se revela inoperante na defesa do indivíduo contra o próprio Estado a que ele pertence e que constitui o seu principal adversário potencial.

Inicialmente as Nações Unidas não afirmaram a personalidade do indivíduo em matéria de protecção internacional dos Direitos do Homem. É certo que a Carta continha disposições, por exemplo, em matéria de proibição de discriminação, como atrás mostrámos, bem como acerca doutros direitos e obrigações relativos ao indivíduo. Mas, como o TIJ reconheceu no citado Parecer de 1971 sobre o caso da *Namíbia*, esses preceitos deviam ser interpretados mais como impondo *obrigações aos Estados* do que como conferindo *direitos aos indivíduos*. O mesmo se deve dizer da *Declaração Universal dos Direitos do Homem*, aprovada em 1948 por uma resolução da Assembleia Geral ([1]).

E não era diferente a situação do *Pacto Internacional sobre Direitos Económicos, Sociais e Culturais*, de 1966, cujo escopo nuclear consistia em impor ao Estado o dever de cumprir as suas obrigações "com vista a alcançar progressivamente a completa satisfação dos direitos reconhecidos" (art. 2.º, n.º 1).

Quanto ao *Pacto Internacional sobre Direitos Civis e Políticos*, é certo que nalguns casos, como vimos acontecer com as minorias, ele codificou regras costumeiras que já antes reconheciam directamente direitos a indivíduos. Mas não foi essa a sua tónica geral: em regra, também do seu texto resulta que as obrigações aí contempladas são dirigidas apenas aos Estados, pelo que também dele não resulta – repetimos: em regra – a personalidade internacional do indivíduo. Todavia, como mostra o Professor PARTSCH ([2]), para certo sector da doutrina e para alguma prática internacional as disposições desse Pacto são *self-executing*, o que quer dizer em terminologia portuguesa que têm *efeito directo*, isto é, podem ser invocadas directamente pelos cidadãos dos Estados ratificantes perante os tribunais nacionais. Foi, por exemplo, a interpretação que àquele Pacto deu o Conselho da Europa, em 1970 ([3]), não obstante a Comissão de Direitos Humanos das Nações Unidas nunca tenha aderido expressamente a esse entendimento, embora também não o tenha formalmente rejeitado.

III. Mais longe se foi em matéria de protecção internacional dos Direitos do Homem à escala regional.

E nesse domínio merece referência especial a *Convenção de Salvaguarda dos Direitos do Homem e das Liberdades Fundamentais* (assinada sob a égide do Conselho da Europa, em Roma, em 5 de Novembro de 1950, e mais conhecida apenas por *Convenção*

([1]) Assim, PARTSCH, *op. cit.*, pg. 319.
([2]) *Op. cit.*, pg. 320.
([3]) Doc. H (70), de 7-8-70.

Europeia dos Direitos do Homem (CEDH)), não só porque constitui no seu género o tratado mais evoluído na matéria, como veremos quando a estudarmos adiante, na Parte IV, como também porque Portugal é parte nela. É certo que, inspiradas nela, foram mais tarde elaboradas duas outras importantes convenções regionais sobre Direitos do Homem: a *Convenção Americana dos Direitos do Homem*, que foi assinada em São José da Costa Rica, em 22 de Novembro de 1969, e que entrou em vigor em 18 de Julho de 1978 ([1]), e a *Carta Africana de Direitos do Homem e dos Povos*, assinada em Junho de 1981 em Nairobi, mas que ainda não entrou em vigor, por ainda não ter obtido as vinte e seis ratificações exigidas para o efeito pelo seu artigo 63.º ([2]). Se quanto a esta se pode dizer que ela constituiu até hoje um tremendo fiasco, num continente em que os Direitos do Homem não parecem ainda hoje contar muito para a grande generalidade dos Estados, em relação à Convenção Americana há que observar, com THOMAS BUERGENTHAL ([3]), que ela não conseguiu obter o impacto que se desejava, dado que as violações dos Direitos Humanos na América Central e do Sul continuam a ser "a regra e não a excepção".

Voltando à CEDH, o seu artigo 1.º não há dúvida que reconhece directamente ao indivíduo os direitos e as liberdades nela consagrados: "As Altas Partes Contratantes reconhecem *a toda a pessoa dependente da sua jurisdição* os direitos e as liberdades definidos no Título I da presente Convenção" ([4]).

([1]) V. sobre ela o Colóquio *The American Convention on Human Rights*, in *AULR* 1980, pgs. 1-187; T. BUERGENTHAL, *American Convention on Human Rights*, in *Encyclopedia*, t. 8, pgs. 23 e segs., e bibl. cit. Um excelente confronto entre a Convenção Europeia e a Convenção Americana encontramo-lo em FROWEIN, *The European and the American Conventions on Human Rights - A Comparision*, in *HRLJ* 1980, pgs. 44 e segs.

([2]) Sobre a Carta Africana, v. UMOZURIKE, *The African Charter on Human and Peoples Rights*, in *AJIL* 1983, pgs. 902 e segs.; e MBAYA, *African Charter on Human and Peoples' Rights*, in *Encyclopedia*, t. 8, pgs. 1 e segs.

([3]) *Op. cit.*, pg. 27.

([4]) O itálico é nosso.

Mas ela não se fica por aí: a fim de assegurar o respeito por esse compromisso assumido pelos Estados partes na Convenção, ela cria, como veremos, órgãos próprios, a Comissão e o Tribunal (art. 19.º). Qualquer pessoa singular, Organização não governamental ou grupo de particulares pode-se queixar directamente à Comissão da violação, por qualquer dos Estados partes, a qualquer dos direitos reconhecidos na CEDH, desde que esse Estado haja reconhecido a competência da Comissão para o efeito (art. 25.º). Já o mesmo não se passa todavia com o Tribunal, ao qual só têm acesso directo a Comissão e os Estados (art. 48.º), enquanto não entrar em vigor o Protocolo Adicional n.º 9, que, como estudaremos mais tarde, confere acesso pessoal ao Tribunal a pessoas singulares, Organizações não governamentais ou grupos de particulares. Ainda que por ora embrionária, surge-nos assim, aqui, uma primeira manifestação do acesso directo do indivíduo a sistemas internacionais jurisdicionalizados de protecção dos Direitos do Homem – embora não ainda a tribunais internacionais.

IV. Pelo que toca à *estrutura de algumas Organizações Internacionais*, vemos que já depois da 1.ª Guerra Mundial nos surgem aí direitos reconhecidos directamente ao indivíduo.

Assim, na Organização Internacional do Trabalho, criada em 1919 (a Constituição da Organização, na sua versão inicial, constituía a Parte XIII do Tratado de Paz de Versalhes, que pôs termo à 1.ª Guerra Mundial) é reconhecido o direito de petição às organizações profissionais acerca dos atentados cometidos contra as liberdades sindicais, especialmente o direito de associação.

Quanto ao acesso aos tribunais internacionais, embora o TIJ esteja, por força do artigo 34.º do seu Estatuto, aberto apenas aos Estados, há exemplos históricos de tribunais embrionariamente abertos ao indivíduo, como o Tribunal de Justiça Centro-Americano, criado em 1907, e os tribunais arbitrais mistos criados pelos Tratados de Paz de 1919.

No que diz respeito às Organizações de integração europeia, debruçar-nos-emos sobre elas daqui a pouco, em separado, devido à grande importância que nelas tem vindo a assumir a personalidade internacional do indivíduo.

V. Finalmente, a progressiva *despolitização e jurisdicionalização do comércio internacional* tem também conduzido à atribuição directa de direitos ao indivíduo, sobretudo devido à tendência manifestada nas últimas décadas para se abrir aos indivíduos e às empresas o acesso à arbitragem internacional, sobretudo em matéria de investimentos internacionais. Para além dos esforços levados a cabo nesse domínio pela OCDE merece destaque especial a já referida *Convenção do Banco Mundial sobre a resolução dos diferendos relativos aos investimentos entre Estados e nacionais doutros Estados*, que, como atrás dissemos, reconhece aos investidores privados (pessoas singulares ou colectivas) direito de queixa directa contra Estados de que não sejam nacionais.

6. O indivíduo como sujeito do Direito Comunitário

Merece referência especial a personalidade jurídica reconhecida ao indivíduo pelo Direito Comunitário, dado que se trata do domínio em que, sem dúvida, essa personalidade tem obtido maior amplitude. E, não obstante ela assentar nos tratados que criaram as Comunidades (e, agora, no novo Tratado da União Europeia), a elaboração e o desenvolvimento que àqueles tratados foi dada por outras fontes do Direito Comunitário, sobretudo pelo Direito derivado e pela jurisprudência do Tribunal de Justiça, impede-nos de ver aquela personalidade como uma pura e simples emanação do Direito convencional. Foi essa a razão pela qual não a estudámos no número anterior.

Até à entrada em vigor do Tratado de Maastricht, o núcleo essencial do acervo jurídico-económico das Comunidades Europeias é constituído pelas chamadas *quatro liberdades* (liberdades de circulação de mercadorias, pessoas, serviços e capitais) e pelo Direito da Concorrência. Logo daí decorre directamente para o indivíduo, visto como sujeito do Direito Comunitário – isto é, pessoas singulares e colectivas, de Direito Público ou de Direito Privado – , um vasto conjunto de direitos e liberdades, que sinteticamente se reconduzem àquelas quatro liberdades e ao direito ou à liberdade de concorrência, e, com base nos quais, o Acto Único Europeu, de 1986, pôde anunciar para 1 de Janeiro de 1993 um "espaço sem fronteiras internas" (art. 8.º-A do Tratado CEE, introduzido pelo Acto Único Europeu).

Reflexamente, o Direito Comunitário conhece normas e actos que podem ter como destinatários directos indivíduos (na CEE, são os regulamentos e as decisões – art. 189.º); aceita o efeito directo das directivas e das decisões dirigidas aos Estados, isto é, admite que umas e outras, apesar de não gozarem de aplicabilidade directa, possam ser invocadas directamente pelos particulares perante tribunais nacionais; e reconhece ao indivíduo acesso directo ao Tribunal de Primeira Instância e ao Tribunal de Justiça, inclusivamente para obter a anulação de actos de Direito derivado que reputem de ilegais, no quadro de um contencioso de anulação que materialmente se aproxima muito de um verdadeiro contencioso administrativo de anulação (arts. 173.º CEE; 33.º CECA e 173.º Eurátomo).

O recente Tratado da União Europeia ampliou consideravelmente a personalidade jurídica do indivíduo, através, sobretudo, de duas formas: considerando obrigatórios para a União Europeia, como "princípios gerais do Direito Comunitário", tanto os direitos fundamentais consagrados na Convenção Europeia dos Direitos do Homem como os que "resultam das tradições constitucionais comuns aos Estados membros" (art. F), na esteira do que já vinha defendendo o Tribunal de Justiça há muitos anos ([1]); e criando, ao lado das doze cidadanias nacionais, uma *cidadania europeia*, chamada "cidadania da União", que confere aos cidadãos dos Estados membros um vasto conjunto de direitos civis e políticos, dos quais se destacam: o direito de circular e permanecer livremente no território dos Estados membros; a capacidade eleitoral activa e passiva nas eleições municipais do Estado membro da sua residência e nas eleições para o Parlamento Europeu; o direito à protecção diplomática por qualquer outro Estado membro, no território de terceiros Estados onde o Estado da

---

[1] Note-se que alguns desses direitos não são reconhecidos de imediato e estão sujeitos a derrogações e a restrições. Todavia, isso não prejudica o que dizemos no texto.

sua nacionalidade não possua autoridades diplomáticas ou consulares; o direito de petição ao Parlamento Europeu; e o direito de queixa ao Provedor de Justiça da União (arts. 8.º a 8.º-D, 138.º-D e 138.º-E).

Como se vê, a personalidade jurídico-internacional do indivíduo (melhor: a sua capacidade internacional, porque, como já prevenimos, em bom rigor é esta que, como *medida*, é quantificável, tanto na modalidade de capacidade de gozo como na de capacidade de exercício, não a personalidade, que consiste apenas numa *qualidade*, numa susceptibilidade) no âmbito da integração europeia atingiu uma dimensão que a faz situar não muito longe da própria personalidade jurídica do Direito interno. Há seguramente Estados não democráticos, sobretudo na África e na Ásia, cujos cidadãos têm uma capacidade jurídica de Direito Interno menos ampla do que a capacidade de Direito Comunitário dos cidadãos dos Estados membros da União Europeia.

7. A personalidade internacional das sociedades: em especial, o caso das sociedades transnacionais

I. Ao estudar-se hoje a personalidade internacional do indivíduo (no sentido amplo que neste capítulo estamos a dar a este vocábulo) não se pode deixar de dedicar atenção especial às sociedades, no seu rigoroso sentido de pessoas colectivas que prosseguem um fim lucrativo, sejam elas de Direito Público ou de Direito Privado. Já vimos que elas são sujeitos do Direito Comunitário, mas convém ver agora como é que o problema da sua personalidade jurídica se coloca num plano geral em relação ao Direito Internacional. Em parte, embora sob uma outra perspectiva, já aflorámos esta questão na Parte II, Capítulo III, n.º 3.

As sociedades não obtiveram ainda no Direito Internacional a mesma relevância que vimos já ter atingido o indivíduo concebido como pessoa singular. Mas o problema foi ganhando acuidade nos últimos anos em virtude da importância que nas relações internacionais foram obtendo, muito concretamente, as grandes empresas com vocação mundial, isto é, as chamadas *sociedades multinacionais*, mas que é mais rigoroso designar-se de *sociedades transnacionais* (¹).

II. Mas como se caracterizam essas sociedades?

Um "grupo de personalidades" criado pelas Nações Unidas (mais concretamente, pelo ECOSOC, sigla do Conselho Económico e Social da ONU) definiu-as, em 1974, como "empresas que são proprietárias de instalações de produção ou de serviços ou que as controlam fora do território do Estado onde elas têm a respectiva sede. Essas sociedades não têm de ser sociedades anónimas nem sociedades privadas, podem revestir a forma também de cooperativas ou de empresas do Estado" (²). Além disso, aquele grupo propunha que aquelas empresas se deixassem de chamar de "multinacionais" e passassem a ser designadas de *"transnacionais"*, por este termo se coadunar melhor com a sua natureza. Essa proposta foi aprovada pela *Comissão das Nações Unidas para as Sociedades Transnacionais,* pelo que, desde então, passou a ser essa a terminologia utilizada nas Nações Unidas e na doutrina (³).

Mais tarde, em 1977, seria a vez de o Instituto de Direito Internacional dar a sua definição, que parece mais elaborada do que a anterior. Segundo ele, "as empresas formadas por um centro de decisão localizado num Estado e centros de actividade, dotados ou não de personalidade jurídica própria, situados num ou em vários outros Estados, deverão ser consideradas como constituindo em Direito sociedades transnacionais"(⁴).

São, portanto, sociedades de Direito Público ou de Direito Privado que, pelo elemento territorial ou pela sua sujeição a sistemas

---

(¹) NGUYEN QUOC, *op. cit.*, pgs. 619 e segs.

(²) UN Doc. E/5.500/Rev. 1, pg. 23. V. também ONU-Groupe de personnalités, *Effets des sociétés multinationales sur le développement et sur des relations internationales*, ST/ESA/6, 1974.

(³) P. FISCHER, *Transnational Enterprises*, in *Encyclopedia*, t. 8, pgs. 515 e segs.

(⁴) B. GOLDMAN, Relatório apresentado ao I.D.I. sob o título *Les entreprises multinationales*, in *Annuaire de l'I.D.I.* 1977-I, pgs. 226-386, e 1977-II, pgs. 192-263

jurídicos de diversos Estados, mantêm ligações com vários Estados, procurando tirar especial benefício económico desse facto.

III. Devido à sua crescente relevância na cena internacional o Direito Internacional não pôde ignorar por mais tempo as sociedades transnacionais e, para tanto, nuns casos tornou-as *objecto* da sua disciplina, noutros, concedeu-lhes uma *personalidade internacional própria*, ainda que embrionária.

No primeiro sentido, merece ser destacada, a nível universal, a actividade da ONU e da CNUCED (Comissão das Nações Unidas para o Comércio e o Desenvolvimento), que vêm, ambas, tentando elaborar um *"Código de conduta"* das sociedades multinacionais. Todavia, tem sido difícil harmonizar os vários interesses que nessa matéria se entrechocam, de forma a que aquele Código venha a vigorar como conjunto de regras verdadeiramente obrigatórias para aquelas sociedades ([1]).

Melhor sorte têm tido, a nível regional, os esforços da OCDE na tentativa de se chegar a um *"Código de boa conduta"* das sociedades multinacionais, cujos "princípios orientadores", que são obrigatórios quer para os Estados membros quer para as sociedades transnacionais, foram aprovados em Julho de 1976. Logo a seguir, em Julho de 1978, uma recomendação do Conselho daquela Organização vinha disciplinar as práticas comerciais restritivas que afectem o comércio internacional, incluindo as imputáveis a empresas transnacionais. Não obstante tanto aqueles "princípios orientadores" como esta recomendação não terem força obrigatória, eles têm conseguido ser eficazes, devido sobretudo aos meios de fiscalização instituídos ([2]).

De algumas outras Organizações Internacionais regionais têm emanado normas sobre aspectos *parcelares* da actividade das sociedades transnacionais: são exemplos disso os artigos 85.º e 86.º

([1]) COONROD, *The U.N. Code of Conduct for Transnational Corporations*, in *Harvard ILJ* 1977, pgs. 273 e segs.

([2]) SCHWAMM, *The O.E.C.D. Guidelines for Multinational Enterprises*, in *JWTL* 1978, pgs. 342 e segs.

do Tratado de Roma, que condenam as práticas comerciais restritivas e o abuso de posição dominante inclusive das sociedades transnacionais, e o *Código comum para os investimentos*, aprovado pelo Pacto Andino em Dezembro de 1970 ([1]).

IV. Mas, como se disse, o Direito Internacional tem, por vezes, ido mais longe e atribuído às sociedades transnacionais *personalidade jurídica própria*. Até agora, porém, tem-se tratado de personalidade jurídica fragmentária, nascida mais da pretensão *ad hoc* de dar, de forma casuística, cobertura a situações concretas do que do desejo de se elaborar dogmaticamente, com base em princípios jurídicos pré-definidos, uma teoria da personalidade jurídica dessas sociedades. Foi, nessas condições, que foram considerados próximos de "acordos internacionais", ou seja, uma espécie de *quase-tratados* ([2]), os *acordos petrolíferos* concluídos em 1970 entre os Estados produtores de petróleo, em Teerão, Tripoli e Nova Iorque, e as mais importantes empresas petrolíferas, e os acordos celebrados entre sociedades com vista à regulamentação de certas actividades internacionais em matéria de *transportes marítimos e aéreos*, que constituíam até então lacunas no Direito Internacional ([3]).

V. Como se vê, tínhamos razão quando logo no início deste número sublinhámos o facto de as sociedades se encontrarem menos protegidas do que o indivíduo singular perante o Direito Internacional. Isso nota-se de modo especial no facto de as sociedades não terem acesso à jurisdição internacional para fazer valer os seus direitos, salvo, como vimos, no Direito Comunitário. Sem embargo de se reconhecer que se generalizou a prática de os acordos concluídos entre grandes sociedades, particularmente sociedades transnacionais, e Estados, submeterem os litígios deles emergentes a tribunais arbitrais independentes das partes (ou tribunais *ad hoc* ou tribunais institucio-

---

([1]) Vejam-se essas e outras iniciativas a nível regional em CARREAU, *op. cit.*, pgs. 383-384; e NGUYEN QUOC, *op. cit.*, pgs. 628-629.

([2]) V. *supra*, Parte II, Cap. III, n.º 3.

([3]) Para mais pormenores, v. CARREAU, *op. cit.*, pgs. 384-385.

nalizados), que em muitos casos deverão dirimir esses conflitos à luz do Direito Internacional, ou pelo menos a órgãos para-jurisdicionais: entre os primeiros destacam-se o *Tribunal Permanente de Arbitragem*, o *Tribunal de Arbitragem da Câmara de Comércio Internacional* e a *Secção para a resolução dos litígios relativos aos fundos marinhos do Tribunal Internacional do Direito do Mar*; e entre os segundos merece relevo o *Centro Internacional para a resolução dos diferendos sobre os investimentos*, criado no âmbito do Banco Mundial, e já atrás estudado ([1])([2]).

8. O caso especial das Organizações não governamentais (ONG)

Merecem uma referência especial as chamadas Organizações não governamentais, mais conhecidas pela sua sigla ONG.

São associações ou fundações, isto é, pessoas colectivas sempre *sem fim lucrativo* (o que, desde logo, as distingue das sociedades transnacionais), criadas por iniciativa privada ou mista, cujo objectivo é o de *influenciar* ou *corrigir* a actuação dos sujeitos do Direito Internacional, especialmente dos Estados soberanos e das Organizações Internacionais.

([1]) Sobre este ponto, v. especialmente IJALAYE, *op. cit.*, pgs. 247 e segs., CARREAU, *op. cit.*, pg. 385; e NGUYEN QUOC, *op. cit.*, pgs. 636 e segs.

([2]) Sobre as sociedades transnacionais em geral v., para além das obras citadas quer ao longo deste número quer ao longo da Parte II, Cap. III, n.º 3, F. FELICIANO, *Legal Problems of Private International Enterprises*, in *RdC*, 1966-II, pgs. 209-312; G. ANGELO, *Les sociétés multinationales*, in *RdC*, 1968-III, pgs. 447-607; VAGTS, *The Multinational Enterprise: A New Challenge for Transnational Law*, in *HLR* 1970, pgs. 739 e segs.; KOPELMANAS, *L'application du droit international aux sociétés multinationales*, in *RdC*, 1976-II, pgs. 295-336; CARREAU/FLORY/JULLIARD, *Droit international économique*, 3.ª ed., Paris, 1990, pgs. 71 e segs.; VERDROSS/SIMMA, *op. cit.*, pgs. 4-6, 7, 259, 269-270, 390-392, 440 e 809-811; A. MILLER, *The Corporation as a Private Government in the World Community*, in *VLR* 1960, pgs. 1539 e segs.; FATEMI, *Multinational Corporations*, Londres, 1976; C. WALLACE, *Legal Control of the Multinational Enterprise*, Londres, 1982. Sobre a História das sociedades transnacionais em face do Direito Internacional, v. especialmente P. FISCHER, *Das transnationale Unternehmen in der Völkerrechtsgeschichte*, in *Festschrift Verosta* (1981), pgs. 345 e segs.; e a bibliografia arrolada no estudo citado de P. FISCHER na *Encyclopedia*.

Começaram a nascer no século XIX, portanto, ainda antes das Organizações internacionais de tipo intergovernamental, que mais tarde estudaremos. Hoje são em número de alguns milhares e a sua actividade incide em sectores muito variados de interesse público: cultural, científico, educacional, humanitário, religioso, sindical, económico, social, desportivo, etc.

As ONG precisam de ter personalidade jurídica de Direito interno de um Estado qualquer. Em regra, essa personalidade é de Direito Privado, embora elas possam ficar sujeitas a um regime especial de Direito Administrativo, em função do interesse público que prosseguem. O Estado que lhes conceda personalidade de Direito interno delega nas ONG poderes para a prossecução das suas actividades.

Dentro das ONG merecem realce, pela sua importância, a *Cruz Vermelha* (no domínio humanitário)([1]), as *Igrejas* e o *Conselho Ecuménico das Igrejas* (no sector religioso), o *Comité Olímpico Internacional* (no plano desportivo), o *Green Peace* (em matéria ecológica), o *Instituto de Direito Internacional e a Associação de Direito Internacional* (*International Law Association*) (no domínio científico), etc.

As ONG gozam de uma muito principiante personalidade jurídica de Direito Internacional, de natureza funcional, isto é, com capacidade jurídica restrita ao "serviço público" que prosseguem. Tomemos como exemplo a Cruz Vermelha Internacional (que nalguns Estados é conhecida como Crescente Vermelho Internacional): trata-se de uma associação constituída de harmonia com o Direito interno suíço, que desempenha funções que têm relevância para o Direito Internacional na medida em que ela tem a seu cargo fins de "serviço público internacional", no domínio humanitário. Por isso, entre outros direitos, ela goza do *direito de intervir no território dos diversos Estados por razões de índole humanitária.*

([1]) Em bom rigor, a expressão Cruz Vermelha designa *um conjunto* de instituições humanitárias (a Cruz Vermelha Internacional e as secções nacionais da Cruz Vermelha), conhecidas globalmente sob esse rótulo, ou *cada uma delas* – DENISE BINDSCHEDLER-ROBERT, *Red Cross*, in *Encyclopedia*, t. 5, pgs. 248 e segs. e bibl. aí cit.

Além disso, muitas Organizações Internacionais reconhecem às ONG funções consultivas sobre o seu específico domínio de actuação: é o caso da Carta da ONU (art. 71.º), da OCDE e das Comunidades Europeias, embora nestes dois casos sem previsão nos respectivos tratados institutivos.

As ONG obtiveram recentemente especial consagração no espaço regional do Conselho da Europa.

Já em 1950 a Convenção Europeia dos Direitos do Homem, que já conhecemos, reconhecera no seu artigo 25.º às O.N.G. o *direito de queixa individual* à Comissão, o que equivalia a ver nelas sujeitos autónomos do Direito Internacional.

Mais perto dos nossos dias, em 24 de Abril de 1986, os Estados membros do Conselho da Europa assinaram a *Convenção Europeia sobre o reconhecimento da personalidade jurídica das Organizações não governamentais*, que Portugal ratificou em 1991 ([1]).

Em bom rigor, esta Convenção não pretende atribuir uma nova personalidade jurídica *de Direito Internacional* às ONG mas apenas conceder, àquelas que tenham obtido de forma regular personalidade jurídica *de Direito interno* à luz do Direito nacional de um dos Estados signatários, *reconhecimento de pleno direito no território das outras Partes Contratantes* (arts. 2.º e 3.º).

Para os efeitos desta Convenção, o seu artigo 1.º considera ONG as "associações, fundações e outras instituições privadas (...) que preencham as seguintes condições:

"*a*) Tenham um fim não lucrativo de utilidade internacional;

b) Tenham sido criadas por um acto relevante do Direito interno de uma Parte;

c) Exerçam uma actividade efectiva em, pelo menos, dois Estados; e

d) Tenham a sua sede estatutária no território de uma Parte e a sua sede real no território dessa ou de qualquer outra Parte."

([1]) O texto da Convenção encontra-se publicado em anexo ao Decreto de ratificação do Presidente da República n.º 44/91 e à Resolução da Assembleia da República n.º 28/91, que aprova a Convenção para ratificação, no *Diário da República*, I Série-A, de 6-9-91.

O artigo 4.º da Convenção enuncia os únicos casos em que um Estado signatário pode recusar-se a reconhecer uma ONG regularmente constituída à luz do Direito interno de qualquer dos outros Estados partes na Convenção.

Uma particularidade desta Convenção consiste em que ela não admite reservas (art. 9.º).

Podemos concluir dizendo que as ONG têm vindo a aumentar a sua importância na cena internacional, desempenhando já um papel relevante como *grupos de pressão* no seio de várias Organizações internacionais, especialmente nas Comunidades Europeias, no Banco Mundial e nos Bancos regionais de desenvolvimento, e agora também no Conselho da Europa ([1])([2]).

9. Conclusão acerca da personalidade internacional do indivíduo

Do que ficou estudado ao longo desta Secção podemos concluir que, como dissemos logo no seu início, a atribuição da personalidade de Direito Internacional ao indivíduo consiste num dos domínios, porventura o domínio, em que este ramo de Direito mais progrediu nas últimas décadas.

De facto, o indivíduo não é hoje visto pelo ordenamento jurídico internacional apenas como objecto de simples *protecção diplomática* da parte do Estado de que é nacional (o que em si mesmo

---

([1]) V., sobre as ONG, M. BETTATI/P.-M. DUPUY, *Les ONG et le droit international*, Paris, 1986; R. MONACO, *Lezioni di organizzazione internationale*, t. I, Turim, 1985, pgs. 36 e segs.; H. RECHENBERG, *Non-Governmental Organizations*, in *Encyclopedia*, t. 9 (1986), pgs. 276 e segs.; NGUYEN QUOC, *op. cit.*, pgs. 629 e segs.; CARREAU, *op. cit.*, pgs. 385 e segs.; COT/PELLET, comentário ao artigo 71.º da Carta da ONU in *op. cit.*, pgs. 1047 e segs.; e Y. BEIGBEDER, *Le rôle international des organisations non gouvernementales*, Bruxelas, 1992. Especificamente sobre a Cruz Vermelha Internacional, além da *op. cit.* de BINDSCHEDLER-ROBERT, v. BARBERIS, *Los sujetos, cit.*, pgs. 151 e segs.

([2]) Ultimamente começa-se a atribuir às ONG um papel relevante no domínio da protecção internacional do ambiente – v. o recente estudo ed. por SIMONE BILDERBEEK, *Biodiversity and International Law*, Amesterdão, 1992, pgs. 157 e segs.

encerrava uma grande fragilidade, não só porque em tal situação o indivíduo não se encontrava garantido contra o Estado de que era nacional como também porque, sendo aquela protecção uma mera *faculdade*, nenhum Estado iria proteger o indivíduo contra os seus próprios interesses políticos), mas é considerado *verdadeiro sujeito de direitos e obrigações* que o Direito Internacional lhe reconhece de modo directo e imediato. E isso acontece hoje tanto no plano do Direito Internacional consuetudinário comum como no do Direito Internacional convencional.

Por outro lado, quando se fala em personalidade internacional do indivíduo não se pensa hoje apenas na pessoa singular. Na realidade, um dos traços da evolução referida tem consistido no facto de, ao lado da pessoa física, terem adquirido personalidade jurídica internacional também pessoas colectivas internas, de Direito Público ou de Direito Privado, e de o problema começar a ganhar importância mesmo perante conceitos difusos como o de povo e o de minorias. A substituição, que se vem notando há alguns anos na terminologia do Direito Internacional, da expressão Direito Internacional dos Direitos do Homem pela de *Direito Internacional dos Direitos do Homem e dos Povos* não exprime, portanto, uma mera figura de retórica ([1]). Todavia, como atrás salientámos, a personalidade internacional conferida a pessoas colectivas ou grupos não atingiu ainda nem a dimensão nem a eficácia da subjectividade internacional reconhecida ao indivíduo como pessoa singular.

Continua, porém, muito limitado o acesso do indivíduo a meios internacionais que assegurem a efectivação dos direitos subjectivos que lhe são conferidos, especialmente o acesso a garantias de natureza jurisdicional. Como se verá neste livro, nas Nações Unidas o indivíduo não tem acesso ao Tribunal de Haia; no Conselho da Europa, pode um Estado ser parte na Convenção Europeia dos Direitos do Homem e, apesar disso, os cidadãos desse ou doutros Estados podem não gozar do direito de queixa para a Comissão da

---

([1]) Sobre os direitos dos povos e sobre o conceito de povo no moderno Direito Internacional, v. PASTOR RIDRUEJO, *op. cit.*, p. 261, e o muito recente estudo editado por J. CRAWFORD, *The Rights of Peoples*, Oxford, 1992.

violação por aquele Estado dos direitos reconhecidos naquela Convenção: basta, para tanto, que o respectivo Estado, não obstante haver aderido à Convenção, não reconheça competência à Comissão para o efeito (art. 25.º da Convenção); só no Direito Comunitário é que a jurisdição dos dois Tribunais Comunitários é obrigatória, ainda que o acesso do indivíduo a qualquer deles seja mais restrito do que o reconhecido aos Estados membros ou aos outros órgãos das Comunidades.

Recordamos, porém, que na devida altura nos recusámos a exigir para o conceito de sujeito do Direito Internacional o direito de "reclamação internacional". Por isso, temos de considerar que a proibição ou a restrição de acesso do indivíduo a meios de Direito Internacional que lhe permitam efectivar os direitos e as obrigações que a Ordem Jurídica Internacional lhe confere não afecta a sua subjectividade internacional mas apenas limita o seu exercício: é um problema de capacidade internacional, não de personalidade internacional. Este problema assume acuidade especial em relação aos povos e às minorias nacionais: se o povo de um território não autónomo, no sentido em que se lhe refere o artigo 73.º da Carta da ONU, vê postergado, pela potência que administra o território (o Estado colonizador) ou por um terceiro Estado, o seu direito à autodeterminação, esse povo, apesar dos esforços da doutrina em contrário, conforme neste livro já demonstrámos, não tem, através dos seus representantes, acesso a qualquer tribunal internacional para obter a reparação da ilegalidade cometida e poder efectivar o direito que lhe foi negado; o mesmo acontece a uma minoria que é objecto de genocídio, inclusive da parte do próprio Estado que administra o seu território. O problema da garantia dos direitos e das obrigações que o Direito Internacional confere ao indivíduo não é, pois, um problema da sua personalidade internacional mas sim da organização da Comunidade Internacional e da eficácia do Direito Internacional, questão que já analisámos neste livro.

É na matéria da personalidade jurídica internacional do indivíduo que se situa um dos maiores desafios colocados à evolução futura do Direito Internacional. De facto, para uma maior democratização da Comunidade Internacional é necessário que se aprofunde a personalidade internacional do indivíduo e que esta seja acompanhada dos meios idóneos, designadamente de carácter jurisdicional, para a garantia dos direitos que lhe são reconhecidos. Esse desiderato é particularmente agudo quanto aos nacionais dos Estados situados nos espaços geo-políticos em que é baixo o acervo de direitos fundamentais reconhecidos aos cidadãos pelos respectivos Estados ou a respectiva garantia: é o caso ainda de muitos Estados do leste europeu, mas, sobretudo, é o caso da maior parte dos Estados da África, da Ásia, da Oceânia e da América Central e do Sul.

Em matéria de personalidade internacional do indivíduo colocam-se, portanto, ao Direito Internacional dois tipos de exigências, aliás, interligadas entre si: uma, relativa à própria organização da Comunidade Internacional e à eficácia do seu sistema jurídico; outra, a da superação pelo Direito Internacional da resistência oferecida também nesta matéria pela soberania dos Estados ([1]). Depois de vencidos esses obstáculos, o Direito Internacional ficará muito próximo de um verdadeiro *Direito das Gentes* (ou, na terminologia alemã, *Direito dos Povos*) e ter-se-á afastado irreversivelmente de um simples *Direito entre Estados* ([2]). Onde já vai o tempo em que os manuais se podiam esquecer do indivíduo como sujeito do Direito Internacional!

([1]) Acerca da democratização da Comunidade Internacional e quanto às relações entre o Direito Internacional e a soberania dos Estados no quadro da matéria tratada no texto, v. as obras já citadas de CARRILLO SALCEDO e de F. SUDRE, bem como FAUSTO DE QUADROS, dissertação cit., pgs. 346 e segs., 351 e segs. e 387-403.

([2]) É a pensar nessa dimensão da personalidade internacional do indivíduo que Sua Santidade o Papa JOÃO PAULO II chama ao Direito Internacional *"Direito dos Povos"*, na Encíclica *Centesimus Annus*, n.º 21.

Parte IV

As Organizações Internacionais

CAPÍTULO I

TEORIA GERAL
DAS ORGANIZAÇÕES INTERNACIONAIS

1. O conceito de Organização Internacional

Não escondemos que a epígrafe deste capítulo é demasiado ambiciosa. De facto, numa obra deste tipo, fundamentalmente vocacionada, como logo no início dissemos, para fins didácticos, não cabe uma exaustiva *teoria geral* das Organizações Internacionais. Além disso, e contrariamente ao que sucedia quando das duas primeiras edições deste livro, essa teoria geral, com todas as dificuldades que ela comporta e que adiante indicaremos, encontra-se feita em diversas obras especializadas que nas últimas décadas têm vindo a ser publicadas sobre a matéria, e que aprofundam o interesse que a Ciência do Direito Internacional vem dedicando às Organizações Internacionais sobretudo no período a partir da 2.ª Guerra Mundial, época em que elas têm vindo a multiplicar-se ([1]).

([1]) Para uma Teoria Geral das Organizações Internacionais, e para além das obras clássicas de JELLINEK, *Die Lehre von den Staatenverbindungen*, 1882, de KUNZ, *Die Staatenverbindungen*, 1929, e de VERDROSS, *Zur neuesten Lehre von den Staatenverbindungen*, in NZIR 1925-26, v. também WENGLER, *Völkerrecht, cit.*, t. I, pgs. 1191 e segs.; GEORG DAHM, *Völkerrecht*, t. II, Estugarda, 1961, pgs. 1-325; KOROWICZ, *Organisations internationales et souveraineté des États membres*, Paris, 1961; R. MONACO, *Lezioni di organizzazione internazionale*, t. I, Turim, 1985; VERDROSS/SIMMA, *op. cit.*, pgs. 594 e segs.; PESCATORE, *Le Droit de l'intégration*, Leyden, 1972; D. BOWETT, *The Law of International Institutions*, 4.ª ed., Londres, 1982;

Por tudo isso, limitar-nos-emos a estudar aqui apenas os traços fundamentais da teoria geral das Organizações Internacionais.

Até não falta quem pense que entre as diversas Organizações Internacionais há tais diferenças de estrutura e de natureza que uma teoria geral seria vazia de conteúdo. Embora não aceitemos este ponto de vista é necessário reconhecer que, a querer-se fornecer uma definição de Organização Internacional, essa definição terá que ser muito ampla e flexível, para poder abranger todas as Organizações existentes, perdendo ela assim em clareza e em compreensão o que ganha em extensão. É o que sucede com uma das clássicas tentativas de definição, que obteve a adesão de parte significativa da doutrina, a de SERENI, para quem "uma Organização Internacional pode definir-se como uma associação voluntária de sujeitos do Direito Internacional, constituída mediante tratado internacional e regulada nas relações entre as partes por normas de Direito Internacional, e que se concretiza numa entidade de carácter estável, dotada de um ordenamento jurídico interno próprio, e de órgãos próprios, através dos quais prossegue fins comuns aos membros da Organização, mediante a realização de certas funções e o exercício dos poderes necessários que lhe tenham sido conferidos" ([1]).

MENG, *Das Recht der internationalen Organisationen — Eine Entwicklungsstufe des Völkerrechts*, Baden-Baden, 1979; SEIDL-HOHENVELDERN, *Das Recht der internationalen Organisationen, einschliesslich der supranationalen Gemeinschaften*, 5.ª ed., Colónia, 1992; ID., *Völkerrecht, cit.*, pgs. 166 e segs.; ID., *Lexikon, cit.*, pgs. 126 e segs.; REUTER/COMBACAU, *Institutions et relations internationales*, Paris, 1980; SCHERMERS, *International Institutional Law*, 2 vols., 2.ª ed., Leyden, 1981; NGUYEN QUOC, *op. cit.*, pgs. 511 e segs.; JOSÉ PASTOR RIDRUEJO, *op. cit.*, pgs. 611 e segs.; CARREAU, *op. cit.*, pgs. 357 e segs. e 524 e segs.; RUDOLF BINDSCHEDLER, *International Organizations, General Aspects*, in *Encyclopedia*, t. 5 (1983), pgs. 119 e segs., e bibl. aí arrolada; M. DIEZ DE VELASCO, *op. cit.*, t. II; C. ZORGBIBE, *Les organisations internationales*, Paris, 1986; L. CRUCHO DE ALMEIDA, *Organizações Internacionais*, in *Pólis*, t. 4 (1986), cols. 906 e segs.; JORGE MIRANDA, *DIP-I, cit.*, pgs. 292 e segs.; SILVA CUNHA, *op. cit.*, t. II, pgs. 145 e segs.; MARGARIDA SALEMA/AFONSO D'OLIVEIRA MARTINS, *Direito das Organizações Internacionais*, polic., vol. I, Lisboa, 1989.

([1]) SERENI, *op. cit.*, pg. 804. Adoptou definição similar, entre outros, MIAJA DE LA MUELA, *op. cit.*, pg. 142. Sobre o problema, na doutrina clássica, MALINTOPPI, *De la notion d'organisation en Droit International*, nos citados *Estudos Guggenheim*, pgs. 825 e segs.

Essa flexibilidade mantém-se nas definições mais modernas, ainda que elas procurem ser menos prolixas e, por isso, menos descritivas: tomemos como exemplo a definição proposta pelo Professor RUDOLF BINDSCHEDLER, para quem a Organização Internacional consiste numa "associação de Estados instituída por um tratado, que prossegue objectivos comuns aos Estados membros e que possui órgãos próprios para a satisfação das funções específicas da Organização" ([1]).

Nas diversas definições propostas para o conceito de Organização Internacional há dois elementos que nos aparecem de forma expressa ou implícita: o elemento *organização*, que implica permanência (ou estabilidade) e vontade própria, e o elemento *internacional*.

Para começar, a Organização Internacional tem de ser *permanente* ([2]). Dessa permanência resulta a sua *autonomia em relação aos Estados membros*. Esse elemento afasta logo a Organização Internacional quer das meras relações acidentais que surgem entre os Estados em virtude de tratados não destinados a fazer surgir uma nova entidade, quer das conferências intergovernamentais (tomem-se como exemplo a Conferência Intergovernamental sobre a União Política e a Conferência Intergovernamental sobre a União Económica e Monetária que ao longo de 1991 prepararam o que veio a ser o já citado Tratado da União Europeia).

([1]) *Op. cit.*, pgs. 120.

([2]) Hoje um dos melhores intérpretes deste pensamento é o Professor MONACO, *Lezioni, cit.*, vol. I, pg. 35. Alguns autores têm visto neste elemento motivo para transplantar para o Direito Internacional a *teoria da instituição*, expressa primeiramente por HAURIOU, e de tão larga influência na doutrina portuguesa. A aplicação da teoria da instituição à ordem internacional foi já tentada por DELOS, *La société internationale et les principes du droit public,* Paris, 1929, particularmente a pgs. 100-121. A aplicação específica daquela teoria ao conceito de Organização Internacional, que seria um exemplo de instituição-pessoa na ordem internacional, pode ver-se em VELLAS, *La rencontre posthume du Doyen Maurice Hauriou et du Droit International Public*, no volume colectivo *La pensée du Doyen Maurice Hauriou et son influence*, Paris, 1969, pgs. 229-240.

A permanência da Organização Internacional supõe a existência de uma sede, de acordo ou acordos com um ou mais Estados membros destinados a regular as actividades da Organização no respectivo território (os chamados *accords de siège*, isto é, em língua portuguesa, *acordos de instalação*), e um mínimo de estrutura orgânica e de condições materiais que permitam à Organização funcionar.

Além disso, a Organização Internacional exprime uma *vontade própria*, que lhe é juridicamente imputável e é distinta das vontades jurídicas dos Estados membros.

Esta vontade rege-se por regras de formação e expressão da vontade que são próprias à Organização. No plano jurídico ela é indissociável da *personalidade jurídica própria* da Organização. Também por aqui as Organizações Internacionais se distinguem das meras conferências intergovernamentais.

No plano político é por vezes difícil distinguir a vontade própria da Organização da vontade dos seus Estados membros. Mas, mesmo então, no plano do Direito não há dúvida que a vontade expressa por ela pertence à Organização, à qual são imputáveis os actos praticados pelos seus órgãos em conformidade com o seu tratado institutivo e desde que respeitem o *princípio da especialidade*. Todavia, a distinção entre a vontade dos Estados membros e a vontade da Organização não suscita qualquer espécie de dúvida quando estatutariamente a Organização possa deliberar por maioria (simples ou qualificada), como frequentemente acontece e, particularmente, nas Organizações de integração.

O elemento *internacional* nasce, desde logo, do facto de a Organização ser criada por um instrumento *de Direito Internacional*. Esse instrumento é, em regra, um tratado internacional concluído segundo as regras gerais do Direito Internacional Público, concretamente da Convenção de Viena.

Mas a Organização Internacional pode também ser criada por outra Organização Internacional mediante resolução tomada nos termos estatutários no seio do órgão competente desta última. Assim, por exemplo, a Assembleia Geral da ONU deliberou criar a ONUDI (Organização das Nações Unidas para o Desenvolvimento Industrial) ([1]), a CNUCED (Conferência das Nações Unidas para o Comércio e o Desenvolvimento) ([2]) e o PNUD (Programa das Nações Unidas para o Desenvolvimento) ([3]).

O elemento internacional expressa-se igualmente pela circunstância de os membros da Organização serem sujeitos *do Direito Internacional*, ou excepcionalmente outras entidades que se integram em sujeitos distintos. Em qualquer caso a Organização, pela sua composição, *transcende o âmbito do Estado.*

Na verdade, embora a grande maioria das Organizações Internacionais seja composta unicamente por Estados, elas podem admitir no seu seio outros sujeitos do Direito Internacional para além dos Estados. Assim, a Santa Sé é membro de várias Organizações não políticas.

E pode uma Organização ser membro de uma outra Organização Internacional: a ONU, por exemplo, é membro da União Postal Universal e da União Internacional das Telecomunicações, e a Comunidade Económica Europeia é membro do GATT (Acordo Geral de Pautas Aduaneiras e Comércio).

Isso não exclui que possam ser membros da Organização, em certos casos, entidades que não têm a qualidade de sujeitos do Direito Internacional, mas cuja participação separada é exigida pelos fins da Organização: assim, por exemplo, na União Postal Universal ou na União Internacional das Telecomunicações o que interessa é a organização das comunicações, o que não depende do estatuto político de um território mas da sua localização geográfica, e assim, se um Estado é formado por regiões geográficas distintas, pode cada região ser, por si, membro da Organização (o que no fundo equivale à atribuição de uma personalidade jurídica internacional *ad hoc*).

Mas mesmo que uma Organização Internacional tenha como membros apenas Estados pode acontecer que estes não estejam representados nela apenas por entidades governamentais ou perten-

---

([1]) Resol. 2089 (XX) e Resol. 2152 (XXI).
([2]) Resol. 1995 (XIX).
([3]) Resol. 2029 (XX).

centes à Administração Pública. É assim que na OIT as delegações estaduais têm uma composição tripartida: são compostas por representantes do Governo, da classe patronal e dos sindicatos.

Mas *a Organização Internacional não é um Estado* e muito menos um Superestado. Na verdade, não tem população nem território, e não exerce normalmente qualquer competência territorial. Por isso, ao contrário da associação de Estados, não é um sujeito de base territorial. Foi o que expressamente afirmou o TIJ no Parecer sobre os *prejuízos sofridos ao serviço das Nações Unidas*: "isto não quer dizer que a Organização seja um Estado, que decerto não é, ou que a sua personalidade jurídica, os seus direitos e obrigações, sejam os mesmos de um Estado".

E, embora na Organização Internacional haja indiscutivelmente um fenómeno sociológico de *poder* (¹), ela não possui poder político em sentido próprio, excepto sobre os Estados membros, e sempre nos limites da Carta de constituição: a Organização não exerce qualquer poder sobre os sujeitos internos do Estado, ou seja, não tem *imediatividade*, salvo nas Organizações supranacionais.

2. Evolução histórica

As Organizações Internacionais de tipo moderno surgem no século XIX. Até 1919, porém, pode dizer-se que se limitam à cooperação internacional em matéria administrativa, e são então designadas por *Uniões Administrativas*. Foram deste tipo as Comissões Internacionais do Reno e do Danúbio, surgidas, a primeira, em consequência do Tratado de Paris de 1814 e do Acto Geral de Viena, saído do Congresso de Viena do ano seguinte (é portanto historicamente a mais antiga) e, a segunda, do Tratado de Paris de 1856,

---

(¹) "Como todo o organismo social, a Organização Internacional é sede de fenómenos de poder" (...)." Exerce um poder sobre os seus membros, e de uma forma geral no meio social em que se desenvolve a sua actividade. A natureza deste poder não é diferente do poder exercido pelas sociedades políticas, em particular pelos Estados. Mas a sua intensidade não é comparável." – ROGER PINTO, *Cours d'institutions internationales,* Paris, 1962-1963, policopiado, pg. 512.

ambas destinadas a dar efectividade ao princípio da liberdade de navegação nos rios internacionais.

Na segunda metade do século a cooperação internacional estende-se aos transportes e às comunicações: surgem a União Telegráfica Universal (1874) e a Repartição Central dos Transportes Internacionais (1890). E ainda antes da 1.ª Guerra Mundial nascem Organizações de cooperação no domínio sanitário e económico.

Assim, em 1914 existiam cerca de uma dúzia de Uniões Administrativas, de competência, aliás, muito limitada.

É o pós-guerra vai ver desenvolver-se esta cooperação, que se estende ao plano político, surgindo a primeira Organização política de tendência universal: a Sociedade das Nações.

Desde então começam a aparecer muitas Organizações de cooperação técnica, política e económica, que se torna impossível enumerar. Salientemos apenas que o Tratado de Versalhes, que incorporou os artigos do Pacto da Sociedade das Nações, criou também a Organização Internacional do Trabalho, que viria a revelar-se das mais importantes e eficazes.

Simultaneamente desenvolve-se no continente americano o movimento pan-americano, que levaria mais tarde à constituição da Organização dos Estados Americanos. Finalmente o pós-guerra, de 1945 até hoje, vê proliferarem progressivamente Organizações Internacionais, quer para-universais, como a ONU, quer sobretudo regionais, como o Conselho da Europa, a OTAN e as Comunidades Europeias. No número seguinte, ao elaborarmos a classificação das Organizações Internacionais, procuraremos dar o panorama geral das várias categorias de Organizações actualmente existentes.

Mas do ponto de vista histórico um factor importantíssimo há a recordar, uma vez mais: o aparecimento de Organizações supranacionais, com relações de subordinação entre as Organizações e não só os Estados como também os sujeitos do seu Direito interno, de que são exemplo mais avançado as Comunidades Europeias ([1]).

([1]) V. a génese e a evolução histórica das Organizações Internacionais em BINDSCHEDLER, *op. cit.*, pgs. 123 e segs.; JOSÉ PASTOR RIDRUEJO, *op. cit.*, pgs. 616 e segs.; e NGUYEN QUOC, *op. cit.*, pgs. 512 e segs.

3. Classificação das Organizações Internacionais

Dada a grande heterogeneidade das Organizações existentes e o seu grande número são naturalmente possíveis inúmeras classificações das Organizações Internacionais, segundo diversíssimos critérios. E para dar conta da extrema variedade das espécies a considerar não bastará servirmo-nos de uma só classificação. Pela nossa parte adoptaremos as três classificações que a doutrina há muito considera serem as mais importantes, e que agrupam as Organizações Internacionais conforme: *a*) o *objecto* que prosseguem; *b*) a *sua estrutura jurídica; c*) e o seu *âmbito territorial* de acção ou de participação.

a) Quanto ao objecto

Esta classificação atende ao *domínio material*, isto é, ao objecto social de cada Organização, aferido pelos respectivos fins.

Podemos distinguir, segundo este critério, Organizações dirigidas à prossecução de fins gerais e Organizações dirigidas à realização de objectivos particulares ou especiais.

As *Organizações com finalidades gerais* são, em regra, predominantemente políticas, em virtude de a sua finalidade política constituir normalmente a cúpula de toda uma multiplicidade de fins especiais, englobando todas estas. Como primeiro exemplo de Organizações deste tipo temos a ONU, Organização cujas finalidades, além de serem muito amplas, revelam uma tendência contínua para serem ampliadas através da sua concretização na prática internacional. É certo que o seu fim principal consiste na manutenção da paz e da segurança internacionais; mas a Carta da Organização teve a consciência de que a preservação da paz e da segurança internacionais exige a prossecução de diversos outros objectivos, tais como a cooperação nos âmbitos económico, social, cultural e humanitário, que fazem daquela Organização um instrumento de objectivos tão amplos que é mister classificá-la como o exemplo mais perfeito de Organizações dirigidas à prossecução de finalidades de ordem geral.

Também se poderão considerar incluídas nesta categoria a Organização dos Estados Americanos (OEA), uma vez que, segundo o artigo 4.º da Carta de Bogotá, mesmo após a sua revisão pelo Protocolo de Buenos Aires, de 1967, ela tem como objectivos a segurança continental, a solução pacífica de controvérsias e diferendos e a cooperação económico-social, e a Organização da Unidade Africana (OUA), cuja Carta, que entrou em vigor em 1963, lhe impõe as finalidades da unidade, da solidariedade, a defesa da independência e da soberania e a cooperação entre os Estados nos mais diversos domínios.

Ao contrário, as *Organizações dirigidas à prossecução de finalidades especiais* visam um objectivo determinado, podendo elas subdividir-se, consoante as finalidades predominantemente prosseguidas, nas seguintes subespécies, entre outras:

– *Organizações de cooperação política*. São bem pouco frequentes as Organizações deste tipo, pois, como atrás dissemos, as Organizações dirigidas à prossecução de finalidades políticas englobam, em regra, uma multiplicidade de finalidades específicas, devendo, por conseguinte, ser inseridas entre as Organizações de finalidades gerais. Como exemplo desta categoria pouco frequente temos o Conselho da Europa, com sede em Estrasburgo;

– *Organizações de cooperação económica*. Esta categoria tem proliferado de forma notável depois da 2.ª Guerra Mundial. De acordo com a sua finalidade económica e financeira pretendem estas Organizações fomentar o estreitamento de relações entre os Estados membros, desde logo no campo comercial, como condição para o seu maior desenvolvimento económico. Como exemplos de Organizações deste tipo, temos as Comunidades Europeias, a Organização de Cooperação e Desenvolvimento Económico (OCDE), a Associação Europeia de Comércio Livre (EFTA), o Banco Internacional para a Reconstrução e Desenvolvimento (BIRD ou Banco Mundial), o Fundo Monetário Internacional (FMI), o Acordo Geral sobre Pautas Aduaneiras e Comércio (GATT), etc.;

– *Organizações de cooperação militar*. A sua finalidade consiste predominantemente na manutenção da paz e da segurança dentro de certa área geográfica, através da criação de aparelhos de defesa colectiva contra agressões militares. Extinto o Pacto de Varsóvia, os exemplos mais importantes deste tipo de Organizações são hoje a Organização do Tratado do Atlântico Norte (OTAN) e a Organização do Tratado do Sudeste Asiático (SEATO). Quanto a esta última note-se, aliás, que ela vive uma situação jurídica estranha: a Organização foi formalmente extinta em Junho de 1977, mas, não obstante, o Tratado que a instituiu em Setembro de 1954, o *Tratado de Manila*, continua em vigor entre todas as partes ([1]);

— *Organizações de cooperação social e humanitária*. Estas organizações têm como finalidade a protecção do indivíduo ou de grupos sociais e dos seus direitos, bem como a promoção do seu bem-estar físico, intelectual e social. Como exemplos de Organizações deste tipo surgem-nos várias Organizações especializadas (também chamadas *agências especializadas*) das Nações Unidas, tais como a Organização Internacional para a Alimentação e Agricultura (FAO), a Organização Mundial de Saúde (OMS), a Organização Internacional do Trabalho (OIT), etc;

— Finalmente, *Organizações dotadas de finalidades culturais, científicas e técnicas*. Propõem-se estas Organizações fomentar a cooperação entre os Estados no domínio cultural, bem como no da investigação científica e da assistência técnica. Como exemplos desta categoria, surgem-nos a Organização das Nações Unidas para a Educação e a Ciência (UNESCO), a Agência Internacional de Energia Atómica, a Organização Europeia para a Investigação Nuclear, etc. Por sua vez, a cooperação no âmbito estritamente técnico tem-se revestido nas últimas décadas de grande alcance, originando um grande número de Organizações Internacionais desse tipo: por exemplo, a Organização Internacional da Aviação Civil (OIAC), a União Postal Universal (UPI), a Organização Internacional Marítima (IMO), etc.

([1]) Para mais pormenores, SHEARER, *South-East Asia Treaty Organization*, in *Encyclopedia*, t. 6 (1983), pgs. 345 e segs.

b) Quanto à sua estrutura jurídica

Este critério atende à estrutura jurídica das Organizações Internacionais, e concretamente à coesão interna de que se revestem, e está estreitamente dependente da medida em que a soberania dos Estados membros é limitada pelos poderes atribuídos à Organização Internacional.

Segundo este critério, deverão considerar-se duas espécies fundamentais de Organizações Internacionais: as *Organizações intergovernamentais* e as *Organizações supranacionais* ([1]).

As Organizações intergovernamentais não apresentam grandes dificuldades na sua caracterização, em virtude de constituírem o tipo clássico e corrente de Organizações Internacionais. O seu objectivo predominante é o de fomentar relações multilaterais *de mera cooperação* entre os sujeitos que as compõem, na esfera da actividade correspondente ao objecto material da Organização. Portanto, nestas Organizações não existe, em princípio, limitação à soberania dos Estados membros, já que as relações que se estabelecem no seu seio são *relações horizontais de simples coordenação das soberanias estaduais*.

Portanto, os Estados membros desempenham um papel primordial na vida destas Organizações. Com efeito:

— os órgãos deliberativos destas Organizações são constituidos por representantes dos Estados membros, em regra escolhidos pelos respectivos Governos, e submetidos às instruções destes;

([1]) Esta terminologia encontra-se já consagrada na doutrina e por isso respeitamo-la. Tem como fonte, respectivamente, o artigo 71.º da Carta da ONU, por exclusão de partes, e a redacção inicial do artigo 9.º pars. 5 e 6 do Tratado que criou a CECA. Mas há que reconhecer que ela não é feliz enquanto se serve dos termos *Governo* e *Nação*, quando o que se tem aqui em vista é o *Estado*. Por conseguinte, melhor se falaria em Organizações *interestaduais e supraestaduais*, embora os vocábulos que com maior rigor exprimem a distinção entre as duas categorias de Organizações, e que por isso iremos utilizar a seguir, são os de *cooperação* e de *integração*. A elaboração dogmática destes dois conceitos encontra-se modelarmente feita por CLAUDIUS ALDER, *Koordination und Integration als Rechtsprinzipien,* Bruges, 1969. V. também PESCATORE, na sua excelente *op. cit.*, e FAUSTO DE QUADROS, *Sumários, cit.*, pontos 31, 36, 37 e 39, e dissertação cit., pg. 17, n. 21, e pgs. 129 e segs. e 379 e segs.

— é vedada à Organização a intervenção directa na ordem interna dos Estados membros. Por isso, as suas decisões e deliberações têm como destinatários os próprios Estados e nunca os seus sujeitos internos, particularmente o indivíduo. Ou seja, o Estado interpõe-se entre a Organização e a sua ordem interna;

— as decisões e as deliberações dos órgãos das Organizações não são, em regra, obrigatórias para os Estados, assumindo a natureza de meras recomendações (de entre as excepções a este princípio destacam-se as resoluções do Conselho de Segurança das Nações Unidas quando aprovadas no âmbito do Capítulo VII da Carta);

— dado que os órgãos deliberativos destas Organizações são constituídos por representantes dos Estados membros e, em regra, delegados dos respectivos Governos, a regra de votação é geralmente a da unanimidade, tendendo ela por vezes a atenuar-se a favor da exigência de maioria muito qualificada (com excepção feita à ONU, cujos órgãos deliberativos podem votar por maioria simples ou por maioria qualificada).

Como se disse, pertence a esta categoria a grande maioria de Organizações Internacionais existentes, sem embargo de especificidades que algumas delas podem revelar. São exemplos deste tipo a ONU e as suas agências especializadas, a OCDE, a OTAN, a OEA, a OUA, a EFTA, etc.

Surgem-nos, por outro lado, como segundo termo da presente classificação, as *Organizações Internacionais supranacionais*.

O fenómeno da supranacionalidade só é conhecido nas relações internacionais após a 2.ª Guerra Mundial e encontra hoje o seu apogeu na integração europeia, materializada nas três Comunidades Europeias: a Comunidade Europeia do Carvão e do Aço (CECA), a Comunidade Europeia (CE) (designação por que pelo Tratado da União Europeia passou a ficar conhecida a antiga CEE, isto é, a ex-Comunidade Económica Europeia) e a Comunidade Europeia da Energia Atómica (CEEA ou Eurátomo). À supranacionalidade nas Comunidades Europeias ficou confessada e assumidamente associada, desde o início do processo da integração europeia, uma vocação federal, que agora foi reforçada (repete-se: por ora, como simples *vocação*), com a assinatura do Tratado da União Europeia (TUE)([1]).

Diferentemente das Organizações tradicionais, de carácter intergovernamental, esta categoria de Organizações funda-se no princípio da *limitação da soberania dos Estados membros*, resultante da chamada *"transferência" de poderes soberanos dos Estados membros para as Organizações supranacionais* ([2]). As restrições à soberania dos Estados traduzem-se no facto de neste tipo de Organizações, e como logo na parte introdutória deste livro escrevêramos, existirem *relações de subordinação* (e não de mera cooperação) entre a Organização e os Estados membros, incluindo os seus sujeitos de Direito interno, relações essas que vão cobrindo progressivamente novos domínios de actividade à medida que a integração avança. Esse fenómeno de subordinação conduz a que as relações horizontais de simples coordenação de soberanias estaduais, de mera *cooperação* entre Estados, que vimos serem típicas das Organizações clássicas, de cariz intergovernamental, dêem o seu lugar a *relações verticais de integração*, que levam ao nascimento de um verdadeiro *poder integrado*, um autêntico *poder político comunitário*, na titularidade da Organização supranacional.

Note-se, todavia, que, tal como acontece nos acabados Estados federais democráticos (de que são paradigmas os sistemas norte-americano e alemão), nas Organizações supranacionais não é forçoso que deixe de haver domínios em que o relacionamento entre a Organização e os Estados membros se continue a processar a nível de mera cooperação e não de integração. Nas Comunidades Europeias sempre assim aconteceu e mais seguramente acontecerá com o novo TUE, que consagrou de modo expresso o princípio da subsidiariedade nas relações entre a União e os Estados membros.

([1]) Sobre a assunção desde o início da integração europeia do seu destino federal (não obstante as correntes contrárias que na Ciência Política se foram defendendo ao longo destes quarenta anos), v. CEREXHE, *op. cit.*, t. I, pgs. 25 e segs.; MATHIJSEN, *op. cit.*, pgs. 5 e segs.; BOULOIS, *op. cit.*, pgs. 25 e segs.; e FAUSTO DE QUADROS, dissertação cit., pgs. 115 e segs., e *Sumários* cit., pgs. 23 e segs.

([2]) Veja-se esta questão doutrinária aplicada às Comunidades Europeias em FAUSTO DE QUADROS, dissertação cit., pgs. 196-375, e na bibl. aí seleccionada.

As características essenciais das Organizações supranacionais, que vão reflectir o referido fenómeno da subordinação, e simultaneamente explicar melhor o que as separa das Organizações intergovernamentais, são as seguintes:

– elas possuem uma estrutura jurídico-política de tipo estadual, que se traduz sobretudo num sistema de separação e repartição de poderes que revela analogias com o sistema estadual, e que leva, designadamente, à existência de um Poder Legislativo, com competência para aprovar actos legislativos, portanto, normas gerais e abstractas, obrigatórias para os Estados e para a sua ordem interna, e de um Poder Judicial, de jurisdição obrigatória;

– em algum ou alguns dos seus órgãos deliberativos, com competência legislativa ou executiva, os respectivos titulares exercem as suas funções em nome próprio e com independência em relação aos Estados, e, portanto, não podem ser vistos como representantes dos Estados ou dos seus Governos;

– nesses órgãos deliberativos o sistema de votação é, em regra, o da maioria, porque já não se trata de exprimir uma vontade *estadual,* que salvaguarde *interesses específicos de cada Estado*, mas de revelar uma vontade *internacional,* melhor, uma vontade *integrada,* que vise prosseguir interesses *da comunidade*, superiores, portanto, aos interesses estaduais;

– os órgãos da Organização têm competência para aprovar actos com conteúdo legislativo, regulamentar e administrativo que, mais do que *obrigatórios* para os Estados (como se disse), são *directa e imediatamente aplicáveis* na sua ordem interna (é a característica da *aplicabilidade directa* ou da *imediatividade*);

– como corolário da característica acabada de referir, os sujeitos do Direito interno dos Estados membros, e não apenas os Estados, têm acesso directo aos tribunais da Organização. É uma questão que já estudámos atrás.

Como exemplos deste tipo temos hoje, para além das Comunidades Europeias, e, ainda que não coincidentes com elas tanto na sua estrutura como nos seus propósitos como ainda no grau de evolução já alcançado, o Benelux, o Pacto Andino, o Mercosul, etc.

c) Quanto ao seu âmbito territorial de acção ou de participação

O critério em que assenta esta última classificação resulta quer do número de Estados de que as Organizações podem vir a ser compostas, ou seja, do número de Estados que poderão em princípio ser membros dessas Organizações, quer da maior ou menor dimensão do seu âmbito de actuação. Teremos, dessa forma, as *Organizações para-universais* e as *Organizações regionais*.

As *Organizações para-universais* são aquelas que em princípio poderão abarcar todos os Estados da Comunidade Internacional, e que, portanto, têm uma apetência, uma vocação, pela universalidade. Temos, como exemplos, a ONU e as suas agências especializadas, o GATT, o BIRD, o FMI, a OIT, etc.

Por seu lado, as *Organizações regionais* vêem o seu âmbito territorial de acção ou participação definido restritivamente, isto é, estão abertas unicamente a um reduzido número de Estados, definidos por requisitos geográficos ou outros, e que apresentam internamente, por contrapartida, uma bem maior homogeneidade.

Em regra, a restrição ao âmbito territorial da sua acção, ou da participação nelas, atende a um *critério geográfico:* assim acontece, como é evidente, com a OEA, a OUA, a OTAN, o Conselho da Europa, as Comunidades Europeias, a EFTA, etc. Mas pode acontecer que o critério estritamente geográfico seja substituído por um critério *ideológico* ou *geo-político*: assim aconteceu com o extinto CAEM (Conselho de Assistência Económica Mútua), mais conhecido por COMECON, que só podia ter como membros Estados de Economia planificada ou de direcção central, fosse qual fosse a sua localização geográfica. Foi por isso que ele teve como membros Estados tão distantes geograficamente entre si, como Estados do leste europeu, Cuba, Mongólia ou o Vietnam. E assim acontece ainda com a OCDE, da qual são membros apenas Estados de Economia de tipo ocidental, mesmo se dispersos pelo Mundo.

O mesmo se aplicaria, por exemplo, à *Commonwealth*, caso ela fosse uma Organização Internacional e não, como é nossa posição, uma associação de Estados.

Também constitui exemplo de Organização regional assente num critério ideológico (neste caso, talvez mais de índole étnica e religiosa) a Liga Árabe, que exclui Israel apesar de este pertencer geograficamente à mesma zona.

Note-se ainda que pode acontecer que o regionalismo na acção da Organização não coincida com o da sua participação, porque o primeiro é determinado por um critério geográfico e o segundo por um critério geo-político: é o caso do recentemente criado Banco Europeu para a Reconstrução e o Desenvolvimento (BERD), de que são beneficiários apenas Estados da Europa Central e do Leste, mas em cujo capital participam, entre outros, Estados não europeus com Economia de mercado, como os Estados Unidos, o Canadá, o Japão, a Austrália, Marrocos, etc.

O facto de o regionalismo nas Organizações Internacionais não ter a presidir-lhe um critério estritamente geográfico, torna difícil a formulação de uma definição acabada de Organizações regionais. Por isso, será melhor que chamemos Organizações regionais a todas aquelas que não forem para-universais, isto é, que não aspirem à universalidade. Por esse raciocínio, as Organizações de defesa colectiva são, por definição, regionais: pois visam a defesa contra o ataque de *outrem*, pelo que só são concebíveis desde que excluam esse *outrem*.

Importa sublinhar que a Carta da ONU acolhe e estimula a criação de Organizações regionais, considerando-as muito importantes para se alcançar um sistema universal de prevenção e manutenção da paz e da segurança internacionais.

Note-se, para terminar, que para a distinção entre Organizações para-universais e regionais ganha grande relevância a distinção entre tratados *abertos e semiabertos*, que estudámos em local próprio ([1]).

([1]) Parte II, Cap. III, n.º 13, III.

4. A Ordem Jurídica das Organizações Internacionais

I. Como dissemos, cada Organização Internacional é instituída por um tratado internacional, que é conhecido como seu Direito *originário*.

Com base nesse tratado desenvolve-se todo um conjunto de normas e actos que emanam dos órgãos da Organização, e cuja natureza, força obrigatória ou não, e cujos destinatários variarão conforme se trate de uma Organização intergovernamental ou de uma Organização supranacional. A esse Direito gerado pelos órgãos da Organização e *derivado* do tratado institutivo dá-se a designação de *Direito interno da Organização Internacional*, conceito que em 1926 seria criado e elaborado pelo Professor ALFRED VERDROSS no prefácio da sua obra clássica sobre os fundamentos do Direito Internacional e da Comunidade Internacional, obra essa que projectaria definitivamente o seu nome para o primeiro plano da doutrina do Direito Público ([1])([2]).

A Ordem Jurídica de cada Organização Internacional é composta, pois, pelo somatório do seu Direito originário e derivado. Desse conjunto de matérias só nos vamos ocupar aqui do acto de instituição da Organização e da personalidade jurídica da Organização.

II. O tratado internacional é o modo clássico, e durante muito tempo foi o único, de instituição de uma Organização Internacional. O tratado institutivo de uma Organização Internacional é um tratado multilateral – e já estudámos, em local próprio, este conceito. Como atrás dissemos, logo a primeira Organização Internacional de História, a Comissão Internacional do Reno, foi criada por um tratado multilateral, o Acto Geral de Viena, de 1915. Mas é um tratado multilateral de cariz especial: assim, por exemplo, por natureza não admite reservas, embora o ponto não seja pacífico nem na

---

([1]) *Die Verfassung der Völkerrechtsgemeinschaft*, Viena, 1926.

([2]) V. a evolução desta construção na doutrina em FAUSTO DE QUADROS, dissertação cit., pgs. 73-74, 74-79 e 174-178; mais recentemente, em R. BERNHARDT, *International Organizations, Internal Law and Rules,* in *Encyclopedia*, t. 5, pgs. 142 e segs., e bibl. aí cit.; e DIEZ DE VELASCO, *op. cit.*, t. II, pgs. 49 e segs.

doutrina nem na prática internacional; e, além disso, as condições da sua revisão são diferentes das da generalidade dos tratados.

Na verdade, segundo os princípios gerais da Teoria Geral dos Tratados, hoje reflectidos nos artigos 39.º e 40.º da Convenção de Viena, as revisões dos tratados multilaterais exigem a participação unânime *de todos os Estados partes*. Mas nas Organizações Internacionais é frequente a admissão da revisão por *maioria qualificada*, cabendo então distinguir entre dois tipos de revisão: a revisão de carácter *contratual*, que vincula apenas os Estados que aceitam as emendas, continuando os outros vinculados ao texto anterior (sistema que a Convenção de Viena também permite em certos casos para a revisão dos tratados multilaterais); ou a revisão de tipo *constitucional*, que, uma vez aprovada pela necessária maioria, obriga todos os Estados membros, independentemente do seu consentimento concreto. Neste último caso estamos numa situação incompatível com a teoria clássica dos tratados.

Podemos encontrar nos nossos dias exemplos de todas estas fórmulas.

Normalmente, a regra da unanimidade é exigida para a revisão dos tratados que criam Organizações regionais.

Nas Organizações para-universais pode prevalecer o carácter contratual (ou princípio do consentimento), como acontece na OIAC, cujo Tratado, no artigo 94.º, al. *a*), especifica que uma emenda entra em vigor desde que ratificada por 2/3 dos membros, mas só "para os Estados que ratificaram essa emenda". Pode, ao contrário, prevalecer o carácter constitucional, como nas Nações Unidas, em que, pelo artigo 108.º da Carta, uma emenda, após aprovada por 2/3 da Assembleia e ratificada por 2/3 dos membros, incluindo todos os membros permanentes do Conselho de Segurança, entra em vigor *para todos os Estados membros.*

Com razão se tem chamado a atenção para o carácter já não contratual, mas *constitucional*, destes tratados que instituem Organizações Internacionais ([1]).

([1]) JIMENEZ DE ARECHAGA, *Derecho Constitucional de las Naciones Unidas*, Madrid, 1958, pgs. 621-623.

Mas convém estar prevenido para o facto de esse adjectivo ser utilizado nesta matéria também com outros sentidos, como já dissemos atrás.

Assim, fala-se em tratado-constituição para indicar o repositório de normas que encerram princípios fundamentais de uma dada Organização Internacional se não de toda a Comunidade Internacional. É nesse sentido que a Carta da ONU aparece repetidamente qualificada de "Constituição" e base do "Direito Constitucional da ONU" ([1]), ou que os tratados institutivos das Comunidades Europeias desde há muito que são designados de "Constituição" das Comunidades ([2]). Mas fala-se também em constituição para designar o efeito *instituidor* da Organização Internacional pelo tratado ([3]).

Outros há que, para indicar o efeito vinculante para todos os Estados membros das emendas aprovadas só por alguns, preferem falar no carácter *legislativo,* e não constitucional, do respectivo tratado ([4]). E, se bem que se não deva levar muito longe o paralelo com o Direito interno, não há dúvida que pode ser útil o emprego, na descrição do funcionamento destas Organizações, da terminologia e dos conceitos do Direito Constitucional. Este fenómeno é particularmente sensível, como veremos, nas Organizações para-universais, e sobretudo na ONU. Com razão se diz por vezes que a Carta da ONU é a *"Constituição"* das Nações Unidas ou que ela tem *"corpo de tratado e alma de Constituição"*. Esta característica é afinal aquela que já atrás assinalámos ao notar a tendência para a objectivação do Direito Convencional Geral.

A iniciativa da conclusão do tratado que virá instituir uma Organização Internacional cabe em regra a um Estado ou a um grupo de Estados: assim, a Conferência de S. Francisco, em que se procedeu à elaboração da Carta da ONU, foi convocada pelas quatro

---

([1]) Por todos, A. ROSSI, *Constitución de las Naciones Unidas,* trad. castelhana, Madrid, 1954; e JIMENEZ DE ARECHAGA, *op. cit.*, pg. 621.

([2]) Por exemplo, CEREXHE, *op. cit.*, t. I, pg. 284.

([3]) Sobre esta matéria v. FAUSTO DE QUADROS, dissertação cit., pgs. 184-189.

([4]) É o caso de FLORENCE ALLEN, *The Treaty As An Instrument of Legislation,* Nova Iorque, 1952.

potências aliadas na Guerra contra a Alemanha e o Japão – os Estados Unidos, a URSS, a China e o Reino Unido; por seu lado, o Tratado de Paris, que em 1951 criou a CECA, resultou de iniciativa francesa, materializada no *Plano Schuman,* de 1950.

Mais modernamente temos assistido à criação de Organizações Internacionais por iniciativa de uma Organização Internacional preexistente. Por exemplo, foi por iniciativa da ONU e, mais concretamente, de um dos seus órgãos, o Conselho Económico e Social, que se criou em 1946 a Organização Mundial de Saúde. Também por iniciativa da ONU foi convocada para Nova Iorque a conferência internacional que elaborou o Estatuto da Agência Internacional da Energia Atómica.

Mas, como se disse, hoje não é o tratado o único meio jurídico de criação de uma Organização Internacional.

Já nos nossos dias assistimos à constituição de Organizações Internacionais, não mediante um tratado formal, mas, antes, através de deliberação tomada no seio de uma Organização Internacional. Assim sucedeu, por exemplo, com a já referida criação da ONUDI, da CNUCED e do PNUD pela Assembleia Geral das Nações Unidas.

III. Também já nos referimos à *personalidade internacional das Organizações Internacionais.*

Pelo Parecer de 1949 acerca dos *prejuízos sofridos ao serviço das Nações Unidas,* já várias vezes citado, o TIJ afirmou, sem possibilidade de dúvida, a personalidade jurídica internacional das Nações Unidas, muito embora da Carta só resultasse imediatamente a sua personalidade perante o Direito interno dos Estados membros (arts. 104.º e 105.º).

Mais tarde, em alguns tratados institutivos inseriu-se expressamente a atribuição de personalidade: é o caso do artigo 210.º do Tratado de Roma, que criou a Comunidade Económica Europeia, que dispõe: "A Comunidade terá personalidade jurídica". Esse preceito mantém-se no novo Tratado da União Europeia. Tal menção pode ser útil para dissipar dúvidas, mas não é indispensável, já que a personalidade jurídica internacional sempre resultará da susceptibilidade da titularidade de direitos e obrigações directamente resultantes do Direito Internacional.

Assim, para averiguar se uma Organização Internacional tem ou não personalidade, haverá que recorrer ao seu acto de constituição e examinar se dele decorrem direitos e obrigações próprios, e se a Organização é susceptível de produzir manifestações de vontade que lhe sejam juridicamente imputáveis, e não aos Estados membros.

Vemos assim que a personalidade é inseparável da vontade própria, que atrás definimos como uma das características essenciais da Organização Internacional. Isto significa que só nos ocuparemos aqui das Organizações Internacionais dotadas de personalidade; mas significa ainda que, se não é impossível, no plano prático, haver uma Organização sem personalidade, ela, no plano jurídico, não possuindo vontade própria, não chega a distinguir-se dos Estados membros, e não tem existência separada deles.

Podemos pois dizer que, em rigor, o fenómeno jurídico da Organização Internacional está necessariamente ligado à subjectividade internacional: a Organização Internacional é *sempre sujeito do Direito Internacional.*

No número seguinte iremos examinar a competência que advém para as Organizações Internacionais da sua personalidade jurídica internacional. Mas por ora há que saber se esta personalidade é oponível *erga omnes.*

Não faz dúvida que a personalidade das Organizações Internacionais vale perante os Estados membros, partes no seu acto de constituição. Mas poderá a Organização surgir como sujeito do Direito Internacional perante terceiros Estados, e nomeadamente exercer perante estes o direito de reclamação internacional se os seus direitos ou interesses forem lesados por um Estado não membro?

Em face da Teoria Geral dos Tratados, o tratado institutivo seria em relação a terceiros *res inter alios acta,* e não produziria quanto a eles qualquer efeito. Mas exceptuar-se-á desta regra o tratado que institui uma Organização Internacional?

Foi, como sabemos, a questão que o TIJ examinou no Parecer sobre a reparação dos *prejuízos sofridos ao serviço das Nações Uni-*

das, em 1949, tendo ele concluído pela oponibilidade *erga omnes* da personalidade jurídica internacional da ONU. Segundo aquele Tribunal "Cinquenta Estados, representando uma muito larga maioria dos membros da Comunidade Internacional, tinham o poder, conforme o Direito Internacional, de criar uma entidade que possua personalidade internacional *objectiva*, e não só a personalidade reconhecida apenas por eles, bem como a *faculdade de apresentar reclamações internacionais*".

Os argumentos apresentados são, como se vê, aplicáveis a todas as *Organizações para-universais*, pelo que é lícito concluir que *a personalidade internacional das Organizações para-universais é oponível* erga omnes *independentemente de reconhecimento*.

Mais complexa é a questão de saber se o mesmo sucede com as *Organizações regionais*.

A primeira constatação que se impõe é que não podemos tão-pouco aqui recorrer ao reconhecimento. Diferentemente do que sucede com outros sujeitos do Direito Internacional, *não há lugar ao reconhecimento das Organizações Internacionais* nem tal reconhecimento surge na prática nem tem quaisquer consequências jurídicas.

Posto isto, embora o estado do Direito nesta matéria seja impreciso, a doutrina inclina-se também para aceitar a *oponibilidade* erga omnes *da personalidade jurídica das Organizações regionais*.

Segundo a doutrina dominante, o Direito Consuetudinário já aceita hoje que nenhum terceiro Estado pode contestar a personalidade internacional de uma Organização Internacional constituída conforme os princípios do Direito internacional e para um fim legítimo.

Por isso parece indiscutível que o direito de reclamação internacional poderá ser exercido por uma Organização para-universal ou regional, contra um Estado não membro ([1]).

([1]) Acerca da personalidade internacional das Organizações Internacionais v. BINDSCHEDLER, *op. cit.*, pg. 130; e BROWNLIE, *op. cit.*, pgs. 680 e segs.

5. A composição das Organizações Internacionais

As Organizações Internacionais são normalmente compostas por Estados e apenas por estes.

Vimos já, porém, ao tratar da definição de Organização Internacional, que excepcionalmente podem ser membros dela entidades não-estatais: por exemplo, a Santa Sé e outras Organizações Internacionais.

Os participantes numa Organização Internacional são, em regra, seus membros de pleno direito, gozando cada um do estatuto de inteira igualdade de direitos e obrigações em relação aos demais. Sucede por vezes, no entanto, que podem de algum modo participar em algumas actividades da Organização, a par dos membros de pleno direito, *membros associados* ou simples *observadores*.

Os *membros associados* gozam de um estatuto idêntico ao dos membros de pleno direito, com excepção do direito de voto; os *observadores* têm um estatuto mais limitado, definido pela própria Organização, e que em geral comporta apenas o direito de participar nas actividades da Organização em que directamente possam estar interessados.

Nenhum Estado pode ser forçado a fazer parte de uma Organização Internacional. São membros dela apenas os Estados que manifestaram essa vontade, participando na sua criação (*membros originários*), ou que posteriormente solicitaram e obtiveram a sua adesão (*membros admitidos*).

A admissão numa Organização Internacional já constituída depende do preenchimento das condições de participação resultantes quer da própria natureza das Organizações, quer do seu tratado constitutivo, quer ainda da vontade dos próprios Estados membros, expressa através dos órgãos competentes da respectiva Organização.

Uma Organização regional (por exemplo, Comunidades Europeias, Conselho da Europa, Organização da Unidade Africana), só pode, naturalmente, aceitar a adesão de Estados do respectivo espaço. A adesão está também, naturalmente, subordinada à capacidade e à vontade por parte do Estado candidato de corresponder às obrigações decorrentes do estatuto da Organização. Em qualquer caso é necessário que os membros da Organização manifestem uma vontade favorável, por vezes por unanimidade, à admissão de novos membros (assim sucede, por exemplo, no quadro das Comunidades Europeias, da Organização do Tratado do Atlântico Norte e do Conselho da Europa).

A adesão às Organizações que prosseguem objectivos específicos de natureza política, económica ou de defesa é compreensivelmente difícil, porque se impõe preservar a identidade de base ou a estreita solidariedade de interesses que constituem o fundamento da Organização.

Mas, se a *admissão* de um Estado numa Organização depende do preenchimento de certas condições, a sua *permanência* nela requer também o continuado respeito pelas obrigações contraídas no seio desta.

A violação grave e persistente da Ordem Jurídica da Organização Internacional por um Estado membro faz nascer a possibilidade da sua *expulsão*. Por vezes, o acto institutivo da Organização prevê expressamente as condições dessa expulsão (casos da ONU, do Conselho da Europa, etc.); mas mesmo que o não preveja (caso das Comunidades Europeias) parece que o direito de deliberar a expulsão do Estado membro que se revele incapaz de cumprir as obrigações inerentes à sua participação numa Organização Internacional não pode ser contestado.

Note-se, porém, que em lugar da aplicação da medida radical de expulsão do Estado prevaricador a Organização pode adoptar medidas mais brandas, como sejam, por exemplo, a suspensão de direitos e prerrogativas inerentes à qualidade de membro e, designadamente, do direito de voto.

No quadro da ONU, por exemplo, pode ser privado do direito de voto o Estado que não satisfaça as suas obrigações de contribuir para as despesas da Organização (art. 17.º, § 2.º, e art. 19.º da Carta).

Não sendo obrigado a ingressar numa Organização Internacional um Estado não pode, também, ser obrigado a permanecer nela. A Indonésia retirou-se da ONU em 1965, embora tenha solicitado a sua readmissão um ano depois; a África do Sul abandonou a OIT.

Portugal saiu da UNESCO, na qual reingressou em 1974; da UNESCO auto-excluíram-se também os EUA, invocando a impossibilidade de a Organização prosseguir os seus objectivos.

Este "direito de retirada", que, quando o acto constitutivo da Organização Internacional em causa consiste num tratado internacional, se exprime pela *denúncia* do tratado, não pode ser posto em dúvida nas Organizações intergovernamentais, estando aí apenas sujeito à sua regulamentação na CV, que oportunamente estudámos. Mas, segundo a melhor doutrina, não é admissível nas Organizações supranacionais ou de integração, pelo menos na forma de denúncia *ad nutum*. É essa resposta que a doutrina dominante tem dado à questão de saber se um Estado membro se pode retirar das Comunidades Europeias, e com base na jurisprudência do Tribunal de Justiça das Comunidades Europeias, particularmente do já citado Acórdão proferido no caso *Costa/ENEL*, em 15 de Julho de 1964 ([1]). A questão da admissibilidade da denúncia dos tratados institutivos das Comunidades foi objecto de atenção especial da parte da doutrina nos anos 70, quando o Reino Unido, pouco depois de a elas ter aderido, ameaçou, por mais de uma vez, delas retirar-se.

De qualquer modo, existe a sensação de que dificilmente o Direito Internacional, no estado actual da sua evolução, poderá obstar à saída voluntária de um Estado de uma Organização Internacional, seja ela intergovernamental ou supranacional, ou poderá aplicar-lhe por tal facto sanções que vão para além da retorsão ou das represálias ([2]).

([1]) Veja-se um apanhado desta questão em FAUSTO DE QUADROS, dissertação cit., pgs. 218 e segs., especialmente n. 591, e, do mesmo autor, *Sumários, cit.*, ponto 135.

([2]) Como ensina o Professor MARQUES GUEDES – *Lições cits.*, pgs. 434 e segs. –, a retorsão e as represálias são formas de autotutela, ou de justiça privada internacional, consentidas pelo Direito Internacional Público clássico, e que não envolvem o uso de meios bélicos: a retorsão consiste na adopção de medidas *lícitas* de coerção, aplicadas com desusado rigor, visando colocar o Estado em causa numa posição desfavorável; por seu lado, as represálias traduzem-se no emprego de meios formalmente *ilícitos*, e, se necessário, violentos.

Resta acrescentar apenas que pode suceder que um Estado se antecipe à sua expulsão da Organização decidindo ele próprio retirar-se: foi o que aconteceu com a Grécia no Conselho da Europa a seguir ao *golpe dos coronéis,* que depôs o Rei Constantino e suspendeu o regime democrático.

6. A competência das Organizações Internacionais

I. Da personalidade internacional das Organizações Internacionais deriva a sua capacidade de gozo e de exercício, cuja medida, mais uma vez, é definida pelo respectivo acto institutivo.

A capacidade internacional de cada Organização Internacional – ou seja, a competência dos seus órgãos – encontra-se balizada pelo *princípio da especialidade,* tal como ele resulta da Teoria Geral da personalidade colectiva: ou seja, os seus órgãos só têm competência relativa aos seus fins próprios e não para além deles. Mesmo as Organizações com finalidades gerais (ONU, OEA, OUA) estão vinculadas por aquele princípio, embora nelas seja mais difícil detectar-se infracções àquele princípio.

O TIJ, no citado caso dos *prejuízos,* teve oportunidade de afirmar a aplicação do princípio da especialidade às Organizações Internacionais. Disse ele: "Ao passo que o Estado possui, na sua totalidade, os direitos e as obrigações reconhecidos pelo Direito Internacional, os direitos e obrigações de uma entidade como a Organização das Nações Unidas *devem depender dos seus fins e funções,* enunciados explícita ou implicitamente no acto de constituição e desenvolvidos pela prática".

II. A delimitação da competência da Organização Internacional, melhor, dos seus órgãos, é levada a cabo, dissemo-lo, pelo acto que a institui. Mas pode acontecer que ele preveja essa competência de modo insuficiente, de tal modo que os órgãos da Organização Internacional podem vir a defrontar-se com a falta dos poderes necessários à cabal prossecução dos objectivos postos a seu cargo. Nesse caso, a doutrina e a jurisprudência internacional têm construído a teoria dos *poderes implícitos,* segundo a qual a Organização, para além dos poderes que *expressamente* lhe estão conferidos, goza também dos que são *instrumentais* daqueles, ou seja, dos que são *indispensáveis* ao bom desempenho dos poderes atribuídos por forma expressa ou explícita.

Esta teoria, inspirada na *Implied powers theory* do sistema constitucional norte-americano (que se opõe aos *"poderes explícitos"* – *Enumerated powers*) ([1]), deve, porém, ser interpretada e aplicada com prudência: por um lado, através dela pretende-se apenas alargar a *competência dos órgãos* da Organização e não estender as próprias *atribuições da Organização,* ou seja, os seus fins, o que só poderá ser obtido através da revisão do respectivo acto institutivo; por outro, nas Organizações intergovernamentais a aplicação daquela teoria deverá ser recusada sempre que dela resultarem para os Estados membros limitações de soberania não expressamente previstas, já que as limitações à soberania dos Estados naquelas Organizações não se presumem ([2]).

Nas Nações Unidas, a tendência dos seus órgãos e particularmente da Assembleia Geral é para a extensão quase ilimitada dos seus poderes. Com maior moderação tem o TIJ em certos casos reconhecido a existência para a Organização de poderes implícitos – foi o que ele fez no já citado caso dos *prejuízos sofridos ao serviço das Nações Unidas,* no também já referido Parecer de 1950 sobre o *Sudoeste Africano* e no Parecer de 13 de Julho de 1954 sobre os

---

([1]) STONE/SEIDMAN/SUNSTEIN/TUSHNET, *Constitutional Law*, Boston, 1986, pgs. 48 e segs. V. também M.-F. TOINET, *Le système politique des États-Unis*, 2.ª ed., Paris, 1990, pgs. 151 e segs.

([2]) O mesmo não se pode dizer das Organizações supranacionais, pelo menos das Comunidades Europeias, onde o artigo 235.º do Tratado de Roma e, mais tarde, do TUE confere ao Conselho, na CE (ex-CEE), um *poder quase-constituinte,* que vai para além da teoria dos poderes implícitos porque lhe permite criar para a Comunidade poderes *novos* e não apenas implícitos – assim, os já citados Comentários de GROEBEN e de GRABITZ, ambos em anotação exaustiva ao citado artigo 235.º CEE; e FAUSTO DE QUADROS, *Sumários*, cit., pontos 65 a 73, e dissertação cit., pgs. 447 e segs.

efeitos dos julgamentos do Tribunal Administrativo das Nações Unidas (1954) (¹).

Vale a pena debruçarmo-nos um pouco sobre o modo como o Tribunal aceitou no primeiro dos Acórdãos citados a teoria dos poderes implícitos. O Tribunal entendeu aí que a competência para proteger os funcionários da Organização não tinha sido determinada por qualquer disposição *expressa* da Carta, nem se podia deduzir o direito de salvaguarda dos funcionários por analogia com as regras tradicionais de protecção diplomática dos nacionais no Direito Internacional. Não obstante isso, essa competência para proteger os funcionários foi encontrada pelo Tribunal *na própria Carta*, por desenvolvimento das suas disposições. O Tribunal afirmou que "pelo Direito Internacional, deve julgar-se que a Organização tem os poderes que, *embora não expressamente estipulados na Carta, lhe são conferidos por implicação necessária na medida em que são essenciais para o cumprimento dos seus deveres*" (²).

Mas ainda maior importância tem obtido a teoria dos poderes implícitos na Ordem Jurídica das Comunidades Europeias, sobretudo para a definição do regime jurídico das suas relações externas. De facto, a jurisprudência do Tribunal de Justiça tem, com recurso àquela teoria, construído o princípio do *paralelismo entre a competência interna e a competência externa das Comunidades*, segundo o qual sempre que, a nível intracomunitário, a Comunidade tiver definido num dado domínio regras comuns, os seus órgãos, por esse simples facto, ficam a possuir competência quanto a esse domínio *também na ordem externa*, com exclusão da competência respectiva dos Estados membros. O Acórdão paradigmático que exprime

---

(¹) *Rec.* 1954, pg. 47.

(²) Os itálicos são nossos. V. sobre os poderes implícitos das Organizações Internacionais ROUYER-HAMERCY, *Les compétences implicites des organisations internationales*, Paris, 1962; DIEZ DE VELASCO, *op. cit.*, t. II, pgs. 49 e segs.; e, por último, BROWNLIE, *op. cit.*, pgs. 689 e segs., com muito bom exame da doutrina e da prática internacionais.

esta construção jurisprudencial é o proferido em 31 de Março de 1971 no caso *AETR* ([1]).

III. Por fim, interfere com a demarcação da competência das Organizações Internacionais intergovernamentais *a excepção do domínio reservado*.

Na verdade, naquelas Organizações os Estados reservam sempre a sua soberania, havendo portanto matérias interditas à actividade das Organizações. A excepção do domínio reservado estava já consagrada no artigo 15.º, n.º 8, do Pacto da SDN, e está hoje prevista no artigo 2.º, n.º 7, da Carta das Nações Unidas. Contudo, a prática da Organização tem sido a de, de modo progressivo, ignorar completamente esta disposição.

Particularmente durante as décadas de 50 e de 60 os Estados membros não se cansaram de protestar, e por vezes com veemência, contra essa intromissão nas suas *"questões domésticas"*. Um bom exemplo desse conflito encontramo-lo na brilhante dialéctica entre Portugal e as Nações Unidas acerca da competência para determinar se um território é ou não do tipo previsto no artigo 73.º da Carta: Portugal sustentava que essa competência fazia parte do domínio reservado do Estado, enquanto que sucessivas Resoluções da Assembleia Geral da ONU defendiam que essa competência pertencia à Organização.

Ainda mais duradoiro foi um dissídio semelhante com a África do Sul acerca do *apartheid* naquele Estado.

Essa divergência entre os Estados membros e a ONU eternizou--se e perverteu um conflito que deveria ser exclusivamente jurídico.

([1]) Proc. n.º 22/70, in *Recueil* 1971, pgs. 263 e segs. Sobre a teoria dos poderes implícitos no Direito Comunitário, v. NICOLAYSEN, *Zur Theorie von den Implied Powers in den Europäischen Gemeinschaften*, in *EuR* 1966, pgs. 169 e segs.; a anotação de E. PETERSMANN ao Acórdão *AETR*, in *Encyclopedia*, t. 2, pgs. 88 e segs., e bibliografia seleccionada aí cit.; PESCATORE, *External Relations in the Case-Law of the Court of Justice of the European Communities*, in *CMLRev* 1979, pgs. 615 e segs., e bibl. aí cit.; e FAUSTO DE QUADROS, *Sumários, cit.*, pontos 72-73, e dissertação cit., pgs. 448-450.

De facto, há que reconhecer que infelizmente não há uma forma organizada e institucionalizada de resolver um conflito de competência entre aquela Organização (bem como acontece com a generalidade das Organizações intergovernamentais) e um Estado membro. Por isso, as contestações da competência da ONU transformam-se inevitavelmente em conflitos políticos entre esta e o respectivo Estado, que normalmente só poderão ser resolvidos pelo jogo das forças políticas, embora sejam, na base, diferendos especificamente jurídicos. E foi isso exactamente o que aconteceu nas querelas mantidas com Portugal e a África do Sul.

Como bem observa SERENI (¹), também as Organizações Internacionais têm a sua jurisdição interna, subtraída à intervenção individual dos Estados membros: existe um *domínio reservado das Organizações Internacionais* (é o caso do art. 100.º da Carta da ONU). Mas ao passo que a esfera do domínio reservado dos Estados deriva da simples inexistência de vinculação internacional, já que, como se disse, as limitações de soberania se não presumem, a esfera de jurisdição exclusiva das Organizações Internacionais deve ainda, na fase actual do Direito Internacional, ser interpretada restritivamente.

Note-se, todavia, que nos últimos tempos, de modo talvez a querer assinalar uma maior limitação autoconsentida da soberania dos Estados membros em face de uma maior absorção pelas Nações Unidas de matérias que até há bem pouco caíam no seu domínio reservado, eles não têm invocado a excepção do domínio reservado perante situações em que, sem dúvida, o fariam há duas ou três décadas, o que quer significar uma maior internacionalização de assuntos que até há pouco eram internos e, correspondentemente, uma maior limitação do âmbito do domínio reservado. Pense-se nas doze resoluções aprovadas pelo Conselho de Segurança das Nações Unidas condenando o Iraque pela ocupação do Kuwait até ao extremo de criarem as condições para uma intervenção militar no seu território; ou nas já citadas resoluções permitindo a ingerência para

---

(¹) *Op. cit.*, pg. 913.

assistência humanitária aos curdos no Iraque, à minoria bósnia e na Somália; pense-se, por fim, nas já referidas resoluções dirigidas à Líbia sobre os autores dos actos de terrorismo que destruíram os aviões da PanAm e da UTA ([1]).

IV. Do ponto de vista material a competência das Organizações Internacionais é de tal forma diversa e heterogénea que se torna muito difícil o estabelecimento de uma teoria geral. Com a doutrina dominante, classificaremos, entre os seus poderes mais característicos, os seguintes, para além da referência especial que faremos separadamente ao *ius tractuum*:

a) *Solução de conflitos interestaduais*

De uma forma geral todas as Organizações prevêem formas de solução de conflitos internos, isto é, aqueles que surgem entre os seus membros a propósito da interpretação do acto de constituição ou do funcionamento dos órgãos. Além de órgãos políticos de mediação, algumas Organizações têm tribunais próprios, ou prevêem o acesso ao TIJ.

Mas as Organizações de carácter político visam também resolver os conflitos externos existentes entre os Estados, e esta é mesmo a sua principal função: é o caso da ONU, da OEA, da OUA, etc.

No sistema da ONU a função da solução pacífica dos conflitos pode mesmo estender-se, dada a tendência universalista da Organização, a conflitos em que são partes Estados não membros (art. 2.º, n.º 6, e art. 35.º, n.º 2, da Carta).

([1]) Adiante, dentro do estudo da Organização das Nações Unidas, debruçar-nos-emos mais demoradamente sobre as questões jurídicas suscitadas pela interpretação do artigo 2.º, n.º 7, da Carta, ou seja, sobre a delimitação do domínio reservado dos Estados no quadro daquela Organização.

b) Competência legislativa ou regulamentar

Já nos referimos a esta competência das Organizações Internacionais quando, dentro das fontes do Direito Internacional, estudámos os actos jurídicos unilaterais.

c) Competência financeira

Não sendo Estados, as Organizações Internacionais não têm por via de regra competências fiscais. E também são diminutas as suas receitas próprias, provenientes da venda de bens ou da prestação de serviços (por exemplo, as receitas postais da ONU ou os juros dos empréstimos do Banco Mundial).

De forma que, para acudir às suas despesas, as Organizações Internacionais têm de contar fundamentalmente com as contribuições dos Estados membros.

Se pusermos de parte, por raras, e geralmente afectadas a fins especiais, as contribuições voluntárias, temos que a principal receita das Organizações Internacionais são as contribuições obrigatórias dos Estados, devidas por estes ao abrigo do acto de instituição. Estamos assim no âmbito dos poderes financeiros das Organizações Internacionais, que consistem fundamentalmente na aprovação do orçamento ou orçamentos da respectiva Organização e na determinação da parte que deverá ser suportada por cada Estado.

É normalmente às Assembleias Gerais das Organizações Internacionais que competem estes poderes (no que não deixa de haver alguma analogia com as competências financeiras dos Parlamentos no plano dos Estados).

Assim, o artigo 17.º da Carta da ONU estabelece que:

"1. A Assembleia Geral examina e aprova o orçamento da Organização;

2. As despesas da Organização são suportadas pelos membros segundo a repartição fixada pela Assembleia Geral.

(...)".

Existe nas Nações Unidas uma comissão especial, a Comissão das Contribuições, que propõe à Assembleia Geral a repartição das despesas pelos Estados membros, segundo critérios muito complexos, que atendem ao rendimento nacional, à população, ao território, etc.

A contribuição de Portugal, prevista para o triénio 1992-94, é de 0,20%, contra, por exemplo, 25% dos Estados Unidos, 12,45% do Japão, 9,41% da Federação Russa, 8,93% da Alemanha e 0,77% da China.

O orçamento ordinário das Nações Unidas para 1992, sem incluir as agências especializadas, montava a cerca de 1 bilião e meio de dólares.

Um dos mais graves problemas com os quais se defrontam as Organizações Internacionais, e que afectam a prossecução das suas atribuições, é o não cumprimento atempado por Estados membros das suas obrigações financeiras para com a respectiva Organização. Na ONU, esta questão já é crónica, e tem vindo a prejudicar bastante a capacidade da Organização para cumprir os seus fins. Em 31 de Outubro de 1992 os Estados com maiores dívidas para com a ONU eram os seguintes (os números não incluem as dívidas para as contribuições específicas para as operações de manutenção de paz):

— Estados Unidos, 295.457.985 dólares;
— Rússia, 120.110.295 dólares;
— África do Sul, 49.044.904 dólares;
— Brasil, 33.482.499 dólares;
— Ucrânia, 17.308.974 dólares.

Quase todos os Estados em falta justificam a sua atitude em razões de ordem económica; mas os Estados Unidos e a República da África do Sul invocam razões políticas.

Não seria difícil, do ponto de vista jurídico, integrar o comportamento dos Estados relapsos na previsão do artigo 6.º da Carta, para o efeito de os expulsar da Organização. Mas não se está a ver os Estados Unidos e a Rússia serem expulsos dela. Mesmo a proposta apresentada pelo Secretário-Geral, em 1991, e que está em discussão, de punir os Estados devedores com o pagamento de juros de mora, parece encontrar muitas dificuldades.

Enquanto a actual situação se mantiver, aos Estados em falta está a ser reconhecido um autêntico *veto financeiro,* porventura ainda mais nocivo do que o veto jurídico no Conselho de Segurança ([1]).

d) Competência de gestão

Finalmente aparecem-nos entre a competência das Organizações Internacionais *poderes de pura gestão.*

Trata-se de uma competência de índole administrativa semelhante à que se encontra nos Estados, e que ganha particular relevo nas Organizações de cooperação técnica, económica, social e humanitária, que prosseguem funções bancárias, de assistência técnica e financeira, de ensino, de investigação científica, etc.

Esta função de gestão pode ser a finalidade principal da Organização: assim, a função bancária é a principal razão de ser do BIRD; ou pode ser uma função acessória da principal, e neste caso existe com maior ou menor desenvolvimento em todas as Organizações Internacionais.

Em resumo, podemos, portanto, dizer que toda a competência das Organizações Internacionais tende ao desenvolvimento da cooperação internacional, e nos mais diversos planos, quer a Organização se limite a facilitar a cooperação entre Estados e a diminuir ou eliminar as divergências entre eles, quer desempenhe ela própria um papel activo e chame a si responsabilidades específicas nesta cooperação internacional ([2]).

7. O *ius tractuum* das Organizações Internacionais

Como sujeito do Direito Internacional a Organização Internacional goza do *ius tractuum.* E os tratados que celebra podem

---

([1]) Cfr. BOWETT, *op. cit.*, pgs. 412 e segs.

([2]) Sobre questões gerais da competência das Organizações Internacionais, v. BINDSCHEDLER, *op. cit.*, pgs. 124 e segs. e 133 e segs.; e BROWNLIE, *op. cit.*, pgs. 683 e segs., e 698 e segs.

sê-lo quer com outras Organizações (caso dos acordos entre a ONU e as Organizações especializadas, previstos nos arts. 57.º e 63.º da Carta), quer com Estados membros (caso dos acordos militares referidos no art. 43.º da Carta), quer com Estados não membros (caso do acordo entre a ONU e a Suíça relativo ao funcionamento das instalações da Organização em Genebra ou das inúmeras convenções concluídas pelas Comunidades Europeias com os vários Estados do mundo, dos quais talvez a mais importante seja a *Convenção de Lomé IV*, celebrada com mais de setenta Estados ACP, isto é, da África, das Caraíbas e do Pacífico).

Não devem, porém, confundir-se os tratados em que a Organização *é parte* com aqueles que são por ela elaborados, ou celebrados sob a sua égide, mas em que são parte *apenas os Estados*. As Nações Unidas não são parte nas inúmeras convenções multilaterais celebradas sob a sua égide, de que é um dos melhores exemplos a Convenção de Viena sobre o Direito dos Tratados; nem a Organização Internacional do Trabalho é parte nas Convenções Internacionais do Trabalho; nem o Conselho da Europa é, por si, parte na Convenção Europeia dos Direitos do Homem.

O *treaty-making power* das Organizações Internacionais será normalmente definido no tratado de constituição.

Nas Organizações intergovernamentais ele caberá em regra ao órgão chamado deliberativo (Assembleia Geral) podendo também ser atribuído ao órgão executivo, sobre questões técnicas. Mas esta regra não é universal, desde logo porque muitos são os tratados constitutivos que são omissos na matéria. Nesse caso, a prática vai no sentido de se atribuir o *ius tractuum* à Assembleia.

Nas Organizações de integração, em regra a orientação suprema do exercício do *ius tractuum* e a conclusão dos tratados ficam a cargo do órgão que representa os Estados (nas Comunidades Europeias, o Conselho) enquanto que a condução das negociações está entregue ao órgão executivo (nas Comunidades Europeias, a Comissão).

Nas Nações Unidas, se tomarmos os três exemplos atrás apontados, os acordos do artigo 63.º são concluídos pelo Conselho Económico e Social; os do artigo 43.º, pelo Conselho de Segurança; e os acordos de instalação, como o celebrado com a Suíça, têm sido, na ausência de disposição expressa da Carta, concluídos pela Assembleia Geral.

É de notar que o artigo 102.º da Carta apenas impõe o registo dos tratados concluídos pelos *membros das Nações Unidas*. Mas após algumas hesitações iniciais, e dado que vale aqui a *ratio legis* de evitar os tratados secretos, a prática tem sido no sentido de se registar também os tratados concluídos pela Organização, ainda que a outra parte não seja membro da ONU: assim, têm sido registados os acordos celebrados ao abrigo do artigo 63.º com as Organizações especializadas, parecendo que valerá para eles o ónus do artigo 102.º, n.º 2 ([1]).

8. A estrutura das Organizações Internacionais: A) Os órgãos

Falar da estrutura das Organizações Internacionais é falar, em primeiro lugar, dos seus órgãos; depois, do elemento humano que as faz viver, e que abrange os representantes dos Estados e os agentes internacionais. Limitar-nos-emos, num caso e noutro, a analisar alguns traços comuns à generalidade das Organizações Internacionais e, portanto, tomaremos como base do nosso estudo as Organizações intergovernamentais, já que os critérios que presidem à estrutura das Organizações supranacionais são quase sempre diferentes ([2]).

Estudemos primeiro os *órgãos das Organizações Internacionais*.

([1]) Sobre o *treaty-making power* das Organizações Internacionais, SCHNEIDER, *Treaty-making power of international organizations*, Genebra, 1963; HUNGDAH CHIU, *The capacity of international organizations to conclude treaties, and the special legal aspects of treaties so concluded*, Haia, 1966; SOCINI, *Gli accordi internazionali delle organizzazioni inter-governative*, Pádua, 1962, especialmente Capítulos II e VI; BROWNLIE, *op. cit.*, pg. 683 e segs.; e BINDSCHEDLER, *op. cit.*, pgs. 136-137.

([2]) Sobre a estrutura das Organizações Internacionais, v., além das obras gerais já citadas sobre Organizações Internacionais, R. MONACO, *Les principes régissant la structure et le fonctionnement des organisations internationales*, in *RdC*, 1977-III, pgs. 79-225; e R. BERNHARDT, *International Organizations, Internal Law and Rules*, in *Encyclopedia*, t. 5, pgs. 142 e segs. e bibl. cit.

O esquema geral dos órgãos das Organizações Internacionais compreende *dois órgãos deliberativos*, formados por representantes dos Estados, e *um órgão sobretudo executivo*, formado por funcionários internacionais, o Secretariado.

Os dois primeiros correspondem às necessidades básicas que nos Estados levam à dualidade Parlamento-Governo. Temos então um órgão formado por todos os membros da Organização, que reúne em princípio numa única sessão anual, e cuja função deliberativa geral é completada pela de fiscalização da actividade dos outros órgãos e pelo exercício dos poderes financeiros: dá-se-lhe na maioria dos casos a designação de *Assembleia Geral*.

Ao lado desta temos um órgão de gestão permanente, formado por um número reduzido de membros, e ao qual cabe assegurar o Governo da Organização: a designação mais frequente é a de *Conselho*.

Não deve, porém, ser levado demasiado longe o paralelo com a organização estadual; a separação de funções é menos nítida entre os órgãos da Organização Internacional, pelo menos nas Organizações intergovernamentais.

O *Secretariado* é o órgão propriamente internacional da Organização, formado como é por funcionários internacionais que só dependem dos órgãos próprios da Organização e não dos Estados membros, mesmo dos Estados de que são nacionais. A sua função é sobretudo executiva. Mas se as circunstâncias políticas, tal como a divisão entre os Estados membros, o consentirem, e se a personalidade do titular do cargo de Secretário-Geral a isso ajudar, o Secretariado pode de facto polarizar em si a actividade da Organização e tornar-se o órgão mais importante no plano político: são inúmeras as Organizações em que *a política da Organização é a política do Secretariado,* como tem sido, de um modo geral, o caso nas Nações Unidas.

O incremento da importância dos Secretariados nas Organizações Internacionais, sobretudo nas de carácter para-universal, em que é mais flagrante e frequente o desacordo entre os Estados membros, não resulta, aliás, só das razões políticas que mencionámos mas também da evolução do seu estatuto jurídico.

Assim, ao passo que na Sociedade das Nações o Secretariado não era *órgão* da Organização, não lhe cabendo em caso algum a definição jurídica da vontade desta (art. 2.º do Pacto), já nas Organizações mais recentes se atribui ao Secretariado a qualidade de órgão (art. 7.º da Carta das Nações Unidas), competindo-lhe tomar iniciativas que ultrapassam a mera função de execução (como, por exemplo, ao abrigo do art. 99.º da Carta).

Deste modo, o Secretário-Geral é ao mesmo tempo um agente ao serviço da Organização e o titular de um órgão que exprime a vontade desta. E de tal coincidência resulta, como veremos, a originalidade do seu estatuto (¹).

Por vezes existe também, nas Organizações Internacionais, um *órgão jurisdicional,* privativo, destinado a resolver os conflitos jurídicos entre os Estados membros. Destes, o mais importante é o *Tribunal Internacional de Justiça,* não só por ser o órgão jurisdicional da mais importante das Organizações, as Nações Unidas, nos termos do artigo 92.º da Carta, mas também porque a tendência nas Organizações para-universais é para, em vez de instituir um tribunal privativo, prever o acesso, em certos casos obrigatório, ao TIJ (²).

Isto leva-nos a uma outra observação: pode haver órgãos comuns a mais do que uma Organização. É o que acontece com as Comunidades Europeias, em relação às quais a *Convenção relativa a certos órgãos comuns às Comunidades Europeias,* de 25 de Março de 1957, criou para as três Comunidades uma única Assembleia (designação que foi dada até 1962 ao que é hoje o Parlamento Europeu), um único Tribunal de Justiça e um único Comité Económico e Social, e, mais tarde, o chamado *Tratado de fusão,* de 8 de Abril de 1965, criou para as três um só Conselho e uma só Comissão (³).

(¹) Acerca dos Secretariados em geral, JEAN SIOTIS, *Essai sur le Secrétariat International,* Genebra, 1963; T. MERON, *Status and Independence of the International Civil Servant,* in *RdC,* 1980-II, pgs. 289-384; e ID., *International Secretariat,* in *Encyclopedia,* t. 5, pgs. 174 e segs.

(²) Sobre os tribunais internacionais em geral, v. TOMUSCHAT, *International Courts and Tribunals,* in *Encyclopedia,* t. I, pgs. 92 e segs.

(³) Assinalemos também que uma Organização pode ser membro de outra Organização, se o tratado de constituição desta o permitir. Isto não sucede nas Nações

As Organizações Internacionais podem ter também *órgãos subsidiários*, com competência especializada.

São vários os tratados institutivos que permitem a sua criação: é o caso da Carta das Nações Unidas, nos artigos 7.º, n.º 2, 22.º e 29.º. Em sua execução já foram criados nas Nações Unidas mais de uma centena de órgãos subsidiários.

Embora subsidiários, estes órgãos podem gozar, devido à sua especialização e competência técnica, de uma larga autonomia perante os órgãos principais. E, no plano político, eles podem trazer uma difusão do poder, que escape à acção centralizadora dos órgãos principais. Mas essa difusão pode também reagrupar-se em torno do Secretariado, que passa desse modo a polarizar à sua volta os órgãos subsidiários e vê assim acrescida a sua influência política.

O Secretariado é normalmente dirigido por um Secretário-Geral. Mas os restantes órgãos são colegiais, de forma que o apuramento da sua vontade implica uma *votação*. Por que forma se realiza esta?

O princípio mais geral é o da *igualdade de voto*: cada Estado membro terá um voto. Este sistema deriva da regra da igualdade soberana dos Estados, proclamada pelo artigo 2.º, n.º 1, da Carta das Nações Unidas, e representa a transposição para a cena internacional da regra básica da Democracia intra-estadual, *um homem, um voto*. Mas corresponde a uma visão abstracta da Comunidade Internacional e, com o alargamento desta, mostrou-se profundamente desajustada à realidade ([1]). Por isso, cedo se passou a levar em conta a desigualdade real entre os Estados, e, para tanto, introduziu-se o *voto ponderado*.

Esta ponderação pode fazer-se pela designação nominal dos Estados cujo voto tem regime especial – é o caso dos membros permanentes do Conselho de Segurança da ONU (arts. 23.º e 27.º da Carta).

Unidas, cujos membros são exclusivamente Estados (arts. 3.º e 4.º da Carta); mas já as próprias Nações Unidas são membros de outras Organizações, por exemplo, da União Internacional das Telecomunicações.

([1]) FAUSTO DE QUADROS, *Carta das Nações Unidas e Estatuto do Tribunal Internacional de Justiça – Tradução e Nota Introdutória*, Lisboa, 1978, pg. 14.

Pode também fazer-se com recurso a uma tabela da qual resulte a importância do voto concedido aos Estados. Assim, no FMI, no BIRD e, em parte, no BERD, o direito de voto dos Estados é proporcional à sua participação no capital social: a função financeira destas Organizações acarreta a aplicação do princípio que rege as sociedades comerciais.

Na OIT os dez Estados membros "cuja importância industrial é a mais considerável" são membros por direito próprio do Conselho de Administração da Organização, nos termos do artigo 7.º, n.º 2, da Constituição daquela Organização.

E, no fundo, também é uma forma de ponderação, embora disfarçada, a admissão na Organização de colectividades internas dos Estados membros. A ex-URSS, que, como já dissemos, conseguiu a admissão na ONU de duas das suas repúblicas federadas, a Ucrânia e a Bielorússia, dispôs assim, de facto, de um *voto plural*.

Também no Conselho das Comunidades Europeias o voto é ponderado relativamente às deliberações que exijam maioria qualificada (art. 148.º, n.º 2, do Tratado de Roma, mantido no TUE).

Qual é o sistema preferível: *igualdade de votos ou ponderação de votos*?

Como se disse, o primeiro corresponde a uma igualdade abstracta dos Estados soberanos. Ele obtém a adesão dos pequenos Estados. Foi através deste sistema que foi possível aos Estados afro-asiáticos, saídos da descolonização, conquistar a maioria em todas as Organizações para-universais a começar pelas Nações Unidas. Eles receiam que o segundo sistema faça ressuscitar as formas aristocráticas na Comunidade Internacional.

Mas a verdade é que o princípio aristocrático domina ainda, e nunca deixou de dominar, a vida internacional ([1]), para além de que é artificial tentar dar-se a ideia de que todos os Estados da Comunidade Internacional, os grandes e os pequenos, os maiores e os micro--Estados, todos eles têm *igual peso* na Comunidade Internacional e

---

([1]) Acerca deste ponto merecem leitura os capítulos que na obra citada, *Power Politics*, SCHWARZENBERGER dedicou à "Aristocracia Internacional" (Capítulo VI) e à "Oligarquia Internacional" (Capítulo VII).

todos eles dão o mesmo contributo para a preservação da paz e da segurança internacionais ([1]).

Por isso, tornou-se inevitável a introdução, em certas condições e em certos casos, da ponderação dos votos, que traduz melhor a realidade da vida internacional.

Pode assim suceder que, dentro da mesma Organização, dois órgãos exprimam tendências políticas distintas, por a votação ser igualitária num caso, ponderada no outro. É o que sucede actualmente nas Nações Unidas, em que a tendência política da Assembleia Geral – onde, devido ao princípio da igualdade, que resulta do artigo 18.º, n.º 1, domina a maioria afro-asiática – é sensivelmente diversa da do Conselho de Segurança, onde, por virtude do voto ponderado, continuam a dominar as grandes potências.

Diferente da *ponderação na atribuição dos votos é a ponderação nas votações*. De facto, e independentemente do sistema de atribuição dos votos, pode exigir-se, para que se forme validamente a vontade do órgão colegial, a *maioria simples,* a *maioria absoluta,* a *maioria qualificada* ou a *unanimidade.*

O sistema mais geralmente seguido nas Organizações Internacionais actuais é o de se estabelecer como regra a maioria simples ou a maioria absoluta, exigindo-se, porém, para certas deliberações mais importantes, uma maioria qualificada, que é geralmente de dois terços (por exemplo, art. 18.º da Carta das Nações Unidas e arts. 17.º, n.º 2, e 19.º, n.º 2, da Constituição da OIT).

O sistema pode tornar-se mais complexo, sendo exigidas maiorias variáveis conforme a importância das questões, como sucede no Conselho das Comunidades Europeias, que delibera ora por maioria simples, ora por maioria qualificada, ora por unanimidade. E atingirá uma complexidade extrema quando, por exemplo, para além de se exigir uma maioria qualificada, se imponha que dê o voto afirmativo à deliberação um número mínimo de Estados – é, no fundo, um sistema de *dupla maioria qualificada.* Temos, como exemplo, o já citado artigo 148.º, n.º 2, CEE que, no seu parágrafo 2.º, no

---

[1] Cfr. ANAND, *Sovereign Equality of States in International Law*, in RdC, 1986-II, pgs. 9-228.

caso da segunda alínea, para além de exigir a maioria absoluta de cinquenta e quatro votos, impõe que esses votos provenham de *pelo menos oito dos doze Estados membros* representados no Conselho.

A regra da unanimidade, que era a da Sociedade das Nações (art. 5.º, n.º 1, do Pacto), já quase não é seguida, pois corresponde a uma fase ultrapassada de organização da Comunidade Internacional, a da soberania absoluta dos Estados. Pode de resto duvidar-se se é compatível com a própria noção de Organização Internacional, já que a exigência da unanimidade, embora juridicamente possível, no plano político elimina a existência de uma vontade própria da Organização (¹).

Pode, no entanto, exigir-se a unanimidade para certas deliberações de excepcional importância: assim, depende da unanimidade dos Estados membros a entrada de um novo membro em várias Organizações Internacionais – veja-se o exemplo da OTAN, nos termos do artigo 10.º do Pacto do Atlântico.

E mesmo nas Comunidades Europeias, onde o Tratado da União Europeia aprofundou a tendência já manifestada pelo Acto único Europeu, de 1985, no sentido de a regra da unanimidade nas votações no Conselho ceder cada vez mais o passo à regra da maioria qualificada, continuam as matérias mais importantes, inclusive a admissão de novos membros (art. 237.º), a ser deliberadas por unanimidade.

9. Idem: B) Os representantes dos Estados membros e os agentes internacionais

Como é característico da personalidade colectiva, os órgãos, singulares ou colegiais, das Organizações Internacionais têm como titulares indivíduos, cuja vontade é, porém, juridicamente imputável à Organização. E esta imputação pode dar-se por dois títulos jurídicos diversos, conforme o indivíduo cuja vontade psicológica

---

(¹) Como veremos adiante, o sistema do *veto* no Conselho de Segurança representa o *princípio da unanimidade restrito às grandes potências*.

está na base da vontade normativa da Organização pertence à categoria dos *representantes dos Estados membros* ([1]) ou à dos *agentes internacionais* ([2]).

Os representantes dos Estados membros, correntemente chamados *delegados*, são, em regra, titulares dos órgãos colegiais ([3]).

Assim, segundo o artigo 9.º da Carta, cada membro das Nações Unidas pode ter até cinco representantes na Assembleia Geral (embora tenha só um voto). Estes representantes gozam de estatuto diplomático. Estão sujeitos a um *mandato imperativo*, isto é, devem obediência às instruções dos respectivos Governos. Do ponto de vista da Ciência Política já se tem observado que as Organizações Internacionais combinam a técnica das relações diplomáticas com a da vida parlamentar, operando uma simbiose que é dos mais curiosos fenómenos políticos do nosso tempo.

Se entre os delegados dos Estados predominam os representantes dos *Governos*, a tendência actual revela um alargamento da representação, a que já nos referimos. Assim, ao lado dos representantes de Governos podem surgir representantes de *interesses económicos ou sociais* (é o que se passa, como vimos, na OIT) ou delegados dos *Parlamentos* (como acontece no Conselho da Europa). Estes já não estão, obviamente, dependentes de instruções dos Governos dos respectivos Estados.

Quanto aos *agentes internacionais*, há que distinguir dentro deles os *funcionários internacionais* e os *agentes internacionais* em sentido estrito. A separação entre os dois conceitos estabelece-se no

---

([1]) SCHERMERS, *International Organizations, Membership*, in *Encyclopedia*, t. 5 (1983), pgs. 147 e segs.

([2]) V. os estudos de MERON que citámos atrás a propósito do Secretariado Internacional em geral

([3]) É frequente que Estados não membros de Organizações mantenham junto delas representantes devidamente acreditados, para estarem ao corrente da actividade das Organizações. Tais representantes designam-se por *observadores*. Assim a Suíça mantém observadores junto da ONU. O mesmo fizera Portugal antes de ser admitido na Organização. Sobre os observadores, v. SCHERMERS, *International Organizations, Observer Status*, in *Encyclopedia*, t. 5, pgs. 151 e segs.; e SUY, *The Status of Observers in International Organizations*, in *RdC*, 1978-II, pgs. 74-179.

Direito Internacional nos mesmos moldes em que ela foi criada no Direito Administrativo.

Assim, o *funcionário internacional* é o indivíduo que faz da função pública internacional a sua *profissão*. Portanto, exerce por forma *regular* e *permanente* ou *estável* funções ao serviço de uma Organização Internacional, sob a direcção dos respectivos órgãos, mas com *independência* perante os Estados membros da Organização ([1]).

A característica essencial do estatuto jurídico do funcionário internacional consiste nesta independência perante os Estados membros, inclusivamente perante o Estado de que é nacional ([2]). Esta independência está consagrada modelarmente no artigo 100.º da Carta das Nações Unidas:

"ARTIGO 100.º

1. No desempenho dos seus deveres, o Secretário-Geral e o pessoal do Secretariado *não solicitarão nem receberão instruções* de qualquer Governo ou de qualquer autoridade estranha à Organização. *Abster-se-ão* de qualquer acção que seja *incompatível* com a sua posição de funcionários internacionais responsáveis *somente perante a Organização*.

2. Cada membro das Nações Unidas compromete-se a respeitar o *carácter exclusivamente internacional* das atribuições do

---

([1]) Cfr. aquelas que continuam a ser as obras clássicas sobre funcionários internacionais: SUZANNE BASTID, *Les fonctionnaires internationaux*, Paris, 1931, pg. 53; e GEORGES LANGROD, *La fonction publique international*, Leyden, 1963, *passim*. E, entre nós, PAULO DE PITTA E CUNHA, *Dos funcionários internacionais*, Coimbra, 1964, pg. 56. Ver também DIEZ DE VELASCO, *op. cit.*, t. II, pgs. 63 e segs.

([2]) Assim, por exemplo, os oficiais que exercem comandos militares na OTAN não são funcionários internacionais, mas nacionais, e por isso dependem dos seus governos. O mesmo sucedeu durante a intervenção das Nações Unidas na Coreia, durante a qual as forças norte-americanas continuaram subordinadas aos comandos militares dos Estados Unidos: daí o célebre caso da destituição do comandante-chefe das forças das Nações Unidas, General MacArthur, pelo Presidente Truman.

Secretário-Geral e do pessoal do Secretariado, e *não procurará exercer qualquer influência sobre eles,* no desempenho das suas funções" (¹).

Note-se que a exigência do carácter profissional do funcionário internacional tem de ser entendida em termos hábeis, já que os conceitos de *profissionalidade* e de *carreira*, próprios da Europa continental, são muito menos nítidos no Direito Administrativo norte-americano, que tem influenciado, e largamente, o estatuto jurídico dos funcionários internacionais. Assim, a tendência da doutrina é para inserir na definição, em vez da profissionalidade, o requisito da *permanência* ou da *estabilidade* – excluindo dela, em todo o caso, os agentes amovíveis. A evolução do estatuto do funcionário internacional vai no sentido do aumento da estabilidade de emprego: é o que resulta da jurisprudência do Tribunal Administrativo das Nações Unidas (²).

O recrutamento dos funcionários internacionais faz-se normalmente por uma forma dupla: o funcionário principal, Secretário-Geral ou Director-Geral, é eleito pelos órgãos da Organização, e depois, por sua vez, designa os outros funcionários segundo normas gerais estabelecidas por esses órgãos ou previstas pelo respectivo tratado de constituição. É o que consta dos artigos 97.º e 101.º da Carta das Nações Unidas:

"ARTIGO 97.º

O Secretariado será composto de um Secretário-geral e do pessoal exigido pela Organização. O Secretário-Geral será *indicado pela Assembleia Geral mediante recomendação do Conselho de Segurança.* Será o principal funcionário administrativo da Organização." (³)

(¹) Os itálicos são nossos.
(²) Como no-lo demonstra o Professor LANGROD, *op. cit.*, pgs. 196-198.
(³) O itálico é nosso.

"ARTIGO 101.º

1. O pessoal do Secretariado será *nomeado pelo Secretário-Geral* de acordo com regras estabelecidas pela Assembleia Geral.
2. Será também nomeado, com carácter permanente, o pessoal adequado para o Conselho Económico e Social, o Conselho de Tutela e, quando for necessário, para outros órgãos das Nações Unidas. Esses funcionários farão parte do Secretariado.
3. A consideração principal que prevalecerá na escolha do pessoal e na determinação das condições de serviço será a da necessidade de assegurar *o mais alto grau de eficiência, competência e integridade*. Deverá ser levada na devida conta a importância de ser a escolha do pessoal feita dentro do mais amplo critério geográfico possível." ([1]).

Calcula-se que neste momento existam muitas dezenas de milhares de funcionários internacionais, dos quais uma grande parte se encontra ao serviço das Nações Unidas e das suas agências especializadas.

Mas além deste elemento estável, constituído pelos funcionários internacionais, que fazem carreira nas Organizações Internacionais, estas empregam também pessoas a título *eventual,* para as mais variadas funções, designadamente de carácter transitório e para tarefas puramente manuais: são os *agentes internacionais* stricto sensu.

São meros agentes internacionais, e não funcionários internacionais, portanto, os peritos e técnicos ocasionalmente empregados, os membros de comissões de arbitragem, mediação ou conciliação, os indivíduos encarregados de missões culturais ou políticas de carácter transitório, etc.

Também são só agentes internacionais e, por conseguinte, não se encontram sujeitos ao estatuto dos funcionários internacionais, os indivíduos que exerçam funções meramente manuais. Embora o Estatuto do pessoal da Organização das Nações Unidas não os exclua por forma explícita do conceito de funcionários, dispõe que

---

([1]) Os itálicos são nossos.

não serão aplicáveis a esta categoria de agentes as regras de recrutamento em base geográfica. E também não são extensivas aos agentes puramente manuais as imunidades e os privilégios previstos no artigo 105.º, n.º 2, da Carta: em 1946 o motorista do Secretário-Geral, sendo chamado a responder perante um Tribunal americano por acidente de viação ocorrido em serviço, alegou a imunidade de jurisdição, que o Tribunal, porém, rejeitou. E a Organização reconheceu que o agente em questão não gozava de imunidade – entendimento que se tem mantido até hoje.

A terminologia distingue, portanto, com rigor, por um lado os funcionários internacionais e por outro os agentes internacionais. E, como dissemos, ela não difere da que nos é fornecida pelo Direito Administrativo. Os Professores MARCELLO CAETANO e FREITAS DO AMARAL chamam *agentes administrativos* a todos os indivíduos que, por qualquer título, exerçam funções ao serviço de uma pessoa colectiva de Direito Público, sob a direcção dos respectivos órgãos, distinguindo então, dentro deles, os funcionários, pelo carácter profissional e pela submissão ao regime geral da Função Pública, sendo todos os outros *agentes não funcionários* ([1]).

Este conceito amplo e genérico de *agente internacional* já foi acolhido pelo Tribunal Internacional de Justiça na sua jurisprudência, quando utilizou essa expressão "no sentido mais amplo, entendendo como tal quem quer que, funcionário remunerado ou não, foi encarregado por um órgão da Organização de exercer, ou de auxiliar a exercer, uma das funções desta, em suma, qualquer pessoa através da qual a Organização age" – foi o que aquele Tribunal opinou no nosso já conhecido Parecer de 11 de Abril de 1949, sobre a *reparação dos prejuízos sofridos ao serviço das Nações Unidas* ([2]).

Os agentes não funcionários constituem uma categoria muito heterogénea, mas não nos interessa neste livro levar mais longe o seu estudo.

([1]) *Manual de Direito Administrativo*, 9.ª ed., t. II, Coimbra, 1972, pgs. 617 e segs. e 645 e segs. Não interessa discutir aqui se a lei portuguesa continua hoje fiel a estes conceitos.

([2]) *Loc. cit.*

Não pertencem em rigor a nenhum dos termos desta classificação certos agentes, como o Secretário-Geral das Nações Unidas, embora o artigo 97.º da Carta diga expressamente que o Secretário--Geral "é o principal *funcionário* da Organização". Mas veremos que o Secretário-Geral é muito mais do que isso.

Na verdade, se a tendência clássica era para englobar este tipo de agentes entre os funcionários internacionais, modernamente tem-se entendido que a originalidade do estatuto dos Secretários--Gerais, ou Directores-Gerais, de grande parte das Organizações Internacionais, pelo menos daquelas que não prosseguem finalidades de índole meramente técnica, leva a rejeitar a sua inclusão na referida classificação dos agentes internacionais, estabelecida com base em critérios jurídicos. Essa originalidade resulta do facto de o cargo de Secretário-Geral se revestir de um estatuto não apenas jurídico-administrativo mas também político e de ele nos aparecer, mais do que como agente ao serviço da Organização, também como titular de um dos órgãos da Organização, o Secretariado.

Considerando que há vantagem em os agentes internacionais, funcionários ou não, ao serviço das várias Organizações Internacionais, terem um estatuto uniforme, ou ao menos aproximado, a Assembleia Geral da ONU criou em 1974 uma *Comissão para a Função Pública Internacional (International Civil Service Commission)* ([1]), com o encargo de coordenar o estatuto dos agentes dos Secretariados das Nações Unidas e das suas agências especializadas (das quais falaremos adiante) por forma a ser possível chegar-se a um estatuto uniforme para os agentes internacionais daquelas Organizações.

Aquela Comissão tem competência para, dentro das suas atribuições, tomar decisões que vinculam as respectivas Organizações Internacionais. E para a prossecução dos seus objectivos tem sido decisiva a actividade uniformizadora do estatuto dos agentes levada a cabo pela jurisprudência de *Tribunais Administrativos* criados por diversas Organizações Internacionais para conhecer dos litígios en-

---

([1]) UN Doc. ICSC/1, 1975.

tre a respectiva Organização e os seus agentes: é o caso do Tribunal Administrativo da ONU, do Tribunal Administrativo do Banco Mundial e do Tribunal Administrativo da OIT, tendo a competência deste último sido mais tarde alargada à UNESCO, à FAO, à OMS, ao GATT e à EUROCONTROL, entre outras Organizações. Sem falar nas *Comissões de Recurso* criadas para o mesmo fim em diversas outras Organizações, como o Conselho da Europa, a OTAN, a UEO, a OCDE, etc. ([1])([2]).

([1]) Sobre esses Tribunais e essas Comissões veja-se VANDERSANDEN, *Administrative Tribunals, Boards and Commissions in International Organizations*, in *Encyclopedia*, t. I (1981), pgs. 1 e segs.

([2]) Sobre a problemática dos agentes internacionais em geral v., de T. MERON, para além das obras já cits., também *Civil Service International*, in *Encyclopedia*, t. 5, pgs. 4 e segs., e bibl. aí cit.; e A. PLANTEY, *Droit et pratique de la fonction publique internationale*, Paris, 1977.

CAPÍTULO II

ORGANIZAÇÕES INTERGOVERNAMENTAIS PARA-UNIVERSAIS

1. Razão de ordem

Vamos proceder agora ao estudo das Organizações Internacionais intergovernamentais para-universais. Não nos podemos debruçar sobre todas e por isso escolhemos, de entre as mais importantes, aquelas que mais interessam a Portugal e que, por conseguinte, não devem, em nosso entender, ser esquecidas no ensino do Direito Internacional Público no nosso País.

SECÇÃO I

A ORGANIZAÇÃO DAS NAÇÕES UNIDAS

1. As circunstâncias em que surge a ONU

Ao passarmos agora ao estudo das Organizações Internacionais na especialidade, temos naturalmente de principiar por aquela cuja importância do ponto de vista jurídico e político em muito sobreleva a de todas as outras: a Organização das Nações Unidas ([1]).

Vejamos, para começar, e em breve síntese, quais foram as circunstâncias históricas em que ela nasceu.

Terminada a 1.ª Guerra Mundial surge, sobretudo por influência norte-americana, a ideia de que para a manutenção da paz seria indispensável a edificação de uma Organização política de carácter universal. Foi para dar realização prática a esta ideia que os primeiros vinte e seis artigos do Tratado de Paz de Versalhes incorporaram o Pacto da Sociedade das Nações, Organização de cooperação internacional destinada a promover a segurança colectiva, a solução pacífica dos conflitos e a colaboração entre os Estados para o progresso económico e social. Sintetizando, poderemos dizer que os três objectivos fundamentais da Organização são aqueles que vão presidir a toda a sua evolução posterior: a manutenção da paz e da segurança colectiva, a administração ou fiscalização da administração de territórios coloniais e a cooperação entre os Estados nos campos económico e social.

A influência preponderante na concepção e na realização da Sociedade das Nações foi decerto a anglo-saxónica. A base essencial da Organização era dada pelo *princípio da soberania dos Esta-*

([1]) A bibliografia sobre a Organização das Nações Unidas é vastíssima. Mesmo restringindo-nos aos aspectos jurídicos da matéria, diremos que quase não há nenhuma obra geral de Direito Internacional, ou ao menos sobre Organizações Internacionais, que não se ocupe dela. Além disso, vários estudos especializados abordam diversas facetas daquela Organização. Quanto às obras gerais, remetemos para o que sobre ela se encontra escrito na bibliografia geral citada logo no início deste livro, além daquela que tem vindo a ser referida ao longo desta Parte IV. No que toca a bibliografia especial sobre a Organização, indicá-la-emos ao longo deste Capítulo. Mas dentro dela merecem desde já destaque, pela sua vastidão e pela sua profundidade, as obras de KELSEN, *The Law of the United Nations*, Londres, 1950; JIMENEZ DE ARECHAGA, *Derecho Constitucional de las Naciones Unidas*, Madrid, 1958; GOODRICH/HAMBRO/ /SIMONS, *Charter of the United Nations – Commentary and Documents*, 3.ª ed., Nova Iorque, 1969; FROWEIN, *United Nations*, in *Encyclopedia*, t. 5, pgs. 272 e segs., e bibl. aí seleccionada; COT/PELLET, *La Charte des Nations Unies – Commentaire article par article*, 2.ª ed., Paris, 1991; SIMMA, *Charta der Vereinten Nationen – Kommentar*, Munique, 1991; WOLFRUM/PHILIPP, *Handbuch Vereinten Nationen*, 2.ª ed., Munique, 1991.

dos, que, por isso, no seio da Organização agiam segundo métodos de mera cooperação. A exigência da unanimidade, contida no artigo 5.º do Pacto, fazia com que, em rigor, a Organização não fosse mais do que um quadro para a actuação internacional dos Estados membros, considerados Estados plenamente soberanos (¹).

O indiscutível fracasso a que se viu votada a Sociedade das Nações deve sem dúvida atribuir-se à influência concomitante de razões de estrutura e de razões de circunstância. Entre as primeiras, além do já citado princípio da unanimidade, e em consequência deste, teremos que mencionar o facto de a Organização ter sido dominada pelo *princípio de igualdade dos Estados*, que punha no mesmo plano as grandes e as pequenas potências. Salvo, com efeito, a excepção da sua presença permanente no Conselho, prevista pelo artigo 4.º, o estatuto das grandes potências na Organização em nada se distinguia do das restantes; e mesmo essa excepção veio a perder influência pelo progressivo aumento do número de membros do Conselho.

Mas também as circunstâncias políticas não favoreceram a acção da Sociedade das Nações, que desde o início se viu privada da participação dos Estados Unidos, principais impulsionadores, aliás, da sua criação. Ao recusar a ratificação do Pacto da Sociedade das Nações, o Senado dos Estados Unidos, contrariando as aspirações de WILSON, veio a prejudicar decisivamente as possibilidades de êxito da Organização (²).

A ausência dos Estados Unidos manteve-se até ao termo da Organização. Mas entretanto a evolução dos acontecimentos políticos na Europa foi francamente desfavorável à acção da SDN. O período de entre as duas Guerras foi dominado na Europa pelas desastrosas consequências da Paz de Versalhes: o sentimento nacional de terem sido injustamente tratados nesses acordos é uma das causas directas da reacção nacionalista na Itália e na Alemanha, que

---

(¹) Artigo 5.º, n.º 1, do Pacto da Sociedade das Nações: "Salvo expressa disposição em contrário do presente Pacto ou das cláusulas do presente Tratado, as decisões da Assembleia ou do Conselho são tomadas por unanimidade dos Membros da Sociedade representados na reunião".

(²) FAUSTO DE QUADROS, *Carta das Nações Unidas*, cit., pgs. 5 e segs.

levou à constituição dos regimes totalitários fascista e nacional-
-socialista. Por outro lado, continuava o isolamento internacional da
União Soviética, dotada igualmente de um regime totalitário. A
concepção totalitária do Estado traz dificuldades à elaboração e ao
funcionamento do Direito Internacional; a década de 1930-40
constitui fecunda ilustração desta regra.

Assim, ao passo que a SDN preconizava o desarmamento, as-
siste-se ao rearmamento intensivo; e enquanto condenava a anexação violenta de territórios, esta era praticada na Europa e na África.
Incapaz de se opor eficazmente à anexação da Etiópia pela Itália, a
SDN viu o seu papel muito diminuído nos anos que imediatamente
antecederam a 2.ª Guerra Mundial, para deixar praticamente de existir com o deflagrar desta.

Mas à medida que, por entre os escombros da guerra, se
começa a divisar a vitória dos Aliados, e principiam a elaborar-se
os projectos de paz futura, persiste a ideia da necessidade de uma
Organização Internacional. Não faltou então quem defendesse o
regresso puro e simples à SDN, que juridicamente só veio a extinguir-se em 1946. Todavia, as razões que militaram vitoriosamente
contra esta solução podem auxiliar-nos a compreender o espírito que
vai presidir à criação da Organização das Nações Unidas.

Não foi só o descrédito geral que caíra sobre a SDN que
obstou à sua reconstituição. Razões políticas imediatas e fáceis de
compreender intervieram em sentido análogo: a SDN tinha sido
dominada pela França e pelo Reino Unido, potências que as circunstâncias do conflito tinham reduzido a um papel de segundo plano,
em contraste com os Estados Unidos e a União Soviética, ambos
desafectos à SDN, os primeiros porque nunca a ela tinham aderido,
a segunda porque dela tinha sido expulsa em Dezembro de 1939.

Por outro lado, a experiência da SDN demonstrara que para
presidir à paz futura se impunha uma estrutura mais eficaz e
poderes mais amplos do que os que tinham caracterizado aquela
Organização.

Mas, sobretudo, a estrutura da SDN, que referimos, era incompatível com o projecto norte-americano, que concebia uma forma
de organização aristocrática da Sociedade Internacional, em que o

papel primacial pertenceria às grandes potências vencedoras na Guerra, constituindo o que por alguns foi designado de "Santa Aliança democrática".

Foi este espírito que marcou os sucessivos passos que estiveram na base do aparecimento da Organização das Nações Unidas: em 14 de Agosto de 1941, o Presidente dos Estados Unidos e o Primeiro-Ministro do Reino Unido, reunidos a bordo de um navio de guerra no Oceano Atlântico, aprovam os oito artigos da *Carta do Atlântico*, em que se consigna o direito de os povos escolherem a sua forma de governo, a igualdade dos Estados quanto ao acesso às matérias-primas, a colaboração entre os Estados para o progresso económico e social, a liberdade dos mares, o desarmamento e a manutenção da paz e da segurança colectiva.

Em 1 de Janeiro de 1942, aderem a estes princípios os Estados que estavam em luta contra o Eixo, através da *Declaração das Nações Unidas*.

Entretanto, a balança da guerra ia pendendo decisivamente para o lado dos Aliados. E o ano de 1944 vê o lançamento por estes das bases da organização futura da Comunidade Internacional: na *Conferência de Bretton Woods* criam-se Organizações para-universais de cooperação económica e financeira, o Fundo Monetário Internacional e o Banco Internacional de Reconstrução e Desenvolvimento; a *Conferência de Chicago* aprova a Convenção da Aviação Civil Internacional; e a construção das Nações Unidas prossegue através da *Conferência de Dumbarton Oaks*, em que se elabora o primeiro projecto pormenorizado da futura Carta das Nações Unidas.

As grandes potências reservaram, porém, para si a discussão do papel que viriam a desempenhar na futura Organização. Reunidas em *Ialta*, em Fevereiro de 1945, a União Soviética, os Estados Unidos e o Reino Unido decidem da repartição de esferas de influência na Comunidade Internacional do pós-guerra, e fixam os últimos pormenores da estrutura das Nações Unidas, entre os quais a consagração em seu benefício do direito de veto no Conselho de Segurança. Conjugadas as decisões de Ialta com o projecto de Dumbarton Oaks, é elaborado o projecto definitivo, que depois é submetido à *Conferência de S. Francisco*. Nesta tem lugar, a 26 de Junho de 1945, a assinatura do texto definitivo da Carta das Nações Unidas, que entrou em vigor em 25 de Outubro do mesmo ano ([1])([2]).

2. Fins e princípios gerais das Nações Unidas

Entrando agora no exame da ONU e da sua Carta comecemos por ver quais são os *fins* que as Nações Unidas visam alcançar e os *princípios gerais* que norteiam a sua actividade.

Uns e outros encontram-se enunciados no Capítulo I da Carta, após o seu preâmbulo ter indicado os motivos que presidiram à instituição da Organização.

Os *objectivos* da Organização vêm dispostos no artigo 1.º, e são os que passamos a indicar.

Em primeiro lugar, *a paz e a segurança internacionais*. Esta finalidade, que inspira todo o documento e de um modo constante, traduz o desejo firme dos seus autores de evitarem a todo o custo a repetição das trágicas circunstâncias que haviam provocado e acompanhado a 2.ª Guerra Mundial.

Depois, a Carta refere-se, como segunda finalidade da Organização, ao *desenvolvimento das relações cordiais e amistosas entre os Estados*, como condição indispensável à manutenção da paz.

Em terceiro lugar, pretende a ONU o *incremento de uma estreita cooperação internacional, com vista à resolução de problemas económicos, sociais, culturais e humanitários*, comuns aos vários Estados, bem como o *estabelecimento de um respeito efectivo pelos direitos da pessoa humana*.

([1]) Como adiante se dirá, Portugal aderiu à Carta em 1955. Pois, por incrível que pareça, e não obstante desde então haverem sido editadas várias traduções particulares da Carta, o seu texto oficial em língua portuguesa só foi publicado na folha oficial *trinta e seis anos depois*, a coberto do Aviso n.º 66/91 do Ministério dos Negócios Estrangeiros, de 22 de Maio!

([2]) Sobre a matéria deste número, v. especialmente G. SCELLE, *Le Pacte de la Société des Nations*, Paris, 1926; C. PARRY, *League of Nations*, in *Encyclopedia*, t. 5, pgs. 194 e segs.; FROWEIN, *United Nations, cit.*, pgs. 272 e segs.; COLLIARD, *op. cit.*, pgs. 354 e segs. e 366 e segs.; e SILVA CUNHA, *op. cit.*, t. II, pgs. 145 e segs.

Por fim, e em quarto lugar, deverá a ONU funcionar com *ponto de encontro de todos os Estados da Comunidade Internacional,* visando a orientação e a harmonização das suas actividades particulares para a prossecução dos objectivos comuns antes indicados.

Vemos, portanto, que as atribuições das Nações Unidas são consideravelmente mais extensas do que as que incumbiam à Sociedade das Nações.

Debrucemo-nos agora sobre os *princípios gerais* que regem as Nações Unidas. Eles vêm elencados no artigo 2.º da Carta.

Temos, em primeiro lugar, o princípio da *igualdade soberana dos Estados,* que assim é reafirmado como princípio geral do Direito Internacional. Já vimos que este princípio é contrariado pela ideia da organização aristocrática da Comunidade Internacional, que também se encontra na base da redacção da Carta. E assim, se o princípio da igualdade soberana dos Estados encontra aplicação na Assembleia Geral das Nações Unidas, sofre derrogação, como veremos, no Conselho de Segurança.

O segundo princípio geral enunciado no artigo 2.º é o da *boa fé* nas relações entre os Estados membros e no cumprimento das obrigações daí resultantes, desde que de acordo com a respectiva Carta.

Em terceiro lugar, surge-nos o princípio geral da *solução pacífica dos conflitos* entre os Estados.

O quarto princípio geral da Organização conjuga-se com o anterior, e consiste na *renúncia, pelos Estados membros, ao recurso à força,* bem como no respeito que por estes deve ser sempre mantido em relação *à integridade territorial* e à *independência política* dos restantes Estados.

Finalmente, tem a ONU como seu princípio geral a *manutenção da paz e da segurança internacionais,* dispondo de meios mais eficazes para a realização desse objectivo do que a Sociedade das Nações.

Todavia, o artigo 2.º da Carta não enuncia expressamente todos os princípios gerais da Organização das Nações Unidas. Para além dos que ali nos são apresentados surge-nos o princípio da *universalidade da Organização,* pois esta procura abranger a totalidade dos Estados do globo, quer sejam ou não seus membros. Este princípio está imanente no n.º 6 do artigo 2.º, onde se estabelece o dever de os Estados não membros se conformarem na sua actividade com os princípios da Organização, e resulta também do artigo 103.º, onde se afirma a superioridade da Carta das Nações Unidas sobre as obrigações contraídas no plano bilateral pelos Estados membros, incluindo, portanto, aquelas obrigações que resultarem de acordo entre um Estado membro e um Estado não membro das Nações Unidas.

Estes são os *princípios gerais positivos* que devem presidir à acção da Organização. Cabe agora referir os *princípios gerais negativos* ou *limitativos*. São, principalmente, o princípio do *domínio reservado* dos Estados e o princípio da *legítima defesa*.

Aos dois dedicaremos, porém, devido à sua importância, tratamento autónomo, logo de seguida.

Concluiremos esta referência genérica aos princípios gerais das Nações Unidas dizendo que é sobretudo a pensar neles que se diz muitas vezes, como estudámos atrás, que a Carta da ONU é um tratado-constituição, aqui no sentido de "uma espécie de Constituição da Comunidade mundial" (¹). Com isso pretende-se afirmar que os princípios gerais contidos na Carta, e aos quais acabámos de fazer referência, não são exclusivos das Nações Unidas porque constituem princípios fundamentais de toda a Comunidade Internacional e, por isso, dão corpo a um *Direito Constitucional Internacional*. Já nos debruçámos sobre esta matéria.

3. O domínio reservado dos Estados membros

I. Já vimos, na altura própria, que é princípio geral de Direito Internacional Comum a admissão do domínio reservado dos Estados, com a consequente proibição da intervenção alheia nos seus negócios internos. O principal campo de aplicação deste princípio tem sido o das relações entre os Estados e as Organizações Interna-

---

(¹) É o caso dos Professores suíços MÜLLER e WILDHABER, na sua obra conjunta *Praxis des Völkerrechts*, 2.ª ed., Berna, 1982, pg. 37.

cionais; mas a sua exacta configuração e o seu âmbito material de aplicação são das questões mais controvertidas quer na doutrina quer na prática das Organizações Internacionais.

A expressão actual com carácter para-universal do princípio do domínio reservado encontra-se no artigo 2.º, n.º 7, da Carta das Nações Unidas, que reza: "Nenhuma disposição da presente Carta autorizará as Nações Unidas a intervirem em assuntos que dependam essencialmente da jurisdição de qualquer Estado, ou obrigará os membros a submeterem tais assuntos a uma solução, nos termos da presente Carta; este princípio, porém, não prejudicará a aplicação das medidas coercivas constantes do Capítulo VII" (¹).

O primeiro ponto a notar na análise deste preceito, quer na redacção quer na interpretação que ele apresenta, por confronto com a disciplina que ao mesmo princípio dava o artigo 15.º, n.º 8, do Pacto da SDN, segundo o qual "se uma das partes pretender e o Conselho reconhecer que o diferendo respeita a um assunto que o Direito Internacional relega à competência exclusiva dessa parte, o Conselho certificá-lo-á em relatório, sem recomendar qualquer solução".

(¹) O problema do domínio reservado (também chamado de *excepção do domínio reservado,* ou *jurisdição interna,* ou *questões domésticas dos Estados*) tem sido das matérias da Carta das Nações Unidas que mais abundante produção doutrinária tem provocado: além das obras gerais, veja-se, de modo particular, ENRIQUE PECOURT, *La soberania de los Estados perante la Organización de las Naciones Unidas,* Madrid, 1962; H. WALDOCK, *General Course on Public International Law,* in *RdC,* 1962-II, pgs. 1-251 (173-191); VERDROSS, *La "compétence nationale" dans le cadre de l'Organisation des Nations Unies,* in *RGDIP* 1965, pgs. 314-325; ID., *Domestic Jurisdiction under International Law,* in *UTLR* 1971, pgs. 119-126; OUCHAKOV, *La compétence interne des États et la non-intervention dans le droit international contemporain,* in *RdC,* 1974-I, pgs. 1-86; WATSON, *Autointerpretation, Competence, and the Continuing Validity of Article 2(7) of the UN Charter,* in *AJIL* 1977, pgs. 60-83 e 749-752; VERDROSS/SIMMA, *op. cit*, pgs. 159 e segs., A. D'AMATO, *Domestic Jurisdiction,* in *Encyclopedia,* t. 10, pgs. 132 e segs.: BROWNLIE, *op. cit.,* pgs. 291 e segs.; e muito boa bibl. citada nas duas últimas obras. Entre nós, ADRIANO MOREIRA, *A jurisdição interna e o problema do voto na ONU,* Lisboa, 1958, pgs. 11-21; e ANDRÉ GONÇALVES PEREIRA, *Administração e Direito do Ultramar,* lições dadas ao curso do 3.º ano jurídico de 1963-64, coligidas por Robin de Andrade, Fausto de Quadros e Correia de Jesus, Associação Académica da Faculdade de Direito de Lisboa, 1964, pgs. 60 e segs.

São três os aspectos fundamentais em que os dois preceitos divergem.

Em primeiro lugar, na própria definição do *conteúdo material* do domínio reservado. Na SDN as matérias do domínio reservado seriam aquelas que o Direito Internacional deixasse *exclusivamente* à jurisdição interna. Diferentemente, na ONU já não é necessária essa exclusividade, bastando que a matéria pertença *essencialmente* à esfera interna. Daqui deve-se, pois, concluir que o domínio reservado é mais amplo na ONU do que na SDN, pois pode haver matérias que, sem pertencerem exclusivamente à esfera interna, a ela pertençam essencialmente, enquanto que o inverso se não afigura possível.

Em segundo lugar, enquanto que a disposição do Pacto constituía uma limitação à competência *apenas do Conselho*, o artigo 2.º, n.º 7, da Carta, integrado no Capítulo que versa sobre os fins e os princípios gerais da Organização, é um princípio limitativo da acção *de todos os órgãos desta*. E os termos em que ele está redigido evidenciam que não cede perante outras disposições da Carta, quer gerais quer especiais, já que "nenhuma disposição da presente Carta autorizará (...)". Não significa isto, sem dúvida, que do ponto de vista formal o artigo 2.º, n.º 7, tenha mais valor do que qualquer outra disposição da Carta; mas parece indiscutível que, no contexto da Carta, todos os outros direitos ou obrigações que dela derivem se devem interpretar *sem prejuízo do respeito pelo domínio reservado.*

Também por este lado, pois, a excepção do domínio reservado tem uma dimensão maior na Carta do que tinha no Pacto da SDN.

Em terceiro e último lugar, no sistema do Pacto era *ao próprio Conselho* que cabia a decisão sobre a pertença de determinada questão à jurisdição interna. A Carta, pelo contrário, é omissa sobre este ponto, o que gera as dúvidas que adiante indicaremos.

Do confronto entre os dois tratados resulta, portanto, repetimos, que o princípio do domínio reservado tem um valor e um alcance muito mais vastos na Carta do que no Pacto. E isso ainda mais se acentua se levarmos em conta que, como observam COT e PELLET ([1]),

---

([1]) *Op. cit.*, pg. 145.

a criação pela Carta de um Conselho Económico e Social e o consequente alargamento das atribuições da ONU aos domínios económico e social, que a SDN ignorava, provocaram o alargamento da excepção do domínio reservado a essas áreas, o que mais ainda estende a esfera da jurisdição interna na ONU. Mas compreende-se que o domínio reservado seja mais vasto na Carta do que no Pacto porque, sendo muito mais amplos os poderes de intervenção previstos naquela do que neste, era necessário alargar também a garantia dada à soberania dos Estados.

II. De entre as inúmeras questões suscitadas pela interpretação do artigo 2.º, n.º 7, caberá examinar em primeiro lugar a controvérsia acerca do conceito de *intervenção*. Qual a acção proibida pelo artigo 2.º, n.º 7? Em que caso estaremos perante uma intervenção das Nações Unidas?

A doutrina oferece fundamentalmente duas soluções diferentes para este problema.

A primeira, que pode ser representada por KELSEN ([1]), entende que o termo *intervenção* está empregue na Carta num sentido não técnico, mas com um significado que abrange *qualquer actuação* dos órgãos das Nações Unidas. Tratando-se de um assunto de jurisdição interna, não poderia, então, nenhum órgão da Organização, de qualquer modo, *ocupar-se* do problema, nem formular sobre ele qualquer *recomendação*.

Posição análoga, embora conferindo ao conceito de intervenção um sentido menos amplo, é adoptada por BINDSCHEDLER ([2]), GOODRICH e HAMBRO ([3]).

O primeiro sustenta que a proibição da intervenção, tal como está contida no artigo 2.º, n.º 7, da Carta, engloba "todos os actos jurídicos sem efeito obrigatório da Organização (com excepção do Capítulo VII), isto é, as *recomendações*".

Quanto a GOODRICH e HAMBRO, entendem que, embora a discussão de um assunto não possa, por si só, ser assimilada à interven-

---
([1]) *The Law*, cit., pgs. 770-772.
([2]) *La délimitation des compétences des Nations Unies*, in *RdC*, 1963-I, pg. 391.
([3]) *Op. cit.*, mas na sua 1.ª ed., Neuchatel, 1946, pgs. 120 e 135.

ção, já constituem intervenção a criação de comissões de inquérito ou a aprovação de recomendações ou de decisões obrigatórias sobre matéria da jurisdição interna.

A posição contrária, que dá do termo *intervenção* uma acepção restrita, foi sustentada por LAUTERPACHT, segundo o qual só se deve qualificar de intervenção, no sentido do artigo 2.º, n.º 7, "uma *cominação* ao Estado para que adopte certa conduta, acompanhada do uso da força, ou da ameaça do uso da força, no caso de não cumprimento pelo Estado"(¹).

A solução a dar a esta controvérsia terá influência decisiva, como se vê, no alcance a atribuir ao artigo 2.º, n.º 7, e, por via disso, no âmbito a conceder ao domínio reservado dos Estados. Se se restringe o conteúdo do termo *intervenção*, alarga-se o âmbito da actuação lícita da Organização e diminui-se a esfera reservada ao Estado.

O contexto da Carta parece, porém, encaminhar-nos para uma solução próxima da defendida por KELSEN. De facto, na acepção de LAUTERPACHT só um órgão, o Conselho de Segurança, seria competente para proceder a uma intervenção, e, ainda assim, só no âmbito do Capítulo VII da Carta. Ora, por um lado, a colocação sistemática do artigo 2.º, n.º 7, e o seu texto inculcam que ele constitui um *limite geral* à acção da Organização, e, portanto, *de todos os seus órgãos*, e não apenas de um órgão especial. Por outro lado – e este argumento parece-nos ser decisivo – a parte final do artigo 2.º, n.º 7, exceptua a aplicação das medidas coercitivas tomadas ao abrigo do Capítulo VII; ora, tais medidas são as únicas que, no contexto da Carta, poderiam qualificar-se de *intervenção* na acepção de LAUTERPACHT e, portanto, a excepção da parte final da disposição teria exactamente o mesmo conteúdo da regra contida na parte inicial, tornando a disposição totalmente vazia de sentido.

Nem parece chocante que a excepção do domínio reservado obste à mera discussão de um assunto em qualquer órgão da Organização uma vez que a principal razão de ser política da disposição do artigo 2.º, n.º 7, como escreve ADRIANO MOREIRA, é a de "evitar

---

(¹) LAUTERPACHT, *The International Protection of Human Rights*, in RdC, 1947-I, pgs. 18-19. O itálico é nosso.

os efeitos políticos das apreciações de tais problemas pela Organização. Ora, sabida a extraordinária projecção dos debates na opinião pública de regiões muito extensas do mundo, parece que o princípio da razoabilidade na interpretação dos textos impõe que tais problemas não sejam sequer discutidos na Assembleia.

"A projecção política que se quis evitar dá-se imediatamente com a inscrição do problema na agenda dos trabalhos e aumenta com toda e qualquer discussão sobre o fundo da questão, independentemente do resultado das votações. Por isso, parece que contraria já o princípio jurídico em causa qualquer das práticas mencionadas e que, para o cumprir rigorosamente, necessário seria que os problemas fossem discutidos apenas no aspecto processual, sempre que a excepção da competência fosse levantada" (¹).

A tendência maioritária nos órgãos das Nações Unidas tem sido sempre contrária à admissão deste entendimento lato do termo *intervenção*. Mas a restrição do domínio reservado dos Estados não se tem processado na Assembleia Geral tanto através da interpretação deste termo como da progressiva diminuição do âmbito da jurisdição interna que tem resultado das tentativas de definição material expressas ao longo dos anos em sucessivas resoluções da Assembleia Geral (²).

III. Quais são na verdade os assuntos *essencialmente* internos? Quais as matérias contidas na jurisdição doméstica e acerca das quais fica proibida a intromissão das Nações Unidas?

Sob este prisma, têm sido fundamentalmente propostos dois critérios para levar a cabo a determinação do conteúdo material do domínio reservado do Estado, critérios que são correntemente designados, embora sem grande rigor, como *critério jurídico e critério político*.

Segundo o *critério jurídico*, ou critério do Direito Internacional, não pertence à jurisdição interna uma questão que o Estado

---

(¹) *Op. e loc. cits.* Cfr. Q. WRIGHT, *Is Discussion Intervention?*, in *AJIL* 1956, pg. 105.

(²) D. GILMOUR, *The Meaning of "Intervue" within Article 2(7) of the United Nations Charter – An Historical Perspective*, in *ICLQ* 1967, pgs. 330 e segs.

interessado tenha regulado através de um tratado internacional, quer bilateral quer multilateral. Nas alegações apresentadas pelo Governo dos Estados Unidos perante o Tribunal Internacional de Justiça na questão da *interpretação dos tratados de paz com a Hungria, a Bulgária e a Roménia* ([1]), afirmava-se: "entre as partes os assuntos expressamente versados pelos tratados internacionais não se podem considerar assuntos de jurisdição e relevância doméstica (...). Ao tornarem-se parte num tratado, os Estados assumem obrigações internacionais que *limitam o que seria o seu direito soberano de decidir por si próprios*". E a mesma argumentação se contém nas alegações do Reino Unido: "quando o assunto em causa é uma questão relativa à observância de um tratado, então o assunto é o próprio tratado, e não pode por natureza ser uma questão essencialmente pertencente à jurisdição doméstica de nenhum Estado. Tais assuntos são, pelo contrário, essencial e inerentemente questões de jurisdição internacional. Um tratado nunca pode ser um assunto essencialmente pertencente à jurisdição doméstica ou à soberania interna de uma só das partes. *Quando um assunto se converte em objecto de uma cláusula de um tratado, é o próprio tratado, ou a cláusula deste, e a sua interpretação ou o seu cumprimento, o que constitui o assunto em questão, e isso de forma alguma pode ser uma questão doméstica*".

Fora já este o critério principalmente adoptado pela SDN, como impunha, aliás, a referência ao Direito Internacional, contida no artigo 15.º, n.º 8, do Pacto. E também o Tribunal Permanente de Justiça Internacional já o adoptara no Parecer acerca da questão dos *decretos tunisinos e marroquinos*, que emitira em 1923 ([2]). Nesse Parecer, o Tribunal havia definido o conteúdo *relativo* e *variável* do domínio reservado: saber-se se um determinado assunto cai ou não exclusivamente sob a jurisdição de um Estado é uma questão

---

([1]) Pareceres de 30-5-50, in *ICJ Reports* 1950, pgs. 65-78, e de 18-7-50, in *ICJ Reports* 1950, pgs. 221-230, sendo os itálicos nossos. V. o comentário aos dois Pareceres de H. HERNDL, in *Encyclopedia*, t. 2, pgs. 148-150.

([2]) Parecer de 7-2-23, in *Série B*, n.º 4 (1923), pg. 24.

essencialmente relativa – depende do desenvolvimento das relações internacionais (¹).

Também a Assembleia Geral das Nações Unidas começou por se servir do critério jurídico. Na questão do *tratamento dos indivíduos de origem indo-paquistanesa na África do Sul,* a Assembleia Geral afirmou, em sucessivas resoluções, que a questão não se situava dentro da esfera do domínio reservado da África do Sul, porque esta estava em tal matéria internacionalmente vinculada por tratados internacionais. Da mesma forma, quando se pronunciou sobre a questão da *violação dos direitos humanos na Hungria* após os graves incidentes em Budapeste em 1956, a Assembleia rejeitou a excepção do domínio reservado invocada pela Hungria, com o fundamento de que, estando a Hungria vinculada internacionalmente pelas disposições do Tratado de Paz celebrado depois da 2.ª Guerra Mundial, e em que se comprometia ao respeito dos Direitos Humanos, tal matéria não caía dentro da esfera de jurisdição doméstica do Estado húngaro.

O mesmo critério foi utilizado pelo Tribunal Internacional de Justiça, nos Pareceres, há pouco citados, sobre a *interpretação dos tratados de paz com a Hungria, Bulgária e Roménia.* É, porém, forçoso reconhecer-se que a diferença de redacção entre o artigo 2.º, n.º 7, da Carta e o artigo 15.º, n.º 8, do Pacto, e a ausência naquele de referência ao Direito Internacional, não favoreciam a aplicação do critério jurídico (embora não se deva sobrevalorizar este argumento, já que não é necessário que uma regra invoque expressamente o Direito Internacional para que seja considerada norma de Direito Internacional e interpretada como tal). Por outro lado, a aplicação do critério jurídico era tida por alguns Estados como sendo insufi-

---

(¹) Esta fórmula muito vaga que o TPJI deu ao critério jurídico seria utilizada, algumas décadas mais tarde, para se sustentar o alargamento constante da competência dos órgãos das Nações Unidas, que seria reflexo do "desenvolvimento do Direito Internacional". Mas então esquece-se que tal argumentação só é válida quanto à aplicação do *critério jurídico,* e que foi neste contexto que o Tribunal a enunciou, pois é evidente que a aplicação do critério jurídico depende dos tratados que forem sendo celebrados através dos tempos. Já não parece, porém, válido o mesmo argumento para se sustentar o alargamento do âmbito de aplicação do *critério político.*

ciente, deixando de fora da competência da Organização matérias que, embora não reguladas por tratado, deveriam, em seu entender, ser examinadas pela Organização.

Surge então o chamado *critério político*, segundo o qual há questões que, em princípio, são de relevância interna, mas que se podem tornar de relevância internacional quando a sua existência afecte as relações internacionais, mais concretamente, afecte a paz e a segurança internacionais. Muito mais fluido e menos preciso, este critério baseia-se na eventual repercussão internacional de questões internas, repercussão que só por si justificaria a intervenção das Nações Unidas.

Foi com base neste critério que, embora não podendo negar que o regime político de um Estado e a forma do exercício interno dos poderes públicos são questões que em princípio pertencem à jurisdição interna, a Assembleia Geral e o Conselho de Segurança se arrogaram a competência para dirigir recomendações a um determinado Estado não membro das Nações Unidas, condenando a sua forma de governo, que entendiam que punha em perigo as relações internacionais: foi a questão do *regime político espanhol*, em 1946, quando a Espanha ainda não era membro das Nações Unidas. O mesmo critério serviu de base às sucessivas recomendações da Assembleia Geral e do Conselho de Segurança dirigidas à África do Sul, na questão do *apartheid*.

A extrema fluidez deste critério torna, naturalmente, a sua aplicação susceptível de variar quase ilimitadamente ao sabor das tendências políticas em que em cada momento se cristaliza a maioria dos votos das Nações Unidas. Acerca disso, e tomando como referência a actividade da Assembleia Geral, escreveu o Embaixador FRANCO NOGUEIRA: "(...) a inscrição de um problema na ordem de trabalhos e o seu debate não se fazem de harmonia com um conceito normativo, nem mesmo ideológico: o critério é exclusivamente político, e depende, por conseguinte, da vontade de uma maioria e dos objectivos globais que ela prossegue. Decerto, os pedidos aparecem sempre justificados por razões idealistas ou humanitárias, e referidos ou enquadrados em preceitos da Carta. Mas isto é apenas a motivação aparente e formal. Bastará que uma Nação se declare "preocupada" com um determinado acontecimento noutro país remoto, e exprima a opinião de que tal acontecimento *afecta* ou *pode afectar* a paz – ou os direitos humanos ou o bem-estar dos povos – para que se proceda à inscrição do problema na agenda da Assembleia, desde que, evidentemente, isso corresponda às conveniências políticas da maioria" (¹).

Na prática, as Nações Unidas, ao longo dos tempos, foram aplicando um ou outro destes critérios, bastando que por qualquer deles pudesse resultar a sua competência. E a tendência, particularmente na Assembleia Geral, tem vindo a ser no sentido de a Organização se reconhecer sempre competente, sendo raríssimos os casos em que tem sido aceite a excepção do domínio reservado, das muitas centenas, se não milhares, de casos em que ele comprovadamente foi invocado.

Pode-se dizer, em resumo, que, de modo crescente, a orientação da Assembleia Geral e do Conselho de Segurança, particularmente da Assembleia Geral, em matéria de domínio reservado, se tem traduzido na regra de que só são essencialmente do domínio reservado dos Estados aquelas matérias que a maioria da Assembleia não tenha decidido que são de carácter internacional e que, por isso, cabem na sua competência (²).

IV. A interpretação da excepção do domínio reservado nas Nações Unidas ganhou acuidade especial nos debates relativos ao problema da colonização. Foi muito viva e intensa a querela mantida pelas Nações Unidas com a França, por causa dos *territórios de colonização francesa na África do Norte* (Marrocos, Tunísia e

---

(¹) *As Nações Unidas e Portugal*, 2.ª ed., Lisboa, 1962, pg. 142.

(²) Cfr. ADRIANO MOREIRA, *op. cit.*, pg. 21; e A. CANÇADO TRINDADE, *Princípios de Direito Internacional Contemporâneo*, Brasília, 1981, pgs. 204 e segs. O exame minucioso da prática dos órgãos das Nações Unidas em matéria de domínio reservado pode ver-se em ROSALYN HIGGINS, *The development of International Law through the political organs of the United Nations*, Oxford, 1963, pgs. 58-130; NINCIC, *The Problem of Sovereignty in the Charter and in the Practice of the United Nations*, Londres, 1970; e CANÇADO TRINDADE, *O Estado nas relações internacionais. O domínio reservado dos Estados na prática das Nações Unidas e Organizações Regionais*, Brasília, 1979.

Argélia), com o Reino Unido, nas questões de *Chipre* e da *Rodésia do Sul* (hoje, República do Zimbabwe), com Portugal, por causa dos seus ex-territórios ultramarinos. Contemporaneamente, disputa análoga opôs as Nações Unidas e a África do Sul, a propósito do estatuto do território do *Sudoeste Africano/Namíbia* e do *apartheid*.

Para as Nações Unidas, existia em todos esses casos um conflito entre, por um lado, a excepção do domínio reservado, invocada pelos Estados colonizadores e pela África do Sul, e, por outro lado, o princípio da autodeterminação dos povos, as obrigações decorrentes para aqueles Estados do artigo 73.º da Carta e o respeito pelos Direitos Humanos. A Assembleia Geral não teve dúvidas em afirmar que o princípio do domínio reservado cedia, em todos os casos referidos, perante esses princípios e as obrigações emergentes do artigo 73.º. Dado o ambiente emocional que prevaleceu nessas discussões a Assembleia nem curou de fundamentar a sua competência, embora fosse nítido que ela estava, nesse debate, a utilizar um conceito muito lato de *intervenção* e a servir-se generosamente do *critério político* na definição das questões essencialmente de jurisdição interna. A querela havida nesse domínio entre Portugal e as Nações Unidas durou muitos anos e o seu estudo reveste-se de importância fundamental quer para a compreensão da relação entre o artigo 2.º, n.º 7, e outros princípios da Carta das Nações Unidas, quer para a definição do conteúdo de alguns princípios básicos do Direito Internacional e do Direito Colonial ([1])([2]).

([1]) A posição de Portugal nesses domínios e nesse período pode ver-se desenvolvidamente retratada na obra do Ministério dos Negócios Estrangeiros, *Le Portugal répond aux Nations Unies*, Lisboa, 1970, e na citada obra do Embaixador FRANCO NOGUEIRA. Uma análise jurídica dessa disputa encontra-se em ANDRÉ GONÇALVES PEREIRA, *Lições de Administração e Direito do Ultramar*, cits., pgs. 71 e segs.; ADRIANO MOREIRA, *op. cit.*, pg. 17; e MARCELLO CAETANO, *Portugal e a internacionalização dos problemas africanos*, cit., pgs. 209 e segs. Cfr. também com o que se diz *infra*, neste mesmo Capítulo, no n.º 11.

([2]) Especificamente sobre a relação entre o domínio reservado e a protecção dos Direitos do Homem, v. ERMACORA, *Human Rights and Domestic Jurisdiction (Article 2(7) of the Charter)*, in RdC, 1968-II, pgs. 371-451; e D'AMATO, *The concept of Human Rights in International Law*, in CLR 1982, pgs. 1110-1159 (1112-1127).

V. Nos anos mais recentes o âmbito do domínio reservado dos Estados sofreu uma ainda maior redução a propósito da protecção dos Direitos do Homem.

É certo que já em 1971 o TIJ, no seu Parecer desse ano sobre o caso da *Namíbia*, depois de afirmar a prevalência dos artigos 55.º e 56.º da Carta sobre o artigo 2.º, n.º 7, concluíra que "a questão dos direitos humanos e da não-discriminação não cai no domínio reservado dos Estados membros" ([1]). Mas seria só com as questões dos *curdos no Iraque*, em 1991, e da *Bósnia-Herzegovina* e da *Somália*, em 1992, que a Assembleia Geral e o Conselho de Segurança acolheriam formalmente no Direito das Nações Unidas, ainda que prudentemente rotulado de *"direito de assistência humanitária"*, um *direito*, se não um *dever*, de *ingerência* (a opção ainda não foi feita, até porque as Nações Unidas têm evitado empregar essas expressões) da Organização ou da Comunidade Internacional, na esfera interna dos Estados membros quando estejam a ser ameaçados, ou desrespeitados, os Direitos Humanos ([2]). E o mais curioso é que os Estados visados parecem hoje conformados com esta invasão pelas Nações Unidas da esfera da sua jurisdição interna ao nem sequer esboçarem a invocação da excepção do domínio reservado.

A elaboração do princípio da ingerência das Nações Unidas nos moldes referidos toma como base os trabalhos do *Conselho de Interacção*, especialmente a sua *Declaração de Lisboa*, de 11 de Março de 1990 ([3]). Aí afirmava-se que "a incorporação no Direito Internacional do direito de assistência humanitária, ou seja, o direito de as Organizações humanitárias auxiliarem, e o direito de solicitar auxílio e de o receber" são medidas que devem ser tomadas para a definição de uma *Nova Ordem Mundial*. E neste contexto surgem os *"corredores humanitários"* (corredores de emergência), que vão buscar as suas raízes ao moderno Direito do Mar e, principalmente,

---

([1]) *Op. e loc. cits.*

([2]) Já estudámos atrás o direito e o dever de ingerência, na Parte II, Cap. IV, n.º 2, III.

([3]) Esse Conselho é composto por personalidades marcantes da História contemporânea, como GIULIO ANDREOTTI, VALÉRY GISCARD D'ESTAING, ADOLFO SUAREZ, GERALD FORD, PIERRE TRUDEAU, CHABAN DELMAS, MALKOM FRAZER.

ao *direito de passagem inofensiva*, consagrado no artigo 17.º da *Convenção das Nações Unidas sobre o Direito do Mar*, de 1982.

Esta transposição para o Direito Internacional geral de um conceito específico do Direito do Mar foi parcialmente acolhida, sob proposta francesa, pela Resolução da Assembleia Geral das Nações Unidas n.º 45/100, de 16 de Dezembro de 1990 ([1]).

Esta Resolução impõe cinco limites aos corredores:

a) um limite temporal: o direito de passagem inofensiva é um direito de trânsito com a duração necessária ao socorro;

b) um limite espacial: é um direito que abrange apenas os trajectos de acesso;

c) um limite quanto ao objecto: destina-se somente a auxílio médico e alimentar;

d) um limite quanto ao exercício: está sujeito a regras que convém previamente definir, e que resultam, na sua essência, do artigo 19.º da Convenção sobre o Direito do Mar, de 1982, com as devidas adaptações;

e) e um limite deontológico: como forma de garantir a imparcialidade.

Já foi com esta concepção e com estes limites que a citada Resolução n.º 688, do Conselho de Segurança, na sequência da Guerra do Golfo, aplicou aquela Resolução da Assembleia Geral ao caso particular dos *curdos no Iraque*, através da criação das "*estradas azuis*" ([2]).

Depois, igual construção adoptaria o Conselho de Segurança quando, em 1992, decidiu intervir na *Bósnia-Herzegovina* e na *Somália*, neste último caso, ao abrigo da acção intitulada *Restaurar a esperança*.

Como se disse, nem o Iraque, nem a nova República da Jugoslávia, nem a Somália, respectivamente, invocaram o seu domínio reservado para obstarem a uma tão acentuada intervenção na sua ordem

---

([1]) *Documentos Oficiais da Assembleia Geral*, 45.ª Sessão, A/45/587.
([2]) In *Réfugiés*, Junho de 1991, pgs. 12-13.

interna. O que prova que os Estados começam a aceitar uma Nova Ordem Jurídica e Política Internacional (e já não meramente Económica), cujo principal traço característico reside exactamente numa revisão dos princípios clássicos em matéria de relações entre o Direito Internacional e a soberania dos Estados, neste caso concreto e pelo que nos interessa neste lugar, entre a competência das Organizações Internacionais e o domínio reservado dos Estados.

VI. Resta perguntar a quem compete determinar se uma dada questão concreta cabe ou não no domínio reservado do respectivo Estado.

Pelo que se mostrou, a Assembleia Geral tem afirmado implicitamente que é a ela que incumbe a determinação da esfera de matérias pertencentes ou não à jurisdição interna do Estado. O certo, porém, é que, como já se disse atrás, contrariamente à disposição paralela do Pacto, o artigo 2.º, n.º 7, não atribui competência à Organização para fazer tal determinação. Dado que o artigo 2.º, n.º 7, não contém, dificilmente poderia conter, e nem seria vantajoso que contivesse, a definição material precisa e rígida do domínio reservado, só se antolham três possibilidades: ou a competência para a determinação de se uma matéria pertence ou não ao domínio reservado do Estado cabe aos órgãos da Organização, ou cabe a uma terceira entidade imparcial, que poderia ser o Tribunal Internacional de Justiça (que, embora formalmente seja órgão da Organização, oferece particulares garantias de imparcialidade), ou então cabe ao próprio Estado interessado.

A primeira e a segunda hipóteses foram propostas na Conferência de S. Francisco, respectivamente, pelas delegações da Bélgica e da Grécia ([1]). A sua não aceitação parece encaminhar nos para a competência exclusiva do Estado; e esta solução é defendida por muitos autores como sendo a consequência necessária da própria noção da soberania do Estado ([2]).

([1]) Veja-se o texto das propostas e o relato da sua discussão em COT/PELLET, *op. cit.*, pgs. 144 e segs.

([2]) É o caso de KELSEN, *op. cit.*, pg. 783, e ADRIANO MOREIRA, *op. e loc. cits.*

Em sentido contrário, outros autores, como JIMENEZ DE ARECHAGA, entendem que a determinação material do domínio reservado dos Estados não pode deixar de ser feita pelos órgãos da Organização. Cada órgão, para agir, tem necessariamente de interpretar as normas atributivas da sua própria competência. Ora, a interpretação do artigo 2.º, n.º 7, não seria essencialmente diversa da de todas as outras que atribuem competência aos órgãos da Organização: a fixação do seu alcance e do seu significado constituiria uma fase inevitável do processo de actuação dos órgãos (¹).

Entendemos que ambas as soluções, sem curar agora dos méritos políticos de uma e doutra, são teoricamente inaceitáveis, por conterem em si princípios que, levados às suas últimas consequências, conduzem à destruição do Direito Internacional. O princípio da competência exclusiva do Estado não é mais do que um reflexo da tese da soberania absoluta do Estado, que já vimos ser incompatível com a construção do Direito Internacional e leva à negação deste. Mas a competência exclusiva da Organização também contém em si o germe da destruição total da soberania do Estado.

A solução, ao menos de um ponto de vista teórico, não pode, segundo pensamos, deixar de procurar-se numa terceira fórmula, que tente estabelecer, por um critério material, uma lista das questões que pertencem por natureza ao conteúdo irredutível da soberania do Estado (²). É claro que há que ter o cuidado de elaborar essa lista de forma flexível, de modo a que a sua interpretação possa acompanhar a evolução da realidade internacional e das relações entre a soberania estadual e o Direito Internacional. A resolução dos casos controvertidos teria de ser deixada a um órgão imparcial entre o Estado e a Organização, que deverá ser, naturalmente, o Tribunal Internacional de Justiça.

(¹) *Op. cit.*, pgs. 125-129. O mesmo ponto de vista foi defendido em S. Francisco por JOHN FOSTER DULLES (que depois seria Secretário de Estado do Presidente EISENHOWER), que tinha tido influência determinante na redacção do preceito, como se pode ver em COT/PELLET, *op. e loc. cits.*

(²) A primeira tentativa que se conhece nesse sentido foi a de CHAUMONT, *Recherche du contenu irréductible du concept de souveraineté internationale de l'État,* nos *Estudos Basdevant,* Paris, 1960, pgs. 114 e segs.

Organizações intergovernamentais para-universais

Na última edição deste livro, depois de apresentarmos esta mesma proposta, reconhecíamos que ela era "porventura e por ora politicamente impossível" porque "não existe actualmente forma satisfatória de resolver um conflito positivo de competência entre uma Organização Internacional e um Estado membro". Algo mudou, porém, como temos vindo a dizer, nestas duas décadas, no Direito Internacional e na Comunidade Internacional, em termos tais que julgamos que já é possível pensar-se na concretização dessa solução: por um lado, deu-se um reforço da componente jurídica da Comunidade Internacional, concretamente na própria actuação das Nações Unidas, de que é exemplo a eficácia de que ela finalmente dá provas ao resolver, ou tentar decisivamente resolver (claro, sempre dentro do limite dos seus meios) os grandes problemas à escala mundial que se prendem com as suas atribuições; por outro lado, os Estados vão-se acomodando às novas concepções do Direito Internacional, que assentam na ideia da limitação da soberania estadual, que se encontra no âmago do novo ou moderno Direito Internacional. Acresce a isso que a solução de entregar a um órgão jurisdicional, independente dos Estados e da Organização, a resolução das dúvidas surgidas na interpretação da lista que propusemos, encontraria paralelo na função arbitral que nas Comunidades Europeias vem sendo desempenhada há mais de quarenta anos pelo Tribunal de Justiça, e com tão bons resultados que já há muitos autores que prospectivam, com a devida prudência, a progressiva atribuição ao TIJ de alguns dos poderes hoje incluídos na competência do Tribunal de Justiça das Comunidades.

4. A legítima defesa

O artigo 51.º da Carta reza que "nada na presente Carta prejudicará o direito natural de legítima defesa individual ou colectiva, no caso de ocorrer um ataque armado contra um membro das Nações Unidas, até que o Conselho de Segurança tenha tomado as medidas necessárias para a manutenção da paz e da segurança internacionais. As medidas tomadas pelos membros no exercício desse direito de legítima defesa serão comunicadas imediatamente ao Conselho de Segurança e não deverão, de modo algum, prejudicar a autoridade e a responsabilidade que a presente Carta atribui ao Conselho para levar a efeito, em qualquer tempo, a acção que julgar necessária à manutenção da paz e da segurança internacionais".

Foi por proposta dos Estados Unidos que, contrariamente ao que sucedera no Pacto da SDN, se inseriu aqui expressamente a ressalva do direito de legítima defesa.

Note-se que esse direito tem sido tradicionalmente admitido pelo Direito Internacional Comum, tanto pela via dos princípios gerais de Direito como pela do costume, e com origem última no Direito Natural. Contudo, a sua consagração na Carta tem um alcance mais restrito do que o entendimento tradicional deste direito, dado que a legítima defesa surge-nos aí como direito *transitório* dos Estados membros, que apenas poderá ser exercido até ao momento em que o Conselho de Segurança tomar as medidas necessárias destinadas à restituição da paz e da segurança.

Além desse requisito da transitoriedade, a legítima defesa encontra-se subordinada no citado artigo 51.º a dois outros requisitos: ter o Estado que se defende sofrido um "ataque armado" e haver ele dado a conhecer de imediato ao Conselho de Segurança as medidas que tiver adoptado no exercício do seu direito de legítima defesa. Se algum destes três requisitos se não verificar deixa de haver legítima defesa para passar a haver *excesso de legítima defesa*, que equivale a uma agressão e, portanto, gera responsabilidade internacional.

Quanto à exigência do *ataque armado*, há que dizer que o artigo 51.º se revela extremamente infeliz e obsoleto.

Imagine-se a situação de um Estado encravado, ao qual o Estado ou os Estados circundantes impõem um bloqueio terrestre e aéreo. Esse Estado não pode exercer a legítima defesa só porque não houve *ataque armado* da parte dos Estados envolventes? Uma resposta negativa violaria frontalmente o carácter "natural" que o artigo 51.º atribui à legítima defesa.

Por outro lado, com a exigência da ocorrência de um ataque armado, aquele preceito parece admitir apenas a legítima defesa repressiva e não a legítima defesa preventiva, o que perverte o conceito e conduz a um absurdo. De facto, a própria preservação da paz e da segurança internacionais legitima que o Estado que vai ser alvo de um ataque armado provadamente iminente se defenda *antes de ele se consumar*, em lugar de aguardar que ocorra o ataque armado, que pode ser muito mais danoso para a paz e a segurança internacionais. Como casos de legítima defesa preventiva, todavia não enquadráveis na letra do artigo 51.º, temos o *bloqueio naval norte-americano a Cuba*, em 1962, e a *acção israelita em território árabe*, em Junho de 1967. Neste último caso, a aviação israelita destruiu quase toda a poderosa força aérea egípcia enquanto ela ainda se encontrava acantonada em bases no Egipto, poucas horas antes de ela receber ordens do Presidente Nasser para bombardear o Estado judaico, situação em que, devido à desproporção dos meios ao seu dispor, este não teria tido grandes possibilidades de conter a agressão.

A legítima defesa está também subordinada ao *princípio da proporcionalidade*, isto é, deve-se limitar ao estritamente necessário para prevenir ou reprimir a agressão. Se assim não for, também por aqui o Estado que se defende estará a cair numa situação de *excesso de legítima defesa*.

Com alguma infelicidade na terminologia, o artigo 51.º distingue entre a legítima defesa *individual* ou *colectiva*, querendo referir dessa forma as duas realidades que em Direito interno geralmente se designam por legítima defesa *própria* e *alheia*. Em rigor terminológico haveria legítima defesa colectiva quando vários Estados atacados simultaneamente reagissem contra essa agressão. Mas a realidade que a Carta tem em vista não é esta, mas antes a acção de um Estado que, sem ser ele próprio atacado, corre em auxílio de outro Estado, que é vítima de uma agressão.

Esta legítima defesa colectiva tem revestido a forma dos chamados *pactos de defesa colectiva*, como é o Pacto do Atlântico e foi até há pouco o Pacto de Varsóvia.

Tem-se sustentado, porém, que, nos precisos termos do artigo 51.º, o direito de legítima defesa colectiva só existe para os Estados membros das Nações Unidas quando o Estado vítima da agressão também tem essa qualidade. Daqui resultaria, por exemplo, segundo a opinião em certo momento sustentada pela doutrina soviética, a violação da Carta das Nações Unidas pelo Pacto do Atlântico e, portanto, a sua nulidade, nos termos do artigo 103.º da Carta, já que ele previa o exercício da legítima defesa colectiva em favor de vários Estados então não membros das Nações Unidas, tais como Portugal e a República Federal da Alemanha. Não se tratava, obviamente, de negar que os Estados não membros tivessem direito de legítima defesa, mas sim de restringir o exercício por parte dos Estados membros do direito de legítima defesa colectiva apenas aos casos em que o Estado atacado era, ele próprio, membro da ONU.

Se é certo, porém, que esta interpretação encontrava algum apoio na letra do artigo 51.º, não parecia que ela devesse proceder, dado que contrariava o carácter *natural* reconhecido à legítima defesa por aquele próprio preceito. Por isso, este não fazia *surgir* o direito de legítima defesa mas apenas vinha *confirmá-lo*. Por outro lado, a razão do aparecimento do artigo 51.º era a de consignar uma excepção ao princípio geral da renúncia ao uso da força, previsto no artigo 2.º, n.º 4 (¹); e assim se compreendia que a disposição do artigo 51.º, de carácter excepcional, tivesse o mesmo âmbito subjectivo de aplicação que a regra. A questão cedo perdeu, aliás, actualidade com a constituição do Pacto de Varsóvia, que passou a abranger a República Democrática Alemã, então não membro das Nações Unidas. E pouco depois passou a ser pacífico o entendimento que alarga aos Estados não membros o benefício da legítima defesa colectiva.

Hoje, este ponto já não tem significado prático, com a extinção do Pacto de Varsóvia e a quase total inexistência de Estados que não são membros das Nações Unidas (²).

(¹) As duas únicas excepções admitidas pela Carta ao artigo 2.º, n.º 4, portanto, os dois únicos casos em que ela admite o *jus belli* são a legítima defesa, como está regulada no artigo 51.º, e a aplicação, pelo Conselho de Segurança, das sanções militares previstas no artigo 42.º.

(²) Sobre a legítima defesa, v. KUNZ, *Individual and Collective Self-Defence in Article 51 of the Charter of the United Nations*, in *AJIL* 1947, pgs. 872 e segs.; SKUBISZEWSKI, *Use of Force by States, Collective Security, Law of War and Neutrality*, in Max Sorensen (ed.), *Manual of Public International Law*, Londres, 1968, pgs. 739

5. Os membros das Nações Unidas

Vamos agora examinar a estrutura da Organização das Nações Unidas, o que se traduzirá no exame dos seus membros e dos seus órgãos.

Primeiro, os membros ([1]).

Todos os membros das Nações Unidas são Estados.

O estatuto de membro das Nações Unidas vem regulado na Carta, no Capítulo II, nos artigos 3.º a 6.º.

Os artigos 3.º e 4.º prevêem duas categorias de membros: os membros *originários* e os membros *admitidos*.

A qualidade de membro originário seria reservada aos Estados que, tendo participado na Conferência de S. Francisco ou assinado previamente a Declaração das Nações Unidas de 1942, viessem a assinar e ratificar a Carta das Nações Unidas.

A qualidade de membro admitido seria atribuída por deliberação da Assembleia Geral, mediante recomendação do Conselho de Segurança, a todos os restantes Estados, desde que preenchessem dois requisitos básicos (art. 4.º).

Em primeiro lugar, os Estados em questão deveriam ser "amantes da paz". Como é evidente, não há qualquer critério definido para averiguar a existência desta qualidade, efectuando-se a selecção, afinal, por critérios meramente políticos.

O requisito que se exige em segundo lugar é o da aptidão para o cumprimento de todas as obrigações contidas na Carta das Nações Unidas. Com a formulação deste requisito, queria-se pôr de parte os Estados que, devido à sua manifesta pequenez territorial e populacional, não são susceptíveis de cumprir todas as obrigações derivadas da Carta; e também os Estados protegidos, que nao têm por si capacidade para tal cumprimento. Mas há então que reconhecer que neste ponto a vontade dos autores da Carta não tem sido

---

e segs.; BRYDE, *Self-Defence*, in *Encyclopedia*, t. 4 (1982), pgs. 212 e segs., com boa bibl. arrolada; e D. CARREAU, *op. cit.*, pgs. 504 e segs.

([1]) Veja-se FEINBERG, *L'admission de nouveaux membres de la Société des Nations et à l'ONU*, in *RdC*, 1952-I, pgs. 293 e segs.; e DIEZ DE VELASCO, *op. cit.*, t. II, pgs. 105 e segs.

respeitada, dado que são hoje membros da Organização Estados exíguos, como São Marino e o Principado de Liechtenstein, e muitos micro-Estados, categoria que já estudámos ([1]). Pelo menos quanto a estes últimos, é por demais evidente que não satisfazem minimamente aquele requisito da Carta.

Note-se que, uma vez admitidos, não há qualquer diferença de estatuto entre os Estados nessas condições e os membros originários.

Além dos requisitos enumerados no artigo 4.º, não deve fazer-se depender a entrada nas Nações Unidas de quaisquer outras condições. Pronunciou-se nesse sentido o Parecer do TIJ de 28 de Maio de 1948, sobre as *condições da admissão de um Estado como membro das Nações Unidas* ([2]). Mas a aplicação deste princípio tem encontrado dificuldades políticas.

No momento da constituição da Organização, o número dos Estados membros originários era de 51. Alguns Estados pediram, logo a seguir, a sua admissão nas Nações Unidas, tendo sido pacificamente aceites. Foi, por exemplo, o caso da Suécia.

Começa, porém, a guerra fria entre os dois blocos. Durante largo tempo, mais nenhum Estado ingressou na Organização devido ao facto de os Estados do bloco ocidental terem visto a sua admissão vetada no Conselho de Segurança pela União Soviética, e os do bloco soviético o seu ingresso impossibilitado em virtude do veto dos Estados do bloco ocidental, que constituíam a maioria esmagadora do Conselho de Segurança.

Posteriormente, porém, ao período estalinista, dá-se um abrandamento na tensão internacional, entrando simultaneamente nas Nações Unidas, em 14 de Dezembro de 1955, um grupo de dezasseis Estados (entre os quais se encontrava Portugal) mediante uma recíproca concessão por parte dos dois blocos.

Com a pulverização dos continentes africano e asiático resultante da política de descolonização das potências ex-coloni-

---

([1]) É o caso, por exemplo, das Ilhas Maldivas, das Ilhas Salomão e das Ilhas Marshall, as duas últimas admitidas na Organização recentemente, em 17 de Setembro de 1991.

([2]) *ICJ Reports* 1947-48, pgs. 57 e segs. V. o comentário de HERNDL, in *Encyclopedia*, pgs. 3 e segs.

zadoras, veio a ser admitido nos anos 60 nas Nações Unidas um grande número de Estados, cuja maioria pertencia ao grupo afro--asiático.

Assim, em 1 de Janeiro de 1970 os membros da Organização já iam em 126. Em Junho de 1982 esse número era de 157 e pouco mais de dez anos volvidos, em Novembro de 1992, beneficiando muito da admissão em 1991 e 1992 de muitos novos Estados resultantes do desmembramento da ex-URSS e da Jugoslávia, o número de membros subira para 179.

Com o termo da guerra fria passou a ser mais fácil um Estado ser admitido na Organização. Essa admissão, todavia, tem ganho crescente importância na prática porque, como atrás dissemos, hoje ela equivale ao reconhecimento do Estado.

Ainda há, porém, Estados soberanos, já reconhecidos como tais, que não são membros da ONU: o caso mais flagrante é o da Suíça, cujo povo tem recusado o ingresso na Organização por entender que ele bole com o estatuto de neutralidade daquele Estado; mas há também os casos da República de Taiwan, pela recusa da Organização em aceitar a *teoria das duas Chinas*, e o caso da Coreia do Norte, embora este último caso esteja em vias de se resolver com a já projectada fusão das duas Coreias.

Os artigos 5.º e 6.º prevêem a suspensão e a expulsão de Estados membros, nos casos em que, respectivamente, seja levada a cabo contra eles uma intervenção do Conselho de Segurança ou hajam violado persistentemente os princípios da Carta.

Nenhum Estado foi até hoje expulso da Organização. A África do Sul foi apenas suspensa da participação *na Assembleia Geral,* em 1974, por causa do *apartheid*. Do mesmo modo, também não se pode confundir com a expulsão da Organização a deliberação tomada em Setembro de 1992 pela Assembleia Geral, sob proposta do Conselho de Segurança, de excluir *da Assembleia Geral* a nova República da Jugoslávia, composta pela Sérvia e por Montenegro, por ela ser considerada a principal culpada da guerra na Bósnia--Herzegovina. Em bom rigor, a Assembleia limitou-se a recusar que a nova Jugoslávia sucedesse naquela Organização à antiga Jugoslávia, exigindo que aquela voltasse a requerer a sua admissão na Organização e, para tanto, fizesse prova de preencher os requisitos do artigo 4.º da Carta. Todavia, na prática, a nova Jugoslávia viu-se excluída apenas da Assembleia Geral ([1]).

A Carta é omissa quanto à possibilidade de *recesso*, ou saída voluntária, de um Estado membro da Organização.

A consagração do direito de recesso no artigo 1.º, n.º 3, do Pacto da Sociedade das Nações, embora com condições limitativas, fora uma das causas do fracasso da SDN, da qual vieram durante a sua vigência a retirar-se dezassete Estados, entre os quais a Alemanha e a Itália ([2]).

Não se quis, por esse motivo, incluir expressamente na Carta o direito de recesso; mas tão-pouco parecia politicamente realista excluí-lo por completo, tanto mais que muitas das delegações à Conferência de S. Francisco o reclamavam. A fórmula encontrada foi a de proceder, na Conferência de S. Francisco, à leitura de uma declaração sobre o tema, em que se afirmava que, em circunstâncias excepcionais, seria possível o recesso. A título exemplificativo indicavam-se algumas dessas circunstâncias: o recesso poderia dar-se se, "defraudando as esperanças da Humanidade, a Organização se revelar incapaz de manter a paz, ou não puder fazê-lo senão à custa do Direito e da Justiça"; ou no caso de uma emenda à Carta ser inaceitável para um dos Estados membros.

Se é certo que a lista exemplificativa das circunstâncias provocou larga discussão, o mesmo não sucedeu com o princípio do recesso propriamente dito, que foi aprovado por unanimidade, e deve, pois, considerar-se como exprimindo o consenso da Conferência de S. Francisco.

Todavia, a forma utilizada para o obter, através de uma declaração sem força vinculativa própria, tem suscitado dúvidas quanto

---

([1]) Sobre os aspectos jurídicos dessa medida tomada contra a Jugoslávia veja-se o estudo do Professor PARTSCH, *Belgrads leerer Stuhl im Glaspalast*, in *VN* 1992, pgs. 181 e segs.

([2]) Rezava aquele preceito: "Qualquer membro da Sociedade, mediante aviso com antecipação de dois anos, pode retirar-se da Sociedade, desde que tenha cumprido até à data da sua saída todas as suas obrigações internacionais, sem exclusão das que fazem parte do presente Pacto".

à sua validade. E não falta quem considere que, no silêncio da Carta, não há senão que aplicar os princípios gerais da Teoria Geral dos Tratados, e reconhecer que o recesso, consistindo numa denúncia não regulamentada da Carta, é ilícito: esta é, por exemplo, a opinião de KELSEN ([1]).

Parece, porém, preferível a opinião de ARECHAGA, segundo a qual tal declaração seria um acordo verbal vinculante, e existiria, portanto, para os membros das Nações Unidas o direito de recesso ([2]).

O problema pôs-se, concretamente, aquando da saída da Indonésia da ONU em Janeiro de 1965 e do seu regresso a ela em Setembro de 1966. Uma e outra conduta foram aceites pela Organização, o que não pode deixar de surpreender pela incoerência, já que se não pode aceitar simultaneamente o exercício do direito de recesso e o regresso sem nova admissão. Em qualquer caso, a tendência geral da doutrina é no sentido da *admissão do princípio do recesso*, mesmo que se não tenham dado as circunstâncias muito graves previstas na citada deliberação da Conferência de S. Francisco. Trata-se, assim, de mais uma interpretação dificilmente compatível com o espírito da Carta, pois esta quis, sem dúvida, se não excluir inteiramente o recesso, pelo menos tornar o seu exercício mais difícil do que o fora ao abrigo do n.º 3 do artigo 1.º do Pacto da SDN, enquanto que a evolução que assinalámos conclui pela aceitação do princípio do recesso independentemente de condições limitativas ([3]).

6. Os órgãos das Nações Unidas

Nos termos do artigo 7.º, n.º 1, da Carta os órgãos principais das Nações Unidas são a Assembleia Geral, o Conselho de Segurança, o Conselho Económico e Social, o Conselho de Tutela, o Tri-

---

([1]) *The Law, cit.*, pgs. 122 e segs.
([2]) *Op. cit.*, pgs. 151-156.
([3]) Sobre o episódio indonésio, v. NIZARD, *Le retrait de l'Indonésie des Nations Unies*, in *AFDI* 1965, pgs. 498 e segs.; e DIEZ DE VELASCO, *op. cit.* O parecer dos Serviços Jurídicos do Secretariado sobre o problema pode ver-se no *AJNU* 1966, pgs. 234-236.

bunal Internacional de Justiça e o Secretariado. Admite-se ainda a criação de órgãos subsidiários.

Vamo-nos debruçar de seguida apenas sobre os órgãos principais ([1]).

A) *A Assembleia Geral*

A Assembleia Geral é composta por todos os Estados membros das Nações Unidas, nos termos do artigo 9.º. Tem uma sessão ordinária por ano, além das sessões extraordinárias que possam ser exigidas pelas circunstâncias, e que serão convocadas pelo Secretário-Geral, nos termos do artigo 20.º.

A Assembleia Geral funciona quer em plenário, quer em comissões. As diversas questões que fazem parte da agenda de cada sessão são examinadas em primeiro lugar pelas comissões, e só em seguida sujeitas à discussão e aprovação do plenário. Excepcionalmente, tem-se procedido ao exame de certas questões directamente no plenário, sem passar pelas comissões, quando se pretende dar ao tratamento de uma determinada questão particular relevo e um especial alcance político.

As comissões são em número de sete: 1.ª, Comissão Política; 2.ª, Comissão de Assuntos Económicos; 3.ª, Comissão de Assuntos Sociais, Humanitários e Culturais; 4.ª, Comissão de Assuntos de Tutela; 5.ª, Comissão de Assuntos Administrativos e Financeiros; 6.ª, Comissão Jurídica; 7.ª, Comissão *ad hoc* ou de Política Especial. Todos os Estados membros da Organização estão representados em cada uma das Comissões.

A Assembleia Geral delibera, por via de regra, por maioria simples dos membros presentes e votantes (art. 18.º, n.º 1). No entanto, as decisões sobre as *questões importantes* são tomadas, de harmo-

---

([1]) Sobre os órgãos da ONU em geral, v. especialmente BINDSCHEDLER, *La délimitation des compétences des Nations Unies*, in *RdC*, 1963-I, pgs. 312 e segs.; DIEZ DE VELASCO, *op. cit.*, t. II, pgs. 117 e segs.; e COLLIARD, *op. cit.*, pgs. 377 e segs.

nia com o artigo 18.º, n.º 2, por maioria de dois terços dos membros presentes e votantes. Aquele preceito contém uma enumeração *exemplificativa* de questões importantes. A Assembleia pode, portanto, atribuir carácter importante a outras questões não enumeradas aí, mas, nos termos do n.º 3 do mesmo artigo 18.º, a determinação dos novos assuntos importantes é, em si mesma, uma questão não importante, que, por isso, é decidida por maioria simples.

Com a referência aos "membros presentes e votantes" o artigo 18.º, n.ºs 2 e 3, pretende excluir as abstenções. Por isso, só são levados em conta, para a formação das maiorias necessárias, os votos positivos e negativos.

A Assembleia Geral é o único órgão dotado, no sistema das Nações Unidas, de competência absolutamente genérica, já que, nos termos do artigo 10.º, "poderá discutir *quaisquer questões ou assuntos* que estiverem dentro dos fins da presente Carta ou que se relacionarem com as atribuições e funções de qualquer dos órgãos nela previstos, e, com excepção do estipulado no artigo 12.º, poderá fazer recomendações aos Membros das Nações Unidas ou ao Conselho de Segurança, ou a este e àqueles, conjuntamente, com referência a *qualquer daquelas questões ou assuntos*".

A competência da Assembleia Geral cede perante o carácter primacial atribuído ao Conselho de Segurança. Por isso, a Assembleia não pode emitir recomendações acerca duma matéria que esteja pendente naquele órgão, a menos que o Conselho de Segurança o solicite (art. 12.º, n.º 1).

Dentro do âmbito da sua competência genérica, a Assembleia Geral não toma decisões obrigatórias mas emite simplesmente *recomendações*, desprovidas de carácter vinculativo para os Estados membros. Por esse motivo, quando qualquer questão exigir uma actuação concreta, deverá a Assembleia Geral submetê-la ao Conselho de Segurança, nos termos do artigo 11.º, n.º 2.

Já no âmbito da sua competência específica, nos assuntos que se refiram à vida interna da Organização, as deliberações da Assembleia Geral têm *força obrigatória*, como sucede nos casos dos artigos 15.º a 18.º (neste último, salvo as recomendações relativas à manutenção da paz e da segurança internacionais).

A Assembleia Geral seria, no espírito dos inspiradores da Carta da ONU, um órgão de fiscalização e orientação, mas não de gestão, desempenhando nela o papel que assumem geralmente, na vida interna dos Estados, as assembleias parlamentares (com excepção da função legislativa).

A evolução dos acontecimentos políticos depois da 2.ª Guerra Mundial e o desencadear da guerra fria fizeram, contudo, com que a unanimidade das grandes potências, base do funcionamento do Conselho de Segurança, se tornasse impossível de obter, levando ao uso constante do veto pelo membro permanente que se encontrava em minoria no Conselho de Segurança, a União Soviética. Ao predomínio do Conselho de Segurança veio então a substituir-se progressivamente, devido à paralisia deste, o da Assembleia Geral. E esse alargamento do papel da Assembleia Geral veio a ser consagrado na sua Resolução 377, de 3 de Dezembro de 1950, conhecida pelos nomes de *União para a Paz* ou *Resolução Acheson*, do nome do Secretário de Estado americano que teve a iniciativa de a propor, para obviar à paralisia do Conselho de Segurança no que se referia à prossecução da intervenção das Nações Unidas na Coreia ([1]). Nos termos dessa Resolução, "em todos os casos em que pareça existir uma ameaça para a paz, uma ruptura da paz, ou um acto de agressão, e em que, devido a não ter podido formar-se unanimidade entre os membros permanentes, o Conselho de Segurança deixa de desempenhar a sua responsabilidade principal na manutenção da paz e da segurança internacionais, a Assembleia Geral examinará imediatamente a questão a fim de fazer aos membros as recomendações apropriadas sobre as medidas colectivas a tomar, incluindo, se se tratar duma ruptura da paz ou de um acto de agressão, o emprego da força armada quando necessário para restabelecer a paz e a segurança internacionais".

Na sequência dessa Resolução, foram criadas para assistir à Assembleia Geral nessa tarefa duas comissões, a *Comissão de Observação para a Paz* e a *Comissão para Medidas Colectivas*.

([1]) V. o texto dessa Resolução em SEARA/BASTOS/CORREIA, *op. cit.*, pgs. 81-82.

Evidentemente, *não se transfere a competência jurídica do Conselho de Segurança para a Assembleia Geral*, porque esta apenas pode formular recomendações. Mas, mesmo assim, é decerto duvidosa a compatibilidade desta resolução com o disposto no artigo 11.º, n.ºˢ 2 e 3, e sobretudo com o espírito da função atribuída à Assembleia Geral pelos redactores da Carta. A União Soviética porém, que protestara contra a Resolução em 1950, veio a concordar com a sua aplicação em 1956, quando do desembarque anglo--francês no Suez.

Em todo o caso, a evolução posterior da Organização veio a fazer com que, por força da regra da igualdade de voto, a Assembleia Geral seja desde a década de 1960 dominada pelo grupo afro--asiático (quase sempre com o apoio do antigo bloco soviético, enquanto este se não desmoronou), que utiliza em seu proveito a consolidação dos poderes da Assembleia Geral, que o grupo ocidental, ao redigir a Carta, previra para outros fins. Com o termo, pelo menos aparente, da guerra fria entre as duas superpotências, após a era Gorbachov na URSS e, sobretudo, após o desmembramento desta, e com o consequente fim do uso excessivo do veto no Conselho de Segurança, a situação vai-se invertendo de novo, e a tendência hoje é no sentido de restituir ao Conselho de Segurança a função primacial que a Carta lhe tinha destinado. Na verdade, e como já tivemos oportunidade de sublinhar, a composição da Assembleia Geral, reflexo do princípio abstracto da igualdade soberana dos Estados, não traduz a realidade actual da Comunidade Internacional: o grupo afro-asiático está super-representado em relação à sua importância real, quer em termos da sua contribuição para as despesas da Organização, quer em função da sua importância para a manutenção da paz e da segurança internacionais. Por este motivo têm sido inúmeras as propostas e sugestões no sentido da revisão do sistema de votação na Assembleia Geral. Mas, por óbvias razoes políticas, vai ser difícil convencer os Estados afro-asiáticos a proceder a essa modificação.

B) *O Conselho de Segurança*

O Conselho de Segurança, desde a alteração da Carta em 1965, é composto de quinze membros, dos quais cinco são permanentes (China, França, Rússia, que sucedeu à ex-URSS, Reino Unido e Estados Unidos da América do Norte), e dez não permanentes, eleitos por dois anos pela Assembleia Geral. Nos termos do n.º 1 do artigo 23.º, esta designação deve ter em vista fundamentalmente a contribuição dos Estados membros para a manutenção da paz e a necessidade de se obter uma repartição geográfica equitativa.

Nos primeiros anos da Organização, quando o número de membros do Conselho era de onze, foi celebrado entre os seus membros um *gentlemen's agreement*, que fixou as modalidades da aplicação do critério geográfico: dos seis lugares então existentes no Conselho de Segurança seriam atribuídos dois aos Estados latino-americanos, um à Europa Ocidental, um à Europa Oriental, um ao Próximo Oriente e outro ao *Commonwealth* britânico. Este entendimento foi respeitado até 1960. Mas a entrada dos Estados africanos para a Organização fez com que fosse posto em causa um acordo em que não eram beneficiados. E assim, a Resolução 1991, de 17 de Dezembro de 1963, da Assembleia Geral, procedeu a um novo arranjo do critério geográfico: os quatro grupos passaram a ser a Europa Ocidental e "outros Estados"; a Europa Oriental; a América Latina; e a África e a Ásia. Com a passagem dos membros não permanentes de 10 para 15, o primeiro daqueles grupos passou a ter dois lugares, o segundo, um, o terceiro, dois, e o grupo da África e da Ásia, cinco. Foi este último, como se vê, o espaço geográfico que mais beneficiou da nova repartição dos lugares não permanentes ([1]). Inclusivamente, tem-se generalizado no grupo afro-asiático, quando não é possível a obtenção da maioria de dois terços, exigida pelo artigo 18.º, n.º 2, para nenhum dos candidatos, o expediente da cisão

---

([1]) Por aplicação deste critério de repartição foram eleitos, por exemplo, para o biénio 1993-94, em votação havida em 27 de Outubro de 1992, pelo primeiro grupo, a Espanha e a Nova Zelândia; pelo segundo, a Hungria; pelo terceiro, o Brasil e a Venezuela; e, pelo quarto, Cabo Verde, o Japão, Marrocos, Djibouti e o Paquistão.

do mandato em dois períodos de um ano, atribuídos um a cada candidato ([1]). Este sistema é dificilmente compatível com o espírito do artigo 23.º, ainda quando, por algum expediente formal, possa ser harmonizado com a sua letra.

Portugal foi eleito para uma das vagas do grupo da Europa Ocidental e outros Estados para o biénio de 1979-80. Foi a única vez que o nosso País teve assento no Conselho de Segurança como membro não permanente, depois de em 1960 a sua candidatura haver sido inviabilizada pelos votos afro-asiáticos.

O Conselho de Segurança delibera, nos termos do artigo 27.º, por maioria qualificada, sendo necessários nove votos. Mas ao passo que nas questões processuais os votos de todos os membros têm o mesmo valor, as deliberações sobre todas as outras questões exigem o voto de nove membros *entre os quais os cinco membros permanentes*. A cada membro permanente fica, assim, reservado o *direito de veto*.

A parte final do n.º 3 do artigo 27.º prevê a abstenção forçada do Estado que seja parte na questão, mas apenas em dois casos: decisões previstas no Capítulo VII e no artigo 52.º, n.º 3. Em todos os outros o Estado tem direito a voto, ainda que seja parte no conflito.

A distinção entre questões processuais e outras levanta teoricamente, e tem levantado na prática, sérias dificuldades: em caso de dúvida, o próprio Conselho delibera acerca da qualificação da questão; mas a qualificação da questão não é considerada como uma questão processual, e nela intervém, portanto, a possibilidade de veto. Surge, desse modo, o chamado sistema do *duplo veto:* um membro permanente opõe-se a que uma questão seja considerada meramente processual (1.º veto); e, quando o Conselho entra a discutir a questão, opõe-se a que seja tomada qualquer, ou uma determinada, resolução (2.º veto)

([1]) COLLIARD, *op. cit.*, pgs. 379-381, dá-nos um mapa dos Estados que foram eleitos membros não permanentes do Conselho de Segurança desde o início até 1989.

O sistema vem sendo criticado há muito, dado que é duvidoso que a questão do processo de voto a seguir não seja uma questão processual. Mas ele é uma exigência da própria admissão do veto; sem o duplo veto poderia um membro permanente, através de uma manobra processual da maioria dos membros do Conselho, ver-se privado do direito de veto. Por isso, ficou célebre a frase: *"sem duplo veto não há veto"*.

Para obviar aos inconvenientes deste sistema cedo procurou a Assembleia Geral elaborar uma lista de questões de processo. E, por Resolução de 14 de Abril de 1949, indicou trinta e cinco categorias de questões processuais, recomendando ao Conselho de Segurança que agisse em conformidade. Mas o Conselho não está naturalmente vinculado por tal recomendação.

A prática do Conselho tem, porém, alterado a letra do artigo 27.º num ponto capital, considerando que a abstenção ou ausência de qualquer dos membros permanentes não implica o veto. Ao passo que a letra do artigo 27.º, n.º 3, indicava, sem dúvida, que a ausência de voto "afirmativo" (quer dizer, *positivo*) por parte de uma das grandes potências tinha o valor de veto, a prática abrandou o rigor da regra, considerando que só o voto negativo equivale ao veto. Deve considerar-se que neste ponto se formou um costume *contra legem*.

Em 1966 alguns Governos, designadamente os de Portugal e da África do Sul, começaram a pôr em causa este sistema de votação do Conselho, dirigindo protestos ao Secretário-Geral e requerendo consultas à Comissão Jurídica. Aqueles Governos aduziam dois argumentos fundamentais.

Em primeiro lugar, o facto de a prática da abstenção não equivaler a um verdadeiro veto não se aplicava ao Capítulo VII da Carta. Efectivamente, o costume anteriormente formado não abrangia todas as deliberações do Conselho de Segurança, designadamente, as previstas no Capítulo VII, pelo facto de nunca se ter verificado até então a aplicação das sanções nele contempladas.

Além disso, a Carta tinha sido sujeita a revisão em 1965, e uma das disposições alteradas fora, precisamente, a da composição do Conselho de Segurança, que passou de onze para quinze membros.

Ora, enquanto era apenas de onze o número dos membros, se se verificasse uma abstenção individual de qualquer das cinco grandes potências, ela seria diversa do veto; porém, a abstenção colectiva de todas elas equivaleria a um veto, porque o artigo 27.º exigia que as decisões do Conselho em todos os assuntos tivessem voto afirmativo de *sete* membros.

Com o novo número de quinze membros, a abstenção de todas as cinco grandes potências, ou seja, uma abstenção colectiva, já nada significaria, se se admitir que a abstenção não equivale a veto, visto se exigir o número de nove votos para a decisão estar tomada. Ou seja, seria possível fazer aprovar uma decisão do Conselho *com a abstenção das cinco grandes potências*, o que é manifestamente contrário ao espírito da Carta ([1]).

Outro argumento, de cariz objectivista, poderia ter sido – embora na realidade o não tivesse sido – formulado: se o costume *contra legem* que se formou com a vigência da Carta revogou a disposição originária do artigo 27.º, como, depois, se verificou a revisão da Carta e a substituição do artigo 27.º por novo texto, esta lei posterior deverá ter revogado o costume formado.

Mas então cabe perguntar se, já após a revisão da Carta, não se terá formado novo costume *contra legem* que tenha revogado o artigo 27.º, tal como ficou redigido em 1965.

O Secretário-Geral nada respondeu às questões colocadas, como se disse, por Portugal e pela África do Sul. Mas em Julho de 1967, CONSTANTIN A. STAVROPOULOS, consultor jurídico da ONU, veio à liça contradizer a argumentação dos Estados, dizendo que na revisão dos artigos 23.º e 27.º não tinha havido qualquer indicação da intenção de alterar a prática anterior. Segundo STAVROPOULOS, nada há nas actas da Assembleia Geral na sua 18.ª sessão, que aprovou as emendas à Carta, que indique que essas emendas tiveram o intuito de alterar o costume existente no Conselho. Pelo contrário, a prática do Conselho de Segurança aponta-nos para um entendi-

---

([1]) Neste sentido, o Embaixador ANTÓNIO PATRÍCIO, *Efeito do voto de abstenção de um membro permanente do Conselho de Segurança sobre matéria não processual,* separata da *RDES* 1969, n.ºˢ 1-2, págs. 182 e segs.

mento oposto, pois o Conselho *aprovou* resoluções depois da entrada em vigor das emendas da Carta, com uma ou mais abstenções dos membros permanentes, figurando entre as primeiras as Resoluções 221 e 232, de 9 de Abril e 16 de Dezembro de 1966, relativas à questão da *Rodésia*.

Portanto, não parece haver nenhuma razão para que uma decisão do Conselho de Segurança não possa ser aprovada, dentro dos Capítulos VI e VII da Carta, com a abstenção de *todos os cinco* membros permanentes, contanto que a decisão tenha obtido nove votos afirmativos dos membros não permanentes ([1]).

Esta construção de STAVROPOULOS, que foi criticada entre nós pelo Embaixador ANTÓNIO PATRÍCIO ([2]), escora-se numa interpretação subjectivista dos preceitos citados, a que não atribuímos relevância decisiva. Mas já nos parece pertinente o entendimento de que, depois de 1965, se formou um novo costume *contra legem*, expresso nas inúmeras decisões entretanto tomadas pelo Conselho de Segurança.

Contudo, há que perguntar se esse costume valerá para os Estados que *ab initio* protestaram contra os actos consecutivos em que ele se revele, questão a que se nos afigura dever ser dada resposta negativa, dada a orientação do TIJ, que, nos casos *Haya de la Torre* e das *pescarias*, claramente afirmou a não vinculação ao costume pelo Estado que protesta no momento da sua formação – como oportunamente estudámos.

Contudo, esta querela tem hoje mero interesse histórico e académico, não só porque deixou de interessar directamente a Portugal e à África do Sul – os dois, agora em paz com o Conselho de Segurança –, como também pela alteração da relação de forças na

---

([1]) Ao artigo de STAVROPOULOS, *The practice of voluntary abstentions by permanent members of the Security Council under article 27 paragraph 3 of the Charter of the United Nations*, publicado no *AJIL* 1967, n.º 3, sucedeu-se, na mesma revista, 1968, n.º 2, outro de LEO GROSS, *Voting in the Security Council: abstention in the post-1965 amendment phase and its impact on art 25 of the Charter*, que conclui pela não obrigatoriedade para os Estados membros das Nações Unidas das deliberações do Conselho de Segurança tomadas com abstenção de um ou mais membros permanentes.

([2]) *Op. e loc. cits.*

ONU e, inclusive, no Conselho de Segurança, após o termo da guerra fria. Mas ela deve continuar a merecer a atenção dos estudiosos para a compreensão do sistema da Carta.

A competência essencial do Conselho de Segurança é a da manutenção da paz e da segurança internacionais. Cabe-lhe, nos termos do artigo 24.º, a "principal responsabilidade" nesse domínio.

No exercício dessa competência a Carta confere ao Conselho duas ordens de poderes: em primeiro lugar, pode dirigir *recomendações* aos Estados em litígio, para a solução pacífica dos conflitos; em segundo lugar, pode, em casos de ameaça à paz, de ruptura da paz ou de acto de agressão, formular *recomendações* ou tomar *decisões* que, estas últimas, podem até envolver o emprego de forças armadas.

Os Estados devem obedecer e cumprir as decisões do Conselho de Segurança nos termos do artigo 25.º, embora o direito de veto de alguns dos seus membros possa paralisar a sua acção, como já vimos.

Resta acrescentar apenas que as deliberações da Assembleia Geral em assuntos de grande importância, tais como as respeitantes à admissão, suspensão ou exclusão de membros, e à nomeação do Secretário-Geral, só podem ser tomadas após recomendação do Conselho de Segurança ([1]).

C) *O Conselho Económico e Social (ECOSOC)*

É hoje composto por cinquenta e quatro ([2]) membros eleitos pela Assembleia Geral por um período de 3 anos (art. 61.º). A sua

---

([1]) Um estudo recente que se debruça exaustivamente sobre o Conselho de Segurança é o de K. HERNDL, *Reflections on the Role, Functions and Procedures of the Security Council of the United Nations*, in *RdC*, 1987-VI, pgs. 289-396; em Portugal, veja-se ANTÓNIO PATRÍCIO, *O Conselho de Segurança das Nações Unidas*, Lisboa, 1979, separata do *BMJ*, n.º 280, págs. 7 e segs.

([2]) V. a evolução deste número desde 1946 até hoje, e a forma da sua repartição geográfica, em COT/PELLET, *op. cit.*, pgs. 941 e segs.; e COLLIARD, *op. cit.*, pgs. 385 e segs.

competência desenvolve-se no plano económico, social, cultural, educacional, bem como em matéria de Direitos do Homem, podendo sobre tais assuntos dirigir recomendações à Assembleia Geral, aos Estados membros da ONU e às agências especializadas, preparar projectos de convenções, convocar conferências internacionais, etc. (art. 62.º). Mas não tem poderes próprios de decisão.

D) *O Conselho de Tutela*

Criado para superintender na administração dos *territórios sob tutela*, este órgão está em vias de ter esgotado a sua função por quase todos os territórios sujeitos a esse estatuto terem ascendido à independência – só falta um, como veremos quando nos debruçarmos sobre a actuação das Nações Unidas em relação a esses territórios ([1]).

A expressão *tutela internacional* ou, na língua inglesa, *trusteeship*, foi criada pelo Presidente Roosevelt durante a 2.ª Guerra Mundial como uma espécie de *condomínio* que as grandes potências deveriam exercer sobre zonas estratégicas. Mas esta ideia evoluiu e a Carta, no seu Capítulo XII, passou a conceber a tutela como uma solução *transitória* destinada a favorecer a evolução para a autodeterminação. Logo por aí, a tutela distingue-se, pois, do regime de mandato no Pacto da SDN, do qual foi sucessora, e que consistiu num estatuto definitivo.

O regime do mandato estava regulado no artigo 22.º do Pacto da SDN. Por aí se vê que havia três categorias de mandatos, dos tipos A, B e C, conforme o seu grau decrescente de desenvolvimento: eles encontravam-se previstos, respectivamente, nos n.os 4, 5 e 6 do citado artigo 22.º.

Como os mandados do tipo A acabaram em 1948, os territórios sob tutela, previstos na Carta, só englobaram praticamente os mandatos dos tipos B e C, além dos referidos nas alíneas. *b)* e *c)* do n.º 1 do artigo 77.º da Carta. Todavia, da categoria dos territórios a que se referia a alínea *b)* apenas foram colocados sob o regime de

---

([1]) *Infra*, n.º 11.

tutela os territórios da Eritreia, da Líbia e da Somália, enquanto que nenhum território o foi ao abrigo da alínea *c*).

Os termos do regime de tutela, para cada um dos territórios, era objecto de um *acordo de tutela*, que precisava as condições de administração do respectivo território e "a autoridade encarregada da sua administração" (art. 79.º). Diferentemente do mandato, que admitia a existência de apenas um mandatário, que devia ser um Estado, a tutela consentia que a administração fosse confiada a vários Estados ou à própria ONU, embora esta última hipótese nunca se tenha verificado. Note-se, porém, que, tal como no regime de mandato da SDN, também na tutela os respectivos territórios não entravam na soberania da autoridade administrante. A tutela consistiu numa verdadeira função internacional confiada à entidade administrante, sob a fiscalização da ONU através do Conselho de Tutela (art. 83.º) ([1]).

E) *O Tribunal Internacional de Justiça*

Este órgão, sucessor histórico do Tribunal Permanente de Justiça Internacional, é formado por quinze juízes, que, segundo o artigo 2.º do seu Estatuto, são "magistrados independentes, eleitos, sem atender à sua nacionalidade, de entre pessoas de alto carácter moral que possuam as qualificações requeridas nos seus respectivos países para o exercício das mais altas funções judiciais, ou sejam jurisconsultos de reconhecida competência em Direito Internacional".

Do Tribunal poderão ainda fazer parte um ou dois juízes *ad hoc*, designados pelas partes quando o Tribunal não incluir juízes que tenham a sua nacionalidade, nos termos do artigo 31.º do Estatuto, anexo à Carta.

([1]) Sobre os regimes do mandato na SDN e da tutela na Carta, v. COLLIARD, *op. cit.*, pgs. 130 e segs.; DIEZ DE VELASCO, *op. cit.*, t. II, pgs. 155 e segs.; COT/PELLET, pgs. 1195 e segs.; e anotações aos artigos 85.º-91.º da Carta no Comentário de SIMMA, *cit.*

O Tribunal só está aberto aos Estados (art. 34.º, n.º 1, do Estatuto). Todos os membros das Nações Unidas são *ipso facto* partes no Estatuto. Mas também os Estados não membros das Nações Unidas poderão ser partes no Estatuto, em condições a determinar pela Assembleia Geral e pelo Conselho de Segurança (art. 93.º da Carta). Este, aliás, o motivo pelo qual o Estatuto do Tribunal é formalmente distinto da Carta, da qual, no entanto, faz parte integrante, nos termos do artigo 92.º da Carta. Daí resulta que são hoje partes no Estatuto, além dos signatários da Carta, também a Suíça (desde 1948) e Nauru, embora a noção de parte no Estatuto seja uma noção essencialmente teórica, porque o importante, como iremos ver, é a *aceitação da jurisdição obrigatória do Tribunal*.

De harmonia com o artigo 92.º da Carta, o TIJ é "o principal órgão judiciário das Nações Unidas". Tem competência *contenciosa* e competência *consultiva*. A primeira traduz-se no proferimento de sentenças, melhor dito, de *acórdãos*; a segunda consiste na emissão de *pareceres*, que podem ser solicitados pelos órgãos das Nações Unidas e pelas agências especializadas, como dispõe o artigo 96.º da Carta ([1]). Pelo contrário, a competência contenciosa é restrita às questões entre Estados.

A competência contenciosa é, em princípio, facultativa, no sentido de que o Tribunal só pode conhecer das questões que lhe sejam submetidas pelas partes (art. 36.º, n.º 1, do ETIJ). Mas ela pode ser tornada obrigatória pela chamada *cláusula facultativa de jurisdição obrigatória*, prevista pelo artigo 36.º, n.º 2, do Estatuto.

Essa cláusula é *facultativa* na medida em que qualquer Estado é livre de a subscrever ou não, mas a sua subscrição tem por efeito tornar *obrigatória* a *jurisdição* do Tribunal e, dessa forma, permitir que o respectivo Estado seja demandado no Tribunal por um outro Estado que também tenha aceite a jurisdição do Tribunal. Na prática, como é cada Estado a determinar o conteúdo da cláusula que assina, já que a redacção da cláusula é livre, acontece que o âmbito

---

([1]) Sobre os pareceres, v. especialmente AGO, *I pareri consultivi "vincolanti" della Corte Internazionale di Giustizia. Problemi di ieri e di oggi*, in *RDI* 1990, pgs. 5 e segs.

da competência obrigatória do Tribunal é variável para cada Estado e que existe uma grande variedade de sistemas de aceitação da competência obrigatória.

Em 31 de Dezembro de 1991, o número de Estados partes no Estatuto que tinham aceite a jurisdição obrigatória do TIJ, subscrevendo a cláusula facultativa, era de apenas 54 (quando mais de cinquenta anos antes, em 1934, numa Comunidade Internacional com muito menos Estados, 42 Estados tinham aceite a jurisdição obrigatória do Tribunal Permanente de Justiça Internacional).

Os Estados afro-asiáticos têm quase ignorado a jurisdição obrigatória: apenas cerca de uma dezena deles subscreveram a respectiva cláusula facultativa. E mesmo os Estados que têm aceite a jurisdição do Tribunal, quase todos têm-lhe posto, logo na redacção da cláusula facultativa, a excepção da *reserva da sua jurisdição interna*, isto é, o direito de determinar as matérias que cabem na sua jurisdição interna (é o caso dos Estados Unidos) ou têm deixado essa determinação prévia ao Tribunal (como faz o Canadá).

Isso significa que a tentativa de tornar obrigatória a jurisdição do TIJ tem encontrado certa resistência da parte dos Estados.

Não há possibilidade para um Estado de obter do Tribunal a anulação judicial de uma decisão ou deliberação das Nações Unidas que considere ilegal: no Direito Internacional não existe ainda contencioso de anulação à escala universal, e nunca esteve na mente dos autores da Carta ou do Estatuto prever um meio contencioso análogo ao recurso de anulação regulado no artigo 173.º do Tratado de Roma, e segundo o qual os Estados membros da Comunidade (entre outros) têm legitimidade para requerer ao Tribunal de Justiça a anulação de normas ou actos emanados dos órgãos comunitários.

Nos termos do artigo 94.º da Carta, os membros das Nações Unidas comprometem-se a cumprir as decisões do Tribunal nas questões em que sejam partes. Em caso de não cumprimento, a execução dos acórdãos cabe ao Conselho de Segurança, sofrendo, portanto, as limitações inerentes ao funcionamento deste órgão.

Dentro da limitação dos seus poderes pode-se dizer que o Tribunal tem cumprido o que a Carta e o Estatuto dele esperavam. Merece destaque o facto de ele ter sempre respeitado o carácter independente e imparcial das suas funções, não deixando politizar a sua actividade e, designadamente, não fazendo distinção entre os Estados. Bom exemplo do que acabámos de dizer é o facto de o Tribunal ter reconhecido, no essencial, a razão que assistia a Portugal no *caso do direito de passagem* ou *caso de Goa*, não obstante o outro contendor, a União Indiana, ter um grande peso no bloco afro-asiático e no grupo dos não-alinhados e à data ser hostil nas Nações Unidas o ambiente político contra Portugal por causa da descolonização.

No final da década de 60 os Estados afro-asiáticos exprimiram o seu descontentamento pela actuação do Tribunal em face do Acórdão, já citado, de 18 de Julho de 1966, que foi favorável à África do Sul na questão do *Sudoeste Africano/Namíbia*. Mas o Tribunal soube manter-se à margem da querela e, já em tempos mais recentes, através de Acórdãos e Pareceres em questões muito difíceis de Direito Internacional, conseguiu guindar-se outra vez ao respeito generalizado da Comunidade Internacional ([1]).

([1]) Sobre os aspectos aqui tratados quanto ao Tribunal Internacional de Justiça, GROSS, *The International Court of Justice and the United Nations*, in RdC, 1967-I, pgs. 313-439; GOLSONG, *Role and Functioning of the International Court of Justice*, in ZaöRV 1971, pgs. 673 e segs.; COCATRE-ZILGIEN, *Justice international facultative et justice internationale obligatoire*, in *RGDIP* 1976, pgs. 689 e segs.; J. H. W. VERZIJL, *International Law in Historical Perspective*, vol. 8, Leyden, 1976; AUDÉOUD, *La Cour Internationale de Justice et le règlement de différends au sein des organisations internationales*, in *RGDIP* 1977, pgs. 945 e segs.; JIMÉNEZ DE ARÉCHAGA, *The Ammendments to the Rules of Procedure of the International Court of Justice*, in *AJIL* 1973, pgs. 1 e segs.; GAMBLE/FISCHER, *The International Court of Justice – A Test of Suggested Reforms*, in *Int Lawyer* 1977, pgs. 163 e segs.; PROTT, *The Future of the International Court of Justice*, in *YBWA* 1979, pgs. 283 e segs.; STEINBERGER, *Judicial Settlement of International Disputes*, in *Encyclopedia*, t. 1, pgs. 120 e segs.; SCHLOCHAUER, *International Court of Justice, ibidem*, pgs. 72 e segs.; e BROWNLIE, *op. cit.*, pgs. 708 e segs. Uma descrição exaustiva e actual da actividade do Tribunal, inclusive com o exame da sua mais recente jurisprudência, pode ver-se em ROSENNE, *The World Court, What It Is and How It Works*, 4.ª ed., Londres, 1989, e ABI-SAAB, *L'orientation de la CIJ – Réflexions sur quelques tendances récentes*, in *RGDIP* 1992, pgs. 173 e segs.

F) *O Secretariado*

O Secretariado das Nações Unidas forma o maior complexo administrativo existente em Organizações Internacionais. Ele é composto "de um Secretário-Geral e do pessoal exigido pela Organização" (art. 97.º), ou seja, do Secretário-Geral e de todos os funcionários e agentes ao serviço, pelo Mundo fora, das Nações Unidas.

No Secretariado destaca-se a grande altura a figura do Secretário-Geral, que a Carta qualifica como "o principal funcionário da Organização". Todavia, já vimos que o Secretário-Geral das Organizações Internacionais, e particularmente o Secretário-Geral das Nações Unidas, é muito mais do que um mero funcionário administrativo. Pela relevância política da sua função e porque acaba por aparecer como a encarnação das Nações Unidas perante o Mundo e como o principal e mais activo símbolo dos anseios da Organização na preservação da paz e da segurança internacionais, o Secretário-Geral das Nações Unidas desempenha um papel fundamental na Política Internacional, sobretudo se a personalidade do titular daquele cargo o ajudar a procurar algum protagonismo no seu exercício, como aconteceu com o sueco Dag Hammarskjöld (o segundo Secretário-Geral), com o birmanês U Thant (o terceiro Secretário-Geral) e, embora em menor grau, acontece também com o actual Secretário-Geral (o sexto na cronologia), o egípcio Boutros--Ghali.

O Secretário-Geral é eleito pela Assembleia Geral, sob recomendação do Conselho de Segurança (art. 97.º). A Carta não fixa a duração do seu mandato, mas, por acordo posterior com o Conselho de Segurança, a Assembleia Geral, mediante resolução, fixou-o em cinco anos, renováveis.

Os funcionários e agentes que compõem o Secretariado são nomeados directamente pelo Secretário-Geral, de harmonia com regras previamente definidas pela Assembleia Geral. A escolha deverá ser feita principalmente em função da necessidade de assegurar "o mais alto grau de eficiência, competência e integridade", havendo também que atender ao "mais amplo critério geográfico possível" (art. 101.º, n.ºs 1 e 3).

Já atrás se destacou o carácter estritamente *internacional* da função do Secretário-Geral e do demais pessoal do Secretariado, que se traduz na sua *independência* em relação aos Estados membros (art. 100.º, n.º 2). Eles devem actuar com imparcialidade em relação a todos os Estados membros, norteando-se apenas pelas exigências colocadas pela prossecução dos fins da Organização.

A competência do Secretário-Geral encontra-se definida nos artigos 98.º e 99.º da Carta. Mas, além disso, cabe-lhe também executar todas as tarefas de que venha a ser incumbido pela Organização ou que, no quadro dos objectivos visados pela Carta, lhe venham a ser solicitadas pelos Estados membros.

7. As funções das Nações Unidas

Vamos ver quais são as funções cometidas à Organização pela Carta e como é que ela as tem vindo a desempenhar. Podemos classificar as funções da ONU em quatro grandes categorias:

– a manutenção da paz e da segurança internacionais;
– a cooperação económica e social internacional;
– a protecção dos Direitos do Homem;
– a descolonização.

Vamos examinar cada uma delas.

8. Idem: A) A manutenção da paz e da segurança internacionais

I. Esta função corresponde ao primeiro dos fins das Nações Unidas, enunciado no artigo 1.º, n.º 1, da Carta. Para o atingir, o sistema da Carta prevê três vias: o desarmamento, a solução pacífica dos conflitos, e uma série de medidas díspares previstas globalmente no Capítulo VII da Carta, e que incluem sanções contra a agressão ([1]). Vejamos cada uma delas separadamente.

([1]) Uma ideia geral da actuação da ONU nesses domínios pode encontrar-se na recente publicação do actual Secretário-Geral, BOUTROS-GHALI, *Agenda para a paz*, ed. das Nações Unidas, trad. portuguesa, Lisboa, 1992.

II. *O desarmamento* constitui uma velha aspiração da Comunidade Internacional. Não é só a forma mais radical de tornar fisicamente impossível a ruptura da paz; tem também a utilidade complementar de permitir a mobilização para outros fins, mais ligados ao desenvolvimento económico, social e cultural dos povos, das importâncias afectadas pelos Estados aos seus orçamentos militares. O desarmamento estava previsto de modo muito amplo no artigo 8.º do Pacto da SDN. Mas o escasso êxito da SDN nesse campo tornou mais prudentes os autores da Carta. E, assim, as referências ao desarmamento aparecem neste texto só incidentalmente, nos artigos 26.º e 47.º, n.º 1.

É certo que as Nações Unidas se ocuparam directamente da questão do desarmamento: foi sob a sua égide que em 10 de Abril de 1972 foi assinado o *Tratado sobre a Proibição de Armas Bacteriológicas e Tóxicas*; a Assembleia Geral promoveu uma sessão extraordinária sobre o desarmamento, a partir de 31 de Maio de 1978; em Viena estiveram reunidas, de 1973 a 1988, as conversações *MBFR (Mutual Balanced Force Reduction)* sobre a redução de forças armadas no Centro da Europa, que, todavia, não deram qualquer resultado concreto; em 1952 foi criada pela Assembleia Geral a "Comissão para o Desarmamento"; e, por iniciativa do mesmo órgão, teve lugar, em 1978, uma "Semana do Desarmamento", repetida, mais tarde, em 1982.

Todavia, há que o reconhecer, o progresso que se tem obtido em matéria de desarmamento à escala mundial tem sido conseguido fora do âmbito da Organização, pela conclusão de vários tratados sobre o desarmamento da iniciativa das grandes potências. É o caso dos grandes tratados sobre o desarmamento celebrados até hoje:

— o *Tratado sobre a Antártida*, acerca da desmilitarização da Antártida, de 1 de Dezembro de 1959;

— o *Tratado de Moscovo sobre a proibição parcial dos ensaios nucleares na atmosfera, no espaço extra-atmosférico e debaixo de água*, assinado em 5 de Agosto de 1963 pelos Estados Unidos, pela União Soviética e pelo Reino Unido;

— o *Tratado de Não Proliferação de Armas Nucleares*, assinado em 1 de Julho de 1968 pelos mesmos três Estados;

– a *Convenção sobre as armas biológicas*, subscrita em 10 de Abril de 1972, e que resultou da iniciativa, mais uma vez, daquelas três potências;

– o *Acordo SALT I (Strategic Arms Limitation Talks I)*, assinado em 26 de Maio de 1972 entre os Estados Unidos e a União Soviética, que previa a limitação até 1977 dos sistemas de mísseis intercontinentais;

– o *Tratado sobre o limiar de proibição dos ensaios nucleares subterrâneos*, de 3 de Julho de 1974;

– o *Tratado SALT II*, assinado em Viena, em 18 de Junho de 1979, pelos Estados Unidos e pela União Soviética, e que previa a limitação até 1985 de ogivas nucleares. Este Tratado nunca entraria em vigor em virtude de o Senado norte-americano ter recusado a sua aprovação para ratificação;

– o *Tratado sobre a eliminação dos mísseis de alcance intermédio*, mais conhecido pela sua sigla *INF*, assinado em 8 de Dezembro de 1987 pelos Estados Unidos e pela União Soviética;

– o *Tratado sobre Forças Armadas Convencionais na Europa, (CFE)*, concluído em 1990 e que estudaremos a propósito da Conferência sobre a Segurança e Cooperação Europeia (CSCE), nesta Parte IV;

– o *Tratado START I sobre a redução dos arsenais nucleares estratégicos*, assinado em Moscovo pelos Presidentes dos Estados Unidos e da União Soviética, em 31 de Julho de 1991. Este Tratado seria mais tarde, após a extinção da URSS, retomado pelos Estados Unidos, pela Rússia, pelo Casaquistão, pela Bielorússia e pela Ucrânia, que assinaram em Lisboa, em 23 de Maio de 1992, um Protocolo complementar àquele Tratado, visando a sua execução. Contudo, a aplicação do Tratado START I não foi ainda plenamente alcançada porque a Ucrânia, uma das maiores potências nucleares da actualidade, ainda não o ratificou, devido às divergências que na matéria a opõem à Rússia;

– finalmente, o *Tratado START II*, assinado pelos Presidentes Boris Ieltsin e George Bush em Moscovo, a 3 de Janeiro de 1993, prevê uma drástica redução de ogivas nucleares até 2003, devendo o seu número situar-se, para cada um dos Estados signatários, em

3500, no máximo (ou seja, o equivalente ao número que possuíam há cerca de trinta anos, contra os 10 000 em 1992) ([1]).

De entre os tratados sobre o desarmamento não incluímos as Actas Finais de várias reuniões da CSCE, que também se têm debruçado sobre tal matéria, pelo facto de aquelas Actas Finais não poderem ser qualificadas juridicamente de tratados internacionais. É matéria que veremos adiante. Nessa altura veremos também quais foram os resultados já obtidos pela CSCE no âmbito do desarmamento ([2]).

III. Qualquer sistema de segurança colectiva tem necessariamente de prever formas de *solução pacífica dos conflitos*, a fim de evitar que estes possam degenerar em ruptura da paz ou de, consumada a ruptura da paz, dar prioridade à resolução do conflito por meios pacíficos, para não agravar o conflito.

No sistema previsto na Carta, a solução pacífica dos conflitos encontra-se destacada logo no seu artigo 1.º, n.º 1. E dela se ocupa, com desenvolvimento, o Capítulo VI da Carta ([3]). O preceito-chave desse Capítulo é o artigo 33.º, n.º 1, que reza (com itálicos nossos):

"ARTIGO 33.º

1. As partes num conflito, que possa vir a constituir uma ameaça à paz e à segurança internacionais, procurarão, antes de tudo,

---

([1]) Os dados contidos no texto têm como fonte a Arms Control Association, Congressional Research Service, National Resources Defense Council, dos Estados Unidos.

([2]) Sobre o desarmamento, v. BLACKER/DUFFY (eds.), *International Arms Control, Issues and Agreements*, Londres, 1984; BARTON, *Disarmament*, in *Encyclopedia*, t. 9 (1986), pgs. 102 e segs.; NGUYEN QUOC, *op. cit.*, pgs. 872 e segs.; COT/PELLET, *op. cit.*, pgs. 263 e segs. e 479 e segs., e bibl. aí escolhida; e FAUSTO DE QUADROS, *Desarmamento*, in *Pólis*, t. 2, cols. 128-131.

([3]) V. os Comentários citados de COT/PELLET e SIMMA, artigos 33.º e segs; DIEZ DE VELASCO, *op. cit.*, t. II, pgs. 133 e segs.; MARQUES GUEDES, *Lições cits.*, pgs. 394 e segs.; e o recente estudo de G. MORELLI, *Soluzione pacifica delle controversie internazionali*, Nápoles, 1991.

chegar a uma solução por *negociação, inquérito, mediação, conciliação, arbitragem, solução judicial, recurso a entidades* ou *acordos regionais* ou a *qualquer outro meio pacífico* à sua escolha.
2. (...)".

A Carta não inova neste preceito, dado que as formas citadas são as tradicionalmente admitidas para a solução dos conflitos internacionais.

A *negociação* é o entendimento directo entre as partes.

No *inquérito* dá-se a intervenção de um inquiridor singular, ou de uma comissão de inquérito, que ofereçam garantias de imparcialidade, cuja actuação se dirige exclusivamente à averiguação da matéria de facto.

Na enumeração do artigo 33.º falta referência, de entre as formas tradicionais, *aos bons ofícios*. É que estes não se confundem com a *mediação*.

Os bons ofícios e a mediação têm de comum o facto de implicarem a intervenção de uma terceira entidade (que pode ser um Estado, a Santa Sé, uma Organização Internacional, ou uma individualidade de reconhecido prestígio, como Sua Santidade o Papa ou o Secretário-Geral das Nações Unidas).

Mas enquanto que nos bons ofícios o terceiro se limita a pôr as partes a negociar, ou a fazê-las recomeçar as negociações interrompidas, na mediação ele propõe uma solução concreta, ainda que *não obrigatória*, para o conflito.

A *conciliação* implica o recurso a uma comissão preestabelecida de indivíduos independentes, em regra cidadãos de vários Estados. Essa comissão esforça-se por reconciliar as partes; não o conseguindo, propõe para o conflito uma solução *não obrigatória*.

Quanto à *arbitragem*, consiste na entrega da solução para o litígio a um ou mais terceiros, escolhidos pelas partes e imparciais (os árbitros), aos quais elas conferem, por compromisso arbitral, a faculdade de encontrar, segundo as normas jurídicas aplicáveis, uma solução para o conflito. As partes reconhecem previamente essa solução como obrigatória, dado que a decisão dos árbitros tem natureza jurisdicional.

A arbitragem internacional distingue-se, portanto, das outras formas de solução pacífica de conflitos mencionadas no artigo 33.º, n.º 1, da Carta das Nações Unidas: da mediação e da conciliação, pelo carácter obrigatório da decisão arbitral; da solução judicial, pela escolha dos árbitros pelas partes e pela delimitação por estas do conflito, através do compromisso arbitral; e da solução por um órgão político, como o Conselho de Segurança, nos termos do artigo 36.º da Carta, porque, ao passo que esta (também chamada por vezes de *arbitragem política*) se faz com base em critérios políticos, a arbitragem em sentido próprio conduz à aplicação estrita das regras de Direito.

Finalmente, a *solução judicial* resulta da submissão da questão a um tribunal já existente, e também só se refere aos conflitos de carácter jurídico, implicando, por isso, a resolução desses conflitos pela aplicação de regras de Direito.

O próprio Conselho de Segurança pode tomar a iniciativa de utilizar as formas de solução pacífica previstas no artigo 33.º, n.º 1 – é o que estabelece o n.º 2 do mesmo artigo.

Mas quando as formas contempladas no artigo 33.º, n.º 1, não conseguirem fornecer uma solução para o litígio, as partes deverão submeter a questão ao Conselho de Segurança, que recomendará uma solução (art. 37.º). Todavia, independentemente dos esforços das partes, e concomitantemente com elas, poderá o Conselho de Segurança intervir *em qualquer momento,* "investigar qualquer conflito ou situação susceptível de provocar atritos entre as Nações ou dar origem a um conflito" e *"recomendar* procedimentos ou métodos de solução apropriados" (arts. 34.º, 36.º, n.º 1, e 38.º).

A intervenção do Conselho de Segurança poderá ser solicitada por qualquer Estado, seja ou não membro das Nações Unidas (art. 35.º, n.ºs 1 e 2, e art. 38.º).

Na formulação das recomendações o Conselho de Segurança deverá levar em conta que "os conflitos de carácter jurídico devem, regra geral, ser submetidos pelas partes ao Tribunal Internacional de Justiça" – é o que se dispõe no artigo 36.º, n.º 3. Este preceito deve ser conjugado com o artigo 36.º, n.º 2, do Estatuto do TIJ, onde se contém a definição *exaustiva* de conflito jurídico, descrito como sendo aquele que versa sobre:

"*a*) a interpretação de tratados;
b) qualquer questão de Direito Internacional;
c) a verificação da existência de quaisquer factos que constituam violações de compromissos internacionais; e
d) a natureza ou extensão de reparação devida pela violação de compromissos internacionais".

IV. Mas pode acontecer que os meios previstos para a solução pacífica dos conflitos, tal como esta se encontra regulada no Capítulo VI da Carta, não consigam pôr termo ao litígio. Nesse caso, o sistema da Carta impõe que se lance mão das *medidas para pôr termo à ameaça à paz, à ruptura da paz ou aos actos de agressão*. Dessas medidas se ocupa o Capítulo VII da Carta. Na moderna terminologia das Nações Unidas, embora nem sempre de modo inequívoco, essas medidas, quando destinadas a *remover* uma *ameaça* à paz (portanto, uma ruptura ainda não consumada da paz), designam-se de medidas de *peace-keeping*; diferentemente, quando elas visam *acabar* com uma já consumada ruptura da paz ou agressão, e *puni-la*, chamam-se de medidas de *peace-making* ([1]). No fundo, esta terminologia vai de encontro à distinção feita, por exemplo, nos artigos 39.º e 42.º da Carta, entre *"manter"* e *"estabelecer"* a paz e a segurança internacionais.

A ideia da reacção da Comunidade Internacional organizada contra a guerra ilícita remonta à SDN. Nos termos do artigo 16.º do Pacto, o Estado membro que desencadeasse uma guerra ilícita sujeitava-se ao bloqueio económico, financeiro e diplomático dos outros membros, que poderiam ainda recorrer à força militar para fazer cessar a agressão. Todavia, só o bloqueio económico contra o infractor

---

([1]) V. o documento apresentado em 1992 pelo Secretário-Geral BOUTROS-GHALI à reflexão dos Estados membros, intitulado *Preventive Diplomacy, Peace-making and Peace-keeping*.

era obrigatório para os Estados membros; o emprego de sanções militares podia ser *recomendado* pelo Conselho, mas ficava ao critério dos Estados membros.

As sanções económicas previstas no artigo 16.º do Pacto foram aplicadas uma só vez: contra a Itália, pela agressão à Etiópia, mas não conseguiram por termo à acção ilegal do infractor.

A intervenção militar, porém, nunca foi recomendada nem levada a cabo.

Mas se a SDN reagia contra a guerra ilícita não a condenava expressamente. E compreende-se que assim fosse: assentando a SDN ainda no conceito de soberania absoluta dos Estados, ela não podia condenar o exercício de uma das expressões da soberania, o *ius belli* ([1]).

A condenação expressa da guerra seria levada a cabo pela primeira vez apenas pelo *Pacto Briand-Kellog*, assim chamado em homenagem ao Primeiro-Ministro francês ARISTIDES DE BRIAND e ao Secretário de Estado norte-americano FRANK KELLOG, que o assinaram a 27 de Agosto de 1928, em Paris ([2]).

Aquele Pacto tinha apenas dois artigos. O artigo 1.º dispunha:

"As Altas Partes Contratantes declaram solenemente que condenam o recurso à guerra como solução para diferendos internacionais e renunciam a ela como instrumento de política nacional nas suas relações mútuas".

E acrescentava o artigo 2.º:

"As Altas Partes Contratantes reconhecem que a composição ou solução de todos os diferendos ou conflitos, de qualquer natureza ou origem, que entre elas possam surgir, não deverão ser procurados senão por meios pacíficos".

([1]) V. as Lições do Professor MARQUES GUEDES, *cits.*, pgs. 312 e segs., especialmente 322 e segs.

([2]) Veja-se especialmente WEHBERG, *L'interdiction du recours à la force*, in *RdC*, 1951-I, pgs. 1-121; WALLACE, *Kellog-Briand Pact (1928)*, in *Encyclopedia*, t. 3, pgs. 236 e segs.; e MARQUES GUEDES, *op. cit.*, pgs. 324 e segs. Note-se, todavia, que, em bom rigor, aquele Pacto teve como antecessora a *doutrina de Stimson*, já nossa conhecida.

A Carta das Nações Unidas vai herdar integralmente, no Capítulo VII, esta concepção do Pacto Briand-Kellog, depois de o artigo 2.º, n.º 4, ter acolhido, como vimos, o princípio básico dessa filosofia, ao condenar em absoluto o recurso à força (melhor: "a ameaça ou o uso da força") por um Estado contra outro.

No sistema da Carta cabe ao Conselho de Segurança, nos termos do artigo 39.º, "determinar a existência de qualquer ameaça à paz, ruptura da paz ou acto de agressão". Quis-se por esta fórmula indicar que a actuação do Conselho pode ser preventiva, bastando, para que ele intervenha, que se verifique uma simples "ameaça à paz". Dessa forma, aquele preceito desenvolve os artigos 24.º e 25.º da Carta, já por nós estudados quando nos debruçámos sobre a competência do Conselho de Segurança, e deve ser interpretado sem prejuízo da competência, ainda que limitada, que na matéria é atribuída à Assembleia Geral e que, como vimos, foi ampliada pela Resolução *União para a Paz*.

De harmonia com o Capítulo VII, as medidas que o Conselho de Segurança pode tomar são de três categorias: medidas provisórias, sanções não militares e sanções militares.

a) Medidas provisórias

De harmonia com o artigo 40.º, o Conselho pode, mesmo antes de verificar a existência de uma ameaça à paz, ruptura da paz ou acto de agressão, aprovar o que ele própria designa de "*medidas provisórias*", visando "evitar que a situação se agrave" ([1]).

Note-se que, segundo aquele preceito, embora seja o Conselho de Segurança a determinar discricionariamente quais são as medidas provisórias que lhe parecem "necessárias ou aconselháveis", ele deve "*convidar*" as partes interessadas a *aceitarem*" essas medidas. Com essa redacção, aquele artigo quis deixar claro que as medidas

---

([1]) COT/PELLET, *op. cit.*, comentário ao artigo 40.º, pgs. 667 e segs.; NGUYEN QUOC, *op. cit.*, pgs. 855-856; e DIEZ DE VELASCO, *op. cit.*, pgs. 138 e segs.

em causa consistem em meras *recomendações* e que *não envolvem qualquer condenação*. Por isso é que ele acrescenta que tais medidas provisórias "não prejudicarão os direitos ou pretensões das partes interessadas".

b) Sanções não militares

Segundo o artigo 41.º, conjugado com o artigo 39.º, se o Conselho de Segurança verificar que existe uma ameaça à paz, uma ruptura da paz ou um acto de agressão (e tendo ou não, conforme as circunstâncias do caso concreto, ele tomado previamente as medidas a que se refere o art. 40.º), pode agir mais energicamente, aprovando contra o Estado infractor sanções que não implicam o uso de meios militares. Essas sanções, como se pode ver pela 2.ª parte do artigo 41.º, são fundamentalmente económicas e diplomáticas, embora sempre que o Conselho de Segurança lançou mão deste preceito tenha preferido aplicar sanções de conteúdo económico ou de alcance económico dado o seu maior impacto sobre o Estado infractor.

Ao abrigo do artigo 41.º, o Conselho não aprova simples recomendações, mas verdadeiras *decisões*. E não obstante a redacção do preceito estabelecer que ele *convidará* os Estados membros a aplicar aquelas decisões, o Conselho, conjugando essa disposição com o artigo 25.º, tem atribuído força obrigatória a tais decisões. E o TIJ, no Parecer de 1971 sobre o caso da *Namíbia*, aceitou como boa essa interpretação, embora exija que o exame do conteúdo concreto da decisão confirme esse carácter obrigatório.

A primeira vez que o Conselho de Segurança se serviu do artigo 41.º foi na questao da *Rodésia*, através das Resoluções 216 e 217 (1965), 232 (1966), 253 (1968) e 277 (1970). Essas Resoluções aplicaram àquele território sanções económicas como reacção contra a proclamação unilateral da sua independência pelo governo de Ian Smith em 1965, governo esse que era qualificado nessas Resoluções de "minoria racista". Essas sanções incluíam um bloqueio naval ao porto moçambicano da Beira, por onde a Rodésia escoava os seus produtos. Esse bloqueio foi levado a cabo pelo Reino Unido, autorizado para o efeito pelo Conselho de Segurança (¹) e afectou muito mais a economia moçambicana do que a da Rodésia, que soube encontrar discretamente vias alternativas para o escoamento dos seus produtos, nalguns casos com a ajuda de Estados que na ONU votavam sanções contra ela ... (²).

Alguns anos mais tarde, o Conselho de Segurança invocava o artigo 41.º para aplicar novo embargo de venda de material militar à África do Sul, a título de condenação do *apartheid*, que considerava uma ameaça à paz e à segurança internacionais (Resoluções 418 e 421, de 1977). Note-se que foi esta a primeira vez que o artigo 41.º foi aplicado a um Estado membro da ONU, dado que a Rodésia não era, à data das Resoluções referidas, Estado soberano e, portanto, não era membro das Nações Unidas.

A Assembleia Geral solicitou por diversas vezes ao Conselho de Segurança que se socorresse do artigo 41.º para obrigar Portugal a cumprir a Resolução 1514, de 14 de Dezembro de 1960, que adiante estudaremos, em relação aos seus territórios ultramarinos, o que, todavia, o Conselho nunca fez.

Terminada a guerra fria foi mais fácil ao Conselho, evitando o veto das grandes potências, aplicar as sanções previstas no artigo 41.º. E assim se explica que ele tenha aplicado aquele preceito desde 1990 mais vezes do que nos anteriores quarenta e cinco anos!

De facto, no *litígio entre o Iraque e o Koweit*, motivado pela ocupação deste último por forças militares iraquianas, ocorrido a

---

(¹) Dizia a Resolução 232 neste ponto concreto:
"O Conselho de Segurança:
(...)
5. Pede ao Governo do Reino Unido que impeça, em caso de necessidade *pela força,* a chegada à Beira de navios dos quais se creia que transportem petróleo destinado à Rodésia e habilita o Reino Unido a embargar e a deter o petroleiro conhecido pelo nome de *Joana V* quando da sua saída da Beira, no caso do seu carregamento de petróleo ter sido descarregado neste porto."
Tratava-se de medida não prevista na Carta, e de duvidosa legalidade, por colidir com o princípio da *liberdade dos mares,* que, como oportunamente estudámos, há séculos que pertence ao Direito Internacional geral ou comum, com valor de *ius cogens.*

(²) V. os pormenores da questão da *Rodésia* em COT/PELLET, *op. cit.,* pgs. 698-700.

2 de Agosto de 1990, o Conselho de Segurança aplicou ao Iraque um embargo comercial, económico e financeiro (Resolução 661 (1990)), depois completado por um embargo marítimo (Resoluções 665 e 670 (1990)), e por um embargo aéreo (Resolução 670 (1990)).

Na *crise da Jugoslávia,* o Conselho de Segurança decidiu aplicar àquele Estado um "embargo geral e completo de todos os fornecimentos de armas e de equipamento militar" (Resolução 713 (1991)), que depois, e iniciadas as operações sérvias na Bósnia-Herzegovina, seria completado por um embargo comercial e económico, bem como por sanções diplomáticas (Resolução 757 (1992)), agravados por um embargo de produtos petrolíferos e de outros materiais sensíveis assim como por um embargo marítimo (Resolução 787, de Novembro de 1992).

Simultaneamente, na questão do *terrorismo líbio,* que, como já estudámos ([1]), nasceu por os Estados Unidos e o Reino Unido terem provado que haviam sido cidadãos líbios os responsáveis pela destruição, em pleno voo, dos aviões de passageiros que faziam os voos 103 da Pan American e 772 da União dos Transportes Aéreos, através de engenhos explosivos colocados naqueles aviões, que provocaram, respectivamente, 270 e 170 mortos, e por a Líbia recusar a sua extradição para os Estados Unidos, para a França, para o Reino Unido e para a Irlanda para aí serem julgados, o Conselho de Segurança, depois de ver recusado pela Líbia o seu pedido, contido na Resolução 731 (1992), de cooperar na definição da responsabilidade por aqueles actos terroristas e de condenar expressamente o terrorismo internacional, decidiu impor à Líbia um embargo completo ao tráfego aéreo, ao fornecimento de armamento e equipamento militar e à cooperação técnica, para além de sanções diplomáticas (Resolução 748 (1992))([2]).

([1]) *Supra,* Parte III, Cap. V, Secção II, n.º 4, I.

([2]) Não se escondem as dificuldades que esta questão suscita, na medida em que a ONU impõe a um Estado membro a extradição de um seu cidadão, *extradição essa que a lei interna não permite.* Trata-se de um caso único de interferência das Nações Unidas numa questão interna de âmbito judicial. Note-se que a Líbia requereu ao TIJ medidas cautelares contra as sanções decretadas pelo Conselho de Segurança, o que foi rejeitado pelo Tribunal em Abril de 1992.

Perante o *conflito na Somália*, o Conselho de Segurança decidiu aplicar ao Estado somali um "embargo geral e completo de todos os fornecimentos de armas e equipamentos militares" (Resolução 733 (1992)).

Para a plena aplicação pelos Estados membros ao Estado infractor das sanções decididas pelo Conselho ao abrigo do artigo 41.º haverá que atender ao disposto nos artigos 49.º e 50.º da Carta (²).

c) Sanções militares

No caso de as sanções previstas no artigo 41.º se haverem revelado "inadequadas", o artigo 42.º permite ao Conselho que aplique ao Estado infractor sanções militares – que, como vimos, em bom rigor eram desconhecidas pelo Pacto da SDN.

Também aqui o Conselho de Segurança fica com larga margem de discricionaridade: aquela disposição da Carta permite-lhe que, "por meio de forças aéreas, navais ou terrestres", leve a cabo "a acção *que julgar necessária* para manter ou restabelecer a paz e a segurança internacionais". Essas medidas são objecto de *decisões obrigatórias*, embora o Conselho não esteja impedido de as substituir por recomendações não vinculantes, se entender que elas o satisfazem (²).

A plena eficácia do poder conferido ao Conselho no artigo 42.º exigia que a Organização possuísse meios militares próprios que, simultaneamente, desencorajassem uma ameaça à paz ou um acto de agressão e permitissem uma acção punitiva rápida. Mas na Conferência de S. Francisco não foi possível o acordo entre as grandes potências para a criação de uma *força armada internacional*, ou uma *força de polícia internacional*, que estivesse colocada sob o comando directo do Conselho e, por isso, fosse independente dos Estados

---

(¹) V. sobre esta matéria COT/PELLET, *op. cit.*, comentário ao artigo 41.º, pgs. 691 e segs.; NGUYEN QUOC, *op. cit.*, pgs. 856 e segs; DIEZ DE VELASCO, *op. cit.*, t. II, pgs. 140-141; e CARREAU, *op. cit.*, pgs. 507 e segs.

(²) É a opinião também de NGUYEN QUOC, *op. cit.*, pgs. 859.

membros. Por isso, o que ficou estabelecido na Carta foi que todos os Estados membros se comprometiam a colocar ao dispor do Conselho, de harmonia com acordo ou acordos especiais a celebrar caso a caso, as forças armadas necessárias. É o que estabelece o artigo 43.º e é o que resulta também do artigo 48.º.

Todavia, o desentendimento entre as grandes potências (particularmente, os Estados Unidos e a União Soviética), que gerou a guerra fria, tornou irrealizáveis as condições de funcionamento do Capítulo VII, e, em primeiro lugar, a celebração dos acordos previstos no artigo 43.º.

Na ausência destes acordos, e, por consequência, de forças militares para a intervenção, a título de sanção, tornou-se materialmente impossível o funcionamento do artigo 42.º, que, de facto, nunca foi aplicado.

Com efeito, e ao contrário do que por vezes se escreveu, não foi o sistema do artigo 42.º que teve aplicação na questão da *Coreia*. Quando, em 25 de Junho de 1950, o Conselho de Segurança se reuniu, a pedido dos Estados Unidos, e constatou a existência de conflito armado entre a Coreia do Norte e a Coreia do Sul, o delegado soviético estava ausente em sinal de protesto contra o facto de o lugar da China na Organização estar ocupado pelo Governo da Formosa e não pelo Governo de Pequim. O Conselho constatou então a existência duma ruptura da paz, e aprovou medidas provisórias, ao abrigo do artigo 40.º, que consistiam no cessar-fogo e no regresso das forças norte-coreanas às suas posições anteriores.

Dois dias depois, em 27 de Junho, o Conselho verificou que tais medidas não tinham sido cumpridas, e *recomendou* a todos os membros das Nações Unidas que prestassem assistência à Coreia do Sul. Esta resolução não invocou qualquer texto, mas foi pacífica a opinião de que se fundou no artigo 39.º, bem como no artigo 51.º, nesta última hipótese, como um caso de exercício de *legítima defesa colectiva*.

Deu-se então a intervenção militar dos Estados Unidos. E em 7 de Julho o Conselho aprovou-a, recomendando que ela fosse colocada na dependência de um comando único, sob fiscalização das Nações Unidas, para o que pediu aos Estados Unidos que designassem o comandante-chefe. Outros Estados vieram depois, numa base voluntária, a enviar contingentes militares. Mas, entretanto, o delegado soviético, regressado ao Conselho de Segurança, paralisou a acção deste, e provocou a deslocação do problema para a Assembleia Geral, ao abrigo da Resolução *União para a Paz*.

Tratou-se, como se vê, de um tipo de operação completamente diverso do previsto no artigo 42.º, e que correspondeu a uma situação não prevista pelos autores da Carta (¹).

Tão-pouco pôde o sistema do artigo 42.º funcionar quando dos *incidentes no Suez*, em Outubro e Novembro de 1956, já que a acção do Conselho foi paralisada pelos vetos francês e britânico. Por isso, teve de ser a Assembleia Geral a proceder, com o acordo dos Estados interessados, Egipto, Israel, França e Reino Unido, à constituição e ao envio para a fronteira israelo-egípcia da *Força de Emergência das Nações Unidas (UNEF)*. A Assembleia actuou, naturalmente, por recomendações sem força obrigatória. Mas o consentimento dos Estados em causa permitiu a sua execução. A UNEF esteve na zona da Gaza e na região de Charm el Cheikh até Maio de 1967, altura em que o Governo egípcio comunicou às Nações Unidas o desejo de que ela fosse retirada do seu território.

Também não foi ao abrigo do artigo 42.º que se deu a intervenção no antigo *Congo-Kinshasa*, hoje República do Zaire, e em *Chipre*.

No primeiro caso, foi a pedido do Governo do Congo que o Conselho de Segurança autorizou, pelas Resoluções 143 e 146, de 1960, e 169, de 1961, o Secretário-Geral a fornecer ao Governo do Congo a assistência necessária para a manutenção da ordem pública, dando assim início à *Operação das Nações Unidas no Congo (ONUC)* (²). Esta Operação terminou em 30 de Junho de 1964.

Foi também a pedido do Governo de Chipre que se fez nesta ilha a intervenção das Nações Unidas. De facto, as Resoluções 186 e 198, de 1964, votadas pelo Conselho de Segurança, limitaram-se

---

(¹) Das obras recentes a *op. cit.* de NGUYEN QUOC, pgs. 859-860, é a que melhor explica todos os meandros jurídicos da questão da *Coreia*.

(²) Resoluções 161 e 169 (1961).

a "recomendar a criação, com o consentimento do Governo cipriota, de uma *Força das Nações Unidas encarregada da manutenção da paz em Chipre (UNFICYP)*. A composição e os efectivos dessa força serão fixados pelo Secretário-Geral em consulta com os Governos de Chipre, da Grécia, do Reino Unido e da Turquia". Assim, o Conselho de Segurança agiu por via de *recomendação*, ao abrigo do artigo 39.º, e não de *decisão*, a coberto do artigo 42.º.

Do mesmo modo, e em bom rigor, também não foi ao abrigo do artigo 42.º que ocorreu a intervenção de uma força multinacional na chamada *crise do Golfo,* ou *guerra do Golfo*, em Janeiro e Fevereiro de 1991, embora todas as grandes potências tivessem estado de acordo com aquela intervenção, salvo a China, que se absteve na votação pelo Conselho de Segurança da Resolução 678 (1990). De facto, aquela Resolução, no seu n.º 2, *"autoriza os Estados membros a cooperar com o Governo do Koweit*, caso o Iraque não tiver aplicado plenamente até 15 de Janeiro de 1991 as Resoluções referidas no n.º 1 (entenda-se: as Resoluções do Conselho de Segurança 660, 661, 662, 664, 665, 666, 667, 669, 670, 674 e 677, todas de 1990), no sentido de utilizarem *todos os meios necessários* para fazer respeitar e aplicar a Resolução 660 (1990) (a Resolução que condenava a invasão do Iraque e ordenava a retirada imediata e incondicional das suas forças do Koweit) e todas as Resoluções pertinentes aprovadas ulteriormente, e para restabelecer a paz e a segurança internacionais na região".

Vê-se, portanto, que o Conselho, nesta Resolução, *não decidiu* levar a efeito, *ele próprio*, a intervenção (como teria de acontecer se aplicasse o art. 42.º), mas *autorizou* os *Estados membros* a fazerem-no *em cooperação com o Governo do Koweit*. Daí nasceu a "coligação" de Estados, cujas forças repuseram a integridade territorial do Koweit (¹).

V. Mas se o sistema de sanções contra a agressão previsto no Capítulo VII não tem podido funcionar, um outro tipo de acção, não

---

(¹) Cfr. HEINZ/PHILIPP/WOLFRUM, *Zweiter Golfkrieg: Anwendungsfall von Kapitel VII der UN-Charta*, in *VN* 91-4, pgs. 121 e segs., e bibl. aí cit.

previsto na Carta, tem vindo a desenvolver-se à sua margem: a intervenção, geralmente preventiva, de forças dependentes dos órgãos das Nações Unidas, formadas por contingentes militares de pequenas ou médias potências, de preferência não alinhadas, e que são enviadas para os pontos de tensão, a pedido ou com o consentimento dos Estados interessados, a fim de evitar quer rupturas da paz internacional, quer graves perturbações na ordem interna: são as chamadas *operações de manutenção da paz* ([1]).

Tais intervenções não têm, portanto, carácter sancionatório; mas podem qualificar-se como *acções de polícia internacional*. Isto quer dizer que, embora por via diversa da prevista na Carta, e com os defeitos inerentes ao funcionamento dos órgãos das Nações Unidas, parece vir a realizar-se a velha aspiração para a constituição de uma força de polícia internacional. Só que a ela tem obstado a crise financeira que tais operações criaram às Nações Unidas, e que atrás referimos.

O que de facto sucedeu foi que a ONU gerou uma nova função, não prevista pela Carta, mas cuja legalidade foi aceite pelo TIJ no Parecer de 20 de Julho de 1962, no caso de *certas despesas das Nações Unidas* ([2]). São intervenções já não *repressivas*, mas *preventivas*, e, portanto, sem o carácter de *sanções*; já não *obrigatórias*, mas *consentidas* pelos interessados; já não realizadas pelas grandes potências, mas *toleradas* por estas, e levadas a cabo sob a direcção do Secretário-Geral, embora imputadas juridicamente à Organização. Essas operações têm-se revestido de grande utilidade e foram eficazes em pequenas crises localizadas, em que as grandes potências só tinham interesses indirectos. Por isso não puderam desempenhar qualquer papel nas crises que puseram em perigo a paz mundial pelo afrontamento directo das grandes potências (as crises de Berlim, Cuba e Vietname); mas, em contrapartida, após o desa-

---

([1]) Exaustivamente sobre esta matéria, veja-se DIEZ DE VELASCO, *op. cit.*, t. II, pgs. 143 e segs.; SUY, *United Nations Peacekeeping System*, in *Encyclopedia*, t. 4, pgs. 258 e segs.; SOMMEREYNS, *United Nations Forces, ibidem*, pgs. 253 e segs.; e NGUYEN QUOC, *op. cit.*, pgs. 861 e segs., com bibl. especializada sobre várias operações concretas.

([2]) *Rec.* 1962, pg. 167.

nuviamento e o termo da guerra fria a sua importância aumentou imenso. De facto, de 1988 até hoje o seu número duplicou em relação ao número de idênticas operações entre 1945 e 1988.

Assim, de 1948 a 1992 foram constituídas vinte e seis Operações de Manutenção da Paz das Nações Unidas, envolvendo ao todo 527 700 militares, e tendo implicado o dispêndio de 8 mil milhões de dólares. As Operações em curso em 31 de Janeiro de 1992 empregavam 11 500 militares e civis, mas previa-se que esse número subisse até 44 000 em Maio de 1992, designadamente com o estabelecimento de novas Operações. Esse número foi excedido com a criação de novas Operações após o mês de Maio de 1992. Só de Junho de 1992 até Maio de 1993 essas Operações custariam, segundo previsões provisórias de Abril de 1992, cerca de 3 mil milhões de dólares.

As Operações de Manutenção da Paz em curso em 31 de Outubro de 1992 eram as seguintes:

— a *Força das Nações Unidas para a Fiscalização da Separação (UNTSO)* ([1]), criada pela Resolução 50 (1948) para fiscalizar o cessar-fogo na Palestina. Repartiu-se, após a guerra de 1967, por três novas Operações, a já citada *UNEF*, criada em 1956 ([2]) e extinta em 1979, e as duas forças que se indicam de seguida, a *Força das Nações Unidas para a Observação da Separação (INDOF)* ([3]) e a *Força Provisória das Nações Unidas para o Líbano (UNIFIL)* ([4]);

— o *Grupo de Observadores Militares na Índia e no Paquistão (UNMOGIP)*, criado para aplicar o acordo de cessar-fogo concluído entre aqueles Estados em 1 de Janeiro de 1949 ([5]);

— a *Força das Nações Unidas em Chipre (UNFICYP)*, já referida, criada com o acordo de Chipre, da Grécia, da Turquia e do Reino Unido ([6]);

([1]) As siglas das Operações serao indicadas preferencialmente em inglês, como elas são mais vulgarmente conhecidas.

([2]) Resolução 1000 (Ex-1).

([3]) Resoluções 350 (1974) e 756 (1992).

([4]) Resoluções 425, 426 (1978) e 734 (1992).

([5]) Cfr. Resoluções 210 e 211 (1965).

([6]) Resoluções 186 (1964) e 759 (1992).

— a *Missão de Verificação das Nações Unidas em Angola (UNAVEM II)*, criada para verificar o cumprimento dos Acordos de Paz do Estoril, assinados em Maio de 1991 ([1]). Viu o seu mandato alargado mais tarde à fiscalização das eleições de Setembro de 1992 ([2]). Substituiu a *UNAVEM*, criada em 1988 para examinar a retirada das forças cubanas do território angolano ([3]);

— a *Missão de Observação das Nações Unidas para o Iraque e o Koweit (UNIKOM)*, criada para gerir o Khor Abdullah e uma zona desmilitarizada definida entre os dois Estados ([4]);

— a *Missão das Nações Unidas para o Referendo no Sara Ocidental (MINURSO)*, com a função de assegurar a preparação e a realização, com garantias de isenção, do referendo no Sara Ocidental ([5]);

— a *Missão de Observadores das Nações Unidas em El Salvador (ONUSAL)*, encarregada de fiscalizar o cumprimento dos acordos concluídos entre as principais partes no conflito interno, entre os quais o acordo de cessar-fogo, e de garantir a manutenção da ordem pública ([6]);

— a *Autoridade Transitória das Nações Unidas no Cambodja (UNTAC)*, cuja missão consiste em contribuir para a restauração e a manutenção da paz no território e em garantir eleições livres, na sequência dos acordos concluídos entre as partes desavindas, em 23 de Outubro de 1991, em Paris ([7]);

— a *Força de Protecção das Nações Unidas na Jugoslávia (UNPROFOR)*, criada inicialmente para propiciar condições de paz e de segurança necessárias ao encontro de uma solução global para a crise jugoslava ([8]), mas cujo mandato foi mais tarde estendido à

([1]) Resolução 697 (1991).
([2]) Resolução 747 (1992).
([3]) Resolução 626 (1988).
([4]) Resolução 689 (1991).
([5]) Resolução 690 (1990).
([6]) Resoluções 693 (1991) e 729 (1992).
([7]) Resolução 745 (1992), que também integrou na UNTAC a anterior *UNAMIC*, criada pelas Resoluções 717 (1991) e 729 (1992).
([8]) Resolução 743 (1992).

garantia da segurança e do funcionamento do aeroporto de Sarajevo, capital da Bósnia-Herzegovina, e à prestação de assistência humanitária à população bósnia ([1]);

– a *UNPROFOR II*, criada na sequência do mandato conferido à UNPROFOR, mas com o encargo específico de proteger os comboios de prisioneiros libertados, sempre que a Cruz Vermelha Internacional o requeira ([2]);

– a *Operação das Nações Unidas na Somália (UNOSOM)*, encarregada de promover um imediato cessar-fogo, de o manter, de encontrar uma solução política para o conflito interno e de assegurar urgente assistência humanitária ao povo somali ([3]);

– e a *Operação das Nações Unidas em Moçambique (UNOMOZ)*, incumbida de, a pedido das partes, fiscalizar o cumprimento do Acordo Geral de Paz entre o Governo de Moçambique e a Resistência Nacional Moçambicana (RENAMO), assinado em 4 de Outubro de 1992 ([4]).

VI. O Capítulo VII disciplina a actuação das Nações Unidas, como vimos, em caso de "ameaças à paz, ruptura da paz e actos de agressão".

Nenhuma definição foi algum dia tentada para a *ameaça à paz*. Por isso, e utilizando um critério político, os órgãos das Nações Unidas têm interpretado aquela expressão com muita generosidade, não a restringindo de modo algum à iminência de um mero *ataque armado*. O modo como o Capítulo VII da Carta ou a intervenção de carácter preventivo têm sido aplicados mostrou-nos há pouco que era assim – o que, todavia, cria uma incoerência com o regime da legítima defesa, como a vimos disciplinada no artigo 51.º, e com o conceito de agressão, a que vamos aludir daqui a pouco, que tomam como base o conceito de "ataque armado".

([1]) Resoluções 758, 761, 762 e 764 (1992).
([2]) Resoluções 770, 771 e 776 (1992).
([3]) Resolução 751 (1992). Esta Operação foi completada depois, em Dezembro de 1992, pela Operação *Restaurar a esperança*.
([4]) Resolução 782 (1992).

Contrariamente, a ONU cedo tentou esclarecer o conceito de *ruptura da paz* ou *agressão*. De facto, no sistema do Capítulo VII era fundamental a definição de agressão.

As primeiras tentativas para se chegar a essa definição remontam ao período da negociação e redacção da Carta: na Conferência de S. Francisco as delegações das Filipinas e da Bolívia formularam propostas em que se pretendia, por via da enumeração taxativa, a determinação do conceito de agressão. Embora a proposta boliviana fosse mais extensa, numa e noutra eram considerados como acto de agressão a invasão ou o ataque militar de um Estado contra outro, com ou sem declaração de guerra; a interferência por um Estado nos assuntos internos do outro; o apoio a bandos armados destinados à acção subversiva ou terrorista no território de outro Estado.

Mas a incorporação da definição na Carta foi rejeitada. Mais tarde, o problema seria de novo levantado em sucessivas Assembleias Gerais, principalmente pela União Soviética, que de 1950 a 1957 apresentou várias propostas de definição de agressão igualmente por via da enumeração. Na última proposta, a mais completa, que foi apresentada à Assembleia Geral em 1957, a URSS distinguia quatro formas de agressão: directa, indirecta, económica e ideológica.

A *agressão directa* consistiria essencialmente no ataque armado, com ou sem declaração de guerra; no bloqueio militar e naval; no apoio a bandos destinados a agir no território de outro Estado.

A *agressão indirecta* consistiria na intervenção nos assuntos internos de outro Estado, fomentando a insurreição ou a guerra civil.

A *agressão económica* seria o bloqueio económico, e, de forma geral, todas as medidas de pressão económica ditadas por motivos políticos.

Por sua vez, a *agressão ideológica* traduzir-se-ia essencialmente na propaganda belicista, ou na propaganda subversiva, destinada a produzir efeito no território doutro Estado.

Por quatro vezes se debruçou sobre o problema a Comissão Jurídica da Assembleia Geral, em debates particularmente vivos.

A proposta da União Soviética, ao alargar consideravelmente o conceito de agressão, pretendia proteger os interesses da minoria, à qual ela pertencia à data. Mas a maioria não a aceitou, porque ela visava limitar a liberdade de acção dos órgãos da Organização. Isso explica que o assunto tivesse caído no esquecimento durante largos anos. Mas em 1967 a URSS voltou ao problema, e conseguiu da Assembleia Geral a aprovação da Resolução 2330, de 18 de Dezembro desse ano, que de novo instituiu uma comissão para elaborar a definição de agressão.

Entretanto, também a Comissão de Direito Internacional se ocupara do problema na sua sessão de 1951. E chegou a adoptar então uma definição provisória, segundo a qual "a agressão é a ameaça ou o emprego da força por um Estado ou um Governo contra um outro Estado, por qualquer forma, quaisquer que sejam as armas utilizadas, abertamente ou não, seja por que razão ou para que fim, excepto no caso de legítima defesa individual ou colectiva, ou de execução de uma decisão ou aplicação de uma recomendação de um órgão competente das Nações Unidas".

Mas, ao ser submetida no seio da Comissão a um voto definitivo, esta definição foi rejeitada. E a Comissão acabaria por reconhecer, no seu relatório à Assembleia Geral, que não pudera chegar a acordo sobre uma definição.

Os trabalhos da Comissão designada em 1967 pela Assembleia Geral desembocaram, porém, na Resolução 3314 da Assembleia Geral, de 14 de Dezembro de 1974, especificamente dedicada à *Definição de agressão*.

O sistema da Resolução consiste em se partir de uma *noção geral* de agressão. Dispõe, com efeito, o seu artigo 1.º:

"Artigo 1.º

A agressão é o uso da força armada por um Estado contra a soberania, a integridade territorial ou a independência política de outro Estado, ou de qualquer forma incompatível com a Carta das Nações Unidas, tal como se enuncia na presente Definição."

Mas, logo a seguir, o artigo 3.º procede a uma enumeração dos actos susceptíveis, para aquela definição, de ser qualificados como de agressão. Reza esse preceito:

"ARTIGO 3.º

De acordo com as disposições do artigo 2.º e em conformidade com elas, quaisquer dos seguintes actos, independentemente de se ter ou não verificado declaração de guerra, serão considerados actos de agressão:

a) a invasão ou o ataque pelas forças armadas de um Estado do território de outro Estado, ou qualquer ocupação militar, ainda que temporária, que resulte de tal invasão ou ataque, ou qualquer anexação, mediante o uso da força, do território de um Estado ou de parte dele;

b) o bombardeamento pelas forças armadas de um Estado, ou o emprego de qualquer arma por um Estado contra o território de outro Estado;

c) o bloqueio dos portos ou da costa de um Estado pelas forças de outro Estado;

d) o ataque pelas forças armadas de um Estado contra as forças terrestres, navais ou aéreas de outro Estado, ou contra a sua frota mercante ou aérea;

e) a utilização de forças armadas de um Estado que se encontram no território de outro Estado com o acordo do Estado receptor, em violação das condições estabelecidas no acordo, ou o prolongamento da sua presença nesse território após o termo do acordo;

f) a acção de um Estado que permite que o seu território, que tenha colocado à disposição de outro Estado, seja utilizado por esse Estado para perpetrar um acto de agressão contra um terceiro Estado;

g) o envio, por um Estado, ou em seu nome, de bandos armados, grupos irregulares ou mercenários que levem a cabo actos de força armada contra outro Estado, com tal gravidade que sejam equiparáveis aos actos antes enumerados, ou a sua substancial participação em tais actos."

Mas essa enumeração não é exaustiva, como se vê pelo que imediatamente depois estabelece o artigo 4.º:

"ARTIGO 4.º

A enumeração dos actos mencionados anteriormente não é exaustiva, e o Conselho de Segurança poderá determinar que outros actos constituem agressão, de acordo com as disposições da Carta."

Da definição de agressão fornecida por esta Resolução parece resultar que ela só pode consistir num *ataque armado*: quer o artigo 1.º, quer o artigo 3.º, este nas suas várias alíneas, são claros em se servir repetidamente das expressões "ataque pelas forças armadas", "forças armadas". E na única alínea do artigo 3.º em que essas expressões não são utilizadas o sentido da sua letra parece-nos, porém, inclinar para o mesmo entendimento.

É certo que o artigo 4.º permite que o Conselho de Segurança considere actos de agressão "outros actos" não enumerados no artigo 3.º, mas, na economia da Resolução, não parece que ele possa considerar agressão um acto que não envolva o uso de forças armadas, porque a noção geral de que o artigo 1.º parte exclui essa possibilidade.

Isto quer dizer que a definição de agressão hoje vigente no Direito das Nações Unidas é muito mais restrita do que a definição que fora proposta pela União Soviética em 1957 e aproxima-se mais dos trabalhos preparatórios da Comissão de Direito Internacional.

Há que reconhecer, porém, que a restrição da definição de agressão aos casos em que haja um ataque armado é passível de críticas análogas àquelas que formulámos atrás ao artigo 51.º por conter igual restrição, além do que se revela obsoleta e, dessa forma, não contribui para a manutenção da paz e da segurança internacionais: de facto, primeiro é absurdo e, depois, é extremamente perigoso não considerar actos de agressão actos que, embora não impliquem directamente o uso de forças armadas, todavia contendem directa e profundamente com a segurança doutros Estados e manifestamente afectam a paz e a segurança internacionais – por exemplo, é o caso dos actos que na proposta soviética se integravam na noção de agressão económica, designadamente o bloqueio económico. Pensemos no caso extremo do bloqueio total, imposto, a um Estado encravado, pelos Estados circundantes, que o isola completamente por terra e por ar. Pelo simples facto de não haver ataque armado, nem porventura qualquer uso de forças armadas, poder-se-á afirmar que não há aqui agressão, para os efeitos do Capítulo VII da Carta, e também que o Estado encravado não beneficia da legítima defesa para o efeito de poder romper o cerco que lhe foi movido?

Interrogações análogas se podiam colocar em relação ao conceito de agressão ideológica, contido na referida proposta soviética.

O alargamento da definição de agressão, ao aumentar a capacidade de intervenção das Nações Unidas ao abrigo do Capítulo VII da Carta, ampliaria o âmbito da justiça pública internacional, robusteceria o primado do Direito Internacional sobre a força e, por aí, criaria melhores condições para a reposição da paz e da segurança internacionais ([1]).

9. Idem: B) A cooperação económica e social internacional

Como dissemos, esta é a segunda função que a Carta atribui às Nações Unidas. Ela decorre do fim imposto à Organização pelo artigo 1.º, n.º 3, segundo o qual lhe incumbe "conseguir uma coo-

---

([1]) Sobre a definição de agressão v. também CASSIN e outros, *The Definition of Aggression*, in *Harvard ILJ* 1975, pgs. 127 e segs.; EUSTATHIADES, *La définition de l'agression adoptée aux Nations Unies et la légitime défense*, in *RevHellén* 1975, pgs. 5 e segs.; RAMBAUD, *La définition de l'agression par l'Organisation des Nations Unies*, in *RGDIP* 1976, pgs. 835 e segs.; e FERENCZ, *Aggression*, in *Encyclopedia*, t. 3, pgs. 1 e segs.

peração internacional para resolver os problemas internacionais de carácter económico, social, cultural ou humanitário (...)".

A ideia básica que se encontra subjacente a este preceito é a de que a preservação da paz e da segurança internacionais é inseparável da luta contra a pobreza, a fome, a ignorância e a doença, já que estes flagelos são quase sempre a causa real de muitos conflitos internacionais. Esta ideia é enfatizada de modo particular no Capítulo IX, que tem a epígrafe "Cooperação económica e social internacional": nos termos do artigo 55.º, a elevação dos níveis de vida, a cooperação no domínio social, educacional e sanitário, e o respeito efectivo pelos Direitos do Homem são "condições de estabilidade e bem-estar, necessárias às relações pacíficas e amistosas entre as Nações".

A actuação das Nações Unidas neste aspecto processa-se quer directa quer indirectamente. De entre as suas intervenções directas cabe, sobretudo, salientar a assistência prestada aos países subdesenvolvidos para fins de desenvolvimento económico, que se tem designado, para vincar o seu carácter apolítico, pelo nome de *assistência técnica*, e que durante muito tempo se processou através do *Programa das Nações Unidas para a Assistência Técnica*, criado em 1949, e pelo *Fundo Especial das Nações Unidas para o Desenvolvimento Económico*, criado em 1958, e geralmente conhecido pelo nome abreviado de *Fundo Especial*. A partir de 1 de Janeiro de 1966, aquele Programa e este Fundo desapareceram para darem lugar ao *Programa das Nações Unidas para o Desenvolvimento (UNDP ou PNUD)*.

O PNUD é hoje o maior instrumento a nível mundial de financiamento e de coordenação da cooperação em matéria de assistência técnica internacional. Para tanto, actua em estreita cooperação com os Governos dos Estados membros e com as agências especializadas das Nações Unidas. Tem a sua sede em Nova Iorque.

A actuação do PNUD é hoje completada pela *Conferência das Nações Unidas para o Comércio e o Desenvolvimento (UNCTAD)*, criada pela Assembleia Geral, em 1964, e pela *Organização das Nações Unidas para o Desenvolvimento Industrial*

(UNIDO ou *ONUDI)*, instituída também pela Assembleia Geral, em 1966 (¹).

Mas a actuação principal das Nações Unidas no campo do progresso económico, social e cultural não se faz directamente, antes através de Organizações Internacionais distintas, embora a ela ligadas: são as *agências* ou *organizações especializadas*, a que se referem os artigos 57.º a 59.º da Carta.

Trata-se de Organizações Internacionais para-universais, intergovernamentais, de fins especiais, dotadas de autonomia, embora ligadas às Nações Unidas pelos acordos previstos no artigo 63.º, n.º 1.

Os seus dois principais traços jurídicos característicos são os seguintes: cada uma delas deve a sua existência a um tratado institutivo próprio e está ligada à ONU por um acordo específico.

Portanto, não se confundem com a ONU: possuem personalidade jurídica própria e não são órgãos das Nações Unidas; os seus membros não coincidem necessariamente com os membros das Nações Unidas; os seus poderes derivam do tratado que as institui e não da Carta; e a sua autonomia deve ser respeitada pela ONU, cuja intervenção se deve conter nos limites dos acordos com elas celebrados. Todavia, na prática tem-se assistido a uma crescente interferência da Assembleia Geral na gestão das agências especializadas, sintoma do desejo da maioria afro-asiática de controlar igualmente estas, o que nem sempre é possível no âmbito das próprias agências, devido à diversidade dos sistemas de votação, a que já fizemos referência.

De entre as agências especializadas destacam-se, pelas suas atribuições, a Organização Internacional do Trabalho (OIT), o Fundo Monetário Internacional (o FMI), as organizações que compõem o Grupo do Banco Mundial (essas agências estudá-las-emos neste capítulo), a Organização para a Alimentação e a Agricultura (FAO), a

---

(¹) DIEZ DE VELASCO, *op. cit.*, t. II, pgs. 185 e segs.; WALLACE, *United Nations Development Programme*, in *Encyclopedia*, t. 5, pgs. 307 e segs.; COREA, *United Nations Conference on Trade and Development*, ibidem, pgs. 301 e segs.; e SZASZ, *United Nations Industrial Development Organization*, ibidem, pgs. 329 e segs.

Organização das Nações Unidas para a Educação, a Ciência e a Cultura (UNESCO), a Organização Internacional para a Aviação Civil (ICAO), a Organização Mundial de Saúde (OMS), a Organização Mundial para a Meteorologia (OMM), etc. ([1]).

A ONU pode também levar a cabo, para reforçar a cooperação económica e social internacional, iniciativas isoladas: de entre as mais recentes, destaca-se a *Conferência das Nações Unidas para o Ambiente e o Desenvolvimento (UNCED)* (mais conhecida por *Rio 92* ou *ECO 92),* que teve lugar no Rio de Janeiro, de 3 a 14 de Junho de 1992, e que fora convocada pela Resolução 44/228 (1989) da Assembleia Geral a pretexto de assinalar os vinte anos da primeira *Conferência das Nações Unidas sobre o Ambiente,* que se reunira em Estocolmo, em 1972 ([2]).

10. Idem: C) A protecção dos Direitos do Homem

Embora o artigo 1.º, n.º 3, da Carta, como mostrámos, imponha à Organização a promoção dos Direitos do Homem no quadro mais vasto da cooperação económica e social internacional, entendemos que é de fazer uma referência autónoma a esta função das Nações Unidas devido à importância de que ela se reveste.

Uma das primeiras realizações da ONU na matéria foi a aprovação pela Assembleia Geral da *Declaração Universal dos Direitos do Homem,* em 10 de Dezembro de 1948. Já atrás nos referimos a ela, concretamente a propósito da sua relevância na ordem interna portuguesa.

([1]) Sobre as agências especializadas, UDINA, *La structure de l'Organisation et du "Système" des Nations Unies,* in *The Law of the United Nations, Thesaurus Acroasium,* 1976, pgs. 81 e segs.; MATHIEU, *Les institutions specialisées des Nations Unies,* Paris, 1977; S. BASTID, *Sur quelques problèmes juridiques de coordination dans la famille des Nations Unies,* in *Mélanges Paul Reuter,* pgs. 75 e segs.; E. KLEIN, *United Nations, Specialized Agencies,* in *Encyclopedia,* t. 5, pgs. 349 e segs., com exaustiva bibliografia; DIEZ DE VELASCO, *op. cit.,* t. II, pgs. 199 e segs.; e MARGARIDA SALEMA/ /A. OLIVEIRA MARTINS, *op. cit.,* t. I, pgs. 208 e segs.

([2]) Sobre a *ECO 92,* v. UNMÜSSIG, *Zwischen Hoffnung und Enttäuschung,* in *VN* 1992, pgs. 117 e segs.

Aquela Declaração foi completada e desenvolvida por dois pactos, já nossos conhecidos: o *Pacto Internacional sobre os Direitos Civis e Políticos* e o *Pacto Internacional sobre os Direitos Económicos, Sociais e Culturais*. Ambos os Pactos foram aprovados pela Assembleia Geral em 16 de Dezembro de 1966, através da Resolução 2200 A, e entraram em vigor, respectivamente, em 23 de Março e em 3 de Janeiro de 1976 ([1]).

São esses, sem dúvida, os principais instrumentos internacionais das Nações Unidas em matéria de Direitos do Homem. Mas várias outras declarações e convenções foram aprovadas pela Assembleia Geral sobre as mais diversas matérias, merecendo referência especial a *Convenção Internacional sobre a eliminação de todas as formas de discriminação racial*, de 1965; a *Convenção relativa aos Direitos da Criança*, de 1989; e a *Convenção contra a Tortura e outros tratamentos e penas cruéis, desumanas ou degradantes*, de 1984 ([2]).

Quase todos esses textos criam órgãos encarregados de fiscalizar a sua execução. O mais importante deles é o *Comité dos Direitos do Homem*, criado em 1977 em aplicação dos artigos 28.º e seguintes do Pacto sobre os Direitos Civis e Políticos.

Nos termos do artigo 41.º desse Pacto, o *Comité* só pode conhecer das violações por um Estado dos direitos reconhecidos pelo Pacto se este tiver previamente reconhecido a competência do *Comité*. E, nos termos do Protocolo adicional de 1966, aquele *Comité* pode apreciar queixas dirigidas por particulares contra os Estados que sejam partes naquele Protocolo, com fundamento no facto de estes haverem violado qualquer dos direitos enunciados no Pacto.

([1]) O primeiro dos dois citados Pactos tem dois Protocolos facultativos, um de 1966, outro de 1989, este último especificamente dedicado à abolição da pena de morte. O Protocolo de 1966 entrou em vigor na mesma data que o Pacto, mas o de 1989 ainda não obteve as dez ratificações ou adesões previstas no seu artigo 8.º, n.º 1, para a sua entrada em vigor.

([2]) Uma lista actual daquelas declarações e convenções pode ver-se em *Droits de l'homme en droit international – textes de base*, ed. do Conselho da Europa, Estrasburgo, 1992, pgs. 11 e segs. Cfr. MARGARIDA SALEMA/A. OLIVEIRA MARTINS, *op. cit.*, t. I, pgs. 176 e segs.

A admissão dessas queixas está, porém, sujeita ao princípio da prévia *exaustão dos meios internos* (¹).

11. Idem: D) A descolonização

I. Um dos princípios fundamentais dos quais a Carta faz depender a preservação da paz e da segurança internacionais é o *direito dos povos à autodeterminação*, como se extrai dos seus artigos 1.º, n.º 2, e 55.º. Note-se que as versões oficiais da Carta que fazem fé falam exactamente em *"direito* à autodeterminação", o que lamentavelmente não é feito pela versão oficial portuguesa. Mas hoje é pacífico, na doutrina e na prática internacional, que a autodeterminação é um *direito* e um direito *universal*. Assim o considerou também a Acta Final de Helsínquia (²).

Os citados preceitos da Carta não dizem a que povos é reconhecido esse direito. É certo que a Carta se refere, no Capítulo XI, aos *"territórios sem governo próprio"* (mais conhecidos, na terminologia das Nações Unidas, por *territórios não autónomos*) e, no Capítulo XII, e especificamente no seu artigo 75.º, aos *territórios sob tutela*, a que já nos referimos atrás. Mas quanto a uns e outros, a Carta mais não fazia do que incluir meras *declarações de intenções* ou *afirmações programáticas:* quanto aos primeiros, os Estados membros que os administravam ficavam com o encargo de promover o "Bem-Estar" dos seus habitantes e de "desenvolver a sua capacidade de governo próprio" (art. 73.º); e quanto aos segundos, as Nações Unidas comprometiam-se a fomentar o seu progresso e o

---

(¹) Em geral, sobre a actuação da ONU em matéria dos Direitos do Homem, v. K. VASAK (ed.), *The International Dimensions of Human Rights*, vol. I, Londres, 1982, pgs. 111 e segs. e 303 e segs.; COHEN-JONATHAN, *Human Rights Convenants*, in *Encyclopedia*, t. 8, pgs. 297 e segs.; e P. ALSTON, *The United Nations and Human Rights*, Oxford, 1992. Concretamente sobre o segundo dos referidos Pactos de 1966, v. o recente estudo de CANÇADO TRINDADE, *La question de la protection internationale des droits économiques, sociaux et culturels*, in *RGDIP* 1990, pgs. 913 e segs.

(²) VERDROSS/SIMMA, *op. cit.*, pgs. 316 e segs.

seu desenvolvimento "para alcançar o governo próprio ou a independência" (art. 76.º).

Se, quanto aos territórios sob tutela, se sabia pelas três alíneas do artigo 77.º, n.º 1, quais eles eram (pela alínea *a*), os mandatos de tipo B e C da Sociedade das Nações (¹); pela alínea *b*), as antigas colónias italianas da Eritreia, da Líbia e da Somália; e, pela alínea *c*), nenhum, já que essa alínea nunca foi aplicada), quanto aos territórios não autónomos, do Capítulo XI, a Carta era omissa no que respeitava ao conteúdo do conceito e ao seu regime, pelo que a solução mais lógica consistia em se entender que naquela expressão se enquadravam todas as *situações coloniais*, no sentido que o Direito Colonial e o Direito Internacional dão a esta expressão (²).

II. Em 1951, a Dinamarca, a Holanda e os Estados Unidos comunicaram à ONU que deixavam de fornecer as informações que

---

(¹) Uma lista exaustiva de todos os territórios sob mandato da SDN, com indicação da sua evolução posterior, pode ver-se em COT/PELLET, *op. cit.*, pg. 1137. Os mandatos do tipo A desapareceram o mais tardar em 1948: o Iraque, em 1931, a Síria e o Líbano, em 1946, ascenderam à independência, enquanto que a Palestina e a Transjordânia transformaram-se em 1948, respectivamente, no Estado de Israel e no Reino da Jordânia – v. SILVA CUNHA, *Administração e Direito Colonial*, lições polic., t. II, Associação Académica da Faculdade de Direito de Lisboa, 1954, pgs. 78 e segs.; e ANDRÉ GONÇALVES PEREIRA, *Lições de Administração e Direito do Ultramar*, cit. pgs. 27-28. Sobre a problemática geral dos territórios sob tutela, NGUYEN QUOC, *op. cit.*, pg. 440; COT/PELLET, *op. cit.*, pgs. 1100 e segs.; MARCELLO CAETANO, *Portugal e a internacionalização dos problemas africanos*, cit., pg. 214, n. 233; SILVA CUNHA, *Lições de Direito Colonial*, proferidas ao 3.º ano jurídico de 1955-56, Faculdade de Direito de Lisboa, pgs. 313 e segs.; ID., *Questões ultramarinas e internacionais*, t. II, Lisboa, 1961, pgs. 21-22: e ANDRÉ GONÇALVES PEREIRA, *Lições cits.*, pgs. 27 e segs.

(²) Embora não haja unanimidade na interpretação do conceito de *situação colonial*, o sentido mais amplo que lhe é dado engloba *situações*, estabelecidas em *territórios inexplorados ou incompletamente explorados, de dependência política e económica imposta a grupos étnica e culturalmente diferenciados*. Parece, portanto, que neste conceito não há que exigir a separação geográfica entre o povo colonizador e o povo colonizado – v. sobre esta matéria, embora com terminologia nem sempre coincidente, SILVA CUNHA, *Questões Ultramarinas*, cit., t. II, pgs. 18 e segs.; G. BALANDIER, *La notion de situation coloniale* e *La situation coloniale*, in *CIS* 1951, pgs. 44 e segs.; e A. MEMMI, *Sociologie des Rapports entre Colonisateurs et Colonisés*, na mesma revista, 1952, pgs. 85 e segs.

vinham prestando ao abrigo da alínea *e*) do artigo 73.º, porque os territórios que administravam, e que podiam caber no conceito de territórios não autónomos (a Gronelândia, para a Dinamarca, as Antilhas e a Ilha do Surinam, para a Holanda, e Porto Rico, para os Estados Unidos) haviam ascendido à plena *autonomia interna*. A União Soviética questionou a validade dessa posição, mas a Assembleia Geral, dominada então pela maioria ocidental, acabou por aceitar a sua conformidade com a Carta. Mais: pela Resolução n.º 742, de 1953, a Assembleia Geral aprovou o relatório do *Comité dos Factores*, onde se definiam os factores pelos quais se podia aferir o facto de um território ter deixado de ser não autónomo. Eram eles:

– o território ter-se constituído em *Estado independente*;
– o território, pela vontade do seu povo, ter-se *integrado plenamente* num Estado independente pré-existente;
– o território ter-se *associado* livremente a Estado independente pré-existente (como se admitia, aliás, no art. VI do Relatório da Comissão Especial dos Seis Encarregados da Questão da Comunicação de Informações (territórios não autónomos)", mais conhecido por *Relatório dos Seis*) ([1]).

No primeiro caso teríamos a *descolonização por independência*; no segundo, a *descolonização por integração*; no terceiro, a *descolonização por associação* (hipótese que fora praticada quanto ao Porto Rico).

Esta interpretação da Carta e, concretamente, do seu artigo 73.º, seria profundamente alterada pela Resolução 1514, aprovada pela Assembleia Geral, em 14 de Dezembro de 1960 ([2]), e que se intitula *Declaração sobre a concessão da independência aos países e povos coloniais*. Esta Resoluçao passou a valer como verdadeira *Carta* ou *Declaração da descolonização* para as Nações Unidas.

([1]) V. a História desenvolvida deste processo em SILVA CUNHA, *Questões ultramarinas, cit.*, t. II, pgs. 40 e segs. e bibl. aí cit.; e ANDRÉ GONÇALVES PEREIRA, *Lições, cit.*, pgs. 47 e segs.

([2]) V. o texto dessa Resolução em SEARA/BASTOS/CORREIA, *op. cit.*, pgs. 83 e segs.

A Resolução 1514 constitui um dos primeiros produtos da maioria afro-asiática que, entretanto, tomara o poder na Assembleia Geral, vendo somar aos seus votos os dos Estados socialistas europeus, liderados pela União Soviética. Por isso, não admira que a sua orientação seja profundamente anticolonialista. Como acertadamente observa o Juiz do Tribunal Internacional de Haia MOHAMMED BEDJAOUI no já citado Comentário à Carta, da autoria dos Professores COT e PELLET ([1]), enquanto o artigo 73.º da Carta valia como uma "carta passiva de intenções piedosas", a Resolução 1514 passou a vigorar como uma "carta ofensiva de acções concretas", dando um contributo decisivo para um verdadeiro "ataque à fortaleza colonial".

Os traços principais do conteúdo daquela Resolução são os seguintes: ela visa "o fim do colonialismo" "sob todas as suas formas" e "em todas as suas manifestações"; entende que "a sujeição dos povos ao jugo, à dominação e à exploração estrangeira constitui uma negação dos Direitos Humanos fundamentais, é contrária à Carta das Nações Unidas e põe em perigo a causa da paz e da segurança internacionais"; pretende a "liberdade" para "todos os povos dependentes"; afirma que "todos os povos têm o direito de autodeterminação" e devem escolher "livremente a sua Constituição política"; mas identifica essa "liberdade" com a obtenção necessária da "independência" ou "independência absoluta"; e deixa claro que ela se aplica tanto aos territórios não autónomos como aos territórios sob tutela.

É esta Resolução que vai reger toda a actuação política das Nações Unidas em matéria de autodeterminação dos povos e de descolonização. Essa actuação merece os seguintes reparos.

Em primeiro lugar, enquanto que a Carta não identificava a autodeterminação com a independência (os arts. 1.º, n.º 2, e 55.º falam só em "autodeterminação", o Capítulo XI e, especificamente, o artigo 73.º, em "governo próprio", e o Capítulo XII e, concretamente, o artigo 76.º, al. *b*), quanto aos territórios sob tutela, em "governo próprio *ou* independência"), orientação que fora mantida na

---

([1]) *Op. cit.*, pg. 1071.

citada Resolução 742, a prática das Nações Unidas, fundada na Resolução 1514, veio a exigir, como resultado *necessário* da autodeterminação, a independência dos territórios em causa. Mas, em bom rigor, deixamos de estar aqui perante o livre exercício do direito de *autodeterminação* pelo povo colonizado para estarmos perante uma *heterodeterminação* pelas Nações Unidas do futuro desse povo. De facto, nenhuma razão jurídica existe para se excluir o resultado da livre escolha, pelo povo colonizado, do seu futuro estatuto político, quando este venha a ser, não a independência, mas a integração (no Estado colonizador ou num outro Estado, por exemplo, num Estado limítrofe), ou qualquer forma de "associação" com o Estado colonizador ou, mesmo, com outro Estado (por exemplo, uma relação de protectorado). Em qualquer dos casos o povo está a autodeterminar-se e, portanto, a descolonizar-se. E a Assembleia Geral reconhecia que assim era quando, na Resolução 1541 (que enunciava os *Princípios que devem orientar os Estados membros para determinar se a obrigação de comunicar informações, prevista na al. e) do artigo 73.º da Carta, lhes é aplicável ou não*), aprovada no dia seguinte ao da Resolução 1514, e na Resolução 2625, de 1970 (que englobava a *Declaração relativa aos princípios do Direito Internacional relativos às relações de amizade e de cooperação entre os Estados em conformidade com a Carta das Nações Unidas*), regressava à orientação da já citada Resolução 742, que admitia, como resultado possível da autodeterminação, a independência, a integração ou a associação. Todavia, seria, como se disse, a Resolução 1514 a ditar a prática da ONU em matéria de descolonização. Só que a interpretação por essa via concedida pelas Nações Unidas ao direito à autodeterminação dos povos, ao dar-lhe um conteúdo restrito, pré-concebido e pré-determinado, está, de facto, a desvirtuar esse direito e a desrespeitá-lo — sabendo-se que o direito à autodeterminação faz parte do *ius cogens*, como aliás mostrámos.

Que esta questão não é meramente académica prova o sucedido com a ilha de *Mayotte*. Esta ilha pertence ao Arquipélago das Comores, antiga colónia francesa, situada no Canal de Moçambique. No referendo organizado pela França para a autodeterminação daquele Arquipélago, as ilhas de Anjouan, Grande Comore e Mohéli votaram pela independência, dando lugar à República islâmica das Comores; ao contrário, a ilha de Mayotte optou por continuar integrada na França. Esta aceitou o resultado do referendo, depois de o Conselho Constitucional se haver pronunciado pela sua constitucionalidade. Assim, em 1986, o Primeiro-Ministro JACQUES CHIRAC, de visita à Mayotte, reafirmou o estatuto daquela ilha como "departamento ultramarino" francês. Todavia, a maioria afro-asiática, através de uma série de Resoluções, tem vindo sistematicamente a recusar o resultado do referendo unicamente quanto à ilha de Mayotte e, consequentemente, a afirmar a soberania da República das Comores sobre aquela ilha, com invocação da "unidade e integridade territorial" das Comores (a última dessas Resoluções foi a 46/9, de 1991).

Aliás, a mesma orientação foi adoptada pela França quanto à *Nova Caledónia*. Depois dos incidentes aí ocorridos, em 1985 e 1988, o Governo francês prometeu ao povo daquele "departamento ultramarino" que em 1998 ele exercerá o seu direito de autodeterminação, devendo escolher então entre a "independência" ou a "associação com a França"([1]).

Muito singular é a situação da ilha de *Tokelau*, no Pacífico. Antiga colónia britânica, é hoje administrada pela Nova Zelândia. Em Novembro de 1992 esta prometeu-lhe independência para o ano 2000. Mas de imediato o povo de Tokelau respondeu que não queria, nem em 2000 nem depois, separar-se da Nova Zelândia ([2]).

O segundo reparo à actuação das Nações Unidas em matéria de descolonização consiste no facto de, não obstante a Resolução 1514 ter reconhecido a "todos os povos dependentes" o direito à autodeterminação e haver imposto o fim de "todas as manifestações" do "colonialismo", a aplicação desses princípios só ter visado territórios administrados por Estados ocidentais, e, mesmo assim, não por todos. Autênticas situações coloniais (ou neocoloniais, o que para o

---

([1]) V. as declarações oficiais nesse sentido dos Primeiros-Ministros L. FABIUS, de 25-4-85, e M. ROCARD, de 26-6-88, em J. DALLOZ, *Textes sur la décolonisation*, Paris, 1989, pgs. 118-119.

([2]) *The Economist*, de 21-11-92, pg. 78.

Direito Internacional é o mesmo), como aquelas que existiam no leste europeu e existiam ou existem em Estados africanos e asiáticos só formalmente independentes, não foram contempladas com o reconhecimento pelas Nações Unidas do direito à autodeterminação dos povos. Que a questão tinha razão de ser prova o facto de a doutrina haver reconhecido que a ex-República Democrática da Alemanha, ao libertar-se do domínio soviético e ao escolher, por voto livre, unir-se à ex-República Federal da Alemanha, se "autodeterminou" ([1]). O mesmo foi entendido em relação à emancipação do leste europeu em geral ([2]) e, mais tarde, quanto às repúblicas que se separaram da ex-Jugoslávia, especialmente à Bósnia-Herzegovina ([3]).

Em contrapartida, nas sucessivas listas de territórios a descolonizar, elaboradas pela Assembleia Geral, incluíam-se territórios administrados por Estados ocidentais alguns dos quais escapavam, de forma manifesta, ao conceito de colónia ou de situação colonial, ou porque haviam sido *povoados* pelo Estado administrante (e onde, portanto, faltava o elemento da diferença étnica e cultural) ou porque a presença deste no território havia resultado da *vontade das próprias populações locais* – neste último caso, figurava o território de Cabinda após a celebração do *Tratado de Simulambuco*, que atrás analisámos ([4]).

III. Detendo-nos agora um pouco mais sobre o direito dos povos à autodeterminação, convém começar por enfatizar que, não obstante os desvios que a prática das Nações Unidas trouxe ou tolerou à sua pureza, ele é um autêntico *direito*, e não um mero princípio político. Como vimos, ele encontra-se consagrado, dessa forma, na Carta das Nações Unidas. E, pelas regras sobre hierarquia das

---

([1]) Veja-se W. SEIFFERT, *Selbstbestimmungsrecht und deutsche Vereinigung*, Baden-Baden, 1991, sobretudo pgs. 86 e segs.

([2]) GOUAUD, *Europe de l'Est et libération des peuples*, in *RDP* 1992, pgs. 315 e segs.

([3]) C. SAMARY, *Droit à l'autodétermination et droits de l'homme*, in *Le Monde Diplomatique*, Out. 1992, pg. 3.

([4]) Os territórios ultramarinos portugueses a descolonizar constavam de um rol incluído na Resolução 1542, de 15 de Dezembro de 1960.

fontes, a Carta prevalece sobre o Direito emanado dos órgãos da Organização.

Depois, a sua inscrição na citada Resolução 1514 deve ser interpretada como significando a sua equivalência a um autêntico *direito dos povos à descolonização*, tendo como contrapartida, da parte do Estado administrante, uma verdadeira *obrigação de consultar o povo colonizado*.

Quais são as formas pelas quais o Estado administrante deve cumprir essa obrigação? A doutrina está de acordo em que, com pequenas variantes, elas são as seguintes: o referendo; a deliberação livre de uma assembleia representativa do povo em questão, se eleita em condições de total independência e de representatividade, e se ela for *expressamente* consultada sobre o seu futuro político (o que quer dizer que o voto no exercício do direito de autodeterminação não se extrai como um voto implícito noutras deliberações); ou o acordo dos representantes de *todos* os movimentos de libertação que reivindicam a representatividade do povo em causa, desde que estejam nele implantados e, por isso, haja fundadas razões para crer que eles exprimem a genuína vontade do povo ([1]). Para se desempenhar dessa obrigação, o Estado administrante deve poder contar com a assistência das Nações Unidas, se a solicitar.

Toda esta doutrina foi expressamente acolhida pelo TIJ no seu Parecer de 16 de Outubro de 1975 sobre o caso do *Sara Ocidental* ([2]).

Hoje, o direito à autodeterminação é expressamente considerado uma regra de *ius cogens* pela Comissão de Direito Internacional: já figurava como tal na lista de regras "imperativas" elaboradas por aquela Comissão no seu *Relatório sobre o Direito dos Tratados* ([3]); mais tarde, foi incluído por ela no artigo 19.º do seu

---

([1]) NGUYEN QUOC, *op. cit.*, pg. 462; JOSÉ OBIETA CHALBAUD, *El derecho humano de la autodeterminación de los pueblos,* Madrid, 1989, pgs. 223 e segs. e os já citados Comentários à Carta, respectivamente, de SIMMA e WOLFRUM, anotações aos artigos 73.º e seguintes.

([2]) *ICJ Reports* 1975, pgs. 12-176, com comentário de OEHLER-FRAHM, in *Encyclopedia*, t. 2, pgs. 291 e segs.

([3]) *Annuaire de la CDI* 1966-II, pg. 270.

Projecto sobre Responsabilidade Internacional, que considerava a violação daquele direito um "crime internacional" (¹)(²).

Concretamente quanto aos tratados de reconhecimento de soberania sobre territórios coloniais ocupados pela força (é o caso do Tratado entre Portugal e a União Indiana de 31 de Dezembro de 1974, em relação aos territórios de Goa, Damão e seus enclaves de Dadrá e Nagar-Aveli, e Diu (³)), eles, para além de violarem a norma cogente do *direito à autodeterminação*, infringem também outra regra do *ius cogens*: a condenação do recurso à força como meio de adquirir direitos (aqui, territórios). Essa condenação, que já vem da *doutrina Stimson* e do *Pacto Briand-Kellog*, resulta hoje do artigo 2.º, n.º 4, da Carta das Nações Unidas; foi mais tarde enfatizada pelo primeiro princípio enunciado na há pouco citada Resolução n.º 2625, e pelos artigos 5.º, n.º 3, e 7.º da citada Resolução 3314 sobre a Definição de Agressão; e foi acolhida, como tal, pela jurisprudência internacional, como se pode ver pelo recente Acórdão do TIJ de 27 de Maio de 1986, já citado, sobre o caso das *actividades militares e para-militares na Nicarágua* (⁴)(⁵). Por isso,

---

(¹) *Annuaire* 1976-II, 2.ª parte, pgs. 89 e segs.

(²) Também a doutrina aceita hoje, unanimemente, que o direito à autodeterminação dos povos é *ius cogens*: para além do estudo de D. THÜRER, adiante citado, pg. 437, v., por último, SEIFFERT, *op. cit.*, pgs. 11 e segs., e BROWNLIE, *op. cit.*, pgs. 513-515.

(³) Aprovado para ratificação pelo Decreto n.º 206/75, de 17 de Abril. Note-se que o Tratado, incidindo sobre a matéria extremamente grave da renúncia por Portugal da sua soberania sobre os territórios em causa, foi concluído por um mero *Governo provisório* e sem a intervenção de qualquer órgão democrático representativo da vontade popular – o que, sem embargo do que se diz a seguir no texto, suscita, logo para começar, o problema da *legitimidade política* do Tratado do lado português.

(⁴) *Rec.*, pg. 126. No mesmo sentido, COT/PELLET, *op. cit.*, pg. 123; e BROWNLIE, *op. cit.*, pgs. 164-171 e 513.

(⁵) No caso da ocupação, por forças armadas da União Indiana, de Goa, Damão e Diu nem é, pois, necessário invocar-se o reconhecimento da soberania portuguesa sobre aqueles territórios, levado a cabo pelo TIJ no já referido Acórdão de 12-4-60 sobre o *direito de passagem* (*Rec.* 1960, pgs. 6 e segs.). De qualquer modo, o reconhecimento da soberania portuguesa por aquele Acórdão não pode ser posto em causa: em primeiro lugar, a soberania portuguesa sobre os territórios *costeiros* de *Goa*,

aqueles tratados são *nulos*, por força do disposto no artigo 53.º da Convenção de Viena sobre o Direito dos Tratados. Sendo assim, tais tratados não retiram aos povos dos territórios ocupados o seu direito à autodeterminação nem fazem apagar as obrigações que incumbiam aos Estados que administravam os territórios à data da sua ocupação. Esses territórios continuam, pois, por descolonizar.

Na questão de *Timor*, tem sido essa a posição das Nações Unidas desde a primeira Resolução aprovada pela Assembleia Geral, a Resolução 3485, de 1975: para a Organização, a ocupação pela Indonésia não lhe confere quaisquer direitos e o povo de Timor continua à espera de exercer o seu direito à autodeterminação. Cabe a Portugal, que para a ONU continua a ser o Estado administrante do território, assegurar o exercício desse direito. Mas compete à ONU criar as condições necessárias para que o povo de Timor possa ser consultado de modo isento e responsável.

IV. O direito à autodeterminação fica muito enfraquecido por o seu cumprimento não se encontrar garantido. No dia em que for reconhecido o acesso directo do indivíduo a tribunais internacionais

---

Damão e *Diu* nem esteve em discussão no processo; depois, quanto à soberania portuguesa especificamente *sobre os enclaves de Dadrá e Nagar-Aveli*, o Tribunal, por 11 votos contra 4, decidiu que, transcrevemos com itálicos nossos, "Portugal tinha em 1954 (*N. dos As.*: 1954 fora a data da ocupação daqueles enclaves pela União Indiana) direito de passagem entre os enclaves de Dadrá e de Nagar-Aveli e o território costeiro de Damão, e entre os próprios enclaves, sobre o território indiano que os separava, na medida necessária ao exercício da *soberania portuguesa sobre esses enclaves* e sob a regulamentação e o controlo da Índia, para as pessoas privadas, os funcionários civis e as mercadorias em geral" (pgs. 45-46). E mesmo quando, logo a seguir, por 8 votos contra 7, decidiu que "Portugal não tinha em 1954 esse *direito de passagem* nem para forças armadas, nem para a polícia armada, nem para armas e munições" (pg. 46), o Acórdão *não formulou qualquer reserva à afirmação, anteriormente produzida, da soberania portuguesa*. O princípio da soberania não era, pois, para o Tribunal posto em causa pela limitação do direito de passagem nos termos indicados. É claro que, dizemos nós, o facto de Portugal exercer soberania sobre esses territórios não significava que não devesse respeitar o direito dos seus povos à autodeterminação; mas este não foi exercido, antes foi violado, pela ocupação indiana.

para-universais (ao Tribunal Internacional de Justiça ou a uma espécie de Tribunal Internacional dos Direitos do Homem) pelo menos para fazer valer direitos e liberdades que estão consagrados por Direito Internacional imperativo (já nos debruçámos sobre isso atrás), ter-se-á também que definir em que condições indivíduos ou grupos, que fazem parte do povo privado daquele direito, poderão, por si, individualmente, ou pelo povo a que pertencem, obter a tutela jurisdicional desse direito.

Enquanto tal não acontecer deve-se entender que é ao Estado administrante que cabe lançar mão dos instrumentos de garantia daquele direito.

V. Especificamente quanto aos territórios sob tutela, restará apenas acrescentar que em Novembro de 1992 só restava um território sob esse regime: o Arquipélago de Palaos, situado na Micronésia, no Pacífico, e sob o mandato dos Estados Unidos desde 1944. Todos os demais já ascenderam à independência. Quando não houver territórios sob esse regime, o Capítulo XII da Carta cairá em desuso.

VI. Sem embargo de se considerar globalmente positiva a actuação das Nações Unidas em matéria de descolonização, há que reconhecer que o predomínio, mais uma vez, do critério político na sua acção, em detrimento do critério jurídico (tal como vimos acontecer na matéria da delimitação do domínio reservado dos Estados membros), distorceu e subverteu a pureza das intenções dos autores da Carta em matéria de autodeterminação dos povos, como *direito* reconhecido, *por igual, a todos os povos em situação colonial*, de escolherem *livremente o seu futuro, sem interferência de terceiros*, inclusive, da própria Organização. Não é preciso ir mais longe: se o leste europeu se autodeterminou e se libertou da dominação soviética isso ficou a dever-se exclusivamente a um movimento interno, que se iniciou com a *Perestroika* na União Soviética; as Nações Unidas nunca se preocuparam com essa situação (como também com a questão geral da violação dos Direitos Humanos nesses Estados), pelo simples facto de a dominação colonial (ou, se se preferir, neocolonial) praticada nesses Estados ter contado com a cobertura política da maioria vigente nos órgãos da Organização ([1]).

12. A reforma das Nações Unidas

Ao longo destes quase cinquenta anos de vida das Nações Unidas muitas vezes se falou, dentro e fora dela, da necessidade de reformar a Organização. Nunca, porém, se passou das intenções, já que a revisão da Carta exige o acordo de dois terços dos membros da Organização, inclusive de todos os membros permanentes do Conselho de Segurança, e era difícil haver emendas de fundo à Carta que obtivessem um tão largo consenso.

Mas, terminada a guerra fria, e quando parece haver da parte dos Estados membros vontade de emprestar à actividade da Organização maior eficácia, volta-se outra vez, e agora mais do que nunca, a falar da reforma da Organização, embora quanto ao seu conteúdo as opiniões divirjam ([2]).

A primeira alteração a introduzir na Carta parece-nos que deverá incidir sobre a *igualdade de voto na Assembleia Geral.* Essa

---

([1]) Sobre a matéria deste número, v., além das obras já citadas, de modo especial, NGUYEN QUOC, *op. cit.*, pgs. 457 e segs.; MONACO, *Lezioni, cit.*, pgs. 338 e segs.; M. VIRALLY, *Droit international et décolonisation devant les Nations Unies*, in *AFDI* 1961, pgs. 508 e segs.; D. THÜRER, *Self-Determination*, in *Encyclopedia*, t. 8, pgs. 471 e segs.; A. BLECKMANN, *Decolonization*, in *Encyclopedia*, t. 10, pgs. 74 e segs.; FAUSTO DE QUADROS, *Autodeterminação*, in *Pólis*, vol. I, cols. 478-481; ID., *Decolonization: Portuguese Territories,* in *Encyclopedia*, t. 10, pgs. 93 e segs.; J. BORGES DE MACEDO, *Descolonização*, in *Pólis*, vol. II, cols. 134-161; P. LAWRENCE, *East Timor*, in *Encyclopedia*, t. 12 (1990), pgs. 94 e segs.; W. RUDOLF, *Macau, ibidem*, pgs. 223 e segs.; bibl. seleccionada em todas essas obras; e SILVA CUNHA, *A anexação do Estado Português da Índia pela União Indiana face ao Direito Internacional,* in *Estudos de Direito,* ed. pelo Autor, t. I, polic. (Universidade Livre do Porto), 1986, pgs. 5 e segs.

([2]) Veja-se, por exemplo, CARRILLO SALCEDO, *La crisis constitucional de las Naciones Unidas,* Madrid, 1966; P. TAVERNIER, *Le processus de réforme des Nations Unies,* in *RGDIP* 1988, pgs. 305 e segs.; J. MÜLLER, *The Reform of the United Nations,* 2 vols., Nova Iorque, 1992; I. RAMONET, *Changer l'ONU*, in *Le Monde Diplomatique* de Outubro de 1992, pg. 1; J. RENNINGER, *The future role of the United Nations in an interdependent world,* Dordrecht, 1989; e FAUSTO DE QUADROS, Nota introdutória à *Carta das Nações Unidas, cit.*, pgs. 10 e segs.

igualdade foi fruto do princípio da igualdade soberana, consagrado no artigo 2.º, n.º 1, da Carta. Mas este princípio, que a Carta herdou do velho Pacto da SDN, fez a sua época, como corolário que era do princípio da soberania absoluta dos Estados. A própria Carta, contudo, não o respeitou quanto ao Conselho de Segurança. E actualmente, aceite que está o princípio da soberania divisível dos Estados no Direito Internacional, de que é prova o estatuto dos Estados membros nas modernas Organizações Internacionais, sobretudo supranacionais, o princípio da igualdade soberana perdeu sentido. Sobretudo, a igualdade de voto na Assembleia Geral quer dar a entender aquilo que a evidência desmente: que todos os Estados membros, do Arquipélago das Maldivas aos Estados Unidos, das Ilhas Marshall à Rússia, ou do Reino do Tonga à Alemanha, dão um igual contributo à preservação da paz e da segurança internacionais e, em geral, à prossecução dos fins da Organização.

Só que o estabelecimento de um qualquer sistema de voto ponderado na Assembleia Geral, como acontece no Conselho de Segurança e mostrámos ser praticado em muitas Organizações Internacionais, encontrará a oposição dos Estados afro-asiáticos, que através dessa alteração poderão ver em perigo, se não perder, a maioria que hoje detêm naquele órgão e da qual se têm manifestado muito ciosos. Por isso, será praticamente impossível introduzir-se por ora esta emenda na Carta.

Mais fáceis de levar a cabo nos parecem ser as reformas de que carece o *Conselho de Segurança.*

Antes de mais, na sua *composição.*

A Alemanha e o Japão não fazem segredo de que ambicionam ser membros permanentes do Conselho de Segurança. Os artigos 53.º e 107.º da Carta ainda tratam os dois como Estados "inimigos", mas, ao fazê-lo, retratam uma fase da História que está há muito encerrada. Hoje, tanto a Alemanha como o Japão desejam legitimamente ocupar na Comunidade Internacional um lugar compatível com o seu actual peso político e económico ([1]). Parece, pois, natural que

---

([1]) A prová-lo está o facto de o Japão ter procedido há pouco às modificações constitucionais que lhe permitem participar nas operações de manutenção de paz da ONU, e de a Alemanha se preparar para fazer o mesmo, de modo a poder enviar as suas Forças Armadas para fora do espaço da OTAN.

aos dois seja concedido o estatuto de *membros permanentes* no Conselho. Dos outros candidatos ao mesmo estatuto (entre outros, o Canadá, o Brasil, a Índia, o México, a Nigéria), o mais forte é, sem dúvida, o Canadá, e por razões similares às que utilizámos quanto à Alemanha e ao Japão.

Outra hipótese que mereceria consideração seria a de as Comunidades Europeias ocuparem um lugar de membro permanente no Conselho, independentemente de dois dos seus membros, o Reino Unido e a França, já terem esse estatuto. Esta inovação na composição do Conselho retrataria o enorme peso das Comunidades na Política Internacional contemporânea e o elevado contributo que elas dão para a manutenção da paz e da segurança internacionais. A representação das Comunidades no Conselho de Segurança ficaria a cargo do Estado a quem coubesse, em cada semestre, a Presidência do Conselho, nos termos do artigo 146.º CEE, par. 2 (ou, a Presidência da União Europeia, quando entrar em vigor o artigo J.5, n.º 1, do Tratado da União Europeia).

A segunda alteração que entendemos dever ser introduzida no Conselho de Segurança refere-se ao *direito de veto*. A sua atribuição em 1945 teve sentido, no quadro do rescaldo da Guerra e à beira do início da guerra fria. Mas, como há pouco observava o actual Secretário-Geral BOUTROS-GHALI, "desde a criação das Nações Unidas, em 1945, eclodiram no Mundo mais de uma centena de grandes conflitos, que provocaram a morte de cerca de vinte milhões de seres humanos.

"As Nações Unidas tiveram que assistir impotentes a muitas dessas crises, devido aos repetidos vetos no Conselho de Segurança – *estes chegaram a atingir o número de 279*.

"Com o fim da guerra fria, não voltaram a registar-se vetos desse tipo desde 31 de Maio de 1990, mas multiplicaram-se as exigências feitas às Nações Unidas" ([1]).

Obviamente que se deve manter a *ponderação dos Estados na atribuição dos votos* no Conselho; mas o sistema utilizado para o efeito não deverá consistir na atribuição de um direito de veto, mas

---

([1]) *Agenda para a paz, cit.*, pg. 7. O itálico é nosso.

sim na concessão de um *número diferente de votos* aos Estados, que atenda tanto à dimensão territorial de cada Estado, como à sua população, como ao seu grau de desenvolvimento económico. O sistema de ponderação seria, portanto, análogo (ainda que não igual) ao do consagrado no artigo 148.º, n.º 2, do Tratado de Roma para o Conselho, quando este delibera por maioria qualificada ([1]).

A última reforma que temos a propor em relação ao Conselho de Segurança respeita à criação de uma *força de intervenção rápida* ao seu serviço. Ainda não estão criadas as condições para que as Nações Unidas tenham Forças Armadas próprias, desde logo por razões de índole financeira. Mas não deverá ser difícil manter, sob as ordens do Conselho de Segurança, um pequeno contingente, altamente operacional, e que esteja em condições de levar a cabo, em poucas horas, e em qualquer parte do Mundo, uma intervenção que o Conselho de Segurança decida, ou ao abrigo da competência que lhe confere a Carta, ou no cumprimento do *dever de ingerência para fins de assistência humanitária*, como, por exemplo, para a protecção de minorias étnicas ou culturais.

No que diz respeito ao *órgão judicial* das Nações Unidas, o Tribunal Internacional de Justiça (ao qual a elaboração do Direito Internacional tanto deve), já seria muito bom que a sua jurisdição passasse a ser obrigatória, ao menos quando estivesse em causa a violação de Direito Internacional imperativo, e que, pelo menos nesse caso, fosse concedido acesso a ele ao indivíduo, ainda que sob a condição de prévia exaustão dos meios internos.

Um outro domínio onde a Organização precisa de ser reformada diz respeito à *garantia dos Direitos do Homem*. Sem embargo de reconhecermos que isso obrigará a uma revisão profunda dos próprios postulados jurídico-políticos sobre os quais há quase cinquenta anos foi criada a Organização, os Direitos do Homem só obterão uma verdadeira protecção *jurídica* no quadro da Organização

---

([1]) Note-se que a proposta ponderação na atribuição dos votos poderia ser completada por uma *dupla ponderação na votação*, também do tipo da prevista no mesmo artigo 148.º, n.º 2, CEE, nos seus dois parágrafos. Mas essa questão não nos interessa aqui.

se se conceder acesso ao indivíduo a um verdadeiro *tribunal internacional*, de jurisdição obrigatória, que pode ser o Tribunal de Haia, já existente, depois de revisto, ou um Tribunal Internacional dos Direitos do Homem. Esse acesso directo impõe-se pelo menos, e para começar, para o indivíduo fazer valer direitos e liberdades que são reconhecidos por normas *imperativas* de Direito Internacional (*ius cogens*). Sem isso é a eficácia de todo o sistema internacional de protecção dos Direitos do Homem no quadro das Nações Unidas que fica posto em causa.

Por outro lado, a ONU não pode, é certo, distrair-se quanto às suas preocupações em matéria de manutenção da paz e da segurança internacionais. Terminou a guerra fria, pela simples razão de que desapareceu a ex-União Soviética, mas isso não significa que o Mundo viva em Paz – basta olhar para os graves focos de tensão que vão perdurando no leste europeu e no Médio Oriente. De qualquer modo, o simples desanuviamento à escala internacional permite às Nações Unidas, finalmente, dedicar maior atenção à promoção do *desenvolvimento económico, social e cultural* dos povos, sobretudo do Terceiro Mundo, como aliás lhe é imposto pela 1.ª parte do artigo 1.º da Carta.

Mas, como oportunamente se demonstrou, toda a actuação das Nações Unidas tem sido condicionada até hoje pela *escassez de meios financeiros* ao seu dispor, em consequência do facto de muitos dos Estados membros, a começar pelos Estados Unidos e pela Rússia, não cumprirem as suas obrigações financeiras para com a Organização. Não faz sentido que uma razão tão mesquinha continue a pôr em causa o funcionamento do sistema das Nações Unidas de preservação da paz e da segurança internacionais à escala do globo. A Organização tem-se até hoje recusado a lançar mão da expulsão dos Estados relapsos (o que poderia fazer ao abrigo do art. 6.º da Carta), levando em conta a importância de alguns Estados nessas condições. Mas não se crê que ela consiga resolver o problema de base sem, pelo menos, suspender a participação dos Estados em falta nos órgãos da Organização, ainda que sem formalmente os expulsar dela, como mostrámos atrás ter sido feito, por outras razões, à África do Sul em 1974 e à Jugoslávia no Verão de 1992.

Embora se saiba que os Estados Unidos e a Rússia não são a Jugoslávia e a África do Sul.

A última modificação na Organização que queremos defender não obriga a mexer na Carta mas na *filosofia* da Organização e no *estilo da sua actuação*. Terminada a guerra fria estão criadas todas as condições para que as Nações Unidas inspirem finalmente confiança à Humanidade de que são capazes de garantir no dia-a-dia a paz e a segurança internacionais. Para tanto é necessário, e antes de tudo, que ela, na sua acção, acolha o *primado do Direito* em vez de se reger apenas pela Política. Por outras palavras, é indispensável que ela conceba permanentemente o quotidiano da Comunidade Internacional segundo padrões predominantemente *jurídicos* – que colocam todos os Estados em pé de igualdade perante as obrigações que lhes impõe o Direito Internacional – e não exclusivamente de harmonia com padrões *políticos* – que, ao contrário, servem para agredir a minoria e para deixar impune a maioria. A actuação da Organização na *crise do Golfo* foi um paradigma da supremacia do Direito sobre a Força; todavia, a posterior impotência da Organização perante o genocídio na *Bósnia-Herzegovina* veio, outra vez, contrariar essa expectativa. O tempo dirá qual das duas situações servirá de modelo à actuação futura da Organização e, portanto, se o Direito Internacional poderá finalmente contar, ou não, com a Organização ([1]).

([1]) Cfr. P.-M. DUPUY, *Après la guerre du Golfe* ..., in *RGDIP* 1991, pgs. 621 e segs.

SECÇÃO II

A ORGANIZAÇÃO INTERNACIONAL DO TRABALHO

1. A origem da OIT

A preocupação da Comunidade Internacional pela protecção jurídica dos trabalhadores nasce no século XIX, pois as condições de trabalho e de higiene nas fábricas, em muitos Estados, eram deploráveis. Compreendeu-se então que uma protecção eficaz só se conseguiria atingir no âmbito de uma regulamentação internacional.

A génese da OIT pode encontrar-se na Conferência Internacional do Trabalho, que se reuniu em 1890, em Berlim, e posteriormente em 1906, em Berna.

Todavia, foi após a 1.ª Grande Guerra que se acolheu, na Conferência de Paz, a ideia de criar uma Comissão de Legislação Internacional do Trabalho, que tinha por missão estudar a protecção do trabalho e elaborar um projecto de Organização que funcionasse no seio da Sociedade das Nações.

Esse projecto foi aprovado pela Conferência de Paz de 11 de Abril de 1919, onde se fixou o texto da *Constituição da OIT*, que constava da Parte XIII do Tratado de Versalhes. Nascia assim a OIT. A qualidade de membro da SDN não era, contudo, requisito para se ser membro da OIT.

Apesar do fracasso da SDN, a OIT manteve o seu estatuto inicial, embora com algumas alterações.

Em Maio de 1944 é aprovada na Conferência de Filadélfia uma Declaração Solene, na qual se definem os objectivos da Organização e se inicia, assim, uma nova fase na afirmação dos princípios da justiça social.

Em Outubro de 1946 a Conferência Geral aprovou por unanimidade o Acordo com as Nações Unidas que, baseando-se no disposto no artigo 63.º da Carta, concede à OIT o estatuto de agência especializada da ONU.

A Constituição da OIT é ainda basicamente a que foi aprovada em 1919, embora tenha sofrido emendas em 1953, 1962 e 1972.

2. Os membros da OIT

Os membros da OIT podem dividir-se em duas categorias no que toca à sua admissão:

a) membros de pleno direito – membros que em 1 de Novembro de 1945 já pertenciam à OIT; e

b) novos membros – pode adquirir-se a qualidade de novo membro por dois processos distintos:

- os Estados membros das Nações Unidas, através duma declaração formal de aceitação das obrigações que constam da Constituição da OIT, podem conceder-se o estatuto de membros. Esta declaração formal é dirigida ao Director--Geral;
- os Estados que não são membros da ONU podem ser admitidos como membros da Organização se obtiverem o voto favorável de 2/3 dos delegados, incluindo o voto de 2/3 dos delegados dos Governos presentes e votantes.

Um Estado pode retirar-se da Organização desde que denuncie a Constituição com um pré-aviso de dois anos. Em Novembro de 1977 os Estados Unidos fizeram uso desta faculdade que a Constituição da OIT lhes conferia. É de salientar que o Estado que denuncia não fica dispensado de cumprir as convenções que ratificou. Esta é uma das especificidades da Organização.

A OIT conta hoje com cerca de 150 membros, entre os quais a Rússia, a França, o Reino Unido, a República Popular da China e os Estados Unidos (que reentraram em 1980).

Portugal é membro fundador da OIT, pois o Tratado de Versalhes foi aprovado para ratificação em Abril de 1920 ([1]) e o instrumento de ratificação foi depositado em Paris em 8 de Abril de 1920, data em que o Tratado entrou em vigor em Portugal ([2]).

([1]) A Lei n.º 962 aprovou para ratificação o Tratado de Versalhes (*Diário do Governo*, 1.ª série, suplemento de 2 de Abril de 1920).

([2]) *Diário do Governo*, 1.ª série, de 12 de Abril de 1920.

3. Princípios gerais e objectivos da OIT

A OIT tem por objectivo a instauração da justiça social no mundo do trabalho, na qual muitos têm visto a base mais sólida sobre a qual pode ser construída a paz mundial. É, como se disse atrás, uma agência especializada da ONU, já que a Carta impõe a prossecução daquele objectivo nos artigos 1.º, n.º 3, e 55.º, al. *a*).

Os princípios fundamentais da Organização extraem-se da *Declaração de Filadélfia*. São eles:

a) o trabalho não é uma mercadoria;

b) a liberdade de expressão e de associação constitui uma condição indispensável para o progresso;

c) a pobreza é um perigo para o progresso social;

d) a luta contra as necessidades individuais e colectivas da população deve ser levada a cabo tanto a nível nacional como internacional, tendo em vista a promoção do Bem Comum;

e) todos os seres humanos, qualquer que seja a sua raça, religião ou sexo, têm direito ao progresso material e ao desenvolvimento espiritual na liberdade e na dignidade, com segurança económica e igualdade de oportunidades [1].

A OIT prossegue os seguintes fins:

a) o pleno emprego e a melhoria do nível de vida dos trabalhadores;

b) o emprego dos trabalhadores em ocupações em que possam encontrar a sua plena realização e, assim, contribuir para o Bem Comum;

c) o fomento da formação profissional;

d) o incremento da possibilidade de os trabalhadores participarem de forma equitativa nos frutos do progresso em matéria de salários, assegurando um salário mínimo vital;

e) a negociação livre e efectiva de contratos colectivos de trabalho;

---

[1] Al. *a*) da Parte II da Declaração de Filadélfia.

f) a segurança social;
g) a protecção da vida e da saúde dos trabalhadores, em todas as suas ocupações;
h) a protecção da infância e da maternidade;
i) um nível adequado de alimentação, de vida e de cultura;
j) a garantia de uma igualdade de oportunidades nos campos profissional e educativo ([1]).

Do exposto resulta que a OIT tem uma missão importantíssima a cumprir em matéria de dignificação do trabalho e de protecção dos trabalhadores e das suas famílias. Para tanto dispõe fundamentalmente de dois instrumentos jurídicos: as *convenções* e as *recomendações*, aprovadas pela Assembleia Geral por maioria de 2/3. As primeiras são obrigatórias após a sua ratificação pelos Estados. As segundas são meramente indicativas ([2]).

4. **Os órgãos da OIT**

Os órgãos principais da OIT são os seguintes:

a) a *Assembleia Geral* ou *Conferência Geral do Trabalho*. É composta por representantes dos Estados membros, em número de quatro por cada Estado, dos quais dois serão delegados dos respectivos Governos, um do patronato e um dos trabalhadores. Os dois últimos são escolhidos pelos respectivos Governos de acordo com as organizações representativas do patronato e dos trabalhadores. Os delegados votam individualmente, independentemente da representação que lhes está confiada;

b) o *Conselho de Administração*. Compõem-no cinquenta e seis pessoas, divididas por vinte e oito representantes dos Governos, catorze do patronato e catorze dos trabalhadores. Dos repre-

---
([1]) Parte III da Declaração de Filadélfia.
([2]) Para mais desenvolvimentos ver, por todos, M. DIEZ DE VELASCO, *op. cit.*, t. II, pgs. 207 e segs.

sentantes dos Governos, dez são designados pelos Estados membros "de importância industrial mais considerável" e dezoito são escolhidos pelos delegados dos Governos na Conferência Geral, com excepção dos delegados dos dez Governos eleitos no grupo anterior. Os restantes membros do Conselho são eleitos à razão de catorze pelos delegados dos patrões e catorze pelos delegados dos trabalhadores na Conferência Geral;

c) o *Serviço Internacional de Trabalho*, conhecido por *Bureau Internacional de Trabalho (BIT)*. Cabem-lhe as funções de Secretariado da Organização ([1]).

SECÇÃO III

O ACORDO GERAL SOBRE PAUTAS ADUANEIRAS E COMÉRCIO

1. **A génese do GATT**

Antes da 1.ª Guerra Mundial assistia-se no Mundo a um considerável volume de trocas comerciais, que eram facilitadas pela estabilidade monetária e pela liberdade de circulação de pessoas e de capitais.

O primeiro conflito mundial veio ensombrar este panorama, pois a guerra deixou de ser propícia ao desenvolvimento do comércio. Finda a Guerra, surgem as primeiras tentativas para restabelecer a situação pré-existente. Foram elas, entre outras, a Conferência

---

([1]) Para mais pormenores, v. ALCOCK, *History of the International Labour Organisation*, Londres, 1971; VALTICOS, *Un système de contrôle international: la mise en oeuvre des conventions internationales du travail*, in *RdC*, 1968-I, pgs. 311-407; ID., *L'évolution des systèmes de contrôle de l'Organisation Internationale du Travail*, in *Studi Roberto Ago*, t. II, Milão, 1987, pgs. 505 e segs.; DIEZ DE VELASCO, *op. cit.*, t. II, pgs. 209 e segs.; SAMSON, *International Labour Organisation*, in *Encyclopedia*, t. 5, pgs. 87 e segs.; COLLIARD, *op. cit.*, pgs. 664 e segs.; e MARGARIDA SALEMA/A. OLIVEIRA MARTINS, *op. cit.*, t. I, pgs. 193 e segs.

Financeira, de Bruxelas, em 1920, a Conferência Económica, de Genebra, de 1927, a Conferência Monetária e Económica Internacional, de Londres, em 1933. Os resultados desses esforços foram, contudo, quase nulos ([1]).

Com a 2.ª Guerra Mundial desaparece de novo o terreno propício ao comércio internacional. Mas, ainda assim, em plena guerra, a já citada Carta do Atlântico, de 14 de Agosto de 1941, ao prever os traços essenciais do Mundo na era do após-guerra, declara que é necessário abrir a todos os Estados do Globo, grandes ou pequenos, vencedores ou vencidos, o acesso às matérias-primas e às transacções comerciais que são necessárias à prosperidade económica.

Finda a Guerra, o Governo norte-americano propõe a vários Governos, incluindo o Governo britânico, a convocação de uma conferência internacional. Esta iniciativa foi apoiada pela Organização das Nações Unidas e, por isso, o Conselho Económico e Social aprovou em 1946 uma resolução decidindo a criação de um grupo de trabalho preparatório da conferência.

Assim, em Outubro de 1946 reúne-se em Londres a primeira Conferência Internacional, na qual participaram apenas dezoito Estados, com exclusão da URSS, que declinou o convite para nela participar. Esta primeira Conferência prepara um anteprojecto que veio a ser aprovado numa segunda Conferência, que se reuniu em Genebra, em Agosto de 1947.

Poucos meses depois, ou seja, em 21 de Novembro de 1947, reúne-se em Havana uma terceira Conferência, na qual participaram já cinquenta e seis Estados. Essa Conferência aprova a *Carta de Havana*, que vem a ser assinada por cinquenta e três dos Estados participantes. Foram apenas três os Estados que se recusaram a assinar a Carta de Havana: a Argentina, a Polónia e a Turquia. Convém frisar também que essa terceira Conferência não contou com a participação da URSS, além da Alemanha, do Japão (ambos vencidos na Guerra) e da Espanha.

A Carta de Havana nunca entrou em vigor, pois apenas dois Estados signatários depositaram os seus instrumentos de ratificação.

([1]) Para mais desenvolvimentos, COLLIARD, *op. cit.*, pgs. 715 e segs.

A Carta de Havana era composta por 106 artigos, que tinham a ver fundamentalmente com dois temas: o comércio mundial e os princípios que o deveriam reger, por um lado, e as questões institucionais, por outro, prevendo-se a criação de uma *Organização Internacional do Comércio*.

Foi ao fracasso da Carta de Havana que se ficou a dever a perduração do GATT.

De facto, na Conferência de Genebra, de Agosto de 1947, para além do problema do comércio mundial, examinara-se também a questão das pautas aduaneiras e da sua redução através de um acordo entre os Estados. Esta questão viria a ser retomada em Outubro de 1947, numa outra Conferência em Genebra, na qual participou um número muito menor de Estados (não ultrapassaram os 23) do que aquele que participaria no mês seguinte em Havana. Dessa Conferência resultou a assinatura do *Acordo Geral sobre Pautas Aduaneiras e Comércio*, denominado vulgarmente por *GATT*, segundo a sigla inglesa *General Agreement on Tariffs and Trade*. Este Acordo entrou em vigor em 1 de Janeiro de 1948.

Na sua génese, o Acordo nasce como provisório ou temporário, destinando-se a permitir negociações bilaterais entre os Estados signatários com vista à eliminação das preferências comerciais e à liberalização progressiva das trocas comerciais. Por isso, o GATT é considerado uma Organização com finalidades especiais.

2. Os membros do GATT

A par dos membros originários que, como já se disse, eram vinte e três, são também membros do GATT os Estados que posteriormente aderiram ao Acordo com observância do disposto no artigo XXIII. Ou seja, a adesão encontra-se subordinada a uma negociação de pautas aduaneiras entre o futuro Estado membro e as partes no Acordo, que aprovam a admissão do novo membro por maioria de 2/3.

Actualmente fazem parte do GATT 108 Estados, que representam mais de 85% do comércio mundial.

São membros do GATT todos os Estados ocidentais, incluindo a própria Suíça, e alguns Estados socialistas: Checoslováquia, Hungria, Roménia, Polónia, Jugoslávia e Cuba. Merece referência especial o facto de também os territórios de Macau e Hong Kong serem membros desta Organização.

Portugal aderiu ao GATT em 1962, no decurso da Conferência Pautal de 1960-62, tendo sido assinado em Genebra o Protocolo de Adesão entre Portugal e as Partes Contratantes, em 6 de Abril.

São ainda membros *de facto* do GATT, pois participam nas suas actividades, muitos Estados hoje independentes, que há pouco eram territórios coloniais, por exemplo, Angola, Moçambique, Guiné-Bissau, Cabo Verde, etc. ([1]).

3. Princípios gerais e objectivos do GATT

O Acordo é composto por quatro partes.

Na 1.ª parte, as Partes Contratantes comprometem-se a conceder mutuamente o tratamento de Nação mais favorecida e a estabelecer uma lista de concessões a favor do comércio com outras Partes Contratantes (arts. I e II).

A 2.ª parte pode dizer-se que contém um verdadeiro *código de boa conduta comercial* (arts. III a XXIII).

Na 3.ª parte estabelecem-se as normas sobre a aplicação do Acordo, por exemplo, a nível territorial, e sobre o funcionamento do sistema (arts. XXIV a XXXV).

A 4.ª parte, introduzida em 1965, tem por título "Comércio e desenvolvimento" e permite às Partes Contratantes em vias de desenvolvimento desfrutar de um estatuto que as dispensa da aplicação de certos princípios.

Os princípios gerais que norteiam o GATT são os seguintes:

a) princípio da liberdade de comércio;

([1]) Ver a lista exaustiva em COLLIARD, *op. cit.*, pg. 728, nota 1.

b) princípio da não discriminação ou da igualdade de tratamento entre as Partes Contratantes, que tem como corolários:
— a concessão do tratamento de Nação mais favorecida (art. I);
— a cláusula do tratamento nacional em matéria de tributação e regulamentação nacional (art. III, n.º 2);
— a eliminação das restrições quantitativas (art. XI).

Estes princípios sofrem várias derrogações, que se consubstanciam no respeito pelas preferências aduaneiras anteriores ao Acordo, na participação de certos Estados em zonas de comércio livre ou uniões aduaneiras, isto é, em Organizações regionais (art. XXIV) e ainda as derivadas do Sistema de Preferências Generalizadas (SPG), aprovado em 1971 para os países em vias de desenvolvimento.

4. Os órgãos do GATT

Originariamente o Acordo não dispunha de uma estrutura orgânica, uma vez que à data da sua criação pensava-se na criação, logo na Conferência de Havana, da Organização Internacional do Comércio, atrás referida. Contudo, como esta nunca chegou a ver a luz do dia, pelas razões explicadas, sentiu-se a necessidade de criar todo um sistema de órgãos. E assim surgiram, em 1960, o *Conselho de Representantes*, e, em 1965, o *Director-Geral* e o *Secretariado*.

Todavia, são as *reuniões periódicas* das Partes Contratantes, já previstas no Acordo (art. XXV), que exercem a competência principal e funcionam como verdadeiros órgãos de competência geral da Organização Internacional que é o GATT.

5. A actividade do GATT

Até hoje, todas as grandes decisões em matéria de liberalização do comércio mundial foram tomadas nessas reuniões internacionais. Veja-se, a título de exemplo, a importantíssima decisão do *Kennedy*

Round (1963-1967) de, pela primeira vez, aplicar processos multilaterais de negociação e técnicas de redução linear dos direitos aduaneiros, com o consequente abandono dos processos bilaterais até então utilizados.

No *Tokyo Round*, de 1973, continua-se a redução dos direitos aduaneiros através de negociações multilaterais e afirma-se novamente, pois já no *Kennedy Round* isso se antevia, a necessidade de reduzir ou eliminar obstáculos não pautais. Foi, contudo, necessário esperar alguns anos para que se pudessem concluir acordos multilaterais respeitantes à redução ou eliminação de obstáculos não pautais. É do *Tokyo Round*, de 1979, que saem o *Código sobre as Subvenções e direitos compensatórios*, o *Código do Valor Aduaneiro*, o *Código sobre os mercados públicos*, o *Código sobre os procedimentos em matéria de importações*, o *Código sobre os obstáculos técnicos ao comércio*, etc.

Em Dezembro de 1992 ainda não tinham terminado as negociações do *Uruguay Round*, que se iniciaram em 1986 e se previa que se concluíssem em 1990. As áreas prioritárias sobre as quais têm incidido as negociações têm sido a agricultura, os serviços, os direitos de propriedade intelectual, normas sobre investimento e os processos de regulamentação de conflitos no GATT. Essas negociações atrasaram-se devido fundamentalmente à desinteligência entre os Estados Unidos e as Comunidades Europeias sobre o regime de protecção às exportações entre si, sobretudo de produtos agrícolas (nesta última parte já se chegou a acordo em Novembro de 1992), e à revisão pedida pelos Estados membros do leste europeu dos instrumentos da sua participação no sistema do comércio mundial após a liberalização das suas estruturas económicas e a sua adesão às regras da Economia de Mercado ([1]).

---

[1] Sobre o GATT, v. FLORY, *Le GATT, droit international et commerce mondial*, Paris, 1968; K. DAM, *The GATT, Law and International Economic Organization*, Chicago, 1970; FAUSTO DE QUADROS, *Relações Económicas Internacionais*, lições ao 4.º ano do Curso de Finanças do antigo Instituto Superior de Economia (hoje Instituto Superior de Economia e Gestão), Lisboa, 1972-73, ed. da

SECÇÃO IV

O GRUPO DA BANCA MUNDIAL

SUBSECÇÃO I

O BANCO MUNDIAL

1. O nascimento do BIRD

O Banco Mundial, mais rigorosamente, o *Banco Internacional para a Reconstrução e o Desenvolvimento*, conhecido mais pela sua sigla BIRD, foi criado, tal como o Fundo Monetário Internacional (FMI), que estudaremos a seguir, pela *Conferência Monetária e Financeira das Nações Unidas*, que, por iniciativa dos Estados Unidos, reuniu quarenta e quatro Estados em *Bretton Woods*, em 1944. Já um ano antes se tinha realizado uma reunião de peritos com o objectivo de preparar os Estatutos do Banco e do FMI.

O Estatuto do BIRD foi assinado em 27 de Dezembro de 1945 por 27 Estados e o Banco iniciou as suas actividades em 27 de Maio de 1946.

Em Setembro de 1947, o Conselho de Governadores, um dos órgãos do BIRD, aprovou um acordo celebrado entre as Nações Unidas e o Banco pelo qual este se transformou em agência especializada da ONU. Este acordo entrou em vigor em Dezembro do mesmo ano, depois de aprovado também pela Assembleia Geral das Nações Unidas. A sede do Banco foi fixada em Washington.

Associação de Estudantes, pgs. 63 e segs.; JAENICKE, *GATT*, in *Encyclopedia*, t. 5, pgs. 20 e segs.; DIEZ DE VELASCO, *op. cit.*, pgs. 260 e segs.; COLLIARD, *op. cit.*, pgs. 759 e segs.; e D. CARREAU/T. FLORY/P. JUILLARD, *Droit International Économique*, 3.ª ed., Paris, 1990, pgs. 93 e segs. Especificamente quanto ao problema das relações entre o GATT e as Comunidades Europeias, veja-se o estudo editado por M. HILF/ /E.-U. PETERSMANN, *GATT und Europäische Gemeinschaft*, Baden-Baden, 1986.

2. Os membros do BIRD

A qualidade de membro do BIRD está intimamente ligada à de membro do FMI, pois só podem ser membros do Banco os Estados que sejam membros do FMI (art. II, Secção 1.ª do Estatuto).

Por outro lado, a saída do FMI acarreta a saída do BIRD, a menos que este delibere em sentido contrário, deliberação que tem de ser aprovada por maioria de 3/4 (art. 6.º, Secção 3.ª). Hoje em dia não há total coincidência de membros nas duas Organizações.

São actualmente membros do BIRD todos os Estados do Mundo Ocidental, com excepção da Suíça. Também são seus membros uma boa parte dos países do Terceiro Mundo. Alguns Estados socialistas são membros do BIRD, como a Roménia, a Jugoslávia, a Hungria e a Checoslováquia. Portugal é membro do BIRD desde 1961 ([1]).

3. Objectivos do BIRD e suas realizações

Segundo o artigo 1.º do Estatuto, o BIRD tem como objectivos:

a) ajudar à reconstrução e ao desenvolvimento dos territórios dos Estados membros, facilitando os investimentos de capitais para fins produtivos;

b) fomentar os investimentos privados de capitais estrangeiros, mediante garantias, ou participações nos empréstimos, ou outros investimentos realizados por fornecedores de capitais privados. Se os capitais privados não puderem ser obtidos a juros razoáveis o BIRD pode fornecer meios provenientes do seu próprio capital ou de outros recursos seus;

c) promover um crescimento equilibrado do comércio mundial a longo prazo e a manutenção do equilíbrio das balanças de paga-

---

([1]) O Acordo relativo à Adesão ao BIRD foi aprovado por Portugal pelo Decreto-Lei n.º 43 337 (*Diário do Governo* de 21 de Novembro de 1960), tendo o respectivo instrumento sido depositado em Washington em 29 de Março de 1961.

mentos dos Estados membros, ao mesmo tempo que se deve fomentar os investimentos internacionais com vista ao desenvolvimento dos recursos produtivos dos Estados membros, e assim auxiliar o aumento de produção, a elevação do nível de vida e a melhoria das condições de trabalho no seu território;

d) coordenar os empréstimos por si concedidos ou garantidos com outros empréstimos internacionais de outras origens, dando prioridade aos projecos mais úteis, mais urgentes ou mais importantes;

e) facilitar nos primeiros anos posteriores à 2.ª Guerra Mundial a transição da economia de guerra para a economia de paz — objectivo este já plenamente realizado.

Os empréstimos concedidos pelo BIRD obedecem à filosofia bancária, pois são sujeitos a reembolso num prazo não muito dilatado (20 anos) e a uma taxa de juro mais ou menos elevada (8,7% desde Dezembro de 1976).

Os empréstimos só podem ser concedidos aos Estados membros ou às empresas neles estabelecidas, com prévio consentimento do Estado interessado, quer intervenha na qualidade de beneficiário do empréstimo, quer intervenha como garante do mesmo, se for concedido a uma empresa estabelecida no seu território. Além disso, o Banco só concede empréstimos se considerar que os beneficiários dos mesmos não conseguiram obter outro financiamento em condições razoáveis.

Os empréstimos que, durante muito tempo, foram canalizados para projectos industriais e outras realizações de grande envergadura técnica ou económica, estão hoje a ser orientados também para as chamadas "necessidades essenciais" das populações rurais pobres, incluindo a ajuda à realização de projectos relativos à saúde primária. Assim sendo, associada à assistência financeira aparece a assistência técnica a Estados membros necessitados (Terceiro Mundo), nomeadamente, através do envio de especialistas para o estudo da situação económica e financeira dos Estados que a solicitam e a formação de pessoal qualificado nos sectores bancário, da moeda, do crédito e do desenvolvimento económico.

4. A estrutura orgânica do BIRD

São órgãos do BIRD:

a) o *Conselho de Governadores*, composto por individualidades designadas pelos Estados membros, à razão de um por Estado. É o principal órgão de decisão do BIRD;

b) o *Conselho de Administração*, com vinte e um Administradores, dos quais cinco são designados pelos cinco Estados membros que sejam os maiores accionistas (Estados Unidos, Alemanha, Reino Unido, França e Japão) e os outros quinze eleitos pelos Governadores dos outros Estados membros. Actuam por delegação do Conselho de Governadores e, nessa condição, têm competência muito vasta;

c) o *Presidente*, que é uma figura próxima do Secretário-Geral das outras Organizações Internacionais. É eleito pelo Conselho de Administração;

d) o *Tribunal Administrativo*, cujo Estatuto entrou em vigor em 1 de Julho de 1980, e que é composto por sete cidadãos dos Estados membros, de nacionalidades diferentes, eleitos pelos Governadores do Banco na base de uma lista de candidatos apresentada pelo Presidente. Como já se disse atrás, tem competência contenciosa quanto ao estatuto dos agentes internacionais ao serviço do Banco.

SUBSECÇÃO II

A SOCIEDADE FINANCEIRA INTERNACIONAL

1. A origem da SFI

A ideia de criar esta Organização Internacional veio dos Estados Unidos. Depois, as Nações Unidas serviram-se dela e encarregaram o BIRD da elaboração do seu Estatuto. Este entrou em vigor em 24 de Julho de 1956, depois de devidamente aprovado por trinta Estados, que representavam 75% do seu capital social.

Embora seja subsidiária em relação ao BIRD (por isso, às vezes chamada impropriamente sua "filial"), a SFI é uma Organização Internacional autónoma, com personalidade jurídica própria, que se concretiza em recursos e objectivos próprios.

Por Acordo concluído em 20 de Fevereiro de 1957 com as Nações Unidas, converteu-se numa agência especializada da ONU. Tem sede em Washington.

2. Os membros da SFI

Tratando-se duma Organização subsidiária do BIRD, só podem ser seus membros os Estados que pertençam ao BIRD e que manifestem a vontade de aderir à SFI.

Portugal é membro da SFI ([1]).

3. As funções da SFI

As funções da SFI são complementares das do BIRD e, segundo o artigo 1.º do seu Estatuto, ela tem por fim "promover o desenvolvimento económico, estimulando a expansão das empresas privadas produtivas nos Estados membros, particularmente nas regiões menos desenvolvidas".

A SIF pode conceder empréstimos a empresas privadas estabelecidas em países em vias de desenvolvimento, sem garantia do Estado e a título supletivo, ou seja, em caso de inexistência ou insuficiência de capitais privados obtidos em condições razoáveis e desde que o Estado em cujo território a empresa está estabelecida não coloque objecções.

A SIF goza de grande liberdade no tocante à concessão de empréstimos, bem como à fixação das suas condições.

([1]) O Decreto-Lei n.º 46 976 (*Diário do Governo* de 27 de Abril de 1966) aprovou para adesão o Acordo relativo à SFI.

A concessão de empréstimos por parte da SFI encontra-se limitada pela noção de *rentabilidade financeira*, noção mais restrita do que a de *utilidade económica*, que caracteriza o BIRD.

A SIF pode adquirir directamente participações nas empresas privadas, designadamente, mediante a concessão de empréstimos a longo prazo, bem como garantir a emissão de acções de sociedades em vias de criação ou de expansão e participar como accionista nos bancos locais e regionais de desenvolvimento.

4. A estrutura orgânica da SFI

É idêntica à do BIRD, com a única excepção de que a SFI não tem um Tribunal Administrativo privativo, funcionando como tal o Tribunal Administrativo do BIRD.

SUBSECÇÃO III

A ASSOCIAÇÃO INTERNACIONAL DE DESENVOLVIMENTO

1. A génese da AID

A Associação Internacional de Desenvolvimento é, tal como a SIF, de inspiração norte-americana. A ideia da sua criação foi alvitrada em 30 de Setembro de 1959, numa reunião do Conselho de Governadores do BIRD. Os seus Estatutos foram aprovados alguns meses depois, em 26 de Janeiro de 1960, e a AID entrou em vigor em 24 de Setembro de 1960 desse ano.

A partir de 27 de Março de 1961 passou a ser uma agência especializada da ONU.

A AID tem sede em Washington e é, tal como a SFI, uma Organização subsidiária do BIRD.

2. Os membros da AID

Só podem aderir à AID os Estados membros do BIRD.

No seio da AID os Estados encontram-se divididos em duas categorias: a primeira agrupa os 22 Estados mais desenvolvidos e da segunda fazem parte os Estados menos desenvolvidos.

A AID compreende a maior parte dos Estados do Globo, inclusive alguns Estados do Leste europeu.

Portugal é membro da AID desde Dezembro de 1992.

3. Objectivos visados pela AID

O artigo 1.º dos Estatutos afirma que compete à AID "promover o desenvolvimento económico, incrementar a produtividade e, deste modo, elevar o nível de vida nas regiões menos desenvolvidas do Mundo, compreendidas dentro dos territórios dos membros da Associação, especialmente mediante a concessão de recursos financeiros necessários para atender às suas mais importantes necessidades de desenvolvimento, em condições mais flexíveis e menos gravosas para as balanças de pagamentos do que as que são aplicadas aos empréstimos usuais, a fim de contribuir para impulsionar os objectivos de expansão económica do BIRD e secundar as suas actividades".

O BIRD funciona, do ponto de vista financeiro, como um Banco clássico: só concede empréstimos para financiar projectos rentáveis, as taxas de juro são as do mercado, muitas vezes muito elevadas para os países menos desenvolvidos, e os empréstimos que concede são em moeda forte.

A AID surge precisamente para exercer uma actividade complementar da do BIRD, num triplo sentido: dirige a sua actividade aos países menos desenvolvidos; os prazos dos empréstimos são mais dilatados que os do BIRD, chegando a atingir 50 anos, com um período de dilação de amortização de 10 anos; os juros dos empréstimos são tão baixos que na prática é como se não existissem.

Os créditos da AID são fundamentalmente canalizados para investimentos de base, portos, estradas, trabalhos hidroeléctricos e projectos de instrução pública.

4. A estrutura orgânica da AID

A AID tem órgãos próprios, mas em tudo idênticos aos da SIF ([1]).

SECÇÃO V

O FUNDO MONETÁRIO INTERNACIONAL

1. O aparecimento do FMI

As origens do Fundo Monetário Internacional (FMI) coincidem com as do BIRD: também ele foi criado pela *Conferência de Bretton Woods*.

Os Estatutos do FMI entraram em vigor em 27 de Dezembro de 1945, após a sua ratificação por parte de vinte e nove Estados, que representavam 80% do capital social definido naquela Conferência.

([1]) Sobre o conjunto global das Organizações que compõem o Grupo da Banca Mundial, v. LAVALLE, *La Banque Mondiale et ses filiales: aspects juridiques et fonctionnement*, Paris, 1972.; ACHESON/CHANT/PROCHOWRY (eds.), *Bretton Woods Revisited*, Washington, 1976; ZAHRAN, *L'AID et sa contribution au développement économique*, Paris, 1966; BAKER, *The International Finance Corporation: Origin, Operation and Evaluation*, Londres, 1968; BENHAMOUDA, *L'Association Internationale de Développement*, Paris, 1971; FAUSTO DE QUADROS, *Relações, cit.*, pgs. 89 e segs.; os artigos de GOLSONG sobre as três Organizações na *Encyclopedia*, t. 5, respectivamente, pgs. 58 e segs., 83 e segs. e 75 e segs.; DIEZ DE VELASCO, *op. cit.*, t. II, pgs. 226 e segs.; e COLLIARD, *op. cit.*, pgs. 861 e segs. Acerca das relações entre o BIRD e o FMI, v. GOLD, *The Relationship between the International Monetary Fund and the World Bank*, in *Creighton Law Review* 1982, pgs. 499 e segs.

O FMI, com sede em Washington, começou a sua actividade em 1 de Março de 1947. Desde 15 de Novembro de 1947 é agência especializada da ONU, mediante acordo nesse sentido celebrado entre as duas Organizações.

Ao longo da sua existência tem sofrido várias reformas. As mais importantes datam de 1972 e de 1976.

2. Os membros do FMI

Como Organização para-universal que é, o FMI está aberto a todos os Estados que concordem com os seus princípios e queiram prosseguir em conjunto os seus fins. É composto pela grande maioria dos Estados membros das Nações Unidas que representam as principais moedas actuais. Entre eles incluem-se alguns Estados do antigo "bloco socialista" (Jugoslávia, Roménia, Albânia, Checoslováquia, Hungria, Bulgária) e a China. Quanto aos Estados ocidentais, a Suíça sempre se recusou a aderir ao Fundo.

Portugal é membro do FMI desde 1961 ([1]).

3. Objectivos do FMI

O FMI prossegue dois grandes objectivos: favorecer as trocas internacionais sobre uma base monetária multilateral; e ajudar os Estados membros a equilibrar a sua balança de pagamentos.

Os Estatutos pormenorizavam esses objectivos:

a) promover a cooperação monetária internacional através de uma Organização permanente, mediante um mecanismo de consultas e de colaboração no domínio das questões monetárias internacionais;

([1]) O Decreto-Lei n.º 43 338 (*Diário do Governo* de 21/11/60) aprovou para adesão os Estatutos do FMI; em 29/3/61 foram depositados os instrumentos de aceitação pelo Governo Português (Aviso de 20/5/61, *Diário do Governo* de 26/3/61).

b) facilitar a expansão e o desenvolvimento harmonioso do comércio internacional, contribuindo assim para a instauração e a manutenção de altos níveis de emprego e de um desenvolvimento dos recursos produtivos de todos os Estados membros, como objectivos primordiais de política económica;

c) fomentar a estabilidade das taxas de câmbio, procurar que os Estados membros mantenham relações monetárias disciplinadas, evitando desvalorizações monetárias concorrenciais;

d) ajudar ao estabelecimento de um sistema multilateral de pagamentos para as transacções correntes entre os Estados membros e a eliminação de restrições às trocas que impeçam a expansão do comércio mundial;

e) inspirar confiança entre os Estados membros, pondo à sua disposição, mediante garantias adequadas, os recursos do Fundo e procurando, desse modo, corrigir os desequilíbrios das suas balanças de pagamentos, sem recorrer a medidas ruinosas para a prosperidade nacional ou internacional;

f) encurtar a duração e minorar o desequilíbrio das balanças de pagamentos entre os Estados membros.

4. Os órgãos do FMI

São órgãos do FMI:

a) o *Conselho de Governadores*, composto por um Governador efectivo e um suplente, designados por cada Estado membro para um mandato de 5 anos, renováveis. O Presidente é eleito pelo Conselho. O Conselho tem competência muito vasta, que faz dele o principal órgão do FMI;

b) o *Conselho de Administração*, composto por Administradores, com modo de designação e com competência em tudo iguais aos dos Administradores do BIRD, mas com mais um Administrador do que este último, por no FMI serem seis e não cinco os grandes accionistas, em virtude da recente adesão da Arábia Saudita à Organização;

c) o *Director-Gerente*, eleito pelos Administradores, e que não poderá ser nem Governador nem Administrador. É um órgão homólogo do Presidente do BIRD ([1]).

([1]) Ver AUFRICHT, *The International Monetary Fund: Legal Bases, Structure, Functions*, Nova Iorque, 1964; J. GOLD, *Developments in the International Monetary System, the International Monetary Fund and International Monetary Law since 1931*, in *RdC*, 1982-I, pgs. 107-366; ID., *International Monetary Fund*, in *Encyclopedia*, t. 5, pgs. 108 e segs.; DIEZ DE VELASCO, *op. cit.*, t. II, pgs. 230-231; COLLIARD, *op. cit.*, pgs. 736 e segs.; PAULO DE PITTA E CUNHA, *Fundo Monetário Internacional*, in *Verbo*, t. 8, cols. 1804-1805; FAUSTO DE QUADROS, *Relações, cit.*, pgs. 86 e segs.; e bibl. seleccionada nos estudos de GOLD e DIEZ DE VELASCO.

CAPÍTULO III

ORGANIZAÇÕES INTERGOVERNAMENTAIS REGIONAIS

1. O regionalismo político e o artigo 52.º da Carta das Nações Unidas

O regionalismo político é um fenómeno de difícil definição, mas fácil de encontrar na prática internacional.

A Carta das Nações Unidas, no Capítulo VIII, refere-se expressamente aos "acordos regionais", e no seu artigo 52.º admite tais convenções entre os seus Estados membros, desde que sejam compatíveis com os fins e os princípios das Nações Unidas. No artigo 53.º prevê mesmo a possibilidade de o Conselho de Segurança "utilizar tais acordos e Organizações regionais para uma acção coerciva sob a sua autoridade".

Mais uma vez norteados pela função didáctica deste livro só examinaremos de seguida as mais importantes Organizações intergovernamentais regionais de que Portugal faz parte e algumas outras cujo papel nas relações internacionais justifica que as destaquemos.

SECÇÃO I

A ORGANIZAÇÃO DE COOPERAÇÃO
E DESENVOLVIMENTO ECONÓMICO

1. Do Plano Marshall à OCDE

A Organização de Cooperação e Desenvolvimento Económico tem como antecessora a Organização Europeia de Cooperacção Económica (OECE). Esta, por sua vez, brotou remotamente do plano de assistência económica e política norte-americana vulgarmente conhecido por *Plano Marshall* ou *European Recovery Programme* ([1]).

Finda a Segunda Guerra Mundial, era catastrófica a situação económica e financeira dos Estados europeus. Os longos e violentos combates da Guerra haviam levado à destruição das suas estruturas produtivas e, portanto, à paralisia dos respectivos sistemas económico e financeiro. Eles careciam, por isso, e urgentemente, de importar dos Estados Unidos (cuja Economia tinha sofrido muito menos com o conflito) quer bens de equipamento, quer matérias-primas, quer géneros alimentícios, mas não possuíam nem ouro nem divisas suficientes para os respectivos pagamentos (o seu défice em ouro e dólares era nessa altura superior a 8 biliões de dólares).

Foi neste circunstancialismo que o Secretário de Estado norte-americano General George Marshall pronunciou em 5 de Junho de 1947 o seu célebre *Discurso de Harvard*, onde prometia ajudar à recuperação económica dos Estados europeus, sobretudo através do aumento de empréstimos bilaterais, que entre 1945 e 1947 haviam já ultrapassado os 12 biliões de dólares. Todavia, eram apresentadas duas condições para esse auxílio: os Estados europeus deviam iniciar um esforço colectivo de cooperação e cada um deles ficava obrigado a proceder paralelamente a um arranque no sentido da recuperação.

([1]) PRICE, *The Marshall Plan and Its Meaning*, Nova Iorque, 1955.

A Europa aceitou a assistência americana, e logo em 27 de Junho a França e o Reino Unido convidavam a União Soviética, potência aliada vencedora, a compartilhar do programa de cooperação económica. Contudo, a URSS declarou aceitar apenas o princípio de uma ajuda americana através de uma lista de importações financiadas pelos Estados Unidos, mas não o programa de cooperação constante do Plano Marshall. Consequentemente, todo o bloco leste recusou-se a participar numa reunião que teria lugar em Paris a 12 de Julho, onde os Estados europeus definiriam um programa de importações dos Estados Unidos. Era o princípio da cisão formal entre os blocos do Ocidente e do Leste da Europa.

Como primeira concretização desse esforço comum da Europa Ocidental, a libra readquiriu a sua anterior convertibilidade, mas cedo voltou a perdê-la, devido a um novo esgotamento de divisas, o que punha a descoberto toda a gravidade da crise económica europeia. Resolvem então os Estados Unidos fixar para o período de 1948--1952 o montante de ajuda de 12,8 biliões de dólares (para os 22 biliões de que a Europa necessitava), e é para a aplicação desse programa, bem como para assegurar a correspondente cooperação entre os Estados europeus, que, dez meses depois do *Discurso de Harvard*, é assinada, em 16 de Abril de 1948, a *Convenção de Cooperação Económica Europeia*, que cria a OECE. Era *a primeira Organização europeia do pós-guerra*.

A primeira tarefa da nova Organização foi a de repartir pelos Estados da Europa Ocidental os 12,8 biliões de dólares de donativos e empréstimos norte-americanos. A Portugal, que também beneficiou do Plano Marshall (embora, como a Suíça, não tenha participado nele no primeiro ano, de 1948-49), couberam 51,3 milhões de dólares, o que então equivalia a 2 milhões de contos, ou seja, cerca de 80 milhões de contos aos valores de 1992 – o que não era pouco, se levarmos em conta que o nosso País, por não ter tomado parte na Guerra, não sofrera muito na sua Economia ([1]).

([1]) Vejam-se os elucidativos estudos dos Professores ANTÓNIO MANUEL PINTO BARBOSA, *O lado menos visível do Plano Marshall – Sua actualidade*, comunicação à Academia das Ciências, Lisboa, Março de 1986, e MANUEL JACINTO NUNES, *De Roma a Maastricht*, Lisboa, 1993, pg. 35.

Com esses meios, iniciaram aqueles Estados imediatamente a importação de produtos de base de que careciam, alguns dos Estados Unidos, outros de terceiros Estados. Em contrapartida, cada Estado constituía um fundo de contravalor correspondente em moeda nacional às importações financiadas em dólares, o que se traduzia numa garantia financeira dos objectivos visados pela OECE.

Entre membros originários e membros admitidos, a OECE veio a ser composta por dezoito Estados: Alemanha, Áustria, Bélgica, Dinamarca, Espanha, França, Grécia, Holanda, Irlanda, Islândia, Itália, Luxemburgo, Noruega, Portugal, Reino Unido, Suécia, Suíça e Turquia. Os Estados Unidos e o Canadá mantiveram sempre observadores junto da Organização. E a Jugoslávia viria a obter o estatuto de Estado associado.

O OECE geriu bem o Plano Marshall: nomeadamente, repôs a convertibilidade entre as moedas europeias e a multilateralidade dos pagamentos, para o que se serviu da *União Europeia de Pagamentos* (*UEP*), liberalizou o comércio intraeuropeu e coordenou os planos nacionais de reconstrução. Os seus Estados membros, mesmo os mais atingidos pela Guerra, viram as suas Economias recuperadas, alguns deles com grande celeridade: foi o caso, sobretudo, da Alemanha e da Itália (conhecem-se as expressões "milagre alemão" e "milagre italiano", para designar o rápido e sólido ressurgimento da estabilidade económica naqueles dois Estados). Dessa forma, a OECE abriu decisivamente o caminho para o aparecimento de Organizações económicas mais perfeitas e ambiciosas: ou seja, as três Comunidades Europeias e a EFTA.

Nos fins da década de 50 a OECE foi-se esvaziando de conteúdo. Por um lado, esgotara, como se disse, a sua função; por outro, via a maior parte dos seus membros fundar as Comunidades Europeias e a EFTA. Por isso, perdeu sentido. É assim que, na sequência duma iniciativa do próprio Conselho da Organização, é assinada em 14 de Dezembro de 1960 uma Convenção que cria a OCDE no lugar da OECE. Da sigla da OECE saía o adjectivo *europeia*, para a nova Organização poder abarcar, desde logo, os Estados Unidos, o Canadá e o Japão. E acrescentava-se-lhe o substantivo *desenvolvimento*, para mostrar que, uma vez recuperadas as economias destruídas pela Guerra, havia agora que se pensar no seu crescimento e no seu desenvolvimento.

A grande ambição da OCDE é, assim, a de abranger no seu seio os mais avançados Estados de Economia de Mercado, independentemente da sua situação geográfica. Por isso, já não é uma Organização só europeia, como a OECE; mas continua a ser uma Organização regional, estruturada segundo um *regionalismo político*, ou *político-económico*, que não geográfico.

Quanto aos objectivos por ela visados, a OCDE é uma Organização com finalidades específicas, situadas fundamentalmente (ainda que não só, como mostraremos) no domínio económico.

Tal como a OECE, a OCDE tem a sua sede em Paris ([1]).

2. Os objectivos da OCDE e as suas realizações

O artigo 1.º da Convenção da OCDE enuncia os objectivos da Organização:

a) a realização da mais forte expansão possível da economia e do emprego;

b) a melhoria do nível de vida dos Estados membros, procurando manter a estabilidade financeira dos mesmos e promovendo a sua contribuição para o desenvolvimento da economia mundial;

c) contribuir para a sã expansão económica dos Estados membros e dos Estados não membros em situação de subdesenvolvimento económico;

d) contribuir para a expansão do comércio mundial em bases unilaterais e não discriminatórias.

A fim de alcançar estes objectivos a Organização serve-se fundamentalmente destes dois meios: a permanente coordenação das

---

[1] Sobre a OECE e a OCDE, v. H. HAHN, *Organisation for Economic Co-operation and Development*, in *Encyclopedia*, t. 5, pgs. 214 e segs.; DIEZ DE VELASCO, *op. cit.*, t. II, pgs. 323 e segs.; FAUSTO DE QUADROS, *Relações, cit.*, pgs. 25 e segs.; MARGARIDA SALEMA/A. OLIVEIRA MARTINS, *op. cit.*, t. I, pgs. 405 e segs.

políticas económicas dos Estados membros, através de estudos, relatórios e outras medidas análogas; e o auxílio aos Estados em vias de desenvolvimento.

Para a prossecução desta última tarefa, a OCDE serve-se sobretudo do seu *Comité de Auxílio ao Desenvolvimento (CAD)*, o mais importante dos órgãos subsidiários da Organização. Entre os beneficiários do auxílio ao desenvolvimento prestado pelo CAD têm vindo a contar-se Estados da África, da Ásia, da América Latina, da Oceânia e até da Europa: Espanha, Grécia, Malta, Turquia e Jugoslávia. Hoje a OCDE, através do CAD, tem incrementado a sua colaboração com economias asiáticas em franca ascensão, como as de Taiwan, Coreia do Sul, Hong Kong, Singapura, Malásia, Tailândia e Filipinas.

Também as recentes e rápidas mudanças no leste europeu não têm sido ignoradas pela Organização, que, para ajudar as respectivas economias na transição para a Economia de Mercado, criou, no seu Secretariado, um *Centro para a Cooperação com as Economias Europeias em Transição*.

A actuação da Organização tem incidido sobretudo nos domínios económico, financeiro e monetário, mas também tem coberto áreas sociais, como a educação, a Administração Pública, o desenvolvimento rural, o Ambiente, a Ciência e a tecnologia. Merece referência especial a sua actividade em matéria de energia nuclear, através da *Agência de Energia Nuclear (AEN)*, que já vem do tempo da OECE ([1]).

3. Os membros da OCDE

São membros originários da OCDE os dezoito membros da ex-OECE, já referidos, mais os Estados Unidos e o Canadá. Entraram posteriormente para a Organização o Japão, a Finlândia, a Austrália e a Nova Zelândia.

([1]) Sobre a AEN, veja-se HAHN, *OECD — Nuclear Energy Agency*, in *Encyclopedia*, t. 5, pgs. 222 e segs.

A admissão de novos membros é deliberada por unanimidade pelo Conselho da Organização.

A Jugoslávia goza do estatuto de Estado associado, como já acontecia na OECE.

4. A estrutura da OCDE

A Organização tem como órgão principal o *Conselho*, que é composto por um representante de cada Estado membro. Reúne-se ou a nível de ministros, sendo, então, presidido por um ou dois ministros do Estado designado anualmente para a presidência, ou a nível de representantes permanentes, sendo, nesse caso, presidido pelo Secretário-Geral.

O Conselho dispõe de uma competência muito vasta, podendo praticar três tipos de actos: *decisões, resoluções* e *recomendações*. De todos esses actos só as decisões são obrigatórias para os Estados, salvo disposição em contrário, devendo estes transpô-las para a sua Ordem Jurídica segundo os respectivos mecanismos constitucionais (arts. 5.º e 6.º, § 3.º).

Além desses actos, o Conselho pode também concluir, em nome da Organização, *acordos* com Estados membros, Estados não membros e com outras Organizações Internacionais.

Das três categorias de actos unilaterais acima referidos, a OCDE prefere as recomendações, não obrigatórias, o que retira eficácia à actividade da Organização. Ao contrário, a OECE servia-se fundamentalmente de decisões. Para marcar a natureza intergovernamental da Organização, todos os actos são aprovados por unanimidade, salvo se, também por unanimidade, for deliberado em contrário. A exigência da unanimidade é, porém, temperada pela possibilidade de algum ou alguns Estados se poderem abster, o que legitima a aplicação do acto em causa aos Estados membros, mas não àquele ou àqueles que se tiverem abstido.

A Organização tem também um *Comité executivo*, composto por catorze membros, que são designados anualmente pelo Conselho, e dentro dos quais este escolhe um Presidente e um Vice-Presidente. Prepara as reuniões do Conselho, não tendo poder próprio de decisão, salvo delegação do Conselho.

O terceiro órgão da Organização é o *Secretário-Geral*, eleito pelo Conselho, para um mandato de cinco anos, renovável. O Secretário-Geral é coadjuvado por dois Secretários-Gerais adjuntos, designados pelo Conselho, sob proposta do Secretário-Geral. O Secretário-Geral tem funções administrativas, de chefia do Secretariado, e preside ao Conselho, quando este se reúne a nível de representantes permanentes.

O Secretário-Geral e o demais pessoal do Secretariado são independentes em relação aos Estados membros.

Além desses órgãos, existem muitos *órgãos subsidiários*, criados pelo Conselho ao abrigo do artigo 9.º da Convenção, e que se especializaram em diversas matérias específicas de índole económica, financeira, social, científica e técnica. Está entre eles o já referido CAD ([1]).

5. Breve referência ao COMECON

Com a rejeição pelos Estados do leste europeu do Plano Marshall dá-se, como dissemos, a cisão económica na Europa. Os Estados do leste vão responder à criação da OECE com a instituição de uma Organização própria, decidida, na Conferência reunida em Moscovo em Janeiro de 1949, pela União Soviética, pela Bulgária, pela Checoslováquia, pela Hungria e pela Roménia. Essa Organização vai ser designada de *Conselho de Assistência Económica Mútua* (*CAEM*), embora a sigla pela qual ficou mais conhecida tenha sido a de *COMECON* (de *Communist Economy*).

Como a OECE, o COMECON foi uma Organização regional, mas que deu guarida a um *regionalismo político-económico* e não

---

([1]) Os órgãos subsidiários existentes são referidos nos relatórios anuais do Secretário-Geral. Uma lista dos mais importantes encontramo-la em M. SALEMA/A. OLIVEIRA MARTINS, *op. cit.*, t. I, pgs. 415-416. V. também FAUSTO DE QUADROS, *Relações, cit.*, pgs. 33 e segs.

geográfico: podiam fazer parte dela Estados com sistema de Economia de direcção central *independentemente da sua localização geográfica*. Assim se compreende que tenham sido seus membros, ao longo da sua existência, Estados tão separados geograficamente entre si como alguns Estados do leste europeu (incluindo a Albânia), a China, a Mongólia, Cuba e o Vietnam.

No quadro das profundas transformações económicas ocorridas no leste europeu na sequência da democratização económica dos respectivos Estados, o COMECON foi dissolvido, em 28 de Junho de 1991, pelo que hoje tem interesse meramente histórico ([1]).

SECÇÃO II

A ORGANIZAÇÃO DO TRATADO DO ATLÂNTICO NORTE

1. O nascimento da OTAN

Já nos referimos atrás ao *Pacto do Atlântico*.

Como consequência da guerra fria e do clima por ela provocado a partir de 1947, os Estados da Europa Ocidental começaram a sentir a sua falta de segurança e de protecção, o que fez nascer neles a ideia de se reunirem para garantir a sua defesa e segurança colectiva em caso de conflito.

É certo que em 1948 foi celebrado, como veremos, o *Tratado de Bruxelas* entre a França, o Reino Unido e os três Estados do Benelux, que fora criado pelo Tratado aduaneiro assinado em Londres, em 5 de Setembro de 1944, a Bélgica, os Países Baixos e o Luxemburgo. Esse Tratado de Bruxelas representava a primeira tentativa no sentido de se criar um sistema generalizado de segurança

---

([1]) V. mais pormenores em BOWETT, *op. cit.*, pgs. 239 e segs.; BUTTLER, *Council for Mutual Economic Assistance*, in *Encyclopedia*, t. 5, pgs. 82 e segs.; GANSHOF VAN DER MEERSCH, *op. cit.*, t. I, pgs. 106 e segs.; FAUSTO DE QUADROS, *Relações, cit.*, pgs. 36 e segs.; e bibl. cit. nessas obras.

colectiva na Europa Ocidental. Mas cedo se percebeu que essa aliança, para cumprir os seus objectivos e se dotar dos meios necessários, tinha de se alargar a outros Estados, incluindo aos Estados Unidos e ao Canadá.

Os Estados Unidos, ao princípio, hesitaram, devido às suas tendências isolacionistas, mas finalmente, em 11 de Junho de 1948, o Senado norte-americano aprovou a *resolução Vandenberg*, que autorizava o Presidente dos Estados Unidos a negociar uma aliança militar com os países da Europa Ocidental.

Foi assim que surgiu o Pacto do Atlântico, assinado a 4 de Abril de 1949. Subscreveram-no então todos os Estados da Europa Ocidental que haviam ficado vencedores na Guerra; de entre os vencidos, a Itália; e de entre os neutros, Portugal. Para além, claro, dos Estados Unidos e do Canadá.

Esse Pacto criou uma Organização Internacional, a Organização do Tratado do Atlântico Norte, mais conhecida pela sua sigla inglesa NATO. A sigla portuguesa e francesa é OTAN ([1]).

O texto do Tratado tem um preâmbulo e apenas catorze artigos.

Ao abrigo do Pacto, mas juridicamente distinta dele, formou-se a Organização Militar, dotada de um comando unificado.

2. Os membros da OTAN

São, portanto, membros fundadores da OTAN a França, o Reino Unido, os três Estados do Benelux, a Noruega, a Dinamarca, a Islândia, a Itália, Portugal, os Estados Unidos e o Canadá. Foram admitidos depois a Grécia e a Turquia (em 1951), a Alemanha (em 1954) e a Espanha (em 1981).

O artigo 10.º do Pacto dispõe que a admissão na Organização de qualquer "Estado europeu" terá que ser decidida por unanimidade dos Estados membros.

([1]) A OTAN é, de facto, uma *Organização Internacional*. Não colhe, pois, a tentativa de lhe retirar a natureza jurídica de Organização Internacional para a qualificar como "Aliança", que não se sabe o que é do ponto de vista jurídico – M. SALEMA/A. OLIVEIRA MARTINS, *op. cit.*, t. I, pg. 363.

Note-se que, em face da redacção deste preceito, a referência do Pacto ao "Atlântico Norte" é excessiva, tanto assim que da Organização fazem parte três Estados sem fronteiras com o Atlântico: a Itália, a Grécia e a Turquia.

A denúncia do Pacto encontra-se regulada no artigo 13.º: só pode ter lugar após ele obter vinte anos de vigência e mediante pré-aviso de um ano. Nenhum Estado membro denunciou até hoje o Pacto.

A França e a Espanha não participam na estrutura militar integrada da OTAN mas são partes no Pacto. O mesmo sucedeu à Grécia entre 1974 e 1980. A Islândia pertence à estrutura militar, embora não contribua para a estrutura do comando militar, porque não tem forças armadas.

3. Fins prosseguidos pela OTAN

O Pacto do Atlântico consiste essencialmente num acordo de assistência mútua em caso de agressão. Deverá, em vista disto, cada um dos Estados membros manter e desenvolver as suas capacidades individuais e colectivas de resistência a um ataque armado. É no artigo 5.º que se contém a garantia de auxílio mútuo em caso de agressão, garantia, aliás, não automática, já que cabe a cada Estado decidir da acção a empreender.

Mas, além destas finalidades de defesa, o Tratado tem também objectivos de cooperação no campo económico (art. 2.º), embora, na prática, ela se tenha também alargado aos domínios social e cultural.

4. A estrutura da OTAN

A OTAN tem como órgãos civis:

a) o *Conselho*, conhecido também por *Conselho do Atlântico Norte*. É o principal órgão da Organização, cabendo-lhe definir as directrizes políticas da Organização. Têm assento nele os Ministros dos Negócios Estrangeiros dos Estados membros ou, quando for caso disso, os Ministros da Defesa. Reúne-se a nível ministerial duas vezes por ano, e a nível de representantes permanentes pelo menos uma vez por semana. O Conselho tem vários órgãos subsidiários, entre os quais se destaca a Comissão de Defesa (art. 9.º). Note-se que o facto de neste órgão estarem representados todos os Estados membros torna desnecessária uma Assembleia Geral. O Conselho delibera por unanimidade;

    b) o *Secretariado*, muito vasto, dirigido por um Secretário-
-Geral.

    Não pode ser considerado órgão da OTAN, porque tem carácter informal e não está previsto no Pacto, uma Conferência de Parlamentares dos Estados da Organização, que se reuniu pela primeira vez em 1955 e que em 1966 se passou a chamar *Assembleia do Atlântico Norte*. Ela tem tido um papel importante na promoção da cooperação política, social, económica e cultural no seio da OTAN.

    Dissemos que os órgãos de que falámos acima eram órgãos *civis*. É que, para além deles, a Organização tem, como se disse, uma estrutura *militar*, aliás complexa. Mas dela não cuidaremos neste livro ([1]).

5. A reforma da OTAN

    Com o termo da guerra fria, devido ao desmoronamento do bloco soviético, os próprios pressupostos da criação da OTAN ficaram colocados em causa. Por isso, na sequência da *Declaração de Londres sobre uma renovada Aliança do Atlântico Norte*, aprovada pela Cimeira dos dezasseis Chefes de Estado e de Governo, reunidos em Conselho, em 5 e 6 de Julho de 1990, a Cimeira de Roma, de 7 e 8 de Novembro de 1991, aprovou a *Declaração de Roma sobre Paz e a Cooperação,* onde se enunciam as linhas gerais de reorganização da Organização, que a permitisse, simultaneamente, adaptar-se às novas circunstâncias e proceder ao seu relança-

---

([1]) Veja-se sobre isso, por exemplo, DIEZ DE VELASCO, *op. cit*., t. II, pgs. 301--302.

mento, e, simultaneamente, um Acordo sobre *O conceito estratégico da Aliança* ([¹]).

Aquela Declaração e este Acordo alteram, desde logo, a *filosofia* da Aliança. Até então ela funcionara, essencialmente, como uma Organização de *segurança colectiva* do bloco ocidental, isto é, como uma força dissuasora de uma possível invasão soviética. Agora, desaparecida a ameaça soviética, a OTAN pretende construir *"uma Europa da cooperação e da prosperidade"*. Para a prossecução desse objectivo a OTAN defende a edificação de "uma nova arquitectura europeia em matéria de segurança", que resulte da acção conjugada da OTAN, da Conferência de Segurança e Cooperação Europeia (CSCE), da União da Europa Ocidental (UEO), do Conselho da Europa e das Comunidades Europeias.

Esta nova filosofia da Aliança leva-a a definir um *"novo conceito estratégico"*: ela opta por incrementar a cooperação entre os Estados membros nos domínios político, económico, social, cultural e ambiental, mas, não obstante estar afastado o risco de um "ataque maciço", a "prudência" impõe-lhe que mantenha a sua capacidade de defesa colectiva. É que não se sabe ainda em que mãos irá cair o arsenal nuclear da ex-URSS. Por isso, "a dimensão militar da nossa Aliança continuará a ser um factor essencial; o que é novo é que, mais do que nunca, a Aliança ficará ao serviço de *um mais largo conceito de segurança"*.

Na concretização desta nova filosofia, a Aliança escolhe quatro áreas prioritárias de actuação:

a) a defesa na Europa. A OTAN reconhece a actual "emergência de uma identidade europeia de segurança", que levará as Comunidades Europeias, mais tarde, no Tratado da União Europeia, a preverem a criação, "a prazo", de uma política comum de defesa. Não se opõe a esse projecto e reconhece que ele e o da OTAN "se reforçam mutuamente". A Aliança pretende, nesses parâmetros, aumentar no seu seio a cooperação transatlântica entre a Europa

---

([¹]) Os dois documentos foram publicados em língua portuguesa pela Comissão Portuguesa do Atlântico em Dezembro de 1991.

dos Doze e os Estados Unidos. Para reforçar a sua capacidade de resposta em face de conflitos menores quer criar uma *Força de Reacção Rápida (FRR)*;

b) relações com os ex-membros do Pacto de Varsóvia. A OTAN quer dar nesta matéria um "salto qualitativo em frente" e, para tanto, propõe-se estabelecer relações institucionais de consulta e cooperação sobre questões políticas de segurança com esses Estados e com os três Estados bálticos, com os quais pretende criar uma associação, intitulada *Conselho de Cooperação do Atlântico Norte*;

c) o desarmamento. A OTAN entende estarem criadas agora as condições para um aprofundamento dos esforços visando o desarmamento à escala mundial. Para tanto, propõe, de modo especial: a plena execução imèdiata dos Tratados, já referidos, *START I* e *CFE*, e, na sua sequência, a redução das Forças Armadas "a níveis tão baixos quanto possível e compatíveis com as necessidades de segurança legítimas dos diferentes Estados"; a aprovação de uma Convenção sobre a proibição universal, global e efectivamente verificável das armas químicas; e a criação pela ONU de um "registo universal e não discriminatório das transferências de armas convencionais";

d) o reforço da CSCE. Veremos este ponto adiante, quando procedermos a um curto estudo da CSCE ([1]).

6. Breve alusão ao Pacto de Varsóvia

Na edição anterior deste livro referíamo-nos, como Organizações análogas à OTAN, à Organização do Pacto de Varsóvia, à Orga-

---

([1]) Sobre a OTAN em geral, v., além da *op. cit.* de DIEZ DE VELASCO, t. II, pgs. 292 e segs., W. J. GANSHOF VAN DER MEERSCH, *Organisations européennes*, t. I, Paris, 1966, pgs. 168 e segs.; BOWETT, *op. cit.*, pgs. 180 e segs.; JOSEPH LUNS (que foi durante muito tempo Secretário-Geral da Organização), *Trente ans après – Les buts de l'Alliance sont toujours fondés*, in *Revue de l'OTAN* 1979-II, pgs. 3 e segs.; MYERS, *NATO, The Next Thirty Years. The Changing Political, Economic and Military Setting*, Boulder (Colorado), 1980; J. IGNARSKY, *North Atlantic Treaty Organisation*, in *Encyclopedia*, t. 6, pgs. 264 e segs.; e CARREAU, *op. cit.*, pgs. 499 e segs.

nização do Tratado Central (CENTO) e à Organização do Tratado do Sueste Asiático (SEATO).

Estas duas últimas foram as primeiras das três a ser extintas: a CENTO, em 1979 ([1]), e a SEATO, em 1977, embora, como atrás dissemos, ela *de facto* subsista.

A Organização do Pacto de Varsóvia, que sempre teve uma importância maior do que aquelas duas Organizações, foi a última a ser extinta e era, das três, a mais semelhante à OTAN, desde logo por ter sido a réplica do bloco leste à OTAN.

Como esta última, era também uma Organização de defesa colectiva, de carácter essencialmente militar. Ambos os tratados correspondiam a um fenómeno político semelhante, não sendo de admirar que o Pacto de Varsóvia tivesse reproduzido quase textualmente as disposições do Pacto do Atlântico.

Havia, no entanto, entre eles, uma diferença fundamental a assinalar. Falamos, como é evidente, de diferenças de carácter estritamente jurídico.

Segundo o artigo 11.º do Pacto de Varsóvia, este caducaria no dia em que se estabelecesse um sistema de segurança colectiva em toda a Europa. Este facto não está previsto no Pacto do Atlântico, que vigora pelo prazo de vinte anos, findo o qual não caduca (como, de facto, não caducou decorridos os dois primeiros períodos de vinte anos) mas pode ser denunciado por qualquer dos membros, como atrás estudámos.

Com a queda do Muro de Berlim, a democratização do leste e o desmembramento da ex-URSS a Organização do Pacto de Varsóvia foi dissolvida em 1 de Julho de 1991 ([2]).

([1]) RUMPF, *Central Treaty Organization*, in *Encyclopedia*, t. 6, pgs. 73 e segs.

([2]) MEISSNER, *Warsaw Treaty Organization*, in *Encyclopedia*, t. 6, pgs. 359 e segs.; e BOWETT, *op. cit.*, pgs. 237 e segs.

SECÇÃO III

A UNIÃO DA EUROPA OCIDENTAL

1. Génese e objectivos da UEO

A seguir à 2.ª Grande Guerra, os Estados da Europa Ocidental, descontentes com a insuficiência do sistema de defesa e segurança colectiva que na Conferência de S. Francisco fora adoptado, à escala mundial, para a Carta das Nações Unidas, depressa começaram a preocupar-se com o estabelecimento de mais eficazes sistemas de segurança colectiva a nível regional, neste caso, ao nível da Europa Ocidental.

Assim, a França e o Reino Unido concluíram em 4 de Março de 1947 o *Tratado de Dunquerque*, onde acordaram em conceder-se assistência recíproca no campo da defesa e da cooperação económica. Esta aliança franco-britânica foi alargada aos três Estados do Benelux pelo *Tratado sobre colaboração em assuntos económicos, sociais e culturais e sobre legítima defesa colectiva*, mais conhecido apenas por *Tratado de Bruxelas*. Assinado pelos cinco em 17 de Março de 1948, ele entrou em vigor em 25 de Agosto de 1948 por um período de cinquenta anos.

O objectivo nuclear do Tratado de Bruxelas consistia na criação de um sistema de defesa colectiva entre os Estados signatários, baseado no artigo 51.º da Carta da ONU: mais concretamente, ele visava conter a ameaça política e militar da União Soviética e prevenir uma nova agressão pela Alemanha. Acessoriamente, e alargando os objectivos prosseguidos pelo Tratado de Dunquerque, aquele Tratado procura reforçar a cooperação nos domínios económico, social e cultural entre as partes contratantes.

Quando se inviabilizou a criação da Comunidade Europeia de Defesa, devido à recusa da aprovação do respectivo Tratado pela Assembleia Nacional francesa, em Agosto de 1954, a própria França foi a primeira a compreender como era perigoso para a segurança da Europa Ocidental ter a Alemanha fora da Comunidade Europeia de Defesa e fora da OTAN. Por isso propôs uma solução alternativa, que permitisse alargar à Alemanha o sistema de segurança colectiva conjunto para a Europa Ocidental sem afectar a soberania francesa (para evitar que a Assembleia Nacional francesa se visse confrontada com situação idêntica à do Tratado da Comunidade Europeia de Defesa). Foi assim que em Setembro de 1954, na Conferência de Londres, os cinco signatários do *Tratado de Bruxelas* acordaram em modificar o texto desse Tratado por forma a possibilitar a adesão da Itália e da própria Alemanha, substituindo a referência à ameaça alemã pelo encorajamento do progresso na integração europeia.

Essas emendas ao Tratado de Bruxelas foram incorporadas nos quatro *Protocolos de Paris*, assinados em Outubro de 1954, logo após a Conferência de Londres. Foram esses Protocolos que criaram, como arquétipo para este sistema de segurança colectiva agora modificado, a *União da Europa Ocidental (UEO)*.

Depois de revisto pelos Protocolos de Paris, o Tratado de Bruxelas entrou em vigor em 6 de Maio de 1955. É um Tratado curto, com um preâmbulo e dez artigos.

A UEO estabeleceu-se em Londres. Mas em Janeiro de 1993 transferiu a sua sede para Bruxelas.

2. Os membros da UEO

A UEO tem como membros a Alemanha, a França, a Itália, o Reino Unido, a Bélgica, a Holanda, o Luxemburgo, Portugal, a Espanha e a Grécia. Portugal e Espanha aderiram à Organização em 14 de Novembro de 1988. A Grécia foi a última a aderir, em Novembro de 1992.

3. A estrutura da UEO

Ao analisarmos a estrutura da UEO temos de começar por estudar os seus *órgãos*.

O órgão principal da UEO é o *Conselho*. Ele sucedeu ao Conselho Consultivo, criado pelo texto inicial do Tratado de Bruxelas, de 1948. É um órgão permanente e pode ser convocado imediatamente, em caso de grave ameaça para a segurança ou para a estabilidade económica de qualquer dos Estados signatários.

O Conselho é um órgão intergovernamental, sendo composto por representantes dos Estados membros a nível ministerial. Delibera por unanimidade, salvo em alguns casos previstos nos Protocolos, e relativos às forças da União, à fiscalização dos armamentos e à Agência de fiscalização dos armamentos, casos esses em que as deliberações são tomadas, nuns casos, por maioria de 2/3, noutros, por maioria simples.

O segundo órgão da UEO é a *Assembleia Consultiva*. Compõem-no representantes dos Parlamentos dos Estados membros que também estão representados na Assembleia Consultiva do Conselho da Europa, por serem membros desta Organização (art. 9.º do Tratado de Bruxelas). Este órgão tem uma competência tímida: apenas aprova um relatório anual do Conselho, nomeadamente em matéria de fiscalização de armamentos.

A UEO tem também um *Secretariado*, dirigido por um Secretário-Geral. Este não está previsto no Tratado mas no seu Protocolo relativo à Agência de fiscalização de armamentos.

Mas, além destes órgãos, e dentro dos organismos que o Conselho pode criar, merece destaque a *Agência de fiscalização dos armamentos*. Foi prevista pelo Protocolo n.º 4 ao Tratado a fim de permitir a execução do Protocolo n.º 3, relativo à fiscalização dos armamentos.

Compete à Agência fazer os Estados respeitar as regras constantes do Tratado sobre fiscalização e limitação de armamentos. Para tanto, são-lhe conferidos poderes de inspecção. Deve apresentar relatórios ao Conselho, cabendo a este último deliberar, por maioria, as medidas a adoptar no caso de a Agência detectar alguma infracção por qualquer Estado membro ao Tratado ou aos respectivos Protocolos.

4. A importância actual da UEO

Até 1969 a UEO desempenhou uma fraca actividade. E nesse ano esteve à beira da extinção, quando a França se retirou dos trabalhos do Conselho por ter discordado do modo como o Reino Unido convocara a reunião daquele órgão, de 14 de Fevereiro: a França entendia, interpretando mal o artigo 8.º, n.º 3, do Tratado, que o Reino Unido carecia da unanimidade dos Estados membros para a simples convocação de uma reunião do Conselho.

Com o regresso da França à normalidade institucional no Conselho, a Organização pareceu querer ganhar novo fôlego. Todavia, seria só com a Conferência Interministerial de Roma, em Outubro de 1986, que se daria aquilo que ficou conhecido por *relançamento da UEO*, mais tarde confirmado com a adesão de Portugal e da Espanha, em 1988.

A UEO ganha uma nova ambição com o Tratado da União Europeia, de 1992. De facto, não foi possível na Conferência Intergovernamental sobre a União Política, convocada na Cimeira de Roma das Comunidades, em Dezembro de 1990, e que culminou na Cimeira de Maastricht, de Dezembro de 1991, pôr os Doze de acordo sobre a criação naquele Tratado de uma *política comum de defesa*. Por isso, ele teve que se contentar com prever a "definição, a prazo, de uma política de defesa comum" (9.º considerando do preâmbulo daquele Tratado e artigo J.4, n.º 1, do Tratado). Mas, entretanto, o Tratado da União Europeia estabelece que a UEO faz "parte integrante do desenvolvimento da União Europeia" e encara-a como "componente de defesa da União Europeia", parecendo querer já prometer que a futura política comum de defesa terá por base a UEO.

De facto, começa o artigo J.4 daquele Tratado por dispor, no seu n.º 2:

"A União solicitará à União da Europa Ocidental (UEO), que faz parte integrante do desenvolvimento da União Europeia, que prepare e execute as decisões e acções da União que tenham repercussões no domínio da defesa. O Conselho, em acordo com as Instituições da UEO, adoptará as disposições práticas necessárias."

Depois, acrescenta a Declaração n.º 30, anexa àquele Tratado, no seu n.º 2, o seguinte:

"A UEO será desenvolvida como componente de defesa da União Europeia e como meio de fortalecer o pilar europeu da Aliança Atlântica. Para esse efeito, formulará uma política de defesa europeia comum e zelará pela sua aplicação concreta, desenvolvendo mais o seu próprio papel operacional."

Todavia, para a UEO poder servir de instrumento da política comum de defesa da União Europeia vai ter de ultrapassar, desde logo, o obstáculo que consiste no facto de dois de entre os Doze ainda não serem membros da UEO: a Dinamarca e a Irlanda (a Grécia, como se disse, aderiu à UEO em Novembro de 1992).

Por outro lado, põe-se o problema de saber como é que a UEO, assim concebida, se vai articular doravante com a OTAN, na medida em que os Estados membros das Comunidades Europeias, como é o caso de Portugal, são, na sua maioria, membros simultaneamente da UEO e da OTAN.

A questão encontra-se resolvida na citada Declaração n.º 30 anexa ao Tratado da União Europeia. De facto, ainda antes de dizer, no seu n.º 2, que será a UEO a componente de defesa da União Europeia, aquela Declaração sublinha, no seu n.º 1, que a política comum de defesa da União Europeia (a criar "a prazo", como se mostrou), será "compatível com a Aliança Atlântica". Por isso, a UEO consistirá no "pilar europeu da Aliança Atlântica" (citada Declaração, n.º 2).

É essa, pois, a forma como daqui por diante se passarão a relacionar a União Europeia, a UEO e a OTAN. Poderá até acontecer que a já referida Força de Reacção Rápida, a criar pela OTAN, venha a ter como sede institucional a UEO, embora a sua utilização seja coordenada com os outros parceiros da Aliança Atlântica ([1]).

Foi já a contar com este novo papel que está reservado à UEO no quadro da União Europeia que, como se disse, ela mudou recentemente a sua sede para Bruxelas.

([1]) Sobre a UEO, v. GANSHOF VAN DER MEERSCH, *op. cit.*, t. I, pgs. 154 e segs.; BOWETT, *op. cit.*, pgs. 185 e segs.; MACALISTER-SMITH, *Western European Union*, in *Encyclopedia*, t. 6, pgs. 366 e segs.; CAHEN, *La relance de l'Union de l'Europe Occidentale et ses implications pour l'Alliance Atlantique*, in *Revue de l'OTAN* 1986-IV, pgs. 6 e segs.; DIEZ DE VELASCO, *op. cit.*, t. II, pgs. 304 e segs.; e COLLIARD, *op. cit.*, pgs. 505 e segs.

SECÇÃO IV

O CONSELHO DA EUROPA

1. Génese do Conselho da Europa

De 8 a 10 de Maio de 1948 esteve reunido o *Congresso de Haia,* promovido pelo *Comité Internacional de Coordenação dos Movimentos para a Unidade da Europa (Comité International de Coordination des Mouvements pour l'Unité de l'Europe) (CIMVE).* Este Congresso, presidido por WINSTON CHURCHILL, aprovou três resoluções, pelas quais perpassava, como ideia-base, a de unir a Europa, de modo a que ela se pudesse tornar numa forte potência, capaz de se relacionar com os Estados Unidos e a União Soviética em pé de igualdade e em condições de dar um contributo decisivo para a paz e a segurança internacionais.

Digamos que se assistia a um renascimento, mais ampliado, do *memorandum* do Primeiro-Ministro francês ARISTIDES DE BRIAND, que em 1929-30 propusera para a Europa "uma espécie de união federal" ([1]).

O Congresso tinha ideias muito claras sobre essa união da Europa: "os Estados da Europa deviam criar uma união económica e política (...) e deviam acordar em fundir certos dos seus poderes soberanos" ([2]). Essas ideias foram vistas como os alicerces de uma Europa federal.

Na sequência desse Congresso, foi criado um *Comité para o estudo da Unidade Europeia,* ou *Comité dos 18,* composto de representantes dos cinco Estados signatários do nosso já conhecido *Tratado de Bruxelas.* Logo na primeira reunião desse Comité, tida em Paris, em 26 de Novembro de 1948, a França e a Bélgica apresentaram uma proposta para a criação de uma "Assembleia Parla-

---

([1]) FAUSTO DE QUADROS, *Sumários, cit.,* pg. 19.
([2]) Cit. em GANSHOF VAN DER MEERSCH, *op. cit.,* t. I, pgs. 147-148.

mentar Europeia". Esta Assembleia assumia um claro figurino federal, sendo dotada de um verdadeiro poder legislativo.

Ao Reino Unido não agradava nada todo este progresso das ideias federalistas na sequência do Congresso de Haia, já que nessa altura a sua grande preocupação residia no reforço dos seus laços com a *Commonwealth*. Por isso, inclusivamente se opusera à criação do Comité para o estudo da Unidade Europeia. Sendo assim, e com o intuito de travar a proposta franco-belga, apresenta uma contraproposta no sentido da criação de um Conselho Europeu de ministros, com funções consultivas, de carácter intergovernamental, e com competência restrita às questões políticas. Se as questões económicas estavam entregues à OECE e as de defesa ao sistema saído do Tratado de Bruxelas, não fazia sentido que aquele Conselho tivesse competência nessas áreas – pensava o Reino Unido.

Deste modo, o Reino Unido estava convencido de que influenciaria a organização da Europa segundo um modelo confederal.

Levando até às últimas consequências o seu projecto, o Reino Unido convida para uma conferência internacional os Estados signatários do Tratado de Bruxelas mais a Dinamarca, a Islândia, a Itália, a Noruega e a Suécia. Reunida em 28 de Março de 1949, essa conferência chega a acordo, em 5 de Maio seguinte, sobre a assinatura do *Estatuto do Conselho da Europa* ([1]).

O Estatuto entra em vigor em 3 de Agosto de 1949, depois de, como exigia o seu artigo 42.º, al. *b*), haver sido ratificado por sete Estados signatários. Eram eles: a Dinamarca, a Irlanda, a Itália, o Luxemburgo, a Noruega, o Reino Unido e a Suécia.

A Organização tem a sua sede em Estrasburgo (art. 11.º)([2]).

([1]) Ver a tradução portuguesa no *Diário da República*, I Série, de 23-11-78.

([2]) Sobre o Conselho da Europa, v. GANSHOF VAN DER MEERSCH, *op. cit.*, t. I, pgs. 179 e segs.; ROBERTSON, *The Council of Europe*, 2.ª ed., Londres, 1961, e *Council of Europe*, in *Encyclopedia*, t. 6, pgs. 86 e segs.; CARSTENS, *Das Recht des Europarates*, Colónia, 1956; BOWETT, *op. cit.*, pgs. 168 e segs.; e NGUYEN QUOC, *op. cit.*, pgs. 596 e segs.

2. Os membros do Conselho da Europa

Além dos membros originários, o Conselho da Europa admitiu mais Estados como seus membros, ao abrigo do artigo 4.º do Estatuto. A admissão processa-se por convite. Dispõe esse preceito que "todo o Estado europeu considerado capaz de se conformar com as disposições do artigo 3.º e como tendo vontade para o fazer, pode ser convidado pelo Comité de Ministros para se tornar membro do Conselho da Europa (...)".

Em Agosto de 1992 o Conselho da Europa tinha os seguintes vinte e sete membros: a Alemanha, a Áustria, a Bélgica, a Bulgária, a Checoslováquia, Chipre, a Dinamarca, a Espanha, a Finlândia, a França, a Grécia, a Hungria, a Irlanda, a Islândia, a Itália, o Liechtenstein, o Luxemburgo, Malta, os Países Baixos, a Noruega, a Polónia, Portugal, o Reino Unido, São Marino, a Suécia, a Suíça e a Turquia. Note-se que a adesão de Estados do leste só teve lugar depois de iniciado o processo da sua democratização. Está pendente o pedido da Rússia de aderir à Organização.

O artigo 5.º admite a figura do Estado associado, que é equiparado ao Estado membro, salvo na participação no Comité de Ministros, que não lhe é reconhecida.

Por sua vez, em 1969, a Assembleia do Conselho da Europa criou o estatuto de Estado convidado, que, até Agosto de 1992, tinha sido aplicado à Albânia, à Bulgária (antes de ser Estado membro), à Eslovénia, à Estónia, à Letónia, à Lituânia, à Roménia e à Rússia. Este estatuto permite a participação nos trabalhos daquele órgão, mas sem direito a voto.

3. Os objectivos e os princípios gerais do Conselho da Europa

Pelas razões já expostas quando estudámos a origem do Conselho da Europa, os seus objectivos revestem uma índole eminentemente política. Eles encontram-se sintetizados no artigo 1.º, al. *a*): "O objectivo do Conselho da Europa é o de alcançar uma união mais estreita entre os seus membros a fim de salvaguardar e de promover os ideais e os princípios que constituem seu património comum e de favorecer o seu progresso económico e social."

Para alcançar esse objectivo, o Conselho da Europa adoptará uma acção comum nos domínios económico, social, cultural, científico, jurídico e administrativo, bem como no da salvaguarda e do desenvolvimento dos Direitos do Homem e das liberdades fundamentais. A defesa, como pretendera o Reino Unido pelas razões acima indicadas, ficava de fora das atribuições do Conselho da Europa (art. 1.º, al. *d*)).

Os princípios fundamentais que presidem a toda a actividade da Organização são: o "princípio do *primado do Direito*"; e o princípio da *liberdade*, isto é, o "princípio em virtude do qual toda a pessoa sujeita à sua jurisdição deve usufruir dos Direitos do Homem e das liberdades fundamentais" (art. 3.º). Isto significa que o Conselho da Europa se encontra profundamente vinculado aos valores ideológicos da Democracia e do Estado de Direito: isso explica que os Estados que não praticam esses valores não podem aspirar a ser membros da Organização ([1]).

O Conselho da Europa é, portanto, uma Organização intergovernamental (desde logo, porque o seu nascimento resulta de uma rejeição pelo Reino Unido de um modelo supranacional ou federal, como atrás mostrámos), com a finalidade específica de cooperação política entre os seus membros, e de âmbito regional, dado que só está aberto aos Estados europeus.

4. Os órgãos do Conselho da Europa

De harmonia com o artigo 10.º do seu Estatuto, o Conselho da Europa tem dois órgãos: o Comité ou Conselho de Ministros e a Assembleia Parlamentar. Um e outro são assistidos pelo Secretariado.

Vamos estudá-los com mais pormenor.

([1]) V. estes ideais desenvolvidos em GANSHOF VAN DER MEERSCH, t. I, *op. cit.*, pgs. 208 e segs.

A) *O Comité de Ministros*

Nos termos do artigo 13.º do Estatuto, é o Comité de Ministros, composto pelos Ministros dos Negócios Estrangeiros dos Estados membros, que tem competência para agir em nome do Conselho da Europa. É o órgão executivo da Organização.

Este órgão corresponde a uma instância diplomática clássica, como é regra acontecer com os órgãos de competência executiva em Organizações Internacionais de carácter intergovernamental. Por isso, cada Estado dispõe nele de um voto.

O Comité reúne-se, a nível ministerial (e, em princípio, a nível dos Ministros dos Negócios Estrangeiros), duas vezes por ano e uma terceira vez por ocasião da abertura da sessão ordinária da Assembleia Parlamentar. Além disso, reúne-se também bimensalmente, num total de oito a dez reuniões por ano, a nível de Delegados, isto é, dos representantes permanentes de cada Estado junto do Conselho da Europa.

O Comité tem competência para, por sua iniciativa ou sob recomendação da Assembleia, aprovar todas as medidas que julgue adequadas à realização das atribuições do Conselho da Europa (art. 15.º). As suas resoluções têm o valor de meras *recomendações* dirigidas aos Estados, portanto, não têm força obrigatória, o que está de acordo com a natureza intergovernamental da Organização.

Segundo o artigo 20.º, as deliberações do Comité são em regra tomadas por maioria de 2/3. Todavia, para as deliberações sobre questões processuais basta a maioria simples. Contudo, para as questões "importantes", enumeradas no artigo 20.º, alínea *a*), é exigida, simultaneamente, a unanimidade dos votos expressos e a maioria simples dos representantes com assento no Conselho de Ministros. No que toca à exigência da unanimidade para os votos *expressos*, isso quer dizer que as abstenções não obstam à aprovação dessas deliberações. Segundo Resolução aprovada pelo Comité em 2 de Agosto de 1951, ele pode deliberar por unanimidade que, em caso de abstenção da parte dos Estados membros, a deliberação aprovada não vinculará os Estados que se tiverem abstido.

B) *A Assembleia*

A Assembleia é um órgão original do Conselho da Europa e consistiu na primeira assembleia de cariz parlamentar (ainda que só embrionariamente, como veremos adiante) que se conheceu na Teoria Geral das Organizações Internacionais, com funções de representação dos povos europeus e não dos Estados.

Foi criada sob a designação de Assembleia Consultiva, mas desde 1974 passou a chamar-se Assembleia Parlamentar, sendo mais conhecida apenas por *Assembleia*.

A Assembleia é composta por um número variável de deputados por cada um dos Estados membros. Esse número é encontrado pela aplicação de um critério que atende à demografia dos Estados membros e também pela necessidade de atribuir igual número de deputados aos quatro grandes (a Alemanha, a França, a Itália e o Reino Unido, que têm 18 deputados cada) e um mínimo de dois deputados por cada Estado. Portugal tem 7 deputados, tal como a Bélgica, a Suécia, a Hungria e os Países Baixos.

Os deputados são designados, por eleição ou por outro processo pré-determinado em cada Estado, de entre os membros dos respectivos parlamentos nacionais. Não representam, pois, directamente os povos dos Estados membros.

Segundo o artigo 32.º do Estatuto, a Assembleia deve reunir-se numa sessão ordinária anual com duração não superior a um mês, salvo acordo em contrário entre a Assembleia e o Comité de Ministros. Esta duração da sessão ordinária cedo se revelou demasiado curta para o bom desempenho da competência da Assembleia. Por isso, ela habituou-se a dividir a sua sessão ordinária anual em três reuniões, em Janeiro, Maio e Setembro, com a duração de uma semana a dez dias por cada reunião. As reuniões têm lugar em Estrasburgo, salvo se a Assembleia deliberar reunir-se noutro local (art. 33.º do Estatuto). A Assembleia admite ainda levar a cabo uma quarta reunião anual, em Estrasburgo ou em qualquer dos Estados membros.

A competência atribuída à Assembleia faz dela um mero órgão consultivo – daí a sua designação inicial de Assembleia *Con-*

sultiva. Por isso, a sua comparação com uma verdadeira assembleia parlamentar é ousada. Ela pode dirigir ao Comité de Ministros *recomendações* sobre todas as matérias que caibam nas atribuições do Conselho da Europa bem como sobre as questões que lhe sejam submetidas pelo Comité.

As recomendações da Assembleia são aprovadas por maioria de 2/3 dos votos *expressos*, salvo se incidirem sobre questões de funcionamento interno ou de carácter processual, para as quais basta a maioria que a própria Assembleia exigir, e que tem sido a maioria simples (arts. 29.º e 30.º).

Nos termos do artigo 10.º do Estatuto, completado pelos seus artigos 36.º e 37.º, a Assembleia e o Comité de Ministros, como acima se disse, são "assistidos" pelo *Secretariado,* que, dessa forma, não nos surge caracterizado como órgão da Organização mas como uma espécie de *mero auxiliar* dos dois órgãos acima indicados.

Dentro do Secretariado emerge a figura de quem o dirige, o Secretário-Geral da Organização, que é eleito pela Assembleia, sob recomendação do Comité de Ministros, e é responsável perante este (art. 37.º). O Secretário-Geral tem vindo a ocupar um lugar de importância crescente na Organização. Goza de poderes muito relevantes em matéria financeira e de fiscalização das despesas (arts. 38.º e 39.º).

Há que sublinhar também o facto de tanto a Assembleia como o Comité de Ministros poderem criar conselhos ou comissões com funções consultivas (arts. 17.º e 29.º III).

5. A actividade do Conselho da Europa

Sob a égide do Conselho da Europa foram já, ao longo dos mais de quarenta anos da sua existência, concluídas convenções, acordos e protocolos em número que excede largamente a centena. Esses tratados ocupam vários volumes da publicação oficial *Council of Europe, European Conventions and Agreements.* E a maior parte deles é publicada no *Annuaire Européen / European Yearbook* (colectânea bilingue) e é mencionada nos relatórios anuais da actividade do Conselho da Europa ([1]).

Esses tratados incidem sobre variadíssimas matérias ligadas aos direitos fundamentais, desde a educação e a cultura até às patentes, passando pela igualdade de tratamento dos trabalhadores nacionais e estrangeiros ([2]). Mas entre eles ocupam lugar de destaque dois: a *Convenção Europeia dos Direitos do Homem,* que já conhecemos, e a *Carta Social Europeia,* assinada em Turim, em 18 de Outubro de 1961, e que entrou em vigor em 26 de Fevereiro de 1965 ([3])([4]). A diferença entre os dois textos é muito simples: a primeira compendia direitos civis e políticos; a segunda, direitos sociais e culturais.

Entre ambas essas convenções a que obteve maior significado prático e a que suscita mais difíceis problemas é a Convenção Europeia dos Direitos do Homem. A própria participação de Portugal nela não tem sido isenta de dificuldades. Por isso vamos estudá-la com maior atenção logo a seguir.

Não nos debruçaremos sobre a Carta Social Europeia não só porque é um texto de menor importância do que a Convenção Europeia dos Direitos do Homem, como também porque Portugal ainda não a ratificou, não obstante ter havido uma proposta de lei nesse sentido – a Proposta de Lei n.º 128/II, de 5 de Agosto de 1982 ([5]).

([1]) V. alguns desses tratados estudados em GANSHOF VAN DER MEERSCH, *op. cit.,* t. I, pgs. 376 e segs.

([2]) Os mais importantes desses textos constam da obra já cit., *Droits de l'homme en droit international,* ed. pelo Conselho da Europa em 1992 na sua colecção *Documents européens,* pgs. 163 e segs. Logo a seguir aos dois tratados indicados no texto merecem destaque a *Convenção Cultural Europeia,* de 19-12-54, e a *Carta Europeia da Autonomia Local,* de 15-10-85.

([3]) Veja-se o estudo desta Carta Social em GANSHOF VAN DER MEERSCH, *op. cit.,* t. I, pgs. 377 e sgs.; L. WASESCHA, *Le système de contrôle de l'application de la Charte sociale européenne,* Junho, 1980; W. STRASSER, *European Social Charter,* in *Encyclopedia,* t. 8, pgs. 211 e segs.; e FAUSTO DE QUADROS, dissertação cit., pgs. 351 e segs.

([4]) O Conselho da Europa tem um muito bom Serviço de Edição e de Documentação, que publica periodicamente estudos, inclusive doutrinários, sobre as várias matérias de que ele se ocupa, nomeadamente sobre os tratados e as convenções concluídos por sua iniciativa.

([5]) *DAR,* II Série, de 8-10-1982.

SUBSECÇÃO ÚNICA

A CONVENÇÃO EUROPEIA DOS DIREITOS DO HOMEM

1. A origem da Convenção

A *Convenção Europeia para a Salvaguarda dos Direitos do Homem e das Liberdades Fundamentais*, mais conhecida por *Convenção Europeia dos Direitos do Homem*, e cuja sigla vulgar em português é CEDH, foi assinada em Roma, em 4 de Novembro de 1950, após um curto período de negociações.

Esta Convenção tem a sua origem remota em diversas propostas apresentadas no já referido Congresso de Haia de 1948, para que fosse aprovada uma *Carta Europeia dos Direitos do Homem*, e pretende ir de encontro à obrigação imposta pelo Estatuto do Conselho da Europa a todos os Estados membros de respeitar os Direitos do Homem e as liberdades fundamentais ([1]).

A Convenção inspirou-se muito na Declaração Universal dos Direitos do Homem. Como se disse, abrange só direitos civis e políticos, porque os direitos sociais e culturais foram deixados para a posterior Carta Social Europeia, já referida ([2]). De qualquer modo, tal como a Carta Social Europeia, a Convenção Europeia dos Direitos do Homem foi para além da Declaração Universal tanto na definição dos direitos como no sistema da sua garantia. E, por isso, como estudámos atrás, na Parte III, ela serve hoje de modelo à estruturação de sistemas institucionalizados de protecção de Direitos do Homem noutros continentes.

([1]) Ver as vicissitudes da elaboração desta Convenção no estudo do Professor J. A. FROWEIN, que durante muito tempo e até há pouco foi Vice-Presidente da Comissão Europeia dos Direitos do Homem, *European Convention on Human Rights (1950)*, in *Encyclopedia*, t. 8, pgs. 184 e segs. (184); em GANSHOF VAN DER MEERSCH, *op. cit.*, t. I, pgs. 260 e segs.; e nos Comentários que adiante serão indicados. Entre nós, v. o estudo de MARIA LUÍSA DUARTE, *O Conselho da Europa e a protecção dos Direitos do Homem*, separata de *DDC* 1989, pgs. 193 e segs.

([2]) A Declaração Universal ocupa-se dos direitos civis e políticos nos artigos 3.º a 21.º, e nessa medida influenciou a CEDH; nos artigos 22.º a 27.º debruça-se sobre os direitos sociais e culturais, e nessa parte serviu de base à Carta Social Europeia.

A CEDH entrou em vigor em 3 de Setembro de 1953, após ter obtido dez ratificações, como dispunha o seu artigo 66.º, n.º 2.

Foram partes originárias na Convenção a Alemanha, a Bélgica, a Dinamarca, a França, a Irlanda, a Islândia, a Itália, o Luxemburgo, os Países-Baixos, a Noruega, o Reino Unido e a Turquia. Aderiram posteriormente a ela, por ordem alfabética, a Áustria, a Bulgária, a Checoslováquia, Chipre, a Espanha, a Finlândia, a Grécia, a Hungria, o Liechtenstein, Malta, Portugal, São Marino, a Suécia e a Suíça. Em Dezembro de 1992 eram, pois, partes na Convenção vinte e seis Estados, incluindo três Estados do leste europeu. Além desses, a Polónia já assinou a Convenção mas ainda não a ratificou, o que deverá fazer logo no início de 1993.

A adesão de Portugal teve lugar a 9 de Novembro de 1978 ([1]), depois de a CEDH haver sido aprovada para ratificação pela Lei n.º 65/78, de 13 de Outubro, que traz em anexo a tradução oficial da Convenção ([2]).

2. O conteúdo da Convenção

A Convenção tem dez Protocolos Adicionais.

São duas as razões de fundo que levaram à conclusão deste elevado número de protocolos adicionais. Por um lado, não fora possível obter o consenso dos Estados membros do Conselho da Europa sobre alguns dos direitos que se projectava incluir no texto da própria Convenção. A solução que se adoptou revelou grande pragmatismo: só se incluíram na Convenção os direitos e as liberdades que asseguravam uma rápida ratificação do seu texto e que, por isso, não iriam atrasar a sua entrada em vigor. A segunda razão reside no facto de que tanto a evolução dos tempos como a prática da Convenção fizeram sentir a necessidade de modificar ou completar alguns preceitos da Convenção ou arrolar novos direitos, cuja importância não era tão agudamente sentida em 1950.

([1]) Aviso publicado no *Diário da República* de 2-1-79.

([2]) Advertimos, porém, que a tradução oficial da Convenção enferma de graves erros, alguns dos quais serão adiante referidos.

Dos dez Protocolos Adicionais à Convenção, o Protocolo n.º 1, que reconhece três novos direitos, foi assinado em 20 de Março de 1952, e entrou em vigor em 18 de Março de 1954; o Protocolo n.º 2, de 6 de Maio de 1963, atribui ao Tribunal competência para emitir parecer sobre certas questões jurídicas relativas à interpretação da CEDH e dos seus Protocolos, e entrou em vigor em 21 de Setembro de 1970; o Protocolo n.º 3, da mesma data, modifica outros aspectos processuais no funcionamento da Comissão Europeia dos Direitos do Homem, e entrou em vigor na mesma data do Protocolo n.º 2; o Protocolo n.º 4, de 16 de Setembro de 1963, acrescenta mais quatro direitos ao elenco da Convenção, e entrou em vigor em 2 de Maio de 1968; o Protocolo n.º 5, de 20 de Janeiro de 1967, alterou o processo de eleição dos membros da Comissão e do Tribunal, tendo entrado em vigor em 20 de Dezembro de 1971; o Protocolo n.º 6, de 28 de Abril de 1983, ocupa-se da abolição da pena de morte, e entrou em vigor em 1985; o Protocolo n.º 7, de 22 de Novembro de 1984, e que entrou em vigor em 1 de Novembro de 1988, vem melhorar o regime jurídico de expulsão dos estrangeiros no que toca às garantias processuais e acrescenta alguns importantes direitos no domínio do processo penal e do Direito de Família, completando as disposições dos artigos 6.º, 7.º, 12.º e 13.º da Convenção; o Protocolo n.º 8, de 19 de Março de 1985, e em vigor desde 1 de Janeiro de 1990, pretende aperfeiçoar o processo de apreciação das queixas pela Comissão Europeia dos Direitos do Homem; o Protocolo n.º 9, de 6 de Novembro de 1990, que em Dezembro de 1992 ainda não tinha entrado em vigor, porque ainda não obtivera as dez ratificações que exige para o efeito, vem essencialmente conceder acesso pessoal ao Tribunal ao indivíduo (pessoas singulares ou colectivas) às ONG e a grupos de particulares, modificando, para o efeito, os artigos 44.º e 48.º da Convenção ([1]); e o

---

([1]) Sobre o Protocolo n.º 9, v. FLAUSS, *Le droit de recours individuel devant la Cour européenne des droits de l'homme – Le Protocole n.º 9 à la CEDH*, in *AFDI* 1990, pgs. 507 e segs.; e DI SALVIA, *Il nono protocollo alla Convenzione europea dei diritti dell'uomo: punto di arrivo o punto di partenza?*, in *RIDU* 1990, pgs. 474 e segs.

Protocolo n.º 10, de 25 de Março de 1992, que, também ele, em Dezembro de 1992 ainda não entrara em vigor, porque não obtivera o número de ratificações exigidas para tal (e o art. 3.º deste Protocolo impõe que, para o efeito, *todos* os Estados partes na Convenção o tenham ratificado), vem simplificar a intervenção do Comité de Ministros no mecanismo da queixa ([1]).

De entre todos esses Protocolos, e se considerarmos que o Protocolo n.º 9 ainda não entrou em vigor, merece destaque o 1.º Protocolo Adicional, sobretudo por no seu artigo 1.º reconhecer o direito à propriedade privada. Ao lado de alguns direitos consagrados no texto da Convenção, o direito da propriedade privada tem sido um dos mais importantes para os cidadãos dos Estados signatários da Convenção e tem dado origem a alguns dos melhores acórdãos do Tribunal Europeu dos Direitos do Homem (TEDH), acórdãos esses que muito têm contribuído para uma mais profunda elaboração jurídica do direito da propriedade privada pelos tribunais nacionais

---

([1]) Para um estudo profundo da CEDH e dos seus Protocolos, v. os Comentários de GURADZE, *Die Europäische Menschenrechtskonvention*, Berlim, 1968; GARCIA DE ENTERRIA e outros, *El sistema europeo de protección de los derechos humanos*, 2.ª ed., Madrid, 1983; FROWEIN/PEUKERT, *Die Europäische MenschenRechts – Konvention – Kommentar*, Kehl, 1985; COHEN-JONATHAN, *La Convention européenne des droits de l'homme*, Paris, 1989; VAN DIJK/VAN HOOF, *Theory and Practice of the European Convention on Human Rights*, 2.ª ed., Deventer, 1990; VELU/ERGEC, *La Convention européenne des droits de l'homme*, Bruxelas, 1990; e M. DI SALVIA, *Lineamenti di diritto europeo dei diritti dell'uomo*, Pádua, 1991. Revestem-se de igual utilidade as obras de F. SUDRE, *Droit international et européen des droits de l'homme*, Paris, 1989, e *La Convention européenne des droits de l'homme*, Paris, 1990. Em língua portuguesa só existe um comentário, aliás muito útil, do Juiz-Conselheiro PINHEIRO FARINHA, que de 1978 até 1992 foi Juiz no Tribunal Europeu dos Direitos do Homem – *Convenção Europeia dos Direitos do Homem anotada*, Lisboa, 1980. No tratamento doutrinário da Convenção tem sido notável também o labor de algumas revistas jurídicas especializadas na problemática dos Direitos do Homem, de entre as quais se destacam quatro: *Europäische Grundrechte Zeitschrift*, a *Human Rights Law Journal*, a *Revue Universelle des Droits de l'Homme* e a *Rivista internazionale dei diritti dell'uomo*.

dos Estados membros: vejam-se, de modo especial, os Acórdãos proferidos nos casos *Sporrong e Lönnroth* ([1]), *Lithgow* ([2]) e *James e outros* ([3])([4]).

3. Natureza jurídica da Convenção

A CEDH (salvo indicação em contrário, a referência à Convenção engloba também os Protocolos) é um tratado internacional, concluído segundo as regras do Direito Internacional. Encontra-se, por isso, sujeita, salvo disposição em contrário, ao Direito Comum dos Tratados.

Como o Tribunal Europeu dos Direitos do Homem reconheceu no caso da *Irlanda c. o Reino Unido* ([5]), a Convenção cria "obrigações objectivas" para os Estados signatários, obrigações essas que beneficiam do sistema de fiscalização e de execução nela previsto e *prevalecem sobre outras obrigações internacionais de fonte convencional assumidas pelos Estados,* por força do disposto no artigo 62.º da Convenção.

O artigo 1.º CEDH deixa claro que os Estados partes *"reconhecem"* os direitos aí consagrados, que, portanto, *já existem antes* de cada Estado ratificar a Convenção. Por isso, o Estado tem a obrigação de respeitar esses direitos imediatamente após a adesão à Con-

---

([1]) Acórdão de 23-9-92, in *Publications of the European Court of Human Rights – Judgements and Decisions,* Serie A, n.º 52. Um estudo quase exaustivo das deliberações da Comissão e da jurisprudência do TEDH encontra-se em *Digest of Strasbourg Case-law relating the European Convention on Human Rights,* 4 vols., Colónia, 1984-85.

([2]) Ac. 8-7-86, Série A, n.º 102.

([3]) Ac. 21-2-86, Série A, n.º 98.

([4]) Sobre o direito de propriedade no artigo 1.º do Protocolo n.º 1, v. a obra básica de R. DOLZER, *Eigentum, Enteignung und Entschädigung im geltenden Völkerrecht,* Berlim, 1985, pgs. 94 e segs., 170 e segs. e 200 e segs.; e também, por último, SERMET, *La Convention européenne des Droits de l'Homme et le droit de propriété,* ed. do Conselho da Europa, Estrasburgo, 1991.

([5]) Ac. 18-1-78, in *Publications of the European Court of Human Rights – Judgements and Decisions,* Série A, 1978, pgs. 90.

venção, independentemente de qualquer acto adicional de transposição da Convenção para a ordem interna ([1]). O que não impede de aceitar que só poderá ser dirigida à Comissão uma queixa individual contra aquele Estado se este previamente houver declarado reconhecer a competência da Comissão nesta matéria (art. 25.º, n.º 1, CEDH).

A doutrina dominante entende que a CEDH é um tratado *self-executing*, isto é, goza de efeito directo na ordem interna ([2]). Também isso decorreria da fórmula *"reconhecer "*, utilizada, como vimos, no artigo 1.º da Convenção. Nestes termos, a CEDH gera *directamente* direitos e obrigações para os particulares, podendo, por isso, ser invocada por estes nos tribunais nacionais ([3]). Aliás, a jurisprudência de muitos Estados partes na Convenção admite expressamente esse efeito directo ([4]).

Questão conexa é a de saber qual é o grau hierárquico da Convenção na hierarquia das fontes de Direito de cada Estado. A solução varia de Estado para Estado, havendo todavia Estados, como a Suíça, a Áustria e a Bélgica (neste caso, por via da jurisprudência), que atribuem à CEDH valor constitucional ou supraconstitucional ([5]).

Se se entender que há *ius cogens* regional e que a CEDH é um exemplo disso, como mostrámos ser defendido por certo sector da doutrina, ela terá valor de Direito imperativo para os Estados, portanto, ocupará neles um grau supraconstitucional. Mesmo independentemente disso, porém, o entendimento que, a nosso ver, deve ser dado à expressão "não excluem" no artigo 16.º, n.º 1, da nossa Constituição, e que expusemos na Parte I deste livro, conduz-nos à con-

---

([1]) Assim decidiu o Tribunal no citado caso *Irlanda c. o Reino Unido, cit.*, pg. 91. No mesmo sentido, FROWEIN, in *Encyclopedia*, t. 8, *cit.*, pg. 186.

([2]) Sobre os tratados *self-executing* e sobretudo sobre como também aqui o conceito de *efeito directo* não se confunde com o de *aplicabilidade directa*, por todos, BLECKMANN, *Self-Executing Treaty Provisions*, in *Encyclopedia*, t. 7, pgs. 414 e segs.

([3]) FROWEIN, *op. cit.*, pg. 186; e COHEN-JONATHAN, *op. cit.*, pgs. 243-245.

([4]) FROWEIN, *op. e loc. cits.*; ROS, *Die unmittelbare Anwendbarkeit der EMRK*, Zurique, 1984; e FAUSTO DE QUADROS, dissertação cit., pg. 354 e bibl. cit.

([5]) FROWEIN, *op. e loc. cits.*

clusão de que aquela Convenção tem em Portugal grau supraconstitucional.

Como por mais de uma vez sustentámos ao longo deste livro, só concebendo nesses moldes o lugar do Direito Internacional dos Direitos do Homem na ordem interna dos Estados é que conseguimos conceder plena eficácia aos instrumentos internacionais em matéria de Direitos do Homem e, dessa forma, *humanizar* e *democratizar* a Comunidade Internacional ([1]).

4. Os órgãos da Convenção

O artigo 19.º da CEDH cria, para assegurar o cumprimento da Convenção, dois órgãos: a Comissão Europeia dos Direitos do Homem e o Tribunal Europeu dos Direitos do Homem. Note-se, todavia, que dos Títulos II, III e IV da CEDH resulta, em bom rigor, que, além desses órgãos, também ao Comité de Ministros cabe um papel importante na execução da Convenção.

A Comissão é composta por um número de membros igual ao das Partes Contratantes. Não pode ter mais do que um cidadão do mesmo Estado (art. 20.º). Por tradição, os seus membros são nacionais dos Estados que subscreveram a Convenção.

A Comissão elege o seu Presidente e seis Vice-Presidentes.

Os vogais da Comissão são eleitos pelo Comité de Ministros, de harmonia com o processo regulado no artigo 21.º da Convenção. O seu mandato é de seis anos, renovável (art. 22.º). Exercem as suas funções a título individual, não sendo, pois, representantes dos Estados ou dos seus governos. Por isso, estão impedidos de exercer cargos incompatíveis com a imparcialidade e a independência exigidas para o exercício das suas funções na CEDH (art. 23.º).

A Comissão não é um órgão permanente. De qualquer modo, e em face do aumento crescente do número de queixas que lhe têm sido dirigidas, o Protocolo n.º 8 transformou-a num órgão *semi-*

([1]) FAUSTO DE QUADROS, dissertação cit., pgs. 353-355, e a bibl. aí citada, especialmente as obras de CARRILLO SALCEDO e R. BERNHARDT.

permanente. Ela é assistida por um Secretariado permanente, composto por juristas de nacionalidades diferentes (dos quais, actualmente, um é português) sob a responsabilidade do Secretário.

A função primordial da Comissão no sistema da Convenção é a de analisar as queixas apresentadas por infracção à Convenção, *desde que o Estado visado tenha reconhecido a competência da Comissão para o efeito* (art. 25.º), de modo a verificar se elas reúnem ou não condições de mérito que permitam ao queixoso o acesso ao Tribunal a fim de obter uma reparação pela violação em causa ([1]).

Por sua vez, ao Conselho de Ministros, que já estudámos atrás, cabe fundamentalmente um papel de decisão e de fiscalização no sistema da queixa (art. 32.º). Além disso, é ele quem elege os membros da Comissão e do Tribunal, quem fixa as remunerações dos juízes e quem vela pela execução das sentenças do Tribunal (arts. 30.º a 32.º, 42.º e 54.º). Tudo isto constitui uma excessiva concessão à intergovernamentalidade do sistema da Convenção, já que, sendo a queixa dirigida contra os Estados, matérias de tão alto melindre deveriam correr à margem dos governos nacionais e ficar entregues a um órgão independente deles ([2]).

O Tribunal compõe-se de tantos juízes quantos os Estados membros do Conselho da Europa, não podendo englobar mais do que um nacional de um mesmo Estado (art. 38.º). Não é necessário que o juiz seja cidadão do Estado que o propõe: é conhecido o caso do jurista canadiano que em 1980 foi eleito juiz por indicação do Liechtenstein.

([1]) Sobre o estatuto da Comissão, v. também o recentíssimo estudo editado por um dos Comissários, o Professor holandês HENRY SCHERMERS, *The Influence of the European Commission of Human Rights*, Haia, 1992.

([2]) Estamos a pensar em situações anómalas e desprestigiantes para a Convenção, ainda que raras, como a que se verificou no caso *Dores e Silveira c. Portugal* (queixas n.ºs 9345 e 9346/81). A Comissão, por unanimidade, deliberara que houvera violação à Convenção, mas o Comité de Ministros impediu que se formasse a maioria de 2/3 em qualquer dos sentidos a que se refere o artigo 32.º, n.º 1 (decidir se houve ou não infracção à Convenção), o que configura uma grave situação de *denegação de justiça*. Ver o Relatório da Comissão, de 6-7-83.

Os juízes são eleitos pela Assembleia Parlamentar do Conselho da Europa segundo o processo previsto no artigo 39.º. O seu mandato é de nove anos, prorrogável, salvo no caso dos n.ᵒˢ 3 e 4 do artigo 40.º.

O Tribunal elege o seu Presidente e o seu Vice-Presidente (art. 41.º).

Caso curioso, e dificilmente explicável, é que os juízes não percebem uma remuneração mensal (como, por exemplo, os juízes do Tribunal de Justiça das Comunidades), mas uma "gratificação por cada dia de funções", a fixar pelo Comité de Ministros (citado art. 42.º). Pensamos que é a própria dignificação da função que impõe uma rápida revisão deste regime.

O Tribunal é o órgão de interpretação e de aplicação da Convenção aos casos que os Estados partes na Convenção (*se tiverem aceite a jurisdição obrigatória do Tribunal*) ou a Comissão, ou uma pessoa singular ou colectiva, ou uma ONG, ou um qualquer grupo de pessoas, lhe submetam (arts. 45.º a 48.º, já na redacção do Protocolo n.º 9) ([1]).

Talvez o Tribunal pudesse ter também um papel determinante na afirmação da CEDH nas Ordens Jurídicas nacionais, e em especial na sua aplicação uniforme pelos tribunais estaduais, para além do mero julgamento dos casos concretos que lhe são submetidos. Nesse sentido seria bem-vinda uma reforma do seu estatuto, que lhe atribuísse competência para, a título prejudicial, se pronunciar, a requerimento de tribunais dos Estados partes na Convenção, sobre a interpretação de preceitos da Convenção que estivessem em causa em processos pendentes em tribunais estaduais.

Seria a criação, na Ordem Jurídica da CEDH, ainda que de forma tímida e embrionária, dum mecanismo análogo ao do artigo 177.º do Tratado CEE, que tão eficaz se tem revelado para a interpretação e a aplicação uniformes do Direito Comunitário pelos tribunais nacionais.

([1]) V. sobre o Tribunal, na doutrina portuguesa, PINHEIRO FARINHA, *O Tribunal Europeu dos Direitos do Homem e a protecção do indivíduo contra os actos da Administração*, separata da *DDC* 1984, pgs. 145 e segs.

5. Os direitos, as liberdades e as garantias reconhecidos pela Convenção

A CEDH (e, entenda-se, também os seus Protocolos Adicionais) contêm um elenco vasto de *direitos, liberdades* e *garantias*, no rigoroso sentido que a estes três vocábulos é concedido no Direito Constitucional interno dos Estados, não obstante a Convenção, na sua designação, apenas falar em *"Direitos do Homem"* e *"liberdades* fundamentais". Assim, por exemplo, o artigo 13.º da Convenção, a que adiante faremos referência, consagra uma verdadeira *garantia*, uma garantia contenciosa, e não um direito ou uma liberdade *stricto sensu.* Todavia, por razões de brevidade, doravante resumiremos aquela trilogia apenas na palavra *direitos.*

De harmonia com a classificação de direitos fundamentais vulgar em Direito Internacional e expressamente adoptada na nomenclatura dos dois já citados Pactos Internacionais aprovados pelas Nações Unidas em 1966 – direitos civis, políticos, sociais, culturais e económicos – podemos dizer que a CEDH e os seus Protocolos, como atrás já referimos, apenas abrangem direitos *civis* e *políticos.*

Um Estado parte na Convenção é obrigado a reconhecer aqueles direitos "a qualquer pessoa sujeita à sua jurisdição", conforme reza o seu artigo 1.º – isto é, aos seus nacionais, aos estrangeiros, *mesmo se cidadãos de Estados não signatários da Convenção,* e aos apátridas. Nem mesmo é necessário que essas pessoas residam ou se encontrem no território do Estado parte: basta, repete-se, que se encontrem *sob a sua jurisdição* (¹).

Quais são então os direitos reconhecidos pela CEDH e pelos seus Protocolos Adicionais?

A Convenção, no seu Título I, consagra os seguintes direitos:

– o direito à vida (art. 2.º);
– a proibição da tortura e das penas e dos tratamentos desumanos ou degradantes (art. 3.º);

(¹) Veja-se em VAN DIJK/VAN HOOF, *op. cit.*, pg. 3, o acolhimento desta interpretação na jurisprudência dos órgãos da Convenção.

- a proibição da escravatura, da servidão e do trabalho forçado (art. 4.º);
- o direito à liberdade e à segurança (art. 5.º);
- o direito a um julgamento equitativo e célere (art. 6.º)([1]);
- a protecção contra a retroactividade da lei penal (art. 7.º);
- o direito ao respeito pela vida privada e familiar, do domicílio e da correspondência (art. 8.º);
- a liberdade de pensamento, de consciência e de religião (art. 9.º);
- a liberdade de expressão e de informação (art. 10.º);
- a liberdade de reunião e de associação e o direito de criar sindicatos (art. 11.º);
- o direito de se casar e de constituir família (art. 12.º);
- o direito a um recurso efectivo ([2]) junto dos tribunais nacionais por parte de qualquer pessoa cujos direitos forem violados (art. 13.º);
- o direito à não discriminação no gozo dos direitos reconhecidos (art. 14.º).

([1]) Este é um dos direitos cuja infracção mais frequentemente é invocada nas queixas dirigidas à Comissão e, seguramente, o direito cuja violação mais vezes tem sido arguida em queixas contra o Estado Português. Veja-se acerca dele PINHEIRO FARINHA, *O processo equitativo garantido na Convenção Europeia dos Direitos do Homem*, in *O Direito* 1990, pgs. 239 e segs.; e JOAQUIM PIRES DE LIMA, *Considerações acerca do direito de justiça em prazo razoável*, in *ROA* 1990, pgs. 671 e segs.

([2]) Sublinhe-se: recurso *efectivo*. De facto, a versão oficial portuguesa, publicada em anexo à citada Lei n.º 65/78, traduziu *"recours effectif"* ou *"effective remedy"* das versões francesa e inglesa (que fazem fé, nos termos da própria Convenção) para *"recurso"*. Ou seja, enquanto que a Convenção, nas duas línguas que (segundo o que ela própria dispõe) fazem fé, garante aos cidadãos portugueses não apenas um recurso, mas, mais do que isso, um recurso *efectivo*, isto é, um recurso pelo menos *eficaz*, a versão oficial portuguesa garante-lhes apenas um recurso formal, *mesmo se não efectivo*. É caso para se dizer que, felizmente para os cidadãos portugueses, o texto português não faz fé. Mas este episódio só confirma o que dissemos na Parte II, Cap. III, n.º 6, III, dentro do estudo dos tratados como fonte do Direito Internacional: que Portugal tem negligenciado muito a transposição para a língua nacional do Direito Internacional (e, também, do Direito Comunitário).

Por sua vez, o Protocolo n.º 1, de 20 de Março de 1952, acrescentou os seguintes direitos:

- o direito à propriedade privada (art. 1.º);
- o direito à instrução e o respeito pelas "convicções religiosas e filosóficas" dos pais (art. 2.º);
- o direito a eleições livres (art. 3.º).

Mais tarde, o Protocolo n.º 4 criou quatro novos direitos, a saber:

- a proibição de prisão por dívidas (art. 1.º);
- o direito a circular livremente e de escolher a sua residência (art. 2.º);
- a proibição de expulsar ou privar um indivíduo do direito de entrar no território do Estado de que seja nacional (art. 3.º);
- a proibição de expulsões colectivas de estrangeiros (art. 4.º).

Em 1983, o Protocolo n.º 6 veio proibir, sem possibilidade de formulação de reservas, a pena de morte.

Depois, o Protocolo n.º 7 acrescentou alguns direitos e garantias de grande significado:

- direito de defesa e de representação do estrangeiro no processo de expulsão (art. 1.º);
- direito de qualquer pessoa condenada por infracção penal a um recurso perante tribunal superior (art. 2.º);
- direito a uma indemnização no caso de erro judiciário (art. 3.º);
- direito a não ser julgado ou punido mais do que uma vez pelo mesmo crime (princípio *ne bis in idem*) – art. 4.º;
- direito dos esposos à igualdade de direitos e de responsabilidades de carácter civil nas relações entre si e nas relações com os filhos, durante o casamento e após a sua dissolução (art. 5.º)([1]).

([1]) O conteúdo de muitos dos direitos elencados pode suscitar dúvidas na versão portuguesa da Convenção e dos respectivos Protocolos, mais uma vez por deficiência na tradução, pelo que se sugere o confronto daquela versão com uma versão nas línguas francesa ou inglesa, que fazem fé

Os Protocolos n.ᵒˢ 2, 3, 5, 8, 9 e 10 vieram regular questões meramente processuais, ligadas à efectivação dos direitos e das liberdades atrás referidos, e, pelo menos nos casos dos Protocolos n.ᵒˢ 8 e 9, questões muito importantes, como vimos. Dissemo-lo atrás, os Protocolos n.ᵒˢ 9 e 10 ainda não estão em vigor por estarem à espera de obter o número de ratificações exigido para o efeito.

Do ponto de vista formal existe uma grande omissão no rol, que acabámos de enunciar, dos direitos, das liberdades e das garantias: o princípio da igualdade. Mas a doutrina tem extraído esse princípio do citado artigo 1.º, quando este impõe que o Estado reconheça os direitos aí consagrados a todas as pessoas sob a sua jurisdição, sem discriminação (¹).

Para além dos casos em que a queixa deve ter como fundamento actos que infrinjam directamente qualquer desses direitos há dois casos em que ela deverá ser admitida apesar de essa infracção ser apenas indirecta: referimo-nos à queixa dirigida contra a chamada "prática administrativa" (isto é, contra a repetição de actos contrários à Convenção e a sua "tolerância oficial") e contra a incompatibilidade abstracta de normas legislativas estaduais com a Convenção (²).

6. O mecanismo da queixa individual

Não cabe numa obra da índole deste livro o estudo pormenorizado do mecanismo da queixa individual, regulado nos artigos 25.º e seguintes da Convenção (³). Existe, aliás, sobre isso abundante dou-

---

(¹) VAN DIJK/VAN HOOF, *op. e loc. cits.*

(²) FAUSTO DE QUADROS, *O princípio da exaustão, cit.*, pg. 142.

(³) *"Requête"*, na versão francesa da Convenção, ou *"application"*, na sua versão inglesa, correspondem, sem dúvida, no sistema processual português, a *queixa* ou, quando muito, ao termo *requerimento*. Pois a tradução oficial portuguesa do Protocolo n.º 8 (*DR*, 10-12-86, I Série) traduz aqueles termos francês e inglês não por *queixa* mas por *reclamação*. Não é difícil concluir que *reclamação*, na terminologia portuguesa rigorosa quer do Direito Processual Civil, quer do Direito Administrativo, nada tem a ver com a *queixa*, que está em causa no artigo 25.º CEDH. Mais uma consequência de se traduzirem *palavras* e não *conceitos jurídicos*, inseridos no seu contexto.

trina (¹). Limitar-nos-emos, por conseguinte, a sumariar as principais fases daquele mecanismo.

A queixa (menos propriamente designada no art. 25.º de "petição") é dirigida à Comissão. Pode sê-lo por um Estado signatário contra outro (art. 24.º) ou por uma pessoa singular, uma ONG ou um "grupo de particulares" (o que inclui a pessoa colectiva) *desde que o Estado visado tenha reconhecido a competência da Comissão para o efeito* (art. 25.º). Aqui só vamos levar em conta esta última, ou seja, a chamada *queixa individual*.

A Comissão decide sobre a admissibilidade da queixa. Se se pronunciar no sentido da sua não admissibilidade, a queixa é arquivada.

Mas, se decidir no sentido da sua admissibilidade, fixa os factos e tenta de seguida uma solução amigável para o litígio (art. 28.º). Se a conseguir, elabora um relatório sobre o que se passou e dá por findo o processo (art. 30.º).

Se não conseguir obter uma solução amigável para a queixa a Comissão redige um relatório onde emitirá a sua opinião sobre se os factos provados configuram ou não uma ou mais violações à Convenção. Esse relatório é enviado ao Comité de Ministros (art. 31.º).

A partir da data em que o referido relatório é enviado ao Conselho de Ministros abre-se um prazo de três meses para um Estado interessado, que tenha aceite a jurisdição obrigatória do Tribunal, ou a Comissão, ou (a partir da entrada em vigor do Protocolo n.º 9) uma pessoa singular, uma ONG ou um grupo de particulares, requererem a intervenção do Tribunal. Nesse caso, o Tribunal julga o processo e concederá ao lesado, se entender que o seu pedido é procedente, uma "reparação razoável", ou seja, condenará o Estado autor da infracção a pagar ao lesado uma indemnização adequada. Competirá depois ao Comité de Ministros zelar pela execução do Acórdão, que é definitivo (arts. 48.º a 54.º).

No caso de ninguém se dirigir ao Tribunal naquele prazo de três meses, o Comité de Ministros deliberará, por maioria de 2/3, se houve ou não violação da Convenção. Se deliberar que a houve, o

---

(¹) Ver, por todos, os Comentários atrás citados.

Comité de Ministros determinará que medidas deve o Estado infractor adoptar para repor a legalidade, sendo essas medidas obrigatórias para ele, e fixa um prazo para o efeito (art. 32.º). O artigo 32.º, n.º 3, prevê a hipótese de o Estado não acatar essas medidas.

Como já ficou dito, o Protocolo n.º 8 introduziu alterações no funcionamento da Comissão com vista a acelerar o seu funcionamento e, com isso, a dar maior celeridade ao mecanismo da queixa. Mas essas alterações não se revelaram suficientes. Continua a ser longo o período de tempo que medeia entre a entrega de uma queixa na Comissão e a deliberação final da Comissão, e ainda mais longo o que vai até à sentença do Tribunal. Por isso, novas reformas estão em estudo e elas conduzirão ou à fusão da Comissão e do Tribunal num único Tribunal dotado de mais vastos poderes, ou à transformação da Comissão num Tribunal de 1.ª instância ([1]).

7. O princípio da exaustão dos meios internos

A queixa individual encontra-se sujeita na Convenção a diversos pressupostos processuais: regras especiais sobre a sua aplicação *ratione materiae* e *ratione temporis*, prazo, legitimidade do requerente, objecto do pedido e exaustão dos meios internos.

Não cabe nas preocupações deste livro examinar todos esses pressupostos, mas, pela sua importância na economia do sistema global de protecção regulado na Convenção, chamaremos, em poucas palavras, a atenção para o princípio da *exaustão dos meios internos* ([2]), exigido pelo artigo 26.º da CEDH, e que se aplica quer

---

([1]) V. o mecanismo da queixa individual, tal como ficou descrito no texto, no *Vade-mecum de la Convention européenne des droits de l'homme*, ed. do Conselho da Europa, Estrasburgo, 1992, pg. 155. Sobre as reformas projectadas ou em curso, GOLSONG, *On the reform of the supervisory system of the European Convention on Human Rights*, in *HRLJ* 1992, pgs. 265 e segs.

([2]) "*Meios* internos" e não "*recursos* internos", como demonstra FAUSTO DE QUADROS, *O princípio da exaustão, cit.*, pgs. 120-122. Mais uma vez o texto oficial português da Convenção (incluindo os Protocolos) não prima pelo rigor e carece de ser corrigido.

à queixa dos Estados, prevista no artigo 24.º, quer à queixa individual, disciplinada no artigo 25.º.

Aquele princípio constitui um corolário de um velho princípio geral de Direito Internacional, conhecido como *"local remedies rule"*, segundo o qual o indivíduo não tem acesso ao exercício da protecção diplomática activa para a salvaguarda dos direitos e das liberdades que o Direito Internacional lhe confere enquanto não houver esgotado todos os meios jurídicos que o Direito interno lhe faculta para o efeito ([1]).

Transposto para a Convenção pelo seu citado artigo 26.º, este princípio quer significar que, para ver admitida a queixa individual, nos termos do artigo 25.º, o indivíduo deve exaurir previamente os meios internos que se apresentem, *no caso concreto*, como essenciais, acessíveis, suficientes e verosimilmente eficazes e adequados à remoção da violação e dos seus efeitos. Isto quer dizer que a exaustão não é uma exigência *absoluta* ou *abstracta* da Convenção e deve ser apreciada *segundo as circunstâncias de cada caso particular*. Por isso, pode acontecer – e acontece não raramente – que a queixa seja admitida pela Comissão sem que o indivíduo esgote os meios internos que *em abstracto* se encontram ao seu dispor, pelo simples facto de eles *naquele caso concreto* não reunirem as características ou não propiciarem a função que em cima lhes atribuímos ([2]).

([1]) Sobre a história do princípio da exaustão no Direito Internacional v. DOEHRING, *Local remedies, Exaustion of*, in *Encyclopedia*, t. I, pgs. 136 e segs.; CANÇADO TRINDADE, *Exaustion of Local Remedies in International Law and the Role of National Courts*, in *AV* 1978, pgs. 333 e segs. (345); e ID., *Origin and historical development of the rule of exhaustion of local remedies in International Law*, in *RBDI* 1976, pgs. 499 e segs. (508). Mas continua a ser de grande utilidade aquele que julgamos ter sido o primeiro estudo doutrinário profundo daquele princípio na doutrina – o trabalho de ROBERTO AGO, *La regola del previo esaurimento dei ricorsi interni in tema di responsabilità internazionale*, in *ADP* 1938, pgs. 181 e segs.

([2]) Ver esta questão tratada pormenorizadamente, inclusive com aplicação à Ordem Jurídica portuguesa, em FAUSTO DE QUADROS, *O princípio da exaustão, cit.*, com levantamento da doutrina e da jurisprudência da Comissão e do Tribunal que se conhece sobre este tema. Um dos melhores estudos sobre a matéria é o de J. SCHAUPP-HAAG, *Die Erschöpung des innerstaatlichen Rechtsweges nach Art. 26 EMRK und das deutsche Recht*, dissertação, Francoforte, 1987.

Em certas circunstâncias poderá ser dispensada a exaustão. Vejamos as mais importantes ([1]).

Uma delas consiste em, no caso concreto, ela não ir propiciar em tempo útil a remoção da violação da Convenção e dos seus efeitos (por exemplo, porque o sistema judiciário do Estado em causa não faculta ao lesado uma rápida decisão definitiva, o que pode, aliás, configurar uma infracção autónoma à Convenção, por violar o seu art. 6.º, n.º 1).

Outra reside no caso da chamada *violação contínua* de um direito reconhecido pela Convenção, situação em que quase sempre não há uma "decisão definitiva", que o artigo 26.º exige para se poder interpor a queixa, mas em que há uma constante e duradoira violação de um direito reconhecido pela Convenção ao lesado. Nessa situação a dispensa da exaustão resulta, desde logo, do facto de o lesado, em regra, não dispor nos sistemas jurídicos nacionais de meios internos aptos a pôr termo a uma situação de *omissão* contínua (no caso de a infracção contínua se traduzir numa omissão contínua), ou da circunstância de ser desproporcionado e excessivo exigir-se ao lesado que ele esgote os meios internos quanto aos sucessivos actos em que se desdobra a violação contínua (quando esta se traduzir numa *acção* contínua).

Uma outra circunstância na qual pode ser dispensada a exaustão reside na hipótese em que em anteriores casos análogos a decisão das autoridades nacionais competentes foi contrária à pretensão do lesado, de tal modo que não faz sentido agora esgotar os meios internos quando se sabe de antemão que eles não vão conduzir à reparação da infracção à Convenção e dos seus efeitos.

Há duas outras circunstâncias importantes em que a exaustão pode ser dispensada. Uma ocorre quando a queixa se dirige contra a "prática administrativa", já estudada atrás. E compreende-se que assim seja: se aquela infracção foi aceite e tolerada pelo Estado sabe-se, antecipadamente, que o queixoso não tem qualquer hipótese de obter através dos meios nacionais a reparação da infracção.

---

[1] Para maiores desenvolvimentos, FAUSTO DE QUADROS, *O princípio da exaustão, cit.*, pgs. 133 e segs. e 148 e segs.

Outra verifica-se no caso, este também já referido, em que o particular se queixa de simples incompatibilidade abstracta das normas legislativas estaduais com a Convenção. Também neste caso, como parece evidente, a queixa poderá ter por objecto a referida incompatibilidade sem necessidade de previamente se exaurirem os meios internos que, aliás, nesse caso, porventura, nem sequer existirão.

8. Confronto entre os direitos, as liberdades e as garantias reconhecidos pela Convenção e os constantes da Constituição da República Portuguesa

Num primeiro confronto entre a lista dos direitos, das liberdades e das garantias enunciados na CEDH (inclusive nos seus Protocolos Adicionais), por um lado, e na Constituição da República Portuguesa, por outro, constata-se que a nossa lei fundamental é mais vasta: de facto, ela contém também direitos sociais, culturais e económicos, que, como dissemos, escapam às preocupações da Convenção.

Especificamente quanto aos direitos constantes da Convenção, a grande questão que aquele confronto suscita é a de saber como se deverá resolver um eventual conflito entre o conteúdo ou o modo de exercício de um direito consagrado tanto na CEDH como na Constituição portuguesa, claro, em relação às pessoas cobertas pelo domínio subjectivo de aplicação tanto daquele texto como deste.

A resposta a esta questão é mais fácil do que parece.

De facto, se nesse confronto o preceito mais favorável ao indivíduo for a norma internacional – da Convenção – será esta que terá de se aplicar, e por uma de duas razões: ou por força do artigo 16.º, n.º 1, da CRP, com o sentido que lhe demos atrás ([1]), ou em virtude de o primado da CEDH e dos seus Protocolos Adicionais sobre a

---

([1]) V. *supra*, Parte I, Cap. II, Secção IV, n.º 3.

Constituição decorrer do facto de uma e outros integrarem o *ius cogens* (¹).

Estará nesse caso, por exemplo, o direito à propriedade privada. A nossa Constituição considera-o um mero direito económico (ver a colocação do art. 62.º), no que, contudo, não é seguida nem pela jurisprudência constitucional nem pela doutrina (²). Mas para a CEDH o direito à propriedade é mais do que isso, é um *direito pessoal*, ou um *direito de personalidade* (³).

Mas, se, ao contrário, a norma internacional for mais restritiva do que a norma constitucional, nesse caso será esta que se aplicará, desde logo por respeito pelo princípio da *coerência democrática* do sistema, que impõe a regra do *tratamento mais favorável do indivíduo*. De facto, seria contrário ao espírito da Convenção, ela própria virada para a prevalência das ideias de Democracia e de protecção dos direitos fundamentais, impor abstractamente o seu primado sobre as Constituições estaduais mesmo quando estas assegurem um nível mais elevado de protecção aos direitos dos indivíduos.

A solução que se propõe é análoga à adoptada pelo Direito Comunitário, que aceita renunciar ao seu primado sobre o Direito Constitucional estadual quando a norma nacional confira um tratamento mais favorável ao indivíduo (⁴).

9. Autoridade e efeitos das sentenças do Tribunal Europeu dos Direitos do Homem

O TEDH não é um tribunal de revista em relação a actos do Poder Legislativo, do Poder Administrativo ou do Poder Judicial das Partes Contratantes, isto é, dos Estados que aceitaram a sua jurisdição. Mais concretamente, ele não é um tribunal de recurso das

---

(¹) V. *supra*, Parte II, Cap. VII, n.º 1.

(²) Cfr., por último, FAUSTO DE QUADROS, *O direito de reversão*, separata de *Direito e Justiça* 1991, pgs. 101 e segs. (105).

(³) Para além dos Comentários citados, em especial o de FROWEIN/PEUKERT, v. DOLZER, *op. cit.*, pgs. 200 e segs.

(⁴) V. *supra*, Parte I, Cap. II, Secção IV, n.º 4.

sentenças dos tribunais nacionais. Isso decorre do simples facto de aquele Tribunal não ser um tribunal federal.

O TEDH limita-se a *constatar* e a *declarar* uma infracção à Convenção (entenda-se: ou aos seus Protocolos Adicionais) e condena o Estado infractor à reparação dessa infracção, desde que o Estado haja reconhecido a jurisdição do Tribunal (arts. 46.º e 50.º do Regulamento do Tribunal).

A sentença do TEDH tem *autoridade de caso julgado para o Estado em questão*. Isto significa duas coisas.

Primeiro, a força de *res judicata* quer dizer que a sentença é obrigatória para o Estado e a execução não está dependente de qualquer *exequatur* da parte das autoridades do Estado infractor.

Em segundo lugar, significa que a sentença não produz efeitos *erga omnes*.

A sentença do Tribunal não é executória por si própria. Mas, nos termos da Convenção, ela é obrigatória para o Estado respectivo, o que significa que da Convenção decorre para o Estado *a obrigação de espontaneamente lhe dar imediata e automática execução*. Esta obrigação resulta do artigo 53.º CEDH, que acolhe um corolário do princípio da boa fé no cumprimento da Convenção pelos Estados contratantes.

O artigo 54.º encarrega o Comité de Ministros de velar pela execução da sentença. No exercício dessa competência aquele Comité exerce dois poderes importantes: primeiro, providencia para que o Estado infractor satisfaça a "reparação razoável" em que terá sido condenado nos termos do artigo 50.º *in fine* da Convenção; segundo, certifica-se de que o Estado infractor tomou as medidas de carácter geral ou específico não só para repor a legalidade infringida como também para prevenir novas infracções idênticas à Convenção, o que o pode levar ao ponto de ter de modificar o Direito vigente ([1]). Por isso se compreende que *a simples existência na Ordem Jurídica de*

([1]) Veja-se os exemplos de alterações legislativas introduzidas pelos Estados no quadro da execução de sentenças do TEDH em GANSHOF V. D. MEERSCH, *European Court of Human Rights*, in *Enyclopedia*, t. 8, pgs. 192 e segs. (205). E no mesmo estudo, a pgs. 204, indicam-se importantes acórdãos do TEDH cuja execução obrigou a modificações no Direito vigente dos Estados em questão.

um Estado de normas contrárias à Convenção, mesmo se não aplicadas a casos concretos, pode ser declarada pelo Tribunal como infracção à Convenção ([1]).

Só depois de exercidos estes dois poderes é que o Comité de Ministros considera que esgotou a obrigação que o citado artigo 54.º lhe impõe.

O facto de a Convenção não estipular sanções para a não execução das sentenças do TEDH, excepto no caso extremo do artigo 15.º do Estatuto do Conselho da Europa, não afecta a aludida *força obrigatória* das sentenças nem exclui a *responsabilidade internacional* do Estado que as não cumpre.

O Comité de Ministros não tem tido dificuldades em obter a execução imediata e voluntária da maior parte das sentenças do Tribunal. Poucas foram as sentenças em que, devido à complexidade da sua execução, esta ficou atrasada. Não é obrigação do Tribunal fixar prazo para a execução das suas sentenças; mas, se o fizer, facilita o trabalho do Comité de Ministros. De qualquer modo, fica larga margem de discricionariedade para os Estados na escolha dos meios apropriados para dar cumprimento a cada sentença.

Este sistema de execução dos acórdãos do TEDH pode ser aperfeiçoado. Por isso, a Assembleia Parlamentar do Conselho da Europa já por mais de uma vez propôs que lhes fosse dado expressamente efeito *erga omnes*. Outra inovação defendida consiste na atribuição de força executória própria às sentenças do Tribunal, o que dispensará a intervenção neste domínio do Comité de Ministros, que é um órgão político ([2]).

([1]) Assim fez o TEDH nos casos *Golder* (Ac. 21-2-75, Série A 18) e *Deweer* (Ac. 27-2-80, Série A 33).

([2]) Sobre a matéria deste número, vei H. ROLIN, *L'autorité des arrêts et décisions des organes de la CEDH*, in *RDH* 1973, pgs. 729 e segs.; SCHMID, *Die Wirkungen der Entscheidungen der europäischen Menschenrechtsorgane*, diss., Zurique, 1974; WALDOCK, *Die Wirksamkeit des Systems der europäischen Menschenrechtskommission*, in *EGRZ* 1979, pgs. 599 e segs.; ID., *The Effectiveness of the System set up by the European Convention on Human Rights*, in *HRLJ* 1980, pgs. 1 e segs.; e a bibl. cit. na *op. cit.* de GANSHOF V. D. MEERSCH. Uma excelente síntese da recente evolução global da jurisprudência do Tribunal pode ver-se no estudo do seu Vice-Presidente, o

10. Portugal e a Convenção Europeia dos Direitos do Homem

Quando da aprovação para ratificação da Convenção através da Lei n.º 65/78, de 13 de Outubro, Portugal formulou oito reservas. O artigo 64.º CEDH permite que um Estado formule reservas, desde que elas respeitem as disposições específicas da Convenção e se baseiem na desconformidade do Direito interno com o seu texto.

As reservas apresentadas por Portugal referiam-se às seguintes matérias: prisão disciplinar de militares; incriminação e julgamento dos agentes e responsáveis da ex-PIDE/DGS; televisão; *lock-out;* serviço cívico; organizações de ideologia fascista; expropriações de latifundiários, grandes proprietários, e empresários ou accionistas; ensino público e particular. Um número tão grande de reservas foi mal acolhido *politicamente* pelos outros Estados partes na Convenção embora *juridicamente* eles não tenham objectado formalmente a elas ([1]). Ainda por cima, como mostra JORGE MIRANDA ([2]), seis das oito reservas eram "desnecessárias ou inúteis ou, a entenderem-se necessárias, não eram impostas pela Constituição" e até, nalguns casos, boliam com o texto constitucional e, portanto, eram inconstitucionais.

Todavia, o problema quase perdeu actualidade, porque a Lei n.º 12/87, de 7 de Abril, só manteve as reservas relativas à prisão disciplinar de militares e à incriminação dos agentes e responsáveis da ex-PIDE/DGS – aliás, mal, porque a primeira briga com o ar-

---

Professor BERNHARDT, *Neue Entwicklungstendenzen in der Rechtsprechung des Europäischen Gerichtshofes für Menschenrechte*, ed. do Europa-Institut, Sarrbrücken, 1987.

([1]) Todavia, o Reino Unido, a Alemanha e a França produziram declarações separadas no sentido de que Portugal infringiria o Direito Internacional se, com fundamento em qualquer das reservas, se recusasse a pagar uma "indemnização rápida, apropriada e efectiva", ou "rápida, adequada e efectiva", em caso de expropriação de imóveis de cidadãos estrangeiros – v. *Annuaire de la Convention Européenne des Droits de l'Homme* 1979, pgs. 16 a 23.

([2]) *Manual, cit.*, t. IV, Coimbra, 1988, pgs. 211-212.

tigo 27.º, n.º 3, alínea c), da Constituição e a segunda não tem hoje qualquer alcance político (¹).

Não obstante a informação entre os cidadãos portugueses sobre a Convenção, o seu conteúdo e os mecanismos que ela lhes faculta continuar a ser muito escassa, já deu entrada na Comissão um número elevado de queixas apresentadas por cidadãos portugueses: assim, e segundo os últimos dados oficiais disponíveis, aquele número foi de 16 em 1988 e de 26 em 1989 (²).

Portugal é parte na Convenção e nos Protocolos n.ºˢ 1, 2, 3, 4, 5, 6 e 8. Assinou os Protocolos n.ºˢ 7, em 22 de Novembro de 1984, n.º 9, em 22 de Novembro de 1991, e n.º 10, em 22 de Julho de 1992, mas em 1 de Setembro de 1992 ainda não os tinha ratificado. Subscreveu em 9 de Novembro de 1978 as declarações relativas aos artigos 25.º e 46.º (³).

Nos processos de queixa dirigidos contra o Estado português, este tem-se feito representar por um *Agente do Governo*, fixo, com a função de Magistrado do Ministério Público e a categoria de Procurador-Geral da República Adjunto. Sem embargo de se reconhecer que esta solução apresenta algumas vantagens no aspecto puramente burocrático, enquanto o Agente funciona como elo de ligação entre o Estado português e os órgãos da Convenção, é discutível se, de harmonia com regras básicas de Direito Processual em matéria de legitimidade, o Agente não deveria estar munido de procuração para litigar *em cada processo*, o que não acontece, bem como é também de suscitar a questão de saber se a especialização imposta pelas diversas infracções possíveis à Convenção (que contendem com variadíssimos ramos de Direito, do Direito Processual ao Direito Penal, do Direito Civil ao Direito do Urbanismo, do Direito Administrativo ao Direito do Ambiente) não deveria sugerir que o

---

(¹) É também essa a opinião de JORGE MIRANDA, *op. e loc. cits.*. Cfr. MOURA RAMOS, *op. cit.*, pgs. 190-192.

(²) Fonte: *Le Conseil de l'Europe et les droits de l'homme*, Estrasburgo, 1991, mapa estatístico de pgs. 37.

(³) In *Annuaire* 1978, pgs. 6-7 e 10-11

Agente, como acontece em outros Estados partes na Convenção e como, aliás, Portugal tem observado nos processos em que tem sido parte no Tribunal de Haia e nos Tribunais Comunitários, fosse escolhido pelo Estado português *caso a caso,* em função da matéria de Direito controvertida na queixa (o que a simples junção de peritos ao Agente, que certas vezes ocorre, não supre).

É ao Gabinete de Documentação e Direito Comparado da Procuradoria-Geral da República que cabe a função de correspondente nacional da Direcção dos Direitos do Homem e da Direcção dos Assuntos Jurídicos do Conselho da Europa. Aquele Gabinete tem uma série editorial, intitulada *Documentação e Direito Comparado,* anexa ao *Boletim do Ministério da Justiça.*

SECÇÃO V

A ASSOCIAÇÃO EUROPEIA DE COMÉRCIO LIVRE

1. **A história da EFTA**

A criação, em 1951, da Comunidade Europeia do Carvão e do Aço (CECA) e, mais tarde, em 1957, da Comunidade Económica Europeia (CEE) e da Comunidade Europeia da Energia Atómica (EURÁTOMO), deixara de fora do processo de integração europeia muitos Estados membros da OECE, o mais importante dos quais era o Reino Unido.

Quando em 1956 se discutia o projecto de instituição da CEE, o Reino Unido pôs de lado a hipótese de nela ingressar, e por dois motivos: por um lado, as limitações à sua soberania, que aquela Comunidade implicava, o que fazia com que alguns constitucionalistas britânicos vissem esse ingresso como contrário ao Direito Constitucional britânico; por outro, o receio de com a entrada naquela Comunidade vir a afectar o sistema de preferências concedidas à *Commonwealth.*

Mas, ainda que não entrando para a CEE, não convinha ao Reino Unido ficar isolado. Com ele havia outros Estados que tinham ficado de fora das Comunidades, e por razões diferentes: razões económicas e políticas, como era o caso de Portugal ou, noutros termos, dos três Estados escandinavos, a Suécia, a Noruega e a Dinamarca; ou só políticas, como acontecia com a Áustria e a Suíça (Estados neutralizados). Pois, o Reino Unido vai convencer este grupo heterogéneo a segui-lo na criação, sob o seu predomínio, de uma zona de comércio livre.

É na sequência deste processo que em 4 de Janeiro de 1960 é assinada a *Convenção de Estocolmo*, que cria a Associação Europeia de Comércio Livre (mais conhecida pela sua sigla inglesa, EFTA, embora também seja usada a sigla francesa, AELE).

A EFTA tem a sua sede em Genebra.

2. Os membros da EFTA

Os membros originários da EFTA eram, pois, sete, a saber: a Áustria, a Dinamarca, a Noruega, Portugal, a Suécia, a Suíça (e, através dela, o Estado exíguo Principado de Liechtenstein) e o Reino Unido.

Com o tempo, saíram dela a Dinamarca, o Reino Unido e Portugal, para aderirem às Comunidades Europeias. Em contrapartida, entraram para a Organização a Islândia e a Finlândia. E o Liechtenstein tornou-se membro autónomo da Organização. Por isso, a EFTA tem hoje outra vez sete membros.

A adesão está regulada no artigo 41.º, n.º 1, da Convenção de Estocolmo.

Além dos Estados membros, a EFTA pode ter Estados associados, nos termos do artigo 41.º, n.º 2. O Estado associado goza do essencial dos direitos e das obrigações dos Estados membros. Teve esse estatuto a Finlândia até 1985, altura em que se tornou Estado membro.

3. Os objectivos da EFTA

O artigo 2.º da Convenção enuncia os fins que a Organização visa alcançar:

"ARTIGO 2.º

(Objectivos)

Os objectivos da Associação serão:

a) Promover na área da Associação e em cada Estado membro a expansão constante da actividade económica, o pleno emprego, o aumento da produtividade e a exploração racional dos recursos, a estabilidade financeira e a melhoria contínua do nível de vida;

b) Assegurar ao comércio entre os Estados membros condições de concorrência equitativa;

c) Evitar entre os Estados membros diferenças sensíveis nas condições de abastecimento de matérias-primas produzidas na área da Associação, e

d) Contribuir para o desenvolvimento equilibrado e a expansão do comércio mundial, assim como para a eliminação progressiva dos obstáculos que o dificultam."

Pela prossecução desses objectivos a EFTA pretendia alcançar uma *zona de comércio livre*, portanto, muito menos do que o mercado comum que era visado pelas Comunidades. E fazia-o em termos intergovernamentais clássicos, sem, portanto, afectar a soberania dos Estados – ou não tivesse sido esse um dos factores determinantes da sua criação.

Essa zona de comércio livre foi sendo progressivamente atingida, de harmonia com o calendário constante da própria Convenção. Assim, por exemplo, a supressão total dos direitos de importação foi alcançada, como previa o artigo 3.º, n.º 2, alíneas *a)* e *b)*, em 1 de Janeiro de 1970, salvo quanto a Portugal, por razões que adiante explicaremos.

Organizações intergovernamentais regionais

Para atingir os seus fins a Organização servia-se fundamentalmente dos seguintes instrumentos: a supressão progressiva dos direitos aduaneiros (art. 3.º e seguintes) e das restrições quantitativas às importações e às exportações (arts. 10.º e 11.º); a proibição de auxílios governamentais (art. 13.º); a supressão progressiva de restrições ao direito de estabelecimento (art. 16.º); e a supressão progressiva de discriminações em matéria fiscal (art. 6.º) (¹).

Portugal beneficiou na EFTA de um regime de especial favor. Primeiro, foi a própria Convenção a estabelecer um calendário mais longo para o nosso País no tocante à eliminação dos direitos de importação e às restrições quantitativas à exportação. Esse regime constava do Anexo G à Convenção. Depois, em 1977, entraria em funcionamento um Fundo para o Desenvolvimento Industrial especificamente para Portugal.

Esse estatuto de favor permitiu a Portugal diminuir o atraso em que se encontrava do ponto de vista económico por confronto com outros Estados membros da Organização e dar sólidos passos no sentido da sua industrialização (²).

4. Os órgãos da EFTA

A Convenção só criou, no seu artigo 32.º, um órgão, o *Conselho,* composto por representantes de todos os Estados membros. Ele delibera em regra por unanimidade, podendo aprovar tanto decisões obrigatórias como meras recomendações.

(¹) V. sobre a EFTA, para além de várias publicações editadas pela própria Organização sobre a sua actividade e o seu funcionamento, W. KARL, *European Free Trade Association,* in *Encyclopedia,* t. 5, pgs. 164 e segs.; GANSHOF V. D. MEERSCH, *op. cit.,* t. I, pgs. 493 e segs.; BOWETT, *op. cit.,* pgs. 197 e segs ; FAUSTO DE QUADROS, *Relações, cit.,* pgs. 50 e segs.; DIEZ DE VELASCO, *op. cit.,* t. II, pgs. 329 e segs.; e COLLIARD, *op. cit.,* pgs. 471 e segs.

(²) V. o estudo editado pela Associação Industrial Portuguesa, em 1960, intitulado *Portugal e a Cooperação Económica Europeia,* que inclui o Parecer da Câmara Corporativa sobre a adesão do nosso País à EFTA, Parecer de que foi relator o Professor FRANCISCO PEREIRA DE MOURA (Parecer n.º 30/VII, in *Actas da Câmara Corporativa,* n.º 92, de 13-4-60).

Depois, aproveitando a faculdade que lhe é conferida pelo n.º 3 do mesmo artigo 32.º, o Conselho instituiu um outro órgão – o *Secretariado* – e vários comités.

Contudo, dois Tratados assinados pelos Estados membros da EFTA em Maio de 1992 vieram enriquecer substancialmente a estrutura orgânica da Organização: o *Tratado sobre a criação de uma Autoridade de Fiscalização e de um Tribunal* e o *Tratado sobre um Comité Permanente*.

O primeiro institui uma Autoridade de Fiscalização e um Tribunal para a EFTA.

A *Autoridade de Fiscalização* é independente dos Estados (art. 4.º). Assegura o cumprimento pelos Estados membros da EFTA das obrigações por eles contraídas no quadro do Tratado EEE (que estudaremos no número seguinte) e deste Tratado. Para o desempenho dessa função pode tomar decisões, aprovar recomendações e emitir pareceres (art. 5.º).

A Autoridade de Fiscalização é um órgão colegial composto por sete membros, indicados por comum acordo entre os Estados da EFTA, e que gozam de independência no exercício das suas funções (arts. 7.º a 9.º). O Presidente é escolhido entre os membros da Autoridade por um período de dois anos, por comum acordo entre os Estados membros (art. 12.º).

O *Tribunal* é composto por sete juízes, designados por comum acordo dos Estados membros. O seu mandato é de seis anos, renovável. O Presidente é eleito pelos juízes por um mandato de três anos, sendo reelegível (arts 28.º e 30.º).

Este Tribunal tem uma competência muito vasta. De facto, cabe-lhe:

a) conhecer de acções para a resolução de litígios entre os Estados membros acerca da interpretação ou da aplicação do Tratado EEE, deste Tratado ou do Tratado que cria o Comité Permanente (art. 32.º);

b) emitir pareceres sobre a interpretação do Tratado EEE, a pedido dos tribunais nacionais dos Estados membros da EFTA, não sendo esses pareceres vinculativos para os tribunais nacionais (art. 34.º).

c) julgar de plena jurisdição as sanções aplicadas pela Autoridade de Fiscalização (art. 35.º);

d) conhecer dos recursos de anulação interpostos pelos Estados EFTA ou pelos seus cidadãos contra decisões da Autoridade de Fiscalização (art. 36.º);

e) conhecer dos recursos de omissão interpostos pelos Estados EFTA ou pelos seus cidadãos contra omissões da Autoridade de Fiscalização em infracção a este Tratado ou ao Tratado EEE (art. 37.º);

f) julgar acções de responsabilidade interpostas contra a Autoridade de Fiscalização (arts. 39.º e 46.º).

O Protocolo n.º 5 ao Tratado aprova o Estatuto do Tribunal.

Pelo que fica exposto vê-se que, dentro das Organizações intergovernamentais, a EFTA passa a ser aquela que tem um Tribunal com mais ampla competência, ao que não é alheio o facto de na sua criação ter tido grande influência o modelo do Tribunal de Justiça das Comunidades Europeias.

O segundo dos referidos dois Tratados, de Maio de 1992, cria um *Comité Permanente.*

Este é composto por um representante de cada Estado membro, com um voto cada. Pode reunir-se a nível de Ministros ou de Altos Funcionários (art. 4.º). Tem competência administrativa e de gestão, definida quer por este Tratado quer pelo Tratado EEE (arts. 1.º e 3.º).

No caso de qualquer Estado membro da EFTA não ratificar o Tratado EEE, os dois Tratados acima referidos terão de ser alterados em conformidade.

5. O Espaço Económico Europeu

Desde 1972 que os Estados membros da EFTA se foram sucessivamente vinculando à CEE por acordos comerciais preferenciais, o que facilitou a entrada naquela Comunidade aos Estados membros da EFTA que vieram a aderir à CEE. Foi o caso de Portugal, que conclui um acordo desse tipo com a CEE em 22 de Julho de 1972.

Mas em termos de relações com as Comunidades Europeias foi recentemente dado um passo muito mais significativo.

De facto, em 2 de Maio de 1992, por Tratado assinado no Porto, sob a égide da presidência portuguesa das Comunidades (e por isso conhecido por *Acordo do Porto*), entre os Estados membros da EFTA, a CECA e os seus Estados membros, a CEE e os seus Estados membros, foi criado o *Espaço Económico Europeu (EEE)*.

O Tratado deveria entrar em vigor em 1 de Janeiro de 1993, se entretanto tivesse sido ratificado por todas as Partes Contratantes, o que não aconteceu. Por isso, entrará em vigor no segundo mês seguinte à última ratificação. Mas se o Tratado não tiver sido ratificado por todos os Estados signatários até 30 de Junho de 1993 as Partes Contratantes reunir-se-ão para "apreciar a situação" (art. 129.º, n.º 3).

O escopo do Acordo encontra-se enunciado no seu artigo 1.º, n.º 1, que dispõe:

"ARTIGO 1.º

1. O objectivo do presente Acordo de associação é o de promover um reforço permanente e equilibrado das relações comerciais e económicas entre as Partes Contratantes, em iguais condições de concorrência e no respeito por normas idênticas, com vista a criar um Espaço Económico Europeu homogéneo, a seguir designado EEE.
(...)".

O fim prosseguido pelo *Acordo do Porto* é, pois, o da criação de um grande espaço económico de 380 milhões de pessoas, de dezanove Estados (os doze membros das Comunidades e os sete da EFTA). As Comunidades Europeias já eram o maior espaço comercial do mundo (maior mesmo do que os Estados Unidos e a ex-União Soviética), e esse espaço ficou consideravelmente alargado com a criação do EEE, já que este representa mais de 45 por cento do comércio mundial e cerca de 30% da produção mundial. Além disso, este espaço constitui, em grande parte, a antecipação do futuro espaço comunitário, dado que, dos Estados da EFTA, a Áustria, a Suécia, a Finlândia e a Noruega já requereram a abertura de negociações para a sua adesão às Comunidades e presume-se que os outros também o venham a fazer.

O artigo 1.º, n.º 2, do Acordo prescreve os instrumentos da prossecução dos objectivos referidos. Reza ele:

"ARTIGO 1.º

(...)
2. A fim de alcançar os objectivos definidos no n.º 1, a associação implica, de acordo com o previsto no presente Acordo:

a) A livre circulação de mercadorias,
b) A livre circulação de pessoas,
c) A livre circulação de serviços,
d) A liberdade dos movimentos de capitais,
e) O estabelecimento de um sistema que assegure a não distorção da concorrência e o respeito das respectivas regras, bem como
f) Uma colaboração mais estreita noutros domínios, tais como, por exemplo, a investigação e o desenvolvimento, o ambiente, a educação e a política social."

O carácter inédito do EEE retrata-se no facto de nele vir a ser aplicada a Ordem Jurídica das Comunidades Europeias, especialmente em matéria de "quatro liberdades" e de Direito da Concorrência, e de ter de se levar a cabo uma "interpretação tão uniforme quanto possível" do Acordo com o Direito Comunitário (art. 105.º).

Os órgãos criados pelo Acordo encontram-se disciplinados nos artigos 89.º e seguintes.

O órgão principal é o *Conselho do EEE,* previsto nos artigos 89.º a 91.º. Compete-lhe dar o "impulso político necessário" à execução do Acordo e "definir as orientações gerais" para o

Comité Misto. É composto por todos os membros do Conselho das Comunidades Europeias, por membros da Comissão das Comunidades e por um membro do Governo de cada Estado membro da EFTA. A Presidência do Conselho do EEE é exercida, alternadamente, durante um semestre, por um membro do Conselho das Comunidades e por um membro do Governo de um Estado da EFTA.

As deliberações do Conselho do EEE são tomadas por acordo entre a Comunidade, por um lado, e os Estados da EFTA, por outro.

Logo a seguir, vem o *Comité Misto do EEE*. Encontra-se regulado nos artigos 92.º a 94.º. Digamos que é o órgão de execução do Acordo, cabendo-lhe assegurar a sua aplicação.

É composto por representantes de todas as Partes Contratantes no Acordo. A presidência é exercida, alternadamente, durante um período de seis meses, pelo representante das Comunidades, isto é, pela Comissão das Comunidades, e pelo representante de um dos Estados da EFTA.

O terceiro órgão do EEE é o *Comité Parlamentar Misto*, previsto no artigo 95.º. Deve contribuir, "através do diálogo e do debate, para uma melhor compreensão entre as Comunidades e os Estados da EFTA nos domínios abrangidos pelo Acordo". Nesse sentido, pode requerer a comparência do Presidente do Conselho do EEE a fim de ser por ele ouvido. É composto por um número igual de membros do Parlamento Europeu, por um lado, e de membros dos parlamentos dos Estados da EFTA, por outro. O Acordo não diz quem preside a este órgão, o que, portanto, terá que ser definido no respectivo regimento ([1]).

([1]) Sobre o Espaço Económico Europeu, veja-se O. JACOT-GUILLARMOD, *Accord EEE – Commentaires et réflexions*, Zurique, 1992.

SECÇÃO VI

A ORGANIZAÇÃO DOS ESTADOS AMERICANOS

1. Sua génese

O mais antigo movimento regionalista à escala do Globo foi o que se verificou no Novo Continente. Na realidade, a América Latina oferecia um terreno privilegiado para a constituição de Organizações Internacionais, em resultado da fragmentação excessiva dos Estados constituídos após a descolonização, verificada em princípios do século XIX. Já em 1824, BOLIVAR, ao propor a reunião do Congresso do Panamá, tinha em vista a realização dessa ideia. Assinou-se, nesse Congresso, um tratado que criava a *União e Liga de Confederação*, que, no entanto, não teve realização prática.

Durante o século XIX continuou a germinar a ideia da instituição de uma Organização dos Estados americanos, mas desta vez à escala continental, sendo seu principal impulsionador os Estados Unidos: por isso, esse projecto foi por alguns chamado a "campanha colonial" norte-americana. Ele baseava-se na *doutrina de Monroe*, segundo a qual deveria incumbir aos Estados Unidos assegurar a protecção e a defesa de todos os Estados americanos. Todavia, este movimento foi dificultado pelas divisões internas da América Latina e pelas más relações existentes periodicamente entre esses Estados e os Estados Unidos.

Contudo, em 1890 reuniu-se a *Conferência Pan-Americana*, onde se discutiram em especial assuntos comerciais. Foi criada logo a seguir uma Repartição Comercial Pan-Americana e, com base nela, outros organismos internacionais.

Em 1928 reuniu-se a *Conferência de Havana*. Ela aprovou a Convenção que criou a União Pan-Americana. Surgia, assim, ainda antes da guerra, a primeira Organização regional americana, embora sem uma estrutura jurídica consistente. Todavia, aquela Convenção não obteria o número necessário de ratificações para entrar em vigor e por isso a União não chegou a funcionar.

Isso não impediu, porém, que a Conferência de Havana produzisse resultados relevantes. Por exemplo, foi nela feita, de modo claro, a condenação do "direito de conquista" e de todas as formas de agressão.

Quatro datas marcam, a partir desse ano, o caminho percorrido até à estruturação jurídica de uma Organização dos Estados Americanos, eliminando pouco a pouco o carácter rudimentar e impreciso que o pan-americanismo até então assumira.

Em 1933, na *Conferência de Montevideu*, conclui-se uma *Convenção sobre os Direitos e os Deveres dos Estados*, de cujo conteúdo se destaca o princípio da não intervenção nos assuntos "internos e externos". Essa Convenção seria ratificada por mais de 2/3 dos Estados do continente americano, incluindo os Estados Unidos.

Em 1945 tem lugar a *Reunião Pan-Americana de Chapultepec*, onde se debateram essencialmente problemas da guerra e da paz. Ampliaram-se nesta reunião os poderes de intervenção da União Pan-Americana em assuntos políticos, sendo esta autorizada a convocar reuniões de consulta, ordinárias e extraordinárias, a fim de orientar a tarefa de certos organismos inter-americanos.

Em 1947 ocorre a *Conferência Pan-Americana do Rio de Janeiro*, onde se aprofundaram as bases da segurança no continente. Nessa Conferência foi assinado o *Tratado Inter-Americano de Assistência Mútua* (ou *Tratado do Rio*), que definia os procedimentos a adoptar em caso de ameaças à paz ou actos de agressão.

Finalmente, em 1948 é assinada, na *Conferência de Bogotá, a Carta de Bogotá*, que instituía a Organização dos Estados Americanos (OEA), dando à cooperação no continente americano uma estrutura mais forte e rígida.

Vemos assim que a OEA é o produto de uma evolução lenta mas persistente, que, iniciada em 1890, termina na referida IX Conferência dos Estados Americanos, reunida em Bogotá, em 1948.

A Carta de Bogotá entrou em vigor em 13 de Dezembro de 1951.

Não tardou, contudo, que a própria Carta de Bogotá estivesse ultrapassada. No plano institucional e político sentiu-se necessidade de reforçar a competência dos seus órgãos. No plano económico e social, como a Carta era bastante lacónica nestes pontos, havia que aprofundar a intervenção da Organização nesses domínios. Era, pois, preciso imprimir um novo dinamismo ao sistema e, para tanto, rever a Carta.

A técnica utilizada para a sua primeira revisão foi a das Conferências Extraordinárias. É a III Conferência Extraordinária, que se reuniu em Buenos Aires em Fevereiro de 1967, que aprova os projectos de revisão da Carta que lhe foram apresentados, e dá à luz o Protocolo da Reforma da Carta de Bogotá, mais conhecido por *Protocolo de Buenos Aires*, assinado em 27 de Fevereiro de 1967, e que entrou em vigor em 27 de Fevereiro de 1970.

Em Dezembro de 1985, pelo Protocolo assinado em Cartagena, na Colômbia, procede-se à segunda revisão da Carta de Bogotá, que, aliás, teve um alcance muito menor do que a primeira.

Depois destas duas revisões, a Carta constitui um só instrumento, que contém os artigos iniciais que foram conservados, os artigos modificados nas duas revisões e os artigos novos.

2. Os membros da OEA

Antes do Protocolo de Buenos Aires a Organização estava aberta a todos os Estados americanos que quisessem ratificar a Carta. Era, pois, um tratado aberto, ainda que de âmbito regional. Actualmente, após aquele Protocolo, estabelecem-se trâmites formais muito mais apertados. Foram definidos requisitos para a admissão e estipulou-se, para o efeito, um processo rígido, no qual intervêm os órgãos da OEA. Isso não impediu que todos os Estados americanos, salvo Cuba, fossem hoje membros da OEA, num total de trinta e dois. O Canadá foi o último a aderir, em 27 de Fevereiro de 1989.

Prevê-se também a denúncia unilateral da Carta, desde que notificada com dois anos de antecedência ao Secretário-Geral.

A partir de 1962 Cuba deixou de participar nas reuniões, pois foi expulsa na Conferência de Punta del Este, no Uruguai. Esta expulsão foi devida ao não reconhecimento, por parte da OEA, do Governo existente naquele País, o que significa que a Organização aplicou a *doutrina da legitimidade* no reconhecimento do Governo, por influência dos Estados Unidos.

3. Princípios gerais e fins da OEA

Os princípios gerais e os fins desta Organização foram decalcados nos das Nações Unidas, embora restritos a um âmbito de aplicação meramente regional.

O artigo 3.º do Protocolo de Buenos Aires (que substitui o art. 5.º da Carta de Bogotá) enuncia os *princípios gerais* que presidem à actividade da OEA, dos quais se destacam: o primado do Direito Internacional nas relações entre os Estados membros; o respeito pela personalidade, soberania e independência dos Estados membros; a boa fé; a solidariedade entre os Estados membros; a renúncia ao recurso à força como forma de aquisição de direitos; a solução pacífica dos conflitos; o fomento da cooperação económica e do respeito pelos Direitos do Homem; a preservação da identidade cultural dos Estados membros.

No respeito por estes princípios, a Organização prossegue os seguintes *fins* (constantes hoje do art. 2.º da Carta de Bogotá):

 a) assegurar a paz e a segurança do Continente;

 b) prevenir as possíveis causas de conflito e garantir a solução pacífica das questões que surjam entre Estados membros;

 c) organizar a acção solidária em caso de agressão;

 d) procurar a solução dos problemas políticos, jurídicos e económicos surgidos entre os Estados membros;

 e) promover, através de uma acção de cooperação, o desenvolvimento económico, social e cultural dos Estados membros.

Estas finalidades gerais recebem, na mesma Carta, ulterior desenvolvimento. No Capítulo V, os artigos 23.º e 26.º ocupam-se da solução pacífica dos conflitos. No Capítulo VI, os artigos 27.º e

28.º regulam a segurança colectiva. Aí se estabelece que "toda a agressão de um Estado contra a integridade territorial ou contra a soberania e independência política de um Estado membro da Organização será considerada como uma forma de agressão contra os demais Estados americanos". Este princípio da solidariedade perante a agressão é tido como o ponto essencial do sistema da Carta de Bogotá.

Após a revisão da Carta em 1967, a Organização passou a manifestar uma maior preocupação com as questões económicas, sociais e culturais, de modo a se promover a elevação do nível de vida no continente norte-americano. Especial atenção tem sido dada à luta contra o analfabetismo, a reforma agrária e fiscal, a redistribuição dos rendimentos, a não-discriminação na remuneração do trabalho, o estímulo às empresas privadas e a estabilidade dos preços.

4. Os órgãos da OEA

Os principais órgãos da OEA são os seguintes:

a) A *Assembleia Geral* (designada, antes da revisão da Carta, por *Conferência Inter-Americana*). Está regulada nos artigos 52.º a 58.º do Protocolo de Buenos Aires. É o órgão supremo da Organização, a quem incumbe decidir sobre a política geral da Organização, a determinação da estrutura da Organização e as funções dos seus órgãos, e tudo o que se refere à convivência entre os Estados americanos. É, assim, o órgão deliberativo por excelência. As suas reuniões efectuam-se de cinco em cinco anos, podendo no entanto ser antecipadas, ou realizar-se reuniões extraordinárias, por decisão de 2/3 dos Estados membros.

b) A *Conferência Consultiva dos Ministros dos Negócios Estrangeiros*. É um órgão de consulta, embora de grande importância. Reúne-se para estudar os problemas que apresentem um carácter de urgência. Essas reuniões poderão ser requeridas por qualquer Estado membro do Conselho Permanente, que decidirá por maioria absoluta sobre a sua convocação. Esta convocação, porém, em casos de ataque armado, deverá ser feita directa e imediatamente pelo Presidente do Conselho Permanente. A Conferência é assistida por um comité consultivo de defesa.

c) O *Conselho Permanente*. Está hoje previsto nos artigos 81.º a 90.º do Protocolo de Buenos Aires. É um órgão de carácter permanente, constituído por representantes dos Estados membros, designados pelos respectivos governos com o grau de embaixador. Cada Estado tem direito a apenas um representante.

Este órgão tem sede em Washington e elege um presidente e um vice-presidente, que exercem as suas funções durante um ano, não podendo ser reeleitos no período seguinte. O Conselho é assistido por vários órgãos subsidiários, entre os quais se salientam o Conselho Inter-Americano Económico e Social, o Comité Jurídico Inter-Americano (órgão consultivo em matéria jurídica), o Conselho Inter-Americano para a Educação, Ciência e Cultura (com o objectivo de estimular o intercâmbio educacional, científico e cultural entre os Estados membros) e a Comissão Inter-Americana para os Direitos do Homem.

d) O *Secretariado*. Substituiu, na revisão de 1967 da Carta de Bogotá, a União Pan-Americana. É o "órgão central e permanente" da OEA (art. 113.º). Com sede em Washington, é constituído por um Secretário-Geral, eleito pela Assembleia Geral, por dez anos, por um Secretário-Geral adjunto e por funcionários privativos, em número variável. Todos os membros do Secretariado são independentes em relação aos Estados membros (art. 124.º). O Secretariado contém quatro departamentos principais de ordem administrativa, que formam outros tantos órgãos subsidiários. O Secretário-Geral viu os seus poderes políticos reforçados na revisão de 1985, que aproximou o seu estatuto do do Secretário-Geral da ONU [1].

---

[1] Para mais pormenores, BOWETT, *op. cit.*, pgs. 215 e segs.; GARCÍA-AMADOR, *Organization of American States*, in *Encyclopedia*, t. 6, pgs. 276 e segs.; DIEZ DE VELASCO, *op. cit.*, t. II, pgs. 400 e segs.; COLLIARD, *op. cit.*, pgs. 422 e segs.; e vasta bibl. cit. em todas essas obras.

SECÇÃO VII

A ORGANIZAÇÃO DA UNIDADE AFRICANA

1. **O aparecimento da OUA**

Os Estados africanos, na sua maioria de independência recente, e subdesenvolvidos ou em vias de desenvolvimento, só muito tardiamente (fins dos anos 50) se dispuseram a cooperar entre si, pois as suas primeiras preocupações foram canalizadas para a sua própria organização interna após a independência. As profundas diferenças que os separavam – de índole geográfica, histórica, racial, linguística, económica e política – contribuíram também para essa situação.

A primeira reunião formal de dirigentes dos Estados africanos foi a *Conferência dos Estados Africanos Independentes*, que ocorreu em Accra, capital do Ghana, em Abril de 1958. Entretanto foram-se formando vários grupos de Estados afins – dentro dos quais se destacaram os grupos de Casablanca, de Brazaville e de Monróvia –, e tiveram lugar diversas reuniões no sentido de aprofundar a cooperação entre todos. Dentre essas reuniões destacaram-se as Conferências de Abidjan, em 1960, de Casablanca e de Monróvia, em 1961.

Mas seria só na Conferência de Chefes de Estado e de Governo que teve lugar em Addis Abeba, em Maio de 1963, que se conseguiria aprovar a Carta que instituía a Organização da Unidade Africana. Ela foi assinada por trinta e dois Estados. Após ter sido ratificada por 2/3 dos Estados signatários (de harmonia com o seu art. XXV), entrou em vigor a 13 de Setembro de 1963.

2. **Os membros da OUA**

Segundo o artigo 4.º da Carta, a OUA só pode admitir como membro um Estado que seja "africano, soberano e independente".

A OUA agrupa hoje todos os Estados africanos, com excepção da República da África do Sul. Com a democratização interna em curso neste Estado a Organização não exclui a sua próxima admissão no seu seio.

O universalismo atingido pela OUA ao nível do continente não espelha, contudo, uma identidade de pontos de vista por parte de todos os Estados africanos. Sob a capa de uma aparente unidade, que os aproxima em questões básicas (a maior das quais é a da "luta contra o colonialismo e o imperialismo"), eles continuam divididos em vários grupos regionais, que atendem às suas afinidades históricas, étnicas, políticas, económicas e culturais, ou ao poder de afirmação de dirigentes carismáticos em certas zonas do continente, como foi o caso, sobretudo, dos Presidentes Senghor, do Senegal, Nasser, do Egipto, Nkrumah, do Ghana, Nyerere, do Quénia, e Kaunda, da Zâmbia. Modernamente, nova questão de fundo surge como factor de divisão entre os Estados membros da OUA: a diferente concepção que eles, entre si, cultivam acerca da Democracia e dos Direitos Humanos na África e no Mundo em geral.

3. Objectivos prosseguidos pela OUA

Os fins da OUA encontram-se previstos de forma muito genérica, no artigo 2.º da Carta. Cabe-lhe, pois:

a) reforçar a unidade e a solidariedade dos Estados da África e do Malgache;

b) coordenar e intensificar a colaboração e os esforços para oferecerem melhores condições de vida aos povos da África;

c) defender a sua soberania, a sua integridade territorial e a sua independência;

d) eliminar todas as formas de colonialismo no continente;

e) fomentar a cooperação internacional, tendo em conta a Carta das Nações Unidas e a Declaração Universal dos Direitos do Homem.

Para a concretização destes objectivos os Estados membros deverão coordenar e harmonizar as suas políticas económicas, de transportes e comunicações, de educação e cultura, de saúde, higiene e nutrição, de defesa e segurança, e científica e técnica.

4. Estrutura orgânica da OUA

São órgãos da OUA:

a) A *Conferência de Chefes de Estado e de Governo.* É o mais alto órgão da Organização. Segundo o artigo 8.º da Carta, cabe-lhe "estudar as questões de interesse comum para a África, a fim de coordenar e harmonizar a política geral da Organização". Reúne-se ordinariamente uma vez por ano. Cada Estado tem nela um voto. As deliberações sobre questões substantivas requerem maioria qualificada de 2/3 dos membros da Organização, e as sobre questões processuais maioria simples.

b) O *Conselho de Ministros.* Compõe-se dos Ministros de Negócios Estrangeiros ou outros Ministros que forem designados pelos respectivos Governos (art. 12.º). Tem duas reuniões ordinárias por ano. Compete-lhe preparar as reuniões da Conferência dos Chefes de Estado e de Governo, conhece de qualquer assunto de que esta o encarregue e executar as suas deliberações. Cada Estado tem um voto no Conselho. Delibera por maioria simples (art. 14.º).

c) O *Secretariado.* Dirige-o um Secretário-Geral. O carácter internacional do Secretariado é-lhe assegurado pelo artigo 18.º da Carta. O Secretário-Geral tem funções meramente administrativas, não políticas. Reside aqui uma grande diferença em relação aos Secretários-Gerais das principais Organizações intergovernamentais que temos vindo a estudar.

d) A *Comissão de Mediação, Conciliação e Arbitragem.* Criada pela Carta, viu a sua organização e o seu funcionamento disciplinados pelo Protocolo do Cairo, de Julho de 1964. Mas a Conferência de Chefes de Estado e de Governo de Libreville, de Julho de 1977, constatou a sua ineficácia e substituiu-a por um Comité *ad hoc* encarregado de solucionar os litígios entre os Estados membros.

Além destes órgãos existem diversas *comissões especializadas,* encarregues do estudo de matérias sectoriais. Elas encontram-se previstas no artigo 20.º da Carta e são compostas pelos Ministros, ou seus delegados, dos Estados membros ([1]).

SECÇÃO VIII

OUTRAS ORGANIZAÇÕES INTERGOVERNAMENTAIS REGIONAIS

1. **Referência a algumas outras Organizações intergovernamentais regionais**

Para além das que acabámos de estudar, há algumas outras Organizações de carácter intergovernamental e de âmbito regional que merecem uma breve referência pela sua importância e pela sua novidade.

2. **O Conselho Nórdico**

Na *Europa*, começaremos por falar no *Conselho Nórdico*.
Criado em 1952 como um órgão deliberativo de coordenação entre os Parlamentos da Dinamarca, da Islândia, da Noruega e da Suécia, transformou-se mais tarde em Organização Internacional. Além daqueles Estados é seu membro também a Finlândia. A sua função é a de reforçar a cooperação entre os Estados nórdicos ([2]).

([1]) Sobre a OUA, v. BOUTROS-GHALI, *L'Organisation de l'Unité Africaine*, Paris, 1969; MORJANE, *L'OUA et le règlement pacifique des différendes interafricains*, in *RevEgypt* 1975, pgs. 17 e segs.; JOUVE, *L'OUA*, Paris, 1984; E. BELLO, *Organization of African Unity*, in *Encyclopedia*, t. 6, pgs. 270 e segs.; DIEZ DE VELASCO, *op. cit.*, t. II, pgs. 456 e segs.; BOWETT, *op. cit.*, pgs. 241 e segs.; e COLLIARD, *op.cit.*, pgs. 624-625.
([2]) A. BERG, *Nordic Council and Nordic Council of Ministers*, in *Encyclopedia*, t. 6, pgs. 261 e segs.

3. O Conselho de Estados do Mar Báltico

Geograficamente próximo do Conselho Nórdico está hoje o *Conselho dos Estados do Mar Báltico*.

Foi criado em Março de 1992 pelos seguintes Estados: Alemanha, Rússia, Suécia, Finlândia, Dinamarca, Noruega, Estónia, Lituânia, Letónia e Polónia. Trata-se, pois, da primeira Organização regional que associa exclusivamente Estados da Europa Ocidental e Estados do leste europeu, incluindo alguns Estados resultantes do desmembramento da ex-União Soviética.

O seu objectivo consiste em intensificar a cooperação e a coordenação entre os Estados costeiros do Báltico, reforçando a "coesão regional" naquela área e dando "um passo significativo para uma total integração europeia". Entre os domínios prioritários da sua actuação figuram o ambiente, a energia e os Direitos do Homem e das minorias.

4. O Banco Europeu para a Reconstrução e o Desenvolvimento

De seguida, merece referência especial o *Banco Europeu para a Reconstrução e o Desenvolvimento (BERD)*.

Embora a sua designação se aproxime da do BIRD, o BERD afasta-se muito daquele, quer nas razões que levaram à sua criação, quer nos princípios gerais que o informam, quer ainda na sua função. De iniciativa francesa, o BERD dá resposta à ideia da criação de um banco para promover a estabilidade e o progresso económicos dos Estados da Europa Central e do Leste, após a sua democratização, e para lhes conceder assistência na sua reconstrução e no seu desenvolvimento.

O Tratado que o criou foi assinado em Paris, em 29 de Maio de 1990, entrou em vigor em Março de 1991 e o Banco foi inaugurado em 15 de Abril de 1991. O BERD tem a sua sede em Londres.

O primeiro objectivo do BERD é de índole política: consolidar a "Democracia multipartidária, o pluralismo e a Economia de Mercado" nos Estados visados (art. 1.º do Tratado). Por isso, os princípios gerais básicos que presidem à sua actividade são o do primado do Direito e o do respeito pelos Direitos do Homem. Os Estados que não aceitarem esses valores não poderão, pois, ser membros, e muito menos beneficiários do Banco.

O BERD é mais um banco comercial do que um banco de desenvolvimento.

Os *membros* fundadores do Banco foram:

— os doze Estados membros da CEE, mais a CEE, por si, e o Banco Europeu de Investimento (BEI), que, no total, subscreveram 51% do capital social do Banco;

— os oito Estados beneficiários, isto é, a ex-URSS, a Albânia, a Bulgária, a Checoslováquia, a Hungria, a Jugoslávia, a Polónia e a Roménia;

— os seguintes Estados europeus não incluídos na primeira categoria: Áustria, Chipre, Finlândia, Islândia, Liechtenstein, Malta, Noruega, Suécia, Suíça e Turquia;

— e os seguintes Estados não europeus: Austrália, Canadá, República da Coreia, Egipto, Estados Unidos, Israel, Japão, México, Marrocos e Nova Zelândia.

Por aqui se vê que o carácter regional, concretamente, europeu, desta Organização, traduzido logo na sua designação, afere-se pelo âmbito da *acção* da Organização, isto é, pelos Estados membros que são *beneficiários* do Banco, e não pelo âmbito de *participação* na Organização, isto é, pelo conjunto global dos Estados membros.

O artigo 37.º do Tratado permite a sua denúncia sem pré-aviso.

Os *órgãos* do BERD são: o *Conselho de Governadores*, o *Conselho de Directores* e o *Presidente*.

O *Conselho de Governadores* é o órgão principal do Banco (art. 23.º). Pode delegar os seus poderes no Conselho de Directores, excepto os mais importantes, entre os quais se inclui a admissão de novos membros. O voto de cada Governador é proporcional ao capital que ele representa. Como detentores de maioria do capital social, a CEE, os seus membros e o BEI detêm a maioria neste órgão.

No *Comité de Directores*, dos vinte e três membros, nove são eleitos pelos Estados membros da CEE, um designado pela Comissão das Comunidades, um pelo BEI e outros doze eleitos pelos outros Estados membros. Neste órgão, portanto, a CEE, o BEI e os seus Estados membros não conseguem a maioria.

O *Presidente* representa o Banco. É coadjuvado por dois Vice-Presidentes, escolhidos, sob sua proposta, pelo Conselho de Directores. O primeiro Presidente, ainda em funções, é o francês JACQUES ATTALI ([1]).

5. O Acordo Norte-Americano de Comércio Livre

Fora da Europa, há que mencionar, no continente americano, o *Acordo Norte-Americano de Comércio Livre* (cuja sigla é NAFTA, de *North American Free Trade Agreement*). O respectivo Tratado foi assinado em 13 de Agosto de 1992 entre os Estados Unidos, o Canadá (os dois maiores parceiros comerciais do Mundo) e o México. Este Acordo abrange, desta forma, 360 milhões de pessoas, quase tantas como as compreendidas no EEE, ao qual nos referimos atrás, e que resulta do grande espaço económico criado entre os dezanove Estados membros da CEE e da EFTA.

O NAFTA entrará em vigor em 1 de Janeiro de 1994.

A Organização está aberta a todos os Estados da América Central e do Sul. É possível a denúncia do Tratado com pré-aviso de seis meses.

O NAFTA propõe-se eliminar todos os direitos aduaneiros entre os Estados ao longo do período de quinze anos. Mas, para além da liberalização do comércio, o Acordo quer ocupar-se também de matérias como a saúde, o ambiente e a segurança.

([1]) Sobre o BERD, v. DUNNETT, *The European Bank for Reconstruction and Development: A Legal Survey*, in *CMLRev* 1991, pgs. 571 e segs.; SAUNIER/TOUSCOZ, *La Banque européenne pour la reconstruction et le développement*, in *RMC* 1992, pgs. 22 e segs.; e J.-V. LOUIS, *La Banque européenne pour la réconstruction et le développement: aspects juridiques*, in ACADEMY OF EUROPEAN LAW (ed.), *Collected Courses*, 1992, vol. II, livro I, pgs. 251 e segs.

Para alguns, o NAFTA constitui um instrumento dos Estados Unidos na sua recente "guerra comercial" com as Comunidades Europeias: através dela os Estados Unidos estariam a mostrar às Comunidades que, se estas não removerem os obstáculos ao comércio com eles, os Estados Unidos teriam alternativas para as relações comerciais com a Europa. Não é alheio a esse facto a integração do México no Acordo, já que as exportações dos Estados Unidos para o México perfazem, por ano, o dobro do total das exportações norte-americanas para o resto do Mundo ([1]).

6. O caso especial da Conferência de Segurança e Cooperação Europeia

A Conferência de Segurança e Cooperação Europeia (CSCE) reuniu-se em 1975, em Helsínquia. Participaram nela os Estados europeus ocidentais e do leste, além dos Estados Unidos e do Canadá.

Os seus resultados constam da *Acta Final de Helsínquia*, e podem sumariar-se em três grandes pontos: o reconhecimento da imutabilidade das fronteiras dos Estados signatários, a adopção de medidas de preservação da paz e a protecção dos Direitos do Homem.

A CSCE prosseguiu em novas Conferências Internacionais (chamadas "reuniões de seguimento"), que se reuniram em Belgrado, em 1977-78, em Madrid, de 1980 a 1983, em Viena, de 1986 a 1989 e em Helsínquia, em 1992. As Conferências de Belgrado e de Madrid não deram praticamente resultados positivos, sobretudo pela dificuldade encontrada pelos Estados ocidentais da parte dos Estados do leste em matéria de aprofundamento de um sistema conjunto de protecção dos Direitos do Homem.

É justo atribuir à CSCE uma importante responsabilidade, primeiro no desanuviamento das relações entre a Europa Ocidental e do

---

([1]) Ver C. CERAMI, *NAFTA*, in *Diálogo* (versão brasileira da revista *Dialogue*, ed. da *United States Information Agency*), 1992-IV, pgs. 8 e segs.; e ANDERE/KESSEL, *México y el Tratado Trilateral de Libre Comércio*, México, 1992.

leste, depois nas mudanças ocorridas no leste europeu no sentido da sua democratização (¹), sobretudo pelo contributo que ela deu para a liberdade de circulação de pessoas e de ideias entre os Estados ocidentais e do leste e para a manutenção de um constante clima de paz.

Para se alcançar este último objectivo merece destaque o *Tratado sobre Forças Armadas Convencionais na Europa* (mais conhecido por *Tratado CFE*), que, no quadro da CSCE, foi concluído entre os Estados membros da OTAN e do Pacto de Varsóvia. As conversações CFE iniciaram-se em Maio de 1989 entre os 23 membros daquelas duas Alianças militares, visando a redução do armamento convencional em geral, da parte delas duas, e a eliminação das disparidades existentes entre uma e outra no domínio das forças convencionais, e desembocaram na assinatura do Tratado CFE na Cimeira de Paris de 1990.

Mais tarde, com a extinção do Pacto de Varsóvia, tiveram lugar as conversações *CFE I-A*, que procuraram obter a vinculação ao Tratado CFE dos novos Estados surgidos na área da aplicação deste com o desmembramento da ex-URSS. O resultado positivo dessas conversações encontra-se materializado na *Declaração política* assinada sobre as conversações CFE I-A, na mencionada Cimeira de Helsínquia de 1992.

Ao contrário do que por vezes se afirma, as conversações *MBFR* (sigla de *Mutual and Balanced Forces Reduction Talks,* em português: *Conversações para a Redução Recíproca e Equilibrada de Forças*) não se processaram no quadro da CSCE: iniciaram-se directamente entre os Estados membros da OTAN e do Pacto de Varsóvia, em 1973, e terminaram, sem êxito, já na década de 1980.

A CSCE até hoje não foi mais do que uma Conferência Internacional que se reuniu periodicamente. Não pode, pois, ser vista como uma Organização Internacional. Os textos que aprovou, incluindo a Acta Final de Helsínquia, não têm mesmo, segundo entende pacificamente a doutrina, carácter jurídico, valendo apenas como *declarações políticas* ou meros *códigos de conduta*. Designadamente, não

---

(¹) Veja-se o Professor SEIDL-HOHENVELDERN, *Das Recht der internationalen Organisationen, cit.*, pgs. 30 e segs. e 305.

são tratados internacionais (¹). O Tratado CFE, esse um verdadeiro tratado, não chega a constituir excepção a essa regra pois, como se disse, foi concluído entre os Estados membros da OTAN e do Pacto de Varsóvia, embora no âmbito da CSCE.

Todavia, desde a *Carta para uma nova Europa*, aprovada na referida Cimeira de Paris de 1990 (por isso, também conhecida apenas por *Carta de Paris*), que se pretende transformar a CSCE numa Organização Internacional, que institucionalize um sistema de segurança colectiva em toda a Europa, no âmbito do artigo 51.º da Carta da ONU. Após o que ficou decidido na Conferência de Helsínquia de 1992, os seus órgãos serão: o *Conselho*, composto por Ministros dos Negócios Estrangeiros, que se reunirá uma vez por ano; um *Comité de altos funcionários*, que preparà as reuniões do Conselho; o *Secretariado*, dirigido por um Secretário-Geral, com funções exclusivamente administrativas; o *Centro de prevenção de conflitos; o Tribunal de Conciliação e Arbitragem*; e o *Serviço para eleições livres*. Dentro dos órgãos subsidiários destaca-se o *Alto Comissário para as Minorias Nacionais*.

A futura Organização Internacional, assim constituída, poderá ter como membros também os Estados Unidos e o Canadá (que, como se disse, participam na CSCE desde o início). Todavia, essa Organização Internacional será classificável como Organização regional, porque, como a sua própria sigla indica, o âmbito da *acção* da Organização confina-se ao continente europeu.

Em 1992 a CSCE tinha como membros, para além dos Estados Unidos e do Canadá, todos os Estados europeus, o que à data perfazia o total de 52 membros, ainda antes da substituição da Checoslováquia por dois novos Estados, as Repúblicas Checa e Eslovaca. Entre esses membros inclui-se também a Santa Sé (²).

(¹) Concretamente quanto à Acta Final de Helsínquia, CARRILLO SALCEDO, *Curso, cit.*, pg. 104; e M. COCCIA, *Helsinki Conference and Final Act on Security and Cooperation in Europa*, in *Encyclopedia*, t. 10, pgs. 216 e segs. (218).

(²) Sobre a CSCE, v. o desenvolvido estudo de COCCIA, *op. cit.*, e vasta bibl. aí seleccionada; e, mais recentemente, T. BUERGENTHAL, *CSCE Human Dimension: The Birth of a System*, in *Collected Courses of the Academy of European Law*, vol. I (1990), livro 2, pgs. 163 e segs.

CAPÍTULO III

ORGANIZAÇÕES SUPRANACIONAIS

1. As Comunidades Europeias: remissão

Nas edições anteriores deste livro procedíamos, neste lugar, a um estudo das Comunidades Europeias. Nesta edição mudámos de orientação nesta matéria. De facto, e como explicámos logo na Nota Prévia, hoje em quase todas as Escolas de Direito em Portugal, a começar por aquela onde ensinam os autores deste livro, o Direito Comunitário ganhou autonomia didáctica, sendo leccionado num curso semestral obrigatório para todos os Alunos. Por isso, não faz sentido que dele se ocupe um livro que, como repetidamente temos vindo a sublinhar, serve fundamentalmente fins didácticos no domínio do Direito Internacional Público. Sendo assim, não se procederá aqui a um estudo *ex professo* das Comunidades Europeias, ou da União Europeia, criada pelo recente Tratado da União Europeia, e da sua Ordem Jurídica.

Isto não quer dizer que elas tenham sido esquecidas nesta obra. Bem pelo contrário: como se viu, a propósito das questões gerais versadas em todas as Partes em que este livro se divide foram referidas, sempre que isso se justificasse, as especificidades das Comunidades Europeias e do seu sistema jurídico. Assim se procedeu, designadamente, no capítulo relativo às relações do Direito Internacional com o Direito Interno e, depois, em matéria de fontes, de sujeitos e de teoria geral das Organizações Internacionais, e até quando do estudo de algumas Organizações Internacionais, como foi o caso da OTAN, da UEO, do Conselho da Europa e da EFTA. Na teoria geral das Organizações Internacionais, incluímos mesmo uma caracterização jurídica das Comunidades Europeias, a propósito da classificação das Organizações Internacionais.

Acerca dessas diversas matérias também ficaram indicadas algumas das mais importantes obras gerais sobre o Direito Comunitário Europeu, inclusive Comentários aos Tratados.

2. Outras Organizações supranacionais

I. Mas além das Comunidades Europeias há na Comunidade Internacional, particularmente no continente americano, outras Organizações que se reclamam da supranacionalidade ou da integração, mesmo se menos evoluídas do que elas, e ainda que quanto a algumas delas seja legítimo pôr em causa o preenchimento das características jurídicas do conceito de Organizações supranacionais, que estudámos no Capítulo dedicado à Teoria Geral das Organizações Internacionais. De facto, não é por uma Organização Internacional se intitular "de integração" que ela passa a enquadrar-se no conceito de Organização supranacional ou de integração.

II. Na Europa, merece referência o *Benelux*.

Embora a sua origem última remonte à *União Económica Belgo-Luxemburguesa*, criada pela Convenção de 25 de Julho de 1921, e que continua em vigor, esta Organização nasce durante a Segunda Guerra Mundial.

De facto, em 21 de Outubro de 1943, os Governos no exílio da Bélgica, da Holanda (Neederland, em língua holandesa, que significa, à letra, Países Baixos) e do Luxemburgo (de cujas designações se compõe a sigla Benelux) concluem em Londres um Acordo Monetário e, mais tarde, em 5 de Setembro de 1944, uma Convenção Aduaneira. Depois, em 15 de Outubro de 1949, aqueles três Estados aprofundam a sua integração através dum Acordo de *pré--união económica*. Esta evolução desemboca na conclusão do

Tratado de 3 de Fevereiro de 1958, que entrou em vigor em 1 de Novembro de 1960, e que criou a *União Económica do Benelux*. O Tratado prevê a sua vigência por cinquenta anos, prorrogáveis tacitamente por períodos de dez anos.

Segundo o artigo 1.º do Tratado, a União visa alcançar entre os três Estados membros a liberdade de circulação de mercadorias, pessoas, serviços e capitais, a coordenação das suas políticas económicas e sociais e a criação de uma política "conjunta" em relação a terceiros Estados.

Não se prevê o alargamento do Benelux a mais Estados, nem a ampliação dos seus fins, dado que os seus três Estados membros se encontram hoje comprometidos num projecto muito mais ambicioso de integração, que é o das Comunidades Europeias ([1]).

Dentro da estrutura orgânica do Benelux, aliás muito pesada, destacam-se um *Tribunal de Justiça*, criado por um Tratado de 31 de Março de 1965, sob manifesta influência do Tribunal de Justiça das Comunidades Europeias, e um *Tribunal Arbitral*, com competência para julgar litígios entre os Estados membros com recurso à equidade.

III. Na *América* ([2]), a primeira Organização que cronologicamente tem de ser estudada é o *Mercado Comum Centro-Americano*.

Foi criado pelo Tratado Geral de Integração Económica Centro-Americana, assinado em Manágua em 13 de Dezembro de 1960 por São Salvador, Guatemala, Honduras e Nicarágua. A Costa Rica aderiria à Organização em 1962.

O objectivo nuclear do Tratado consiste na criação de uma união aduaneira e, depois, de um mercado comum entre os seus membros, dentro do prazo de cinco anos ([3]).

([1]) Sobre o Benelux, veja-se DIEZ DE VELASCO, *op. cit.*, t. II, pgs. 318 e segs., e KRUIJTBOSCH, *Benelux Economic Union*, in *Encyclopedia*, t. 6, pgs. 36 e segs.

([2]) Um estudo global das Organizações regionais do continente americano, mesmo para além das que adiante vamos indicar, pode encontrar-se em GARCÍA-AMADOR, *Regional Cooperation and Organization: American States*, in *Encyclopedia*, t. 6, pgs. 308 e segs.

([3]) Para mais pormenores, DIEZ DE VELASCO, *op. cit.*, t. II, pgs. 431 e segs.

IV. De seguida, surge-nos o *Pacto Andino*.

Após se haver comprovado o insucesso da *Associação Latino--Americana de Comércio Livre (ALALC)*, criada pelo Tratado de Montevideu, de 18 de Janeiro de 1962, e uma vez demonstrado que a sua sucessora, a *Associação Latino-Americana de Integração (ALADI)*, instituída pelo Tratado de 12 de Agosto de 1980, não pretendia ir para além dos objectivos visados pela ALALC (ou seja, tanto a ALALC como a ALADI são Organizações intergovernamentais, cujos fins não ultrapassam os da EFTA na Europa), vários Estados da América do Sul quiseram ir mais longe na sua cooperação e, para tal, assinaram, em 26 de Maio de 1969, o *Acordo de Cartagena*, que criou o *Pacto Andino*.

Foram membros fundadores do Pacto a Bolívia, a Colômbia, o Chile, o Equador e o Peru.

O Pacto Andino pretende, segundo os artigos 1.º e 2.º do Acordo de Cartagena, criar entre os seus membros uma união aduaneira e um mercado comum. Desde 1976 que o Pacto Andino vive em crise, primeiro, devido à saída do Chile, depois, à instabilidade em que têm vivido alguns dos seus Estados membros.

Os principais *órgãos* do Pacto Andino são: a *Junta*, a *Comissão*, o *Tribunal de Justiça*, o *Parlamento Andino* e o *Conselho Andino*. A regra de votação nos órgãos de decisão é a da maioria.

O grau de integração económica alcançado pelo Pacto Andino está longe do já conseguido pelas Comunidades Europeias, e não se vê que ele ultrapasse facilmente os obstáculos que se lhe deparam com vista a fazer progredir a integração e que derivam, sobretudo, de profundas divergências entre alguns dos seus Estados membros ([1]).

V. Em 4 de Julho de 1973, as Repúblicas de Barbados, Guyana, Jamaica e Trinidade-Tobago celebraram o *Tratado de Chaguaramas* (em Trinidade), que criou a *Comunidade do Caribe*

([1]) Veja-se DIEZ DE VELASCO, *op. cit.*, t. II, pgs. 410 e segs.; LEU, *Andean Common Market*, in *Encyclopedia*, t. 6, pgs. 13 e segs., e bibl. cit.; e G. PICO MANTILLO, *Derecho andino*, 2.ª ed., Quito, 1992.

(CARICOM). Viriam depois a aderir a ela outros Estados da zona, dos quais merecem destaque a Granada, a Dominica, a Santa Lucia, o Belize e a Antigua.

Aquele Tratado impõe à Organização a prossecução da integração económica dos Estados membros, através da criação de um Mercado Comum ([1]).

VI. Depois temos o *Mercado Comum do Sul (Mercosul)*.

Criado pela Argentina, pelo Brasil, pelo Paraguai e pelo Uruguai através do *Tratado de Assunção*, assinado em Assunção, em Março de 1991, o Mercosul pretende ser uma Organização de integração e atingir a fase do mercado comum em 31 de Dezembro de 1994 (art. 1.º). Segue expressamente o modelo das Comunidades Europeias.

Aquele Tratado encontra-se aberto à adesão de todos os Estados membros da ALADI, mas só após cinco anos sobre a data da entrada em vigor do Tratado. É possível a denúncia do Tratado mediante pré-aviso de sessenta dias (art. 21.º).

São *órgãos* da Organização o *Conselho* e o *Grupo do Mercado Comum*.

O Conselho é o supremo órgão do Mercosul. É composto pelos Ministros dos Negócios Estrangeiros, mas pelo menos uma vez por ano terão assento nele os Presidentes dos Estados membros (arts. 10.º e 11.º).

O Grupo do Mercado Comum é o órgão executivo da Organização. Compõem-no quatro membros titulares e quatro membros suplentes por cada Estado (arts. 13.º a 15.º).

VII. Por fim, merecem referência a Comunidade Económica criada pela *Associação das Nações do Sueste Asiático (ASEAN)*, para vigorar a partir de 1 de Janeiro de 1993 entre o Brunei, as Filipinas, a Indonésia, a Malásia, Singapura e a Tailândia, e por um período

---

([1]) DIEZ DE VELASCO, *op. cit.*, t. II, pgs. 434 e segs.

de quinze anos; e a *Organização de Cooperação Económica*, conhecida por "mercado comum islâmico", formada pelo Irão, pela Turquia e pelo Paquistão, e ao qual têm vindo a aderir algumas ex-repúblicas soviéticas islâmicas, como o Azerbaijão, o Usbequistão, o Turcomenistão, o Tajiquistão e o Quirguistão.

Parte V

**A evolução actual do Direito Internacional.
O futuro do Direito Internacional**

1. Está o Direito Internacional em crise?

Pensamos que a melhor forma de concluir o estudo do Direito Internacional a que procedemos neste livro consiste em, perante tudo o que aprendemos nas quatro Partes anteriores, fazer o balanço do estádio de desenvolvimento já hoje atingido pelo Direito Internacional e prospectivar a sua evolução futura ([1]).

Há quem diga que o Direito Internacional está em *"crise"*. Para nós, só se poderá falar em crise do Direito Internacional se, como ensinam os dicionários, a esse vocábulo for dado o significado de *"alteração para melhor"* (e não para pior) ([2]) do actual estado da sua evolução.

De facto, o Direito Internacional, após a 2.ª Guerra Mundial e, de um modo crescente, até aos nossos dias, tem vindo, lenta mas

---

([1]) Veja-se, sobre esta Parte V, FAUSTO DE QUADROS, dissertação cit., pgs. 346--375 e 377-403, e bibl. aí arrolada; e, ainda, JENNINGS, *International Law, cit.,* pgs. 288 e segs.; FITZMAURICE, *The Future of Public International Law,* in *Institut de Droit International – Centenaire,* Paris, 1973, pgs. 196 e segs.; T. O. ELIAS, *New Horizons in International Law,* Alphen aan den Rijn, 1980; M. VIRALLY, *Le droit international en devenir,* Paris, 1990; A. CASSESE, *International Law In A Divided World,* Oxford, 1991; J. PASTOR RIDRUĖJO, *op. cit.,* pgs. 59 e segs.; CARRILLO SALCEDO, *El Derecho Internacional en perspectiva historica,* Madrid, 1991, pgs. 151 e segs.; R. FALK/C. BLACK (eds.), *The Future of the International Legal Order,* 4 vols., Princeton, 1969-1972; THIERRY, *L'évolution du droit international public,* in *RdC,* 1990-III, pgs. 9-186; L. FERRARI-BRAVO, *Prospettive del diritto internazionale allo fine del secolo XX,* in *RivDirI* 1991, pgs. 525 e segs.; E. McWIIINNEY e outros, *From Coexistence to Cooperation,* Dordrecht, 1991; VON DER HEYDTE, *Nouvelles tendances du Droit des Gens à l'époque nucléaire,* separata da *RFDUL,* vol. XIV (1962); L. HENKIN, *International Law: Politics, Values and Functions,* in *RdC,* 1989-IV, pgs. 9-416; e HEINTZE, *Von der Koexistenz zur Kooperation,* Bochum, 1992.

([2]) *Grande Dicionário da Língua Portuguesa,* coordenação de JOSÉ PEDRO MACHADO, vol. III, Lisboa, 1981.

progressivamente, a corresponder cada vez mais aos anseios da Humanidade – embora tenha ainda, nesse sentido, um longo caminho a percorrer.

Mesmo na visão clássica do Direito Internacional como Direito da Paz e da Guerra (*ius belli ac pacis*, de Grócio), ele regista um indesmentível progresso nos últimos tempos. Para tanto, muito contribuiu o efeito desbloqueador que o termo da guerra fria exerceu sobre a actuação da Organização das Nações Unidas e, em particular, do seu Conselho de Segurança. Quando estudámos as Nações Unidas mostrámos que estas fizeram pela paz e pela segurança internacionais nos últimos cinco anos tanto, se não mais, do que nos anteriores mais de quarenta anos da sua existência. Sem o termo da guerra fria não teria sido possível, como de facto não o foi antes em situações análogas, a reposição da integridade territorial do Koweit.

Mas não basta. É necessário aperfeiçoar os mecanismos que permitam evitar que situações como, por exemplo, as de Timor, ou da Bósnia, ou do fracasso da operação UNAVEM II, em Angola, perdurem, muito menos se repitam.

2. Do Direito Internacional clássico ao Direito Internacional novo ou moderno

Mas o progresso do Direito Internacional é ainda mais sensível justamente porque ele extravazou das fronteiras do Direito da Paz e da Guerra. A concepção segundo a qual a paz e a segurança internacionais estavam dependentes apenas do desarmamento e da prevenção e punição dos conflitos armados era redutora para a própria preservação da paz, como a História demonstrou. Por isso, sobretudo depois da 2.ª Guerra Mundial o Direito Internacional tem vindo progressivamente a absorver matérias que até então eram monopólio da soberania dos Estados mas que a Comunidade Internacional passou a entender que condicionavam, por si só, a paz e a segurança internacionais. E esta filosofia foi acolhida na Carta das Nações Unidas, no seu artigo 1.º, n.ºs 2 e 3, que, compreensivelmente, não figurava no Pacto da SDN: esta, como mostrámos, tinha uma ideia bastante diferente tanto da preservação da paz e da segurança internacionais como da soberania dos Estados.

Em termos de Ciência Política, tratou-se apenas de transpor e adaptar ao Direito Internacional a evolução que no Direito interno já se dera, no início do século, do *Estado-Polícia* para o *Estado--Providência*. Mas foi o suficiente para o Direito Internacional abandonar a sua fase clássica, como *Direito da Paz e da Guerra,* para passar à era nova ou moderna da sua evolução, como *Direito Internacional da cooperação e da solidariedade.*

As novas matérias que o Direito Internacional tem vindo a absorver, nas condições referidas, são de índole variada: política, económica, social, cultural, científica, técnica, etc. Vimos isso sobretudo na Parte IV, dedicada às Organizações Internacionais. Mas dentro delas, este livro mostrou que há que destacar três: a *protecção e a garantia dos Direitos do Homem,* o *desenvolvimento* e a *integração económica e política.* A essas três matérias caberá agora acrescentar pelo menos estas duas: o *Direito do Mar* e o *ambiente.*

No que toca à *protecção dos Direitos do Homem* (incluindo nesta expressão os Direitos dos Povos, como se explicou nas páginas anteriores), ficaram ao longo deste livro evidenciados todos os sinais do progresso que o Direito Internacional tem registado nessa matéria, tanto a nível universal como no plano regional; mas ficaram também à vista todos os sintomas da fragilidade que o actual sistema de protecção internacional dos Direitos do Homem ainda denota. Ao fim e ao cabo, só no espaço geográfico da Europa Ocidental e da América do Norte é que os Direitos do Homem alcançaram já um estádio de protecção internacional compatível com as exigências da Democracia e do Estado de Direito – embora não, em todos os Estados, em igual grau. Mesmo nos Estados do leste europeu, não obstante todos os esforços no sentido de se atingir um nível de elevado respeito pelo Direito Internacional dos Direitos do Homem, o progresso, também nessa matéria, é lento. Para o provar bastará reparar na dificuldade que alguns desses Estados, depois de assinarem a Convenção Europeia dos Direitos do Homem, estão a ter em a ratificar e em a começar a aplicar (sem falar, claro, na situação de barbárie que se vive no território da ex-Jugoslávia, onde as expressões Direitos do Homem ou direitos das minorias pura e simplesmente não têm contado para nada). Ainda pior é a situação nessa matéria na generalidade dos Estados da África, da Ásia e da América Central e do Sul, nos quais, ainda que com intensidade diversa, o respeito pelo Direito Internacional dos Direitos do Homem – direitos e liberdades individuais, direitos dos povos, inclusive à autodeterminação, e direitos das minorias – se tem revelado muito precário ([1]).

A Comunidade Internacional tem consciência da necessidade de se aperfeiçoar os mecanismos da protecção internacional dos Direitos do Homem.

É dentro desse espírito que deve ser encarada a proposta apresentada pelo Instituto de Direito Internacional, na sua sessão de Santiago de Compostela, em 1989 ([2]), no sentido de se conceder eficácia *erga omnes* à "obrigação internacional" dos Estados de respeitar os Direitos do Homem, com base na doutrina defendida pelo TIJ no Acórdão proferido em 1970 no caso *Barcelona Traction* ([3])([4]). E é dentro da mesma filosofia que deve ser considerada a convocação de uma *Conferência Mundial sobre os Direitos do Homem*, que as Nações Unidas, sob o impulso do Conselho da Europa, promovem em Junho de 1993, em Viena. Resta aguardar pelos resultados da conferência, embora as perspectivas não sejam muito optimistas. Todavia, não se deve duvidar de que será sempre através da eficácia, a nível mundial, do sistema internacional da protecção dos Direitos do Homem que se tomará o pulso à solidez e à estabilidade da Ordem Jurídica Internacional ([5]).

([1]) Cfr. os estudos publicados em BERNHARDT/JOLOWICZ (eds.), *International Enforcement of Human Rights*, Berlim, 1985.

([2]) *Yearbook of the Institute of International Law*, t. 63(2), pgs. 339 e segs.

([3]) *ICJ Reports* n.º 3, pg. 32.

([4]) Sobre esta matéria, veja-se Y. DINSTEIN, *The* erga omnes *Applicability of Human Rights*, in *AV* 1992, pgs. 16 e segs.

([5]) Cfr. CANÇADO TRINDADE, *Co-existence and co-ordination of Mechanismus of International Protection of Human Rights (at Global and Regional Levels)*, in *RdC*,

Pelo que toca ao *desenvolvimento,* como nova preocupação do moderno Direito Internacional, também ele assinala um estádio de evolução do Direito Internacional. De facto, o Direito Internacional contemporâneo preocupa-se directamente com o desenvolvimento económico, social e cultural dos Estados e dos seus cidadãos, não apenas como valor absoluto mas também como condição de uma melhor justiça a nível internacional, tendo aí bem presente que a Humanidade terá oito biliões de pessoas em 2020.

Certo sector da doutrina chega mesmo a defender que existe hoje, na titularidade do indivíduo ou dos povos, um *direito subjectivo ao desenvolvimento,* que faria parte dos direitos fundamentais da segunda, conforme uns, ou da terceira geração, de harmonia com outros, que o moderno Direito Internacional acolheria ([1]). A obrigação de a Ordem Jurídica internacional prosseguir o desenvolvimento dos povos, concebido nesses termos, constitui um dos corolários essenciais da inoculação no Direito Internacional do conceito de *solidariedade* entre Estados e povos (em vez do conceito clássico da *soberania* egoísta e individualista dos Estados), e exprime um dos elementos nucleares do novo e moderno Direito Internacional da solidariedade, atrás caracterizado.

O sector do Direito Internacional Público que se ocupa especificamente do desenvolvimento aparece designado por *Direito Internacional do Desenvolvimento* ([2]).

Conexo com o problema da promoção do desenvolvimento pelo Direito Internacional aparece a questão da *integração.*

Como se viu, os esforços de integração económica têm vindo a multiplicar-se um pouco por todo o mundo, sem embargo de se

---

1987-II, pgs. 9-435; e PAPISCA/MASCIA, *La relazioni internazionali nell'era dell'interdipendenza e dei diritti umani,* Pádua, 1991.

([1]) VARGAS, *La troisième génération des droits de l'homme,* in RdC, 1984-I, pgs. 355-376.

([2]) Por todos, VIRALLY, *Vers un Droit International du Développement,* in *AFDI* 1965, pgs. 3 e segs.; JENNINGS, *International Law, cit.,* pg. 289; CASSESE, *op. cit.,* pgs. 351 e segs.; F. GARCÍA-AMADOR, *El Derecho Internacional del desarrollo,* Madrid, 1987; e G. FEUER/H. CASSAN, *Droit international du développement,* 2.ª ed., Paris, 1991.

ter de reconhecer que, como oportunamente ficou demonstrado, nos deparamos por vezes com o uso equívoco de conceitos nesta matéria. A tentativa mais evoluída de integração na Comunidade Internacional é, sem dúvida, a alcançada no âmbito da Europa Comunitária, que, com o Tratado da União Europeia, pretende prosseguir uma integração não apenas económica (inclusive monetária), como também social e política.

Por sua vez, também o novo *Direito do Mar* marca uma fase de progresso do Direito Internacional – embora dentro daquela expressão tenhamos que distinguir os aspectos cobertos pelo Direito Internacional Público daqueles que pertencem ao Direito interno dos Estados. Esse novo Direito Internacional do Mar assenta, essencialmente, na já citada *Convenção das Nações Unidas sobre o Direito do Mar,* assinada em Montego Bay, na Jamaica, em 10 de Dezembro de 1982, no termo da III Conferência das Nações Unidas sobre o Direito do Mar ([1]).

Por fim, um dos domínios pelos quais o Direito Internacional aumentou, há pouco, consideravelmente o seu interesse foi o do *ambiente* – e a prová-lo está a vasta doutrina dedicada ao tema nos últimos anos.

Embora as preocupações da Comunidade Internacional com o ambiente remontem ao início do século, a formação de um Direito Internacional do Ambiente começa com a *Declaração de Estocolmo,* de 1972, aprovada na *Conferência das Nações Unidas sobre o Ambiente,* que então se reuniu na capital da Suécia, e à qual já nos referimos neste livro. Foi a incapacidade dos Estados de pôr cobro à degradação do meio ambiente que veio reforçar as preocupações da Comunidade Internacional pela protecção do ambiente e obrigou o Direito Internacional a chamar a si também esta atribuição clássica dos Estados.

([1]) Por todos, Jennings, *op. cit.,* pgs. 291-292; Treves, *Codification du droit international et pratique des États dans le droit de la mer,* in *RdC,* 1990-IV, pgs. 9-302; T. Scovazi, *Elementi di diritto internazionale del mare,* Milão, 1990; M. Shaw, *International Law,* 3.ª ed., Cambridge, 1991, pgs. 337 e segs.; e, entre nós, Marques Guedes, *Direito do Mar,* Lisboa, 1989.

É neste quadro que deve ser compreendida a realização da UNCED (*United Nations Conference on Environment and Development*, ou seja, *Conferência das Nações Unidas para o Ambiente e o Desenvolvimento*), que teve lugar em Junho de 1992 (no vigésimo aniversário da Conferência de Estocolmo), no Rio de Janeiro. Fizemos já referência a ela neste livro.

A UNCED, que ficou conhecida também por *Cimeira da Terra, ECO 92,* ou *Rio 92,* retomou as teses da Declaração de Estocolmo, segundo as quais há que *reconciliar o desenvolvimento e o ambiente* (por isso, a Declaração de Estocolmo havia criado o conceito de *Ecodesenvolvimento*): ou seja, a actividade económica do Homem deve respeitar o ambiente que o rodeia. Contudo, os resultados da Conferência do Rio foram escassos para aquilo que a Humanidade estava à espera (¹). Uma eficiente protecção internacional do ambiente tem sido muito prejudicada pela radicalização de duas concepções extremistas acerca das relações entre desenvolvimento e ambiente: uma, praticada pela generalidade dos Estados subdesenvolvidos ou em vias de desenvolvimento, ignora quase em absoluto, nas suas políticas de crescimento e de desenvolvimento, a componente ecológica; outra, defendida na Europa por algumas correntes ecológicas, muitas vezes enfeudadas a concepções ideológicas e políticas, exagera e maximaliza as preocupações ambientais ao impor, em seu nome, excessivas e desproporcionadas restrições ao desenvolvimento.

Ora, é necessário e é possível compatibilizar os dois objectivos, levando-se a cabo um *"desenvolvimento sustentado e ecologicamente responsável"*. Fora essa a conclusão da *Declaração de Estocolmo;* foi esse o espírito que presidiu à *Convenção sobre a Biodiversidade,* assinada na Cimeira da Terra (embora ainda não tenha entrado em vigor); já fora essa a recomendação que, pouco antes daquela Cimeira, cerca de quatrocentos cientistas e intelectuais de todo o Mundo, inclusive cinquenta e nove individualidades agraciadas com o Prémio Nobel, haviam deixado escrita no chamado

---

(¹) Verdadeiramente só foram assinadas nela duas convenções internacionais, uma, sobre as modificações climáticas, e outra, sobre a biodiversidade biológica.

Apelo de Heidelberga. No segundo e no terceiro parágrafos desse documento pode ler-se: "Exprimimos a nossa boa vontade de contribuir plenamente para a preservação do nosso património comum, a Terra. No entanto, preocupa-nos o facto de estarmos a assistir, no limiar do século XXI, ao aparecimento de uma ideologia irracional, que se opõe ao progresso científico e industrial e que prejudica o desenvolvimento económico e social (...). O progresso humano consistiu sempre em pôr a Natureza ao serviço da Humanidade e não o contrário" [1][2].

É claro que esta progressiva absorção pelo Direito Internacional de matérias que tradicionalmente cabiam na soberania dos Estados só é compreensível à luz da concepção segundo a qual (como ainda nos anos 20 decidira o Tribunal Permanente de Justiça Internacional no caso *Lotus,* que já estudámos) o Direito Internacional novo ou moderno não assenta no princípio da soberania absoluta e indivisível dos Estados, acompanhando nessa matéria a evolução da

---

[1] A mesma posição tinha sido adoptada no Seminário de Brasília sobre *Direitos Humanos e Ambiente,* que teve lugar de 4 a 7 de Março de 1992 – v. as conclusões do Seminário em CANÇADO TRINDADE, in *HRLJ* 1992, pgs. 317 e segs.

[2] Sobre questões gerais do Direito Internacional do Ambiente, v., sobretudo, A. KISS, *Droit International de l'environnement,* Paris, 1989; JENNINGS, *op. cit.,* pgs. 292-293; M. KILLIAN, *Unweltschutz durch Internationale Organisationen,* Berlim, 1987; KISS/SHELTON, *International environmental law,* Londres, 1991; SHAW, *op. cit.,* pgs. 530 e segs.; M. PRIEUR, *Droit de l'environnement,* 2.ª ed., Paris, 1991, pgs. 17 e segs. e 39 e segs.; H. P. NEUHOLD (ed.), *Environmental Protection and International Law,* Londres, 1991; S. BILDERBECK, *Biodiversity and International Law,* Amesterdão, 1992; F. WALCACER (ed.), *Conferência Internacional de Direito Ambiental – Anais,* Rio de Janeiro, 1992; P. BIRNIE, *International environmental law,* Oxford, 1992. Especificamente sobre os aspectos jurídicos da política comunitária do Ambiente, que entrou em vigor nas Comunidades Europeias em 1-1-93, veja-se L. KRAMER, *Focus on European Environmental Law,* Londres, 1992, e FREESTONE, *Environmental Protection in European Community Law,* Londres, 1993. Uma compilação das convenções internacionais em matéria de protecção do Ambiente pode ver-se na recente obra de VON MÜNCH/HOOG/STEINMETZ, *International Conventions on Protection of Humanity and Environment,* Berlim, 1993. Ainda mais ambiciosa é a vasta colectânea de HOHMANN, *Basic Documents of International Environmental Law,* 3 vols., Londres, 1992, onde se publicam todos os actos jurídicos básicos, convencionais ou unilaterais, em vigor no Direito Internacional do Ambiente.

Ciência Política e do Direito Constitucional. Tivemos várias oportunidades, ao longo deste livro, de o comprovar ([1]).

Note-se que é exactamente a partir da aceitação da limitação da soberania dos Estados pelo moderno Direito Internacional que se começa a aprofundar a teoria da *responsabilidade internacional do Estado,* tema ao qual a doutrina contemporânea dedica grande atenção ([2]).

Alguns recentes eventos no plano internacional permitem prenunciar que esta evolução do Direito Internacional irá prosseguir e aprofundar-se. De facto, a substituição de uma estrutura bipolar na Comunidade Internacional, assente na ex-URSS e nos Estados Unidos, por um sistema unipolar, agora baseado só nos Estados Unidos; uma maior eficácia do sistema das Nações Unidas, em consequência do termo do veto soviético no Conselho de Segurança; e a institucionalização do princípio da ingerência nos assuntos internos dos Estados por razões de assistência humanitária – tudo isso, entre o mais, são factores que nos permitem acalentar a esperança de que, no limiar do século XXI (que marcará o início do terceiro milénio da era cristã), o Direito Internacional se preocupará, mais do que com uma *Nova Ordem Económica Internacional (NOEI),* que vem sendo defendida desde o termo da 1.ª Guerra Mundial ([3]), com uma *Nova Ordem Mundial (NOM),* já não só económica, mas também política, e fundada no primado do Direito Internacional e dos valores da Democracia e do Estado de Direito na Comunidade Internacional. E para a edificação dessa NOM poderá desempenhar um papel fundamental a União Europeia, pelo menos como forma

---

([1]) Às obras que sobre esta matéria já indicámos acrescentaremos agora as páginas muito actuais de CARRILLO SALCEDO, *El Derecho Internacional, cit.,* pgs. 129 e segs.; e do Professor K. IPSEN, *Auf dem Weg zur Relativierung der Inneren Souveränität bei Friedensbedrohung,* in *VN* 1992, pgs. 41 e segs. Entre nós, é também essa a posição de JORGE MIRANDA, *Manual, cit.,* t. III, 1983, pgs. 150-154.

([2]) Por último, BROWNLIE, *op. cit.,* toda a Parte VIII (pgs. 432 e segs.); P.-M. DUPUY, *Droit international public,* Paris, 1992, pgs. 330 e segs.; e B. EICHHORN, *Reparation als völkerrechtliche Deliktshaftung,* Baden-Baden, 1992.

([3]) Sobre a NOEI, FAUSTO DE QUADROS, diss. cit., pgs. 356 e segs.

de se contrariar a actual estrutura unipolar da Comunidade Internacional (¹).

3. A prospectiva: rumo a um Direito Mundial?

Para alguns Autores – vimo-lo logo na Parte I deste manual – o Direito Internacional poderia evoluir, mais tarde ou mais cedo, para uma Ordem Jurídica uniforme, comum a toda a Comunidade Internacional, e uma das suas expressões poderia ser a de um Direito federal à escala do globo. À actual *fragmentação* do Direito Internacional por espaços regionais substituir-se-ia, desse modo, a sua *mundialização* ou *globalização* (²).

Em nosso entender, não é previsível que tal evolução ocorra nos tempos mais próximos. E por várias razões.

Em primeiro lugar, aquilo a que estamos a assistir é à afirmação e ao aprofundamento do fenómeno do regionalismo político e económico, de que é sintoma a proliferação das Organizações Internacionais regionais, sobretudo das Organizações de integração. E esse sistema é estimulado pela Carta das Nações Unidas, ao disciplinar no seu Capítulo VIII os "acordos regionais".

Depois, continua a ser muito nítida a divisão do Mundo em vários espaços políticos, caracterizados pelas suas especificidades étnicas, religiosas, culturais e civilizacionais. A crise duradoira no Médio Oriente, o recrudescimento, quase sempre violento, do fundamentalismo islâmico, o genocídio na ex-Jugoslávia e o renascimento do tribalismo em várias zonas da África são alguns exemplos disso.

(¹) Cfr. J. KRAMER, *Neue Weltordnung statt neuer Weltwirtschaftsordnung*, in *VN* 1991, pgs. 189 e segs., bem como o discurso do então Ministro dos Negócios Estrangeiros alemão, HANS-DIETRICH GENSCHER, na Assembleia Geral da ONU, em 25-9-91 (in *VN* 1991, pgs. 168 e segs.), onde atribuiu às Nações Unidas um "papel central" nessa NOM.

(²) Acerca desse debate, veja-se hoje dois estudos de P. MOREAU DEFARGES: *Les relations internationales dans le monde d'aujourd'hui. Entre globalisation et fragmentation*, 4.ª ed., Paris, 1992, e *Relations Internationales*, 2 vols., Paris, 1993.

Em terceiro lugar, a experiência parece mostrar que, no quadro da actual organização da Comunidade Internacional, a paz e a segurança internacionais ficam melhor precavidas através da intervenção de Organizações regionais do que da Organização das Nações Unidas, desde logo porque, enquanto não for reformada, esta não possui nem meios militares nem meios financeiros, como se demonstrou atrás, para assegurar cabalmente o papel de permanente e eficaz Polícia do Mundo. Também esta ideia vai, aliás, de encontro à filosofia da Carta, quando o artigo 53.º, incluído no citado Capítulo VIII, vem permitir ao Conselho de Segurança servir-se dos acordos e das Organizações regionais para acções "coercitivas" destinadas a prevenir ou reprimir violações da paz e da segurança internacionais.

De tudo isto parece dever concluir-se, portanto, que o Direito Internacional conservará o seu carácter fragmentário, continuando a apresentar-se muito mais como uma Ordem Jurídica de vários espaços regionais do que de uma Comunidade Internacional homogénea à escala do Globo (¹).

Essa conclusão, só por si, não prejudica a discussão sobre a eventual evolução do Direito Internacional para um Direito federal. É que o federalismo, tal como é entendido num quadro democrático (e, nesse sentido, devem ser consideradas experiências paradigmáticas as da Alemanha, dos Estados Unidos e da Suíça, ainda que cada uma delas tenha adoptado um modelo próprio de federalismo), não só não recusa como até valoriza o carácter específico das partes componentes da Comunidade federal, sobretudo se o federalismo adoptado se servir, na sua organização, do princípio da subsidiariedade. Por isso, se nos recusamos a ver na Comunidade Internacional uma evolução para o federalismo é por outra razão: o federalismo postula necessariamente a subordinação das comuni-

---

(¹) CASSESE fala num "mundo dividido" – *International Law in A Divided World, cit.* E há estudos que não excluem que, apesar do termo da guerra fria, a própria Europa vá continuar "dividida" entre a "Europa Ocidental" e a "Europa de Leste" – por último, CLESSE/TOKES (eds.), *Preventing a new East-West Divide: The Economic and Social Imperatives of the Future Europe,* Baden-Baden, 1992.

dades políticas federadas ao poder federal. Ora, não estamos a ver, pelo menos no espaço temporal da próxima geração, triunfar na Comunidade Internacional a ideia da subordinação dos Estados a um poder federal, que lhes seja superior do ponto de vista jurídico e político. Fora dos espaços geo-políticos da Europa e da América do Norte continuam a predominar, na Ciência Política, de forma mais ou menos consciente, as concepções que defendem o carácter absoluto e indivisível da soberania estadual. Se mesmo na velha Europa vai sendo muito difícil a aceitação de uma integração política de cariz federal (veja-se o debate em curso na Europa Comunitária acerca do Tratado da União Europeia, em que, aliás, muitos dos defensores como dos opositores da integração política põem pouco rigor na utilização dos conceitos de federação e federalismo), compreende-se que essa dificuldade aumente consideravelmente ao nível da Comunidade Internacional vista no seu todo.

Será de concluir de tudo o que fica dito que não faz sentido falar-se num Direito Internacional *Universal*, como o fazem os Professores ALFRED VERDROSS e BRUNO SIMMA na epígrafe do seu Manual, que foi muito citado ao longo deste livro (*"Universelles Völkerrecht"*)([1])?

Como aqueles Professores explicam logo no prefácio da referida obra, por Direito Internacional Universal entendem eles o conjunto das normas internacionais que obtiveram à escala mundial "consenso"; ou seja, na sua essência, o *Direito Constitucional Internacional*, conceito que estudámos neste livro e que, como então mostrámos, ficou muito a dever ao labor científico do grande Mestre de Viena.

Do pensamento daqueles dois Autores não pode, portanto, extrair-se a ideia de que o Direito Internacional já seja um Direito Universal, mas apenas que *existem normas internacionais de aceitação*

([1]) Também adoptou essa orientação TRUYOL Y SERRA (talvez na Europa Latina o maior discípulo de VERDROSS), quando alude a uma "comunidade universal", num estudo publicado em Portugal (como já dissemos atrás, Truyol ensinou durante alguns anos na Faculdade de Direito de Lisboa), *Genèse et fondements spirituels de l'idée d'une communauté universelle,* separata da *RFDUL,* vol. XII (1958); e, embora com menor ambição, OPPENHEIM/LAUTERPACHT, *op. cit.,* vol. I, 9.ª ed., pgs. 87 e segs.

generalizada na Comunidade Internacional. Ora, esta conclusão não bole em nada com o que estudámos ao longo do nosso livro. Entendemos mesmo que há áreas em que a universalidade do Direito Internacional se irá aprofundando nos próximos tempos: é o caso, especialmente, do Direito Internacional dos Direitos do Homem, com a progressiva aceitação pelos Estados das convenções internacionais concluídas sob a égide das Nações Unidas e, sobretudo, com a crescente integração desse Direito no conceito de *ius cogens*.

A circunstância de não admitirmos para breve a evolução do Direito Internacional para um Direito Mundial (ou seja, a sua *mundialização*, em lugar da sua actual *fragmentação*) não significa que entendamos que a universalização da Ordem Jurídica internacional não seria benéfica para o reforço da componente jurídica nas Relações Internacionais, para uma maior juridicização e democratização da Comunidade Internacional e sobretudo para uma maior eficácia do sistema jurídico internacional. E, para terminarmos como na edição anterior deste livro, reproduzimos aqui as incisivas palavras que, a esse respeito, o Papa JOÃO XXIII deixou escritas, há trinta anos, na Encíclica *Pacem in Terris*, interpretando dessa forma, aliás, o que tem sido uma constante da Doutrina Social da Igreja: "Como o bem comum de todas as Nações suscita hoje questões que interessam a todos os povos, e como tais questões só podem ser encaradas por uma autoridade pública cujo poder, forma e instrumento sejam suficientemente amplos e cuja acção se estenda a todo o mundo, resulta que, por exigência da própria ordem moral, é mister constituir uma *autoridade pública no plano mundial*" ([1]).

([1]) *Pacem in Terris*, n.º 137 (o itálico é nosso). Já nos nossos dias o Papa JOÃO PAULO II retomaria a mesma ideia na Encíclica *Centesimus Annus*, n.º 27. A Encíclica *Pacem in Terris* fez, pela primeira vez, aplicação à Comunidade Internacional do princípio da *subsidiariedade* (n.º 140), que, todavia, vindo da Antiguidade, a Doutrina Social da Igreja começara a desenvolver, como regra básica da Filosofia Social, há mais de um século, na Encíclica *Rerum Novarum*, no seu n.º 35. Sobre esta matéria, e sobre o que se diz no texto, veja-se ANTÓNIO DOS REIS RODRIGUES, *Doutrina Social da Igreja – Pessoa, Sociedade e Estado*, Lisboa, 1991, pgs. 132 e segs., 166 e segs. e, especialmente, 169-170; JOSÉ M. IBAÑES LANGLOIS, *Doutrina Social da Igreja*, trad. portuguesa, Lisboa, 1990, pgs. 156-157; e PEDRO JESÚS LASANTA, *Doutrina Social de la Iglesia*, Madrid, 1992, pgs. 37-38.

ÍNDICE

	Págs.
Nota Prévia	5
BIBLIOGRAFIA GERAL	9
ABREVIATURAS UTILIZADAS	13

PARTE I

INTRODUÇÃO

CAPÍTULO I

A NORMA INTERNACIONAL: ORIGEM, NATUREZA E FUNDAMENTO

1. Génese do conceito de Direito Internacional	19
2. Do *ius gentium* romano até ao moderno conceito de Direito Internacional	20
3. A definição do Direito Internacional	26
4. A Comunidade Internacional	32
I. Caracterização	32
II. Categorias de relações jurídicas em que se desdobra	37
5. O Direito Internacional e figuras afins	39
6. A questão terminológica	41
7. A juridicidade do Direito Internacional	46
I. As correntes negativistas	46
II. Posição adoptada: a afirmação da juridicidade do Direito Internacional	50
8. O fundamento do Direito Internacional: o enunciado da questão	57

9. Idem: A) A tese voluntarista 58
10. Idem: B) A tese normativista 67
11. Idem: C) A tese sociológica 70
12. Idem: D) A tese jusnaturalista 73
13. Idem: E) Posição adoptada 77

CAPÍTULO II

DIREITO INTERNACIONAL E DIREITO INTERNO

SECÇÃO I

As concepções gerais e o seu significado

1. Colocação do problema 81
2. A querela monismo-dualismo 82
   A) A tese dualista 84
   B) A tese monista com primado do Direito interno 85
   C) A tese monista com primado do Direito Internacional 86
3. O esbatimento actual da querela 86
4. A evolução do Direito Internacional na matéria 88
5. Posição adoptada 92

SECÇÃO II

Os sistemas de vigência do Direito Internacional na ordem interna

1. Os sistemas propostos 94
2. O contributo do Direito Comparado: o Direito britânico 97
3. Idem: o Direito francês 98
4. Idem: o Direito alemão 99
5. Idem: o Direito suíço 101
6. Idem: o Direito espanhol 101
7. Idem: o Direito italiano 102
8. Idem: o Direito belga 102
9. Idem: o Direito norte-americano 102
10. Idem: o Direito brasileiro 103
11. Idem: o Direito da ex-União Soviética 104
12. Carácter generalizado do sistema de recepção plena 104
13. O caso especial das disposições programáticas 105

SECÇÃO III

**A relevância do Direito Internacional
na ordem interna portuguesa**

1. Enunciado da questão 106
2. O estado do problema antes da Constituição de 1976 106
3. A relevância do Direito Internacional na ordem interna à sombra da
   Constituição de 1976 107
       I. Enunciado da questão 107
       II. O artigo 8.º, n.º 1, da Constituição 108
       III. O artigo 8.º, n.º 2, da Constituição 110
       IV. O artigo 8.º, n.º 3, da Constituição 112

SECÇÃO IV

**A hierarquia do Direito Internacional
na ordem interna portuguesa**

1. Razão de ordem 115
2. O Direito Internacional geral ou comum 116
3. O Direito Internacional convencional 119
4. O Direito Comunitário 124
       I. O primado do Direito Comunitário 124
       II. O primado do Direito Comunitário e a Constituição de 1976 130
       III. O Tratado da União Europeia e o primado 143
5. Conclusão 147

PARTE II

AS FONTES DO DIREITO INTERNACIONAL

CAPÍTULO I

INTRODUÇÃO

1. Noção e enumeração das fontes formais 151

CAPÍTULO II

O COSTUME INTERNACIONAL

1. Importância do costume no Direito Internacional contemporâneo ..	155
2. Noção. Fundamento da obrigatoriedade do costume	156
3. Elemento material do costume	159
4. Elemento psicológico do costume	165

CAPÍTULO III

OS TRATADOS INTERNACIONAIS

1. Importância do tratado como fonte do Direito Internacional	169
2. Noção e terminologia	171
I. Sede jurídica	171
II. Conceito adoptado	173
III. Questões terminológicas	175
3. O caso especial dos acordos entre Estados e pessoas privadas estrangeiras	176
I. Importância desses acordos	176
II. A tese clássica	178
III. A tese da internacionalização desses acordos	179
IV. Posição adoptada	180
4. Classificação dos tratados	182
5. Conclusão dos tratados	186
6. Idem: A) A negociação	187
I. Conteúdo desta fase	187
II. Competência para negociar tratados em Portugal	189
III. A escolha da língua em que o tratado é redigido	192
7. Idem: B) A assinatura	195
8. Idem: C) A ratificação	196
I. Conceito	196
II. Natureza jurídica	197
III. Competência	199
IV. Significado político	200
9. Idem: os sistemas de ratificação. O sistema português	201
I. Os sistemas de ratificação	203
II. O sistema português	203

10. As ratificações imperfeitas	208
I. A querela doutrinária	208
II. A posição da Convenção de Viena sobre o Direito dos Tratados	211
11. A ratificação pelas Organizações Internacionais	213
12. Os acordos em forma simplificada	213
I. Sua importância	213
II. Noção	214
III. Existe uma presunção a favor dos tratados solenes?	216
IV. As matérias que podem ser objecto dos acordos em forma simplificada	217
V. Idem: a Constituição de 1933	219
VI. Idem: a Constituição de 1976	220
VII. A sujeição em Portugal dos acordos a aprovação	221
VIII. Regime constitucional dos acordos em forma simplificada	222
13. Particularidades dos tratados multilaterais	223
I. Importância desses tratados	223
II. A elaboração do texto	223
III. A participação dos Estados	224
IV. O depósito das ratificações	226
V. A *aceitação*	228
14. Idem: A) A adesão	229
15. Idem: B) As reservas	231
I. Noção de reserva	231
II. Admissibilidade das reservas	232
III. Figuras afins das reservas	236
16. Idem: C) Conclusões	237
17. O registo e a publicação dos tratados	238
18. A interpretação dos tratados	240
I. Importância da interpretação	240
II. Conteúdo da interpretação	241
III. Métodos da interpretação	241
IV. O regime da Convenção de Viena	242
V. Regimes especiais	244
VI. Interpretação extensiva e interpretação restritiva	244
19. Efeitos dos tratados	245
I. Enunciado do problema	245
II. A questão dos efeitos quanto a terceiros	245
III. A oponibilidade *erga omnes* dos tratados	247
IV. Conclusão	247
20. Cessação da vigência dos tratados	248
A) Cessação da vigência por acordo entre as partes	248
B) Cessação da vigência por vontade unilateral de uma das partes	249

C) Cessação da vigência por circunstâncias exteriores à vontade
das partes 250
21. Idem: o problema da cláusula *rebus sic stantibus* 253
    I. O âmbito da cláusula 253
    II. O regime na Convenção de Viena 254
    III. Propostas de aperfeiçoamento do sistema 255

CAPÍTULO IV

OS PRINCÍPIOS GERAIS DE DIREITO

1. Os princípios gerais de Direito como fonte autónoma do Direito
Internacional 257
2. Conteúdo dos princípios gerais de Direito como fonte do Direito
Internacional 259
    I. As teses em presença 259
    II. Posição adoptada 261
    III. Carácter evolutivo do conteúdo dos princípios gerais de Direito 262

CAPÍTULO V

OS ACTOS JURÍDICOS UNILATERAIS

1. Os actos jurídicos unilaterais: o problema em geral 265
2. Idem: em especial, os actos jurídicos unilaterais das Organizações
Internacionais 269
    I. Sua importância 269
    II. Conteúdo 269
    III. Forma 270
    IV. Especificidade das Organizações supranacionais 271
    V. Conclusão 272

CAPÍTULO VI

OUTRAS FONTES

1. A doutrina e a jurisprudência 273
2. O caso especial da equidade 275

CAPÍTULO VII

QUESTÕES RELATIVAS ÀS FONTES

1. Hierarquia das fontes: A) O *ius cogens* 277
    I. Importância do *ius cogens* 277
    II. Noção de *ius cogens* 277
    III. A admissão do *ius cogens* 278
    IV. A aceitação do *ius cogens* pela Convenção de Viena sobre o Direito dos Tratados 280
    V. Conteúdo do *ius cogens* 281
    VI. A violação do *ius cogens* 284
    VII. Conclusão 285
2. Idem: B) O problema para além do *ius cogens* 286
3. A codificação do Direito Internacional 289

PARTE III

OS SUJEITOS DO DIREITO INTERNACIONAL
(com excepção das Organizações Internacionais)

CAPÍTULO I

NOÇÃO E CLASSIFICAÇÃO

1. Noção de sujeito do Direito Internacional 299
2. Classificação dos sujeitos do Direito Internacional 301

CAPÍTULO II

A DETERMINAÇÃO DOS SUJEITOS. O RECONHECIMENTO

1. O problema do reconhecimento 305
    I. A relevância do reconhecimento 305
    II. A natureza do reconhecimento 306

2. O reconhecimento de Estado 308
  I. Significado hodierno do reconhecimento de Estado 308
  II. A recusa de reconhecimento. O reconhecimento condicionado .. 309
  III. Efeitos do reconhecimento 312
  IV. Forma do reconhecimento 312
3. O reconhecimento de Governo 313
  I. As doutrinas em disputa 313
  II. A relação com o reconhecimento de Estado 315
  III. A natureza e os efeitos do reconhecimento 316
4. O reconhecimento de insurrectos e beligerantes 317
  I. Conceito de insurreição e de beligerância 317
  II. Razões e requisitos do reconhecimento 318
  III. Natureza do reconhecimento 320
5. O reconhecimento de Nações e movimentos nacionais 320
  I. Função do reconhecimento 320
  II. Em especial, o reconhecimento de movimentos nacionais 321
6. O reconhecimento como Governo no exílio 322
7. O reconhecimento de Organizações Internacionais 323
8. O reconhecimento *de facto* e *de iure* 324

CAPÍTULO III

O ESTADO SOBERANO EM DIREITO INTERNACIONAL

1. Personalidade internacional do Estado soberano 327
2. Os requisitos da personalidade internacional do Estado soberano ... 328
3. Consequências da personalidade internacional do Estado soberano 330
  I. A competência interna do Estado soberano 330
  II. A competência internacional do Estado soberano 331
4. Aparecimento do Estado soberano 332
5. Transformações do Estado soberano 333
6. Desaparecimento do Estado soberano 334
7. A sucessão de Estados 335
  I. Dificuldade e importância do problema 335
  II. Noção de sucessão 336
  III. Sucessão por mudança de Governo 336
  IV. Sucessão por modificações territoriais no Estado preexistente . 337
  V. Conteúdo da sucessão 338
  VI. Relações entre o Estado sucessor e os particulares 338

VII. Relações entre o Estado sucessor e o Estado antecessor 341
VIII. Relações entre o Estado sucessor e a ordem internacional 343

CAPÍTULO IV

SUJEITOS DE BASE TERRITORIAL DIVERSOS DO ESTADO SOBERANO

1. Sequência 347

SECÇÃO I

Os Estados semi-soberanos

1. Introdução 347
2. O Estado vassalo 348
3. O Estado protegido 348
4. O Estado membro de uma confederação 352
5. O Estado membro de uma federação 352
6. O Estado exíguo 354
7. O Estado neutralizado 357

SECÇÃO II

As associações de Estados

1. Associação de Estados e Organização Internacional 361
2. As associações de Estados como sujeitos do Direito Internacional . 364
3. A União Real 366
4. A Confederação de Estados 367

CAPÍTULO V

SUJEITOS SEM BASE TERRITORIAL

1. Sequência 369

SECÇÃO I

A Santa Sé

1. A personalidade jurídica internacional da Santa Sé e a Questão Romana 369
2. Os Acordos de Latrão 372
3. O estatuto jurídico da Cidade do Vaticano 373
4. A capacidade jurídica internacional da Santa Sé 375
5. A Soberana Ordem de Malta 376

SECÇÃO II

O indivíduo

1. Importância do problema e questão terminológica 378
2. A controvérsia doutrinária 379
3. O indivíduo como sujeito autónomo do Direito Internacional 381
4. O indivíduo como sujeito do Direito Internacional comum 382
   I. A matéria dos crimes internacionais 382
   II. O direito à autodeterminação dos povos 386
   III. Os direitos das minorias 387
5. O indivíduo como sujeito do Direito Internacional convencional ... 392
   I. Importância do problema 392
   II. O Direito Internacional dos Direitos do Homem 392
   III. A protecção internacional dos Direitos do Homem à escala regional 393
   IV. A estrutura de algumas Organizações Internacionais 395
   V. A matéria do comércio internacional 396
6. O indivíduo como sujeito do Direito Comunitário 396
7. A personalidade internacional das sociedades: em especial, o caso das sociedades transnacionais 398
   I. Relevância do problema 398
   II. O conceito de sociedades transnacionais 399
   III. As sociedades transnacionais como objecto do Direito Internacional 400
   IV. As sociedades transnacionais como sujeitos do Direito Internacional 401
   V. Conclusão 401
8. O caso especial das Organizações não governamentais (ONG) 402
9. Conclusão acerca da personalidade internacional do indivíduo 405

PARTE IV

AS ORGANIZAÇÕES INTERNACIONAIS

CAPÍTULO I

TEORIA GERAL DAS ORGANIZAÇÕES INTERNACIONAIS

1. O conceito de Organização Internacional	411
2. Evolução histórica	416
3. Classificação das Organizações Internacionais	418
A) Quanto ao objecto	418
B) Quanto à sua estrutura jurídica	421
C) Quanto ao seu âmbito territorial de acção ou participação	425
4. A Ordem Jurídica das Organizações Internacionais	427
I. Direito originário e derivado das Organizações Internacionais.	427
II. O acto de instituição de uma Organização Internacional.	427
III. A personalidade internacional das Organizações Internacionais.	430
5. A composição das Organizações Internacionais	433
6. A competência das Organizações Internacionais	436
I. O princípio da especialidade	436
II. Os poderes implícitos	436
III. A excepção do domínio reservado	439
IV. Conteúdo da competência das Organizações Internacionais.	441
7. O *ius tractuum* das Organizações Internacionais	444
8. A estrutura das Organizações Internacionais: A) Os órgãos	446
9. Idem: B) Os representantes dos Estados membros e os agentes internacionais	452

CAPÍTULO II

ORGANIZAÇÕES INTERNACIONAIS PARA-UNIVERSAIS

1. Razão de ordem	461

SECÇÃO I

A Organização das Nações Unidas

1. As circunstâncias em que surge a ONU	461

2. Fins e princípios gerais das Nações Unidas 466
3. O domínio reservado dos Estados membros 468
      I. O domínio reservado na Carta da ONU e no Pacto da SDN 468
      II. O conceito de intervenção 471
      III. O conceito de questões essencialmente internas 473
      IV. O domínio reservado, a colonização e os Direitos Humanos 477
      V. Domínio reservado e ingerência 479
      VI. Competência para delimitar o domínio reservado 481
4. A legítima defesa 483
5. Os membros das Nações Unidas 487
6. Os órgãos das Nações Unidas 491
7. As funções das Nações Unidas 508
8. Idem: A) A manutenção da paz e da segurança internacionais 508
      I. Meios de a alcançar 508
      II. O desarmamento 509
      III. A solução pacífica dos conflitos 511
      IV. O Capítulo VII da Carta 514
      V. As operações de manutenção da paz 523
      VI. A definição de agressão para os efeitos do Capítulo VII 527
9. Idem: B) A cooperação económica e social internacional 532
10. Idem: C) A protecção dos Direitos do Homem 535
11. Idem: D) A descolonização 537
      I. O quadro jurídico global da actuação da Organização 537
      II. A prática das Nações Unidas em matéria de descolonização 538
      III. Valor jurídico do direito dos povos à autodeterminação 543
      IV. A garantia do direito à autodeterminação 546
      V. Especificidades dos territórios sob tutela 547
      VI. Conclusão 547
12. A reforma das Nações Unidas 548

SECÇÃO II

A Organização Internacional do Trabalho

1. A origem da OIT 554
2. Os membros da OIT 555
3. Princípios gerais e objectivos da OIT 556
4. Os órgãos da OIT 557

Índice

SECÇÃO III

O Acordo Geral sobre Pautas Aduaneiras e Comércio

1. A génese do GATT 558
2. Os membros do GATT 560
3. Princípios gerais e objectivos do GATT 561
4. Os órgãos do GATT 562
5. A actividade do GATT 562

SECÇÃO IV

O Grupo da Banca Mundial

SUBSECÇÃO I

O Banco Mundial

1. O nascimento do BIRD 564
2. Os membros do BIRD 565
3. Objectivos do BIRD e suas realizações 565
4. A estrutura orgânica do BIRD 567

SUBSECÇÃO II

A Sociedade Financeira Internacional

1. A origem da SFI 567
2. Os membros da SFI 568
3. As funções da SFI 568
4. A estrutura orgânica da SFI 569

SUBSECÇÃO III

A Associação Internacional de Desenvolvimento

1. A génese da AID 569
2. Os membros da AID 569
3. Objectivos visados pela AID 570
4. A estrutura orgânica da AID 571

SECÇÃO V

O Fundo Monetário Internacional

1. O aparecimento do FMI 571
2. Os membros do FMI 572
3. Objectivos do FMI 572
4. Os órgãos do FMI 573

CAPÍTULO III

ORGANIZAÇÕES INTERGOVERNAMENTAIS REGIONAIS

1. O regionalismo político e o artigo 52.º da Carta das Nações Unidas   575

SECÇÃO I

A Organização de Cooperação e Desenvolvimento Económico

1. Do Plano Marshall à OCDE 576
2. Os objectivos da OCDE e as suas realizações 579
3. Os membros da OCDE 580
4. A estrutura da OCDE 581
5. Breve referência ao COMECON 582

SECÇÃO II

A Organização do Tratado do Atlântico Norte

1. O nascimento da OTAN 583
2. Os membros da OTAN 584
3. Fins prosseguidos pela OTAN 585
4. A estrutura da OTAN 585
5. A reforma da OTAN 586
6. Breve alusão ao Pacto de Varsóvia 588

SECÇÃO III

A União da Europa Ocidental

1. Génese e objectivos da UEO	590
2. Os membros da UEO	591
3. A estrutura da UEO	591
4. A importância actual da UEO	592

SECÇÃO IV

O Conselho da Europa

1. Génese do Conselho da Europa	595
2. Os membros do Conselho da Europa	597
3. Os objectivos e os princípios gerais do Conselho da Europa	597
4. Os órgãos do Conselho da Europa	598
5. A actividade do Conselho da Europa	601

SUBSECÇÃO ÚNICA

A Convenção Europeia dos Direitos do Homem

1. A origem da Convenção	603
2. O conteúdo da Convenção	604
3. Natureza jurídica da Convenção	607
4. Os órgãos da Convenção	609
5. Os direitos, as liberdades e as garantias reconhecidos pela Convenção	612
6. O mecanismo da queixa individual	615
7. O princípio da exaustão dos meios internos	617
8. Confronto entre os direitos, as liberdades e as garantias reconhecidos pela Convenção e os constantes da Constituição da República Portuguesa	620
9. Autoridade e efeitos das sentenças do Tribunal Europeu dos Direitos do Homem	621
10. Portugal e a Convenção Europeia dos Direitos do Homem	624

SECÇÃO V

A Associação Europeia de Comércio Livre

1. A história da EFTA 626
2. Os membros da EFTA 627
3. Objectivos da EFTA 628
4. Os órgãos da EFTA 629
5. O Espaço Económico Europeu 631

SECÇÃO VI

A Organização dos Estados Americanos

1. Sua génese 635
2. Os membros da OEA 637
3. Princípios gerais e fins da OEA 638
4. Os órgãos da OEA 639

SECÇÃO VII

A Organização da Unidade Africana

1. O aparecimento da OUA 641
2. Os membros da OUA 641
3. Objectivos prosseguidos pela OUA 642
4. Estrutura orgânica da OUA 643

SECÇÃO VIII

Outras Organizações intergovernamentais regionais

1. Referência a algumas outras Organizações intergovernamentais regionais 644
2. O Conselho Nórdico 644
3. O Conselho de Estados do Mar Báltico 645
4. O Banco Europeu para a Reconstrução e o Desenvolvimento 645
5. O Acordo Norte-Americano de Comércio Livre 647
6. O caso especial da Conferência de Segurança e Cooperação Europeia 648

CAPÍTULO III

ORGANIZAÇÕES SUPRANACIONAIS

1. As Comunidades Europeias: remissão 651
2. Outras Organizações supranacionais 652
    I. Prevenção de índole terminológica 652
    II. O Benelux 652
    III. O Mercado Comum Centro-Americano 653
    IV. O Pacto Andino 654
    V. A Comunidade do Caribe 654
    VI. O Mercado Comum do Sul (Mercosul) 655
    VII. A Associação das Nações do Sueste Asiático (ASEAN) e a Organização de Cooperação Económica 655

PARTE V

A EVOLUÇÃO ACTUAL DO DIREITO INTERNACIONAL. O FUTURO DO DIREITO INTERNACIONAL

1. Está o Direito Internacional em crise? 659
2. Do Direito Internacional clássico ao Direito Internacional novo ou moderno 660
3. A prospectiva: rumo a um Direito Mundial? 668